中山大学哲学系 主编

# 朱谦之全集
## 卷二

## 政治哲学
（一）

现代思潮批评
革命哲学
古学卮言
大同共产主义

商务印书馆
The Commercial Press

图书在版编目（CIP）数据

朱谦之全集．卷二，政治哲学／朱谦之著．--北京：
商务印书馆，2024.--ISBN 978-7-100-24459-6（2025.9 重印）

Ⅰ．C52

中国国家版本馆 CIP 数据核字第 20247F9S49 号

本卷编者著作权为商务印书馆与中山大学共有。

**权利保留，侵权必究。**

**朱谦之全集**

卷二
政治哲学
（全二册）

商 务 印 书 馆 出 版
（北京王府井大街36号 邮政编码100710）
商 务 印 书 馆 发 行
北京虎彩文化传播有限公司印刷
ISBN 978-7-100-24459-6

| 2024年10月第1版 | 开本 880×1240 1/32 |
| 2025年9月北京第2次印刷 | 印张 32 插页 2 |

定价：229.00元

朱谦之先生 1921 年著作《革命哲学》，
图为上海泰东图书局 1921 年版，朱谦之自存本

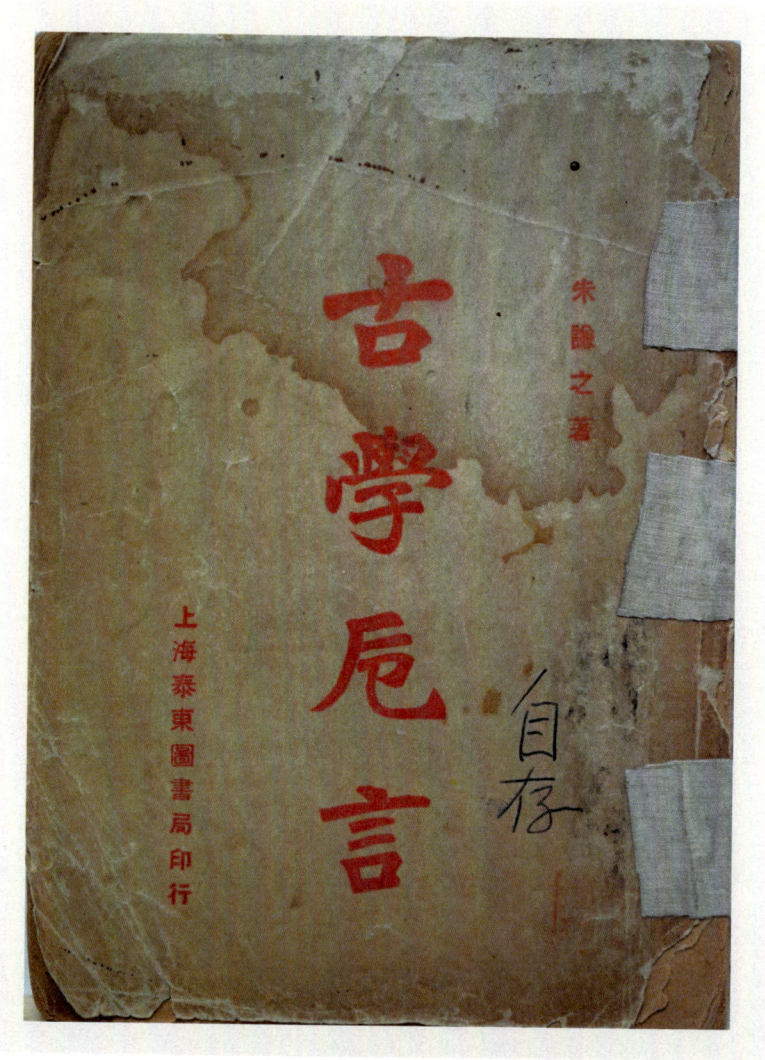

朱谦之先生 1922 年著作《古学卮言》，
图为上海泰东图书局 1922 年版，朱谦之自存本

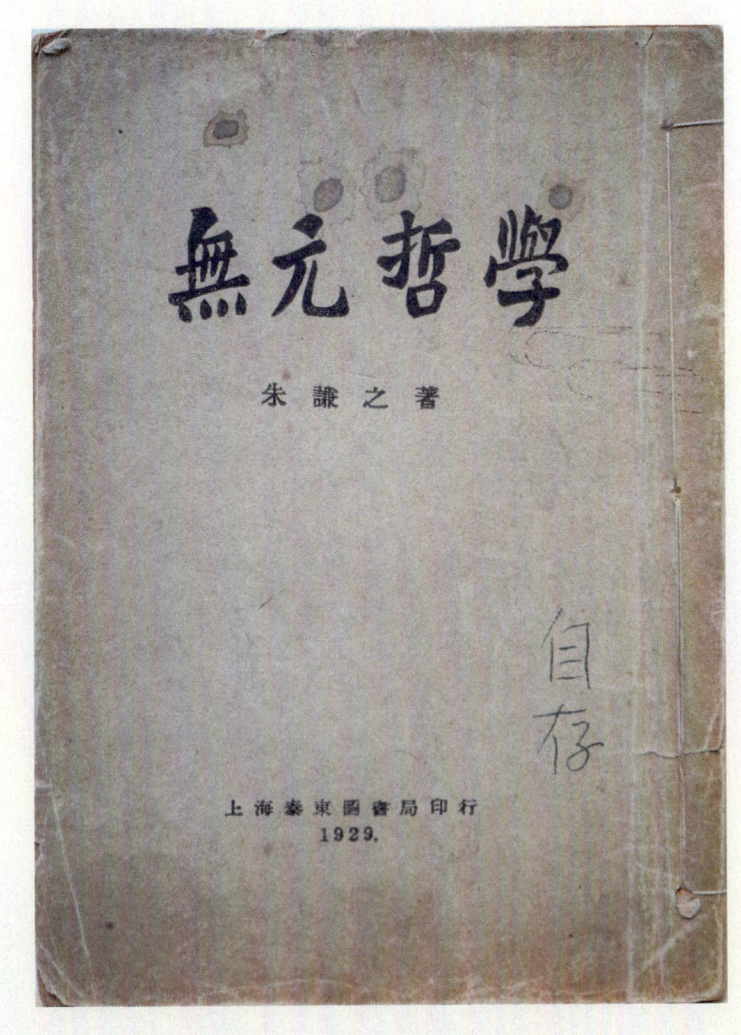

朱谦之先生 1922 年著作《无元哲学》,
图为上海泰东图书局 1929 年版,朱谦之自存本

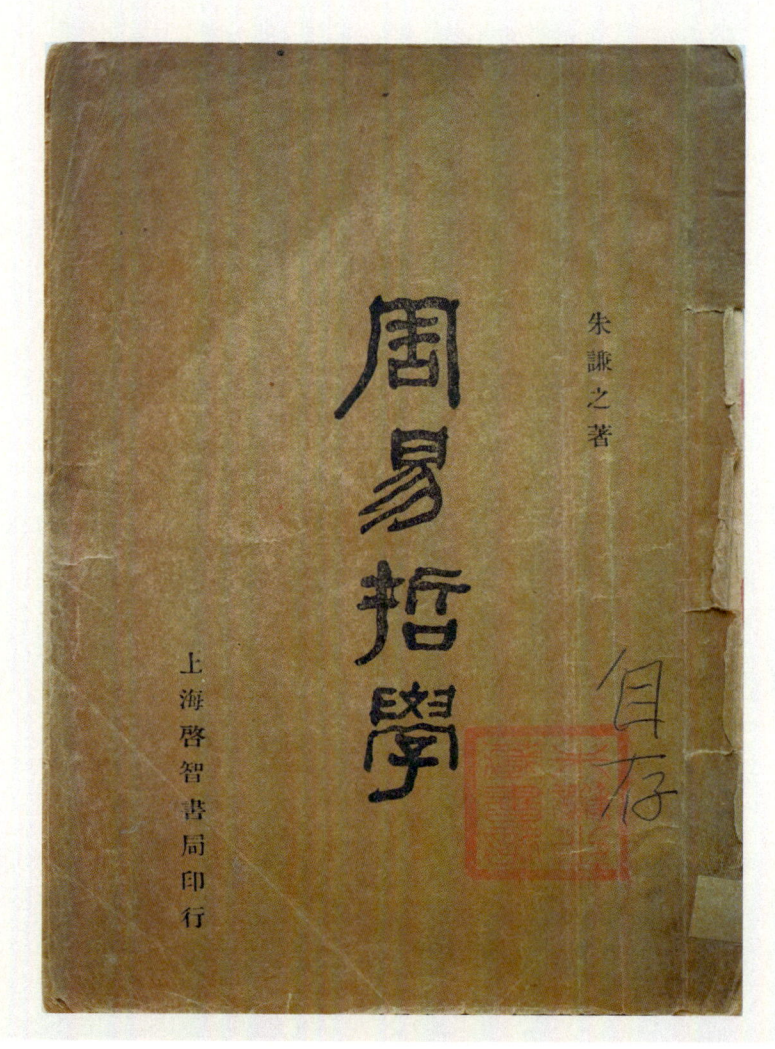

朱谦之先生1923年著作《周易哲学》，图为上海启智书局1935年版，朱谦之自存本

## 编委会

中山大学哲学系　主编
周春健　执行主编
黄夏年　顾问

## 整理人员

| 李鹏祥 | 孙伟鑫 | 朱芳颖 | 黄子锋 | 杜立 |
| 詹嘉玲 | 龚礼茹 | 李双 | 谢佩霖 | 朱烜圻 |
| 何擎宇 | 谭宇泽 | 杨林舒 | 张星 | 谢裕伟 |
| 邵兴鱼 | 范伊玫 | 张名扬 | 黄泽 | 刘祥瑞 |
| 周小龙 | 宋健 | 杨柳 | 庄谦之 | 林梦佳 |
| 孟安康 | 李可欣 | 张燕影 | 黄晓萍 | 朱玉婷 |
| 崔洺睿 | 白澍訸 | 薛明琪 | 鲁瑾辉 | 顾鑫 |
| 杨洁 | 许淑娴 | 仝广秀 | 郝学智 | 李洁琼 |
| 周谈艺 | | | | |

# 《朱谦之全集》总序

## 一

朱谦之先生（1899—1972），字情牵，曾用笔名闽狂、古愚、左海恨人、AA等，福建福州人，我国现代著名的哲学家、历史学家、宗教学家。一生研精覃思，著述宏富，在东西文化比较、中国哲学史、东方哲学史、宗教学研究等领域，作出了重要贡献，有着较大的国际影响。先生治学范围极为广博，涉及哲学、宗教、历史、考古、文学、音乐、戏剧、政治、经济等诸多领域，且颇富创见，被誉为"百科全书式的学者"。

知名学者王亚南曾评价朱谦之先生的学术研究具有强烈的"时代感"。他的人生轨迹和思想发展，体现出一位进步知识分子在新旧社会交替之际积极探寻真理、追求光明的卓绝历程。先生正直坦荡，独立不迁，具有崇高的人格风范。其自作诗有云"宁可千秋无我席，吾生决不慕时流"，正是其一生之真实写照，令人景仰！

谦之先生与中山大学有着不解之缘，他在中大工作时间最久，曾称广州为其"第二故乡"。1932—1952年的二十年间，先生执教中大，历任历史系主任、文学院院长、文科研究所主任、哲学系主任等职。抗战期间，先生大力提倡"南方文化运动"和"现代史学运动"，影响深远。又亲历中大自广州石牌至云南澄江、粤北坪石、广东梅县之迁校历程，敬业尽职，心忧国运，曾作诗云"诲人不倦吾滋愧，抗敌图存志不灰"，令人感佩！

中大哲学系素来重视缅怀弘扬前辈学人之德业。2004年，时任系主任的黎红雷教授曾编辑《朱谦之文集》，列为"中山大学杰出人文学者文库"之一。"世纪中大，山高水长"，2024年正值中山大学建校一百周年，同时也是哲学系建系百年。鉴于谦之先生在学术上的重要影响及其在哲学系历史上的重要地位，中山大学哲学系决定系统整理谦之先生的相关著述，而成此皇皇10卷20册《朱谦之全集》，以为百年校庆、百年系庆隆重献礼。《朱谦之全集》亦得到校方鼎力支持，并获百年校庆"人文社科重点学术规划"专项资金资助。

## 二

学界此前关于朱谦之先生集子的整理，规模最大者为2002年由福建教育出版社出版的十卷本《朱谦之文集》（下称"福建本"）。此套书的编者为中国社科院世界宗教研究所研究员黄夏年先生，他也是朱谦之著作权代理人。福建本充分利用谦之先生手稿等相关文献，对其著述作了较为系统的整理，使学界得睹谦之先生学术之整体面目，嘉惠士林，其功甚钜！此次《全集》整理，也得益于此套书最多。不过，福建本尚有谦之先生著述多种未能收入，底本选择及整体分类也还有值得商榷之处，于是，编纂一部资料更为完整的《朱谦之全集》便实有必要。

中大哲学系编辑整理《朱谦之全集》有着得天独厚的优势。2019年恰逢谦之先生诞辰120周年，我系隆重召开"纪念朱谦之先生诞辰120周年座谈会暨朱谦之学术思想研讨会"，中国社科院黄心川、黄夏年贤父子有感于中大哲学系弘扬谦之先生学术之功，慨然捐赠谦之先生全部遗作手稿及早期著述自存本若干，总计180余种。这些文献资料是朱谦之研究最为珍贵的一手文献，其中有不少文献为编辑福建本时所未见。此宗文献，除用以校勘外，又使数种著述得以首次面世。

《朱谦之全集》凡10卷20册，包含谦之先生著作44种、文章79篇，几乎囊括其所有著述。其中，从手稿、油印稿等早期著述中整理而得首次面世者，有著作1种、文章8篇；此前虽有出版或发表，经重新整理而首次纳入朱谦之集子中者，有著作4种、文章38篇。

《全集》卷次之排列，大致以朱谦之平生学术转向为序，同时兼顾相关著述问世时间之先后。此次《全集》整理，于各种著述皆重新确定底本、校本，精加校勘，并出校记。底本之选择，据实际情形以稿本、初版、新出校订本等为底本，同时参以中大哲学系藏朱谦之先生"自存本"之校批文字。校记文字之后皆标"——编者"，以区别于作者原有注释文字。对每种著述皆加编者注，说明此种著述之书名篇名更易、版本源流、底本选择等相关情形。我们的愿望是，为学界奉献一部迄今为止资料最为完备、学术信息最为完整，且在编排上更好展现谦之先生学术脉络的著述全集。

## 三

1972年谦之先生仙逝后，其夫人何绛云先生作有悼念诗数章，其中《再悼朱谦之》之八有云：

> 挽诗作罢当招魂，墨沈淋漓杂泪痕。
> 最是伤心凄绝处，满箱遗稿付何人？

半个世纪后，因缘际会，谦之先生遗稿全部入藏他曾经工作和生活过的中山大学，并得到妥善保存和利用，正可谓得其所哉！2019年12月，中大哲学系曾举办"古愚荷心——朱谦之先生遗作文献展"，以纪念这位具有独立品格的杰出学者。如今，《全集》即将由商务印书馆出版发行，或正可偿绛云先生当年之遗愿。

2022年底，笔者承蒙哲学系张伟主任及诸位同人的信任，承乏《全集》整理事宜。2023年初，我们先花费近三个月对谦之先生全部遗稿作了普查，梳理每种著述的版本源流，并依据谦之先生的学术转向厘为十卷，确定了《全集》整理的基本体例。自2023年5月起，以哲学系师生为主体的整理团队30余人开始第一阶段的整理，释读谦之先生手稿多种。2024年寒假结束后，又开始第二阶段的清样校读工作，前后共计40余位老师同学投入此项工程。整理工作，不唯校对，亦有校勘。自寒徂暑，历经将近一年半的时间，终于定稿。摩挲谦之先生遗稿，体知前辈学者学术，辛苦之余，所有整理人员都倍感与有荣焉！

《全集》的编辑整理，始终得到黄夏年先生的指导关爱。2019年冬，我与哲学系张清江副主任前往黄老师家中取走谦之先生遗稿时，黄老师谆谆教导道："你们一定要好好珍藏利用朱先生的这些文稿，弘扬朱先生的学术就靠你们了！"黄老师对谦之文献、谦之学术最为熟稔，《全集》之整理，也正是在福建本之基础上再作补充完善。《全集》的最终编成，黄夏年先生功莫大焉！

自《全集》工作上马到最终顺利出版，中大哲学系资深教授冯达文先生、中山大学人文学部主任暨哲学系学术委员会主任陈少明教授等，一直给予深切的关怀和支持，在此谨致以衷心谢忱！此外也感谢学界专家、教授，以及商务印书馆对整理工作的关怀和指导。感谢上海对外经贸大学张国义教授现场指导《全集》整理工作；感谢上海财经大学殷飞飞教授、中山大学历史学系曹天忠教授提供宝贵参考意见；感谢北京大学哲学系主任程乐松教授帮助联系张岱年、周辅成先生后人，协调著作授权事宜。《全集》的出版得到了商务印书馆的大力支持，其为这套书的学术质量提供了保证。

诚然，对于朱谦之先生学术思想研究而言，《全集》整理仅仅是一个基础性的文献工作，未来还有待学界同人从不同角度对谦之先生渊博学术做更深入的探研。来日方长，诸君齐努力！

周春健
甲辰槐月
于中大哲学系

# 凡 例

一、《全集》卷次之排列，以朱谦之平生学术转向为序，同时兼顾相关著述出版或问世时间之先后。卷一"学术自传"打散著作、文章之别，径按时间排序。其余九卷，皆先排著作，后排文章；相关文章往往数篇，统置于"文章辑录"目下。

二、《全集》所收著述，据具体情形以稿本、原刊、作者手订本或校订本为底本，参校他本，正其讹误。版本源流、底本选择等情况，皆以编者注进行说明。校改之处，以校记进行说明。

三、《全集》保留作者文字风格及语言习惯，不按现行用法、写法改动原文。如系作者笔误、排印舛误、外文拼写错误等，则予径改。原文偶有保留避讳字者，径改为本字。

四、底本为繁体、竖排者，均改为简体、横排。原无标点或仅有句读者，均改为新式标点，专名号从略。原无分段的长文，据文意酌情分段。

五、原文篇后注皆移作当页脚注，双排夹注改为单行夹注。

六、底本文字漫漶处，据所缺字数以"□"标示。

# 本卷说明

依著名学者王亚南先生所论,朱谦之先生是一个"时代感"极强的学者。20世纪二三十年代之风云变幻,大都反映在其相关著述中。就其早期政治哲学而言,朱谦之先生先批判实验主义、无政府主义,主张虚无主义,乃著《现代思潮批评》《革命哲学》等;又自虚无主义转向唯情哲学,乃著《古学卮言》《一个唯情论者的宇宙观及人生观》等;又倡大同思想,著《关于孔子的大同思想》等。

《古学卮言》和《周易哲学》二书,福建本将其收入第三卷,归为"中国哲学史研究"。然二书之主旨,皆阐发其唯情哲学,与《无元哲学》实同一时期之政治哲学著作,今乃归入"政治哲学卷"。

本卷计2册,包含政治哲学类著作7种,文章22篇。其中,文章14篇为首次纳入朱谦之集子中。

# 本卷册一目录

现代思潮批评 ............................................................. 1

革命哲学 ................................................................. 115

古学卮言 ................................................................. 295

大同共产主义 ............................................................. 455

# 现代思潮批评

本书整理，以北京新中国杂志社1920年1月版为底本，参以书后所附"正误表"。其中《实际主义批评》和《我的虚无主义》两篇，以《新中国》杂志所发表同名文章为校本。本书正文首页"现代思潮批评"标题之下，署名落款为"闽侯朱谦之著"。

——编者

# 目　次

- 一、批评的方法论 ........................................... 7
  - （一）发端 .................................................. 7
  - （二）批评的起源 ........................................... 9
  - （三）批评的真意义 ........................................ 10
  - （四）批评家的主义 ........................................ 14
  - （五）批评的类别 .......................................... 17
  - （六）结论 ................................................. 20
- 二、新庶民主义批评 ........................................ 22
- 三、广义派主义批评 ........................................ 32
- 四、无政府共产主义批评 .................................... 37
  - （一）有组织即非真实 ..................................... 38
  - （二）有产即差 ............................................ 40
  - （三）性善说不可能 ....................................... 41
  - （四）劳动非人生归宿 ..................................... 43
  - （五）教育与学说之迷梦 ................................... 44
- 五、实际主义批评 .......................................... 46
  - 第一章　绪论 .............................................. 46
  - 第二章　方法论之批评 ..................................... 53
  - 第三章　真理论之批评 ..................................... 62

## 第四章　实在论之批评 .................................. 68
- （一）人生果真实耶？ .................................. 70
- （二）人生果能无罪恶耶？ .............................. 75
- （三）生活效果永存说可信耶？ .......................... 77
- （四）奋斗之人生观是乎？ .............................. 79

## 第五章　结论 .......................................... 82

# 六、我的虚无主义 ...................................... 83

## 第一章　绪论 .......................................... 83

## 第二章　方法论 ........................................ 84
- （一）论"思想" ...................................... 84
- （二）论"知识" ...................................... 87
- （三）辩证法 .......................................... 87

## 第三章　本体论 ........................................ 88

## 第四章　宇宙论 ........................................ 89
- （一）唯心论 .......................................... 90
- （二）唯力论 .......................................... 91

## 第五章　进化论 ........................................ 91
- （一）流行进化论 ...................................... 91
- （二）思潮进化论 ...................................... 93

## 第六章　人生观 ........................................ 94
- （一）无我主义 ........................................ 94
- （二）觉世主义 ........................................ 94

## 第七章　政治论 ........................................ 95

## 第八章　经济论 ........................................ 97

## 第九章　善恶论 ........................................ 98

第十章　结论 .................................................. 101
七、思想论 ......................................................... 102
　　第一章 ........................................................ 102
　　第二章 ........................................................ 105
　　第三章 ........................................................ 111

　　我这本小册,并不是一时做成的,所以很怕有许多矛盾地方,甚望读者诸君指教指教。

# 一、批评的方法论

## （一）发端

现在最必要的是批评，但是批评的方法如何？新思潮是为着批评而有意义，但是批评的意义又是为着什么，我想一个批评家，所以能打破了种种偶像，扫除了种种迷想，只因有了"方法"做根据。这个"方法"，好似是批评家的威仪，要是不懂得"方法"而胡乱批评，那么有什么批评的意义可言？

近来中国的思想界，已经有了"批评的精神"，但仅有批评精神，而忘了方法，是没有效果的。因批评的精神，只是"怀疑"，反一面说便是"求真"。假使没有"方法"的根据，而专凭着一个人的本能去评判，精神是有了，可惜"怀疑"的，不能从根本着想"求真"的，仍不出于虚伪。所以既有批评的精神，还须批评的方法，而批评的主体，就在于这个特别的方法了。

但是批评的方法，现在尚不成为问题，如成了问题，何以至今没有对于"批评的方法"的批评？例如"为什么"三字，这是一种的批评方法了，自从胡适之先生提出，一变而为罗志希君的"三 W 主义"（见《晨报》十二月一日），现在方在那里蓬蓬勃勃的发展，并没有人发过疑问道："这是真确的批评方法吗？""要是真确，真确到怎么样？"总而言之，中国现在有了"批评的精神"，没有"批评之批评"的精神。我想批评方法，固是必要，而批评方法的批评，尤为必要。我是一个很好批评的人，所以敢大胆提出这个"批评的方法问题"了。但我还要申明一事，我所用的方法，是极端的、破坏的、革命的，这或者是我的偏见，但我很望大家，不以偏见为然，而来批评我的批评，那么真理愈批评而愈明白了。我现在先将我给蒋梦麟先生的一封信中，论"疑问符"一段钞下来作本篇的引子，使大家先晓得我所用的批评方法和态度，然后再仔细研究这个问题，而按部就班的解决他。我对蒋先生说：

> 我很承认先生所说的"这个疑问符（？），就是思想革命的旗帜，到一个地方，就招到许多的革命军！"但我不承认这个疑问符，在全国青年收什么效果。因"为什么？""做什么？""这个是什么？""究竟做什么？"都不过是保守主义的方法，却不是革命主义的疑问符。因"为什么"的疑问，就有先坐实"什么"的意思，如潘力山先生做的《为什么要爱国》一文，不是先坐实爱国的事实，然后论到"为什么要爱国"么？又如先生在《新教育》里做的《教育究竟做什么》一文，不是先坐实教育存在的合理，然后研究他"究竟做什么"么？先生看过五十余种的新出版物，自然看过《独见》了，里面《辟非孝》一文，他的大前提便是"做儿子的为什么要孝父母？""做儿子的应怎样孝父母？"他却不问孝父母这一回事，是否可以存在？我常说过我们对于一切事物，都要问他"能够存在吗？"我要问"国家能够存在吗？""家庭能够存在吗？""法律能够存在吗？""纲常名教能够存在吗？"却不止问"为什么要国家？""为什么要家庭？"……就是先生所爱说的教育，我也要问"教育能够存在吗？"这种的怀疑，自然是极端了，但这极端的方法，才能打破

偶像，而创造革命的事业。

但是现在所称为"偶像破坏者"，他所用的方法，不出"为什么"的范围，你说他"觉悟"，我恨他不"彻底觉悟"；你说他能够怀疑，我恨他没有根本怀疑的精神；因缺乏了批评的力量，所以不想到根本解决，既不想到根本解决，就没有破坏的能力；不知革命主义，除破坏外没有什么，既不能破坏，就怎能革命呢？所以"为什么"三字的疑问符，虽然飞扬于全国青年脑中，可惜和革命主义不相干——因这个疑问符，不是根本上批评的工具。

我这一席话，已经将批评的方法问题，略道大概了。但我还不够意，现在却要详详细细的发表我的意见了。

## （二）批评的起源

批评是为着事实发生的，因这个那个的事实，当不满人意的境地，才有这个那个的批评发生。但我在这里应该严格的分别出，什么是"不满意的境地"？什么是"疑难的境地"？我想不满意的境地，只是对于"现实"的怀疑，因政府不好，所以要批评政府；因法律不好，所以要批评法律。虽然批评的方法，有轻重的不同，而从不满意于现实的一点看去，总算是破坏的、革命的了；若论疑难的境地，所发生的批评，性质又自不同。胡适之先生说过：譬如看中国白话小说的人，看到正高兴的时候，忽然碰着一段极难懂的话，自然发生一种疑难……"这句书怎么解呢？""这件事怎么办呢？""这便如何是好呢？"这何尝没有疑问，但实在算不得批评，因这些疑问，并不是对于现实的怀疑，只因要解决一个问题，而引起怀疑的态度罢了。而这个怀疑的态度，便是"研究"，他的目的，在能够解决这个问题，断不似"批评"的目的，在于破坏现实了。

只因"批评"和"研究"，是非常有关系的，批评中有研究的工夫，研究中有批评的态度，往往打成一片，所以很难分别。我们现在只可认定一个标准，从他发生的境地上观察，再看他"目的"如何。若仅仅咬定有"为什么""什么"……有这样字眼的，都是叫做"批评"，那就大错而特错了。

## （三）批评的真意义

我所说的"批评"，便是"破坏的智慧"，因"批评"是起于"怀疑"的心理，批评什么，便是否认什么，所以批评是革命的、破坏的。从积极方面说，便是反抗着现在的这个那个，而向着将来，所以批评是理想的、进化的，因不满意于现实，而有超于现实的"理想"，因有了"理想"，所以敢于破坏现在。所以没目的的批评，不算得批评；抱复古主义的批评，不算得批评；真正的批评，是为着"将来"而有意义。晓得批评的主旨，在于创造"将来"，那么我可就简直承认"批评"是由"现在"到"将来"的工具。

我为便利起见，还要分别出三种的批评，然后指出那个是批评，那个不是批评，那个是真正的批评，那个是虚伪的批评。

第一，反抗的批评。就是起于不满意的境地而引出无数的怀疑，这种怀疑，是出于决然断然的态度，无所顾忌，这便是我前面所说的，革命的、破坏的、理想的、进化的那个批评。若论批评的方法，简单说句，只是"否定"，但虽是同用否定的方法，却也有程度的不同，现在分作三步说：

（第一步）怎样好！　这是不满意于现在的事物，而要变换他、改革他的意思。如说："政治这样腐败怎样好！"何常没有批评的精神，但并未想到"我为什么要政治呢"，所以常因不能从根本上着想的缘故，也不能够从根本的解决，常与研究的批评家，陷同件的误谬。

（第二步） 为什么！ 这就很有破坏现在的意思，不单是怀疑了。如说："我为什么要孝父母呢！""我为什么不把这种制度推翻呢！"但还不如第三步，更直捷了当。

（第三步） 能够存在吗！ 这个疑问，简直要从存在上疑问，接着就要实行破坏了。我想批评的方法，到此算仿极点，我所认为最有用、最必要的方法，就是对于一切事物，都要问他："能够存在吗！"

这种反抗的批评，都应该用感叹的符号（！）来表示愤恨的意思，万不宜用研究的批评家所用的疑问符（？），这是不可不注意的。

第二，辩护的批评。本来"辩护"与"批评"是正相反对的，因辩护是对于"现实"而辩护有了反抗的批评，才有消极的辩护。但为甚么辩护的也说是批评呢？只因护辩的要辩护这个"现实"，却自己故作疑问，如国家学里，有时也问"为什么要国家呢"。似这种疑问，我认他不是诚意的，因他已有了先见，他是国家学，当然已经承认要有国家的，不然怎样算得国家学？所以这种无谓的怀疑，既不可用感叹的符号（！），也并不配用疑问符（？），用一个（。）来表示语气够了。又如实际学派，何曾不发过疑问道："为什么要做人？"但他不能够说出为甚么来，只能够将他前定的大前提（成见）搬出，说我们是人，不可不做人，做人的目的，就是做人，要再迫的紧，他只好说"就人生论人生"的话了。所以这种的批评是无效的，是不算批评的，而且是保守的、虚伪的，只顾目前的了。

第三，研究的批评。似这种批评，是有根据的、有条理的、肯寻思搜索的一种方法，但并不是"批评"。他是起于疑难的境地，而要解决这个疑难，虽在未解决以前有许多疑问，但这个疑问，并没有什么破坏的意思,所以不是"批评",而是"研究",把所"研究"的懂得明白,就不怀疑了。如罗志希君所说的"三W主义"就是这个。也分三步说：

(第一步) 什么？ 研究这个那个的事物,总要知道这个那个是什么一回事？志希君说得好："有了这种是好是坏,是良是窳,是进化是退化的概念以后,然后有继续研究可言。"所以我说"什么",不是"批评",只是"研究",因"批评"是起于已经知道"什么"之后,是当这个的事物有病的时候。

(第二步) 为什么？ 批评一个事实,而不能把所以批评的理由说出,那还算得批评的么？所以"批评",不是空泛的,而要有根据的,但说"批评"要先有"为什么"而批评的观念,则可谓"为什么"就是批评的方法,在这里说不下去,只可说这是"批评"的先决问题罢了。因"批评"有"研究"的工夫,所以"为什么"也是和"批评"有关系的。

(第三步) 要怎么？ 要批评人的,而自己没有立足地,那自然算不得批评了,所以志希君所举的"三W主义"我件件赞成,承认这都是批评所应具的条件。换句话说,不但是"批评",还要"研究"在先,不知志希高明,以为"怎样"。

总而言之,"批评"有"批评"的本位,"研究"有"研究"的本位,应用以上的三步去"研究"算尽职了,于"批评"便又不然。"批评"是革命的、破坏的、理想的,"研究"是现实的、建设的、探讨的。因有这些分别,所以研究的批评,不叫他做"批评"。我因不欲将"批评"的功用失丢,不愿将流动的"批评",变成凝固的"研究",所以对于这个分别非常注意,以为这个分别不明,批评家就不能收"革命"的实效了。

由以上的意见,故说研究的批评不是"批评",辩护的批评是虚伪的批评，正是批评的对敌，而真正的批评只是"反抗的批评"罢了。总结一句，批评的真意义在于"否定"，懂得"否定"，就懂得批评方法的大半了。

但是怎么样是"否定"呢？我的先生胡适之说得好：

> 评判的态度，含有几种特别的要求——
>
> （1）对于习俗相传下来的制度、风俗，要问："这种制度，现在还有存在的价值吗？"
>
> （2）对于古代遗传下来的圣贤教训，要问："这句话在今日还是不错吗？"
>
> （3）对于社会上糊涂公认的行为信仰，都要问："大家公认的就不会错了吗？人家这样做，我也该这样做吗？难道没有别样做法，比这个更好更有理的吗？"

这三种的特别要求，便是我所说"能够存在吗"的意思，但我还要加几个更彻底的申明，就是（1）批评不单是问历史相传下来的东西，能够存在与否；而且要紧迫着"现在"的这个那个，问他能存在否；因"批评"的本质，在于连结"现在"和"将来"，不是连结"过去"和"现在"。（2）批评是否定的，不是肯定的；是反抗的，不是辩护的。试看批评的起源，就晓得"批评"是有"破坏"的意思在内，而"能够存在吗"的疑问，就有不能够存在的理由在内。（3）社会上糊涂公认的行为与信仰，固然要发疑问，就是社会上所认为真确的、应该的，像爱国的行为、国家的信仰，我们都要批评他；因批评家的职分，在打破什么"当然""应该"，做革命的先导者——这三种的解说，便是我的意见。胡先生又说："尼采说现今时代是一个'重新估定一切价值'（Transvaluation of all values）的时代，这八个字

'重新估定一切价值'，便是评判的态度的最新解释。"这话真对了，因批评的真意义，在于"否定"，而否定的态度，就是"重新估定一切价值"。

## （四）批评家的主义

批评家，多生于黑暗极了的时代，因不满意于"现实"，所以要打破"现实"，而唤起无数的疑问。但在同一时代之中，也有许多人，感着不适，只因没有"批评"的方法，和"批评"所必要的"理想"。虽也发过疑问，也要修正"现实"，可是他所抱的主义，并不是批评家的主义。我现在且把那时候所生的主义说出三个，然后分别出什么是批评家的主义。

第一，新理想主义。批评中所不可少的两个条件：（A）须有不满意的境地，做批评的起点；（B）因不满意于"现实"而另有他们理想。但是批评家的理想，断断不在过去，而在将来；因过去是已经过去了，所以过去是没有意义，而有意义的理想，只在将来。批评家的意思，正在由黑暗的"现在"，而跳向理想的"将来"——便是"光明"所在。懂得这层意思，就明白了批评家所以批评"现实"，不是无意识的冲动，却是抱着"新理想主义"的。但是"新理想主义"究竟有什么好处？据我看来是有三件：（1）是创造的，因"理想"的好，显出"现实"的不好；又因"现实"的不好，越见"理想"的好，这种"批评"由"现实"上看去，是"破坏的智慧"，由所以批评的缘故看去，却是"创造的行为"了。（2）是活动的、进行的，因不满意的境地定"批评"目的，因"批评"的目的定"批评"的进行。（3）是彻底的、觉悟的，那些不能根本解决的人，因他没有"理想"的目标，所以虽不满意于"现实"，而除去"现实"以外，没有办法，批评家便不然了，因他有丰富的理想，所以对于"现实"的批评，是彻底的、觉悟的，非根本解决不可。总而言之，批评家与理想家，常合为一人；因"批评"的结果，得一个"理想"；因有了"理想"，所以敢于"批评"。

第二，复古主义。因不满意于"现实"，而想象从前的好处，以为现实是怎样坠落的，"古初"是如何快乐安稳的；因想将"现实"打破，而回复古代浑浑噩噩的时代，这是复古主义。但我根本上不承认他所抱的主义是批评家的主义，因"批评"的真意义，是为着将来，是积极的，不是消极的，是进化的，不是倒退的。我现在且指出复古主义的弱点：（1）没有进化的观念。天地万物时时刻刻在那里变化，既到了"现在"就不是"过去"，所以由"现在"回复到"过去"是不可设想的，是没有道理的，因他没有"批评"所须要的进化观念，所以虽能"批评"现在，而不是批评家。（2）历史的观念太重。批评家是对于历史传下来的事实而批评之，自然是没有历史的观念；但是复古主义却与此正相反，因他被历史压服了，所以想来想去，不出于"过去"的范围。其实"过去"是比"现在"还不如的，不是他们所想那么好的；他能够怀疑"现实"却不能怀疑"过去"，看他想"复古"便知他没有"批评"的力量了。而且批评家是要另辟天地的，抱复古主义的，却缺乏了"理想"，只能因袭，不能创造，这又是抱复古主义不能为批评的证据了。（3）太消极了。消极原未尝不可，但应该对于"现实"而发，而"积极"的向进化上着想，似抱复古主义的，只是逃出"现实"，却不肯稍费气力去破坏"现实"。所以极其所至，只足养成无抵抗的最保守思想，却不是抵抗的革命的"批评家"。所以我根本上不承认，这是批评家所抱的主义，而且简直宣告批评家和复古主义永远分离。

第三，改良主义。当着批评家对于这个那个下总攻击的时候，总有许多保守党代他辩护，有的是总辩护那是极端的守旧，可以不论他了。此外尚有"小攻击而大帮忙"一派，便是改良派调和派，正是批评家所最恨的那一派。因这一派外面假装着创造的、进取的态度，说来又好听又稳健，很中普通社会的脾胃，实在是抱着《圣经》里的"机会主义"乘风撑船，自己并没有什么主张。虽有时也能够"战战兢兢"的发几句疑问，可是他所疑问的，都不是根本问题，却是零碎的、不相干的，而自以为这是想随时随地去找出具体的病，而谋具体的补救或修正的。这简直是欺人的话，何怪抱革命主义的人，都说他是"懦夫"了。总之，改良主义，是革命的障碍物，因他似是而非的论潮，实足灰了提倡"革命"的人的心，而虚伪的、无诚意的批评，更是批评家所万分不敢承认的了。现在且将这一派的真相，略为指出：（1）将变换代消灭。原来变换和消灭不同，批评家因不满意于"这个"，所以要推翻"这个"。换句话说，便是要"消灭"这个，所以批评家的疑问，是从"存在"上着眼。改良主义便不然了，他所发的疑问，只是"什么""要怎样"……了，只是还到本身的道理，却忘记了所不满意的就是这个"本身的道理"了。而且改良主义，实是要继续现在主义，虽把"现实"变了一变，却依样是万恶的"现实"，所谓改良，依样是不良。这种"换汤不换药"主义，最大的目的，只是变换"现在"，并不想到"将来"。所以结果是毗于保守的、现实的、辩护的，并不是批评的、革命的、理想的了。（2）将乱碰代革命。这派的根本主张，是在某种时间、某种环境去寻出某种解决方法，来补救特种情形，我可惜这种只改良是去碰机会的。换句话说，是摆不开于环境的支配，免不掉于眼前的速利小效，虽也曾发几句"批评"的话，却又把"批评"监禁在"现在"里面。所以改良主义的"批评"，是为着应付那时环境而发生；反之，批评家是要创造环境的，不受什么限制的，与改良主义要将乱碰代革命，自是不相同了。（3）时间的观念太重。这派不晓得"进化"的一回事,还须人为的结果,对于要根本解决的主义,都以为是不落边际的空想。还有一个时间问题,因他不思"根本解决",而要敷衍现在,不用人力来策进"革命",反要阻住革命的进行,所以批评家宣告他是"革命之敌"。——由上三种理由,可决"改良主义",并不是"批评"主义的朋友,不特没有胆量去批评"现在",而且用尽曲折的方法,利用着人类心理的弱点,来保守一切的旧制度、旧风俗,以及"法律""秩序"限制束缚等等。

总结起来,唯有新理想主义,是批评家的主义,那复古主义、改良主义,都是与"批评"家正反对的保守党,一则没有批评的理想,一则没有批评的诚心。晓了这些分别,便知批评家所以为"批评家"的地方。

## (五)批评的类别

依照批评的方法,可将"批评"分作好几种:第一项分类,从观察点所在为标准,有主观的批评和客观的批评。第二项分类,以批评的性质为标准,又分二种:一因数量的不同,而分全般的批评与零碎的批评;一因程度的不同,而分绝对的批评与相对的批评。第三项分类,以批评所根据的学理为标准,分"批评"为哲学的批评与科学的批评。我所主张的是主观的批评、全般的批评、绝对的批评与哲学的批评,同时还否认客观的批评、零碎的批评、相对的批评和科学的批评。这个理由,我将于下面详细的说明他。

**第一,主观的批评与客观的批评**

批评家都是要打破环境的束缚,而由自己个人,独立观察和批评,不然批评家既不能够"存我"而屈服于寻常见解之下,那么尚有什么"批评"意义可言。我想批评的主要方法,所以与"研究"别异的，就在用主观的评判，许多不懂这点分别的，以为用主观的批评，有学问的不屑，真是知其一不知其二了。我现在且指出用主观的批评有三件的好处：(1) 自己想自己说，这条曾经蒋梦麟先生提过——"我想""我这样想""我要""我看""我反对""我要问"……一切的评判，都由我独立观察和批评，一切的问题，都要加一个"我"字这样的"存我"，才有怀疑的精神；不然"批评"这一回事，难道没有自信力量的所能做？到那个批评家，能够"掀翻天地，前不见古人，后不见来者"，而不是凭着主观的观察？(2) 打破环境的束缚——批评家对于一切"现实"，都无一点情恩，他能够把所以反抗"现实"的理由说出就够了，却何必像科学家那样"战战兢兢"，除了"实验室"以外，一句话也不敢说。所以主观批评的好处，正坐能够打破惰性与非进步的惯习，不似客观的批评，容易为外围环境所支配了。(3) 有批评的胆量。凡成批评家的，全在有"悍然不顾""无躇躇""无似是而非"的三大特性，因信得住自己，所以敢"大胆""常常大胆"去批评。李卓吾说得好："我确然以为是，虽刀刃在头，雷霆在顶，终不为少屈。"——反之，客观的批评的坏处，也可想见了。但主观的批评，很容易发出"感情"的论潮，要求补救的方法，所以我同时主张哲学的批评，用"智慧"制住"感情"；然后主观的批评，能便不是武断的批评了。

**第二，全般的批评与零碎的批评**

批评家都是"大心"的人，凡事要从"大"处落笔，那些言零碎批评的人，自以为费功夫，挖心血，才可以得一种解决的意见。不知这种批评，简直是无谓，而且不胜其烦。真正的批评，是用全般的批评，这种批评有两件好处：(1) 能从全体上着眼。如"这个""那个"的坏，都是由于某种原因，批评家就要找出这个原因，作批评的材料，却不愿在"这个""那个"上去枉费工夫了。所以全般的批评，是直截的，非烦琐的，用这种批评，可以事半而功倍。(2) 能够根本解决。因批评家是从根本上着想,所以也要从根本上解决,杜威博士以为"根本解决,是一种毛病",我以为限制着思想的发展能力,使他不从根本上解决,那才是退缩,那是一般懦夫的心理的弱点了。——由着两样好处,所以我主张全般的批评,而反对零碎的批评,我决不说我不根本解决了。

第三,绝对的批评与相对的批评

批评的精神,只是"怀疑"。但"怀疑"有绝对的和相对的区别,我以为依照心理,"怀疑"是有引申的倾向,是向前活动的根本。既能够"怀疑"就不能阻得住"根本怀疑",所以我主张绝对的批评,也有两种好处:(1)彻底觉悟。因有绝对的怀疑,所以能否定一切,不信仰着何等的邪说,不屈服于何等的威权,这种"觉悟"总是"彻底的觉悟",而批评精神的好坏,也全靠"彻底觉悟"与否。(2)彻底求真。怀疑的反面,便是"求真",平常人对着"这个""那个",凡批评家所说为虚伪的,都以为真实可靠,就因不能"怀疑",所以不能"求真"。推之能够绝对的怀疑,那才能绝对的求真了。——而且绝对的批评是思想的自然倾向,相对的批评却是限制思想的自由。我要是真正的批评家,自不能承认这种无诚意的、无能力的批评,而要主张着绝对怀疑的批评主义。

第四,哲学的批评与科学的批评

原来哲学便是批评的学问(Critic),自康德提倡批评主义以后,很多学者以为"批评"是哲学的唯一本事,现代罗塞尔说得好:"哲学的主要特性,在他成一个与科学别异的,就是批评。"但罗塞尔不主张绝对的怀疑,却存着英国人的"保守"性格,那又当别论了。照这句话,却真正可靠,我所以主张哲学的批评,也是为着这个。我想哲学所以成为"批评的学问",可有二个原因:(1)科学不能无所假定。如研究心理学的,应该假定精神作用是真实常住的事实,其实他所"假定"的是真实呢？还是虚伪呢？那便不是科学所应发的疑问。因"科学"用"假定"为基础，所以是研究的不是批评的。反之，哲学是能超过假定之外，用批评的态度，研究一切的"存在"问题，并不似科学那样执着，只要——还到本身的道理去。（2）科学家对于科学的律例，是很迷信的，从前以为这是永久不变的天经地义，到现在仍把他看做假定的"通则"。因科学是要找出一定的道理，所以一种学说，变了律例，便凝固了，永久了，自然是缺乏批评的能力了。反之，哲学是不求一致的真理和一定的成说，所以哲学能够自然发展，而成为哲学家的，都有反抗的、革命的能力，这就是哲学所以为批评学问的一个理由了。再进而言，哲学是根本的学问，而且是全般的学问，与批评家的性质恰合，所以应用哲学做学理的根据，直是方便已极，何况哲学的特别方法，如黑格儿的"辩证法"，本来是批评家所喜欢采用的么？由着种种理由，所以我个人是要主张哲学的批评，却不取于科学的批评了。

总而言之，客观的批评、零碎的批评、相对的批评和科学的批评，本来何尝不好，但不是批评家的"批评"，而是"研究的批评"。我前面说过，研究有研究本位，批评有批评的本位，应用这四种的"批评"去尽"研究"的职务，即是再好没有了。若用于"反抗的批评"上，那就"牛唇不对马嘴"，不但没有"批评"的效果，而且要妨碍真正的批评了。再者从"批评"的本位看来，"批评"中是有研究的工夫，当着"研究"时代，这四种的批评，是可以引用的，而且是应该引用的，这话不可不为"批评家"告。

## （六）结论

我本不愿再写了，但我还要提出几句很必要的疑问，请读者仗着

自己的智慧,去自己寻思他,解决他。我自己也急着要寻思他解决他了。我问:

"批评"里面,有"革命"的意思没有?

"批评"再进一步,是不是就要"革命"?

"批评"是不是"革命"之始,"革命"是不是"批评"之成?

单有"批评"而没有"革命"的,是否还算得"批评"?

(完)

## 二、新庶民主义批评

夫自得之境，无系之途，则至治已，尚悉以夫诐说窜句于庶民主义之间为哉！且今世之资本家，慢惰倍欲，䏶腊劳动者若遗土，由于国家之保护，故得纵意也，今去其所以擭者斯已矣。而学者方复攘臂于桎梏之间，而言所谓 Democracy，吾又安知 Democracy 之不为桎梏凿柄，而甘辞谬说者，非所以欺罔我愚陋齐民乎，虽然吾闻之吾友高元矣。（见《法政学报》第十一期《本报之新生命》）

有新庶民主义，有旧庶民主义。旧庶民主义者，何主权之行使，不在国民之全体，而在国民一部分之资产者阶级，其无产者阶级，则惟有束身受治而已；主权行使之目的，亦不在国民全体之利益，而在国民一部分资产者阶级之利益，虽或仁心仁政，有时泽及平民，然不过分资产者之残羹，啜资产者之唾余而已。新庶民主义者，即所以求真庶民主义也，所以锄去金钱政治，锄去人民资产者之政治，而建设人民全体之政治，为人民全体之政治，由人民全体之政治也。Government of the whole of people, for the whole of people, by the whole of people. 然则尚矣！郅治之隆，当无过于新庶民主义，吾奚所不足，而必殚残政法，废去而后自歉哉！旧庶民主义勿论已，即新庶民主义，意甚矣哉。其好政治者之过也！庄生有言："为之斗斛以量之，则并与斗斛而窃之；为之权衡以称之，则并与权衡而窃之。"则为之新庶民主义以矫之，即并与新庶民主义而窃之矣。哼哼已乱天下矣！而今人乃始尊之惜之，以为现社会之新生命，甚矣今人之惑也！且高氏之斥旧庶民主义也，实并国家而斥之也，曰："呜呼国家！国家吾见其为资产者阶级假托之名而已！呜呼国家之行为，国家自身之利益！吾见其为资产者阶级自恣自利之护身符而已。"而不知新庶民主义，则犹有国家也，有政府也，虽可以社会的庶民主义解之，而与Anarchism意义各殊。敢问是国家者，独非资产者阶级假托之名邪？国家之行为，国家之利益者，独非资产者阶级自恣自利之护身符邪？高氏既为此全称肯定之辞，谅不否否而唯唯，然则所谓新庶民主义者，人民全体之政治云乎哉！为人民全体之政治云乎哉！由人民全体之政治云乎哉！毋亦高氏所谓"人民资产者之政治，为人民资产者之政治，由人民资产者之政治"而已。

更进言之，旧庶民主义亦何尝不曰"人民之政治，为人民之政治，由人民之政治"，而其结果为人民之政治乎哉！由人民之政治乎哉！而新庶民主义之结果，为人民全体之政治乎？由人民全体之政治乎？则尚在不可知之数，而讵据以为得何哉？夫旧庶民主义，既可为资产者阶级所假托，则以今例昔大抵不甚相远，虽蜕化为新庶民主义，似有所差别，而其有为资产者阶级所假托之函能，则虽变势易形而不离其宗也。政法不废，而曰郅治之世可得哉！是直却步以求前，多见其不可能而已。兹再分别论之：

1. 果政府有百害无一利者，则掉首去之可矣，复奚必留此不平等因而执着之也。考新庶民主义之真谛，就主权之所在言，则实以哲学上论理上之推论，而主张国家主权在于人民者；就行使主权之方法及目的言，则实以人民全体为有参政权，且以社会全体之利益为理想者。斯诚人治之极轨，然恐不免于迂腐之谈，仅为涉想所存而已。何则？新庶民主义者，盖犹有国家之存，谓为国权与民权之调和也可，谓为无国权也未可；谓国家完全由人民而成立也可，谓为无国家则不可。今既有国家，则无问其形式为君主，为民主，向有国家而不聚敛以夺民财，严刑以为坑阱者乎？向有国家而不摧无仇之民，以断胫摩顶于锋镝之间者乎？今学者不察，遂以资产者阶级可废，而国家与政府不可不维持，抑未细审此之存在，即拥肿而不中绳墨，众所同去也；虽能随时变易以匿迹灭尘，然其强暴不过分量之殊，而本质自若，留此附赘县疣，民即不免于隍阢，而随顺有边，曲而全之者，皆在摈斥之列，盖不仅新庶民主义已耳。且尝闻之于 Kropotkin 曰："吾人以为国家之制度，在维持少数人之权利，以压制多数之人类，必不能利用之以消灭其自己之权利；正如吾人不能利用教会以破除迷信，苟欲破除迷信，当于教会以外发展之故欲经济上政治上之自由，不可不脱离国家之旧组织。"（见《近世科学与无政府主义》第三章）今新庶民主义，则实托庇于国家之下以改造之也，虽知改革之必要，而缺乏改革之能力；虽知直接行动之意义，而其效终不出于间接；虽知政治之无善意，而犹望新庶民主义之或免。不揣其本而齐其末，此吾所代为着急而预决其不可能也，请循其本。新庶民主义所揭櫫之三事：（1）以全体民福为本；（2）主权在全体人民；（3）由全体人民自己行使政权。此充分之民本主义、民主主义、民治主义，意亦未可信之尤者也。盖无论何种政府，莫不以民福为饰辞，其究也民福未增涓壤，而朘削个人自由，破坏社会亲睦，顾因之日增，虽有时发政施仁，然犹盗跖分金，取少为让，乃政府所以愚弄齐民于股掌之上，安有善意可言，亦何所据而云全体民福哉？尝试论之，政府之作用，在压抑舆论，去政府而人类之思想自由矣；政府之行为，在助资本主义之发展，去政府而人类之生活自由矣；政府之立法，在煎扰齐民，去政府而人民之身体自由矣。呜呼劂我以礼法，吓我以强权，重囚累梏，何以异哉！一去政府，而民福即在指顾间，此何苦而不加之意，而必游心冥漠，勤而无补也哉！又况新庶民主义，既以国家为有不可无，则国际间互相残杀之祸，与乎法律之干涉主义，自不能免，故一存国家而扰扰万绪起矣，民福之谓何？

次论民主主义。夫政治之必要，期于使民平夷安隐，不期于民主之空名，若云民主政治，则在二十世纪之国家，多能为此掩耳盗铃之伎俩，于宪法上则大书吾国之主权属民，而在实际上主权之运用行使，仍在少数资产者之掌握中，即号称实行民主主义之美国，其人民犹多不满之情，他更可知矣。今夫名者实之宾也，今所谓民主皆循名声以为言，固非实之所与也。且此主权一名，亦所当根本废弃之也，政权不坠，然后睹所争。今所不取于资产者之握权者，非为其亏人自利乎，今合一国人民而葆其主权，则所亏者或不在一国，萧墙以外受其害者必多矣，是则亏国以自利，较之亏人者其亏愈甚，其不仁愈甚。今新庶民主义于前者则非之，于后者则跪坐以进之，是何异少见黑曰黑，多见黑曰白，甚矣哉其无是非之辨也！且曩者主权在资产者阶级，则奋力而蹈之若不及，今又从而称道之，何其无特操耶！抑自私自利之内热，实不可解于心耶。要之，吾之遮拨主权也，无论其在君抑在民，勿论其在全体人民抑在资产者阶级，有之即差，以其为万恶之源泉也。

次论民治主义。此见解于庶民主义中为尤要，即旧庶民主义与新庶民主义之大别亦在此。然如英美两国实际上则行使政权属于资产者阶级，而名义上仍得谓之民治主义，而并不吝庶民主义之名而亦畀之矣。此固伪庶民主义之失，抑亦可见民治之好头衔，为奸猾之护符者，其日固久矣。今请进论本题，所谓由全体人民行使政权者，在一国中实断断不可能，假令欲行此政治，必当小国寡民，至于分州以治而后可，则既如是困难，何如无治之犹愈也。且此分州以治之民治主义，亦未必人人为能从事于政治的活动，如果一人不从事于政治活动,是即不得冒全体人民之名,而谓为全体人民也。从他方面言之,则人民全体之意见,亦许为多数派所垄断,而与组成全体之个人意见分歧。今有一人之意见,与人民全体之意见分歧,是即不得冒全体人民之名,而谓为由全体人民之政治也。若代议政治,则更不待论,但以吾所知,新庶民主义尚注意于普及选举一途,所异于伪庶民主义者,唯有女子参政耳,是犹以代议政治为要图也。夫行此代议政治果奚为乎?为许资产者阶级所阿附以售其奸乎?善哉章太炎之言曰:

> 通选亦失,限选亦失,单选亦失,复选亦失,进之则所选必在豪右,退之则选权坠于一偏,君主行之非,民主行之非,上天下地,日月所临,遗此尘芥腐朽之政以毒黎庶,使鱼乱于水,兽乱于泽,惴耎之虫,肖翘之物,莫不失其职,甚矣哉酋豪贵族之风至今未沬也!

当知公举公治之议院,实无秽之不纳,无垢之不存,威胁者有之,利诱者有之,即令普及选举可行,而奸猾者挟其金钱势力,犹有以为异,而人莫能与争先也。且普及选举一事,亦不足副民治之名,何则?被选举者与选举者之间,本无共通之尺度可言,举民治之权而付之代议士,此固伪庶民主义之失,反之,举民治之权而付之普通人民,吾亦徒见其实亡而名存也。是则尊显选举以辅政之新庶民主义,与资产者阶级之伪庶民主义,不过百步与五十步之间耳!此吾所不满于新庶民主义者一也。

2. 政府者,资产者阶级之蓬芦,而所由以生者也。此理不明,遂谓资产者阶级可去,而国家不可不维持,如新庶民主义者,非不对于资产者阶级痛恶而深绝之矣,然不知资产者之睢睢盱盱,彼固有待而然,今使决疣溃痈,则必无所托庇而消亡,此宁非根本解决耶?

George Barrett 有言:"政府为行政之机关,课税实为收入之大宗,而资本家之据有其土地与物产,将所得者纳其几分之几于政府,其余则归之私囊,或以为废除资本之阶级,将一切生产之机关,由政府管理而分配之,或不至有革命暴乱之发生,社会上便无奴隶与主人之阶级,不知少数之资本家既去,而一大资本家为所欲为,则人民受害更惨也。"呜呼! George Barrett 之言可以喻矣。资本家与政府之关系,实因果的必要的关系,如广义派主义之笃信马克思学说者,尚在摈斥之列;矧新庶民主义对于财产之分配问题,尚无何等之把握乎? 犹忆日本黎明会,在神田青年会开第一次讲演时,福田德三博士曾言:"真正的民主主义,不在政治上,而在经济上,我们第一应该把那防害种种经济生活的东西,根本除尽。"此曹非不知资产者阶级之应铲除,然持国体不动之谬解,则随成心而师之也,盖去毒莫如尽,削迹不可遗根,今既以国体不动为言,则浸假驱于国家之偏见,乃不惮于"解放杂志"而昌言控抟西邻矣。要之,国家者,实所以维持或保护资产者阶级之机关也;就政府之自身言,亦只得谓之资本家政府也。今新庶民主义既不以去资本家政府为前提,而能去资本家者未之有也。不特此也,有国家则必有战争,蛮氏触氏之争,而流血至于漂橹丹野,凡所以战争者,皆资本家所以固自身之位置,便一己之私图,果真有爱于愚陋齐民乎? 然而资本家政府,则又未尝不可假托于庶民主义,以为战祸之执言。现代大奸曰威尔逊,其言对德宣战之理由曰:"凡为国家公权所关,民族自由所紧者,均仗此一战,以保正道,以求世界庶民主义之安全; The world must be made safe for democracy。"准此吾恐以后战端一启,莫不以此为借辞,是庶民主义资本家不得之不行,而新庶民主义之根本动摇,吾亦何敢深信而不疑耶? 此吾所不满于新庶民主义者二也。

3. 平等即差别也,穷言说之所及,必至于都无平等亦无无平等，亦不可说为平等性，如是乃名平等，故《庄子·寓言篇》曰："不言则齐，齐与言不齐，言与齐不齐也。"然则无平等而后可言平等，今既有政府之存，则"治者""被治者"之间，虽能相忘其迹，而其有"治者""被治者"之实，则断断可知也。新庶民主义之真谛曰"人民全体之政治"，是犹谓人民全体悉为"治者"也，然"治者"对"被治者"而言，岂有"治者"存在，而"被治者"可不存在乎？敢问"被治者"为谁，隐而不见，而必在全体人民之中，则又断断可言也。夫既有"治者""被治者"之潜藏，则亦谓之有"治者""被治者"相待而已，尚有何平等之可言？且所谓人民全体之政治者，谓人民全体有参政之权耳，是谓为"治者""被治者"之调和可，谓无有"被治者"之存在则不可也。故新庶民主义可谓能参伍错综于"治者""被治者"之间者矣，然参伍错综于"治者""被治者"之间，是"治者""被治者"之分仍存，而仅参伍错综以迷之也。吾意必至于无政治而后"治者""被治者"之迹斯泯，而后可谓之平等，若新庶民主义则尚何平等之足云？然新庶民主义之学理的根据，实以平等为第一着，今既无平不陂，则其根据已失，此亏盈流谦之学说，非甚无谓者乎？且吾闻之法国黎朋之论自然之不平等与庶民主义之平等矣（见《革命心理》第三编），曰：

> 今夫物之不齐，物之情也。人类之不平等，固有基于天性者，此自然之不平等也，而庶民主义之平等，乃适与之反……自实际言之，凡自然之不平等，以其不知有不平等也，人类之众而独有圣贤豪杰者挺生于其间，聪明才力矫矫于其群，此不得谓自然者之独厚于是人也，自然无容心也。夫既无容心，则又何能就人类之众，而一一使跻于平。盖此等不平均之事，殆与天性俱来，有非理论之力所能改者矣。然而持庶民主义者，则固欲以反

于自然之平等，行之社会者也。

陋哉黎氏之言，自然者不平等，则非自然者，非不平等以明，犹之政治之不平等，则无政治即无所谓政治之不平等矣。今持黎氏之言以指摘新庶民主义可也，以新庶民主义之犹未脱自然之束缚也，犹以国家为不可不维持也，然遂谓平等之不可能，则是言之者过矣。惠施言连环可解也，非真连环可解也，连环打破，斯连环解矣。今言政治之平等不可得，非真不可得也，政治废绝，斯平等得矣。此理至明，而新庶民主义不及此，此新庶民主义之根本错乱也。黎朋又曰：

庶民主义之理解，以为天下无不可教之民，不患天性之不平等，而患教育之不普及，教育普及则自然退听，由是以造成水平线之社会不难。信斯言也，高等教育姑无论，而求所谓水平线之国民教育，数十年来亦既普及，顾其成效何如乎？

予意黎朋之言是也，然尚未尽其理，盖思辨之不一致势也，学者欲以教学之功，灌输智识于无愚无不肖之脑中，而使之一致乎？则智者愈智，而愚者仅得智，譬如一与二之比例，而犹乎其不一致，即犹乎其不平等也。然则奈何？曰：绝学去智，则至矣尽矣。智者愚之对也，既已无智，焉有所谓愚？既已无愚，则智之名亦不立；今欲其智也，则不能望其无愚也。繇此观之，平等一事，实断断可能，然不能一迳向虚无而行者，则平等不可能也。若新庶民主义之谓平等，则直甘辞谬说，欺罔人也！此吾所不满于新庶民主义者三也。

4. 普及选举，亦欺人之谈耳！近世思想家未有不认选政为空泛之名辞，则此普及选举，亦甚无谓者也，为满发议 Initiative 之欲乎？则发议一事，亦何有趣味可言？议而不见用，或用而不能行，或阳行而阴背，此皆资本家政府所优为，岂可以理喻之者乎？且可得而以普及选举与之平民者，即可加以纳税当兵之义务，而纳税也，当兵也，非所以为资产者阶级效牛马之劳而何？曩者威尔逊和议演说，既极称女界之热心助战，复言吾人欲报答其功，决非许与男子享同等政权不可，可知女子参政之由来，即为能效劳于政府之故。"夫钓者之恭，非为赐也，饵鼠以虫，非爱之也。"（《墨子·鲁问》）盖普及选举者，此固资产者阶级所以钩而止我，如牧羊于高路，两旁树以崇垣，能展足者惟狭路而已，岂敢望自由哉！今请论代议政治。Goldman 曰：

  今日之代议政治，似稍开明，工党之选举议员，为其代表，似为可靠，孰知政府者财神也，议员一入政界，未有不被财神软化者，所谓工人幸福种种问题，彼何常不日日言之，然彼之所言者，可斥为作伪欺人，借此以攫得个人富贵者也。

George Barett 曰：

  代议士岂真能尽代表之职，工人之苦乐瘼不相关，求其救护，有如隔靴搔痒，譬如工厂之内，须工人自行管理之，不必有求于政治家也。且代议之在国会，貌似极力热诚，所言者皆为福国利民之语，彼虽如此，实行几何！无数之面包师、建筑师、缝衣匠，失业于道中，触目皆是，何曾见而极救之也。

由此观之，代议政治实不可信，而普及选举真不足以诒婴孩之童也。更有进者，今人有倡社会协动说，以为普通选举之理论上的根据者，其意在于保全国家，抑且曲全君政（如日本吉野作造等），此固当与新庶民主义分别观之，以新庶民主义固绝对不认君政者也。然亦可见普及选举一行，则君政亦可假托以存，谓之民治，而奇形怪状之天皇，方且高踞乎庙堂之上，则是当新庶民主义大行之日，而居其维首者，总揽万端，莫不抑制，然亦可冒民治之名也。此吾所不满于新庶民主义者四也。

由上四节，已并对于新庶民主义之意见，尽量言之矣。然犹有不已于言者，则请于结论附带出之。近世学者多主国家工具说，予曩者亦曾撰专篇，发挥此意，今则鄙弃之矣。何则？国家工具说者，以国家为工具也，固有反对国家之暗示，然亦许为保存国家之护符。工具之功用在于作媒摆渡，国家之功用，则有何作媒摆渡之足云？去此扰乱和示之源，则世界之大同可期，谓国家为大同作媒摆渡者，此政治家之谰言也。复次工具之必要，为在某时间中有待于某物之造成，使此工具而终古不能造成某物，尚要此工具何用？今国家之必要，为在使民平夷安稳，今时至今日，而平夷安稳终不可得，则又何必国家之存哉？若必骋其强辩，谓循此以往，则平夷安稳终有达到之一日，敢问果以何日何时达到之耶？吾意时至今日，而国家之效不可得，则亦不可得矣，可以工具主义而摈弃之矣，复何可以工具主义而执着之乎？总之，吾人讨论学理，当从根本上着想，而求根本的解决，对于国家问题，不应始终覆括，更勿用怵惕强权，而缩衄其说以迁就之也。因评论新庶民主义颇有所感，援笔及之。

## 三、广义派主义批评

今俄国之广义派主义，Bolshevism，实不取于政府之组织，而犹任强权之存者也。列宁（Lenin）之言曰："吾人不要现在各处行之共和，彼之共和有官吏、有警察、有军队，如我国现政府亦一资本家政府，吾最反对；然世人不知，疑我反对政权，又是错误，我承认政权为必要的，但我意则政权当在农工兵委员之手耳。"不知政府非有自性，即因权力而有，以其对外有全其存在之充分权力，与对于人民之个人或个人之集合体，有一般命令之地位之充分权力，故能完其组织，假令舍政权而言政府，实无政府可言。故克鲁泡金曰："无政府者无强权也。"则反之有政府者，亦不过有强权而已。今既有强权，则是政府之组织名亡而实存，即政府之国家的及经济的侵略主义，亦恐非广义派所能排斥之也。再进而言，广义派以一不可调和之顺序与不可调和之政策，反对中阶社会的与资本家的政治权威，不知寄托于劳农代表会之权威，自旁观者察之，则毫无所轩轾。盖"最下等工人之握权"（The dictatorship of proletariat）一语，实马克思①之格言，而广义派所奉为金科玉律者，充其说不过强权之地位变易，是亦谓之强权而已。此亦一强权，彼亦一强权，如广义派主义者，不过继续强权主义已耳！安有忠实主张？更安有所谓阶级的与政治的之充分觉悟耶？总之，广义派主义尚建立于强权之基础上，故无论如何，终带有

---

① "马克思"，原作"马格斯"，据今通译法改，余同。——编者

专制之色彩，其流弊至于不确认自由，即所谓国民委员会，亦何以异于政府之组织，然犹自称曰劳农政府，以别于普通之政府；而劳农政府云者，所异于普通政府，究至何限度？为有领袖乎？有军队乎？证之事实，则应有尽有，与普通政府何择？抑吾尤有进者，广义派主义以社会之权力，托于劳农政府，使工人之一阶级，得以滥用其权力，是广义派主义实置一切财产于国家之掌握。余之意见，不问何等形体，惟在废绝国家；若广义派以政权为必要，殆变形之国家主义，非愚即诬耳！此予所不取于广义派主义者一也。

广义派之革命，实以劳动者而颠覆资本家之社会革命也，然最后之胜利，果在于劳动者耶？是恐未可必。何则？政府实与资本家有因果之关系，今广义派以资本主义可废，而政权不可不维持，则是政府之名亡而实存，而资本家犹未失其凭借也。以此推之，则广义派主义实未细审资本制度之诱因，而其效果必终于不可问，此非特我之意见为然，盖克鲁泡金于所著《近世科学与无政府主义》论之详矣。其言曰：

> 国家者，不外维持奴隶、农夫之主人，及地主、债主、帝皇、武后、贵族，及十九世纪以来资本家之垄断机关，设将此垄断机关之事业，一扫而清之，则国家亦不过无用之物而已。（十二章）

又曰：

> 国家为政治权力之中心，吾人每一言及国家，即联想及于国家之公道及资本制度。此等制度，实互相依倚以成立，其相关之处，非偶然的而为因果的、必然的，故以吾人之眼光观之，国家为地主及近日之资本家互保之社会，以发展其强权，使大多数

之平民俯首而听命焉为宗旨。此乃国家之起原，抑非历史的及现在之要点，是故国家之存在，不外助资本之发展，而资本主义兴盛，国家之权势与基础，亦渐巩固。（十三章）

然则国家之存在，实所以维持资本家之垄断，而政权之必要，即政府所用以助资本家以虐待劳动者。故一旦政权坠地，则资本家之凭借亦亡，若存政权而颠覆资本主义之广义派革命，则未见其可能也。克鲁泡金又尝辟马克思学说曰：

马克思以国家助资本家之垄断，已成过去之事实为言。其实新式之垄断，如铁路、电车、煤汽、水利、航业、教育等等，经议会之许可者，无一年无之，是国家之孟晋，益足以助资本家之张目而已。质言之，国家之干涉主义无地而不见其实行，是国家直接间接为资本主义之创造者，以使平民愈不聊生，几曾见平民之反对资本家，而不被国家之压迫也！（十四章）

又曰：

国家社会党所主张之政治组织，今日谓之集产主义，彼等以为借此可以实行其经济革命之手段，及解决社会之问题。吾人之意见则反是，今日之组织，如邮务、电报、国有铁路等，皆无资本家置身于其间，即或有之，亦不多觏而仍不脱佣工制度之范围，今乃欲以此而解决社会问题，不特与文明人类自由之趋势相违背，吾亦决其不可以实现也。

今夫广义派之主义，实即植于马克思社会主义之上也，信如克鲁泡金言，则其无当甚明。然吾尤有进者，马克思之集产主义，主张以日用之物（如衣食房屋之类）属之私有，生产之物（如土地机械之类）属之国家，则此代表国家之政府，握有财产之无上权力，不谓之资本家政府不可。故当马克思倡说之时，巴枯宁（Bakunin）即反对之当时马克思主张共产，巴氏反对之而主张集产主义，实则马氏所谓共产，乃中央集权之共产主义；巴氏之即所谓集产，则即今日之自由共产主义。质言之，马氏实主集产，巴氏实主共产也，曰：

> 予之憎嫉马克思主义，何也？以其不确认自由也，无自由何以存人格，予深望依社会之自由行动，自下而上，分配其财产，必不欲以在上之权势，而强命其下以分配也。若私有财产者，所以造成国家，此国家主义之结果也，予则欲举此财产权而全废之也。

据此以观，可知马克思学说，虽当世之所深畏，而不知实保守之尤者也。今于社会主义中，慎为去取，则共产主义尚差强人意，若集产主义则犹攘臂于国家之中，直根本错乱，奚足道哉！不特此也，自集产主义而至共产主义，其进化足征也；昔蒲鲁东（Proudhon）对于生产分配主张，曷尝不与集产主义同？然自巴枯宁而至克鲁泡金，以研究之结果遂以共产主义闻，故共产主义者，自集产主义一转手也，而集产主义者，犹之过去之化石也。今广义派主义不取于共产主义而取集产主义，何其故步自封，甘冒时代之错误耶！此吾所不满于广义派主义者二也。

又尝考广义派之起因，实以反抗国际战争为第一着，然反抗国际战争，而实同时提倡阶级战争，列宁之宣言曰："各国之平民应当拒绝兵役，转其锋镝以各向其内敌。"此阶级战争，诚为劳动者脱离桎梏之重要条件，特对于广义派之阶级战争之态度，颇有所未安，以其流弊常如独产党之独产主义，颇昧于互助之精神也。且如广义派之方略，亦未足以息国际战争，以其未尝去兵也；常备军之废去，固为广义派所要求，然废去常备军，同时复有兵工会之设，敢问兵工会之设，究适当否？依广义派之意，以为既不须常备军与警察，则所须者，武装的平民耳，其顺序则当立，即使平民武装，且当普遍。准此尤足证广义派之不忠实，以其排斥反对党之侵掠主义，而复阳弃而阴用之也。何则？兵士之设，无论其为暂为，常有兵则可以锄去其内敌，亦可转于战境外，未见兵不去而能息国际战争也；若欲去兵，则如广义派之拥护政权，亦未见其可能也。何则？有政则有兵，政者兵之所由以生也，《老子》曰："以正治国，以奇用兵。"王弼注云："以政治国，便复以奇用兵矣。"今广义派既有取于政权，则不能无政，不能无政则不能无兵。然政者兵之源，兵者政之果，兵又不徒为政之果，又为国际战争之因。今已不能无兵，则不能无国际战争也。夫天下所以脊脊大乱者，为有"武力"二字，广义派明知"武力"之害而排斥之，及其自为，仍不出于武力，是诚何以自解！此昔人所谓以百舌之口，攻燕子之语也。此吾所不取于广义派主义者三也。

虽然，广义派固乏彻底的政治觉悟，以视新庶民主义则犹愈也。彼新庶民主义者，常徘徊留恋于国家主义式的爱国主义之中，而与资本家军阀结不解之缘。若广义派则不然，列宁之徒以独断的鼓吹，敢与资本家、与帝国主义者挑战。此种革命，宁得谓之无价值耶？吾意广义派革命，固犹有未至也，然或者以此为无政府革命之过程乎？呜呼！赤革命至矣，吾愿以大锦褓迎之。

# 四、无政府共产主义批评

　　无端而有政府，岂不诚附赘县疣哉！且有政府，而天下之恶遂滋，睢睢盱盱者，彼固有待而然，今使决赘溃痈，彼且无所待，尚何暇于为暴人之行？是故遁天之人，不愿有政府，而独有取于无政府主义者，原欲得意为欢耳。虽然，吾尝反省而自觉，大造劳我以生，生则未有不为奴隶者也；夫代大匠斫者，吾固可得而伤其手。然大匠自斫，如疾风暴雨，此固天地所以刍狗万物，而怒者其谁耶？克鲁泡金之言曰："无政府者，无强权也。"今强权之大者，莫如天地，是安可怨者，而竟怨之矣，故不至于虚空破碎、大地平沉以言无政府，实有所未至。何则？强权所在，无解脱可言，天地之亭毒未已，而离跂自以为得，"夫得者困，可以为得乎？则鸠鸮之在于笼也，亦可以为得矣！……睆睆然在缦缴之中而自以为得，则是罪人交臂历指，而虎豹在于囊槛，亦可以为得矣！"（《庄子·天地》）且所谓国家者，不过毁瓦画墁于天地之中，而政府者又不过内包于国家，故天地其政府之蓬庐乎？其所由以生乎？天地不毁，政府不可得无，则何如进而从事于宇宙之革命也。且尝试论之，所谓国家，实与宇宙原理相一贯也，言宇宙则有方分，言方分则虽至小之倪，无厚之端，国家皆在其中。试近取诸身，身所住处犹之国家之领土，身由地水风火四大合成，犹之人民集合总体而构成国家，身可举一以明，犹之国家要统治权之主体存在，是谓身为国家可也。推而言之，地水风火则又数十种单体所合成，单体则分子所合成，分子则原子所合成，原子则电子所合成，要莫不具有国家之要素,谓地水风火及单体、分子、原子、电子皆为国家可也。如是则无适无莫,而非国家,周遍咸三者异名同实,可取以明国家之无乎不在,吾亦且奈何哉!虽然,吾尝闻《易》,乾坤毁则无以见《易》,《易》不见则乾坤或几乎息。言宇宙无则国家自无,国家既无则宇宙亦无,故欲遮拨国家,何如直探其本,而掀翻天地;欲保全宇宙而独遮拨国家,勿论所遮拨者仅狭义国家,即此狭义国家,虽遭遮拨,而国性未灭,必复缘会而生,则今日之为无政府说者,非戏论而何?总而言之,有"有"即有政府,无"有"方无有政府,果能举乾坤而毁之,则政府自尽。吾之主义惟在废绝政府,而所以废绝之法,则在毁去乾坤,此真大彻大悟之事,出于人之妙慧圆照,恐非今日之无政府主义者所能言、所敢言也。兹再批评无政府主义于左。

## (一)有组织即非真实

何谓真实?如哲学家之论实体者近矣,然奥妙处,每为常识所不及知,今且即浅显者言之。凡有自性者始得谓真实,反之即无真实可言。而凡有组织者,举无有自性也,何以故?因缘和合生故,可分析故。"譬如我身,四大和合,四大合离,今者妄身当在何处,即知此身毕竟无体,和合为相,实同幻化。"(《圆觉经》)今所取于无政府主义者,为其无"有政府"之组织也,所不取于政府者,为其由个人组合,假有非实有也(参看章太炎《国家论》)。所不取于个人者,为其犹无有自性也,即凡有组织者皆非真实,所谓社会、家族、军队、学校皆其同品。今无政府学者固常反对政府之组织矣,然反对今日之旧组织,复向一新社会之组织进行,不知因组织而有者,分之即还为个体,举无真实可言,岂独所谓"新社会之组织",而独不可分析乎?且强权非他,即在组织之中,组织之有"力"为之维系也，舍"力"即无所谓组织，舍组织亦无所谓"力"，"力"即强权。故我之主义，乃根本废弃组织，即欲根本废弃强权，不愿以变形之伎俩欺人，岂遂以新社会之组织为满意耶？然今之无政府主义则不然，克鲁泡金曰："无政府学者所主张之社会，即为无政府而又得调和效果之社会，所谓调和者，非遵守法律、服从强权，惟在各团体之自由联合，与各地方及职业上之自由组织。"Ozolprnan[①]女士作《组织论》(Organization)，谓无政府主义者，废除个人与社会之界限，使人人得享公同之利益，而无权力置于其间之组织也。以是证之，无政府学者非不言组织，特所谓组织者，以自由为依据耳。虽然，自由组织云者，果其可信乎哉？Hobbes、Rousseau均以邦国之立，为由于众人所欲，Rousseau之《民约论》，曷尝不云邦国之组织，以自由为依据，各以意愿之乐从，而为自由之团体乎？如以自由组织为然，则国家原同此理，何事而必遮拨之乎？吾于是知无政府学者之说为无当也。且可得而自由组织者，即可得而不自由组织之，今由不自由组织之国家，而可求得自由组织之社会，是则不自由组织乃有自由组织之可能性，而自由组织亦有不自由组织之可能性明矣。又况绝对自由，固不能存在于团体之中，因公同之利益，而有多少之牺牲，谓之自由，实为不辞。今夫社会者由个人集成，无有个人即无有社会，比较的个人尚为实有，社会则无实之可言。所以Max Stirner于所著《个人与私产》(Der Einzige und sein Eigentum)，公言社会虚无，个人真实，而倡所谓无政府个人主义者，亦本根据于分析之哲理。今使知社会虚无，则如克鲁泡金辈之组织论，可以休矣。使知凡组织皆非真实，则如Max Stirner之唯我论，且尚得有说乎？请更举章太炎先生之说为证。其言曰：

---

[①] 底本作"Ozolprnan"，其人暂不可考，姑存之。——编者

组织云者，将指何等事耶？一线一缕，此其本真，经纬相交，此为组织。今若有一幅布及一端帛，特指其经纬相交以成面积而言，当其为布帛时，此一线一缕者，未尝失其自性及其解散，则线缕之自性犹在，而布帛则已不可见。是故线缕有自性，布帛无自性，布帛虽依组织而有，然方其组织时，惟有动态，初无实体。若尔组织亦无自性，况其因组织而有者，又得说为实有耶？

所云"线缕""自性"者，尚属随顺有边，实则线缕亦可分析，无自性可言，是亦足证有组织者即非真实，而无政府学者之组织论实犹有所未悟也。

## （二）有产即差

资本制度（Capitalism），无政府学者所反对者也，故凡无政府党，必同时主张社会主义。今请以数年前，上海无政府主义同志社刊布《无政府共产党之目的与手段》前四节观之，即可见其一斑。（A）一切生产要件，如田地、矿山、工厂、耕具、机器等等，悉数取还，归之社会公有，废绝财产私有权，同时废去钱币。（B）一切生产要件，均为社会公物，惟生产者得自由取用之。（C）无资本家与劳动者之阶级，人人均从事于劳动。（D）劳动家所得之结果，如食物、衣服、房屋，以及一切用品，亦均为社会公物，人人得自由取用之，一切幸福，人人皆得公同享受之。盖无政府党之主张，在社会主义中，为共产主义（Communism），与集产主义（Collectivism）、独产主义（Individualism）各殊，不可混为一谈。即无政府党人亦不屑自降其价值，而与社会民主党同科，故对于马克思之《共产党宣言》，常恶其混淆名实，其在吾国则有师复与江亢虎之争论，近者凌霜（《进化》第二期）对于《新潮》（罗家伦之《今日世界之新潮》）复致类似之驳辞，是亦可见自信于共产主义既深，自不容似是而非者置喙于其间也。

虽然，自吾观之，则第见其同而不知其异也；且不徒集产主义与共产主义同，即独产主义亦何尝与共产主义异乎？何以言之，自相对之差别相，而由同一律（Law of identity），则见其绝对无差别。今独产主义，有产之主义也；集产主义，有产之主义也；共产主义，亦有产之主义也；独产之有产，何异于集产之有产；集产之有产，何异于共产之有产；名言之异而不知其同也。今请引一老例，而以《周易》之理证之，如以金入型各从其相，而金之自性无改，方为指环，无间又为眼镜框，无间又为时辰表廓，此指环、眼镜、时辰表廓，以言异则至异矣，而不知其展转相更，金犹是金，是至同也。今夫共产主义者，非独产主义之变形乎？变而有其不变者存，尚得谓变乎？万变而不离其宗，尚得谓变乎？吾谓独产主义与共产主义同者，吾盖从其同者观之耳。

要之，有产即差也，人世所以脊脊大乱者，为有产故耳，今不谋所以消灭此产，而谋所以支配此产，不问产之可以存在与否，而言"产"之当如何如何，呜呼！见可欲则真正之心乱，势利陈则劫夺之途开，吾意一切生产要件，即为万恶之源，吾等纵有何法支配财产，亦不过支配万恶，若谋扩张生产，要不过扩张万恶。已矣乎！煮砂而欲成嘉馔，纵经尘劫，知其不可得也！而味者犹津津乐道之，吾所以重有慨于社会主义之欺人，而憨于无政府共产党之根本错乱也。

## （三）性善说不可能

克鲁泡金于所著《社会进化与无政府主义之位置》曰：

政府者，全无用者也，不过投善良之民于牢狱，而致以罪恶而已。吾人不可不脱离资本家制度,同时亦须脱离政府、脱离宗教、脱离道德。小儿陷河,为旁观者,固非因利己名誉心而救助之者,或惧冥谴而救助之者,皆非也。唯不加何等考量,即时以本能的跃入河中,而为救助者,斯有赏赞价值耳。脱离政府、道德、宗教之时,人类皆以本能的为善事,妨碍之者,政府、道德、宗教是也。

由是观之,克鲁泡金立人性本善之前提审矣,然吾不能以不疑焉。使人性果善者,即不当恶,政府道德宗教何能为,必人性有倾于恶之可能也,此其一。复次,可自恶而善者,必可自善而恶,今即脱离政府道德宗教而以人类之本能的为善事,安知不自以本能的为善事,而复立所谓政府道德宗教者乎?何则?此可彼,则彼亦可此也,此其二。复次,可善则可恶,今谓人性为善,则不无恶也,此其三。且性之善恶,本为哲学之重要问题,而未能解决者,今既无充实之证明,而遽以性为善,恐未免独断之口吻,而非科学家之所宜也。

法人 Gobineau 谓万物之中,人为最酷。Schopenhauer 以为知言,且举例证之(参看《实际主义评论》第四节),夫以障明较著之事实,证明性恶之说,亦可谓信而有征矣,即使脱离政府道德宗教,吾恐以人类之本能的为善事者,亦不过发挥其天赋之兽性而已,尚何善之足云乎?

即如无政府主义之起因,亦未必便善,试分析其心理,(1)私忧过计,(2)不能容忍,固不可谓恶,然可谓善乎?即如克鲁泡金所倡之互助论,亦未必便善,Nietzsche 谓禽兽畏其仇,始托于外物之色以自蔽;犹人畏其仇,始于群以自蔽。今谓互助为善,则罗马神圣同盟非善之尤者乎?善哉 Franklin 之言曰:"That while a party is carrying on a general design, each man has his particular private interest in view"。是私心之在人类,无乎不在,即谓互为出于私心也可,吾意无有人类而后有善可言，有人类则未有不淫杀者也（参看《实际主义》第四节）。故存人类而言性善，性善不可能也。今无政府主义既立人性本善之前提，其误谬无俟言矣。

## （四）劳动非人生归宿

克鲁泡金之意，以为一切生产当尽脱资本势力之束缚，凡共同劳动之结果（即所生产之物），劳动者得自由取用之（即各尽所能各取所需之原则），是谓经济之自由。故凡无政府共产党，同时必主张劳动主义。虽然，自余观之，劳动主义之起因，实由于重视财产之思想，其根本已不足取，又况劳动非人生归宿乎？吾尝戏为之言曰：宇宙本体，实为无动无静，若宇宙则因动而有，一旦无动则宇宙亦息矣。今劳动主义可谓与宇宙之体恰合，可惜与本体大相径庭，则何如绝劳去动以求契合本体也。此虽戏言，却亦未理，吾等自思，果为劳动而生乎？至苦莫如劳动，而倡之者何心，虽然吾乃大愚，而谓劳动主义者之好劳动也，特欲利用他人之劳动，而减却自己之劳动耳。故其言曰：每日每人劳动时间，大约由二小时最多至四小时为准，是劳动主义实不欲劳动之表征，虽不欲劳动，而不可不以劳动责人者也。诸君不信乎？请观劳动主义昌明之日，即罢工运动极盛之时，罢工为何？非欲减缩工作之时间乎？非欲求加工金乎？以前言之，即不欲劳动之自觉；以后言之，即重视财产之思想，不愿劳动如斯，而望其劳动得乎？怠情非人情则已，如果人情，则二小时尚厌其多，重视财产如斯，而望其共产得乎？贪得非人情则已，如果人情，则私产尚唯恐其少，吾于是知劳动非人情，更非人生之归宿审矣。

且劳心劳力之分，即治者、被治者所由肇也，或劳心者治人，劳力者治于人；或劳力者治人，劳心者治于人，今不能举二者并废之，是政治不可废也。故欲废去政治，当将"劳心""劳力"之"劳"，根本取消之。若无政府主义，取"劳心""劳力"二事，置之一炉而溶之，美其名曰劳动，不知"劳动"之事不泯，则其俱生痕疵以相对也，亦势所必至，孰谓真正之平等，可求之于劳动主义之间乎？今人有慕许行之言行，以为实行劳动主义者矣（见《东方》第十五卷第八号《劳动主义》）。如其果然，则予亦有说。夫使民首戴苎蒲、身服褡袂、沾体涂足、暴其发肤、尽其四肢，以疾从事于田野，此何曾有爱心可言！劳苦自牧，则勤而易治此劳动主义，所以为野心家所利用，美其名曰劳动主义，无宁直称之曰牛马主义。夫牛马用人，固不仁之甚者也！今夫一哄之市，摩肩接踵者芬如也，此劳如者，奚为乎，曰劳动可，曰为奴隶亦可，劳而不知息，是犹作客而不知归也，吾试问世间人，谁非"为他人作嫁衣裳"乎！吾固不愿劳动，何苦以己所不欲者惑人！抑吾尤有疑焉，无政府主义以人人均从事于劳动为理想，假令一人不服劳，则将有以强迫之乎？如有强迫，则劳动为法律之诱因；如无强迫，则趋逸避劳谁不如我。然则留此劳动，即不啻自卖其主义，何如无动之尤愈乎！或曰，凡言劳动者，以自支其生活也，无论何人不可以不劳动，不知人之生也，本不因众人而生，则我之劳动与否，我可取决于个人之自由，宁有余人置喙地？又况悟无生法忍者，实日望寂灭，求其劳动而不任受者耶？总之，劳动非人生归宿，各尽所能，非人世间所敢望，各取所需，则人人所争先恐后，而求之不得者也，吾意劳动主义其终于空想乎？其为野心家所利用以为政策乎？

## （五）教育与学说之迷梦

无政府主义中，实包有无祖国主义、无军备主义、无国会主义等等，唯对于教育不特不加遮拨，且于此独望其继长增高。无政府共产党之宣言曰:"吾等当自由研究科学,以助社会之进化,及游息于美术技艺,以助个人体力脑力之发达。"呜呼,何其迷而不复耶!体力发达亦不过善于杀人,脑力发达亦不过能暗算人,吾所求者真幸福,岂仅仅美术技艺为满意耶?吾意世安有所谓学问?有之亦不过教人杀人之科学,与乎为政府张目之神学哲学,其次则玩物丧志之文学语学而已。呜呼,政学之相待而成,其在吾华已彰明较著,无可讳明,若在欧西亦非无蛛丝马迹之可寻,特未说破而已。且教育非行政之一事耶?青年血气方刚,皆不利于政府者也,则纳之彀中而软化之,繁其科学以扰其脑想,重之以年月,以使之老大徒伤悲,人情皆爱惜虚荣,则设为博士硕士种种名目以羁縻之,贪财嗜利者,则授以一官半职,使竭其犬马之劳。呜呼,政府以是制造奴隶,学校本是意以奉仰长官,吾不知无政府主义者,眼光如炬,何独于此而有所未悟也。今无政府党人,出则告人曰,我唯物哲学家也,其迷信学说,有类教徒之信仰教主,有不可解于心者,宜其于教育释之而不推。虽然,教育因政治而有,无政治则何必有教育,欲根本废弃政治,教育亦不可以远离而独绝。吾东方人,于政学相缘之理,知之最稔,不徒有见于学之不离政,且以为凡诸学说皆为乱具等之迷药,诸君不信,请观尼采之超人主义,非为德国政府所利用耶?即克鲁泡金之学说,非为协商国政府所利用耶?一学说出,多一杀人之机会,则绝学不犹愈乎?吾之主义以为政学均当废绝,何则?"教者"与"被教者"之关系,固无以异于"治者""被治者"之相与于其间也。

由上五节,已将对于无政府共产主义之评论,大概说尽,今再总括一句,予意所不满于无政府共产主义者,为其有所蔽塞,而不能一径向虚无而去。然余固认无政府革命为虚无革命之过程,犹广义派革命之为无政府革命之过程也。盖吾所不取于无政府主义者,谓其迷惑于建设之说,受保守主义者之愚,若其根本意义,则予所深表同情,而无非相非者也。

# 五、实际主义批评[*]

## 第一章　绪论

晚近学说，自以实际主义（Pragmatism）为集点，如哲姆士（James）、席勒（Schiller）、杜威（Dewey）三博士，皆本派大师，吾等景仰其学说，而叹为得未曾有者也。今者哲姆士已矣，而杜威博士来华，且以其知行合一说，来相劝勉，吾等诚何幸哉！即不学如予，亦不自知其手之舞之足之蹈之也。虽然吾重学说，非敢崇拜学者，虽重学说，而不愿盲从，凡吾所以能驳之者，吾必尽量为之，何则胜义未明，吾必不心服，苟能持之有故、言之成理者，岂能五体投地乎哉？今所恨者，特耳食之余，即有所论断，无异隔靴搔痒；且如实际主义，固从认识论为出发点，而此所论断，不过其派生之宇宙人生观，可知吾于实际主义所知甚少，虽然，岂以其所知之少，而不敢用其怀疑？正以信不足焉而有不信，故悠兮其贵言。

吾尝察实际学派之源流，盖与进化论蝉连而下，为自然而生之结果；抑实际学者之自解，亦未尝不如是，故罗塞尔（Russell）分现世

---

[*] 本篇原以"实际主义评论"为题，发表于《新中国》1919年第1卷第3、4号，后收入《现代思潮批评》（北京新中国杂志社1920年版），部分文字有改动，并改题名为"实际主义批评"。本次整理，以《现代思潮批评》所录为底本，以《新中国》1919年刊文（简称《新中国》本）为校本。——编者

哲学之倾向为三种：(1)自柏拉图（Plato）至康德（Kant）及黑格儿（Hegel）为古典派；(2)自达尔文（Darwin）至斯宾塞（Spencer）、赫胥黎（Huxley）而柏格森（Bergson）为进化派；(3)即新实在论也。可知实际主义所受于进化学派者为多，则穷溯其源流，而根本遮拨之，岂非一举而两得哉！今考实际主义之根本思想为出于进化论系者论之：

(1)孔德（Comte）——积极论（Positivism）
(2)斯宾塞（Spencer）——不可思议论（Agnosticism）

**积极论之批评**——孔德谓人之智识以三阶级之程序进行，试征诸各科学而可信也。(1)神学阶级（Theological Stage）；(2)形而上学阶级（Metaphysical Stage）；(3)实证阶级（Positive Stage）；故排斥想象与推论[①]，而务积极进行，此盖席勒（Schiller）、颉蒲逊（Gibson）所谓哲学之三变迁所本也。然自余观之，孔德之说，阶远以至近，自精以至粗，使自然之理，积习而成，美之曰实证，何异坐实"大地上之存在皆合理者"，而使一切之政治宗教之恶制度，得所借口，为保存之地步耶？今试取哲学史读之，前者所论多形而上学之问题，至康德以下所论多认识论上之问题，今孔德复确定"人类"为吾人最后之思考，以代认识论之说，不知哲学本来之目的，在求宇宙人生之真义，如是则形而上学尚矣。浸假乃挟假于人知之能力，而欲考究其能否解释哲学上之问题，而言所谓认识论，是已与初意相违[②]；又况孔德之蔑视认识论，而倡"人的哲学"，冀人类匍匐于此新

---

[①] 自"故排斥想象与推论"至"然不过使人彷徨迷惑而已"一节，与《新中国》本相关段落差异较大，文繁不录。——编者
[②] "违"，原作"意"，误，据《新中国》本改。——编者

神力之足下,是直使人彷徨迷惑,于宇宙人生之真义,不向之疑问而已吾意研究哲学当依科学方法,先假定人智之能力为能解决宇宙问题,非此则哲学且不立,研究云乎哉?乃者近世哲学多有蔑视形而上学而倡认识论即哲学之说,此可谓逝矣远矣。又况人智之能否解释哲学上之问题,与解释哲学上之问题是否当用人智,意义各殊。使解释哲学上之问题,而当在亡知处,则认识论之根本动摇。且如认识论上所解决之问题,即使有所解决,亦不过解决自身,而非明自身之真义为何。始则以研究自身之意义故,而研究自身,后则以研究自身故,而忘却其欲研究自身之真义,是其研究自身也,实不知研究自身之为何也。故自形而上学而认识论,以至云积极,则积极矣,然不过使人彷徨迷惑而已。今请举《周易》为例,吾尝以孔德之理,分易学史为五时代:(1)易理时代,(2)易气时代,(3)易象时代,(4)易数时代,(5)易音时代。如周秦诸子,自老庄、孔子以至邹衍、公孙龙、九流诸子,莫非发明易理,此易理时代也。降而至汉,学者皆言阴阳五行,自孟喜、京房以下,至于荀爽、虞翻,今所见于李鼎祚《集解》者,举不外世应、飞伏、消息、卦气、爻辰、纳甲之谊,此易气时代也。降至魏晋王郑学分,王弼倡"明象"之论《周易略例》有《明象篇》,始从忘象中,向象之方面发展。孙盛有《易象妙于见形论》,殷融有《象不尽意论》,何襄城有《六象论》,然所明者,尚为恍兮惚兮之象。降至宋代,而图象纷如矣,陈抟出《河图》《洛书》并《先天图古易》以示,种放受《先天四图》,李溉受《图书》,复自著《六十四卦相生相推卦气图》。一时中《太易源流图》《太极图》……绘画满纸,千态万状。毛奇龄曰:"宋元间人,凡言易象,辄自为一图。"斯言深可玩味,盖以恍兮惚兮之象为未足,而各为图以象之,此易象时代也。自宋历明至于清,学宗汉儒,竞言象数,实则征实之象与拟议之象殊科。自征实之象而抽象之,则所谓象数象也,象"数"之象也?吾读惠栋、张惠言书,颇有悟于此。且如杨履泰之作《周易倚数录》也,列算式五十图，自今数叠法开方法……皆备，可知有清一代，为易数时代，非臆言也。若易音时代，则实今后所进行之程序，予所敢预知，而非今日所能言。

总之，《周易》为穷通尽变之书，自理而气，自气而象，自象而数，自数而音，无非以"曲"而成，即各时代中，易学家互相争论，亦属当然之事。盖《易》者所以明"道"，而道本无，则拟议而成其变化；自拟议之象而成征于征实之象，则对于征实之象，必不疑于其始之本无。今又自征实之象而抽象焉，限数为音，则何至尚疑于象之本无哉？然自智者观之，因其积渐而成，则知其始之非实，因其未有无有，即知其本无，因其自无而有，所以知其必自有而无。今实证学者知积极之理，而不悟积极之虚伪，因其积极而积极之，不啻因其虚伪而虚伪之，此固所以保全宇宙，无如积渐而来，即可得积渐而去。何以故？此可彼则彼亦可此也。今因彼之可此，而忧患于此之可彼，遂排斥想像与推论，不知此所排斥者，实有此想像与推论，而排斥之也。有此想像与推论，而不许其如是想像，如是推论之也，虽屏而不言，而名亡而实存也。以余观之，如孔德者，非不圣明特达，非不知宇宙之不实，乃至不知宇宙之必自有而无也。然而不言乃至不许人言，以其排斥想像与推论，即知其曾作如是之想像与推论矣。要之，吾自积极之原理，而日咒宇宙之早亡，孔德则知积极之原理，而愿宇宙之久有，吾非不知经验之即生活，则因有而有之者，有或稍久，然吾乃不愿。何则？有则常有，岂积渐而有，积渐而有者，如何可有？以不能有，而求有之稍久，何异垂死之人，而犹争须臾。复次，有则有挂碍，有恐怖，失本有之元常。故积极之论，以世间法绳之，诚至矣，蔑以加，若求最真实义，则犹有未树，故吾乃不取于孔德之积极论，而根据于此之实际主义亦如之。

**不可思议论之批评**——斯宾塞倡不可思议论，谓宇宙之本原，非人智所能知,学者所攻者,现象而已。又言哲学之职,志在综合群学,至伏于现象之真如,吾人终不可得而知,原其意,果有不满于高谈玄理者,而发为斯言乎?是未易易言,唯世人既作如是解,姑作如是解可耳,若予本意,且以不可思议为至理名言,可与佛说相证。何则?真如,本穷微尽化绝妙之称,固非言象所能测,而何可思议。今哲学之所事在知,而真如之本体为非知,非无知,若现象则唯知。哲学家以能知之心,欲求非知非无知之理,其误谬不待言。今且舍此不言,认多数学者所以解不可思议论者为无讹,而加以辨证,然予乃不愿言出于己,则多借外论之,以求见信。且致前人所已驳之辞,归纳而评驳之,岂不胜于哓哓为哉?下节所引诸哲言,悉采自《甲寅》第一卷第九号刘叔雅先生之《唯物唯心得失论》,不曾加些。

初,斯宾塞之为不可思议论也。Sidgwick 即于所著书,亟问斯氏何从而知其为不可思议?又曰"无论其可思议与否,吾人终不能置之而不思议",斯言是也。不可思议者,由可思议处而不思议之也,方吾涉思不可思议也,非徒示不可思议而已,同时亦释之为可思议之反面。吾闻逻辑家之言,谓每一断辞,适涵一否决;每一否决,适含一断辞,是则可辞者同时为否辞,而否辞者又为可辞,吾于是知不可思议之可思议断然矣。再进而言,不思议者由思议处而不思议之也,故不思议有思议之可能,因万物本原之不可思议,而不思议者即无异"思议"万物之不可思议也。此亦一思议,彼亦一思议,果且不可思议乎哉?知不思议之即思议,则吾必不以其不可思议,而曰吾将置之而不思议者审矣。又况本原问题,本为吾等所不免之思议,而不能不思议者乎?叔本华(Schopenhauer)曰:

> 人类而外,致疑于其己之生存者,未尝有也,此曹皆以其已之生存为当然,而不觉其可异。人类则不然,盖其意识理性既

发达，终乃致思于此大疑问矣。尤可异者，生存之侧，有所谓死灭者在，虽有鸿业伟绩，一旦魂断，闭骨泉里，则事功悉归泡影。呜呼，吾人胡为而有此生于斯苦恼之世乎？是盖最足动人之疑问也。此心情，此疑念，即唤起人类所独有之形而上学之需（Need of Metaphysics）之因也。亚理斯多德曰："无论古今哲学，皆以惊疑之念起。"哲人之说，宗教之义，未有不道神不灭者，观于此可知人类所最惊疑者，为生死之大问题也。

呜呼！持此以衡实际主义，何至以己之生存为当然，而绝不觉其可异乎？岂非非人性之思想之表征乎？何其知生而不知死耶？何其独无有形而上学之需乎？吾是知不可思议论之无当，而穷理当利益人生之说，实违中之佞也。善哉，欧铿之言曰：

> 世多有谓无形而上学，亦可求真理者，故实证派视知识为事物关系之记录而已，限制而已，谓其本原为不可思议；知行合一派则以知识为求利之具，然吾人所以不得不求超脱此限制者，非必欲建立形而上学而执着也。天赋之精神，迫之使然也，观于吾人能知己身与四周事物关系，识其为全体，且知关系之为关系，可知吾人实非仅从事于事物关系中之一矣。吾人一旦认可思议界之外，有不可思议界在，立自觉其皮相，而不满之情，油然生矣。思想之制限犹可忍，人生之制限不可堪也，谓万物之本原为不可思议，吾人虽研精覃思，终为徒劳，而不免于皮相，是非钩深索隐之君子所能承也。孔德尝尽心力以求新思想，穆勒、斯宾塞后皆痛恨己说之不完。斯数子者，其天赋之本性，自求超脱己之学说，岂偶然哉！黑格尔曰："君子而不解形而上学，犹伽蓝壮丽而无佛也。"故微形而上学，则人生必日益坠落也。

吾意实际主义，其即日即堕落之表征乎？夫无端而曰不可思议，此本无所根据，浸假乃至制限人生，可见末俗之沉沦而不悟根本错乱，又何言哉？然吾思之，吾重思之，意者不可思议论，其有所蔽塞乎？其因怀疑而武断乎？若怀疑而不武断，熟思而精察之，必有悟矣，是故柏格森（Bergson）者，近于实际主义者也，对于不可思议论且颇致微辞，曰：

  此曹遭此难题，乃违其初志，发为怪论曰：吾人之所改造者，非真如也，其现象而已，万物之本原，永非吾人所可得而知也，吾人唯徘徊于其关系之中耳。绝对者，不可跻之境也，吾人盖不得不裹足于斯不可思议者之前矣。往者颂智灵为万能，今又何贬之之甚耶？使生物之智灵，果为一物体与其物境之互相作用所范成，则又安有不知其所从出者之理乎？吾又安有全生息于虚无冥漠中之理乎？吾人之智慧，既专供运用，复常受所觉者之印象，是即与绝对相接触矣。

他日又难康德曰：“彼既谓物如有不可思议，然则彼安得而道有物如者在乎？使此不可思议之真如，能达于吾人之感官，且适合焉，此尚可谓为不可思议乎？”由此观之，不可思议论之无当，可谓洞若观火，略无疑谊矣，而偏计所执之学者，犹以不可思议为口头禅，吾不知其天质之脑筋，为能思议否乎？如能思议，则是其人之怠惰，而不思议，是不可为训者也。且宇宙问题者，实吾等之问题也，吾等而不自加思议，敢问代吾思议者谁乎？且哲学家司何等事，非真欲穷理而致知乎？今既自愿居于无知之列，则亦可以已，而复以"不可思议论"绳方来之人，使皆出于其途，是亦可见人之耻于独为无知，而反证知为当急之务矣。今请循其本，哲学原语为（Philosophia），犹言爱智也，如今之哲学家，吾诚不敢以"智者"相责，然而爱智之不能，则吾不可不循名以责实。吾闻柏拉图之论曰："诡辩学者之讲学，志在获利其徒之就学，志在求富贵，有为而为，非真欲穷理而致知也。"呜呼，吾耻此言，而不愿今世之哲学家效之也，吾固不敢谓今世之实际学派，皆有为而为，然而不无稍疑惧焉。今夫宇宙一谜也，谜则有谜底，是在猜者之本领如何耳。今一遇难题，即却步而不敢猜，是自示其无能也；或猜而曰不可能，是自示其无用也。或无用，或无能，有一于此，即无取于哲学家，故不可思议论，吾实不能赞同，而根据于此之实际主义亦如之。由前之说，是实际主义之根本思想，为出于进化论系者，其误谬可无疑，外此则进化论者之变易论，亦为本派真理论之根据。吾将于本篇第三章广说，故今不赘。

## 第二章 方法论之批评

吾今提笔以评论实际主义，吾实自居于颠扑不破之地而发言，何则？如实际学者之说，则予实有评论之权，而彼实无能有所非难。彼云真理无定，随时变易，既已无定矣，而谓实际学者之真理，其不水逝云卷、风驰电掣，而尽去耶？今夫实际主义为最近五十年来之所谓真理固矣！然而穷溯五十年前之真理，已不适于今，即知今日之所谓真理，必非他日之所谓真理；犹前此之所谓真理，非复是今日之所谓真理，是故实际主义其自身乃不立，固有异于天经地义之不容人究诘之也。且彼亦不能难人之难彼者，彼辈学者如杜威博士，固主张真理之相对说（Relativism）者，既以思考为应于特别状况而成立，则真理成为"此处与此时"（Here and Now）之问题。而人之持各种见解者，举不外自应其环境之要求，而唤其思想之材料，固无非相非之也，即就难"实际主义"者言，有其所以难之之思想，即有其所以自适于某状况之下。故自相对论者观之，实不能以我之彼难，而谓我之非理；抑余不必持相对说者，则迳可谓彼实际主义之非理，而不必和之以天钧者也。以前言之，则彼非不可破，以后言之，则我实能立，能立而援以可破之机会，吾又何所客气为哉。

**形式逻辑与实际逻辑**——自形而上逻辑（Metaphysical Logic）外，举不过衰世凑学，不知原心反本，直雕琢其性，矫拂其情，岂徒形式逻辑（Formal Logic）已哉！当吾始读 Jevons 所著 *Elements of Logic* 时，初未尽其绪论，即容忍不得，而作一文曰：我之论理学观，设为种种疑问：（1）思辨其能一致乎？（2）论理学其能致思辨于一致乎？（3）思辨而有当然法则乎？（4）论理学其能以当然法则绳人乎？当作此文时，初不知有席勒（Schiller）之前乎我而难逻辑，乃至 Jevons 之书自 Chap.1 以外，亦未曾寓目，文中亦不过应用周秦诸子、袁宏道、李卓吾之说，以评驳之耳。虽然自今观之，则吾囊所以驳形式逻辑者，尚可用以驳实际逻辑（Pragmatical Logic）乃至一切逻辑而有余，何则？吾说固曰：

> 待钩绳规矩而正者，是削其性也；待绳约胶漆而固者，是征其德也；思想至自由也，何法则为！今如论理学家言，是于思考之先，而有当然之法则在，隐隐然梗起于胸中，而我从而补接攒簇之，成为语言，表为文字，则销铄精胆，麑迫和气何如乎？

又曰：

> 以绳墨取木，则宫室不成，彼拘儒小见，以所常见常闻者，辟天下之未曾见未曾闻者，且于义当遮！何况论理学以定法缚人，又欲以定法缚后世之人，勒而成书，文而成理，使天下后

世，沉魅于五尺之中，炎炎寒暑，略无半罅可出头处？

又曰：

何必诡辩学派之非，而 Socrates 之是，钩鈲析乱是其同，然能托足于道德之荫以遁影者，则以道为竿，以德为纶，投之江，浮之海，万物皆得，宜乎 Socrates 之是而诡辩学派非也。

今夫实际学派之遮拨形式逻辑也，吾诚佩佩，然其遮拨一切公式，复自设所谓虚拟之公则，是犹其附赘县疣也，是以百舌之语攻燕子之口也。且如席勒之倡导其学说，实未免于独断的鼓吹，勒而成书，文而成理，以绳天下后世之人，则又何以异于形式逻辑家？今于形式逻辑，则摧陷之、廓清之；于我之所是非也，则以为放之四海而皆准，殆未免为客气之所中矣。且所谓实际逻辑者，固未尝不道其所道，德其所德也，道德无常，故 Socrates 可评驳诡辩学派，而席勒亦可评驳形式逻辑，观于席勒之评驳形式逻辑，则知人固可议其后，究之何等名道德？何等名公理？如是言说，即为欺人之徒。实际逻辑者，实自别于形式逻辑而建其道德说，虽于无谓之 A、E、I、O，与夫琐屑三段论法之规律，尚未钩鈲析乱于其中，而其钩鈲析乱于思想之中，亦只足以折人之口，而不能服人之心也。不特此也，吾见席勒之自序 Formal Logic 一书（见《新潮》第三号，孟真译），直斥形式逻辑为利用人类心理上之弱点，历史上积压之势力，使吾应时而生的反动力量，无形消灭。其言诚如中的之矢，然亦可用以自射其人生主义（Humanism）——实际主义——何则？人类皆有苟生之心理，即斥之为 Phallicism，亦非过言，人非不欲求真实之世界，又恐真实之世界未得，而先失其今日之元常，此"留恋"与"欲得"之心，谓非人类之心理的弱点而何？今人生主义，非利用人类心理上之弱点而何？复次宇宙人生之现有，虽非本有而积渐而有，今效老子"执古之道，以御今之有"之法，言有者始终有，曰："吾见天之岁时，日消者如彼，自息者如此，而终古有是天也。"曰："吾见人之岁时，日死者如彼，日生者如此，而终古有是人也。"盖一切唯物主义，顺世外道，举不外利用历史上积压的势力，若席勒之人本主义，则尤其彰明较著者矣。由此观之，则实际主义，亦不过利用机会，使人应时而生的反动力量，无形消灭，而实际逻辑者，则所用以"消灭之"之器械而已。席勒又曰：

> 凡教授形式逻辑的人，总不免自损身价，因为他须冒认遗传的道理，当做思想的自然，必须用尽曲折的方法，把极不一致的东西，硬说他在形式上一致，必须限制别人不在玄学心理学上产生的问题着想，用极不逻辑的办法，定出一条界限，划分（逻辑）和（外于逻辑）两类。

斯言诚是也！然亦可反以自驳。夫形而上学之需，乃人天性之本然，非偶然也。吾生斯世，如投罗网，其欲断毁支体，出此法轮者，本心理的起源，而未可以厚非！今实际主义何如乎？自身缠缚沉沦，回转生死而不求自拔，且以人之熏修证果为大愚，而绳之以所谓实际逻辑。曰：思想必有利于人生，反之即误谬，今敢问其假定之前提，是否限制人之思想，使不在玄学心理学上产生之问题着想？如彼所以难形式逻辑者乎？纵云他人有心，不可强同，我不睹人世之足悲，则乐天任事，破涕以为笑，其权自在我，然亦不能以衡天下之人，使皆以世间为美备也，未始有衡，即不可凭之为是非；不可凭之为是非，即不成其为逻辑，而犹攘臂于其间曰"实际逻辑""实际主义"，是非席勒所谓强不一致为一致者乎？昔者卢梭之作《民约论》也，伯伦从而驳之曰："谓之民约，则国民必须全体画诺也。苟有一人不画诺，则终不能冒全国民意之名，不得谓之民约也。"今实际逻辑，何啻以强大之压力，灭我之性灵，而使之入其彀中！曰：必以此为律！如是以一致之道，绳不一致之人心，吾先不画诺矣，我则悍！彼且奈何！亦不得谓之逻辑而已。再进而言，实际逻辑者，自形式逻辑一转手也，此亦一逻辑，彼亦一逻辑，原无不同，譬如金之入型，方为指环，无间又为眼镜框，方为眼镜框，无间又为时辰表廓，虽有变易，而金自若也。今自形式逻辑，而符号逻辑，而实际逻辑，而……逻辑，而逻辑自若也，故吾所以遮拨逻辑，乃即逻辑之自身，而根本遮拨之也。今有金于此，如次以入型，为指环、为眼镜框、为时辰表廓，时辰表廓仰观眼镜框而骂曰：汝何等伪金，安足以比我？眼镜框又对指环而骂，是不诚可嗤之事耶？呜呼，席勒之批评形式逻辑，何以异是，吾实为之忍俊不禁矣！

**形而上逻辑与实际逻辑**——然则凡逻辑皆当遮拨，而吾乃有取于形而上逻辑独何哉？曰：是有说！形而上逻辑者，可知与不可知之通介，有见即除，原不如逻辑之迷执横兴也——今日之形而上逻辑，尚未到此地位，吾特言吾之理想的形而上逻辑耳。《解深密经》曰：

> 我说胜义，是谓圣者内自所证，寻思所行，是诸异生展转所证，胜义无相所行，寻思但行有相境界；胜义不可言说，寻思但行言说境界；胜义绝诸表示，寻思但行表示境界；胜义绝诸诤论，寻思但行诤论境界。

此"胜义"与"寻思"差别，即形而上逻辑与其他逻辑不同之点。今夫实际逻辑者，非自以为得"实"乎？果得"实"者尚何言，无如其误也！实际学者以世间之眼见者为"实"，以人类之现有者为

"实",果其"实"者,尚何言,无如其误也!何以误?相取相故。何谓相取相?请以《墨子·公孟篇》为证所主不取证于佛说者,以其妄言太甚,所说反不易解;所以取证于墨子者,以墨子实实际逻辑,而此则所举以难人者,反证墨子知相取相之误谬而不言,于疑人时则不厌言之:

> 子墨子问于儒者曰:"何故为乐?"曰:"乐以为乐也。"子墨子曰:"是未我应也。今我问曰:何故为室?曰冬避寒焉,夏避暑焉。室以为男女之别也,则子告我为室之故矣。今我问曰:何故为乐?曰:乐以为乐也,是犹曰何故为室,曰室以为室也。"

今如实际学者之言,"何异乐以为乐"之言乎?问之曰:"何故为人?"曰:"人以为人也。"是即相取相之误也。且彼逻辑,实箝人之口,结人之舌,若曰:"汝不当有何故为人之疑问。"又曰:"汝人也,当思所以为之若之何也。"固其逻辑,实诏人以"何者"(What?)、"如何"(How?)之道,若叩以"何故"(Why?),则必瞠目不能答,若更叩以"存在"上之疑问,则必抱头掩耳,如不及矣。总而言之,人之欲"实",谁不如我,吾非不佩实际学者有求"实"之心,而憨其无"求实"之方法——即无求"实"之逻辑——然则奈何?曰:是当以形而上逻辑求之。故吾之于人生问题曰:"何故为人?""能否不为人?"而视"何者为人?""如何为人?"实对之怜惜如不及。曩者吾尝著论曰:国家果真实耶?开宗明义,即对于国家学者,有微辞焉。其言曰:

> 如国家学者,千篇一律,要不过言"何谓国家?""国家成立以后之如何组织,如何……"而已。间有绎回家何自来者,

吾初意以为，且道出国家之如何自无而有，则且洗耳谨听，若有机体说，若机械说，若人格说，若契约说，细察之下，始知其皆拘挚诡异，执现有以言有。夫执有以言有者，是未有答也。且国家学者，何曾问国家之能否存在，不论不议而已；不论不议则安之，安之则莫有迁改，误以国家为本有，此其政治所以到今不废与！

呜呼，吾诚不知实际学者之何心，而必为此似是而非之逻辑，以绳吾等活泼泼之思想。吾恐以后可疑之事甚多，而人乃不敢用其怀疑，即彼睢睢盱盱之徒，彼亦固有待于实际逻辑而然也。虽然吾言过矣，如实际逻辑，亦自有其不可没者在，则进而问实际学者曰：汝果欲求实耶？如其果然，则吾愿援子以行路，自"何者""如何"之疑问，进而为"何故""能否存在"之疑问，斯可矣。须知世有人焉，而浑浑沌沌，无有"何故""如何"之疑问者，不徒汝等对之不满，即言形而上逻辑者，亦为之着急；抑汝等虽知"故者""如何"之疑问，而不知"何故""能否存在"之疑问，则吾为汝着急亦何如耶？今再明白言之，"何者""如何"固为求"实"之器械，所惜器械不精，求得者仍是"伪实"，表面看来是"实"，内中却不"实"。譬如做梦时候，以为梦境是"实"，不知梦境皆"实"而"不实"者。今求"实"而"实"者，不可更用从前不精良的器械，要购得更精良者才好。此种器械，何处有之？答曰：在"形而上逻辑"中。此种器械何名？答曰：名"何故""能否存在"。购他何用？答曰：有了他，就可造出"真实"（Real）来。实际学者乎！实际学者乎！吾不愿汝说Pragmatism，愿汝说"真实主义"（Realism）；不愿汝言"实验逻辑"与"器用逻辑"（Experimental and Instrumental logic），愿汝言"真实逻辑"（Real Logic）——"形而上逻辑"（Metaphysical Logic）——

须知形而上逻辑者，最后之逻辑也。凡前者逻辑，皆不过工具，用以制成此大工具而已。荃者所以在蹄，得蹄而忘荃也可，理想之形而上逻辑既出，则实际逻辑，置之可矣。然而形而上逻辑者，亦不过最后之工具，吾等用之以求"真实"，苟得"真实"，则形而上逻辑，焚之亦可，沈之亦可，瘗之亦可，露之亦可，实则此时空无所有，焚不焚，沈不沈，瘗不瘗，露不露，为不可知之事，忘之而已矣。今敢将形而上逻辑与实际逻辑，再分别校之如左。

1."元知"与"推知"之区别——梁漱溟先生《论佛理》书曰：

> 有元知，有推知。元知者，原于觉性，径而知之；推知者，原于推证，纡而知之；前者非逻辑所有事，而后者有待逻辑，勘其诚伪。何曰：非推知之事？以其为此事之元始问题，而又究竟之问题也，"如物质之真幻，神身之有无，与夫神质二者之终为宇宙二物，为心中意之意，抑心外之端，时之与变是一是二……其物皆不二而最初，无由推证其所以然！"（《甲寅》第一卷第十号通讯）

梁氏可谓知言矣！夫谓元知非逻辑所有事，诚非逻辑所有事。然吾今所立之形而上逻辑，亦不过从亡知处，不妨予人以知，而所事实在亡知，而不在知（梁氏语），其事犹梁氏所谓"证会"也。若实际逻辑，则犹为推证之事，是推知非元知。今既明真实事非推知事，则实际逻辑，即有谨严方法，微细推勘，亦无能为。何况其方法之谨严，实不如形式逻辑、符号逻辑远甚，故今而不欲有事于真实则已，如其欲之，则实际逻辑实不可用之工具，而有待于形而上逻辑者也。

2."宪象"与"本体"之区别——本体者"情"而非"意"，宪象者"意"而非"情"，予于《太极新图说》已一一言之矣。今以言形而上逻辑，则所事在"情"，即达"情"之智是也；以言实际逻辑，则所事在"意"，即达"意"之智是也。今求真实，自当契合本体，故不取于宪象，而求伏于其后之真如（本体），必不取于"意"，而求意识界无智亦无得，亦无所得（用《般若波罗密多心经》句，即指"情"）之时，即所用以达之之工具，亦必不取于实际逻辑，而有待于形而上逻辑者也。

3. "学"与"不学"之区别——今世之大错，即认学术之存在而研究之，非不认学术之存在而研究之也。今敢问：（1）何所事于学术，非以研究真理耶，真理苟得，绝学可乎？（2）学术既以研究真理，何以至今尚未将真理求出？如学术而不能求出真理，亦可苟且存在乎？如能求出真理，将于何日何时求出之耶？（3）如果不必学术，而反可求出真理，则将如之何？如真理与学术不相容，有学术即无真理，又将如之何？（4）如必不认学术之存在而研究之，始可得真理，反之则必不可得，又将若之何？凡此皆可疑之问，而有待于解决者也。

今且悉置毋论，但决定二事：（1）以学术为工具，何以故？聚集为他故。《金十七论》证神我之存，有"聚集为之他"说，解曰："世间一切聚集并是为他，譬如床席等聚集，必皆为人设，有他受用故聚集。"（2）认学术之存在，而求真理者，真理必不得，何以故？相取相故（见前）。今以例形而上逻辑，实以不落见缠为本性，而其由之生解者胥失，何况有学？故形而上逻辑，实不认学之存在而研究之，谓之不学审矣；若言实际逻辑，则所事在学，方且从之发展以其认学之存在也，则谓之学，亦其本义。但吾等既求真实，认学之存在而必不可得，反之则得，此所以不取于实际逻辑，而有待于形而上逻辑者矣。

由上数端，足证求"真实"之必不用"实际逻辑"，而实际逻辑与形而上逻辑之优劣，亦较然明矣。即或人之攻"知理逻辑"等等，之较即于幽玄者，亦不过自示其俭学，多见其不知量而已。

## 第三章　真理论之批评

　　实际主义，以真理作工具观，哲姆斯（James）曰："大凡真理都是替我们做过媒来的，都是替我们摆过渡来的，因为倘然我们发见了一种事务的变化，不能用旧时的真理去解释他，就不能不另创新的真理去解释。这种新的真理，就是替我们和事变做媒摆渡，而旧理的做媒摆渡的功用失去了。"（胡适之先生实验主义演说辞，引此代表实验主义之真理论）可知实际主义之真理，实与《周易》"穷则变，变则通，通则久"（《墨子·经上》曰"久弥异时也"，足证前人解作"永久"之误）之理恰合。真理异名曰"道"，《老子》开宗明义曰："道可道，非常道。"《系辞》统论全《易》曰："《易》之为书也，不可远，为道也屡迁……不可有典要，唯变所适。"盖随时变易以从道，此固吾先哲之遗训，抑亦今日实际主义之精神也。今夫进化论者，非诏吾由递嬗之变迁，而求当境之适遇乎？柏格森辈不曾告我以"迁化之流"（Stream of Becoming）之为何乎？可知"工具主义"实今日应有之学说，吾等而不持拘儒小见，或自愿欺天罔人者，实不欲有所非难，以为①蔽塞者张目，又况有心于"工具主义"如予者乎？虽然，吾闻之，李卓吾曰："人之是非初无定质，人之是非人也，亦无定论，无定质则此是彼非，并育而不相害；无定论则是此非彼，亦并行而不相悖。"予固极赞工具主义者，然实同时致其反对之辞，予有予之是非，固不以实际真理论之是非为是非。然则予之遮拨实际真理论也，又安见其不可耶？且如实际真理论，既以真理为工具，则其自身之所

---

①　"为"，原作"我"，误，据《新中国》本改。——编者

谓真理，乃自不可穷诘之几移几换，而成此最后之奇。今据前事测将来，世无不坏之工具，即此最后之奇，做媒摆渡之功用既失，亦且迁流转变而为他，是知"工具主义"之可驳，彼实于建立其说时，同时示我。吾等又非奉"实际主义"为宗教者，则无所谓束缚力，言吾所欲言，又安能已。

**谓变不变可乎？曰："可。"**——吾所以批评实际真理论者，实根据于《周易》之理。何则？实际学派，以真理为"随时变易"，此吾所深信而不疑者也；然而吾所疑者，在变易之中，有不易之理。今知真理之变易，而不知其不易，则可议者多矣。尝试论之：易长乎变，而所谓变者，不过变势易形而已。穷故变也，变而不变也，善变莫如庐蠼，身色无恒，日十二变，然其变也，色变也非庐蠼变也。易者从其变也，而变不变也。《公孙龙子·通变篇》曰："谓变不变可乎？曰：可。"如能于通变之中，见不易之理，则诚哉谓变不变之可矣。赫胥黎尝言："人命如水中漩洑，离其员暂留，而漩中一切水质，刻刻变易。"又于《天演论》引希腊理家额拉吉来图言，而广其意曰：

> 世无今也，有过去，有未来，而无现在。譬如濯足长流，抽足再入，已非前水，是混混者，未尝待也。方云一事为今，其今已古。且精而核之，岂仅言之之时已哉？当其涉思所谓今者，固已逝矣。（论一）

是可谓知变之至矣，然于不易之谊，亦颇致疑焉，其言曰：

> 天有和音，地有成器，显之为气为力，幽之为虑为神，物乌乎凭而有色相？心乌乎主而有觉知？将果有物焉，不可名不可道，以为是变者根耶？（论一）

又曰：

> 不变一语，决非天运，而悠久成物之理，转在变动不居之中，是当前之所见，经廿年卅年而革变可也，更二万年三万年而革亦可也。虽然，天运变矣，而有不变者行乎其中，不变惟何？名曰天演。（导言一）

可知进化学者，虽见道未真，然犹未尝无如是之论议，但赫胥黎氏同时复谓变而不变为不可知事。今欲答此难题，不如即引其《天演论》之文，以自答焉：

> 譬如逝水，或回旋成齐，或跳荡为泊，倏忽变现，一水未殊；又如縶犬于株，圆绕踯躅，不离本处；又如磁气，其始在磁石也，俄而可移之入钢，由钢又可移之入镉，展转相过，而皆有吸铁之用。（论十）

凡此变动不居之事，皆有不变者行乎其中，是变而不变，此证之事实而可知也。理论如何？则请举数论师之说以因明之。数论师说二十五谛，一自性，二变易，中间十五谛也，所谓变易者皆可见，自性则非现量所及。然则何以知有自性？《金七十论》偈云："别类有量故，同性能生故，因果差别故，遍相无别故。"① 善悟者诚于此而有得，则变而不变，证之理论而可知也。今者实际学者，谓真理随时变易，不知随时变易中，乃有不易之真理在，尚得谓变乎？此亦一真理，彼亦一真理，同真理矣，尚得谓变乎？今设有刃于此，当其新发

---

① 《新中国》本有作者自注云："解见梁漱溟先生《印度哲学概论》第二篇第二章，文繁不录。"——编者

于刃,则斫物如泥,渐次而刃之利与前各殊,此可谓变易者矣。然而刃之为刃自若也,此可谓不易者矣;舍利无刃,舍刃无利,此可见变易与不易之相待而有矣;刃其本然,利其作用,此可见不易为体,而变易为用矣。今以例真理,吾等第见其变易无常,而不知其必有待于有常者维系其中;第见变易而认为真理,不知无无体之用。今若此是所谓真理,亦不过"变易"之真理而非"不易"之真理,是"用"之真理而非"体"之真理,故吾不满于实际主义者以此。胡适之先生演讲实验主义,常斥吾国成语"天不变道亦不变"之言,自余观之,斯诚至理名言,可为实际主义之真理论更正之好材料也。何则?实际主义,诚有见于变易:今天之所以为天,本何为哉?运而不息,变易而已矣。真理之所以为真理,本何为哉?不主故常,变易而已矣。同一变易也,言变则此变而彼亦变,言不变则彼此均未尝变,故观于天之变易,验之人事,则知真理之不可常。此实近代哲学之倾向,即实际主义,亦何曾不受此多大之影响。今于变中易见其不易,则天与真理同不易也,见于天之旦暮变易,而知其不失其为天,验之人事,则知真理之亦如是观。是故吾于实际学者,实愿以"天不变道亦不变"之成语相赠,而望其无相却则幸矣。

**变者可得说为真理耶?** 曰:"不可。"——自真理方面言之,亦可分"真"与"伪真"二科;如变易之谓真理,只得谓之"伪真理"而已。何以故?无自性且无自相故。何谓无自性?当一物变为一物时,未变之先无有,既变之后无有;即在方变时言,涉思及变,易固已逝,是则已变无有变,未变亦无变,离已变未变,易时亦无易,谓之无自性审矣。复次变易,皆有其因,所以变易者,为求适于环境,故变易者,实从因缘生;既从因缘生,即无自性,故《十二门论释·观性门》有云:"变易无常,从缘而有,则非性也。"诚哉变易之无自性也!何谓无自相?"不易"为"体","变易"为"用","用"无体,

"因体"以为"体"。故舍"不易"相，实无"变易"自相可言，而"变易"之相，即相宗所谓"依他起自相"，而实无相也。《解深密经》曰："云何诸法依他起相，谓一切法，缘生自性，则此有故彼有，此生故彼生，谓无明缘行，乃至招集纯大苦蕴。"《摄大乘论》谓："是无所有，非真实显现，所依如是，名为依他起相。"然则变易为依他起相，其无自相审矣。夫既无性无相，而犹谓之真理，是非戏论而何？又况"变易"中有"不易"为之根，今以"变易"为真理，将以何者视"不易"？将谓"变易"与"不易"皆真理乎？抑谓"变易"为真理，而"不易"非真理乎？吾谓"不易"且非真理，何况"变易"，然今且随顺有边，暂以"不易"为真理，如唯识家之阿拉耶识，数论人之胜性皆此类。则变易者，依他起自，自无真理可言，故曰：变者可得说为真理乎？不可也。且吾闻往者希腊智者与近代西哲之论性矣，尝高唱其幻还有真说：

何论幻还有真？今夫与我接者，虽起灭无常，然必有其不变者以为之根，乃得所附而著，特舍值求实，舍名求净，则又不可得见耳。然有实因，乃生相果，故无论粗为形体，精为心神，皆有其真且实者，不变长存，而为是幻且虚者之所主。（见严译《天演论》九）

又闻竺乾初法：

其论物理也，皆有其不变者为之根，谓之曰真、曰净，真净云者？精湛常然，不随物转者也。净不可以色声味触接，可以色声味触接者，附净发现，谓之曰应曰名；应名云者，诸有为法，变动不居，不主故常者也。（《天演论》八）

今夫实际主义之所谓真理，实不过曰应、曰名，附于"不易"（净）而见者也。舍实际主义之所谓真理，固无以见"不易"之真理，然遂谓此起灭无常者即真理，而忘却其有"不易"之真理存，是指鹿为马，以伪而乱真，此事之宜细辨者也。总而言之，吾所不满于实际主义之真理论者；第一，不分别变易与不易；第二，以"变易"为真理，而不知有"不易"者在，若所赞叹于其真理论者，则善言"变易"而已。今使实际学者而不囫囵吞枣，于变易之中，窥见不易之理，复自不易之中，推至真如，是则今所谓实际主义之真理论，未始非他日真实主义之真理论之先锋，价值之重大，为何如哉！反之囫囵吞过，凡法轮之所转，皆以为真理，而导人入此苦趣中，是固所以自适于天演之场合，而争胜于物竞之纷轮者，而无如其以妄为实，以"非真理"为真理，缠缚沉沦，无有穷期，不谓之地狱生心不可也。

**变易论能立乎？曰："不能。"**——关于此点，前者所论已多，今再总括言之：（A）真理随时变易，则自身所持之真理，不能不变易；（B）此真理适于今日，不必适于他日；（C）此真理适于实际学者之自身，不必适于他人；今者实际学者非已勒而成书，文而成理，欲以绳方来耶？此一误也。彼不常铺张其学说，强聒不休，而望他人之必从耶？此二误也。由此二误，亦可见其似能立而不能立矣。或曰实际主义之所谓真理，是活动的、进化的、有创造性的。真理之发展，是承前启后的，是一系一断的，是有统续的，固有见于变而不变之原理者，安可言其变易论之不能立？曰：是有说！实际学者之所谓不变，非吾所谓不变也。变有二种：一转变生，如乳转变酪生；二非转变生，如母生子。彼所谓变，则非转变生，为母生子之类也；母之生子，则子非母，而母非子，非者非矣，而将据为不变之变乎？故吾谓实际主义之变易论，实为绝对之变，而不能立者也。复次彼所谓真理者，世间的、经验的、可思议的；彼所谓非真理者，非世间的、非经验的、不可思议的。今使世间的、经验的、可思议的真理,而不适于他日之环境,则必取其所谓非世间的、非经验的、不可思议的"非真理"明矣。今假令此时已到,是则实际学者之真理论,为有时不适用;而所谓"非真理"者,有时①亦可适用为真理,揆之实际主义之初意,岂非矛盾者乎?

## 第四章　实在论之批评

**实际学派与顺世外道**——宇宙大幻妄也,而昧者以为真,偏计所执,奈之若何!其在印度,有顺世外道者,随顺世间,凡情所说,执计之我,是常是有。而今之言实际主义者,发挥张皇,乃过之无不及。呜呼!疾痛劳苦之事,有生俱来,谁不欲解脱,而竟无可解脱者,皆此落见成执之学说,为之厉阶!故顺世外道,梵云逆路迦耶,慈恩谓有左世或恶论之义,则在印度,痛恶而拒绝之者等审矣。今案实际主义,五十年之产物,世人眩乎其说,为悦其言,幸其不出于印度而见辟于印度之人,亦不幸而不出于印度,而不见正于佛陀也。何则?迷人四方易处,种种颠倒,非得善解说者,我执且莫破,遑问法执。今如实际学派之计我论,非不觉而何?吾闻顺世外道,不信神、不信三世、不信灵魂、不厌世、不修行、排神秘、尚唯物,非毁吠陀之辞曰:

祠火三吠陀,提三杖投灰,诸行法皆为无知怯懦者而作,如祠祭时所供之牲,能升天者,则曷不自杀其父以祠;如供物能充祖先之饥,远行之人,可不斋粮粮;如地上之供物,能养天上

---

① "有时"下原衍"时"字,据《新中国》本删。——编者

之人，则屋下之食，何不充祖之饥。三吠陀之作者，为妄人，为妖恶。

是其无神也，与实际学派，不认神为先天的存在者同。《唯识演秘》云："有义顺世外道，有其三类：一极精虚；二清净；三非虚净。所生之果，亦有其三：一心心所；二眼根等；三色声等。"是其极微论，亦与实际学者之多元观念同。今吾取以例实际学派，实拟以其伦，吾之不满于实际学派，则犹人之不满于顺世外道者，又安得以世尊所说经，破其我执，而使之回向折节耶？须知随顺世间者，实将错就错之举，为权宜计亦得，而无如且铸成大错何！呜呼顺世外道！吾乃不愿汝以落见成执之学说罔人，须知万恶世间，有可将就得过者。吾宁罔人而执鞭于汝之后，而无如长此以往，历劫沉沦，吾固祭汝不得已之苦心，然而得已而不已者，是汝等之罪也，吾言之痛矣！①

**评人本主义之人生观**②——前论实际逻辑时，已将"相取相"之误谬，详说一过，故今对于"就人生论人生"主义，即无庸着力再驳。今所论者，盖有四点：（1）人生果真实耶？（2）人生果能无罪恶耶？（3）生活效果永存说可信耶？（4）奋斗之人生观是乎？非是乎？吾今提此数问，实对于席勒之人本主义而发，且愿与近来吾国学者之声言是说者——陈独秀、胡适之、傅斯年等——加以辨难，至于傅斯年所云："在那一种特殊境况之下，发生来的一种特别变态，我们大可置而不论了。"（《新潮》第一号《人生问题发端》）此亦未必然，如杜威者，固声言相对说，盖各种人生观，亦各应其机会而发生。此本无非相非之事，今以自身之乐天任运，遂排斥他人之悲天

---

① 本节之下，《新中国》本原有"现世间与情世间"一节数百字，收入本书时删除，文繁不录。——编者
② 本节标题，《新中国》本作"非人本主义之人生观"。——编者

悯人，实于谊有所未合。昔赫胥黎极主人治，且曰："不幸生人之事，欲忘世间之真美易，欲不睹人世之足悲难。祸患之叩吾闻，与娱乐之踵吾门，二主之色孰厉；削艰虞之陈迹，与去懂忻之旧影，二者之事孰难。黠者纵善自宽，而至剥肤之伤，断不能破涕以为笑，徒矜作达，何补真忧。"（《天演论》十）吾今讨论学理，固未尝对人言身世，如诋吾为由特殊境况之下，受特殊变态的支配，吾固愿受，然谓此种特殊变态，遂无研究之价值，则未免抹煞一切也。且吾尝见法律家，欲加罪于人，而苦无其罪名，则曰"此白痴也""此疯狂也"，于是而禁治产之名一加，终生无可出头处！今学者讨论玄事，何必箝人之口，结人之舌，而曰"此受特殊变态①的支配也""此置之不论可也"，此吾所亟欲申明，而不愿人之作此态也。

## （一）人生果真实耶？

吾间尝作"四无律"，以为遮拨现世间之一切，以树真实主义之根基，凡与宇宙本体相违者，自无而有者，因缘和合无自性者，无定相者，均当远离而独绝。近接胡适之先生一函谓："这样的方法似乎太迂远了……你所举的四种理由，依我的意见看来，都是不切题的空议论。"又言："自无而有的东西多得很，电话、飞机、胡适之与朱谦之……那一件不是自无而有的？难道都不真实吗？"如所言，则此"四无律"，当根本废弃，不知胡所主者实际逻辑，而予则形而上逻辑，此四无律，似乎太迂远。而妙处正在于迂远，不迂远故犯了"相取相"的误谬，如人本主义之就人生论人生者，正坐此病。庄子曰："莫若以明：以指喻指之非指，不若以非指喻指之非指也；以马喻马之非马，不若以非马喻马之非马也。"而客谓梁王曰："惠子之言

---

① "态"字原脱，据《新中国》本补。——编者

事也，善譬，王使无譬，则不能言矣。"王曰："诺。"明日见，谓惠子曰："愿先生言事，则直言耳，无譬也。"惠子曰："今有人于此，而不知弹者，曰：'弹之状如何？'若应曰'弹之状如弹'，则谕乎？"王曰："未谕也。""于是更应之曰'弹之状如弓，而以竹为弦'，则知乎？"王曰："可知矣。"故譬喻之用，即在于迂远，而四无律所以即"有"而推至未始有"有"的时候，亦不过曰以有喻有之非有，不如以非有喻有之非有，故曲其途以求见信耳。今胡先生之意，且以"以指喻指之非指"为是，而责人之以"非指喻指之非指"乃至以"弹之状如弹"为是，而责人之言"弹之状如弓"，此小生所未喻，而愿就教者也。至疑于电话、飞机、胡适之与朱谦之之未必不真实，则误于先入之见，是当用种种比量，反复征诘而破之，此不具论。但此四无律，非可囫囵吞过，吾他日著"形而上逻辑"时，当格外详明。此处限于篇幅，只能将"人"与"四无律"两两对勘，决定人生之"真实与否问题"，若对于是律之自身之论，则言焉而甚略，今请较论如次：

**第一，人与宇宙本体相违**——前者已证明宇宙之本体为"情"而非"意"，今所明者，人之本体究为何耳！今案近世学术发达之结果，遂举一切精神作用，而归诸唯一之本源，其尤严密者，则唯意论，叔本华以意志为人性本然之基础；Wundt 以心学大家，亦以意志为精神之主，而人格之中坚；Paulsen 谓小儿初生，最先表现其精神作用中之意志，得至精神进化，而后智识以生，是人之本体之为意志也审矣。情者实与意志对待，而又异于感情；人则但感情，而无"情"可言，而感情者实为瞽目的冲动所驱策之作用，实意识之一科也，故曰：人之本体为"意"而非"情"，若"知"则不过"意"之附加条件，无待论久矣。夫情之与意，非一非异，非异者，谓意自无实相，不离乎情；非一者，谓情为无漏性，意为有漏性；

自其性言，二者盖相违也。今人为意，而宇宙本体为"情"，是人之与宇宙本体相远明矣。复次情为物我冥合之境，意则反之而有分析作用感情之最活动、最强盛时，则臻于恍惚之境。然恍惚者，实伏不恍惚之机，非可与情同日而语也。今有人于此，实生"我""非我"之区别，主观客观所由分，即坠于分析之见，非与宇宙本体相违而何？复次情不生灭，谓之无为，尚坠凡夫之见，何况有为？若意者则有所作，刹那生灭无常，盖有为法也。今以例人，有为尤显，内部则有喜怒哀乐种种之意力，外部则有筋肉骨骼之运动，足能行、耳能听、目能视，非与宇宙本体相违而何？复次"情"远离一切善恶，若人则偏计所执，有善亦有恶，有是亦有非、强凌弱、众暴寡，一切罪恶皆由人起，非与宇宙本体相违而何？夫本体者真实也，与本体相违者非真实也，今欲求究竟，自当契合本体，故不真实之"人生"，当远离而独绝。

**第二，人自无而有**——今欲明自无而有者为非有，则不如明"本有"之有也，本有即宇宙之本体，前所谓情是也。今以言乎"人"，其自无而有，甚显而易明，未生以前无有，故言自无而有。如胡适之、朱谦之，乃至凡一切"人"，莫不如是乎自无而有也！虽今现有，有不即真，世人多务近而不知远，惟知已有而不知推未始有"有"之时。顺世学者，则因其所有而有之，非无是"自无而有"之"无"而不言也，亦有是"自无而有"之"无"而不言也。何以不言？知其自无而有，是以忧患于其自有而无，贱有则必轻生，轻生则必勇于为恶，于是而天下大乱，政无以生，教无以成矣。虽然，予意不然，吾等但计"真实"，如求得"真实"，则牺牲何害？今夫有则为有，以其有本不无者也；无则为无，以其无本不有者也。如吾生之幻妄，一切无可控揣，而犹尚恋恋如斯，曾亦计及其未生无有乎？曾亦计及天下之人，皆如是乎？自无而有乎？自无而有，有何"真实"可言？若使果为真实则吾尚何说？而无如其自无而有者，则不得不自有而无也。或谓我生现有，现有则有，何可以无言乎？不知自无而有者，其有实从惑而起，故有人则有挂碍、有恐怖、失本有之元常故也。我生若有，则自常有，奈何自无而有；若有不自有，自无而有，是有非本有审矣。且世无不死之人，此亦可见自无而有者之不能有，既不能有，故于义当远离而独绝。

**第三，人因缘和合无自性**——所谓自性者？唯无有组织者，或可得说，如有组织，虽至小之倪，无厚之端，究竟可以分析，不可说有自性，何况于人，有所占之空间可言乎？《圆觉经》曰：

> 我今此身，四大和合，所谓发毛爪齿、皮肉筋骨、髓脑垢色，皆归于地，唾涕血浓、津液涎沫、痰泪精气，皆归于水，暖气归火，动转归风。四大合离，今者妄身，当在何处，即知此身，毕竟无体，实同幻化。

是亦足证人为四大和合，生而无有自性者也。又况火水土金，则又数十种单体之化合者也，单体者则又分子所合成也，分子者则又原子所合成也，原子者则又电子所合成也，分之又分，其无自性甚明。吾不知人本主义何以并此俱生我执，而未破之耶？《维摩经·方便品》曰：

> 如此身明智者所不怙，是身如聚沫，不可撮摩；是身如泡，不得久立；是身如炎，从渴爱生；是身如芭蕉，中无有坚；是身如幻，从颠倒起；是身如梦，为虚妄见；是身如影，从业缘现；是身如响，属诸因缘；是身如浮云，须臾变灭；是身如电，念念不住；是身无主为如地；是身无我为如火；是身无寿为如风；是身为人为如水；是身不实，四大为家；是身为空，离我我所；是身无知，如草木瓦砾；是身无作，风力所转；是身不净，秽恶充

满；是身为虚伪，虽假以澡浴衣服，必归磨灭；是身为焚，百一病恼；是身如丘井，为老所逼；是身无定，为要当死；是身如毒蛇，如怨贼，如空聚，阴界诸人所共合成。

呜呼，幻妄如是！有何自性可言。而世人偏欲尽尝苦趣而后已，我执之未破，遑问法执，则超死生，出轮回之事，漫漫长夜诚不知何日旦也。

**第四，人无定相**——《大智度论》曰："如说一切有为法，皆是无常相，所以者何？生灭不住故，先无今有已有还无故，属诸因缘故，虚妄不真故，无常因缘生故，众合因缘起故，如是等因缘故，一切有为法，是无常相。"今案吾"人"有为法，也自在所包之中，昔者世尊为太子时，驾车出游于城东门，见一老人，齿缺鬓疏，形容黑皱，伛偻傍行，唯骨①与皮，四肢颤掉，上气苦嗽，喉内吼鸣，犹如挽钜。太子见已，即问驭者，此为何人？此为是独一家法，为当一切世间悉皆如斯？驭者答言，如此人者，世名为老，一切世间，皆有是法。太子复问，我今此身，亦当受此老法耶？驭者答言，如是如是；……既而又出游南门，见一病人，羸瘦痿黄，少色喘气，腹肿连骸，宛转呻唤，不能起举；既而又出城西门，见一死尸，众人举行，无量姻亲，围绕哭泣，或有散发，或有搥胸，悲咽叫号。太子见之，心怀酸惨，还问驭者，驭者自言：此人舍命，从今已后，不得更见父母、兄弟、妻子眷属，如是恩爱眷属，先死别离，都无重见，故名死尸，一切众生，无常至时，等无有异。呜呼，生老病死，人生之无常相也如此！世尊因之而悟大道，顽尔无知者，则计为实有，凡情妄执，惑滋甚焉，岂言说所可形容者哉！

---

① "骨"，原作"唯"，误，据《新中国》本改。——编者

## （二）人生果能无罪恶耶？

法人 Gobineau 曰："万物之中，人为最酷。"叔本华以为真知灼见，且为之言曰：

> 夫虎豹可谓兽之暴者，其嗜人若兽，因饥而觅食，不然则恐他物伤己也。人类则更甚焉，饮食无事，猎兽为乐，姿奢若是，犹谓仁及庶物，其谁信之？且如二犬相狎，三尺童子，无故取梃击之；群蚁出穴寻食，则围以石灰，以益之以水；蜻蜓、蝴蝶，与人无争也，扑之以供娱乐，诘之则曰将为标本。

如斯则人性之恶，可谓信而有征，性善不可能，而所余者罪恶，则处此世间，反省而又何安。故今明哲之士，所欲断灭人生者，固有见于人生之苦痛，然此尚可忍。所不能忍者，即"人生即罪恶"，今而不断灭人生，实无以自解于罪，盖身体之苦痛可忍，而精神之苦痛更难堪也。托尔斯泰《忏悔》文中（本郑阳和译，见《托尔斯泰传》），尝发为一种之疑问曰："人生果何所为？人生之归结如何？""我今日所方为者，明日所将为者，他日所将为者，他日之结果当如何？我全部他日之结果将如何？"古今哲人论及此重要问题者，恒有唯一之答案。如苏格拉底、梭罗门、叔本华等，其答旨悉同，而所以唤起唯一之答案者，即"人生即罪恶"一语而已。今请照录如次：

> 苏格拉底临命前之言曰："吾人惟离生愈远，距真理始愈近，吾侪爱真理者，劳劳于人生中所为何乎？亦求自脱其躯壳，及凡生于躯壳之恶而已。若然则死者既来前，尚何不能欢迎之有？"
> 叔本华恒谓生为恶物，梭罗门曰："空而又空，万事都空，人居太阳之下，竞竞乐乐，有何利益？古往之事，今日无其纪念，

将来之事，至将来之时来时，亦必无其纪念……是故吾爱生，吾恶生，吾观于太阳之下无一事不可憎，一切皆是空虚烦恼。"

然则人生之问题，其直接答语，人类所欲得者可知已。

"躯壳之生活，恶物也，伪物也，故殴坏躯壳之生活为福利，吾人当希求之。"此苏格拉底之言也。

"生者不当有之物也，恶物也，其唯一之善，只在一径向空无而去。"此叔本华之言也。

"凡世间愚智贫富忧乐，莫非虚空，死后无有存者，诚无谓也。"此梭罗门之言也。

以上诸说，固有见于人生之罪恶，而求逃生者，然于人生之罪恶究为何者，尚未明白说破，今更引章太炎先生之《五无论》，以证人生罪恶之谓何。如太炎言，则人生未有不"淫""杀"者也，故所欲断灭人生者，即欲断灭"淫""杀"者也！

人之天性，不能无淫，犹其天性不能无杀，以淫为人道不可断者何？不以为人道不可断乎？何以知其然也？人之性情，可见者莫如诗，其次莫如小说、神话。中国之诗，风以道淫，雅以道杀；而言淫者，以窈窕好逑文之；言杀者，以神武耆定文之。屈原、相如之作，哀则言思美人、见佚女；壮则言诛风伯、刑雨师。虽一往寓言，若非淫杀，则不足以为美者。乃如常行小说，非以恋爱表淫，即以侦探表杀，此为中外所同。至于神话，希腊、印度，皆立男女二神，而急风骤雨，则群指为天神战斗之事，以为刑天干位，修罗争帝，天魔诱人，波旬娆佛，凡诸杀事,神话中往往有之。而泾婆苇纽之教,则公言淫,天方之散,则公言杀,故知淫云杀云,皆人之根性。若人性果不好杀者,何以勇敢刚毅等等名至今不为恶辞,而以之为美德?观其所美,则人性大可见矣。善哉太史公曰:"自含血戴角之兽,见犯而校,而况于人?怀好恶喜怒之气,喜则爱心生,怒则毒螫加,情性之理也。"小亚细亚学者海逻克梨提之言曰:"争者群生之父,万物之王,一旦息其争战,则宇宙自灭亡。"其言虽悖,而适合于事情,万物无我见则不生,无我见则不杀,生与我见俱来,而杀亦随之。非直此也!芸芸万类,本一心耳,因迷见异,以其我见自封,而无形之外延,因以张其抗力,则始疑成个体以生。是故杀机在前,生理在后,若究竟无杀心者,即无能生之道,此义云何?证之以有形之物,皆自卫而御他,同一方分,不占两物,微尘野马,互不相容。虽以无形之分别心,一刹那间,亦不容俱起两念,斯皆排摈异类,互相贼杀之征。一切法,我人我法尔,以杀为生,无杀则三界自然缒组。以是推观,则人为万物之元恶,断可知矣。(《章氏丛书别录·五无论》)

呜呼太炎!可谓知人之所以为人矣。今席勒声言人本主义,自哲者观之,罪恶主义而已,淫杀主义而已。何则?保全人生,即保全罪恶,而"淫""恶"则罪恶之本,是谓人本主义,为淫杀主义也可。安见淫杀主义,而能持之有故、言之成理者哉!

## (三)生活效果永存说可信耶?

金圣叹之恸哭古人曰:

吾不得不致憾于天地也,何其甚不仁也?既已生我,便应

永在，脱不能尔，便应勿生，如之何未无有我，我又未尝哀哀然
丐之曰：尔必生我，无端而忽然生我，无端而忽然生者又正是
我，无端而忽然生一正是之我，又不容之少住。无端而忽然生
之，又不容少住者，又最能闻声惑心，多有悲凉。嗟呼！吾不知
何处为九原？云何起古人？如使真有九原，真起古人，岂不同此
一副眼泪，同欲失声大哭乎哉！

圣叹之言，足以破生活效果永存说为有余。常人之所谓"生"皆缘于"我生"之一念存，笛卡儿谓"思在即我在"，今我既如水逝云驰电掣而去，则已丧其知觉，尚何我之足云？且所谓我者，谓我之暂在斯也，我暂在"斯"，故谓我为暂有"我"。今既不在"斯"，则所谓"我"者，与"我"冢中之枯骨何涉？或曰：所谓生活效果存者，谓吾身虽死而其精神已宏被于当世，与后来之社会，借来人之体魄，以载去我之精神，去我之体魄有尽，而来之人体魄无尽，斯去我之精神，与来人之精神，相贯相袭，相发明相推衍，而亦长此无尽，非至地球末日，人类绝种，则精神无死去之一日。是又不然，科学家言，精神作用不能离却身体。今身体既已水逝云卷、风驰电掣而去，则所谓精神作用，亦何莫不水逝云卷、风驰电掣而去乎？若谓精神作用可外于身体而有，则已违于科学之原理，是言之无根，而将据以为得乎？即退一步言，谓精神作用可外于身体而有，则既非吾身之精神作用矣，尚得曰吾身之精神作用存乎？往者言"究竟""绝对""永久"为不可能，而今复于人生问题，声言"不朽""永存"，是直与初意相违，谓非违中之佞得乎？或曰："哲姆斯说精神主义的各种，总给人以何期之希望，物质主义却引人到失望的海里去。"如是则以物质解之者，或所不任受，则请以精神主义解之何如？今夫吾等果以己之生存为当然乎？有生活者而可得永存乎？且所谓生活永存者，本是绝无，与空华、石女儿同例，因偏计而有者，亦可得说为永存乎？吾尝

论之，唯性宗所谓"不生不灭，不常不断，不一不异，不来不去者"，始可得而永存，若生则不能无灭也，常则不能无断也，一则不能无异也，来则不能无去也。天地形气之物，且不能不坏，何况人生之无常？彼所谓生活效果永存者，实指"绳绳不可名"一事而言。然使生机都尽，天地掀翻，则尚有生活效果可言耶？故非至地球末日，人类绝种，则精神无死去之一日；而至于地球末日，人类绝种，则精神亦不得不自有而无，尚得曰生活效果永存乎？嗟呼！生活效果，本无实相，但以妄想分别而现有身相，故所谓相，实由妄想所执着，如渴鹿逐焰，以为实水，吾不知实际学者，何并此而不悟耶？《楞伽经》列妄想有十二，十一为相续妄想，"大慧云何相续妄想？谓彼俱相续如金缕，是名相续妄想"。盖生活效果永存说不过相续妄想，实不可以其虚妄取相，为已得人生真义者也。吾意人本主义者，实以己之"生存"为当然，彼所论者，举不外即有而言有。当知"人以为人也"之公式，实误谬不可言，吾既发心讨论学理，实不可成心而师之，若必求永存之理，则亦不可以"相对的永存"解嘲，吾当求出真个永存而已 Schelling 谓位于相对境之上别有一绝对之原体焉。今人本主义之所谓永存，不过相对的永存，若更推其本原，则自得一绝对之实体。善哉！佛说大小乘中处处破我，《成唯识论》则尤彰明较著，其破离蕴我，实足通破人本主义而有余，特彼之不察，遂以其失败为成功，是真枉费工夫，是真熟视而无睹耳。吾闻近日印度哲学颇盛传于欧洲，如叔本华与哈尔德们，皆能知人生真义之为何，可知彼之无知者，不我知故，吾安得发佛学之蕴，使不枉生疑惑，安得以世尊所以破外道者诏示之，使勿坠其计中，当知我执问题，破之固易易事耳。

## （四）奋斗之人生观是乎？

吾今且先问奋斗之人生观，为"能不能？"罗家伦言："我们这般青年,第一应当奋斗,积极的去改革现状,化这可厌的世,为不可斗的世。"此言深足代表实际学者之言,罗塞尔曰:"世界者因人格的奋斗而有。"(Stuck, *Personal Idealism*)胡适之谓:

> 实际主义学者,像哲姆斯一般人,都是说世界是人造的,很危险的,很不平安的,人类该应经验去找安乐,该当冒险去造世界,假使有上帝,那么仿佛上帝对我们说,我是不能为你们的安乐保险的,但是你们毕竟努力或者可以得着安乐。

可知奋斗的生活,本于无可如何中,求出如何之法;于如是"无奈"中,求出"奈"之之法;犹如孀妇之守节,于"奈不得"中"奈得",是诚可敬,而无如其强"不可"以为"可",强"不能"以为"能",其究也"不可""不能",无未见其"可""能"也。今夫煮砂欲求嘉馔,虽经尘劫,得乎?缘木求鱼,旦旦而上,鱼可得乎?此"不可""不能"之类也。今知世间之可厌,则厌之斯可矣,而犹效夸父之追日,欲化可厌的世,为不可厌的世,不至于精疲力尽而不已,其情可怜,其事则大可嗤,是亦不可以已耶。且所以奋斗者,非以求安乐耶?安乐固可得,然得安乐而苦痛随之,何则?可得安乐者,即可得苦痛,今求安乐,则不能无苦痛矣。此理不明,遂谓安乐可外于苦痛而有,而力求安乐,不知反者道之动,求苦痛者,或可得安乐,而求安乐者,适得苦痛,是不诚可悲之事耶?虽然,苦痛云、安乐云,实一物之两面,实连环之谓,于无可奈何中唯有连环打破之一法。惠施曰:"连环可解也。"何以解之?《战国策》记秦王以一套玉连环,求解于齐王君王后,君王后用铁椎一敲,连环遂碎,使人告于秦王曰:连环解矣。今如佛家之人生观,即如君王后之解连环也;如人本主义之人生观,则欲解连环而不知所以解之之法,解左则左解而右结，解右则右解而左又结，愈解而连环愈结，而犹攘臂于其间，是自示其无能，多见其不知量而已。

由上，则奋斗之人生观不可能矣，然又何以言其非是耶？曰：奋斗者，实人对人而奋斗，群对群而奋斗，其结果只足以酿成惨运。如今兹之大战，正为此类中之学说所煽动，今而有取于是，则如尼采（Nietzsche）之超人主义，正此学说之登峰造极者，景仰宜如何？《新潮》第一卷第五号《随感录》，傅斯年说，我们须得提着灯笼，沿街"寻超人"，可知尼采的宗教，是脱不了的。尼采倡"志于力说"，力即奋斗之工具，由此力，即足造成Pan……ism意者，其非是乎？尼采尝读叔本华所著《世界之意志观与理想观》，心大叹服，既而谓："叔本华实根本错误，以其专主悲观，必流而入于虚无主义，人生如无鹄的，则世界且灭亡。"故尼采之学说，实积极厌世之结果，固无以异于人本主义者也，如以奋斗为然，则尼氏之超人主义可无非相非，何则？生存竞争不过争个"汝死我活"，今人多诋斯宾塞、赫胥黎为误解天演论，实则不误解天演论之克鲁泡金（Kropotkin）。彼所谓"互助"者，亦不过托于群而奋斗。始则对天奋斗，欲以人治胜天行，继则对人奋斗，欲以我一日长乎尔，世间因奋斗而有，即因奋斗而可憨，无权则攘权，无产则攘产。此天下所以脊脊大乱，而"超人"犹为实际学者所称道也。呜呼！尼采的宗教！意者今日之人本主义，未必不为超人主义之嚆矢也。为防微杜渐计，吾惟根本上打消之耳！

由上种种则人本主义之人生观，无当甚明。然彼乃不计及此，且曰："惟有懦夫，是不敢生活的，否则都应该在这实在世界中讨生活。"吾姑无与辨，但反诘之曰："惟有懦夫，是不敢不生活的，否则都应该在情世间讨生活。"吾闻梁漱溟先生之言曰："吾敢言人类绝不以囿于现前为满足，满足于现前者，谓之蠢夫。"呜呼蠢夫！吾所不愿为，岂愿人之为之乎？

## 第五章　结论

吾虽遮拨实际主义，亦非无取于彼，意特谓其较"实"而非"真实"而已。今敢以所取于彼者，列举于左，以为改造之基，且以结本篇：

（A）实际主义有求"实"之一念；
（B）遮拨形式逻辑；
（C）有见于"变易"之原理。

若自此推之，自"实际"而至于"真实"，自"实际逻辑"而至于"形而上逻辑"，自"变易"而至于"不易"，一指顾间，而"实际主义"可成"真实主义"。此吾所望于今世之学者，愿其留意，若予则有志未逮，心向往之而已。

（附注）我对于实际主义，虽说了一大车话，却并不曾驳倒了他。所以我想再厉兵秣马，预备从认识论下手，将这一派的中心意义——经验论、主情意论、主观论——按步就班的批评他。这篇是我在民国八年五月做的，当时还未客观的明白了实际学派的真相，所以有许多地方我是很抱歉的。但这回虽是失败了，我还有第二次的挑战书，在那里引出更确切精密的批评。

# 六、我的虚无主义*

## 第一章　绪论

我是不满意于俄国的虚无主义，因他没有确定的宇宙观和人生观。很多的批评家说——虚无主义，在哲学上，不过是物质主义的卤莽者；在政治上，也不过是一种特别压力下，发生来的一种激烈主义。若论学理上的根据，实在比孔德（Comte）的实验主义和萧本华（Schopenhauer）的厌世主义，差得多了。

但我讲的虚无主义，与前的很不相同，因为俄国的虚无主义，是过去的了，虽然他的方法论，有些还不用变更，但他那不能够令人满意的学理，非根本改换不可。本篇的意思，就是要把从前的虚无主义，成就个有系统有根据的完全学理——便是我的虚无主义。

我的虚无主义，便是唯心的虚无主义。于近世，取黑格儿（Hegel）的绝对唯心论辩证法，和萧本华的厌世主义；于现代，取柏格森（Bergson）的直觉主义、Ostwald 的唯力论、颉德（Kidd）的进化论和克鲁泡金（Kropotkin）的无治主义，归纳起来，才成这

---

\* 本部分原以"虚无主义的哲学"为题，发表于《新中国》1919 年第 1 卷第 8 期，后收入本书，对部分内容进行增补改动，并改题名曰"我的虚无主义"。本次整理，以《现代思潮批评》所录为底本，以《新中国》1919 年刊文（简称《新中国》本）为校本。——编者

种学说。但这种学说，还是个假设，究竟是否真实可靠，我还要研究下去。

# 第二章　方法论

虚无学者所用的"方法"，我叫他做形而上名学，因有了这种方法，所以能发生许多的学理；就是虚无主义和其他各主义的不同，也因为这种方法，和各主义所用的"方法"不同。但是形而上名学是很繁杂不过的，而且虚无主义所说的形而上名学，和玄学家所说的，很不相同。所以我为避去麻烦起见，只能够简简单单的提出他的根本观念，至于详细的说明，再待我的专书罢了。现在所要的只有三事：（1）思想，（2）知识，（3）辩证法。就中犹以思想论为最重要。

## （一）论"思想"

虚无主义是根本反对现代的任何制度，屠格涅夫（Turgenev）在所著的《父与子》上，说得很明白，可用问答体表之如下：

（甲说）尼彼列斯托（虚无派），出于拉丁语的尼彼路，有"虚无"的意义，不管什么东西，他都说是虚无，所以唤做虚无派。

（乙说）不是这样说，一件东西不认他是有，因虚无派对于任何等的证据和权势，都不承认。这样看来，虽有信不住的主义，不去研究，也是不知道的。

（甲说）我们前日信仰黑格儿的，今日便是虚无派。

原来黑格儿的哲学，如把现实的都认做合理，那自然是保守极了，但他那"盛水不漏"的形而上学和辩证法，却引起不少的革命思想。照他的学说，世界上没有绝对永存的真理，真理只是随时变换。所以黑格儿的哲学，很有革命的性质，那"现实的都是合理"一句话，也经过一番解说，知是对于保守的社会国家的见解而言。所谓现实的，不是指着现在的一切事物。这样异样的解释，很够使俄国的思想变换，如巴枯宁（Bakunin）最初是讴歌直接现存的制度，而造"赞美现实论"的一个人，却变而提倡无政府主义和破坏国家的学说。本来是保守主义，却变成革命主义；本是"赞美现实"，却变而"诅咒现实"。

因不满意于现实的制度而唤起无数的"怀疑"，这个"怀疑"，便是"思想"。所以"思想"的起点，是一种不满意的境地，若是处处没有不满意，那就用不着思想。但既是不满意，那就不但"怀疑"，而且要引申"怀疑"至于"破坏"。我要讲的虚无主义的思想论，也只是"怀疑"和"破坏"。

**怀疑**。虚无主义是反对一切、否定一切的学说。屠格涅夫在所著《父与子》上说："虚无主义不屈服于何等的强权，不信仰着何等的邪说，只是依着我们所认为最有用、最必要的方法办去，我们现在最必要的是什么？那是否定，我们所能作的，不过是否定罢了。"由着否定的方法批评一切，打破了种种偶像，扫除了种种迷想，虚无主义的方法，可说是全从"否定"出来的。

但虚无主义的怀疑，也不是绝对无条理的否定。哲学上所指为绝对的怀疑论，是没有目的而且没有顺序的，虚无主义的怀疑，是从"存在"发题，虽是否定一切，却有否定的方法，现在分作三步说：

（一）怎样好？这是最初的怀疑，从批评现实入手，如Chernyshevsky的《怎样好》的小说，看来很平常，却有要引申去变换现在的事物的思意。

（二）为什么？这是再进的疑问，对于现实不单是批评，还含着许多破坏现实的意思。

（三）能存在吗？这是最后的疑问，简直从根本上着想，要从根本上推翻现在。因思想是起于不满意，所以"存在"的疑问，就有不能够存在的理由在内。

怀疑到这里，可算是极点了。这个极点的怀疑，便是虚无主义的特别方法，所以虚无学者最喜欢的是发人所不敢发的疑问，最痛恨的是人家阻止他的怀疑，对于各种的问题，非"根本解决"不可。

**破坏**。怀疑里面，本含着破坏的意思，把这意思发展出来，那就是破坏了。所以怀疑是因，破坏是果，怀疑是破坏的主意，破坏是怀疑的工夫，虚无主义既已尊重怀疑，自没有不承认破坏的了。他说：

> 革命主义除破坏外，没有什么；革命的方法，就是施展这一切破坏手段。
>
> 我们的行动，不必枉费心力来组织将来的社会；我们的方法，就是向前破坏。

这样的方法，自然是很激烈的，但虚无主义既对于现在制度，都无一点情恩，还有什么客气可言。不过破坏这一回事，是手段不是目的，是要消灭不是变换，所以单纯的破坏，固是虚无主义的方法，但也要明白破坏的意思，始不至先破坏了所用以"破坏"的工具。再进一面说，虚无学者大概是黑格尔学派，对于"变换"和"消灭"，分别很清楚。例如国家问题，主张庶民主义的，说要这样；主张社会主义的，说要那样，由虚无学者看去，都不过是"变换"而不是"消灭"。所以"改革"和"改造"的好听名词，都是保守，因"改革"

有变形的意思,"改造"还是继续现在主义,这样换汤不换药的玩意儿,我是很看不起的。

## (二)论"知识"

虚无主义的最大功劳,在于超出普通知识以外,别立一个"知"。他以为无上的知识便是能够认得一切皆空的实体,要是仅懂得现实世界的内容,却不知更求内容的原始,那种知识,好似很够了,其实他还未认得本体,这自是浅薄的知识了。

原来虚无主义所说的知识,便不是"知识"。因知识是有区别的,一种是元知,一种是推知。推知的"知",是不能超出吾们意识中现实世界以外,而求那绝对无比的本体,所以不是确实的真知识。反之,元知的"知",便是"无知"知之,所谓"当体即是,动念即乖",在寻常感觉和论理以外的特别方法,这种方法名叫"直觉",便是虚无主义所用以认识一切皆空的实体的。

虚无学者不但不认寻常知识是"善知识",而且以为是种种罪恶的根渊。就是现在所谓文明文化,也都反对,而主张"无名",如老子就是个好例(参看胡适之先生《中国哲学史》,六十一页)。

## (三)辩证法

虚无主义是用批评的方法,来否定一切,所以很注重"辨难"和"论证",这种方法,是成于黑格儿。现代无政府党的领袖克鲁泡特金,再四攻击这个,以为是玄学的方法,应该与之永远分离。我以为克鲁泡金实在太护短了,因他始终并未指出黑格儿方法的错处,而且用黑格儿方法的,反可以证出无政府主义的弱点。所以克氏先发制人,一面出命令的语气,不许人家用玄学的方法,来批评他所认为"绝对的真确"的主义,这未免太为自己张本了。我想科学的方法,固是好极了，但止可应用去研究社会的制度，若从根本上着想，求个根本的解决，实在非玄学的方法不可，所以我还是主张辩证法的。

但我所取于黑格儿的，只是（a）对待的原理；（b）绝对的原理；至于三分辩证法，有些不敢恭维。黑格儿以为无论何种事物，一定有三种顺序：第一状态是"正"（Thesis），第二状态是"反"（Antithesis），第三状态便是"合"（Synthesis）。我对于这个"合"的方法，认他是保守的、调和的，虚无学者是用绝对的、不调和的态度，而另有他们的辩证法，列图如下：

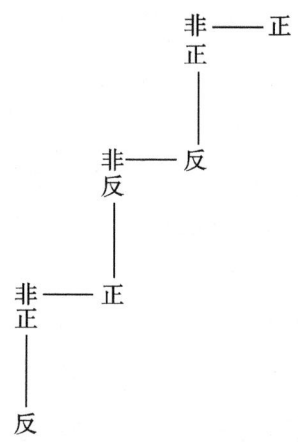

虚无主义最重要的方法便是"连环打破"，如有了善便有恶，有了美便有丑，有了贤便有不肖，所以善的、美的、贤的，便是恶的、丑的、不肖的根源；而根本的解决，就是把这些对待的事物，不但将恶的、丑的、不肖废丢，而且连带将善的、美的、贤的，也归于一尽。这便是连环打破的方法。

## 第三章　本体论

虚无主义的本体观，是无元的，就是"无心""无物""无神"的

"无",把"心""物""神"三体,看做虚无罢了。这个"无"超出种种言说相、差别相,自然是不可思议的,但我为便利起见,强名他是"无"。"无"就是宇宙间一切现象的本源,而且是宇宙一切现象的究竟。

何以知"无"是宇宙的本体?因凡有都是从无出来,而宇宙的本源究竟"无始",只得从"有"逆数到"无"的地位,将那"无之又无"的认为本体,然后再看他发展的程序。所以认这个"无"的知识,只要将思虑废绝,把四方八面路头一齐塞住,由着我们意识中现实世界,一直追到现实世界的根极——便是"无之又无"的境界。然后豁然贯通,从超出有无的"无",回复到相对的"无",再回复到和"无"相对的"有"。

虚无主义是用逆数的方法,认得"无"为本体,还要用心理学上的发生法,来说明这个"无"。因宇宙是由于流动不息的精神作用所结合而成,所以求精神作用的基础,便是求宇宙本体的唯一方法。据心理学所研究,"智""情""意"是精神作用的基础,萧本华又证明了"智"是"意"的派生,但所谓"意",实还有"情"的作用存在;原原本本由"意志"到"无意志"的境界,再到"情"的境界(参看《实际主义批评》第四章),就可证明"情"是精神的最后"本体"了。所以我说"情"便是本体,便是"无之又无"的"无"。这个"无",就是"无心""无物""无神"的"无"。

## 第四章　宇宙论

宇宙的起源,不过从"本体"而恍兮忽兮的出来罢了。本体是"惟恍惟忽"的无,由着本体而有现象,那便是自无而有了。老子说得好:

> 道之为物，惟恍惟忽；恍兮忽兮，其中有象；忽兮恍兮，其中有物。

老子所说的道，便是"本体"；本体一向空无，而能从无生有，由着"无心"而有心，由着"无象"而有"意象"，自有了"心""象"，就要"忽兮恍兮"生出天地万物来了。所以宇宙不过一场想象，不过意想中的连合物，我既想有宇宙，那就是宇宙了；但当我未想之先，还是没有想，没有想的时候，是"无意识"、绝对的没有想时候，就是"情"了。

## （一）唯心论

虚无主义的宇宙观是绝对唯心的，不过这个心还是从无而有。按照黑格儿的学说，宇宙不过是个连合物，既无所谓主观，也无所谓客观，心就是本体和现象的连合物罢了。虚无学派常说：

> 天地万物，都是心的反射，既没有什么神，也没有什么道。
> 世界仅仅是心的连合物，我们的思想，可以自由发达，打破一切的网罗，不受什么限制。

因持了这样绝对的唯心论，把思想看做绝对的有灵性的东西，所以虚无主义者不认社会一切的秩序，更不怕甚么危险。但就俄国的虚无学派而论，持唯物的见解的很多，但纯正的虚无主义者，便不和他一样见识。

虚无主义所说的"心"，便是萧本华所说的"意志"，一旦有"意志"，就一旦有世界，意志是万恶的本源，所以世界便是万恶。但我很愿将意志的内容，分做"求生的"和"求死的"两种；当没有世界的时候，是求生意志做最大的原动力；但已有世界，那求死意志就要代替前者而向前活动。就现在的趋向论，应是意志自断自灭的时期近了。

### （二）唯力论

唯力论是最近哲学界的大发明，自 Ostwald 提倡这个学说，推翻从来科学家"物同力不可离"的成见，而谓天地万物的本原，不是心，不是物，只是一个"力"（Energie）。此说所根据的，是一千八百四十二年 Mayer 所发明的"精力常存说"，自然是很可靠了。而且当万国化学会议，英国某学者关于物质现象所得的解释，也说物质的许多元素，分析下去，最后所得的一元素，就是"力"。

但我以为"力"固是宇宙的本源，而且使宇宙存在的原因。但这个"力"，还不外心的作用，心生的时候，便是力活动的时候。所以"心"就是"力"，除了"心"便没有"力"，除了"力"也不能有"心"。再进一步说，"力"是万恶的根源，所以"力"的表现，便成最坏不过的宇宙。但我在这里，还要介绍 Empedocles 的学说，将"力"分作"爱""憎"二个不同性质的力，"爱"力是存在的原因，但既存在了，就要从"爱"而连结到反面的"憎"；憎是消灭的原因，我想宇宙的进化，要是向灭亡的路上走，那么"力"的前途，也可想而知了。

## 第五章　进化论

### （一）流行进化论

宇宙的进化，只是终古流行，是动的，不是静的；是变的，不是常的,我叫他做"流行进化论"。只因宇宙是自无而有,又要自有而无,那么我们得了一种教训,就是"有"和"无"虽是相反的东西,而有互相连结的倾向。"有"了不能够不"无","无"了也不能够不"有"。换句话说,就是当"无"的时候要向着"有"的方面走;当"有"的时候,却要向着"无"的方面跑;这样的"自无而有""自有而无"的迁移,向着不知道的前途永远申去,那便是宇宙进行的路程,便是进化。

我现在觉得"解脱"只是怪异的夸张,放弃了"宇宙的生活"而求那绝无危险的"涅槃"似乎不可能了(当我作《实际主义论》时,还信得"涅槃",到了现在,我思想才变迁了)。但我们却要依着宇宙的进化现象流转下去,宇宙是不能不生的,但也不能不灭;虽然不能不灭,却也不能不生;当没有宇宙的时候,自然以"自无而有"做进化的路程,现在既已有了宇宙,也不得不以"自有而无"为适应。我记得颉德(Kidd)说:"进化的真义,在于造出将来,过去和现在,不过是个过渡的方便法门。"又说:"现在不能不灭,但灭了现在还有未来,所以死,是进化的母。"但颉德的学说,尚嫌偏于一面,其实"死"是进化的母,"生"也是进化的母,不过就现在论现在,"死是进化的母"是恰合了。唉!我们不是忘了进化么!为甚么不把我的宇宙,活活的死掉?

但现在的进化论者,还不懂得这个道理,最妙的颉德进化说,也不过说得半截,余如赫胥黎(Huxley)和斯宾塞(Spencer)、克鲁泡金(Kropotkin),究其实,都是把进化解做"你死我活"的一件事。不过克鲁泡金说的互助,比较的尚为多数罢了。总而言之,他们所注意的进化,是零碎的进化,我所说的,是从宇宙全体着眼,却是宇宙全体的总进化。我现在再简单说一句,我们不要忘却宇宙是要灭的,当宇宙生出来的时候,我们就该知道宇宙是终久要灭的;因有了宙宇，所以说灭了宇宙是进化，到了没有宇宙的时候，我也应该说有了宇宙是进化，为甚么呢？因宇宙的进化就是永远的变化，或者为"有"或者为"无"，从无而有，已有还无，我们是做媒摆渡的人，也只能够跟着他走。

我所说的进化，初听了很可怪，其实现在的进化学说本有这样的倾向，如"物竞天择""适者生存"的信条，是范围最小的个体进化，现在已被克鲁泡金驳倒了。但克鲁泡金虽驳倒达尔文派（Darwinists），到自己做《互助论》的时候，还是困于眼前的拘束，一时摆脱不开。因他说的进化，还不过是生物界的进化，却不是宇宙全体的进化，但按照他的进化范围而言，早已由个体进化变成群体进化，由着群体进化再推大些，自然是宇宙全体的总进化了。

### （二）思潮进化论

现代的革命思潮，实是向着宇宙总进化的路程走，不过我们不曾觉察罢了。试看现代的革命主义，如广义派革命，究其实不过无政府主义的前驱；而无政府革命，也不过做虚无革命的准备。广义派主义何尝不反对政府，但他以为政府可废，政权却不可不维持；无政府主义根本反对政权，但虽反对政权，仍然有个组织，敢问既有了组织，还能够没有政权么？所以广义派主义不如无政府主义，无政府主义不如虚无主义，到了虚无主义，就连什么组织都没有了。但话虽如此说，其实各主义的程序，虽有差别，却也有个大同的地方，就是受了"自有而无"的暗示了。我想宇宙不可不灭，而亦不能够不灭，依照现代的革命思潮，无政府主义确实快要实现的。但无政府革命，还不过是过渡的方便法门，最终的鹄的，还是向着虚无主义走。总之，现代的革命运动，是虚无运动，而虚无主义是进化主义，他的目的，只在将来，他的进化手续，不客气的说出，就是痛痛快快的把宇宙灭了。

# 第六章 人生观

虚无主义的人生观，是为着要求宇宙的生活而有意义，所谓宇宙的生活，是动的生活。现代 Eucken 常严别自然生活和精神生活，以为我们自始不离于自然生活，到了现在才进而为人类的生活，更当急起奋最大的努力，以加入于宇宙的精神生活。因宇宙的生活是总体的、理性的、自意识的，由此宇宙的理想，乃有真正的人生出现。虚无学者就是抱着"宇宙的生活"为理想，所以不惜牺牲自然生活和人类的生活，以为达到大目的的过渡。但这个宇宙的生活，也不是我们笼着手、抬起头来，就可以做得到的，所以虚无学者同时主张为宇宙的生活而奋斗，就是征服自然的生活和人类的生活，而向着宇宙的生活积极进行。

## （一）无我主义

虚无主义的人生观，并不似无政府个人主义，因无政府个人主义，以为社会种种组织和个人的自由发展，是有阻碍的，所以要把社会所有的组织都推翻。虚无主义根本上不认组织，以为真实的存在，不能于组织中求得，如个人因有体格的存在，所以较于由个人所集成的家庭、国家、社会、民族……较为真确。然就个人自身而论，还是由元素集成，为组织之一，所以个人比较的真实，而不真实；最真实的，反在于虚无主义所主张的"无我"。

## （二）觉世主义

虚无主义对于自然生活和人类的生活，是很抱悲观，以为世界是错的，人生是恶的，在于万恶的世间，要将人类坠落的情形，从根本上求个改变，这是万不可能的。但虚无主义若从生活的全体上着眼，却很抱乐观，因自然生活是过去的了，人类的生活也快要灭了，现在的生活，是向着至善的目的进行，那便是宇宙的生活，那便是光明所在。

## 第七章　政治论

虚无主义的对象，不但是国家、政府……的社会组织；乃是宇宙间一切的组织。至所以反对的理由，颇根据于形而上学，与佛家反对世间的道理一样；但这话说来很长，我暂且不提他，但举我对于组织的学说。（1）组织唯力说；（2）组织唯名说。因组织都是"力"，都是"强权"，而且但有空名，没有实体，所以宇宙间任何组织的存在，我根本上都不承认。今且表过不提，但论虚无主义对于国家和政府的见解，和无政府学派说的根本不同，因无政府学派说的是狭义的，虚无学派说的是广义的。广义的国家，便是空间；广义的政府，便是组织。

第一，空间就是国家。因空间有占有的地方可言，既有了占有的地方，那就有国家的性质了。就用我一身做个例，身所在的地方，就似国家的领土；身由"地水火风"四个质料合成，就和人民集合总体而构成国家一样；身有单一的体格，就同于国家要统治权的主体存在。这样看来，我们的身体不是国家是什么？推之地水风火，又是由数十个单体合成，单体又是由分子合成，分子又是由原子合成，原子又是由电子合成，岂不是照一样的例，凡空间所有的都是国家么？所以说在宇宙以内，没有不是国家的地方，我们要废绝国家，根本上当推翻宇宙。

第二，组织就是政府。强权本没有自性，只隐隐地伏在组织里面，据德国学者 Ostwald 的学说，组织便是力，力以外没有组织。这种唯力论,是很有科学根据的,因组织是由于无数的原子集成,这无数的原子,所以能够集而不散,就因有个"力",在那里连结的缘故。换句话说,那连结组织的"力",就是强权,因没有"力"不是强权的,晓得组织便是强权,又明白了克鲁泡金"政府便是强权"的学说,那么组织便是政府的学说,大无可疑了。所以照我的意思,要废绝政府,根本上当把一切的组织都推翻。

总而言之,虚无主义反对国家和政府,就是根本反对宇宙。我的意思,以为宇宙的起源,便是政治的起源,宇宙由心而生,心生的时候,就是差别心生的时候。换句话说,便是"政治心"生的时候,由这个心生出种种组织,就似由"政治心"生出种种政治组织一样。虚无学者很不满意于无政府主义,因无政府主义虽根本反对强权,却不晓得天地便是最大的强权。我从前《批评无政府共产主义》曾说到此。我说:

> 夫代大匠斫者,我固可得而伤其手,然疾风暴雨①,此固天地所以刍狗万物,而怒者其谁耶?克鲁泡金曰:"无政府者,无强权也。"今强权之大者,莫如天地,是安可怒者,而竟怒之矣!故不至于虚空破碎,大地平沉,以言无政府,实有所未至。何则?强权所在,本无解脱可言,天地之亭毒未已,而离跂自以为得,则是鸠鹨之在笼也,亦可以为得矣。

只因天地是最大的强权,我们绝对的反对强权,所以不可不推翻天地,可知虚无主义的政治论,就是宇宙论的引申,虚无革命也就是宇宙革命的别名,一旦宇宙灭亡,那就虚无主义的目的达到了。

---

① "疾风暴雨"上,《新中国》本原有"大匠自斫如"五字。——编者

## 第八章　经济论

虚无主义的经济论,也与别的社会主义不同,因他把生产要件看做万恶的根源,所以根本上就不承认分配问题了。因虚无主义的人生观,是主"无我"的,所以很反对 Stirner 所谓"凡物都是我"的独产主义;又因反对社会种种的组织,所以也与克鲁泡金所谓"凡物都是社会全体"的共产主义不同。依虚无学者的意见,凡物都是错的,既不是"我"所应有,也不是"你"所应有,也不用集而置之于"社会",只是根本推翻,将一切的财产消灭净尽。我现在造一个表,来表白本派学说,和其他社会党的关系。

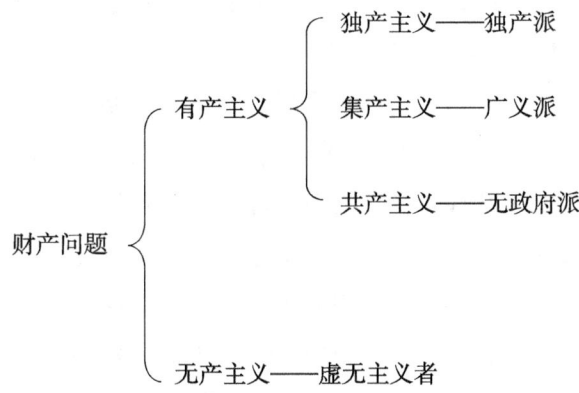

我常说社会主义和无政府主义,都不过要分配财产,唯有虚无主义是要消灭财产。蒲鲁东(Proudhon)一派,非不知财产就是赃物,财产的所有者就是盗贼,但他却不愿意消灭赃物,而要分配赃物,也不愿意舍盗贼不做,却要依样做盗贼。原来如此,所以我根本反对无政府的共产主义,和巴枯宁反对马克思学说的一样。巴枯宁攻击马克思学说,不确认自由,把一切的财产送给资本家政府。我说共产主义，明知财产万恶，却依样留恋他。我的主义，勿论如何，只是要废绝财产，只是要废绝赃物，只是舍却盗贼不干。我的经济论，就是和有产主义正反对的"无产主义"。

## 第九章　善恶论

本来善恶的学说，随学者的见解而不同，如苏东坡说："唯天下之所同安者，指以为善，而一人之所独乐者，则名以为恶。"这是以普遍的为善。又如 Johann Kaspar Schmidt 说："我的就是善的，我自己就是善，乐的、正义的、自由的，就是我的，不是普遍的。"这是以单独的为善。似这样两种反对的学说，都有他的学理上的根据，可知善恶是没有什么标准的。虽是没有标准，但一时善恶的解释，要适应于一时的环境，这是一定的道理。

适应环境的最大标准，自然是依照宇宙进化的路程了。细察现在宇宙进化的路程，确是自有而无。我前文表过，现代的革命主义，都受了自有而无的暗示，所以眼前的善恶标准说，不可和从前一样，因从前的时代过去了，就未来立说，我的善恶标准却要建筑于虚无上面。

普通人所谓善，是指着恶的反面而言，不知善恶虽然相反，而善恶的相同，就在相反之中，因善恶是可以互相连结的，凡可以善的，就可以恶；有了善的，就有了恶。所以恶的固然是恶，而善的也不过是恶的，因善有恶的可能性，有恶的可能而未形的性。依着（卵有毛）（犬可以为羊）同样的道理，可以说善恶是相同的，换句话说，善的就是恶的。

由前面的道理，可得一个教训，有了善才有了恶，连善都没有，难道还有恶？既然没有恶，难然还不是善？所以推理到了极端，可说"无善便是大善"，或是说"无就是善"。总而言之，无善的善，还是无善，要是嫌这样的辨证还未曾穷微尽妙，要把他再推下去，那自然是愈无愈善，归结下去，还是我所说的"无就是善"的本旨。

我再举一个例，如"平等"自然是善的，但有了平等，就有不平等同他对立；既然有"不平等"和"平等"对立，那里还算得平等，所以真正的平等，就是"无平等"，就是把"平等"和"不平等"连环打破。又如我们常说法律上的平等，实则有"法律"同"平等"对立，那就是不平等极了。这样看来，平等不是不可能的，但不能够一迳向虚无路上走去，我敢断平等是不可能了。推之一切的善，都是这般，所以虚无主义所讲的善，就是无善，就是无。

我看历来学者所说的善，虽不十分的确，却也有几个条件可靠，如说：（1）善是个性的；（2）是本来的；（3）是进化的；（4）是干净的；（5）是自由的；（6）是乐的不是苦的；（7）是觉的不是迷的。这各种的条件，也都可应用做无即是善的证明。

（第一）有是有组织的，无是没有组织的，我们反对组织的缘故，就因他是集成的，是假有的，把他分析下去，可得无数的分子。分子是比组织较有个性的，所以分子也比较的是善，"无"是比较分子，更没有组织的，岂不是更有个性，而且更善了。

（第二）凡一切的有，都是从无而出，既然从无而有，还要自有而无，所以无是本来的，有是偶然的；无是真实的，有是假设的，既已证明无是本然，就可以简直说无便是善了。

（第三）宇宙的进化路程，不出于自无而有和自有而无的两个方便法门，当没有宇宙的时候，自然以有为善。今既有了宇宙，自然向着虚无方面飞跑，所以"无就是善"的学说，与现在的进化恰合了。

（第四）凡一切的有，都没有干净可言，就如洗澡一事，我们以为"垢秽磨光"的可算清净，不知皮肤里面，还是脓血包住。而且我们用水洗澡，虽然皮肤干净些儿，但水却不干净了，所以凡有都是污秽，反之，凡无都是干净，都是善。

（第五）宇宙的事物，都是有组织的，有了组织，就有了强权；有了强权，就容不得自由存在。反之，凡无都是没有组织和强权，所以"无"是自由，"无"便是善。

（第六）依照佛家的学说，能够离苦为乐的便是善，《涅槃四句经》说："诸行无常，是生灭法，生灭法已，寂静常乐。"可知无便是善。

（第七）一切的善都是从觉而出。《起信论》说："无明忽起，转本觉为不觉。""无"就是本觉，"有"就是无明。因我所讲的"无"是本觉不是无明，所以说"无就是善"。

以上把历来学者的善恶标准，完成"无就是善"的学说。

但我还有很好的证据，就是柏拉图（Plato）的观念论。柏氏说世界万物，只是各各观念的幻影，而真实存在的，不外善的观念，因立善的观念，安在各观念组织的绝顶上，认做万物的究竟目的。依柏氏的意思，这个善的观念，是普遍而且统一的。我想有生于无，无是不二而最初的观念，且能够统摄全体，做全体的目的观念。可知柏氏所立的善的观念，就是我所讲的无的观念，而且依照辩证法类推上去，除了无，更没有什么善，所以我敢大胆说"无就是善"了。

前面既已证明了"无就是善""有就是恶"两方面的道理，那虚无主义的善恶论，大概是无可疑了。但我还要申明几句，虚无学者最恶的是"保守"和"建设"，最喜欢的是"怀疑"和"破坏"，因保守是有其所已有的，建设是有其所未有的；怀疑是疑其所已有的，破坏是废去所已有的。总之，凡有皆恶，唯无最善。

## 第十章　结论

宇宙进化是有一种自然的次序，但也是有为的结果，假使进化全靠着天道的自然，用不着人力来助进，那么我们也不用提倡什么主义了。即因主义都有做媒摆渡的本事，所以提倡主义之人，好似是受了自然的支配，其实也能够支配自然。就如我的虚无主义，我以为时间是到了，无政府主义是快要实现了，虚无主义是快要代替他了。我虽不能信虚无主义是"一颗百宝灵丹，吃了百病消散"，但我总信得宇宙的进化，是没有止境，当着这个"自有而无"的时代，应有虚无主义来策进他。所以我竟敢充分的来研究他了。

我于最后的结论，要求读者不要误会虚无主义是有断灭的思想，我的虚无主义只是个"真实主义"，因要求真，所以不惜将虚伪的宇宙完全解放；又是"进化主义"，因宇宙的进化是"自无而有""自有而无"，现在是要自有而无了，所以虚无主义顺着这个潮流，现身说法。至于"虚无"两字的意义，"虚"是表明宇宙全体为"虚而不屈，动而不出"的，"无"是表明现在宇宙进化的倾向的，合此两个根本观念，才成虚无主义。所以我说的虚无主义，并不是断灭，而是能够做媒摆渡的真理。

我说的虚无主义，也很受了实验主义的反动，本篇不过是个发端，还有具体的办法和详细的说明，我在《虚无主义之研究》一书再说。

# 七、思想论

## 第一章

### （一）

　　我们头脑本有思想的可能，不但外围环境能唤起思想的材料，便是我们自己的精神，也有能动的倾向，所以思想不单是主观的，也不是客观的；不单是能动的，也不是受动的；却是"主观"和"客观"、"能动"和"受动"的总合体。

　　应付环境的是思想，连络未来的也是思想，思想不单是现在的，也不是未来的；不单是应付的，也不是引申的；却是"现在"和"将来"、"应付"和"创造"两方面都用得着的工具。因思想有引申的倾向，所以我们不应仅把思想看做人生应付环境的工具。杜威一派尊重思想为"创造的智慧"，不知这个创造的智慧，应是因应付环境而创造的，环境一变，思想也不得不变，环境要那样，思想就不得不那样。换句话说，这种的思想，还是摆不开于环境的支配，免不了于眼前的速效小利，仅是应付环境的一面，早忘掉了思想是有空间性的，是还要创造未来的了。依我的意思，应该给思想下个较广大的定义道：思想是应付环境和创造未来的工具。

### （二）

　　实用一系的哲学家，很看轻未来，以为创造未来的思想，和现在的人简直没有关系,既没有关系,想他干么?不晓得"现在"是总要灭的,因"现在"是"未来"的工具,"现在"的目的在于创造"未来",那么思想的进行,怎能够不跟着"现在"走向"未来"去。用思想来创造未来,这不是哲学家的玩意儿,实因思想的本质如此。思想是进化的,不是倒退的;是活动的,不是固定的;是变换的,不是不易的。因他有向前的特性,谁也不能够把他禁在"现在"里面,或是阻碍他去创造"未来"。我们不用回想"过去"了,但有了"过去",才有了"现在",当"过去"的时候,一定有许多思想,是为着应付那时环境而发生的。但同时还有许多思想,是有投影的作用,用来创造"现在"。同理,"现在"的时候,自有许多应付"现在"的环境的学说,也同时有许多从"现在"起点而向着"未来"走的思想。这样看来,一时代中的思想,实有两方面不同的原料:一为保守的思想,一为创造的思想。保守的思想,是人生应付那时环境的工具;创造的思想,是人生创造未来的工具。换句话说,保守的思想,是受了空间上的影响;创造的思想,是受着时间上的影响,这便是思想的两方面,相反而且相成的了。创造的思想,只是意想中连结的工具,我们宇宙也不外由于思想的连结,所以创造的思想,是绝对自由的,是要抉破一切的网罗而无所限制的;那保守的思想便不然了,他是受制于自然生活的,是没有绝对的灵性的。我们虽可说这全相反的两面思想,是可以兼包并容,但我们总该把创造的思想,发展至最大的限度;反之,把保守的思想,缩少至最少的限度。

杜威所讲的思想,便是保守的思想,我们本可不论了,但一般学者,有一种打不破的成见,就是把"创造的思想"都说是空论,其实怎么样是空论?怎么样是创造的思想?创造的思想,也有不给无思想的说是空论吗?要是无思想的不说他是空论,那还算做创造的思想吗?民主主义实现了,社会主义也实现了,当未曾实现的时候,谁不说他是空论，现在有好些学者，还说无政府主义是空论。但是无政府主义也快要实现了，可知"空论"两个字，可以抹煞许多创造的智慧，或是冤枉了许多哲学家，以疯子的罪名，但却不能够阻的住思想的实现。总之，实现与否，只有时间的问题，若从根本的意义着想，凡是创造的思想，没有不能实现的理由，因思想是意想中连结的工具，有互相连结的可能，不想便罢，既怎样想，便是怎样实现了。

## （三）

思想不但是创造的智慧，也是破坏的智慧，而且思想里面，破坏的分子比于创造的分子更多，常有一种思想，不愿枉费心力来组织将来的社会，只是向前破坏罢了。思想发生的原因，大概由于否定现实，因不满意于现实的状态，而唤起无数的怀疑。甲说："怎样好？"乙说："为什么？"丙就要从"存在"上疑问，因有了许多的疑问，便有了许多思想发生。杜威一派的学者，认定思想的起源，是一种疑难的境地，这自是通极了，但那反对"根本解决"的道理，我很不以为然。因思想是不能够制止的东西，既能怀疑，便不能不破坏，既能提出种种的解决方法，便不能不想到根本解决了。怀疑里面，本隐隐地含着破坏的意儿，把这意儿发展出来，那就是破坏了。很多的思想家，都痛恨于截断的解决，而主张从根本上着想，寻出根本的解决。这种直截了当的解决，便是思想所以为破坏的智慧的理由。

## （四）

思想既是破坏的智慧，那不是可怕极了吗？虽是可怕，我们为的是自由，就再可怕也不管，我要怎地想，便怎地想，可杀可辱，决不可迁移我的思想，我决不说我不根本解决了。因思想是极端自由的，既不屈服于何等的强权，也不信仰着何等的邪说，只是依照我们所认定最合理、最必要的主义想去。所以思想有"危险思想""过激思想"的头衔,而稳健的就说那"多研究些问题,少谈些主义"的话。同学赤君说得好(《新青年》第六卷第五号《随感录》):

> 什么是思想?思想有不危险的吗?
> 　凡思想都是捣乱的、革命的;凡思想都是破坏的、可怕的;不论什么特权特典,什么固定的制度,什么舒服的习惯,思想对于他们都是一无情恩。凡思想都是无政府无法律的,他对什么权势,既从没关过心,老人们屡试很有效的智术也,岂能在他的意。

赤君这几句,确是思想的真意义,老实说罢!思想的进行,只是打破现时代的周围环境;思想的进行方法,只是施展这一切破坏手段,你怕思想么?且说那"适应环境"的思想去。我想惰性的思想,既不能使思想革命,又要阻住革命的思想发生,那么我们可以废抛他了,我们要创造思想么?先创造个思想观念,我们所能作的只是破坏,现在所最必要的,就是无穷大的怀疑。

# 第二章

## (一)

思想是为着问题发生的,既成了问题,就要从意义上着想,而求个根本的解决,因根本解决的方法,是心理上免不掉的必要。我们如没有提出问题,或解决问题的可能性,便什么话不用说,既有了这样的"惊疑的心理",就要依着一不做二不休的话追求下去,非到真个解决不可。问题是为着事实发生的,如没有事实,便也不成问题;如没有问题,便也不成思想。所以思想的起源,从根本上看去,还是根据于事实，事实是具体的、必要的，我们不能把事实将没作有，也怎能够把问题和思想限制些儿。实用学派不曾费心力去研究根本解决，却用那"以不了了之"的方法，来抹煞许多的思想，依他的意思，以为"以不了了之"实有许多方便，因对于好些问题，既未必能解决，那可以不用解决了。不知这样方法，在心理学上讲不过去，而且思想的能力，早不能够制止没有解决的问题，也断不罢休的。再有一层，所谓不能解决的问题，为甚么知他没有解决呢？既断他是没有解决，那不是个解决么？既有所解决又说不能解决，那不是矛盾吗？且如哲学上的问题，解决的方法也太多了，因他解决的方法太多，便说是不能够解决，那是什么话呢？总之，所谓"以不了了之"的办法，依然是了不得，了不得岂不是等于不能兑现的支票，早已犯了实际逻辑的误谬了。

思想是有"怀疑"和反抗"的能力，虽由于周围环境而发生，却不是环境的奴才，杜威一派说思想是应付环境的工具，只因他误会"由于环境"的，当做"适应环境"的，实则有价值的思想正在于能够打破环境，而适应环境的思想反是。思想发达的最大阻力，因那惰性与非进步的惯习，都是最适应环境的，既要适应环境的思想，自无助进的效能可言了。

杜威一系说思想的起点，是一种疑难的境地，假使没有疑难，就绝不发生思想。这话我不以为然，因疑难的境地，固是思想的成因，而思想的特质也能够唤起疑难，做疑难的原因。譬如迟钝不进的惯习，是没有人疑问的，是很当然的，必要的，但思想却不管什么当然，偏要发生疑问，去打破他。所以思想的重要，即在有怀疑的可能性，而又有解决那怀疑的力量。换句话说，思想是绝对的、不可拘束的东西，在于疑难的境地，固用的着思想，即在没有疑难的境地，思想也能思想他。再有一层，周围的环境，是无时无刻不变换的，思想要是应付环境的工具,也要无时无刻的跟着环境活动,就是说无时无刻都有思想的作用存在。弥儿说得好:"推论乃是人生一大事……只有这样事,是人的心思无时无刻不做的。"既明白了推论是无时无刻的连续,那里还有用不着思想的时候?也何必等到疑难的境地,才有思想发生?因思想是一系不断的,所以"怀疑"的态度,也没有间断;因思想的发展,是承前启后的,所以"怀疑"也是承前启后的,一迳怀疑下去。总而言之,思想的本质便是怀疑,思想以外没有怀疑,怀疑以外没有思想。

(二)

思想为的是什么?这个问题,依实用学派说:"思想为的是人的生活,人的生活所以尊贵,正为人有这种高等的应付环境的思想能力,反之,凡非生活上所不可缺的思想,都是不切实用的空议论。"这几句话,我着实不明白,因思想这一回事,对于现实的生活,很有不满意的态度,要是思想果为必要,那就不用限制他的发展能力;要是要限制他的发展能力,那就用不着思想存在。而且"人的生活"一语,未免近于笼统,因生活不但是很短促的生命,凡向某日的而进行的活动,都是生活。若把很短促的生命,当做唯一的生活,那么不但较为深妙的思想无用,就是一切发明都可不必,因没有发明以前,我们的祖先早已有了生命了。

我想怀疑的思想,本是向前活动的根本,为什么那保守的,定把"实用""不实用"的标准,来阻住怀疑的活动呢?我们不是有了"知识欲"吗?凡是思想都是要满足这个"知识欲"的,又何以见得没有实用呢?原来实用的意义,不单是物质的,是精神的;不单是官能的,是理性的。杜威一派只晓得自然生活,却不知道精神生活,他说"生活就是应付的行为",我说"生活是创造的行为"。我所说的,本于德国的倭铿（Eucken）学说，他所说的是代表功利主义的思潮。我们要有向前的精神，就该打破自然生活，而思想的必要，正在于能够打破自然生活，而求精神的实用。所谓精神生活，便是真实受用的生活，那自然生活，不过是暂时的生活，前者包着思想的全体，后者不过思想的一面。庄子说得好："散于万物而不厌，逐万物而不反。"可知自然生活是很执迷不悟的，而根据于自由生活的思想，也不过是"穷响以声，形与影竞走"罢了。闲话少说，且把我对于思想的见解，写在下面：

> 思想为的是创造精神生活，而且要真实受用的！

按照前面的解释，所以哲学家的问题，都是很必要的。杜威一系常说"哲学的光复"，以为真正的哲学，必须抛弃从前种种玩意儿的哲学家问题，必须变成解决"人的问题"的方法。不知他所说的"人的问题"，就不是"人的问题"，是个不用解决的人的问题。问他为甚么要做人？他说做人就是做人，做人的目的就是做人，这种没有答案似的答案，在论理学上叫做"丐问智词"，他的方法，先坐实所要证明的，而后加以证明。相传有一个乡人，因他的女儿病了不能说话，问一医生以"为甚么不能说话"的缘故，医生道："此极易晓，只因失了说话能力。"乡人应道："不错！但我要问为甚么失了说话的能力？"医生道："这是经诸名医说过，但是喉舌不得其用的，都是这般。"唉！我想不到杜威所谓"人的问题"，和这位医生一样的见识，他既不能离开了人生说人生，真令人到死也不会悟彻分明了。总之，杜威的哲学，只求保守着自然生活，没有生活的疑问，所以他的思想论，即是限制思想，使脱不出"过去"和"现在"的残余，用极不逻辑的方法，使人应时而生的反动力量无形消灭，永不向形而上学心理上产生的问题着想罢了。

## （三）

　　思想是绝对自由的，所以与经验不能相容，原来经验这东西，便是历史上的积压势力。他的特性，是保守那过去和现在，因过去的"有"，说现在的"有"，到了未来，又因现在的"有"，证实未来的"有"。所以经验里面，含有无数的推论，用在宇宙人生上，就是无穷无极的保守生活，永远没有进步。据我看来，经验外没有生活，这话不错，像经验和生活是什么东西，也不过是偶像罢了。我们往常所反对的历史的偶像，不是别的，就是那堆积下来，而向前申去的经验。至于根据于经验而有的生活，既脱不了周围环境的支配，还有什么意义可言。我所谓有意义的，止是能够打破经验的思想，根本上就不承认保守的观念了。

　　我不是说经验没有投影的作用，但说经验的投影作用，既占领了旧观念的全范围，就难于创造新观念了。换句话说，当提出种种假定的解决方法的时候，所提出的都不外经验的东西，未有经验的，既不能够假设；能够假设的，不过是旧话重提。这种方法，未免抹煞理性，那有什么新理可以发明！那有进步的思想而根据于保守的观念，或过去的残余！现在且举一个例，例如国家，本来是没有的，自有了国家，那些历史的态度的政治家，就有所借口，以为国家是从前有的。从前有的，今亦当然存在，到了后来，又这样说。所以国家的经验就是国家的生活，而经验就是生活的话，可以保守着许多的旧思想、旧道德和旧惯习的了。总而言之，经验虽能够连络未来，但用以连络的，只是保守的原素，使思想的发展能力，减少罢了。反之，思想是有意识的，进步的，是要打破过去的残余的。因世界上没有绝对永存的真理，真理只是随时变换，所以从前的经验，既不能拿到现在用，现在的真理，也岂未来所用得着。若就现在立论，现在的环境既不是古人的环境，那我们要解决问题，自不必问古人怎样解决，我但解决我的罢了。所以思想的重要，即在不管经验如何，思想所以有价值，因他是活泼泼地，那些老人们，好谈经验，以为经验多了，便较有思想，其实最敢思想的，便是最没有经验的人。小孩子在学话的时候，便喜欢思想，因小孩子有好新奇的天性和怀疑的精神，老人们便不然了，因他较有经验，所以较有了成见。这样看来，思想不是别的，就是从经验的范围内跳出来的东西，可知经验和思想，是二不是一了。

　　思想是为看将来而有意义，与回想过去和思维现在的不同，因思想的本质，全在能变换环境；思想的目的，只在创造未来，所以环境的进化，即是思想进化的表征，思想能够时时刻刻的进化，那环境便也跟着时时刻刻的进化了。进化的新法则，是要牺牲个人以利社会，还要牺牲现在以利将来，颉德说得好："进化的意义，在于造出未来，过去和现在，不过一过渡方便法门罢了。"颉德又举许多例证，来证明这个道理，可知今后进化的根本观念，只是向着未来走去，那挟持现在主义而谬托于进化论的实用学派，实不晓得从前的进化学说，早已过去了。现在是没有不灭的，但灭了现在还有未来，所以牺牲现在的目的是为着未来，而现在的进化，就是未来，我们不要忘了"死是进化的母"，不要忘了宇宙全体的总进化。思想是进化的原动力，思想的目的，在于创造将来；思想的进行，在于牺牲现在。我们不是忘了进化么？为什么不因思想的目的定思想的进行？换句话说，若要进化，只管破坏现在，破坏现在，就是思想的进行。你要进化么？快用你的思想，因思想就是破坏，破坏就是进化的方便法门。

　　总而言之，创造的思想，便是破坏现在的工具，思想的本质仅仅是"怀疑"和"破坏"。"怀疑"是破坏的主意，破坏是怀疑的工夫；怀疑是破坏之始，破坏是怀疑之终。因思想是从怀疑而起，未有怀疑而不破坏的，怀疑而不破坏，只是未曾怀疑。所以真正的思想，只是"怀疑"和"破坏"，所谓较有思想的人，也不过是敢于破坏的人罢了。

# 第三章

## （一）

　　思想是不能限制的，但实际学派却要限制他，限制的方法，就是从计校利害趋避上论思想。凡是适应实际的要求的，是思想，不合这个标准的，便是悬空的胡思乱想。不知一个观念的起源，都由于大脑中枢受了外界刺激而起的复合作用，因有了这个那个的环境，才有这个那个的观念。推之，凡是思想都是从事实发生，没有不与自然界有关系的，没有不适应实际的要求的，不过是时间问题罢了。而且思想绝不能有何等限制，要是顾忌于利害关系，而生一种计算心来限制之，那就不是自由发展的思想了。你看许多的革命思想家，就是不管利害如何，我们既确以为是，就是刀刃在头，雷霆在顶，我们总要怎地想。反之，一班懦夫，受了很多的压迫，但他因太顾利害，连吐气都不敢，不消说什么事也不敢办了。所以思想的本质就在无顾忌、无踌躇、无似是而非，那用利害关系来限制思想的，那里懂得思想的真意义！

　　思想是绝对没有休止的，是永远在那里变换的，明白了这两个重要条件，才可讲思想的性质。我所以否认实际学派的思想论，只因他把思想看做惰性的、保守的一回事，实则真正的思想只是"力"，只是有发展的能力。换句话说，便是能活动、能变换，从一个地位，跑到别一个地位，这别一个地位，是前进的不是倒退的，不用说是"将来"了。而从"这个地位"跑向"将来"，不用说是破坏现在的运动了。所以思想的根本意义：（1）是破坏现在；（2）是倾向将来。合着两个条件,才是真正活动的思想。若再外析下去,因思想是破坏现在,所以说思想是批评的,不是辩护的;是革命的,不是保守的;是破坏的,不是建设的。因思想是倾向将来的,所以说思想是理想的,不是现实的。

思想是为着将来而有意义,所以要规定思想的意义,也只好看他在将来能发生什么影响,却不能问他现兑成人生经验值得多少。哲姆士说:"凡真理都是我们能消化受用的、能考验的、能稽核查察的。"凡真正思想,原是如此。但实验哲学家,太看重了现在,要立刻消化受用他、考验他、稽核查察他,那就不可能了。总之,思想的实现,在于将来,我们短视短听的人,不会知道未来,也怎能断定思想是不能实现?由别方面看去,思想都是"现在"的捣乱分子,要问他在现在实际上的价值,那是没有的。我常说一个思想,就似一张定期的支票,上面写明在于将来,可支若干效果,但那些性急的人,刻不容缓,拿这张支票,要立即如数现兑,那自然是不能。但他气愤极了说:"这张支票如果即刻如数现兑,这支票便是真的。现在既不能现兑,要他干么!"于是乎把这张支票扯了,这不是一件很可笑的吗?但实验学派,实有这个毛病,所以他对于思想的性质,没有完满的解说。我在说明本文之先,也要推翻这个功利主义的思想价值论。以下说的是思想的性质。

1. 思想是批评的。我为甚么不说思想是辩护的?因辩护的是对于现在而辩护的。思想的起源,是由于不满意"现在",既是不满意"现在",自不代他辩护了。反证起来,我可以说思想是批评的。何以说思想的起源,是由于不满意"现在"?因方便如意的时候,便没有问题,那里有思想表出?既成了问题,就要从意义上着想:"这怎样好呢?""为什么不那样办?"……这都是批评。因有了批评,把"现在"的怎么样坏处,都尽量写了出来,这便是思想的起源。所以我说思想是批评的。

2. 思想是革命的。没有疑难，便没有思想表出，凡保守的，是没有疑难，所以保守的不是思想，而革命的才可算思想了。历史观念是和思想正相反的，因历史讲的是传下来的"当然"道理，思想却不承认什么当然。所谓"掀翻天地，前不见有古人，后不见有来者"，这真可证明思想是革命的了。

3. 思想是破坏的。思想是要打破"现在"，而向着"未来"，这自然是破坏的了。但是现在有人反对这个，以为破坏以后，非建设不可，破坏是思想，难道建设不是思想？我以为把"建设"认做思想的内容，那大错了。因"建设"就是继续"现在"主义，思想便是反对"现在"，根本上不能和"建设"相容甚明。所以"建设"了再"破坏"，破坏了再建设，建设是进化迟滞的原因，思想便是打破这个，而向着前途走的力。所以宇宙的进化，全靠思想。换句话说，破坏——破坏——破坏——这便是宇宙的进化。

4. 思想是理想的。照上面所说，思想是批评的、革命的、破坏的，就可以知道思想虽从现实下手，而唯一目的，却在将来。那么从认识活动上论思想，我可说思想是理想的，不是现实的了。"假设"在思想中占最重要的位置，没有假设，便不能够批评，也没有革命和破坏的能力，只好坐着悲叹罢了。但有了假设，做未来的目标，便没有什么可怕了。所以思想的生活，是有"目的"的性质；思想的作用，便是认定目的而设法达到所定"目的"的作用。这就是理想，这就是思想的基本性质。

总而言之，思想的性质，是批评的、革命的、破坏的、理想的。思想的方法也不过（1）怀疑——（2）怀疑的引申——（3）破坏——因天地间没有可信仰的事，宇宙间也没有不可想的事，所以我承认大胆为思想的本质，而常常尊重那些"无踌躇""无似是而非"的思想家。

革 命 哲 学

本书于1921年9月由上海泰东图书局初版发行，列入"创造社丛书"第二种，1927年4月发行第4版。2002年收入福建本第一卷。本次整理，以泰东图书局1927年版为底本，以福建本为校本，同时参以中山大学哲学系藏朱谦之先生"自存本"所作校批文字。

——编者

# 目　次

| | |
|---|---|
| **序** | 119 |
| **序诗三章** | 125 |
| 　　宇宙革命底狂歌 | 125 |
| 　　宇宙底革命 | 127 |
| 　　微光 | 128 |
| 第一章　革命的真意义 | 130 |
| 第二章　革命与进化 | 141 |
| 第三章　革命与创造冲动 | 152 |
| 第四章　革命底心理 | 162 |
| 第五章　革命与哲学 | 173 |
| 第六章　革命底目的与手段 | 194 |
| 第七章　革命的思想 | 200 |
| 第八章　革命与自由 | 207 |
| 第九章　革命与群众运动 | 213 |
| 第十章　革命与唯心史观 | 224 |
| 第十一章　革命与新生活 | 244 |
| 第十二章　革命者的性格与精神 | 250 |
| 第十三章　革命的人生观 | 255 |
| 第十四章　革命主义在进化中 | 264 |
| 第十五章　虚无主义——革命底哲学 | 274 |
| 第十六章　宇宙革命预言 | 282 |

# 序

## （一）

宇宙本指时空而言，无限无涯，看不到，摸不着，自然科学，只能从现象上解释，而不得其真际生命，惟哲学告诉我们，各本其原有直觉力，体会一下，才晓得宇宙在历史（时间）上，是永远流行进化，继续向前，破无限的过去，开无穷的未来，支配于进化轨道中，而种种色色的空间，随着转变，无有稍停。此就动的现象——进化的道路上讲。若穷其源，宇宙发生，也只是一动；一旦发生，仍不住的动，动力增加，时间流转愈速，空间开拓益广，遂形成现实的宇宙。所以现实的宇宙，无非动的结果，动的表现；没有动，决不会有这个宇宙。而宇宙进化的意义，就是动和变易；倘以固定机械，永保常态去解释宇宙，便大错特错。

知道动乃进化，变易乃进化，故凡存在于过去的，到现在就会消灭，存在于现在的，到未来又安得不归于一尽，至其所以会消灭的原故，就是因为动和变。动而变，变时死一切，生一切，已有者消灭，未生者实现。过去种种，现在种种，不过在时间进化上流行罢了！而方生方长的未来，其意义自不同于过去现在。虽谓真时是继续不断，不能在本体中段分画界线；然进化在时间上的意义只有开新，没有保旧，只有消灭，没有苟留。所以今昔不足语未来，今昔不足律未来。

上面说过，宇宙进化，是动的意义，在发生方面讲，动才发生宇宙；在倾向方面讲，动才消灭宇宙，这是自然而必然，全部活动的法则。进化论的柏格森曾努力阐明进化中途，而对于进化的两端，既不否认，却甚疏忽，仍不免失之于偏，而此处所论，则指进化的全部；中途和两端，均等看视。

既知动即进化之义，乃可进而推求动之原力，怎样会动？谁使之动？这便入于宇宙生命的问题了。宇宙蕴底，本潜伏着生命之大力，柏氏谓创造的进化，其本源由于"生之冲动"，就是"神"的作用。柏氏之所谓神，是内在而非外来。换句话说，神是动中的不动——主宰动的东西。根本是一体所发，并非离此另立。详细讲来，动是自动，自己如此的动，动是生命之力，主动者也是生命之力，一体而二用。复次，生命的意义，究竟是什么？柏氏尚未明白指出，不知实际上有一种满布而充实，隐秘而含藏于宇宙及人生之底奥的，就是"情"。

"情"为宇宙人生之真生命。没有生命，宇宙人生，都不得发生存在，而宇宙人生之发生存在，也只是情之流转。宇宙和我——具象的我——等现象，是"所生的"，非"能生的"，并非一切——宇宙人生——可以先本体（情）而存在，乃是由本体——情——之放射而出。现象有生灭、有差别，本体则脱离一切相。所以情是永远存在，常住不往的。情为一切之本源，是"无穷无限的实在生命"，宇宙和人生，尽情之放散罢了！

生命花的开放，乃是情的流行，流行时就是动，就是进化。生命之进化，情之流动，其义则一。而情的本体究竟怎样？这便脱离一切言说相差别相了，他是无元，是虚无，是绝对，而情的用——动——流转，却生出现象，相对，在一元上滚动，创成一种进化史。换句话说，情（体）动，而一切发生，（用）惜新进化论的柏格森只见情之体的用，而未见情之自存的实体。

情是一切的生命根源,方情流行而有进化,这是纯正哲学的论据。而在应用方面,便成了革命哲学。革命哲学是阐明一种真情生命革命进化的学说。而这种学说,并非装饰品,乃是足以引起我们真际行为的。

## (二)

革命与进化,根本只是一个意义。革命顺着进化道路走,没有革命,进化就会失掉许多助力,增加许多阻力,因而黑暗、虚伪等强权,每易障蔽光明与真理。所以二者走一样的路,真际上没有差别可寻。而在作用上讲,进化是自然之运用——生命力之流动,而也是有为的结果。革命便是有为的努力。既然进化是自然,又何用着革命呢?元来自然进化道路中,分顺流逆转二种,逆转(物质)是破坏生命之向上,而自行向上的。革命方法,便是一面破坏了逆转的物质,一面却随着顺流,使减去其阻碍力,且永远向着进化正轨上走。柏格森虽也分生命进化,为两层——顺流,逆转——不过自取调和说,以为顺流与逆转,相反而可以并存。其实不然,逆转(物质)势力增大,顺流便会因循坠落,进化道途中,便会发生绝大危险;而把柏氏敢认识不敢实现的"纵横无碍之创造的活动力",沉沦泊没了!复次,顺流与逆转,既不相容,我们因为生命向上努力,便不该取调和说。不然,便是坠落的征象,理知分子之充塞所致。而一线真生命,将愈失其本真了!真正进化论者,有鉴于此,反对这种调和说,认明精神——情——不必表现于物质,顺流不可牵就逆转,而主张破坏"违逆精神——生命——情——的物质"。实因二者不容调和,没有调和之可能,不然调和之结果,吾人将沉入于理知(物质)虚伪中!进化暂停!宇宙亦黑暗!因此故,我们对于逆转的物质,取绝端的破坏,这种方法，就是革命。所以革命是拥助进化，维持生命，到达本体的方法。

宇宙革命，是破坏现实的宇宙，帮助生命的进化，向着本体进行的，此理已如前述。又当情流行于真时——生命的创造开展，而成进化，外面既没有"超然之神""上帝"，在上主宰使命，所以是绝对自由。而进化的本身，却有自然轨道可寻——就是历史法则。这种法则——无—有—无……永远向上向前，为一直线之流；他的结果，决非偶然，决非纷乱而无意义。故进化的真理，有自由，亦有法则，能创造，亦能消灭。而革命是依着法则，做自由的活动，消灭现实，做创造的工夫；所以革命就进化之说，其成立也正在此。

总之，宇宙革命，在进化全体上，只是情之一动。前面说过，宇宙因情（本体）动而发生，亦因情动而消灭。宇宙是现象，故脱不掉生死相，我们本此原理，去破坏——消灭，把宇宙死掉。在宇宙自身是进化，必至受历史法则的支配；若在我们为着真理而努力，便是一种绝对真实者要求绝对真实的态度。

## （三）

我们知道，本体（情）是浑一不分，若对现象说法，是无而非有，宇宙和人，其根源其究竟，就是这个本体——情，不过处此现象中，做破坏现象的事，以达到"复情"的要求。这种伟大事业，究竟谁去担当呢？这不是神，而仍是情的本身。情流行不息，故现象会自然消灭；而和情——本体——合德的情人，亦因情之要求和倾向，出而担当宇宙革命的事。所以生命之进化，和宇宙革命家，是同等的服务，同等的用力，不过一是趋向于肯定、积极，一是趋向于否定、消极；一是顺流向上，一是破逆转向上。而否定、消极、破逆转，就是肯定、积极、顺流的工夫。至其作用的结果,还是一样。所以破灭现象——宇宙,是进化的必至,也是我(起具象之我,合德于本体的)义不容辞的分内事。

宇宙革命家,是爱护真理、寻求本体的我。故这个我,是真理的寄托,是本体的本身。倘人们是认识真我,认识自我生命的,就不啻超过一切现象界,与本体合一,所以我和本体只是一个——情。情就是绝对真理。不过这个本体的我,因现实一切未解脱,所以自己不能先求解脱。而目击现世,常为热血鼓荡,真情燃烧,遂励勇鼓猛,硬着头皮,和虚伪、黑暗等强权宣战。对于现实的宇宙,根本推翻,全部破坏,这种行为,就是情的活动;就是绝对真实者要求绝对真实的态度。外面观察,好似激烈,而根本性质,却是顺的、自然的;若论其所要求的结果,在进化全体看去,未有不到达实现的。

## (四)

最后,吾友谦之主张哲学就是革命的学问,而革命是有实际努力的。故我知《革命哲学》出世后,定能引起世人许多实际上的行为。愿二十世纪的人们奋起!努力!因作革命歌一首,歌曰:

> 悲壮的青年哟!哭罢!哭罢!哭罢!
> 热烈的心血哟!沸罢!沸罢!沸罢!
> 自由在那?强权的领土呀!
> 真实在那?虚伪的侵占呀!
> 光明!光明!早被黑暗掩遮!
> 人们呀!哭的是现实黑暗!
> 爱的是未来光明远大!

革命！革命！前途有无限光明！

破坏！破坏！破坏了黑暗，才见光明！

强权的宇宙，罪恶的人生，当给他一个消灭的福音！

热血洗净虚伪，枯泪荡去牢笼。

人们呀！莫忘掉：

"光明在前，由你去找寻；

到光明的路，由你去开辟！"

可爱的廿世纪青年呀！牢记着：

"留得我们一线生命，便和宇宙去拼！

认识了自己的一点情，就把苦海廓清！"

革命！破坏！前途有无限光明！

噌……噌……噌！……

血钟响了！血钟鸣了！

湃湃……澎澎……湃澎！……

血潮起了！血潮涌上来了！

光明钟呀！

光明潮呀！

祝我们的光明先锋，努力向前！鼓勇直冲！

虚空么，破碎了！

大地呀，平沉了！

光明了！光明显出了！

永远无限的本体新境闪照！

一九二一，七，二〇，袁家骅

# 序诗三章

## 宇宙革命底狂歌
### 郭沫若

宇宙中何等的一大革命哟！
新陈代谢都是革命底过程，
暑往寒来都是革命底表现，
风霆雷雨都是革命底先锋，
朝霞晚红都是革命底旗纛，
海水永远奏着革命底欢歌，
火山永远举着革命底烽火，
革命哟！革命哟！革命哟！
从无极以到如今，
革命哟！革命哟！革命哟！
日夕不息的永恒革命底潮流哟！

伟大的暗示——黄河！杨子江！
我渡过血涛滔滔的黄海，
你们吐出浑身底血液来
把海水都已染红了！

黄河、杨子江上的居民哟：
那来千钧的重力把你们的眼睑压闭了？
这么明目张胆的，伟大的暗示
你们不会体验吗？
你们是些无机体么？
你们是那河畔上的沙石么？
你们是只好被澎湃着的潮流淘泻的么？
快在这血河中添一点血哟！
快在这血海中添一点血哟！
教那血涛滔滔的黄海
把全球底海水和盘染红！


革命底精神便是全宇宙底本体了！
宇宙只是一个动！
宇宙只是一颗心！
心是一个炸弹哟！
他的炸药便是这股真情！
这便是革命底精神！
只消我们一掷！
请看这个庞然的宇宙
迸出鲜红的火云！
掷哟！掷哟！掷哟！
把我们这砂上建筑的楼台打破了罢！

二〇,八,二三, 于上海

## 宇宙底革命
### 伯奇

看哟！死沉沉的黄海轩然要起大波了！
火轮般的爆弹就只准备着投下去。

啊！朋友们，醒来罢！再没去空谈！
什么叫做生命？
什么叫做创造？
什么叫做进化？
什么叫做活动？
我信这全部不过是宇宙革命的别名哟！
宇宙底革命！
惊人的新发见哟！
这实在是最凡庸的真理；
是我们日常所体验的哟！
不看，雷、霆、冰、雹、波、涛、风、雨，那一件不是宇宙革命的表现？
火！人类伟大的发明，那不是宇宙革命的象征吗？

啊！激烈的新陈代谢不是宇宙底生命吗？
啊！不破坏的创造这宇宙可是能够有吗？
啊！宇宙底进化不是无限革命底缩图吗？
啊！宇宙底活勤不是表示恒久的革命吗？
啊！一切都是宇宙革命底别名哟！
啊！革命哟！革命哟！神圣的革命哟！
刀已经放在我们的颈上了；

沙上的破屋也要倒下来了；
爆弹却在我们的手中！
不要忘呀我们的时期到了！

我们准备着血来洗污浊的黄海哟！
我们拿着火轮般的爆弹去欢迎光明的太阳哟！

一九二一，八，二三，上海

## 微　光
### 郑振铎

以此代序，序谦之兄的《革命哲学》

微光，微光，
来呀，来呀！
微光，微光，
贯入黑雾之心呀！

Satan 高坐呢，
Satan 高坐呢。
亚当之子忍受着苦役，
忍受着鞭笞枪尖呢。
羞呀，羞呀，
亚当之子！
竟匍匐么？
竟呻吟么？

竟低首于 Satan 之前么？
竟永久的忍受么？

青年之血——沸呀，沸呀，
神圣之泪——流呀，流呀！
把 Satan 的宝座烧掉吧，
把 Satan 的宝座漂掉吧！
卑怯之生呀，
尊严之死呀！
Iuses① 呀，
Soplia② 呀，
我拜，
我拜！

Satan 高坐呢，
Satan 高坐呢。
亚当之子忍受着苦役，
忍受着鞭笞枪尖呢。

微光，微光，
来呀，来呀！
微光，微光，
贯入黑雾之心呀！

二〇，八，二四

---

① 原文如此，疑为"Jesus"。——编者
② 原文如此，疑为"Sophia"。——编者

# 第一章　革命的真意义

## （一）

　　平常的人怕革命，比怕世界上什么东西都利害，其实革命何曾可怕，你要是个一念真实的人，就请凭着真情把革命的性质，穷原竟委的想过一番，觉得对，就欢迎他，觉得不对，那也由你帮助黑暗势力，去摧残革命去了！

　　从表面观察革命，固然是破坏的，暴动的，好似提倡革命的人，都是杀人不眨眼的破坏狂（Clastomanía）；而从底子里看去，那些高唱革命，不怕危险，大胆奋斗的朋友，究竟为的什么？难道真个假托革命，作犯罪的掩饰？不对！革命是有主义的，在他破坏的运动背后，还有新理想的建立，可惜那决意排斥的人们，没有看到罢了。

　　元来真正的革命，是为着求"真理"而有意义。因为不真求真，凡真理所在的地方，就是赴汤蹈火，也只管向前；反之，与真理违背的东西，任他是天大的证据和权势，也要极力推翻，非革其命不可。复次，革命是求"实在"的向上努力，对于不实在的东西，如一切人工杜撰出来的圈套，都要根本上取消他，打破他，似这样求真理和实在的态度，便是革命的第一义。

　　故此，革命并不是盲动，却是求真实的工具。而那从事革命事业的，也都是绝对的真实。因有这种根本精神，故能和一切习惯的虚伪挑战，除了真实以外，无论在任何等的迷信强权之前，都不能低头。总而言之，真实是革命者信仰中的无上价值而世界上也没有一件东西，比虚伪还要憎恶的。

依以上的结论，知道革命是求真实的；然而革命者所认识的真实，果能算得真实吗？现在讨论这个问题，先要指出真实的意义。原来真正的真实，是绝对的不是逼近的，如由科学得来的真实，无论如何，终不能证出完全真实之所在，这就不是真实了。反一面说，革命者要求的真实，都是永远向着绝对的路上进行，因他要求绝对的真实，这就是真实了。晓得这层，就可见革命和改良的不同。改良派说："真实都是相对的，没有绝对的，我们不要妄想根本解决，只须改良好了。"因为改良派没有求真实的诚心，所以穿茅补漏。只知一点一滴的解决，得到半截的真实就很够了。革命者便不然，以为不求真实便罢。既求真实，就要从根本上着想，而求绝对的真实。故"非完全则宁无"，大着胆子去求那绝对的真实，于是绝对真实，就不会不达到了。这种态度，正是革命的真精神，我可以进一层说：革命是以要求绝对的真理和实在为第二义。

然绝对的真理，绝对的实在，究竟是什么东西？由我看起来，归本只是"自然"。因为绝对的真理，并不是人工所能勉强造成的。在这现实世界，只得见虚伪的生活，就有真实，也不过相对的，那里有所谓绝对？次说，绝对的实在，也不存在于人造的科学的可得见的世界。由前者说，唯有合下元有的"自然"，才算绝对真理；由后者说，唯有那自己如此的"自然"，始真个实在；可见真理和实在，推到绝对，都只是自然，懂得自然时，那就是绝对的真实了。所以革命的意义，换句话说，是为着求"自然"的努力而有意义。

## （二）

革命在积极方面，是要求真实，就是求自然的向上努力，而从消极方面讲，却是用批评的方法，怀疑一切而且破坏他。须知这两方面是相反相成；怀疑和破坏，也正是由不真实到真实的一回手段罢了。但在这里不免引起别人疑问，为什么怀疑一切，却不疑到真理本身？为什么破坏一切，不连实在也破坏完？换一句话，就是对于"自然"何故还肯定他存在呢？这层道理，不容我不出来分辨一下。

当知我们说的怀疑，虽不是绝对的怀疑，也就是绝对的怀疑；因要彻底求真，自不能不彻底去伪，所以对于半截的怀疑，而主张完全的怀疑，对于零碎不相干的怀疑，而主张根本解决的怀疑。不过这种绝对怀疑，不要误会他是空无所有的怀疑主义；因空无所有的怀疑，如希腊哲学家辟罗（Pyrrho）所说，一方面是很怀疑，一方面又说那真理不能研求出来，而且不必研求出来的话；这种怀疑，除怀疑外，更无能事，其本身并无所立，自然和革命者能破能立的绝对怀疑主义不同了。

革命者的怀疑，是有方法的；屠格涅夫（Turgenev）曾经把历史的作品中所代表出的人物，来说明没有方法的怀疑的短处。他说："有一种人，就是哈姆列脱自负心很强，所以没有信仰，大凡利己主义的人，连自己都不能信自己，所以哈姆列脱是个怀疑家，无论何事，皆不能成就的了。第二种人就是东克霍迭，他常和风车相斗，并且常以理发店的铜盘，当作玛姆普利诺魔术的帽子；这个人实在是民众的指导者，因为大凡被仰为民众指导者的人，绝不介意于俗人的嘲笑迫害，只一心向着自己所信仰的方面进行，纵令中途蹉跌，立即又爬起来前进，卒至发见真理出来，其眼光非常的锐，他总是瞧着正当的东西,决不肯疑自己的了。"由此可见,哈姆列脱的怀疑,一面绝对的否定,一面又迷惘了自己,这是很不对的。真知怀疑的意义的人,应该似东克霍迭虽不相信一切,却不怀疑自己。

这种怀疑的态度,便是哲学的态度。但说来又和笛卡儿Descartes的学说不同依笛氏说:只有一个地方,万无可疑,这个便是"我"。我在这儿疑,故能怀疑的我,是存在的。这话固然很有理,然我还要迫着问那不可怀疑的我,究竟是真我呢?还是假我?假我就不可不怀疑他了。由此看来,笛氏的怀疑主义还未免笼统,而且有不彻底的毛病。我虽主张把"我"作怀疑的基础,但对真我固用不着怀疑,而对假我还要怀疑他的。于此,我要严别出那些是真我,那些是假我。

简单几句话,真我就是我的本来面具,就是绝对的真实,直截说,便是自然。所以我们虽怀疑一切,却并不怀疑自然,照着自然本身的道理,便知道他是自己如此;人们要怀疑他,也是决不成功的。

我们为什么否定一切,怀疑一切?假使从根本上求个答案,只能说:"我们的真情觉得非如此不可,我真情叫我不能不怎样做的。"须知这个真情便就是我的本来面目,就是自然。因为我们有了这个自然做根底,所以流行于已发之际,也都是自自然然,并无些儿牵强,除真情外再没有什么的。可见我们能怀疑,正为有自然做怀疑背后的护持力,使一切怀疑成可能的状态。我可以说能怀疑的便是自然——真实的我。故人们自然能怀疑,但不怀疑自然,因为自然便是人们怀疑一切的立足地。

自然既是怀疑的根据,所以怀疑的方法,也只是以自然不自然为标准。凡是自然的,都可以存在,因为自然便是自己如此,就是绝对真实,不待我们认他存在,早已存在了。就是我不认他存在,因其自己如此,也没法使之消灭。可知自然的存在,决无可疑,而怀疑到此,也失其效用。换句话说,我们对于绝对的真实,只能直接承当,因这已疑到万无可疑的地位了。

怀疑的第一原则,已如上所述,是属于能立方面;反之,第二原则,是属于能破方面,就是说:"凡不自然的,都不能存在,只管怀疑他。"合此两种方法,才叫做革命的怀疑主义。

## (三)

革命是把思想方法,引申到行为里;故革命的思想,还有行为在后,假使仅仅怀疑,而不能引起破坏的行为,那么,这种怀疑,便不是革命主义的思想。总之,怀疑是不能不引申的,怀疑的引申便是破坏,革命除破坏外,也没有什么。

知道破坏在革命当中的重要,又知道怀疑的结果,接着就是破坏;于此,我可以把怀疑的第二原则,更进一层说:"凡是不自然的,都不能存在,不但怀疑他,还要破坏他。"因那不自然的东西,本来就不是真实,我们既以究竟真实为依据,就不能不根本摧除他了。

所以革命的怀疑,是存在不存在,真实不真实,一切分判的问题。直截说,除自然存在的不消说了,其余不能存在的东西,为着求绝对真实起见,就要把他彻底推翻和盘拆卸了。这种深刻的解决法,便叫做根本解决。我们一向的主张,只问存在不存在,真实不真实,却不问那可以苟且存在?那可以敷衍他?

由此可见革命的破坏方法,是根本的不是零碎的,是完全的不是半截的,只要瞧着不自然的东西,就要用"快刀斩乱麻"的方去,把他破坏一番,所以破坏的目的,在于根本消灭,并不是变换其外形就算了。我在这里,可以更明白的说一句:"凡是不自然的东西,不但要破坏他,还要从根本上破坏他。"

破坏就是从不自然的态度,还复于自然的态度,他那不自然是由羁绊束缚而成，破坏就是把羁绊解放了，束缚除掉了，但这不自然的东西，究竟是什么呢？如不能明白说出，而胡乱破坏，这破坏也始终不能彻底的，故此我在下面还要略略指出那不自然东西的性质，使那抱破坏主义的人，有个更明确了解的指针。

前已证明自然是什么，就是绝对的真理和实在底合一体，所以反过来说，不自然的东西，也只是绝对的真理和实在的反面。须知真理就是价值，实在就是本体，所以要认识那不自然的东西，也正可从这两方面着想；既知道那和绝对的真实相反的是什么，就不难发现不自然的东西是什么了。

1. 价值上的观点——绝对真理是价值之最高的，这最高价值，实基于个人的直觉力所认识的真情而来，而同时自然有客观的一致，换句话说，就是"此心同，此理同"。所以绝对的真理，根本只有一个，凡与真理不合的东西，也不能苟从，就只管破坏他了。这种精神，直接影响于革命者之思想的如反对（1）强权，排斥（2）迷信，和（3）习惯的虚伪。强权如政府法律等，迷信如宗教神道等，虚伪的习惯如旧道德、旧风俗等；这些东西，虽然在政治哲学宗教上认为天经地义，无如与此真情的自由，真情的真理不合，所以勇猛至诚的革命者，对此不能不使出激烈的否定，和深刻的批评，给他一个大破坏了。

2. 本体上的观点——绝对的实在，是自己如此的，所以用不着造作，一造作就不是实在了。因实在是自然的，故凡不自然的，人工的，圈套的东西，都应该把他破坏，例如一切迫人服从的强力，和一切凑成的勉强的组织，还有一切有名无实的文化文明，这些自无而有的，无自相的，无自性的东西，我都认他是和自然反背，是不实在的东西，不消说是要破坏他了。

综上所说，已知不自然的是什么，该破坏的是什么。但这里应该申明一事，就是绝对的真理和绝对的实在，是互相符合的。而这符合，是自然的符合，也正是作用的符合。从前的人说，真理就是实在的摹本，似此硬用"模仿"的方法，去求和实在符合，这是不对的。我的意思，以为真理就是实在，凡不合真理的，也必无实在可言；反之，凡不能实在的，也算不得真理，因为真理和实在，归本只是一个自然。只说自然就是真理了，就是实在了，可见两者的符合，不是摹本的符合，乃是自然不能不符合的。复次，自然也并不是永远完成，不过是生命进行——进化——之途上的赤裸裸活动；在这活动的长途当中，实在载真理而行，真理因实在而有，可见真理和实在，一面互相融合，一面又同为生活进行，简单说，就是真理和实在，是作用的符合，并不是静止的符合。晓得两个是符合的，那么，和真理相反的东西，不问而知其不能实在，不实在就早该破坏他了。

## （四）

革命是要根本解决，却不是笼统的根本解决，而是由于这个那个的根本解决，因而推出这个那个的总解决。因为这个那个的部分问题都是密切相关的相联而存在的，如有了国家，就自然发生那私有财产制度、工佣制度和租税制度；因这些制度和国家的存在，是有因果的必要的关系。所以非实行国家革命不可。由此可见国家革命的通盘计划，最初还是从具体的各种制度下手，无如要革私有财产的命，便不能不革工佣制度的命，而要革私有财产和工佣制度的命，便不能不革国家的命，所以零碎的革命不能不牵到全体去，这个那个的根本解决还不够，就不能不从根本上着想，而求根本的总解决了。

革命者的主张，固然要那最根本的总革命，然这种总革命，也正是从这个那个的根本解决下手，故此这种破坏，也不是笼统的破坏，却是这个那个的总破坏。因此，可以用具体的例子，来指明我所要破坏的是那些：

1. <u>政治方面</u> 政治这个东西的神髓，是实在真情的障碍物，要想发展真情的自由，这政治是万万要不得的。何则？政治的基础是立在强权上面，其原理总不外乎"命令""强制"和"威吓"三种；因此，政治的自由，除却治者虐待的自由以外，实无可说。例如（a）国家，无论是法制国家，或叫做立宪国家，或赞为文化国家，而既有国家，就不能不限制个人的意志自由。又如（b）政府，他是权力所从出的地方，种种横暴不仁，灭人个性，压制人的创造力。使他变为奴隶，这狠足证明政府是万恶之源了。又如（c）法律，论到任务，只是保护治人阶级，维持强力，察他发达历史，也和强权阶级同其运命。由此可见种种的政治组织，都无真实可言。再就从事于政治的人物讲，如什么（d）官吏，什么（e）政客，什么（f）议员，什么（g）警察，什么（h）兵，这些助强凌弱的，那一个是好东西？那一个不是丢了真情去欺压平民？若由政治发生下来的罪恶讲，最明显的如战争制度，不管是胜是败，结果总是弄得百姓受束缚、负重税。其关于经济上的许多不公平的制度，都是和政府有关系的，这也不容我细说了。总之，我主张的革命，是要从根本上把政治推翻，虽然治者阶级那些人，总要死的争成活的，说政治的必要，然我可不管这种哄人的话，我想革命发生的时候，非把政治者组织完全消灭，那末这种革命也不算彻底的了。

2. <u>经济方面</u> 罗素把私有财产制度和工佣制度，认为一对吃人的怪物，这话真对！试看地主和资本家致富的秘诀，便知道"私有财产，都是从平民贫困中得来，就是对于饥饿穷困的百姓，给他半格拉母金钱，使他们每日作出五先令价格的物品来，用这个手段积蓄起来的金钱，更得国家的帮助而成就的，要不是有饥饿的人民供他掠夺，只把他所有的金钱贮蓄来，那金钱的自身，一定不会有发生增长的作用"（见克鲁泡特金著《面包略取》第四章）。可见私有财产把少数人占领全体人的生活共同资料,这种不公平的制度,早就该破坏了。复次,工佣制度也是要不得的,似集产派一面主张废除私有财产,一面又要保存工佣制度,推行劳动券,不知工佣制度恰是维持私有财产,其结果不过资本家手里的财富,越加积厚,至于那大多数困苦的增加,人人生命的不稳,也是决不可逃的命运了。总之,保存现社会贫富贵贱不平之怪状的,就是这一对吃人的经济组织,所以我们简直要破坏他,而不承认私有财产的制度了。

3. 宗教方面　宗教是以错误虚伪为基本,都是从恐惧和愚惑产生的。他用一个妖怪名词,如什么"上帝",什么"天堂",来欺骗大家,使他迷信,尼来是反对宗教的人,最能说老实话,据他说:"宗教在强者和主人手中,是一种增加权力克服抵抗的方法,在常人及大多数的心中,这些人是为了服务和普通乐利而生存的,宗教可以产生心理的和平,服从的可贵。"可见宗教这个东西,实在是能够帮助强者,去制造奴隶的"多数人",因此我们对于宗教,也不能不根本推翻他了。

4. 道德方面　我们相信道德,都是虚伪的假面具,无论是宗教的道德、乐利派的道德、习惯的道德,只要叫做道德,都要破坏他的。何则?根据于道德法则而制行的道德信念,尽管怎样变迁,也不过名词变了,而道德的本身,还依然在那里作怪,总之,凡一切道德,直截说都是以命令规定我们的行为,以权威示我们以当为的事,那末我为什么还要道德呢?依我的意思,道德的时候过去了,我们不要像克鲁泡特金把平等的道德——无政府党的道德——来代替康德的"无上命令",我们应该有勇气去破坏道德,连无政府党的道德,也老实否定他了。

5. 家庭方面　我很可惜彻底的克鲁泡特金还要什么家庭,他说:"社会革命后,仍然是要依各人的自由,各个组织家庭,又设备精巧的器械,以便利于家庭。"(见《面包略取》第十章)这种似是而非的话，令我没有适当的字，可以表明我的愤怒了。我的意思，家庭非废除不可，因为家庭是妇女解放的障碍物，要是家庭不革命，那末异姓的恋爱，也不能自由，我们最恨的是那卑鄙没趣的家庭生活，是那矫揉造作的婚姻制度，我们赤裸裸的旗帜是"Free love"两字，对于家庭的"天罗地网"，自然要打破他了。

6. 风俗习惯方面　风俗和习惯，常使人有保守性和不进步性，因他的发达，永远靠着一种历史的惰性，使他流传，拿他做底子，所以风俗习惯的结果，就是天经地义，其权威极大，使个性不能发展，使革命思想不能发生，故就风俗和习惯的本身论，根本上和革命冲突，现在既要革命，对此死的窳败的麻木不仁的旧风俗、旧习惯，自不能不破坏一番，就是那迎合社会的风俗习惯的保守派，改良家，我们也认他是"革命之敌"。

总而言之，我们所要破坏的，分开说有这么多方面，而总结起来，却只是一个组织。因为政治、经济、道德、风俗习惯等等，都无非是一种组织，可见政治的根本破坏，就是政治组织的根本破坏，宗教的根本破坏，只是宗教组织的根本破坏，推之风俗习惯的破坏，好似与组织无关，不知风俗习惯，也正是组织内的风俗习惯，故此从根本着想，知道这个组织——政治组织——的破坏，不能不连带到别的组织——经济组织——去，因动一部则牵及全体，所以根本解决的方法，何如把各种的组织都完全推翻。换句话说，就是不但革这个那个组织的命，检直是革组织的命，似此无组织的革命主义，固然是虚无学者的特别见解，也正是革命的真意义。

（五）

革命的根本精神，是绝对的真实，所以革命的破坏行为，也一样是绝对的真实，但有人误会革命，以为革命唯一的哲学，就是无秩序，唯一的理论，就是暴力，这样反对论，太很浅薄，固然主张革命的人，是要用激烈的手段去实行，然在这激烈的手段的背后，还有一种求真实的理想，所以革命的批评者，只要问这个那个的破坏行为，是否是一念真实？是否凭着真情做去？却不要用皮相的方法，去估量革命了。

克鲁泡特金说得好："若论秩序有利的效果，如波尔邦党（Bourbons）在纳布尔（Naples）所做出来的那类秩序，人人一定宁愿加里波的（Garibaldi）所弄出的无秩序，至于英国的新教徒（Protestants）或者也说路德（Luther）引出来的许多不秩序，最少也比罗马教皇治下的秩序好。"可见秩序不必就比无秩序好，而掀翻一切朽腐和虚伪的大破坏、大暴动，反比那奴隶的、服从的、柔弱的、拙劣的有秩序好得多了。

最后的结论，就是革命这种行为，似乎有些粗野，然而这粗野以较于那貌似真实的虚伪，不知和平得许多，须知那只顾虚伪的优美形式的人，其内心实在就如蛇蝎一样。反之，我们主张革命的，宁肯以粗野的本来面目示人，却不愿做那看不出的吸血鬼，所以这种粗野，反可证明革命家真实的态度。

# 第二章　革命与进化

## （一）

革命是变和动的表现，而这个变动，却是向上进行，是追求那个无穷无尽的"目的"，就是追求那个无穷无尽的"真实"，这便是进化。所以革命和进化，根本只是一个，革命的时候，就是进化的时候，进化的时候，便是革命的时候，即因进化就是生生不已、自强不息的"动"，而在"动"的时候，同时必伴有不可思议的破坏力，以排山倒海的力量，去冲破一切网罗，这便是"革命"。可见革命自身就是生活进行，就是进化。

元来关于进化的学说，是有两派说法，一派是科学家，以生物进化的观念，来说明变易的道理，如达尔文派是。一派是哲学家，把心理的自然进化，来说明变动的道理，如黑格儿派是。即如现代柏格森说的"创造的进化"，好似是根据生物学，其实他所发挥的进化论的意义，完全是从心理学起点，纵使用生物学说，也不过视为象征的表现罢了。所以柏格森的进化学说，也正是哲学家的进化论。我很可惜现在有一般人，只管胡叫乱喊的，说什么物竞天择，什么生物互助，好似除了这种进化论以外，便没有进化学说，不知哲学家对于进化的说明，那比他有理的多哩！

我不是说科学家的进化论，一点没有道理，不过说科学所能理会的，只是很粗很粗的进化。换句话说，就是外界生物的进化，却不是心的绵延。依我意思，真知进化的人，一定不满意于进化的外的观察，而要发见那生物里面的心的进化。须知心的进化，那才是根本的进化，如懂得根本的进化，于是外界的进化也没有不知道的了。因此我在进化学史当中，所认为最圆满的，就是柏格森的进化学说，其次则为黑格儿派的进化论，再次才是达尔文派、克鲁泡特金派的进化论。因为柏格森说的进化，就是真的时间的绵延，他的好处，在能看到永远不断的生命。次如黑格儿说的进化，是理性的自然发展，他的好处，能够把不断的本体，分作一片一片、一段一段的分段生命，使实际上可以应用，然这是黑格儿的长处，也正是他的短处，故同是哲学家的进化说，柏格森从真情起点，黑格儿则不免于理知的分子太多，这自然不如柏格森多了。然以言科学家的见解，则比黑格儿派更为不如，为因黑格儿讲的移行，虽然带有空间的方式，尚不如科学家那样执着，科学家检直把宇宙的进化，割成片段，因他硬用人的知识去说明进化，不知知识是有机械观的天性，所以知道的进化，比黑格儿说的还要呆板些，这自然不能看到进化的真象了。

  由我看起来，这三种各别的进化学说，都不无用处。我们只要问那时候应该用那种进化学说，却不能把一种进化学说，来解释一切，推断一切，即如科学家的学说，虽不能知道生命的全般进化，就是心的进化，然正好应用去说明物质的进化，物质是从永远变迁的实在里面，分散出来的，坠落下来的，所以把科学家的进化学说，来研究物质的变动法则，这正适如其量，反之把他来说明生物之心的进化，就是真的时间的绵延，那就"牛唇不对马嘴"了。复次，柏格森的进化论，应用他去说明全生命的真象，自然再好没有，然为实际上的需要起见，却不可不和黑格儿的进化论，合拢起来。不然尽管柏格森讲得"天花乱坠"，只可惜这大宇宙全体绵延的创化，还和我们现在"分段的生命",全没干涉呵!

因要引导现在"分段的生命",到绵延创化的路上去,于是乎有虚无主义的进化学说。这种进化学说,兼有柏格森黑格儿两派的长处,而没有他的短处,所以既不是柏格森的进化说,也不是黑格儿的进化说,却是要引到新的真理和合宜的行为的学理。这种进化的新学理,也是从心的经验下手,元来心的经验,在本体上看去,柏格森的话是不错的,他把心的经验看做不断的流水,没有时候休息的,也不会重复的,也没有部分的,这样发挥进化的真象,和我的意思全然相同。然我虽则一面主张那不间断的永远进化的心的经验,而从他方面看去,为着实际的需要,又把心的经验,分作一片一片、一段一段的"分段生命",须知这一片一片、一段一段的进化,也正是真实的。何则?柏格森由心象的绵延创化,所认识的真实,那是大宇宙全体的真实,而这里割成一片一片、一段一段的真实,这是个体的真实。总之,心的经验在虚无学者看去,实在是"不常不断,不一不异",即因这个原故,所以断与常、异与一,均有他的位置,但都不是凝住死定无用之法。我们只要该用断的时候便断,该常的时候便常,因说明心经验的真相,应该用常,而在实际上的应用,却要用断。今既要把进化学理,拿来引导实际生活,就不能不抛却柏格森"常见"的创化说,而另立一种"亦常亦断,亦一亦异"的虚无主义的流行说了。

总而言之,虚无主义是一面不埋没进化的真象,而认识那绵延创新,永不间断的进化,一面却要把进化的道理,应用到现在,去引渡"现在"到进化的路程上,所以前者不失其为求真的态度,而后者又能把进化学理拿来消化受用。这种的进化说,就是革命的进化说,因为革命的意义,是为着要求那绝对的真实,而革命的方法,却永远是打破"现在",去创新"未来",须知既有"现在"和"未来"的分别,可见这种进化,的确是一片一片、一段一段的,决无可疑了。所以我说，革命的进化真象，只有虚无主义的流行说，才够得上去说明他。

虚无主义说的"分段的进化"，与科学家说的很有不同，前者所割断的是进的时间，而后者所割断的仍然空间。复次，虚无派虽然把时间割断，而实已知道真的时间的意义，不过为说明起见，不能不把他分段，若科学派之割断空间，则完全由于机械观的天性，自然是由于"愚昧无知"了。晓得这些分别，那末虚无主义的进化说，把真的时间分作有—无—有—无，生生灭灭继而再续的进化，就这一点论，实在比柏格森格外有意义了。

## （二）

但这种进化说，究竟和革命有多大关系呢？这是个大问题。

（第一）革命是有目的性的，因为他备有一定之内部的要求，而革命的进展，就是这要求的实现，可见革命虽不有那古来目的论所说的"究竟目的"，而由活动形成的"创造目的"，却是有的。因此柏格森的进化说，还不足说明革命的进化真象，而有待于虚无主义的流行说了。依照柏格森说，创造的进化是没有计划的，没有一定的目的，只是生命的冲动，努力往前推，似此把进化着作自然的、盲目的，固然很得进化的真象，然亦只能知道大宇宙全体的绵延而已。若问他由"现在"到"未来"的分段进化的途径，就是怎样从进化的前一段，到进行的后一段，那就不能没有"目的"了。总之，就进化的全体看，固然没有目的，而就一段一段、一片一片的进化讲，却不能不给他一种"创造的目的"，木村泰贤说得好："生命之根本的活动式样，是有一定的要求的，这个要求不仅为'创造的进化'的原动力，并且为指示他的方针的……譬如生命的方针，恰像放箭似的，纵使把那根箭，偶然从手里放出，并无预定的目的，但既放出了之后，那箭必在一定的方向上进行,好像有预定似的;吾人的生命即使是偶然而生,但既然生了,由他自身讲起来,这一生是不可不有个一定的进行方针的。"(见他的《人生论》)由此可见,要不承认"目的"的表示,那也无从说明"分段生命"的进化了。须知流行说的好处,即在于没有"目的"的进化当中,时时找出那"创造的目的",譬如从"现在"到"未来",这中间就不能不有两种表示(a)向未来的目的做,(b)选择做到目的的方法和工具,流行说成为真理,就全靠他在这"分段的生命"当中,能够充分做那摆渡的本事罢了。所以流行说一面在本体上看到那永远不断的绵延创化,而一面在实际上却承认进化是有目的的。不过这个目的,并不有"前定"和"究竟"的意思,如从前哲学家那样"粗朴的目的论"说法。这个目的,也还在永远创造之中,即因有永远变动的无穷的"目的",故有永远变动的无穷的"绵延创化",故把他应用到革命上面就能够定"理想"的目的,而跳出"现在"去到达他了。

(第二)革命也是有为的结果,如柏格森说的自然进化,固然已得进化的真谛,然其流弊在偏信"自然",须知进化者,就是自我的进化,因我的努力,节节打破一切的网罗,而进化乃可能,故进化虽是自己如此的"绵延",但还要自我实现。所以一面是自然的,也就是有为的,若只任其自然冲动,更不用"自我"的力量去策进他。那末"自然"自"自然",我自我,进化既不是我的进化,也那里更有进化呢?总而言之,进化不但是无为的,而且是无为而无不为的,因自然就是"我"的自然,我就是"自然"的我,在"自然"固然是无为的,苟知自然就是我,那就变成"无为而因不为"了。流行说的好处,即在一面看重自然,知道"进化"必不可免,一面却要因势利导,用革命的手段,去摧迫进化,但这种摧迫,也不是勉强的,却是顺着"自然"潮流,不能不这样做的。因流行说能脱出"绝对无为"的窠臼,而以有为、奋斗，为进化必带的条件，故和革命的性质恰合了。

由上所说，可见柏格森的"创造的进化"学说，实不足以说明这一段到那一段的进化真象，假使问他由"现在"上进化的途径，他是不能告诉我们的，因他没有指示将来、管理将来的能力。换句话说，就是不能把我们一部分的经验引渡到别一部分的经验，所以在生命的实际上——分段的生命——不能发生影响，我们切身的问题，是要问"现在"怎么进化？所以虚无主义的流行说，在这点反比他更能有一种满意摆渡的作用，就是从破坏现实下手的革命，也只靠这种真理，才能够说明的。

## （三）

我说进化的真象，是"自无而有，自有而无"永远的流行，故叫他做流行的进化。因在无限的时间当中，有了不能不无，无①了不能不有，现在是有了，所以现在的进化，是向着"无"的路上跑。有人说：这样有和无互为推演的进化，除循环往复外，并无所增进，那末有什么价值呢？不知这"自无而有，自有而无"的流行，他和真的时间只是一物，不可分开的，不过说明上的需要，只能这样讲，实则方生才死、方有方无，这其间也是永远没有间断，知道"流行的进化"，本是一线相延，那末第一，就不至误会这"自无而有，自有而无"是轮回，不是演进。第二，既知这"有而无无而有"是心象绵延，可见这刹那的有，不是那刹那的有，这刹那的无，不是那刹那的无，如说自"无而有"的"无"和"自有而无一"的"无"好像是一个，其实大不然，时间变了，内在的"分段的生命"也自然变了，因

---

① "无"下原有"此"字，衍，据朱谦之"自存本"校批文字删。——编者

为流行的进化，是在永远创新、永远变化的过程当中，所以是前进不是轮回，是向纵的方面生化，不是向圆的方面循环，这一点是极应该注意的。

流行的进化，可用宇宙自然律——辩证法——来说明的。辩证法告诉我们，以有无相生的道理，使我们知道"自无而有，自有而无"是进化的历程，然我们虽用辩证法去指示现有进化的理势，同时还要用直觉法，去直接体验吾人心意的绵延，使从前由辩证法所得证的"分段生命"，由心意连串起来，于是把那一片一片、一段一段的静相，都给打碎了，遗漏于其中间的真时，也都充实了，而"流行的进化"也就是永远绵延创化的"真的时间"了。由此可见，虚无主义的流行说不特看到进化之一片一段，而且早已窥测大宇宙的真相，反之，"创化说"只能推断生物现象的"绵延创化"，而不能替现有的生命，摆过渡，做过媒，这种真理，自不如流行说更有实际的影响了。

吾人现在所要解决的，是一段一片的进化问题——就是"现时"进化的途径，这自然不能不用"流行说"去说明了。然流行说虽能发挥进化之分段的原理，而从这一波澜到那一波澜的"流注相"，究竟如何，这就不能不引人疑问了，是突变呢？还是渐变呢？是前一波澜消灭而后一波澜生起，或是前一波澜还包在后一波澜当中呢？这些疑问，都是我急着要寻思解决他的。

1. 突变说　本来生物渐变的学说，在现在已不满人意了。自从荷兰的植物学者提佛里（De Vries）发明突变说以后，一般生物学者都知道渐变说不是事实，而生物的新种，实由于突进的激变而来。但我引此并不是要受生物学有说明，不过指明最近二十年之生物学说的倾向，以见和我由心象的"流注相"所得的结论，是一样罢了。元来"自无而，有自有而无"的流行也都是突变的，依据辩证法，我们知道"有"的时候，一定由"有"而连结到"无"，须知这种连结，并不是反复的思考，却是由于意识突起引之。譬如有想一个"善"的观念，忽地由"善"趣得"非善"，我不能说这是积极的想到，因为"善"和"非善"本来矛盾没有"不善不不善"的容中，所以由"善"到"非善"，中间并无预备的，一时间不是"善"便是"非善"，可知是突变而不是递变了。推之由"有"到"无"，也是一样道理，因"有"和"无"都是纯然独立，故此"自无而有，自有而无"，也只是突变的，而宇宙进化的真象，不过永远的"活跃"罢了。再有一层，这"自无而有，自有而无"的进化，固有如柏格森所说："遗漏中间的真时""只看到时的两边，而忽略其中间"。然这是他的短处，也未始不是他的长处，因为就生命的全体看，固然如柏氏所说，是无时无刻的"活跃"，若从生命的一段落看，那自然是从这一段跳到那一段，由"有"跳到"无"，由"无"跳到"有"，只能说明时的两边，而于中间的"空处"，则不可说了。因此更可见"自有而无，自无而有"的中间，既有"空处"，那末就进化时所起的距离之感，已可证出宇宙进化是突进而无可疑了。

但在"突变"以外，还须注意他的"潜变"，如"分段生命"，到了相当时候会自有而无，在没有"无"的时候，那"无"的因已潜伏在"有"的当中，这便叫潜变，潜变是突变的酝酿，换句话说，就是在那里潜滋暗长的动因，直到"熏习"成熟了，便忽然突变起来，而由"有"跑到"无"了。故就现"有"看起来，于表面上虽未"有"到"无"，而里面却不能没有"自有而无"的动因，我确信这种动因，在今后一定只有增加，等到突变发生的时候，那就是进化的时候，也就是宇宙革命实现的时候了。

2. 绝缘说　当法兰西革命时候，好些理论家，主张过去绝缘说，以为过去的种种，都可以和他根本隔绝，而一切政治上、社会上的质料,都能够重新造过。这种学说,我虽没有研究,然我由进化上所得的结论,也承认"绝缘说"是一种真理,我现在就说他好了。原来"自无而有,自有而无"的进化,虽是一线相延,而"有"和"无"两者却永没有同时存在,如"有"消灭了,然后才进化到"无","无"消灭了,那时宇宙又进化到"有"了。可见宇宙进化是无穷的流行,也就是无嘎的消灭、消灭、消灭,这是进化必经的径路,假使没有消灭,那末既无所创新,也说不上进化了。即因这一段落消灭,而后一段落才能生起,所以过去的早已消灭了,现在和过去绝缘,到了未来,又和现在绝缘,柏格森说这种进化说"只有现在,而无过去",真说得着呵!但虽无过去,却仍然有"熏习"的功能,所以在现在当中,尚可推知过去的种种经验,把他来指导现在,引渡将来,由此可见绝缘说,虽不认过去存在,反可见过去的展长了。不然像柏格森主张"绵延累积",将种种的过去都包在现在当中。这种说法,固然很得全生命之流行的真相,无如把他应用到"分段生命"上,便阻碍进化的道理不少,因为"过去"的既都积存于现在中,可见"现在"不能摆脱"过去"的残余,还有什么创造,也还有什么进化呢?流行说则不然,"过去"变为"现在"的时候,止有"现在"存在,那"过去"早已过去了,推之"现在"变为"将来",也只有"将来",那"现在"也早已飞腾了。这么一说,可见"过去"不消灭,便没有"现在",现在不消灭,也无所谓"将来",照着进化的趋势,消灭"现在",去到达"将来",也是决无可疑的事了。

　　上面很多是批评柏格森的创化说,以见流行说的许多好处,今再总结一说。一说,柏格森讲的"创造的进化",表面上好像极其进取,其实底子里是再保守不过的,据他说的"绵延",是有两个意义,一个是未来的前进不可预测,一个是过去的堆积永无穷期,既然未来不可知,那末"维持现在"好了,既然过去不能消灭,可见存在的都是合理了。所以柏格森学说，把他应用到"分段生命"上，我总觉得危险，而且未来，现在，过去既凝于一，可见根本上不能引渡"现在"到进化的路上去，这自然不如流行说多了。

## （四）

把流行的进化观念，介绍到思想上，便是革命思想，结果以为非革命就不能进化了。第一，因为进化不是徐徐而来，是以急激速度的变动力发生出来——突变说——的。所以吾人不求进化罢了，要求进化，就一定不取于一点一滴的改造，而主张应该加以催迫，这就是革命。第二，因为进化的道理，"现在"灭了才有"未来"，所以现实的制度要不根本推翻，理想的生活也决不会实现——绝缘说。而那些改良派一味想敷衍现实，这自然和进化的道理不合，我们诚实的人，便反过来而主张革命了，由此可见革命这回事，实根据于真正的进化观念而来，我们假使承认进化是一种事实，那末无论何人都不能否定革命了。

本来科学家的进化说，何尝不知道物质界的变动原理，只可惜进化不必存于无机物世界之现象，却是存于生命内心的"绵延创化"，换句话说，进化是时间的流行，不是空间的开拓，所以科学家要把不中用的进化说，来解释那永远创新，永远前进的进的真象，实在根本不对，而由这种误用，其结果以为进化只是缓慢而来，是一点一滴的了。如杜威说："现在世界上无论何处，都在那里高谈再造世界，改造社会，但是要再造改造的，都是零的，不是整的，进化是零买来的。"这就是受科学家的进化说的影响，因他只在外边去估量进化，却不跑到进化的当中看进化，何怪他发这样渐变的论调，自不为我们主张革命的所敢赞成的了。总而言之，我说的"流行的进化"是要引导"现在"上进化的路,而且指明"革命"是进化的必要条件,因为进化是自然的事实,"自无而有,自有而无"是自然的程序,现在是有了,所以"现在"的进化,只有用革命的破坏力去策助他,知道进化必不可逃免,可见宇宙革命也一样是不能避免的了。

## 第三章　革命与创造冲动

### （一）

革命是一种行为，而这行为的动机，却由于冲动——创造的冲动。这种冲动自然很激烈的，然激烈尽管激烈，却永没有"占有"的性质在内，所以革命这回事，要是误会他做坏的冲动，那就根本不知革命是什么了。

考察革命发生的源泉，本不止由于冲动，因为从根本的经验看去，固由冲动鼓舞起来，而从他方面——历史的经验看去，却由于欲望。欲望所做的事，就是罗素所谓"当人类觉得他们自己不大满意，或是不大立刻得到可使他们满意的东西，他就会想象到这些可以使快活的事物"，所以欲望是比较的有一个目的性，他所指导的，也只是人类行为的一部分，就是包着一段时间，却不是时间的全体，这段时间就在觉得需要与满足这欲望的机会的中间。这层道理，留在讲到"唯心史观"的时候详说，今且表过不提，单论革命与冲动的关系。

元来就革命的根本的性质看，真正是受那活动的冲动所统辖，是正直接冲动做出来的。但冲动是什么呢？罗素在《社会改造原理》一书，把冲动看作可善可恶的东西，他说："盲目冲动有时酿成销毁和死亡，但是有时也可酿成世界上最好的东西；盲目冲动是战争的根源，也可作科学艺术和爱情的根源。"这样说法，其误点在把理知的方法，来分析本能，却不知理知的方法，实脱然于本能之外，对于由本能自发来的直接冲动，怎能解释他？依我意思，冲动没有不善，因他是生命的流行，所以绝对的单一，是不可分析的；因他已经直取无上真实，摆脱了善，既不受有意识的、有目的的欲望支配，自也不能把有目的性恶二边的牵制的善恶名词来说明他，知他是"无善无恶"，就可见是最高的善，任情而行，难道还会错了吗？总之，冲动便是人们的本来面目，只是在我全无杜选，所以冲动就是：

（1）生命的表示；

（2）真情的表示；

（3）创造的表示。

因有本能冲动作生命的护持力，所以生命在长途进化当中，才能够奋发前进，随时打破了一切障碍，因生命就是本能冲动的活动体，故冲动和生命，根本只是一个，不消说这是生命的表示了。复次，冲动也正是那冥然孤往毫无轨范，任情而表现的自由，他的心理的基础，就是在我元有的真情，只要真情觉得非如此不可，就能无踌躇、无顾忌的冲动起来；可见冲动之为冲动，本不受理知的支配，完全是真实的赤裸裸活动罢了。复次，在真情向上进化的时候，同时必伴有自内涌出的创造力，时时更新，刻刻变化，这创造力便是本能的冲动，由此可见冲动从这方面看，又是由爱好创造的心思所感动的生活状态，假使人们没有理由法反对创造的进化，那末就该老实承认冲动的真意义和真价值了。

但有人说："冲动既没有不善，为什么有那一种好战争的，死亡的绝灭的占有性呢？"不知占有冲动，并不是本来的冲动，因为依照人心的自然，是有那相反的二种趋向，一是顺其自然的趋向，是伸张的、自由的、创造不息的；一是逆其自然的趋向，是散涣的，有空间性的。前者是本来冲动，一旦冲动中止，便自行涣散，因为涣散所以才见有空间，因有空间所以才有"占有性"。可见占有冲动是由自然冲动由逆转而见，这就是逆其自然的冲动，不消说不是本来的冲动了。明白说吧！占有冲动，表面上好似和那无意识无目的的本能一样，其实他骨子里，满含着理知分子，四围环境所支配，不但不是无意识无目的，而且是利害观念极分明的时候，就他的冲动的趋势论，也是顺乎物质而前进，和那有生俱来不学而能的冲动，实朝着两相反对的方面去伸张，这点可惜罗素没有看到罢了。罗素说："占据冲动强盛的时候，很妨害创造的进行。这个发见重要的东西，那个同时竞争的发见家，或者要生出满肚子嫉妒，又如这个人发见治癌的方法，那个人发见治肺的方法，或者你喜欢我发见有错，我喜欢你喜发见错。"这就可见占有冲动本伴着分别彼我自私自利的理知而来，知他是以理知为依据，就可见是杜撰的反于人的本性自然性的，自然不能和本来的冲动相比，也说不上冲动了。

本来的冲动，就是创造的冲动，因他是真的时间，是紧张的流行，不是弛缓的开拓，因此不占空间，没有广袤之性，自也没有"占有"的性质可言了。何则？占有不是别的，只是"占有空间"，今案愈有绵延，即愈有时间性，愈有广袤，即愈有空间性，现在说的本来冲动，既没有广袤，又是永不间断的绵延，这自然和"占有性"刚刚相反了。再者本来冲动的趋向，是以排山倒海的力量，去侵伏物质，因他不为物质浸染，不受物质支配，更可证是超越了占有性，而为生命之本质的冲动了。

革命这种行为，正是受了本来的冲动而发生，我们假使知道革命所要求的进化，就是真的时间的绵延（绵延就是真的时间非二），那末，就可老实承认革命是创造冲动而不是占有的冲动了。再进一层，革命不但不是占有冲动，而且把这种冲动，看做"革命之敌"，要破坏他，推翻他，所以革命的创造冲动，也就是抵抗占有的冲动，我们要是否定占有冲动,自不至反对那创造冲动,和由这冲动发生下来的"革命行为"了。

因为革命是创造冲动,故此也是自然的冲动,不能排除,而且应该任他自由做去,非何等势力所能强制他的。至于占有冲动,那是反于自然的趋势,不合于人的本性,自然性的,知他和"自然"反背,我们就应该用"革命的破坏力",去根本消灭他了。归结一句话,我理想的社会政治的目的,就是绝对的没有占有冲动的时候,因此我极力主倡情的自由,要用革命的创造冲动,去铲除一切的占有冲动。

## (二)

我评判一切的标准,只问这个那个是根据于本来的动作——创造的冲动——不是?如果是,那就是良能,万用不着限制他了。反之,一切占有冲动,都是不自然的冲动,我为着真理起见,不能不出来否定,更须知这是无论何时,都要根本推翻他的。我最痛恶的是改良派的调和政策,如罗素所理想的政治社会,说好些是使"创造的生活尽量增多,使占有的冲动尽量减少的生活",说坏些便是把创造冲动和占有冲动互相调和,妥协起来,却不知创造冲动和占有冲动的不同,只在一个是真的冲动,一个是从"真的冲动"坠落下来,详说起来,前者是情的活跃,后者是理知的开展,前者是继续前进、继续创造的,后者是附着于物质的情形而向着空间的;所以这两种冲动,检直是一纵一横,一时间一空间,却不是同排在空间当中,互相消长、互相妨制的关系,因此创造冲动和占有冲动,是不可调和而且决用不着调和,似罗素他没有胆量把"占有冲动"来根本消灭,却要在这两冲动当中求个调和妥协的地位,所以他说的"创造的冲动",也只是把"创造冲动"放在占有冲动当中,似此变形的占有冲动,也假冒着

"创造冲动"的招牌，自然是我所极端反对的了。我的意思，并不如罗素所说要阻抑占有冲动，却要从根本上消灭那占有冲动；也不但要把创造冲动发展到大部分，却要把他发展到无穷大才肯罢休，我以为不求真的冲动罢了，如有求这冲动的热心，那末，就应该从根本上去认识他，就是超出空间的方式去求他，须知唯有内在于真的时间的冲动，才叫做真的冲动，才算做一切行为的动机；可见最初的行为，都没有不好的，后来受了理知的影响，才散漫了，变坏了，向着物质而行动了，这便叫做占有冲动。所以占有冲动不能和创造的冲动共存，我们假使一念真实，就不能不否定罗素的新学说了。

　　总结起来，我和罗素有个很相同的地方，就是都承认人生行为的动机，是由于本能的冲动，但在同的当中，却有很多差异的意见。（其一）罗素把占有冲动也看做本能，我却以为是和本能反背的理知。（其二）罗素只承认占有冲动的减少，我却要把他根本消灭。（其三）罗素把冲动分作善恶两面，对于善的"创造的冲动"要培养他，对于恶的占有冲动，要利导他到好的地方。我的意思不然，冲动本来是善，而且都是生命的、真情的、创造的表示，至于占有冲动却是从此中坠落下来的，涣散出来的，这自然不是本来的冲动，也算不得冲动了。因为真的冲动都没有不好，所以只凭"直接冲动"做去就很对了，那里还用得着什么制度习惯来节制纠正他呢？（其四）罗素对于自然冲动的生活，很悲观似的，以为自然冲动太发达了，结果会变成禽兽的世界。我意不然，把占有的冲动，也看做"自然的动作"，这是罗素学说的根本差，实则自然冲动，都是生命的、真情的、创造的表示，所以自然冲动越发达，而生活的意义，也格外增加，格外浓厚。这样乐观的态度，自然和罗素大不同了。因有这些分别，所以罗素还认不到真的冲动，结果把创造冲动限制在占有的世界底下，而其政治哲学，也只成为改良派的政治哲学，反之，我的政治理想，因为根据于真的冲动，故此引申下来，便成革命主义的政治哲学了。

我说罗素讲的创造的冲动，是变形的"占有冲动"，这话不是没有根据的。但有人很疑惑这话，以为罗素虽把创造冲动，安在空间里头，然何以向着空间的，便就是占有冲动呢？在这里我有两个答案。其一，占有不是别的，只是指着"占据空间的地位"而言，因为空间是有数量的关系，为可量性的，可属性的，故向着空间方面来动作，便都是占有冲动。其二，罗素所谓创造冲动，并不是指那时间的绵延，不过对于"物质财"的冲动，而主张"精神财"的冲动罢了。例如知识艺术等等，便是罗素所说创造冲动的直接表现，不知物质财和精神财本无绝对分别，故占有物质财的，固然是占有冲动，而占有精神财的，也一样是占有冲动。何则？物质财和精神财，都是有可属性、可量性的，其不同处，据罗素说："物质财可以私人据为己有，若精神的财就没有私有的性质，因为他不能据为己有，一处有了各处便都可以有。"不知两者既同是可属的、可量的财，那末精神的财，也何尝不可以强夺了去、偷盗了去。试看人们平常谈话，如说这个人有知识，那个人没有；这个人的知识多，那个人的知识少，这就可见精神财也只是占有冲动的表现罢了。罗素自己也说过："求知识的人，也许不是为知识的本身或知识的用途，而以知识为求名誉的手段。"这么一来，更可见那以精神财为目的的冲动，正是占有的冲动无疑了。总而言之，财的本身便是脏物，所以无论精神财和物质财，只要是财，都是脏物，精神财也包括在内。推之物质财的所有者，是叫做盗贼，而精神财的所有者，也不过盗贼而已。再进一层，物质财和精神财既同是脏物，那就无论"所有者"是多是少，个人的或公有的，据为私有的，或分给别人的，只要是所有者，就可证明他是盗贼，盗贼是我所要排斥的了。依罗素学说，要把公有和私有，来严别精神财和物质财，创造冲动和占有冲动，这理由也过于单薄，因为物质的财，在无政府共产主义者看起来，也能够变为公有，而精神的财虽然可以公有，有时当着知识私有制发达时候，也何尝不分你的我的，可见公有和私有，本不能拿来做批判两种"财"的标准，而创造冲动等于占有冲动，也不难想见而知了。即因这个原故，所以罗素说的创造冲动，我根本上给他一个"不相信"，而他把知识艺术种种含有占有性的东西，当做创造冲动的表现，难道是我所敢恭维的吗？虽然如此，我不满意的是罗素所谓创造冲动——变相的占有冲动——却并不反对"创造冲动"的本身，我以为真的冲动，只是占有冲动的反面，是本能的不是理知的，是向着时间流行的，不是向着空间弛缓的；是自然的不是杜撰出来的，须知这种冲动才没有可属性和可量性，故根本没有"财"之一字，这便是本来的冲动。换句话说，就是本能，唯有本能才是革命行为的动机。

## （三）

把创造冲动的道理，来说明自由，我的意想，也和罗素不同。因为罗素认冲动作可善可恶的东西，所以自由应该限制，也免不了这个限制。反过来说，我却以为冲动就是至善，所以要求那绝对的自由，无论对于特殊的威权，已成的制度，适意的习惯，只要是依据于占有冲动的，都要打破他了。

我深信真正的自由，是创造的或建设的冲动所以不是那思想和欲望被占有冲动所朦蔽的人所能够假托的。因自由能供人们的活动，以真情的色彩，即其自身，本无丝毫损人利己的意思，故自由用不着限制，而且应该需要积极的状况，去求极端自由。何则？自由这个东西，是自己发动力和个性的表示，他自身就有理想，就是力谋自我生活之良好，堂堂地实现真"我"去表出"我"的个性，我的真情，我的性格，所以自由就是积极的自表，不但不是占有冲动，而且自由越占最大的部分，而中心贪得的冲动也越少了。再进一层，自由是精神的事业，所以有理想眼光和想像力的，故真知自由的人，决不至自私自利，因他能够体贴人情，故也非常的尊重别人的自由，由此可见自由是决无流弊，我既不认自私是自由的解，那末我们也何须限制自由，不使他自由发展呢？总而言之，我们既反对那引起竞争、猜忌、权威、暴虐的占有冲动，就应该提倡我们自身的根本冲动，就是自由。明白说，我们是把自由来阻止那占有冲动，即因要从根本上推翻他，所以不能不绝对的提倡自由。至于那些社会改造家，一面提倡自由，一面又说"最大的自由，不能由无政府得来"，因而要主张维持政府和法律，这种似是而非的学说，我是很看不起的。依我意思，占有冲动和创造冲动，根本不能两立，故占有的冲动不去，创造的冲动也不来，换句话说，什么政府哪！法律哪！这些迫人服从的机关一天存在，那末真正的自由就一天不能实现，所以罗素要调和自由和管理，实在太不彻底，他只知道最好的生活，是那创造的冲动占最大的部分，而占有的冲动占最小部分的生活。却不知那能鼓励人向着更好更完美的生活，是占有的冲动完全消灭，而创造冲动完全代替了占有冲动的时候，我们虽不是已得到绝对自由，然为着求真实的向上努力，不能不这样做，因有绝对的希望和想象，这就叫做"绝对的自由"了。由此可见，绝对自由的到达，并不是不可能，只怕我们退缩，没有那求真的精神和热烈的勇气去破坏一切的占有冲动，如其有之，那末无论何时，我都不至代那占有冲动——政府、法律——辩护，也决不像罗素把占有冲动来限制自由了。但在这里我觉得罗素对于自由完全误解了。他于《政治理想》里说："大约有一个目的，仅有一个目的，为政府用武力有益的，即减少世界上所用的武力的总额。比方法律禁止谋杀，可减少世界上横暴的总额，这是很明了的，并且没有愿望主张父母应有无限的自由，虐待他们的子女，在有些人要对于别人施行强暴的时候，决不能有完全的自由，因为不是施行强暴的欲望必须制止，即是被害的人，必终于忍受。因为这个原故，所以虽然个人和社会在关于他们自己的事上，当有极端的自由，他们对于别人有关的事上，不应有完全的自由。给自由于强者，使得他可以压制弱者，不是谋得世界上自由的最大的总额的手段。"这一段，可见罗素还是把自由看做自私的一回事，而不认他是真情的发展和绝对的"创造的冲动"了。假使知道自由的真意义，这些话岂不是全无价值，须知完全的自由，是和那有强暴的武力，正立在反对地位，倒转来说，罗素所尊重的政府和法律，反是武力的朋友，所以政府只足增加世界上所用武力的总额，而法律也只足增加世界上横暴的总额。我很可惜罗素是个大数学家，连这最简单的"全量等于部分之和"的公理都不知道，还高谈什么"数理逻辑"呢！总之，罗素简直不知自由为何物，也不知政府和法律是什么，依我的意思，真正的自由断不靠着占有冲动，所以罗素的改造原理是不对的。而应该另立一原则，就是说政府和法律一切的占有冲动，都必须消灭，而自由的范围，却不可不伸到无限大。再者，完全的自由，就是更好的自由，放我们往自己的事上，固然有极端的自由，就是对于别人有关的事上，只要一念真实，也没有不能"完全自由"的道理，这么说法，自然和社会改造家截然不同，反证是革命者的"自由观"罢了。

## （四）

真的冲动，在革命事业上，是极有关系，因他是与生俱来、不学而能的，故此没有那左思右想、迟疑踌躇的性质，而只凭一念真实努力做去，说来有几件好处：（1）能够摆脱利害关系，平常的人，因为满脑袋装着知识,所以凡事都要惩前毖后,把那冷静的死理性,去限制自然冲动。反之,革命事业,只是顺者自然冲动而行,他有无踌躇、无顾忌、无似是而非的三大特性,故能不管利害如何,轰轰烈烈的做了去。(2)能够激发革命家去实行他的知,平常人总是知而不行,而冲动则好似有绝大的神力,使人不能不奋发踔厉,不能不鼓起那最勇敢最深沉最活动的"情",向前猛进,因有这个原故,故真的冲动不但是革命行为的动机,也正是实行革命行为的原动力,假使没有这种冲动,也许我们就受了许多压迫,还是安安静静的坐着,连吐气都不敢,还说得上革命吗?(3)根据于来威士(W. H. R. Rivers)的新说,我是相信"自然冲动"之心理的特点,就是这种反应,完全从"不完全则无"的原则的。即因这冲动有"不完全则无"的特点,所以非根本解决不可,结果就是革命了。由上看起来,可见革命和真的"创造的冲动",实有首尾不离的关系,我们要提倡革命,假使不启发大家的"创造冲动",也怎能成功呢?

# 第四章　革命底心理

## （一）

　　冲动是有心理的基础，故我接着要提出的，就是什么是革命心理？那是革命心理的根本元素？我据我研究的结果，只承认人的心理，有二个重要部分，就是冯德（Wundt）所说，只认感觉感情为心作用的原素，感觉属于智，感情属于情，所以归结起来，只有"情""知"二种。而机能心理学又告诉我们，"情"之发动，是在"知"之先，知识是附属于情的第二段作用，故知识是情的派生，从情涣散下来的东西。我们在此更研究"情""知"作用的趋向，又知道"情"是向着时间流行的，"知"是向着空间开拓的，把这种种道理来说明冲动，便知道在行为上的创造冲动，是从心理上的真情发生下来，真情是永远向上伸去，当其弛缓时，才成知识，这真和占有冲动从"自然冲动"坠落下来的情形相同的了。既知革命就是创造冲动，创造冲动又以情为心的基础，可见从根本上看起来，可知革命的心理，是根据于"情"无疑了。

　　然从进化的全体看，革命固根据于情，而从进化的一段落看，革命却是根据于意。我上面只认知情二分法，并不是否定意志存在，须知有意作用是人人共有，断不能否定的。不过这种作用，乃是心的复杂的作用，不是简单的元素，换句话说，意志是由情知混合成器的，故此不能够和感觉感情并举。闲话休谈，只说在真情永远进化的路程中，他是和知识正相反对，就中有个意志作用，这作用不在"情""知"以外，也不是全在"情""知"之中，他却是包涵情知而成一种的活动，这种活动在进化路上，使真情依意志的紧张而有伸缩，当意志紧张的时候，便是意依于情的时候，也就是意志以"真的时间"为根，随逐流行而无间断的时候，此时心的状态，自然愈有绵延，愈有时间性。反一面，当意志弛缓的时候，那时真情因弛缓而逆转，意志向着空间，最有"周偏计度，分析执取"的作用，所以又和"知识"接近了。由此可见，意志之一弛一缓，足证他是可情可知的东西，须知情是真理的、实性的，也是活动的、进化的，故此意志向着情的时候，这意志便是觉悟的、解放的，就是所谓"一念真实"罢了。反之，意志向知的方面进行，那便成为不进化的死的迷妄颠倒，丝毫不得自由了。我说革命的一段落，是由于意志作用，这是专指那真实的、进化的意志而言。

我相信人类一切活动，均发生于两种源泉——冲动与欲望。然我又分别冲动与欲望，以为前者是情的直接表现，而后者则以意志为依据，详说起来，是有三大不同：（其一）欲望只能支配人类行为的一部分，而冲动则支配行为的全部分。（其二）欲望是较有意识的有目的性的，而冲动则没有目的的，无意识的。（其三）欲望是有善有恶，而冲动则无有不善，知得这些分别，就可明白欲望不如冲动，也因为"意"不如"情"那样纯粹的缘故。何则？"意"是包涵"情""知"作用，"情"固然是永不间断的，而"知"则不免于间断；"情"固然没有目的，而"知"则不免于有目的，推之"情"虽绝对的善，而"知"则并无善可言，"意志"包括两间，自然是有善有恶了。总而言之，就进化的全体看，虽由于自然冲动，而由进化的一片段看，却是受了欲望统辖，欲望是有两种，一是向善的方面走，一是向恶的方面走，前者是"情"的欲望，就是创造的欲望，这欲望是和进化的顺潮相结合的；后者是"知"的欲望，就是占有的欲望，这欲望是和进化的逆潮相结合的。晓得欲望有这两种，所以我们所希望的不是把欲望消灭，是想利导他，不朝着有空间性的，反于自然进化的方面走，只要他朝这时间的自然进化的方面，不绝的跑去，须知唯有这种向上的欲望，才正是求真实的欲望，而这求真实的欲望，在底子里便含着革命的精神了。

因为意志可善可恶，很是自由，所以只要一念真实，那末代表意志的欲望，也自然向着真实走去，这就是与真实相接近了。当知这种欲望是不可少的，革命的一部分的成功，本全靠着这真实的欲望。故英国某诗人说欲望的重要，以为欲望能鼓励我们努力去改进环境，人无欲望，便蠢如鹿豕，因为有欲望，才能不满意于现状，才能发扬踔厉去从事改造事业，所以欲望为进化发展和改革之本源。有人问某德国社会改造家说，什么是社会改良最大的阻力？他说：就是难使社会不满意于现状，因为不满意，才能有改革的希望，才能努力去行。（见杜威的《伦理演讲》）由此可见，欲望在革命行为上的重要，他的特性，就是不足求足，换句话说，就是因旧环境的不安，而要求其所安，因此将那不安的一部分根本推翻，而求那理想的一部分，这就是叫做革命了。

故革命行为的动机，不但由于冲动，也借着欲望的要求，欲望是指导进化的一段一片，而冲动则兼及进化的全部，同理革命的心理，不单是感情的，也就有意志作用的；感情是包括革命心理的全体，意志也占着心理的一部分。但在这里，我还要申明几句，须知那伴着进化前进的欲望，其自身和冲动的分别极少，虽然含有理知分子，然不过是最小的限度。复次，形成革命心理的意志，那也是向着情的方面进行，所以和情因非常接近的缘故，几乎融化于情之中，这自然和那充满理知的意志,大不相同了。这么一说,就知革命行为中,冲动比欲望的能力更伟大,即专就革命心理论,情这个元素,也比意志占更重要的地位了。

## (二)

考察革命的心理原因,意志且不甚看重,何况那种冷静呆板的理知?须知意志所以不如情的缘故,正因为他里头有理知分子,还没有涤除净尽,至于知识这个东西,不但不是革命的心的要素,而且简直是"革命之敌"。因为革命是一种行为,行为不特不靠知识,而且知识越发达,就行为的能率越减少,而进化也为之停滞不前了,所以革命的好处,正在用真情来激动行为,至于利害关系如何,那就管不了许多!即因行为超过知识,故真正知道革命意义的人,一定不说什么"理性的行为""理性的革命"这些无着落的话,反证理性和革命是个两极端罢了。

详细说起来,理性和革命是有几件矛盾:(a)革命是活动的,理性是静止的;(b)革命是自由的,理性是机械的;(c)革命是向着时间流行的,理性是向着空间开拓的。然这不过说理知和革命的本质不同,还未说到革命思想家不满意理知的缘故,今为方便起见,不妨提一提虚无学者对于知识的态度:

1.知识就是脏物  知识是有可量性的,也是有可属性的,所以知识可以被人占有,可以灌来灌去,我一个朋友说得好:"把知识当做一种所有物,就是盗贼明抢暗夺的行为,侵犯人家的权利,我们可以说知识是脏物。"这话很对,由知识私有制所发生的罪恶看来,知识是脏物,即就知识的自身论,也只是脏物,故虚无学者之否定知识,是否定知识本身,而废止知识私有制的方法,也只是要简直取消知识。总之，私有知识制固然不好，就是公有知识制，也不过公同分配脏物，晓得这层，可见，只要是知识，便是赃物，只要是知识所有者，就可以证明他是盗贼罢了。

2. 知识就是罪恶　知识发达一步，罪恶也跟着前进一步，因为知识是反于"淳朴的真情"，所以自有知识，而浇淳散朴，天下始大乱。什么道德哪、政治哪、制度文物哪，这些人工的，反于自然的圈套，何一不从知识发生出来。可见知识是罪恶之源，为大乱的根本，假使没有知识，也没有什么罪恶了。《庄子·马蹄篇》说得好："同乎无知其德不离，同乎无欲是为素朴，素朴而民性得矣，及至圣人，蹩躠为仁，踶跂为义，而天下始疑矣，澶漫为乐，摘僻为礼，而天谓始分矣。"又《胠箧篇》说："弓弩毕弋机变之知多，则鸟乱于上矣；钩饵网罟罾笱之知多，则鱼乱于水矣；削格罗落罝罦之知多，则兽乱于泽矣。知诈渐响毒颉滑坚白解垢同异之变多，则俗惑于辩矣，故天下每每大乱，罪在于好知。"这席话真足代表虚无学者对于知识的态度评，也不用我再说什么了。

3. 知识是不平等因　知识是有分析的倾向，所以应用到各方面，总要唤起千差万别，不同的阶级来。今且不说别的，单就辨证法检点知识，如"知"得善的是善的，便有不善与善对立，"知"得美的是美的，便有不美与美对立，可见没有知识便罢，有了知识就都是相对的、差别的，因此虚无主义者从方法论上的见地，已明白知识就是不平等的原因，今既要求那绝对平等，就不能不根本废弃知识了。

再从知识的效用上着想，也得了同样结论，来证明知识不可不废弃的理由。

1. 知识是不能创造的　实验派很看重知识，所以 Dewey、Moore 诸人，还有什么 Creative Intelligence 之说，以这样想从知识中发展创造的生活，我以为完全错了，应知真有创造作用的心的元素，是真情并不是理知，因为知识常常引导人家去顾前思后，只见眼前的速利小效，却永不见那创作，长进变化和更新的理想生活。所以知识常毗于保守，而那些最有知识的人，满脑袋装着知识，其实不过证明他是保守家。复次，创造全靠着活动才能成功，今案知识是有"静止"的特性，这自然和创造性质不符，反证知识是不能创造罢了。

2. 知识是不进化的　本来进化是时间的流行，今由知识去说明进化，于是所谓时间流行，都变成有定的、必然的，因为知识的机能，止能辨别具有空间性的图式，所以只可解释那固体的事物，却不足解释流体的行为——就是进化。即就知识自身讲，也正是凝固和永久的东西，与那"无时而不动，无动而不变"的进化，正相反背，故我说知识是不能进化的。

3. 知识是不能发现真理的　知识所发现的真实，永远是相对的不是绝对的，是有限的不是无限的，因知识本身有不完全的毛病，故由知识得到的真实，都只是逼近的、或然的、假定的，老实说这种真实，检直算不得，因他对于绝对的真实，没的法子去求，所以我们要求真实的人，势不能不抛却知识，用直觉的方法，去直接证会真实了。

由上虚无学者的意见，可见知识这个东西，不但无用而且有害，把他和革命的真相比较一下，就可明白革命者之排斥知识，是很有理由了。何则？知识从消极方面讲，是不能创造、不能进化、不能发现真理，而革命则正要创造、要进化、要发现真理的。其次，从积极方面看起来，知识就是脏物，就是罪恶，就是不平等因。这三事都是革命者要破坏的对象，可见知识和革命的不相容，可不待详证而自明了。

即因知识和革命处敌对的地位，故组成革命心理的要素，只有情意，没有知识的。推之那充满知识的社会，我也敢决定他革命之不可能。就是好些高谈革命，一面又尊重知识的人，表面上好似也懂得革命，只可惜他"知而不行"，因其被知识管住，知识怎能够指导行为，反证那空谈革命的，也不过"空谈"罢了。说到这里，记得我在"破坏与感情冲动"文里，有很反对知识的话，率性引来，做本节的结论。

我们因不忍看现代制度的不公平，不幸福，所以主张完全推翻，要用热烈暴动的手段，去根本解决——就是破坏。须知破坏的方法，实是我们情的要求，我们觉得现在改良派说的什么妥协，什么调停，什么杜威的政治哲学，这种踌躇、顾忌、似是而非的学说，真不值得一笑，休了罢！我们除却向前破坏外，简直没有再可以过瘾的了。那末我就破坏去罢！破坏，破坏，一旦把旧制度、旧风俗，都放在爆烈弹里，这才是我们"情"的胜利！

当知理知的时候已经过去了！我们所可以自夸的，就在有热烈的真情，而没有冷静的理知，真情？那就是自我不是？就是本性自然性不是？要是如此，反证我是受了本性自然性的冲动，也可见比那做知识奴隶的强得多了。呀，我的血已经沸了！我已叫着我去破坏去了！你呢？你没有血？你没有真情？你没有本性自然性？你为何动也不动？我想你都是气闷极了，也该打破理性，去伸一伸腰，吐一吐气，把一切的旧制度、旧风俗，都破坏他一下，要是怎样办，多爽快！

我说的破坏，的确是情的冲动，而且不仅是情的冲动，你怕冲冲动吗？躲开！别阻碍我们的前路，我想你们的知识太多了，逻辑的法式，也装得太满了！因此我晓得你的无能，干不了甚事。我么，不要知识，更无所谓逻辑，因我的逻辑，就是无逻辑，我所有的只是感情，我所能作的，只是感情冲动，就是破坏。

## （三）

我说情为革命心理的根本元素，但"情"究竟是什么，要不能明白说出，那末根据于"情"的革命，也可见是没有意义和价值了。于此我简单的答案，"情"就是本体，就是真实，就是个性自存的实体，不但如此，就是柏格森说的"真的时间"，也只是这个东西。

但我怎么证明说就是本体呢？我的根据有两种：

1. 构造心理学的根据——这派学者用解剖"心内容"的方法，承认知情意是精神作用的基础，近代哲学家如叔本华等又证明了"知"是"意"的派生，但所谓"意"，其实还有"情"的作用存在，原原本本由意志推到无意志的境界，再推到情的境界，既知道"情"可以脱却"意志"而有，就可见情是精神的最后本体了。

2. 机能心理学的根据——由这派学者研究的结果，知道心理的自然发展，最初是兴趣，次为注意，最后才是知识，可见情意作用实是支配知识的根本原力，情居第一位，意次之，知识只是附属物，由此可见，从认识活动的次序着想，也可见情是最根本的心的要素，便就是精神的本体了。

本来求精神的本体，就是求宇宙本体的唯一方法，精神变起宇宙，宇宙由吾心认识出来，故"情"为精神的本体，也就是宇宙的本体了。但在这里，我要申明一事，须知机能心理学，注重在"行为"方面，这是不错的，然这"行为"，毕竟是吾心的行为，若不先把心的内容详为分析，又那里知道行为的根本原力？所以我研究的方法，先由心理构造着手，既知情是心的最后元素，然后再由内而外，去研究"心"的发展，再由外而内，去追究行为的动机，知了动机所在，就知本体是什么了。由这方法，我已决定"情"就是本体。然"情"

的本身，也自有体用的分别，我曾说过，"情"有动静，喜怒哀乐未发的时候，也有个情，喜怒哀乐已发，也有个情，只是一个情，流行于已发之际，敛藏于未发之时，当其未发而静，那便是情之体，已发而动，那是情之用，这个情的用，永远更新、前进，便是柏格森所谓真的时间。因为柏格森把变看得太重，却不承认变的本体，以为体就是变，自己在那里变动，变动以外没有旁的东西，却不知变只是情的流行，并不是变自身在那里变动，实在是情在那里变动，情好似波浪一样，时起时落，变化万千，知情是变的东西。又知情是心的根本原素，那就可见柏格森的学说虽好，也只见情的用，不见情的体了。虽然如此，体和用只是情的两面，今无无体的用，也无无用的体，所以只说情的体，便有情的用，只说情的用，也就有情的体，因体用不可分开，故把情之流行——"真的时间"认为本体，这也并不是大错，何则？情本来是以虚空为体，虚空无体，不能不以虚空的作用——就是虚而不屈动而愈出的"绵延创化"为体。可见即用即体，只认得情的流行，也早已认得情的本体了。今且表过不提，专论"情"的本质，是什么？

　　1. 情是自然的　　情的存在是自己如此，因他是精神最后不可分的元素，这元素无始无终，独立自存，所以是自然的，即就情之作用立论，有了情就自自然然的会绵延、创化，到无限的前途去，故说自然就是情。

　　2. 情是真实的　　情不是别的东西，只是我的本来面目，没有些子杜撰，因他是个性自存的本体，没有何等虚伪，而为绝对的诚实，故说情就是真实。

　　3. 情是虚无的　　情是透明的本体，空无所有的地方，详说起来，他是无元的，就是无心、无物、无神的"无"。(a) 无心。心是以意志为基础，有了意志而后可见心的状态、作用，若情检直是无意志，是超过于自无而有心的时候，故"情"是在"心"之先，可见是无心的。（b）无物有心而后有物，物是从心放射出来，今情是无心的，也自然是无物的了。（c）无神情既无心，自没有那有意志的神存在，且情是自由的，不受什么限制的，似宗教家凭空立一个上帝，这种不自然的人造的偶像，更和情的本性不合。总结起来，可见情就是虚无，无知无名，无是无非，一切矛盾不相容的东西，到了情的当中，都融化无有了。

上面说的，还偏于"情的体"的方面，至于情的流行，也有几件可说，如情是变动的，是自由的，这都可见情和革命的性质恰合，因革命的趋势，不外是力向着那自然的、真实的、虚无的方面跑，而革命的本身，也正是变动的自由的一种"行为"，由此可见革命心理，实在是符合本体，而革命的行动，也正是真"情"的流行罢了。

## （四）

晓得革命的心理要素，是一种真情，又知道革命的行为，是由真情发生出来，那末我们不但不宜反对革命，而且应该使这真情尽量伸长，尽量流露，须知真情就是本体，以本体为心理的基础的革命，自然是不会错的了。

平常的人，以为革命不免破坏，那暗杀暴动的行为，何等可怕，这难道也是真情的表示吗？不知革命所破坏的，都正是那阻碍人的本性的东西，革命者嫉恶如仇，为着真实起见，自不能不铲除他了。须知嫉恶的情，也正是真情的发露处。杜威说得好："怒也可以养成堂堂正气，和健全人格，一个人要是没有义理之怒，断不能大有作为，和恶魔作战。要是见了社会罪恶，还是漠不关心，无一点愤慨，断不能望他改良社会。"可见没有怒，连做个社会改良家都不配，何论那革命事情？既知嫉恶的本能，是不可少的，便可知革命者的暴动、暗杀，都不过为求真实缘故。和那杀人不眨眼的破坏狂，大不同了。

有人误会革命就是神秘的心理，或是犯罪心理，如吕邦做的革命心理，就这样说。实则革命心理，本无所谓神秘，即如真情，许多人都认他为不可思议的东西，不知他是"不虑而知"，"当下便是"，只要发自本心，见自本性，便可发现真情，所以再容易知道的也莫过于这一点"情"了，还有甚神秘可言？复次，革命是要打破现实，自然和现实的法律不合，故由现实的法律看去，不消说是陷于犯罪的心理状态，但这犯罪的心理，也正是革命的好处。

晓得革命是以真实为根据，就知革命心理，不是变态的，而是本来的，常人因为情意汩没，沉溺于理知的生活，所以把任情的人都看做狂热的精神病者，却不知狂热的精神病者，正是恢复了他元来的心理，所以极其活泼，而且真诚得很。反之，那沉溺于理知的人们，他无处不顾忌一些，就无时不和心的自然状态反背，看他常常用大力把持住，使应时而生的反动力量无形消灭，就知道理性派才是变态心理，而任情的革命家反不然了。

# 第五章　革命与哲学

## （一）

现在一班著名的学者，都把科学看做百宝灵丹，以为科学就是真理，我们只要跪在科学底下，无论在什么境地、什么时候，照着他做去了，都是好的，似这样没头崇拜，把别的关于思想方面的，都一概抹煞，却不知科学也只有相当的位置，应用去做一种研究的工夫，自然是再好没有了，但采用他去说明理想的价值，就很容易陷于谬误。我想科学万能的时代已经过去了。那么我们对于科学也应该用一种研究的态度，问他的方法，在什么时候、什么境地当中，是管得住，或是用不着，这么一分，自然把科学的范围缩少，就是科学的绝对威权，也要从天上丢到地下来，但我这样批评科学，并不怕现在自命为新学家的反对，因为这种方法，才真正是科学的态度呵！

我原不是极端反对科学，只因革命时候，没有提倡科学的必要，而且科学方法，在底子里实和革命的理想冲突，所以要主张革命，就不免对不住科学了。因为科学是现实的，所以仅仅把耳目可以接触的自然做材料，以事实做基础，以试验做证明，舍此万不能在现今发生影响的，不能够消化受用的，都把他划出在智识之外，这自然是和理想为敌，反正与革命这回事是背道而驰了。何则？革命是有想象的目标，多少总带些理想，虽这理想，原是现在事实所可达到的完全状态，然在未实现以前，总不便问他现兑成人生经验值得多少？故此用科学方法用来估定革命价值，结果不得不把革命思想看做负知识，其实依照革命的起源，何尝不是根据事实？何曾是不切题的空想，不过科学家的眼光窄少，看不到有时间性的理想罢了。

　　复次，科学的唯一职务，在于发明制造以供人生的要求，所以是建设的并不是破坏现实，若革命便不然，革命是由不满意而起，对于现实不良组织，都要根本推翻，因此目的不同，而拿科学方法来说明革命的，都是牛唇不对马嘴。再有一层，科学家最重的是系统的建立，他常常用一个普遍的定理、律例，来包括许多特别的叙述在一处，例如物质引力的定律、定数比例的定律，都可以证明科学是从普遍的抽象的律例着想，根本上已和革命由特别的具体的下手不同。总之，革命是一种破坏的事业，所以注重个体，并不知高级的普遍为何物，而由科学出发的，既不得见破坏的必要，充其力量，也何怪他只能牢牢守着应付环境的主义了。

　　我们再细察科学的实质和内容，就知道科学是很保守的，凝固的，并不像科学家所想象的那样进步，因为科学是以叙述为事，既要叙述，就不能不假定那被叙述的是永远存在的事实，由此可见以叙述为起点的科学，实在都是包在一个大圈套的假设里边。换句话说，就是把预存的观念为研究目的，所以说来说去，都跳不出这个大圈子，这自然是保守极了。再次，科学是要征求事变而造成通则的，须知一种道理，既变成通则，就要凝固了、永久了，更那里有自由思想可言？反一面说，革命家都是确认思想的绝对自由，什么假定，什么通则，这些强制信条，都应该把他的价值，碎为微尘，因为革命家都是力求真理，所以绝不能与任何等的强制信条相容，今科学既以假定为前提，自然在在都是疑问，更可见他和革命是没有共通的尺度可言了。

　　我并不是说科学没有创造能力，只可惜他所谓创造，还不过是向空间性而趋的活动。换句话说，就是把创造的冲动，安排在空间里面，因为科学跳不出数理的范畴，这自然对于非概念非数学的创造，老不明白，所以应用到政治哲学上去，也只能够做那浅见而无远虑的改良，却永不是从根本上着眼而求根本冲动的革命主义。总之，科学的创造，并不是真的时间的绵延，而为绵延所停滞而成的逆转，（现在社会科学方面，似乎懂得时间是什么，然其实乃把时间放在空间里面，那里是那创造自新不可分割的本体？）故此科学是空间性的，并不是真的时间的，反之，革命是要在那滔滔不绝的时间当中，时时努力，时时引渡。所以革命是以动作为中心，而科学则不免于迟钝，革命是循着时间而向前的流，科学则不免于搁浅，晓得这些分别，那末科学也怎能比得上革命，革命也何必靠着科学呢？再进一层，科学所要求的进步，是零的不是整的，杜威在《社会哲学与政治哲学》里说，第三派的哲学，不是总攻击，也不是总辩护，是要进步的，可不是那天演的进步，是东一块西一块零零碎碎的进步，是零买不是薹批，须知这派的哲学，是以科学方法为立足点，而科学说的进化，又是零买来的。可见科学的进化观念，的确与革命家根本冲突，因为革命家都是要求那更完全的绵延创化，对此零买的进化，何消说是看不起他。而且进化也是有为的结果，像科学家要一步一步的演进，其实和突进的道理不合，反正这是改良派的进化主义罢了。

科学是把智识做标准，理性做权衡，所以对于超理性的感情，非常反对，赫克尔（Haeckel）说："我们惟有用理性才能得着正确的世界知识，才能解决世界的大问题，理性是人类的至宝。"这种理性派的口吻，我真不爱听了，他接着又极力排斥感情，以为我们必定要立刻把这种危险的谬说去掉才好，又说："寻求真理绝用不着感情，所谓感情是头脑之一种精微的活动，全是些好恶的感觉，赞成和不赞成的情绪，欲求和厌恶的冲动⋯⋯真理的兴趣决不能由感情的条件动摇而增进的，不但如此，这种的情形，反倒往往搅乱了那能求真理的理性，并且时常扰害其理解力。"（见《宇宙之谜》第一章）这话真对！因为科学家本来都关在理性的监狱里，又那里懂得感情？须知革命所与科学分离的原因，就因为革命是以感情为基础，是一种好恶的感觉，赞成和不赞成的情绪，欲求和厌恶的冲动，所以革命的效率，恰和感情成正比例。由此可见从心理的要素看去，科学实在受理性的支配，革命却是感情所结合而成的情绪，因此根据不同，而性质和作用，也恰恰相反。科学是知识的，革命是本能的；科学是静止的，革命是活泼泼的；科学是必然的，革命是意志自由的。总之，科学家是用冷静的头脑，去控制一切，革命家就反一面来，只管顺着感情而行。当知信奉感情的，就是信奉自我，至于理性哪！知识哪！这些东西，俨然在革命家的面前，也不能使他屈服。因革命家脱尽理性的羁绊，所以既能创造，又能进步，至于科学家因为没有感情，故此除却实验室以外，实在无事可做，反正都是呆子罢了。

我反对科学的最大原因，是因为科学精神，远够不上革命程度。何则？革命的背景，是当着政治社会纷扰不安的时候，即因那时种种的不公平、不幸福，所以有许多志士对于这时生出偌大的不满意，对于一切的制度、风俗、习惯，都要发生疑问。但这疑问，究竟是研究的呢？还是批评的呢？

在这里我和杜威教授的意见，截然不同。因他在《社会哲学与政治哲学》上，明明把这个疑问，当做研究的态度，却不知研究有研究的本位，批评有批评的本位（参看《现代思潮批评》，1—28页），这里既是不满意的境地，那自然是要批评了。无如偌有学问的杜威竟看不到此，却要笼统的介绍那研究的态度给革新家，不知这种态度，恰和不满意的情境相违。因为科学方法只能问现在有某种需要没有做到？某种有用分子有用能力没有发展？某种应该改革，某种新制度应去推行，至于现实的根本推翻，问题的根本解决，就做梦也未想到。我前面说过，科学是不能无所假定。换句话说，就是对于所研究的对象，不能不假定他是真实常住的事实，故此杜威要应用研究的态度，去应付现实，就不能不预先肯定现实的存在，但可惜革命家都是要破坏现实，自然对这"把预存的观念为研究的目的"的方法，认他是没有一顾的价值了。而且我们由心理的研究，知道那由不满意而发生的疑问，实在是由于自觉，实在是一种欲望，须知欲望是根本于情绪的，他所预期于自我而外所得的新境界，都是变态的。因为这种不满意的表示，强半迫于生理作用，所以往往要排除阻力以进行，其结果就成为一种冲动，非破坏不可。那末在社会政治纷扰的时候，可见没有疑问便罢，既有疑问，就都是批评的、破坏的、革命的，像杜威一派既知道疑问的必要，却要限制疑问，这种改良派逻辑，和心理的发展反背，然亦可见科学方法实是不可以笼统采用的，因为把研究来代替批评，和把空间的道理来律时间的，同一样误谬。所以杜威既舍不得科学方法，就没有开拓发展的余地可言，又更何消说和那有活动、有自由、有创造的革命主义来了。

由上种种，可见革命和科学的不相涉，那末利用科学方法去研究批评，以免掉流血等祸的改良派，（杜威教授的政治哲学，便是如此。）固然是要反对，就是拿科学方法来证明革命，像克鲁泡特金的无政府主义，想把科学来证明他的主义和近代哲学的自然科学的论理上关系，也实在有些不彻底。我么，想把革命思想，从科学方法里解放出来，这种革命思想的光复，实在开了革命成功的涂径。我想科学方法，固然是一种有根据的、有条理的、肯寻思搜索的方法，但可惜给改良派弄糟了，这固然不是科学方法本身的罪状，然亦可见改良派把科学方法应用到思想方面，实在是存心不良，结果阻碍宇宙的进化不少。现在我已经觉悟了！敢奉劝抱革命主义的朋友，以后都舍弃了科学方法，完全采用哲学方法，因为哲学和革命的关系是密切的，我们假使稍加研究，就发觉哲学和革命的出发点相同，而哲学方法才真正是革命时代的逻辑呵！

## （二）

我既证明了革命和科学的矛盾，还要从积极方面，将革命和哲学的关系表出。原来革命思想最风行的时候，就是哲学思想最发达的时候，这种例证，可用历史的事实来证明，实在是百试不爽的了。第一，如法国的大革命，当时诸哲学家，像卢梭（Rousseau）、福尔泰（Voltaire），都是偏重理想，而卢梭尤其奇特，因他思想的特色，是反动的，感情的，对于科学的精神，不但缺乏，而且完全没有，他用的逻辑，谁不说他是感情逻辑，但这主情的浪漫主义的哲学家，的确是大革命的源泉，可见哲学和革命是很相关的了。第二，如俄国的革命思想，差不多都受黑格尔（Hegel）哲学的洗礼，自从黑格儿学说传到俄国，就造成许多的偶像破坏者，如巴库宁（Bakunin）、赫尔岑（Herzen），以至现代的革命家，几乎没有一个不受其影响，这又是哲学和革命息息相关的例证了。此外，如中国当战国时候，可算是哲学思想最发达了，但细察起来，如老、庄、杨、墨的学说，那一个没有革命的性质？那一个不是时代思潮的产儿？总而言之，哲学与革命，多少都带着理想，就他的发生境地上看去，都是因不满意而起，即因有这个那个的刺戟，所以有这个那个的哲学，而这个那个的哲学，又都是正对着时势发生，故此哲学常常指导革命，革命常常依靠哲学。我常说过：真正的哲学家，都是要反抗当时政治和社会的强制信条，就是那些形而上学家，只管高谈本体，好似和革命没有多大关系，其实这些要返朴归真的，都是对于现实生活感着不适，故此才有这伟大的要求。由此看来,那玄学家所得到的以为"玄之又玄众妙之门"的实体,也正是革命时代的产物,我们要是懂得革命的真意义,就不至于笼统排斥他了。

我的意思,以为哲学是革命的学问,就是哲学家所讨论的问题,看来极不相干,其实在革命史上都是极有价值;又如一种理论,像厌世的人生观,表面上似乎太消极了,实在也是一种暗示,使实行者看破生死的关头,于是乎把身命看轻了,就敢于实地破坏了。再有一层,革命运动当中,多少总要有个共同的信仰,这种信仰,说坏些,就是神秘的潜势力,说好些,是无宗教的宗教,其实革命者都是无神论家,既不知什么神,也不晓得什么道,所以没有宗教观念,也无所谓神秘,不过他由哲学上推论的结果,知道尊重个人,知道要求自我之绝对的自由罢了。须知这种信仰,实是根据于形而上学的方法,因为形而上学教训我们,那是真实的,那是虚伪的,这种求真的态度,就是哲学的态度,大概革命家在无形中间,都受了这种暗示,由此可见哲学实是革命的理论上根据,大无可疑了。但我要是泛泛地把哲学看做革命学问,岂不太于笼统?因此再把历来学者对于哲学所下的定义,批评研究一番,然后再断定哲学究竟是革命的学问不是?

(第一)哲学是批评的学问　试察哲学底心理的起源,就知道疑问是哲学的发端,因为对于宇宙间的现象变化,觉得在在可疑,于是由疑问而想出解决的方法,这就是哲学。故此哲学最初是一个疑问符(?),就含有评判的性质了。但哲学家的疑问,并不是无条理的怀疑,笛卡儿说得好:"That in order to seek truth, it is necessary once in course of our life to doubt, as for as possible, of all things。"但他又说:"That we cannot doubt of our existence。"(*A Discourse on Method*, p. 165)由此可见哲学的疑问,是先有所立,就是先确定自我的意义和价值,然后拿主观的见解为万物之衡,这自然不是空无所有的绝对怀疑主义，正是带个人色彩的绝对怀疑主义了。须知这种绝对怀疑，实在就是革命家的唯一逻辑。何则？革命家都是把感情的自我所认识的看做唯一的真理，所以真理就是主观，主观以外没有什么正的，故此我对于自己觉得有点不很正的，都要推翻他、否定他，这种评判的态度，是要重新估定一切价值，自然是和哲学的精神，没有分别了。复次，关于哲学的定义，康德（Kant）一派都说批评是哲学的唯一能事，到了现代这定义更得多数学者的赞成，像罗素（Russell）、柯享（Cohen）都说批评是哲学的最大贡献，似此注重批评的精神，实在是哲学的特色。换一面说，革命是从批评而起，因批评是革命之始，革命是批评之成，故此革命除批评的态度外，没有什么，现在既已证明哲学是一种批评的学问，那末哲学是革命的学问，自不待详证而自明了。

　　（第二）哲学是自由研究的学问　但哲学也不是没有研究的精神，不过哲学的求真，是从根本上着想，所以研究时候，总要免掉客观事实的束缚，其结果不仅以排列那必然的规律为已足，所以是极自由的，没有什么限制的。反之，科学的研究，因为把论理家法看得太重了，故此无论如何更变，总要有点限制。（杜威教授说这种限制，是人身自然的组织，依照人性自然的趋势，是免不了的限制，也少不了维持这种限制，其实杜威用这种道理，来攻击无政府主义，实在是科学中毒，除此以外，也没有可说了。）须知这种限制，就是科学所以不能为革命学问的原因。H. Wildon Carr 说得好："What is the knowledge that philosophy may and science cannot attain？ What object is it that philosophy can comprehend but that science by it very nature cannot？ we may answer in one word—Freedom."（*The Philosophy of Change* 的第一章）。这话真正高明！我想人类因为被科学所囿，把自由的精神，抛了不知多少，现在应该承受一种教训，就是科学的律例，根本上是和自由冲突，假使我们要自由的，还是请科学让开，别阻碍哲学的路罢！再进一层，科学因受律例的限制，故此虽在疑难的境地当中，也不能够超出论理一步，去做那深刻的研究，哲学便不然，因为他是不要一致的真理和一定的成说，所以能够独立研究和批评，这样求自由的态度，与革命的性质恰合，当知革命所要求的，就是自由，故此我说哲学就是革命的学问。

（第三）哲学是根本的学问　历来学者对于哲学的定义，虽然各自不同，却有个共同的地方，就是把哲学看做关系根本问题的学问的思想。我们胡适之教授也说过："凡研究人生切要的问题，从根本上着想，要寻一个根本的解决，这种学问，叫做哲学。"（《中国哲学史大纲》，页一），但由我细心研究的结果，以为哲学能做根本学问的原因，只为他是综合的，究竟的，而这综合的，究竟的，实在就是革命的内容，何则？革命本来是彻首彻底的要求那更完全的真理，从他发展的程序看，便知道革命最初是个（a）根本上着想，因为他能够彻底觉悟，所以能够彻底求真。对于一切虚伪的东西或学说，都敢于批评他、否定他了。复次，革命是个（b）根本上解决，因他不信那零碎的，不相干的解决，抱定"非完全则宁无"主义。把一切束缚个人的制度风俗都不要了。复次，革命也是（c）根本上推翻，不但空言解决，而且要用热烈的手段，去把旧社会、旧风俗，从根本上着手，将他根本的推翻，总结起来，可见革命和哲学，都是从根本设想，而哲学也就是革命的学问：大无可疑了。

（第四）哲学是理想的学问　原来哲学志在穷理，自然少不得思想作用；但这思想不必就是用来应付环境，有时也用来创造将来，这便叫做理想。但近代自从思辨学者失势以后，那些浅见而无远虑的哲学家，就极力攻击理想，以为这是专任虚玄的道理，教人难以捉摸，其实思辨学者的坏处，在他把理性看得太重，至于那能够去思去想的态度，实在比实验派还百倍高明。闲话少说，且问哲学何以是理想的学问？何以理想的学问，就是革命的学问？在这里我们应该知哲道，学虽然离不开现实，然人生的现实，究竟要求那更高尚的标准——就是真美善——这就是哲学不能不为理想底学问的原因了。复次，一种理想的发生，都不是凭空而降，大概都是因现实的不满意，因此另有从积极的进化方面着想底理想，所以理想的内容，就含有革命的性质在底子里，这就是理想的学问，所以为革命的学问的原因了。

由上种种，可见哲学确是革命的学问，而革命和哲学的关系，也就密切不过的了。但我还要申明几句，现在的哲学，是主情意的，不是主知的，这自然恰和革命的性质相同，至于从前的理性派哲学家，那就不敢恭维；因为革命家都是排斥理性的，如德国的司多奈（Max Stirner）他就是反对那绝对主义主知主义的主动者，这根据于巴斯（Prof. V. Basch）的无政府个人主义书里，是很毂证明的。由此可见，那根据科学的哲学，像赫克尔的一元哲学，实在和革命思想，如冰炭般不相容，自然也是革命家所要排斥的了。我想现代的哲学，已不是那理性派的哲学家所站得住了，当知现代的新哲学，可用柏格森 Bergson 的直觉主义来代表，所以我如不想发展一种革命思想则已，如其不然，就一定舍却科学方法而取基于新哲学。何则？柏格森的学说，实在大有造于革命，如苏鲁（Georges Sorel）应用柏格森的哲学，去组成工团主义的基础，这就是很明显的例了。因此我越觉得现代哲学，那样的看重行为、冲动，这都是和革命思想越接近的证据，不但柏格森，就是詹姆斯（James）的实际主义，欧根（Eucken）的新理想主义，我以为都是革命的福音，如能因势利导，都可以造成绝大的革命不难，至于杜威（Dewey）呢？他何曾是真正的哲学家？看他那一味的只管应付环境，只晓得妥协和调和，就可以证明他是个哲学的落伍者，自然是和革命主义不相涉，不消说是我所极端反对的了。我现在简单一句话，哲学与革命都是要悬一个理想的目标，然后认定目标，而设法达到他。要是分开来说，哲学就是革命的理想，革命就是哲学的实施。所以哲学是革命之始，革命是哲学之成，而两者中间，实在只一个工夫，并不是截然两事。这么一说，就可见革命委实不是无理由的蠢动，而实都是有一种哲学上的根据的，反之，哲学假使不能够供给革命思想，来做那策进永远进化底事业，也实在算不得什么哲学。须知真正的哲学，都是正为那时的革命运动而发，所以只说一个哲学，就含着革命的意思；只说一个革命，就知道他有哲学在内，哲学所以可贵，因他能够实行，所以凡不能引起一种行为的哲学，都不是真正的哲学，而真正哲学和革命的关系，实是合一并进，假使会得时，以后对于非哲学的革命，或非革命的哲学，都是不取，因为革命和哲学不相离，所以我说：

哲学就是革命的学问。

这种大胆的断言，固然使大家吃惊不小，然我假使把那不可分的，勉强分作两截，结果不但不知哲学，而且不知革命，所以我在这里，不能不主张知行合一主义，使那含有恶意的横暴举动，和革命分离；也使那不敢活动、不敢自由、不敢创造的科学家，从此不敢挂革命的招牌了。我说到此，不觉有句很忠直的话，请我们学哲学的，以后别要再受杜威的伪哲学的骗了。何则？哲学的目的，是在用理想来改变环境，至于那最令人绝望的现世主义，只管一味的东一点西一点以求苟且生活，糊过眼前底日子，便算是实际的效用（本《海潮音》第一期《昧盦读书录》语），这种应付主义，实在当不起哲学的名称。我们又不是要做政客先生，何必学他这乘风撑船的技俩？须知我们既然要在哲学上讨生活，就应该学个真的哲学，对于宇宙的进化事情，也应该老实负责任，但是真的哲学究竟是什么？那自然是行为的生命的哲学，就是那用理想来改变环境的革命主义。

## （三）

我有个神交的朋友兼生君，他对于我虚无主义很加怀疑，以为最大的谬误，是由于所采用的方法不对，因此便介绍那科学方法给我。他说："近世的知识，所以有长足的进步，科学所以有无限的发明，都是由于采用科学的方法所致；至于那采辩证法的，不特不能发见真智识，就使他所得到的以为'玄之又玄众妙之门'的近似之概括，也去真理远甚。"又说："朱君若不想发展一种学说则已，如其不然，则舍弃了辩证法，完全采用科学方法，以最公正的心——不要以预存的观念为研究之目的外，恐怕没有第二条康庄的大道。"（见《北京大学学生周刊》第十二号，页五）其实革命思想，是不是和科学的方法兼容？这还是先决的问题，假使这问题不解决，那末兼生君的介绍，岂不是白费心了。由我的意思，无论哲学或科学的方法，其本身都是对的，但我们拿方法来应用的人，总应该知道那种方法，在那时候适用，那时候用不着，要是不懂得这种分别，而胡乱的把一种方法看做万能，要他"浮之四海而皆准"，这自然是用方法的不对，和方法的本身何涉？我说到此，不免又要见怪科学家了，因他所用的方法，何尝没有相当的位置，但他总是不安分，想把他的方法来代替哲学方法，其实哲学是哲学的方法，科学是科学的方法，我们不能把哲学方法，来侵占科学，犹之乎科学家不应把科学方法来喧宾夺主，我现在请科学家算了罢！一道同风的时候，已经过去了！那末我们不如各自干各自的，把界限分清，由此哲学独立，科学也不把用不着的工具来做幌子，这岂不是更好的事情？但我虽然要想把哲学的方法独立，究竟从何做去？依我的意思，可以稍取柏格森的学说，把有空间性的研究，让给科学方法，至于时间性的绵延，实在是科学方法奈何不得的，也只好还给哲学方法去研究了。须知这种分别不打紧，实在把知识和思想分开，因为知识都是静止的、研究的，所以是属于科学方法的范围，至于思想呢？那实在非用直觉法或辨证法不可，因为思想都是活动的、不间断的，若论革命思想，那就更明显了。故此我对于知识方面，以为哲学方法是不必要的，反之，在思想方面也觉得科学的无能，我想这种分别，实在是以公正的心——不曾以预存的观念为研究的目的，假使这是没有错的，那末我想把虚无主义在哲学方法上找个基础，这正是适如其量，何至于方法不对？但我知道了，那采用哲学方法的，因为都为科学界所不承认，所以便反对他，其实科学家那里懂得哲学方法？而且他既然把科学方法，看做惟一法宝，自然对于非科学的，都是无条件反对，似这样笼统攻击，也不是科学方法所许，反正那用科学方法的，早已本身犯了方法的误谬了。但我在这里，也应该申明我不单用辨证法的，因为辨证法还差却直觉一着，在吾友兼生自然把辨证法看得太玄妙了，其实还是粗极。因辨证法所得到的，只不过那"玄之又玄众妙之门"的近似之概括，至于"虚而不屈动而愈出"的本真，实在非直接证会不可；所以辨证法的弱点，正在其不能够"玄之又玄"，这自然去真理远甚了。闲话休说，我还是反转归根，请以后那想发展革命思想的，还是对于哲学方法，多多注意，如其不然？把科学方法来限制思想，姑无论思想是不能限制的东西，就使限制得住，也早已失丢思想的真意义了。由此可见，我主张用哲学方法来说明革命的，是绝对的真确，而兼生君说我"采用的方法不对"，我以为这就是兼生不明白革命与哲学方法的关系的铁证了。

我说的哲学方法，是指那特别的部分而言。因为哲学方法，本可分作普通的和特别的两种，那普通的，就是演绎法和归纳法，与别的科学相同，实在不是哲学方法的本身，我可以不论他了。我现在所要极力介绍的，乃是哲学所特有的工具；须知这种特有的工具，实在是哲学的骨。换句话说，哲学所以成为哲学，就因为有方法做主体，所以我们既明了了革命和哲学的关系，还要进一步来问哲学方法和革命的关系如何？假使我对于这疑问，没有完全答案，那末从前所说的，都是落空。

我在数年前，就想把虚无主义的基础，确立在一种方法上，因为一种特别方法，实在是一种特别思想的根源，所以我既要传布虚无主义，就不可不有虚无主义的骨，我于是乎就采用了一种逻辑，叫做"形而上名学"。须知这形而上名学，其实就是哲学的特别方法，因为哲学的特别方法，原不外"直觉法"和"辩证法"两种，我说形而上名学虽然再加上"无名主义"，其实最必要的，还是前两种。由此可见我说的形而上名学，原不是向壁虚造，而一味决心排斥我的，真不知何所见而云然？但我现在既说到"形而上名学"，就应该把我提倡这种方法的意见说出——我简单的意见，可用一句话表出，就是要倡导革命。我常常说"形而上名学是极端的、破坏的、革命的、理想的一种旗帜，所以到一个地方，就惹许多的恐怖党，革命军来"；就因形而上名学，是革命家所用的方法，所以我立意要提倡他，但我又为甚么说形而上名学就是革命主义的逻辑呢？这层理由，可分两方面说：(a) 形而上名学，是把黑格儿的辩证法，和柏格森的直觉法，合拢起来成的。须知黑格儿哲学本来很有保守的性质，但他所用的方法，却非常的进取，试看辩证法在革命思想史上的价值，和黑格儿在俄国思想界的影响，就知道他真是当得起革命工具的名称了。复次，柏格森的哲学，极力崇拜直觉和本能，就他的直觉方法论，也委实能够做革命者的号令，你看那劳动的无政府主义之 Syndicalism，岂不是把他做主张的根据？由此可见柏格森和黑格儿的哲学，都是能够给革命做媒摆渡的，而形而上名学和革命的关系，也不难想见了。(b) 形而上名学，就他形式的内容看去，都是主张动和变的方法，这不但直觉法如此，辩证法也如此，虽然辩证法把宇宙的原理，看作合理的、必然的，结果似乎稍近保守，不知辩证法的大体，也正是所以说明"流动""综合""进化"种种变换的原理，只因万物虽是永远在那里变化，而在于流动变化之中，究有个自己如此的法则，辩证法就是发现那自己如此的法则，本历史的眼光，去思考宇宙间的进化。他告诉我们，世界没有绝对的、神圣的、永古不变的真实，真实只是随时变化，似这样从历史上理解那动和变的道理，自然是有革命的性质了。复次，直觉法不止似辩证法，只教我们以流动，综合，进化，灭而复生，断而再续的绵延，还要引渡我们去契会那意识界绵延的本真，须知这种体验上的直觉，实使我们看到浑一不可分的时间——就是那滔滔不绝之内质的变化的绵延，Duration，这自然是动和变的方法，更无疑义了。当知这种动和变的方法，实在能够发生出一切动和变的革命思想，故此我决定形而上名学，就是革命主义的逻辑；而革命主义的逻辑，还到本身道理，也只是哲学的特别方法，由此更可见哲学和革命的关系，实在也是方法上的关系了。

但我对于前面的证明，还不甚满意，现在率性把直觉法和辩证法分开来讲，看他在革命思想上，究竟做了多大功夫？依我的意思，直觉法是有几件效能，能够影响到革命思想的：

1. 直觉法能够看得到本体。 在那短见的学者，一定以为玄之又玄众妙之门的本体，究竟和革命何涉？不知革命发生的原因，只为一念真实，不愿受现实管束，既然要超出现实，自然要有个理想的新境界——就是从理想中体悟现实。由是打破那种种界限的名字障，在大的方面，看得到宇宙总体的精神，就把虚伪的差别看轻了；在小的方面，看得到具体而微的真际，就把个性的自我看重了。而大的小的方面，又是对待发展，成为一多无碍的境界，这又是革命时候所必要的根本观念——自由、平等、博爱——所由发生的根源了。由此可见，革命和本体的关系，实在潜伏在底子里，所以本体学的研究，反在社会政治纷扰的时候；而章太炎在革命运动当中，极力提倡佛学，也是这个意儿，可惜凡愚不悟罢了。

我说直觉能够亲证本体，这是根据于柏格森的新哲学，请参看他的《形而上学发凡》和《创化论》便知端了。须知这种学识，是由生物学和心理学研究的结果，是很可靠的；因为那无穷的绵延和不断的创新，除却现证心性，都不能看得完全。而且这绝对的东西，正是科学方法的没奈何，所以这超出寻常感觉和论理以外的直觉，实在是求真如本体的唯一方法，晓得直觉是能够看得到本体，就足证明直觉法在革命思想上的真价值了。

2. 直觉法能够到绝对的境界。　我在这里，又要攻击杜威的政治哲学了。因他用的科学方法，只看得到事物的关系，所以应用到政治方面，就只管一味讲妥协，把各方面的希望，都采一部分，这就是他的根本观念。他说："吾们的哲学，是要去补救修正那现社会和现政治，使各种组合不但不互相冲突，并且互相为用；所以这一派的学说，并不是要一种组合趋前，是要各种组合都趋前，既不是完全保守，也不是完全推翻。"这种调和派的政策，只见社会组织的关系，却忘记了人类有一种要求绝对的天性，据杜威的意思，以为劳动者可以和资本家调和，自由权利等等可与制度法律秩序等等调和。无如我们本已往的经验，已知道劳动者和资本家的利益，根本冲突，实无调和的余地可言。所以资本阶级的铲除，才是劳动者凯旋时候，这种绝对思惟，固然不是科学家所能设想，然亦由于方法不对，因他只处旁观的态度，去估量劳动者，自不知劳动者心中的意思了。

反之，直觉的好处，是能够脱却皮相的方法，而直接证会之；这种证会，是要置身内里去观察他。柏格森说得好："Relative knowledge, he pursues, implies that from a point of view external to the object we express the object by means of symbols ; whereas absolute knowledge is dependent on no symbol."(*An Introduction to Metaphysics*, p. 1)故此我说直觉是能打破关系的束缚,而至达绝对的路,把他应用到革命方面,就敢于根本解决,并不踌躇顾忌了。再有一层,科学因不知道证会,所以极力反对革命,至于以直觉起点的哲学家,因他看到革命的真相,所以满口赞成了。

3.直觉法是能使革命者更决心。 我常说:革命家观察事实,是用直觉的方法。表面上似乎无思想、无知识,而且犯了神经过敏的毛病,其实这种"无思"思之的元知,比由推知所得的,更确实可靠,就是革命家所具有的"无踌躇""无顾忌""无似是而非"的特性,也是由直觉的方法养成。按工团主义的哲学家苏鲁和我的意思,恰恰相同。他说:"Man has genius in proportion as he acts without reflection。"这种无踌躇的态度,正是革命家所以和别的不同地方,因为不用三思,故此才敢做敢为,而革命的成功,也受这方法的支配不少。总之革命是本能的冲动,所以只管率性而行,都是不会错的,至于瞻前顾后而自夸为"谨慎"的人,其实都是懦夫,假使一有机会,就要加入于现社会里,这自然不是革命主义的朋友了。

直觉法外,更有个辩证法,也是和革命思想有关系的,但我对于这种方法,总觉得不大信任,因他所见有限,不能见真理的全体。至于黑格儿的三分法,那更不敢赞成,因那调和的、折衷的态度,实和革命思想根本冲突;虽然如此,我们要是专靠直觉,也不见得能自悟悟他。因直觉是不可说不可说的,今既不能无说,就免不开一切的表示方法和争论境界,所以直觉以外,为便利起见,还有取于辩证,但不过我要用的辩证法,实在和黑格儿不同,这是不可不申明的。我可以说虚无主义的辩证法,是有数种特色:(甲)从前用辩证法的,又不知直觉法,用直觉法的,又无条件的看轻辩证,由我看来,这两法实在相反相成，可以互相帮助的。何则？辨证所得，虽不如直觉的完全，然直觉实能借辨证以自表现，而且从表面上看去，辨证只见一支一节的片段，若能用"直觉"去证会辨证，还是无穷的、完全的、不间断的本真，由此可见辨证法要是活看，也见得到真的时间，而由直觉法一旦移入辨证去，也无非为着实际的需要。故此我说的辨证法，是受过直觉洗刷过的，并不似从前的哲学家，除却审辨物象的重复——就是"自无而有自有而无"的连续——以外，便不知辨证为何物了。（乙）从前的辨证法，因含理知的分子太多，所以看得到的，并非纯然时间的，而且常是空间的，如黑格儿的三分法，可以拿来做个好例。因他筑基于概念的范畴上，故此太近于科学家法的派头了。结果只知道空间的开拓，所求的进化，也只是散慢的移行，至于绵延不绝的时间的流行，实在还未会得。我么？总想把辨证法去证会时间的流转，所以根本上反对黑格儿的三分辨证法，就因这个原故。（丙）从前的辨证法，实在没有什么根据，故此那实验派的科学家，都是莫明其妙，不消说是要极力排斥他了，至于我说的辨证法，实在可以新心理学来证明。詹姆士的新心理学教我，一切心的作用，都是反应作用，当知辨证法所说的连结，也是时时刻刻的反应作用，而这反应作用，实在也是连贯不断的大整块，只因表出时，总不免把这反应的完全状态，割成无数的小段落，这真是说话的错无可如何的了。由上说得数种特色，可见虚无主义的辨证法，已不是黑格儿的辨证法，我想黑格儿的方法，尚足引起无数革命思想，何况比黑格儿更进步的辨证？丝毫不带调和妥协的意味的方法，自然是更足帮助革命的成功的了。

辨证法对于革命思想的贡献，也是非常伟大，把他分开来说，可得如下之数端。

1. **辨证法是能够引起反动的思想。**——辨证法教训我们，宇宙的道理都是由比较成的,老子说得好:"天下皆知美之为美,斯恶已;皆知善之为善,斯不善已,故有无相生,难易相成,长短相较,高下相倾,音声相和,前后相随。"(《道德经》二章)因为才知美的是美的,便有"不美"的对象;知善是善的,便有"不善"与"善"对立;推之一切有无、难易、长短、高下等,都是对待名词;有"有"所以有"无",有难所以有易,有长所以有短,有高所以有下,有高音所以有低音,有前面所以有后面。(参观《楞伽阿跋多罗宝经》佛说的百八句,就更明白了。)总而言之,辨证法对于任何事物,总要看他反面,因为对待的原力中间,都有互相连结的可能,故此从正面想到负面,从负面想到正面,这种反动作用,在骨子里很够暗示革命家使他生出反动的心习,对于大家所以为美的善的,常常发见出非美的非善的地方,当知一切迟钝不进的惯习,在常人所看做无可疑问的,革命家却敢于批评他,破坏他,这无非是受了方法的暗示,而影响于行为上面。须知这种的反动态度,无论是自觉与否,都可以说是辨证成就的效果,那末我说辨证法是革命的旗职,也不待详证而自明了。

2. 辨证法教我根本推翻。——辨证法告诉我们,对于对待的概念,非根本取消不可。因有了善便有恶,有了美便有丑,有了贤便有不肖,所以善的、美的、贤的,便是恶的、丑的、不肖的根源,而根本取消就是把这些对待的事物,连环打破,不但将恶的、丑的、不肖的废丢,而且连带将善的、美的、贤的,也归于一尽那末正面的名取消,负面的名也不单独存在了。老子说得好:"绝圣异智,民利百倍;绝仁弃义,民复存慈;绝巧弃利,盗贼无有。"(《道德经》十九章)只因有圣智,所以生不圣不智的名;有仁义,所以生不仁不义的名;有巧利所以生不巧不利的名;辨证法对于任何事物,都由反处研究他,问正面的反面,从何发生,从何得来?知遭反面只是正面的化成，因他互相"镕铸""吸引""连结"而发现其因果的关系，知正面是反面的因，反面是正面的果，所以要除负面的果，不可不推翻这正面的因，似老子说的绝圣弃智，绝仁弃义，绝巧弃利等，便是从根本上着想，而要根本的取消了。这种根本取消的方法，我叫他做连环推破，而这种方法的暗示，在革命方面，也不知不觉的，成就了根本推翻的心习了。

3. 辨证法是能够造成革命的信条。——辨证法不但教我们以对待的原理，而且告诉我们以"绝对"的真意义。——就是相反相成的原则，使我知道在种种的对待当中，并不是截然相反，因他有互藏交错的性质，周流往复的情状，故此都有互相连结的可能。老子说得好："福兮祸之所倚，祸兮福之所伏，孰知其极，其无正，正复为奇，善复为妖。"（《道德经》五十六章）因他看得世间一切对待，仗着达观力看去，都只见得相反相成，如祸由于福，福由于祸，祸福尚且倚伏，可见一切坠于两边的事物，穷其所极，无论善恶、吉凶、大小、长短、强弱、盛衰、动静、内外、邪正、是非，都无何等正确的区别，所以"正复为奇，善复为妖"，所以"唯之与阿，相去几何？善之与恶，相去何若？"这种"万物一体"和"无物不然，无物不可"的理论，实在能够打破一切分割区别的偶像，在革命时候不消说是极占势力，就是革命的信条——自由、平等、博爱——也都将他去做主张的根据。何则？辨证法说的是屈伸反复对待相成的道理，自然是绝对自由的；复次，辨证所得的，是那"天与地卑，山与泽齐"的理论，所以是平等的。惠施根据辨证法所得的结论，是"泛爱万物，天地一体"的极端的博爱主义，这更可见革命的信条，都包含在辨证法里面，这就是辨证法能够做革命的逻辑的又一种原因了。

总结起来，可见哲学的方法，就是革命的方法，就是我提倡形而上名学的意思，也是没有些儿可疑的。但在这里，我还要郑重申明一下,直觉法和辨证法都是以心经验为根据,前者是生命底全体的经验,后者是用历史的态度,去理解那盛衰生灭,由此可见,哲学方法,也都是从经验下手,何曾把实际的具体的事料,置之九霄云外?须知凡是经验都是有事实的基础的,倘由经验出发的理想,也都有可以实现的特性,所以革命思想,断断不是说了就算,也不是胡思乱想所能够假冒的。我说到此,不觉使我胆子一壮,因我对于由形而上名学所证出来的宇宙革命,只为方法很对,所以结果可以预期,依照自然的进化,我觉得这种革命是非实现不可了!

本编当中,有些是要批评杜威教授的"政治哲学与社会哲学",有些是对于吾友兼生君"批评朱谦之君无政府主义的批评"的答辩,请阅者参阅杜威的演讲录,和《北京大学学生周刊》第十二号兼生的论文。

# 第六章　革命底目的与手段

## （一）

　　凡革命，都是自觉的，积极的，从下而上的。因许多不安于现实生活的人，心觉着社会政治的腐败，非根本推翻不可，于是因不满意的境地，定革命目的，因革命目的，定革命底进行。

　　我说革命底目的，是有四种意义：

　　（A）革命是打破旧环境　考察革命发生的原因，由马克思的唯物史观看去，只是随着物质变动而来，然而这经济的命运之机械的理论，毕竟不能得革命真相，而且把他的价值看低，自己也犯了矛盾的误谬。何则？唯物史观是本于历史的经验去思考事物，今既绝对不认精神的存在，那末代表感觉思想的经验，又是什么？何况唯物史观的自身，也是由于马克思思索而来，要不认思想的存在，那唯物史观的学说，岂不是根本推翻？由此可见心的要求，可外于物质而有，换句话说，有了那种心的要求，才有那种物的要求，而物的要求，决不能外于心的而有所变动；所以用唯物史观来说革命，是不可以的。而革命的真谛，反由于心的要求，不过心的要求，也能发生物的要求罢了。但我既把革命这回事，归于心的原因，就不可不说明心的作用如何。原来心的作用，只是变动不息，同流水一般，所以叫做意识流，而这意识流时时刻刻的变，自然是统一的，不间断的。然而从表面上看去，在于流动变换的现象中，究有个自然的法则，我们要是用历史的态度，去理解那永久不息的渗透、生灭，很容易发现出两个基本观念：第一，心的作用不外情意的选择作用，因其迫于要求而来，故可因要求而变化；换句话说，就是对境厌境，在一个境地当中，一刹那间便生厌倦，即因有无穷无极的厌倦，所以有永续不断的翻新。第二，心的作用起于时时刻刻的反情，而唤起时时刻刻的兴趣和意志，由是认定未来目的，而选择方法和工具，去到达他。由这两个观念看来，就可见心是追求无己以动作为中心的作用，要求—厌倦—要求，这就是意识之流。

只因心的作用是厌旧喜新，故此人类普通的性质，多不满意于现实生活，而力求那理想的新生活。换句话说，就是因旧环境的不安，而要求其所安，革命就是求其所安的方法，将旧环境根本推翻，完全改造，这就是革命的第一鹄的，与心理作用之实际的发展恰合了。

（B）革命是要打破旧环境而向着进化的前途申去　革命不单以破坏为目的，而且要努力向前，做宇宙间一切进化的原动力，须知进化是为着变化，而有意义，好像永远往前不息的水，滔滔不绝，而革命就是在于滔滔不绝的进化当中，时时努力，时时引渡，将旧环境节节打破，将新生活一点一滴的长成起来，须知这一点一滴的创造，永远是向前的，所以是进化的。总之进化与革命的关系，只是动与变的关系，革命是动，进化是变，动的时候，便是变的时候，所以革命的时候，就是进化的时候。依照西文原名，革命叫做 Revolution，进化叫做 Evolution，可见革命是更进化的意思，假使要永续不断的更进化，就不可不时时刻刻的去革命了。然我可更进一层，决定革命是促进"进化"的唯一因子，因为动是变的因，变是动的果，故此没有动，就决不会有变，就是没有革命，也决没有进化可言。《周易》说得好，"变化者进化之象"，又说"动则观其变"，我很愿"观变"的进化论者，以后对于革命这回事，还是多多注意，或者由"变"与"动"的中心意义，竟发现出进化的真谛，也未可知，不然像达尔文派（Darwinists）的学者，支支节节的研究那不关痛痒的生物进化，究竟与全宇宙的总进化有何干涉？我的意思，以为革命既是进化的原因，那末我们努力革命，就是努力进化，而革命的范围愈扩张，也就是进化的效能愈大的时候。我么？是主张宇宙革命而要求宇宙全体的总进化的。我以为范围最小之个体进化，像那"物竞天择""适者生存"的信条，是过去了，克鲁泡特金（Kropotkin）的互助论已代替他了。可见现代的进化学说，已由个体进化而注重到群体进化，由着群体进化再推大些，自然是宇宙全体的总进化，所以我对于进化的前途，非常乐观，反正我对于革命这回事，也非常的有希望了。

（C）革命是要打破旧环境用人力来策进自然的进化　进化是自然不可逃避的事实，所以是自己如此，决无所用其怀疑，即就进化的程序而论，也只是自己如此的绵延，用不着外面的东西，来加增他。虽然如此，进化固是天道的自然，然天道不外人道，所以笼着手，抬起头来而望自然进化的人，只是一般儒夫，进化亦决不可能。须知进化这桩事，一面是天道的自然，一面是自我实现；一面是自己如已的必然关系，一面就是意志自由；所以进化也是有为的结果，而一味旷达无为的名流，转是进化的最大阻力。反之，因势利导，用人力来策进自然，使自我的意志，融化于大自然之中，而自然的进化，也自我实现，这就是无为而无不为，这才是进化的真意义。

今要说的革命，就是循着自然状态底进化，而时时用人力来策进他，改造他，打破旧环境，创造新生命。在表面上看去，好似全靠人为，其实这人为还是受了自然支配，而又支配自然，所以革命是自然的,也就是人为的,若分开来说,即是用人力来策进自然的进化罢了。总而言之,自然进化虽是永续不断的向前,然还须革命的活力去促他动,促他变,所以革命是有意志的,行为的,由着时时的猛进,使迟钝状态,变成活的、承前启后的、一系不断的自然进化。

(D)革命是要打破旧环境循着自然进化而力向着光明底前途走

革命是从自觉而起,所以一方面为着不安而破坏,一方面却要循着进化的趋势,力求那更光明,更安稳的新生活。须知革命所以有价值,因其向前而不倒退,向前的路,自然是破坏不善的,而进于较善的;换句话说,就是从黑暗到光明,永不是从光明到黑暗,但是这个"光明"究竟是什么呢?据巴枯宁说,在人道进化当中,由未尽善的,而进于较为尽善。据克鲁泡特金说:人道进化,是由较不幸福的,而进于人生较为幸福。我的意思,以为这都是偏面的解说,应该给进化前途——光明——下个更广大的界说,然后他的意义和价值,也格外浓厚。我以为进化前途的光明,只是:

(1)真;

(2)美;

(3)善。

但我所说的真美善,都不是固定的、呆板的,实际哲学教我,真美善都是价值的名称,以能够适合我们的要求为标准;须知革命的起源,就是由于心的要求,只因心的要求无已,所以革命无已,革命无已,所以趋向的光明——真美善——也都随时变换。由此可见革命,一面将旧环境随时打破,一面向着真善美的前途走,因真善美有无穷无极的引申,故此革命也无时无刻的在那里动作。但在这里应注意的,第一,革命底目的,是在真美善的增加,故革命的范围,不防扩大。何则?革命是为着最大多数之最大真美善,所以国家革命不如无政府革命，无政府革命不如宇宙全体的总革命。第二，更完全的就是更好，虽然真美善是相对的条件，但我为着真理之向上的努力，却要力求那绝对的真美善，虽然绝对的真美善，是不可到达的境界，但我们并不退怯，还要努力，奋斗，以求与绝对接近。懂得这两个条件，那末革命的意义，可谓完全说破，更无遗漏了。

## （二）

由上面答案，可知革命底目的，在于创造将来，但"将来"是现在的绵延，要不将"现在"打破，就无所谓"将来"，因此革命底手段，势不能不出于破坏现在一途，而破坏以外，也实无所谓手段。马克伊佛在他新著《变化世界中的劳动》中说："今日的破坏，就是明日的文明，倘若石器时代没有破坏，则今日世界也不过石器时代罢了。"这话真正不错！因破坏就是更新，就是创造，所以破坏是求进化的重要元素，世界民族愈有魄力，愈向进化的，就必愈富于破坏之力。破坏——破坏——革命因他而称为进化的原动力，宇宙因他而日进于真美善之境，由此可见革命除破坏外，没有什么，真美善除破坏外，也无甚意义！破坏——破坏——革命手段就是这样的向前破坏；要实现真美善的，也只得向前破坏罢了。我且不论破坏外，没有建设，就令建设可以离开破坏而单独存在，我还是看不起他。因破坏是何等痛快？何等进取？建设又是何等造作？何等保守？须知真正的真美善，是自己如此的，是不待建设的，若因建设的原故，而反害到破坏进行，那就简直与革命的宗旨相违，简直不成其为革命。所以自然派的革命家，都只晓得破坏，破坏是复归于自然的、真的、美的、善的动机。建设只是反于自然，所以凡言建设的，都是不知革命手段为何物。真正的革命，只是抵抗，只是暴动,抗税哪!罢工哪!爆烈弹哪!暴力的威吓哪!这都是革命的福音,这都是革命家唯一的能事,陆安君说得好:"金刚性的革命党,只管尽量破坏,破坏成功,就让 Gentleman 去创造。"这句话,请那些空谈建设的先生们听者!

# 第七章　革命的思想

## （一）

　　黑格儿（Hegel）用三分辩证法，来说明思想进化的过程，虽不很对，然把思想看作进化的活用，和宇宙一切活动进化的本源，这点是不错。因为宇宙的进化无穷，真理的进化无穷，在这"无穷"当中，我们精神，所以能够跟着发展，就因有思想的原故。思想的作用，是要打破旧环境，创造新生命，所以思想是创造进化的。欧肯（Eucken）说得好："在思想的进步之内，重新把人生的各方面再造一番，现代的特征，即在此点。思想以豪迈的气概，包围了世界，而且发出一种强裂的要求——从他的本性内发生的要求——绝对主张实在界的全体，应该与他们恰相符合，就是这样，就革了旧生活的命，思想现在是捷足的先锋了。他伸张观念与原理。把人生拔出了旧窠臼，并且要使人生发表内部的需要。最使现代的运动有力量而且有热情的，即是思想所表彰的'为实现真理而竞争'（Struggle for realization of principle）。"由此可见，思想的性质，是能够努力产生自己的内容，是有生命的活动体，这自然和那固定的呆板的物质界，大相冲突了。即就思想活动的方向论，也永远搭着"实在"的活动部分进行，因思想对于实在界，正是能够做媒摆渡的工具，而实在界又超越了同质的空间，所以思想的活动，是向着真的时间流转的，并不是向着空间开拓的。

如杜威一派的学者，把思想看作应付环境的工具，这是错的。思想这个东西，实在是独立的，早已脱离了环境的羁绊，无论对于特殊底威权，已成底制度，适意底习惯，都不受他们的限制，而独往独来，所以思想是创造环境的活动，而这种活动，和杜威一派说的思想，实朝着两相反对的方向去伸张。依我意思，杜威在《试验论理学》说的思想，实毗于保守，只能呈献我们到环境的台前，供环境的牺牲，完全把思想的意义埋没了。

思想何所来？据杜威教授说："这不是因个人或种族之中，有一种理想或真理，悬在那里，然后才发生思想的；因为要应付现实的状况问题需要，不得不去思想。人类不是一个纯粹思想的动物，实在是要生存的动物，如使自然环境中能够生存，能够全体适应，而不受环境的妨害，那末就用不着思想了。"又说："人在没有困难的环境中，也不觉得用思想的必要，人与社会环境，自然环境相接触，要想应付种种变迁，必须能适应这种环境，那末就不能不用思想，那个时候，并不是故意要思想，实由于困难的逼迫，叫我们不得不去思想。"似此把思想完全看作被动的惰性的东西，既不能唤起思想革命，又要阻住革命的思想发生，看他排斥理想，只顾眼前的速利小效，就可见这种似是而非的学说，正是限制思想自由，使他无形中屈服于此新神力之下，所以我为着思想的真正价值起见，不能不首先屏弃他了。

我绝对否认杜威教授的说法，因为他把思想看作只有机械的因果，没有意志自由的活动，其结果把人们的精神努力，都陷在物质圈套中，为四围环境所支配，无自由的余地，不知思想的起源，正因为一念真实，以现实的、因袭的世界为未足，所以抛开现在，而另有高尚的理想；理想在思想的认识活动上，占最重要的位置，倘若除却理想，思想便没有意义了。老实说吧！杜威教授说的思想，其实只是满腔子的利害观念，何曾说得上思想？固然这种思想，是要本着科学的精神和方法，用智识来整顿环境，改造物质，说来又好听，又稳健，但由思想看起来，这种局隘量浅，没有冥然孤往，向上发展的精神的思想，除了把科学方法来限罚创造进化的革命思想外，简直没有什么！

须知真正的思想，是有一种投影作用，时时创新，刻刻变化，因他永远向着真实，指示我们到那"宇宙生命"的路，所以不受现实管束，正是科学方法奈何不得的东西。简单说，这种思想，是从我所自行破坏的现实中，而参透于我所自行创造的实在界的活动状态，故此从这方面看去，是理想的，不是现实的，而从横的方面看，又恰是批评的、革命的、破坏的了。罗素教授在《社会改造原理》说过："思想是崛强的，革命的，破坏的，可怕的，思想对于特殊的势力，已成的制度，适意的习惯，是无情的；思想是无政府，无法律，不怕强权的；思想是伟大的，敏捷的，自由的，是世界的光明，是人类的最大荣耀。"似此把思想看作"破坏的智能"，和我的意见很相同。

思想不是凭空杜撰出来，思想的好处，只是在我全无杜撰，他的心理的基础，是情意的不是理知的。元来理知作用，是我们后天所得，虽能告诉我们种种事情，但是对于实在界的活用，却接触不到，所以那单靠理知判断的思想——把逻辑的方法，来限制自然思想底——算不得思想；而真正思想，实本着我们本能与情意的要求，才能破坏一切，向着创化的前途伸去。须知这种"非理知的态度"，正是思想所以能发现真理的地方。

那主知的思想，实在是占有冲动的根源，他常常帮助万恶的资本家、政府，去求利益，去愚弄平民，就是应用到科学发明上面，毕竟也和平民的利益无涉。所以这种思想是贵族的，那些代政府资本家张目的大学教授，自欢喜提倡他。我么？是"掉首不顾"的。反之，主情意的思想，使是创造冲动的根源，因这种思想，是根于情感的直觉，为有生俱来不学而能的东西，而且什么人都有，故这种思想，是平民的。又这思想，是创造的，是不要样本的，是不要模子的，并不像主知思想，为听环境的摆布的玩意儿，因此，唯有主情意的思想，才有思想的真意义和真价值，也唯有他，才能引渡我们到那永远长进，变化，和更新的理想生活去。

我不相信创造的智慧，就是适合于人的当时的生活的思想，且以为唯有超越于当时生活的思想，那才是创造的原动力。所以思想都是现在的捣乱分子，未有不逆反当时的人心的。虽他所理想的世界，在于将来，然终必有实现于事实之一日，我们不要在短促的期间内，去估量他的价值，却要向其大处着想。晓得这层，就可见思想和现实根本不能相容，在现实中，也不易领悟他的真价，即因这个原故，所以思想有"危险思想""过激思想"的头衔，我也特别叫他做"破坏的智慧"，以别于杜威一派的思想方法。

## （二）

这破坏的智慧，和杜威说的思想法，也有个大同的地方，就是都从"怀疑"着手，其绝对不同处，在于怀疑的态度，和怀疑者立足地的不同，于此我可以把他分别比较一下：

（1）革命思想的怀疑，是当着不满人意的境地，而保守思想家的怀疑，则在疑难时候，前者真个是怀疑现实，而后者则不过于解决一个问题时，而引起怀疑的态度罢了。（参看《现代思想批评》，页五）

（2）革命思想的怀疑态度，是绝对的，直到破坏方休；而保守思想的怀疑，则略一怀疑，便停住不进了。所以这种怀疑是相对的，并没有彻底"求真，去伪"的诚心！

（3）革命思想的怀疑，是自动的不是被动的，因思想者自己有能动的倾向，所以和那保守思想专靠外围环境来唤起怀疑的材料的，大不相同。

因有这些分别，所以革命思想不但和保守思想不同，就是方法的内容，也不相一致。因此我对于杜威教授的思想方法，不赞同他，推翻他，而另立我热情所认识的思想方法——就是革命的思想法。

革命的思想法，是极端的、单简的、无踌躇的、无顾忌的，只凭一念真实，全无许多伎俩，故虽唤做思想，而在我也不曾添一些。他的方法，只是"怀疑"和"破坏"，做一番"打破"的工夫罢了。

（1）怀疑　思想的第一步，是一个疑问符（？），不过这个疑问符，是由不满意的境地而起，和那解决疑难问题的态度不同，这里要问的，简直是从存在不存在，真实不真实上着想，如不满意法律，因就疑到法律本身，因不满意政府，便要迫着向"政府能够存在吗？"这种怀疑的态度，便是革命思想的方法。

（2）破坏　思想的第二步，便是怀疑的引申——就是破坏。我们由心理研究的结果，知道那由不满意而发生的疑问，实在由于自觉，是一种欲望。（或者简直是冲动。）须知欲望是根本于情绪的，他所预期于自我而外所得的新境界，都是变态的。因为这种不满意的表示，迫着于本能作用，所以往往要排除阻力以进行，其结果就成为一种冲动，非破坏不可。所以怀疑和破坏，是一贯的工夫，怀疑而不破坏，那便不是革命的总想法了。

由此可见革命的思想法，只是（1）怀疑——（2）怀疑的引申——（3）破坏。分开说好似有两部分，根本只是一个彻首彻尾，没有间断的工夫。所以怀疑就是破坏了。破坏就是怀疑了。反之，保守思想，如杜威说的"思想的历程"，硬把人的知识，将思想割成许多阶级，好则好，只可惜全是伎俩，和那进化、创新一贯的思想无涉！

## （三）

革命思想是把行的归纳在方法里——思想的方法里，这是虚无学者的新见，很堪注意的。（实验学者首倡此说，但他应用到空间方面去，成就他缓进主义的思想法。）元来革命思想，就是怀疑和破坏，而破坏便就是行为。依我意思，怀疑而不破坏，只是未曾怀疑，因怀疑是破坏的主意，破坏是怀疑的工夫，怀疑是破坏之始，破坏是怀疑之终，思想是从怀疑而起，怀疑是不能不引伸的，怀疑引伸，便就是破坏，可见思想的方法里，本有行为在内，要是接着没有热裂暴裂的行为，也不成为革命思想了。

故革命思想是"知"和"行"合一并进的，换句话说，先有了大胆的思想，便不能不有革命的行为，在后面跟上去。所以知而不行的思想，算不得革命的思想；革命思想是能够实现的，故不实现的思想，也只是不切题的空议论；那在将来永不能够消化受用的，纯粹理想，纯粹理论，也没有存在的理由。总之革命思想是包括行为，因能够影响到行为上面，所以叫做真理。

既知革命思想是知和行合一的，不是分开的，那末缓进派想把知而不行的革命思想，来做幌子，也是决不成功的。如罗素教授在《政治理想》中说："革命的行为，可以不必要，但革命的思想，是不可少的。"（原句 "Revolutionary action may be unnecessary, but revolutionary thought is indispensable"，*Political Ideals*，p. 77）他又在别的论文里，极力攻击广义派的革命手段，这种似是而非的论潮，阻碍我们的革命方针不少。本来缓进派的人物，老成稳重，怕暴动，怕危险，是不足怪的，但罗素外面既假装着革命的，破坏的态度，把思想看作好像爆裂弹似的。而内里却用这曲折的方法，把革命思想和行为分开，以免丢破坏的危险，这种无形打消革命思想的方法，实在不真得很。老实说吧！革命思想真正是可怕的，如罗素教授说："人类怕思想，比怕世界上什么事件都利害，比怕死，怕灭亡还要利害。"这话真对！但思想为什么可怕呢？自然因含有热烈暴动的行为的原故，像罗素说的没有行为影响的思想，其实只是空洞的思想，纸老虎吓不住人，这种一味空谈的革命论，有什么可怕？反证起来，可见罗素教授明知行为是思想可怕的所在，却故意要避免他，以求迁就他的缓进主义。

总而言之，思想所以可贵，全凭着"革命行为"，如果我们不愿意宇宙进化，罢了，如有思想的必要，那末抵抗哪！暴动哪！罢工哪！暴裂弹哪！暴力的威吓哪！这都是革命思想的内容，丢开这些，思想还有什么意义？

# 第八章  革命与自由

## （一）

"人一生出来，本是自由的，但是现在无论什么地方，都是被铁锁锁着。"——卢梭（Rousseau）《民约论语》——我们因想极力摆脱这些铁锁，向着自然的路上走，便震天撼地的叫起自由来，这便是革命了。所以自由就是一种革命的旗帜，如果要讲自由，就是要来革命。试看法国的人权宣言，美国的独立宣言，便知道自由，就是革命最有力的动因，因为从历史上的沿革看起来，社会间的制度、组织，没有不和自由根本冲突的，今既提倡自由，就不能不把旧社会遗传下来的东西，完全推倒，所以革命是获得自由的唯一方法，而自由在革命者的信仰中，便是最高的善。

我深信自由，是比平等、博爱重要得多，如社会党人专向平等方面去主张，结果把国家来压迫个人，这是根本错误的。依我意思，唯有绝对的自由，才把平等、博爱合拢起来的，是能够兼包三大主义的。因为普通来说平等、博爱，仿佛是很容易做到，其实这种平等、博爱，永远在"差别相"当中，如你怜悯我，体恤我，叫做博爱，我和你地位相同，势力相同，便叫做平等，有了这种形式，反把自然真情，用理知的分子分开，变成不平等、不博爱了。故此平等、博爱便是大乱的根源，而真正的平等、博爱，必需到那融合人我，无差别的境界内，方能获得。换句话说，平等、博爱，到了极端，都只是不可说的"无"，都融化于自由当中了。因自由是绝对的，是没有一切界限的，凡一切在经验上无论如何有重要差别的东西，到此都可以相比，所以只说绝对的自由，就是彻底的平等了，彻底的博爱了。故我极力提倡自由，虽不说平等、博爱，而自然平等，自然博爱，我的革命主义，完全是以自由为依据，是建筑在自由上面的。

我虽羡慕自由，愿为自由奋斗，但对他也不是一个迷信，也不是偶像，却是一个实行的理论，行为的计划。欧肯说得好："自由能给与我们的活动，以个人的色彩，自由能给与人生以自动力。"即因自由这个信仰，可以使我们跳出于社会组织之外，增添个人的努力，去制服生活的障碍，打破种种锢闭束缚人的东西，而充满我们以成功底愉快的深信。由此可见自由所以可贵，即因他有所贡献于行为，使革命者当不满意的境地，引起最勇敢、最深沉、最激动的革命行为，这便是自由的效验了。总而言之，自由！自由！绝对的自由！也许不一定成为事实，但我革命者，为着真理的向上努力，却要向绝对的方面进行，为绝对的自由而战世界的革命者呀！仗着大勇猛大无畏的精神，苦斗不休，虚无有望。

自由是要有代价的，这种代价，曰血和泪。换句话说，要获得自由，唯有用革命的方法。我们不相信命定主义和机会主义，以为只要时候到了，自由会从天而下，所以我们不得不努力去争自由，更须知道这是无论何时，都要争的。而且争的方法，也越激烈越容易成功。故"没有虚无党那样流血，暗杀，几百年的造因，俄罗斯仍然是独夫专制；没有一八八六年美国工人的炸弹，世界劳动界还照样八时以上的工作；不是十八世纪的流血，法兰西没有今天；不是梭谷士（Leon F. Czolgosz）一九〇一年的短枪，芝加哥（Chicago）无政府党人那得如许惊人"。——吾友增恺《自由和强力》中语——由此可见，自由不是那些无抵抗的懦夫，所能得到，我们正应该急起奋最大的破坏力,去到达他。自由呀!我亲爱的自由花呀!我愿为你而粉骨碎身了,就是到断头台上,也爱不尽我的自由。

## (二)

自由究竟是什么?这个问题,在近代思想史上,是极关重要,许多思想家如洛克(Locke)、卢梭(Rousseau)、孟德斯鸠(Montesquieu)、边沁(Bentham)、穆勒(Mill)、斯宾塞(Spencer)诸人,对此各有各的意见。由我看起来,都是不能彻底,他们虽酷爱自由,可惜所认识的,只是半截的自由,即如穆勒著的《自由论》(Liberty),虽也把自由看做神圣不可侵犯,凡是拘束个人自由的东西,都是否定,然他却免不了限制,譬如普通教育制度可由国家强制施行,这就可见穆勒还不脱"强制的自由"的色彩,不然为什么将国家抬出来呢?

我说的自由,是无政府、无法律、无道德、无宗教的自由,也唯有这种任情肆意、毫无轨范的,才叫做绝对的自由。如洛克虽承认人们在完全自由世界中,自己想怎样便怎样,但他脱了人为法的拘束,又钻入那自然法的势力圈,不知这自然法的限制,和人为法不过分量之殊,我们如要完全的自由,为什么不连那自然法也废掉呢?至于卢梭好似很懂自由似的,他说:"英吉利国民每自命为自由,其实大误,其所谓自由,惟选举下议院之议员而已。议员既选举以后,英国民就是奴隶,不成为何物,其自由之时间极短,选举既终了以后,即无所谓自由。"这话很对,只可惜他一面攻击代议政体,一面又摆不开直接选举制,而提倡"多数决"主义。依他意思,个人对于国民总意应该服从,如果不服从,便可以强迫,所谓强迫,并不是剥夺个人的自由,乃是强迫他,使他得到自由,似此曲解自由,实在把自由的本义,完全埋没了。

外此如孟德斯鸠想把国法保障自由，那更不对了。他只知把自由用到政治事情上去。却不知人们一切行为，都要极端的自由，何况孟氏说的政治的自由，也只在不监用权力罢了。那里说得上自由？复次：斯宾塞他信为独得之奇的"平等的自由律"，也依样不懂得自由，何则？自由就是个人真情的表现，所以不是那思想和欲望为占有冲动所蒙蔽的人所能够假冒的。故无限制的自由，本毫无那损人利己的意思，斯氏为什么还要这"平等的自由律"去限制他呢？

我对于黑格儿的哲学，有虽些很表同情，而于他所谓奴隶自由的理论，却是极端排斥的。依黑氏说，国家是超越个人意志之客观的意志，而这意志，不像个人意志之有限、不合理，相对的，而为无限而真实、合理而绝对的存在的。因此这就是自由，而国家的法律，也不外这自由的表现，所以个人依于绝对服从国家，而合于客观的、无限的、合理的、绝对的真意志，这就是黑氏发现的真自由。似此奴隶的自由观，谁都知道排斥他，但是我们若拿最近学者的著作来看，有的说"劳工独裁专制"，有的说"民治政治"，甚至罗素在《到自由的路中》，也还要政府和法律。他们喊呐的口语，都是代表一件的东西——奴隶的自由，他们很笑黑格儿的自由观，是一种妄想欺骗、迷信、术策的遗骸，但由我看起来，这些学者给国家摇旗呐喊的，和黑氏不过五十步百步之间，那也何必笑他呢？

我敬爱不过的巴枯宁（Bakunin），他说："Nous reconnaissons, dit-il, l'autorité absolue de la science; vis-à-vis des lois naturelles, il n'est pour l'homme qu'nne seule liberté possible, c'est de les reconnaitre et de les appliquer tonjours davantage."（见 *Bakounine œuvrest*, LMSZ, p. 51）因此我便知道，无政府主义者也还不能完全解自由的。不然科学的绝对强权，为什么要服从他？既知道他是有绝对强权，反因计校利害的原故，而屈服于此新神力的足下，这就是不忠于自由的明证了。而且

科学是有空间性的、理知的、律例的、现实的,所以很是保守的、反自由的、不进化的,只顾眼前的速利小效,终忘却现在要灭的道理,无政府学者既迷信他,服从他,何怪与自由背道而驰了。

现代美国的哲学界,也把自由看作很新鲜的问题,但细察起来,都完全不对。亚历山大(Alexander)说自由应当和法律调和的,脱夫恣(Tafts)说自由应当注重经济方面的。依我意思,真正的自由,就是无限制的自由。故把自由凝固到任何方面,都不可以的。而且自由是积极的条件,不单是纯属外界束缚的解除,所以脱夫恣说的"自由应当注重经济方面",也只知道消极的自由若知精,极自由的好处,那末自由就应当注重精神方面的了。次如亚历山大学说,以为自由总是存在个人的智慧能活动的国家,又谓真正的自由,须得有正当的法律与公道观念,似此把自由限制在国家和法律这些强制机关的底下,当然不是我们主张无政府主义或虚无主义的人,所敢赞同的了。

就是说,自由是应当根据人类的冲动和本能的麦克鲁尔(McClure)的学说,也含着很大的误点,因他一面提倡冲动和本能,一面又说这些冲动散漫得很,必得要给他们一种客观的制度的根据,来约束他们。敢问既有这客观的制度,来约束主观的活动和创造,这就是不自由极了,还有什么自由?那里算得本能和冲动?明白说吧!真自由就是真冲动——创造的冲动。只管任情而行,都没有不对,故无须什么客观的制度去限制他,而且真自由也不受限制的。

平常的人把自由看作自治,以为自由是以能够管束自己为条件,这实在荒谬极了。当知自由就是没有强制的色彩,故和自治不同,自治的意义,仔细说起来,不免含理知的分子太多,他并不是自由,却是要节制自由。自由是根于本能,没有些儿杜撰的,自治却反过来,要用克己的工夫,去三思而后行。即因自治是要克己,把那冷静的理知去歼灭本能,就是把非我的分子来强制我,所以我否认他,以为有自由就够了,何须自治?因为自由是本于真情的根本冲动,也只是率性而行,率性而行是不会错的,故此我们不要管束自己,只须依照自己的自由去做,那就是最高的善,就是真实了。

这绝对任情的自由,才是生命的流行,才是进化的根本原力。而从那方面看,"情"又是个性自存的本体,所以任情而表现的自由,也是绝对的单一,是不能比较的,因他已经摆渡了平等的牵制,才称做"绝对的自由"。

## (三)

虚无学者要求的是绝对的自由,所以主张要根本消灭那一切不自然的,拘束我们自由的东西,并还不赞成无政府主义的自由组织。本来虚无主义和无政府主义都是从根本上争自由,不过前者为爱绝对的自由起见,连天地强权都推翻,后者虽对于上帝,主人,凡有阻碍人的生活之东西或学说,也是否认,只可惜是夹带着调和意味,结果越能在天地的大圈套内求自由罢了。我可引一个譬喻,无政府学者遇了天然强权的障碍,只想迂回通过,虚无主义者必要破坏天然强权的。所以虚无主义是极端的推翻宇宙,而无政府主义只是想减缩自然界的强权之戡天主义。不知自然界的强权既是阻碍我的自由,那末我们就非想种种方法将他扑灭不可,像无政府学者既反对天地之刍狗万物,又不简直推翻天地,这就是缺乏争自由的诚意的铁证了。而且所谓戡天主义,只想减缩强权,却不知我所反对的,乃是强权本身,虽能灭缩至最少限度,还是天然强权,不过程度之差罢了。由此可见我们的主要口语——虚空破碎,大地平沉——这正是从根本上着想,求出绝对的自由,我们如果想和绝对自由接近,就请爽爽快快向大虚无上边去。一旦天翻地覆,人类灭种,那就绝对自由的目的达到了。

## 第九章　革命与群众运动

### （一）

革命是群众心理的结果，毋论革命的原因如何，要不印入群众心理以后，都是决不成功的。——吕邦的革命心理语——即因革命是群众的事业，所以群众的研究，比什么都紧要，观于现在群众的势力，有一日千里之势，便知道革命的潮流，也是一转直下，断不到此而止。

群众因为没有觉悟，故虽屈服在强权底下，也不敢反抗起来，于此不可不有少数主倡的人，或煽动的人，去促他自觉，这少数的个人不是别的，只是理想家，他能把群众所要说而不敢说的理想，宣布出来，然后认定这个理想的目标，共同努力前驱，去到达他。

须知这革命的理想家，他志是坚决的，血是热的，情是真的。一面做群众的先觉者，把那必然到来的革命，告诉大家，使大家为这命运努力奋斗。一面又是革命的实行者。本着无慈悲、无踌躇、无似是而非的三大特性，努力做去，所以理想家和"领袖"的性质不同，他虽站在指导的地位，却不是那躲在大众背后说风凉话的。他是有热烈的信仰的，是敢作敢为的。就是吕邦很轻视群众的指导者，对这点也不能不说几句公道话。他说：

群众之指导者，与其谓为思想家，无宁谓为实行家……惟对于其所确信者，一意孤行，当此之时，推理功能，全失效力，即使加以轻侮，施以凌虐，终不得而动之，有时反激其气而扬其波。盖彼辈于一身之利害，家族之安危，一切皆可牺牲，且举人类所具之自卫自保之本能，全然现而不见，惟知殉其主义，乐为之死。（《群众心理》译本，页一六三）

复次，领袖是从权力上成立的，无论何时都是驱策群众，去盲从他。理想家便不然，他不是做群众的领袖，乃是做那朋友；不是做制人教人的人，乃是为的使人觉悟，因其可以具相同的性质，又不必要有权力的组织，所以和群众，纯是平等的关系，虽在传播革命思想时期，好似群众受了这种思想征服的形式，其实"此心同，此理同"，他也不过一时代趋势的代宣者罢了。由此可见，理想者不是把"架空造桥"的理想来给大家，他只是把那潜伏在大家心里的意见和信仰，揭穿出来。譬如无政府主义，我不能说这是谁人发明的，只可说这是无政府学者代表群众的真情说出来的，即因这个原故，所以少数的理想家，和那迫人服从的领袖不同，他和旧制度、旧风俗的冲突，便是群众和旧制度旧风俗的冲突，就是旧势力对于理想家的压迫，也实是和压迫群众的一样。

理想者代表群众，是代表群众的真情，却不是代表那组成各个人心理的"理性"。原来理性是差别的，是不能代表的，而真情则自然一致。故此理想者的真情，也就是群众的真情，他不过能认识自家的真情，同时知道"群众的真情，皆备于我"，而他真情之单独实现，也等于群众的真情的总和。所以我就是群众，群众就是我。我的一举一动，莫不和群众合德了。因为群众的特征，就在已构成了单独的"真情"，而为"群众心意一致律"所支配，而理想者，则完全具备这个要素，他的好处，就在多情，多情就和群众心理密合无间了。

就使有了群众，没有群众的理想者，也是决不成功的。因为群众运动是各个人自觉的自决行为的总和，其中如果没有理想者，去自觉觉他，就不能有真正的群众运动。譬如荷负重税之苦，什么人都知感到，唯群众中或不知这是根源于暴君污吏而来，则他觉性无由发动，一旦有个"理想者"知其如此，原原本本的告诉他，使他振发其他觉性，与其痛苦之自觉，成一冲动，于是便革命起来了。由此可见，群众之心意中，本来自觉，不过这种潜伏的真情，"寂然不动"，必需理想者去唤醒他，然后"感而遂通"，便成一种冲动了。——就是革命的冲动。

所以孤独的理想者，实是极重要的。因为重要的行动，最初莫不是这些人因为个人真情的自由而发生的行动。然而个人的真情，便就是群众的真情，故此由理想家个人发生的革命，结果常得了群众同意。虽然在起初时，"群众是错的"，常常帮助黑暗势力，去摧残这少数人，但归根及底，群众终不能不为真理低头，对这孤独的理想家，自不觉从风而靡孤独呀！最孤独的奋斗，是最有力量的，也唯有最孤独的理想家，才有革命底创造力的。

## （二）

由我看起来，群众运动只是彻首彻尾的"真情运动"。因为真情只是一个，所以少数理想家从他个人的仓库，引出真情给群众看，大家也因此悟到自己现前元有的真情，结果便顺着本能冲动——就是革命。由此可见群众与其指导者，要说他"精神常相联合"，不如说群众和指导者，真情自然一致；要说"群众常服从指导者的命令"，还不如说群众是照着自己真情的命令去做。诸君！指导者是什么东西！他怎能鼓动群众？须知能鼓动群众的，只有蓄在大家心里的一点情，这才是革命的原动力,才能唤起群众运动。

群众心理的构成,只有这个真"情",更无些子造作的。可惜这个道理不明,许多研究群众心理的,都把他看做很坏的现状,如洛士Ross把群众心理的表示,分作两种:(1)狂Craze,(2)迷Fad。依吕邦说:"群众心理是有四个主要特征,一、各个人意识的个性消失;二、无意识的个性优胜;三、暗示及传染的结果,构成群众的人人感情思想趋于同一的方向;四、被暗示的思想,直接现于实行上。"又说:"群众的心理特征,是无限的轻信心,极端的感情,没有先见,不受理论的支配,不为真相实验所动。"这些话都很知得群众心理的真相,然这正是群众心理的好处,却永不是坏处,这点可惜社会心理学家没有看到罢了!

我对于群众心理,是处辩护的态度,如吕邦做的《群众心理》一书,我无论如何,总是爱他有彻底的研究,至于那书批评的话,我却不敢赞同,因他是一位保守家,故不免有许多错误的地方:

(第一)他错认群众心理,是组合各个人心理而造成的特别化合体。所以说:"无论一群之组织,其分子为何等人,其人之职业生活性格知识之齐等与否,皆可不问,惟既由个人结而成群,则此后即别成一种集合之心意,静则为感想,动则为行为,其态度与方法,结果必与孤立时之个人大异。"依他意思,群众心理和各个人心理的关系,好似合无数细胞而造成的生物体,当这生物体造成之后,即呈一种特征,和各个细胞的特征,大不相同了。似这种持论,我以为是吕邦的根本错误。何则?群众心理是本来蓄在个人心里的。并不是结合成群才有的,如少数的理想者,他孤单的一个人所感、所想、所行,都和群众心理相合,可见群众心理虽表见于组成群众的时候,却不必限于群众当中,只要是有情的个人,他底狂热、勇猛、真实、高洁,就自然和群众心理不谋而合了。换句话说,群众心理有所谓冲动性,易激性，缺于推理，暗于辨别，等等，其实都只是"情"，孤独的个人，有这个"情"，组成的群众，也只是这个"情"，不过在群众团集之下，更容易表出罢了。

（第二）他错认群众之中，其所积聚的，是愚昧的部分，而非智慧的部分。所以说："凡组成群众之分子，其文化之程度，必较其人之本来程度，降低数级。"其实群众运动正是社会上各个人普遍的自觉，这种自觉，是本能的，不是理知的，吕邦只晓得"尊其知之所知"，而不晓得"恃其知之所不知而后知"，对这"不假闻见""当下便是"的元知，自然老不明白了。实则这种"无知"的"知"，才是无上的，普遍的"知慧"，而吕邦所认为智慧的部分，则不外虚伪的差别的理知而已。他既不知革命者的智慧——直觉——的好处，那也只可任他作不关痛痒的批评好了。

（第三）他错认群众是受外界刺激力之作用，完全不自觉似的。所以说："当个人联而为群时，其所作为，自己亦冥然罔觉，一似被催眠者然……一受暗示之鼓动，遂轻率躁进以赴其所事。"固然群众运动是暗示及传染的结果，然须知理想者当暗示时候，并不曾把"什么"灌在群众脑中，群众虽受暗示的鼓动，在他也不曾添一些，所以群众是自觉的，和那盲目追随的大不同，就是构成群众的人人感情思想的一致，也只是"真情"的自然一致。晓得这层，那末由暗示及传染的结果，使群众趋于同一的方向，这正是自觉到了极点的时候，怎可把催眠者和被术者的关系来比他呢？再进言之，那被暗示的思想，都是理想者根据于真情所发出来的，所以这种思想排列在群众面前，也不期然而然的"共鸣"起来，不但共鸣，且要直接现于实行上，因我真情觉得非如此不可，故能无踌躇、无顾忌的努力做去。吕邦说他"轻率躁进"，也很对，可是这"轻率躁进"，是顶真实不过，而且完全是自觉的啊！

（第四）他错认群众的本性，是保守的，反改革的，所以说："群众之保守性，其坚牢不易摧除，与原始人民无异，社会上一切遗传之迷信，无由破其藩篱，苟有一二新奇举动发生，或足以变更其生存之状况者，则根性上所潜伏之恐怖心，必立时随之而起。"又说："群众为保持遗袭思想之最顽固者。"这样说法，实在和他别处所说的，自相矛盾。由我看起来，真正的群众心理，快不会有恐怖心，因他早已超过利害观念了。且群众的本性，谁都知他是偏于破坏的，革命的，洛士说得好："要求群众否认一样事，比要求群众承认一件事容易得多，群众可以推翻专制，而不能建设共和，可以打倒社会的恶魔，而不能谋公共的利益。"就是吕邦自己也说过："群众的动作，好像征菌在尸首里的动作一样。"由此可见破坏是群众的本性，吕邦说群众为保持遗袭思想之最顽固者，真是"正言若反"了。

那些不满意于群众心理的，都虑及个性消灭一层。洛士以为群众精神上的主要原素，就是暗示，暗示是有重速积（Momentum）的力，凡脑经简单的，意志萎靡的，一遇到他，意志坚决的，虽可以和他反抗，也难保护完全有意识的我。（见谢承训的《洛士的群众心理》）吕邦说："组成了群众的时候，各人的个性通通消灭，他们要是孤单的一个人所感、所想、所行，是照着各别的态度方法，到得成了群众，这种个性决不发生，纵使发生，也是那决不会发现到行为的思想感情，有多少存在罢了。"这话好似都有理，其实把个性完全看错了。真正的个性，并不是个人意识的"理性"，却是各个人的真情。原来理性是再坏不过的东西，有了他便把人类的真情分开，变成千差万别起来，所以各个人意识个性的消失，反证是真情流露、烂漫天真的时候。而群众运动的好处，即在他把"情"的个性，尽量发挥，也唯有这"情"的个性——无意识的个性——才是真实的个性。把真实的个性，来代替皮相的个性——意识的个性——这不是群众心理的好处是什么？由此看起来，群众运动，不但不把个性消灭，而且是恢复"个性"的良好时机，一面各个人充分发挥其真的个性，一面又自然构成一单独的个性，即因这个性，对待发展是个人的，同时也是群众的，故表面看起来，好像是在各个人心理以外的新化合体，其实依然是各个人自家的"个性"。可惜这个道理涉入玄学范围，如洛士等社会心理学家，永看不到罢了！

## （三）

群众的行为，本脱然于理性之外。所以吕邦一流，要用科学的态度，去解释群众心理，怎能发现他的真价值呢？如吕邦说群众心理，只是无限的轻信心，极端的感情，没有先见，不受理论的支配，不为真理实验所动。由我看起来，这话不但不足排斥群众心理，而且反证出他是不受理知的束缚，除真情外，没有什么的。真情！真情！试看翻山倒海的革命运动，那不是由真情发动？可见没真情打不破虚伪，而理性这个东西，只注重形式秩序，等等，这正是虚伪的朋友，当然是不必要的。

1. 群众运动倘若没有信仰的精神，一定不能实现的。但这信仰，并不是什么偶像、崇拜物、经文、信条种种形式的东西，简单说就是信仰真我。所以我热情觉得对的，那才真个相信，真个牺牲虚名浮誉去到达他。看吧！法国大革命时代的雅谷宾党人（Jacobins），其真理的自信力何等的真挚！也唯有这种坚固的信仰，才能破坏一切，就是立意决定以后，便不去东顾忌一些，西迁就一些，那不顾忌、不迁就，便可见群众信仰的真精神，吕邦说是"无限的轻信心"，也很对，很对！如果群众的信仰，不是绝对的，只是那虚诞漂渺的，那末他就立刻觉得他破坏了他的意志了！他的主动能力退缩了！他就失却他从前所认识的真实了。

2. 群众是真情用事，本不知"顾忌""迁就"为何物。不错！吕邦说群众的感情，无论如何，都不外夸张的，真率的两种倾向，但须知这夸张和真率，是有一个好处，就是爽快。平常人因受理知的束缚，也不敢伸一伸腰，吐一吐气，把我也越看越小了。反之，当组成群众的时代，那时已摆脱了皮相的我，而获得真我，所以觉得我大而物小，结果要"忘其平日之卑陋无能，竟自谓其能力绝巨，一时莫与伦比"了。总之，群众有的是极端的真情，没有的是冷静死的理性，所以夸张和真率，都只是群众的爽快处，和那迟疑不决的、科学的态度不知真实得多！

3. 群众是没有先见的，但吕邦说"群众之行为，只有临事之张皇，而无先机之熟虑"；"苟有术以反复鼓舞之，虽与本性相反，亦无不应之如响"；似这就未免一笔抹煞把他看作完全受动的了。其实没有先见不是别的，只是无踌躇，无顾忌，不顾利害如何，只凭一念真实做去所以没有先见，正是勇往奋进的武器，也唯没先见的，才能"运用之妙，存乎一心"，创造哪！进化哪！不是靠着先见，所能成功的啊！

4. 群众是不受理论的支配的，因为理论本管不住行为，而重要行为常超过理论，所以当群众之前，要把拂人之性的理论，限制应时而生的革命行为，结果诲者谆谆，听者藐藐，一定没有效果的。吕邦说"论理学者尝谓三段论者，必为真理……然惜乎群众之不能领会"，即因群众不受三段论法的限制，故既能创造，又能进化；由一面看起来，可以说"群众无推理力"，然唯其无推理力，才能扩大那本有的"直觉力"，而群众的行为，即受这不可思议的"直觉力"的支配，所以群众不可以理喻，这正是群众超越理论的地方。群众的好处，即在吐弃理论，不给三段论法限制住。

5. 群众心理是不为真相实验所动的，因他理想的目标，常倾向未来，为着未来而有意义，所以短视短听的人，要立刻考验他，稽核查察他，那是不可能的事，而持这种论潮的，也自然不会感动群众的了。如吕邦攻击社会主义，说"提倡此主义者，敢揭其未来之幸福，以夸许于人群，至于事理之究为何如，悍然勿顾"；似此牢牢抱着眼前的事，来批评社会主义，社会主义者怎能心服他！不消说群众是更不能够心服了。

总而言之，凡群众运动，都是把个性自存的本体——真情——作底子的，所以非常纯正，非常真实，而那些要用科学方法，来批评群众心理的，反多见其不知量罢了。我么？是确认群众运动的意义和价值的，以为"真情"就是群众心理，群众的行为，就是真情的表现，生命的流行。

## （四）

从前研究群众的，多从犯罪方面着想，好似群众的一举一动，除犯罪外，没有什么。其实群众是要打破现实，故由法律上看去，当然是犯罪行为，然这行为的动机，可是再真实不过，就是表现在行为上，如无我、敢死、任侠、慕义诸美质，也不是那些酒瓮饭囊的道德家、法律家，所梦想得到，自不能估定他的真正价值了。

如吕邦洛士一面承认群众的美质，一面又说是不道德的行为，这种矛盾的论潮，我真不爱听了！洛士说："群众是感情用事，感情固然有些是道德的，但正常的行为，定要经几番思索，群众的头脑，大都上了点闷药，不能精密的思索，那里有真正的道德？感情热的时候，往往不能自制。"似此把理知看作道德的的本身，和我的意见截然不同，我以为真正的道德，只是一念真实，是把存在于自我中的真情做根据的。至于理知这个东西,其自身就是赃物,就是罪恶,就是大乱的根源,那里有道德可言?反证起来,那反主知的群众,因他无先见,无踌躇,无似是而非,所以才是真道德了。

就是吕邦对于群众的道德,也不敢绝对否认。他说:"一身利害可算是单独的个人行为的唯一动机,移到群众上,却不能做有力的动机,群众就着自己不甚理解的事,奋勇健斗,视死如归,断不能说他是利己心的指导,虽系有名的恶人,在群众中也能守严正的道德训条,极放纵卑劣的人,在集会席上,也有君子之风……如是将奉公献身,及对于事实上或一种理想上尽心竭力,认为道德上的美质,可以说群众这些美质,恐怕贤明的哲学者,有时还不及他。群众虽系无意识的表现这些美质,我们可不必深究,而且他们无意识的做去,不经推理,也不当引为憾事,如果他们在什么时候,都有慎重的推理,并且打算直接的利害,那会弄到地球上面简直没有文明,人数简直没有历史,也说不定。"依照我论敌的话,更可见群众的道德,是再好没有了。

然我总不相信,群众中有什么严正的道德训条,我此为群众的道德,其完全发动力,只是一点真情——绝对的诚实。这真情是率直而行,去把一切虚伪非自然的东西,完全推翻,所以群众的道德,是破坏的,是无道德的道德。这任情的道德,在革命的群众运动,最容易看出这种美质,但有人把"互助"的道德,来解释他,那又是错误,须知互助还是偏于理性,而群众则出于真情,真情比社会心理学所谓"同情心"还高,同情心往往局于环境,如因国家的区划、人种的偏见所发生的敌忾心,而真情则只凭一念真实,凡我热情所不能承认的,无论是谁,都驱逐他。

晓得革命的群众运动——是存在于自我中的真情的表现,那末群众运动的价值,也不待详证而自明了。但有人反对吾说,根据于泰特

（Gabriel Tarde）的摹仿律，以为群众运动是由于摹仿的结果。"因为感情是最容易摹仿的，比方大群众的集合，只要一人高呼，便可万人响应，不愿意学的事，只要以感情相动，便立刻激昂奋发，无事不可为。"这话错了！因为群众运动，必定是以群众中各个人的本能冲动发生出来的，就是理想者在群众的集合当中，也唯有真情——绝对的真实——才可以感动群众，使他反省自觉，所以是自动的，不是被动的，和那盲目的追随大不相同了。总结几句话，我只认群众运动，是真情运动。凡不合于群众的真情的事，必定是劳而无功，

换一面说，凡从前所不愿做的事，因为唤起了个人的真情，真情觉得非如此不可，也自然会激昂奋发起来了。

# 第十章 革命与唯心史观

## （一）唯物史观的批评

马克思（Karl Marx）的唯物史观，是以经济事情为中心的历史观，因他说明历史上的社会变迁，注意在社会上一切关系依于物质的条件而变化的原则。故此学说推到极端，把理想那样东西，也看作不过物质的影子。他在《法兰西政变》论文中说："人的感情、想象、思想，及人生观，都在财产所有权的状态，社会的生活状态上，有其根据，就是此等心理皆从社会物质的组织，及伴此而生之社会的关系起的，各个人为或种行为的时候传说及教育的结果，必不能免其社会事情的影响。"又在《经济学批评》序文中说："生产关系的总和，为社会上经济的构造，是法律上、政治上、建筑物的真实基础，又是相应于社会的意识形态的真实基础，物质的生活之生产的方法，可以决定社会的、政治的及精神的一切生产过程，不是人的意识决定人的生活，倒是社会生活决定人的意识。"由此可见这唯物史观，无论恩格斯（Engels）、柯祖基（Kautsky）诸学者，怎样给他辩护，洗刷，而由马克思的话真去。总难免把能动的精神，看得太无意义，结果何怪给卞斯天（Bernstein）几句话就驳倒了。

但我对于从来批评唯物史观，总不大满意，一半是因他的批评方法不好，一半是因这些批评者的立场，不是那官学教授的经济学者，就是一味讲调和妥协的修正派,须知马克思学说,虽很有保守的性质,然以较那只是东一点西一点,以求苟且生活,糊过眼前底日子的社会改良家,实在高出万倍,至于依靠政府资本家的学究先生们,那更不配去批评马克思的学说了。总之,唯物史观何尝不值得批评,然而批评的人,才应该有更高明的见他,像守旧学者要从地面去看天上东西好和坏,自然老不明白,不消说是完全错认了"唯物史观"的性质了。但我在这里,也应该将无政府学者的态度表明,因为无政府主义,无论从何方面看去,都比马克思派更彻底,只可惜他对于唯物史观,却又满口赞成。又如我朋友凌霜君对于马克思的政策论虽然极端反对,至于论到唯物史观一层,就不但没有攻击,而且把他看做最大创造,为学问开一新纪元。(看他著的《马克思学说的批评》)何则?无政府主义和马克思学说,在社会革命的原理原则上,多少总有个相同的基础,所以就是纯粹的克鲁泡特金派——凌霜——也不能不肯定唯物史观的意义和价值,然亦可见无政府派既然绝对的排斥辩证法,而于根据辩证法结合而成的唯物史观,也怎地恭维,这便是他的矛盾,反证他对于唯物史观,也还未曾下过一番评判的工夫罢了。我么?既不似无治派那样一味宣扬,也不愿做那无理由的决意排斥,我的立足点是虚无主义,自信是比马克思派还高些,而且在消极方面,去否认唯物历史观,在积极方面,还是有所建立——就是我的唯心历史观。故此这番的评判,或者较深切些,要是我批评是对的,那末把唯物史观做宗教般信仰的,也应该早些觉悟,把那误谬的信条,自己推翻!

  我对于唯物史观的批评,是从他的实质的内容下手,原来唯物史观是由两种见解合拢成的,一个是辩证法的思想法,一个是唯物的世界观,由此本历史的眼光,去思考事法。将人类运动的原因,都归到物质方面,这便叫唯物史观。我现在批评的方法,是把他构造的本身，分析出来，作我们批判的材料。

1. 辩证法——本来黑格儿（Hegel）的辩证法，我就不大赞成，因他把必然的道理，看得太重，以为概念的论理的发展，必定和自然界事物的实际的发展相应，所以宇宙原理是和论理家法自相一致，而成为合理的，必然的动的法则，似这种哲学说，固然也很有理由，因为自己如此的进化当中，是不免有自己如此的法则，但是要把这历史法则，看作"百效膏，万应锭"，从此更不想用意志力来助进，那就非常危险，结果是要极端守旧的，如黑格儿本身，就是好例。他的哲学，马克思说他是有保守的一面，但这保守主义，马氏却以为是相对的，黑格儿革命的性质，是绝对的，这种解说，自是深知黑氏哲学的了。但黑氏的保守方面，究竟是在那里？我看马克思实在没有彻底的答案。依马氏的意思，"在黑格儿的哲学当中，如在某时代之某种见解和某种社会制度，因和那时代的情形符合，所以就应当承认这种见解与这种社会制度是合理，这就是他哲学的保守的方面"（参照顾兆熊著的《马克思学说》）。不知道"现实的就是合理"的误谬思想，实从他的必然论引申出来，所以返本归根，黑氏的保守方面，实在于必然论的基础上，这么一说，不但黑氏哲学的真相表出，就是唯物史观的根本弱点，也不难想见出来。何则？黑格儿的辩证法，还是从心理概念的发展着想，所以一面是以必然为根据，一面还是极力主张人类的思想能够驾驭万物。至于马克思便不然了，因他说的唯物史观，本来所根据的辩证法，已难免有保守宿命之讥，何况再凑上个唯物论，结果使那较有自动手续的黑格儿辩证法，变成更保守些，更机械些，所以辩证法到了马克思手中，实在把他融化成为呆板、死的方法，而他的意义和价值，也减轻了许多了。

2. 唯物论——马克思对于黑格儿的理想辩证法，而说物质的辩证法，于是乎把历史上一切变动，都归到经济条件的变化一点，而且把人类的理想、意见，凡是属于人间意识的，都说他受了物质支配，因物质变动而变动的。呀！这种唯物的见解，在那些短见的功利主义者也许信他，但由我们稍了解现代意义的人看去，不由得不抿着嘴笑。何则？经济命运的绝对思惟，就是极信奉马克思的，也觉得过于单纯；因为现象界当中，绝对是不能够似"飞将军从天而下"，所以历史上一切变动的原因，就是把事实来证明，也都是多方面的，决不是一方面的。今姑不论那些经济以外的一切物质的条件，如人种的地理的要件，都和人类社会有影响，就是法律、政治、宗教、道德等等，也难道不是那能够左右社会组织的种种原力？但唯物史观告诉我，这些东西，并不是社会变迁的最终原因，而都是社会经济的基础上头的建筑。

似此把普天下的事理，拉在一个轨道上，好是好极了，可惜这种学说，只是"布准克鲁斯脱的床"（Procrustean Bed），我们现在已不信那推诸万世而皆准的绝对思惟，自然对于这经济一元论，只得付之一笑罢了。复次，自十九世纪的末期以到现代，唯物主义的破产，已经决无可疑，那末谬托于唯物论的唯物史观，从进化的逻辑看去，无论如何，已犯了时代错误，这自无一顾的价值了。然我且姑退一步，认唯物论是值得讨论，我就要问他有广袤的物质，何以能够生出无广袤的意识来？何以唯物论家，也自己承认脑髓能够生精神作用的道理，为不可解？由此可见那专凭皮相的物质现象，来说明精神作用的，都是根本差错，误谬不待言了。再进一层，马克思在一八四五年，已经完成他的学说，而这一年，又发表过反对（旧派机械的唯物）的论文，说及"吾人不是像一个机械，就被他蒙昧的经济势力所驱迫，至于总不能抵抗，假如照物质主义所说，主张吾人是环境与教育的产物，所以人有不同，就因他的环境不同，和教育变更之故，这个说法，已经忽略了时势可以为人转移，与教育家能够使他自己受教育一层"。由此看来，可知马克思的唯物史观，要硬定（社会一切关系依于生产方法之变化而左右）的原则，实和他无意中发出来的老实话，自语相违，也可见唯物史观的根本，已经自己崩坏，就是他在《经济学批评》说的"社会生活决定人的意识"的话，也是不可靠极了。

总而言之，马克思既把人类的精神努力，抑制在物质的境遇之下，也何怪他不承认人类的文化史，由人类造成，却主张那极无意思晦滞背理的经济决定论了。但可惜这种理论，在稍研究过社会心理，知道人类心情的，假使告诉他，"人类于关联经济价值的刺激，其适应他的方法，能够决定人类对于一切别种刺激的适应方法"，我想是没有不失笑的。不但如此，就是和马克思相得的朋友——恩格斯——也说过："物质的状况，虽是历史的基础；然而仍旧各种原料，方能成为历史构造模型，政治制度等阶级竞争，和他结果，他的构造，如同其他一切政治上、宗教上、哲学上种种背景，影响于历史竞争的发达，所以一定经多数的演进，才能够定他们的结果。"这就可见那主张唯物史观的，早已没有胆量去承认他自己推理的逻辑的断案，而理论的矛盾，也不难想见而知，就是好些代他辩护的人，要用尽曲折的方法，来证明马克思是承认思想，其实也都是自来反证唯物史观的无意义无能为罢了。

我以下是要证明唯物史观的根本误谬，由他本身的性质和用处着想，是有几件说不通的地方：

（第一）把物理的法则硬用到社会进化上去——因为唯物史观的要旨，只承认环境可以改变有机体，却不知道这种历史法则，只是极粗笨的物理法则，把他来说明社会迟钝不进的移行，是可以的，至于社会进化这回事，那就绝其不可能。何则？社会进化是有目的性的，分开说，是有两种表示：（1）向未来的目的做；（1）选择做到目的的方法器具。由此可见社会进化，还须人类的精神的努力，这自然和物理的法则不兼容了。因为物理法则，只能看到有因果性的必然关系,故此由此去观察变动状态,也只看得到物质的变动,就是空间的变动。陈启修教授在《唯物史观与贞操问题》说:"照物质不灭和物质普遍的公例说来,物质的数量和性质,虽然是无古无今,无东无西,皆是一样的,然而物质的结合和物质的位置,若从新陈代谢周流延环等生理学化学社会学经济学等的公例看去,却是转换不定的。"这话很对,物质的确是有变动,但这相对的变动,假使留心研究,就知道他是弛缓的,不是紧张的,是向着空间开拓的,不是望着时间流转的,这自然没有向前的目的,把他来说明自然科学,是对的,至于社会进化现象,那就用不着了。因为社会进化的法则,是永远向前的,不间断的,自动的,而这自动也都有其满足需要的目的。故此那空间性的、因果的、盲目的物理法则,在他本身的性质上,就没有力量去应付社会进化的道理,由此可见唯物史观要用自然科学方法,去探讨"物质的运动"——经济现象的变化消灭——是很有理由,但把物质的运动,就说是社会进化,那便非常没道理了。须知物质运动,由甲状态变到乙状态,由乙状态变到丙状态,由表面上看去,似乎有进化,其实这种进化,乃排在空间之中,自然不是那继续前进,努力往前推的进化真象。复次,由唯物史观的见解,凡以前存在的社会的历史,都是那直接间接,或多或少各殊异阶级间团体竞争所表现的结果。由此可见,他所说的进化,只是现成的,是没有新的分子的,而此后的进行,也都是重复的,这自然和永远变化,永远创造的社会真生命,大不相同,然亦可见把物理的法则,应用到社会进化上的唯物史观,是差错无可疑了。但我在这里,还要申明几句,以免误会。元来在社会的变动当中,是有顺逆两转,那顺转是创新的,向着未来做去的,所以叫做进化;至于逆转呢?因他附着于物质而行动,所以是机械的,向着空间顿时发散的,唯物史观的用处,是在于后者,却永不是前者,故他在社会进化当中,也不为无见,只可惜他所见的,不是进化的全体，而是那从此中分散出来的，坠落下来的物质界。从这点看来，唯物史观也并不可轻视，因他虽然不能把物质融化于动的进化中，就是把经济现象的变化消灭，回归社会进化的潮流里，然而对于静止的死的社会的研究，也很有用处，不过不能说明社会进化的真意义罢了。

（第二）只知历史法则却忘了意志自由一节——马克思对于人类意志的势力，或是心理的作用，在一方面看去，好似很承认的，其实他所承认的，是意志的存在而已。所以说："人类能够造成自己的历史，但必要依于一定条件之下去做。"此所谓一定条件，就可见他是把意志自由限制在"必然"的大圈套内，似这种自由，只是在一个极狭小的范围内，自然算不得意自由了。但有人代他辩护道："最近多数伦理学者，讲到意志自由四个字，也认为是于相当范围之内，可以有选择的自由并不是脱离一切自然和社会的限制，而有绝对的自由。依《经济学批评》序文的话，当着生产力变动，社会关系随着变动的时节，这个社会关系的变动，当然要靠社会的活动，所谓阶级的斗争，便是人类意志的势力，却是这种活动，也是顺着经济行程自然的变化，所以既不是绝对的自由，也不是无意识的机械。"我想这些话，不但不能反驳那卜斯天和爱尔和特而且反正马克思是个必然论者否认意志自由罢了。为甚么呢？哲学上所谓必然论，并非不承认有意志，只是要把人类的意志，限制在外界事物底下，似马克思的唯物史观就是这样，他何尝不认意志可以影响历史的发达，和个人的行为，但他同时又说人类意志，究竟要跟着物质的脚跟走，这么一说，可见社会制度的改革，依着人间意志是不成功的。换句话说，意志自由是以物质的障碍为基础，这难道还是意志自由？这就是不承认意志自由的铁证了。须知必然和自由的分别，一个只知道机械关系的变动，所以"今所有者，必为于昔既成之中；果所含者，必为已在因中之件。"一个是说意志有决定的能力，所以"一切经验都是新的，一切事体，都是继续创造出来"的。由此可见，前者只知道环境可以改变有机体，所以结果偏于保守，后者却说意志可以改变环境，所以结果是要创造自己。晓得这些分别，那末意志自由与否，也只是意志自动与否问题，和绝对不绝对有何干涉？而且世间除了将为（to be）绝对以外，更那里有（is）的绝对？故此，马克思既然不主张绝对的自由，就可见他抹煞了意志的自由；既然不是无意识的机械，也可见他不过是有意识的机械！唉！有意识的机械，难道不是机械？马克思既已反对旧派机械的唯物，何以屏去旧机械，又换个新机械？如此换汤不换药的机械论，就是马克思不彻底的明证，故此下斯天批评唯物史观的话，说他"总迫人假定人的一切事业志向，行为，都是物质的出产情形的影子"，也正是搔着痒处，恐怕就是马克思复生，也巧护不来了。

（第三）唯物史观忽略了一个心理的原因，就是欲望——马克思的历史观，他观察社会的变迁，注重在社会上经济条件的变化，所以唯物史观，就是经济的决定论，其实单独经济的势力，是否能够断定历史发达的程序，这还是很大的问题，今姑假定这种理论，是不会错的，然而经济现象，如物价涨落等等，假使从根本上的意义着想，都没有不由于心理上的原因，就是欲望。（本津村秀松说）总之，欲望是经济行为的动机，人因充足其欲望而演成的共同动作，这才叫社会经济，所以欲望为主，而物质的条件，反是他的臣仆。总之，求满足是人的本性，所以心的要求在物的要求之先，因有这个那个心的要求，于是去努力满足这个要求，假使人们没有心的要求。那末经济的物质的条件，任他如何更变，与我有什么相干？由此可见心的作用，实是支配经济现象的根本原力，我们要是穷源追本，自不取于经济史观，而要另立个（社会组织随于心理的变动而变动）的原则，来代替他了。

由上面的证明，可知唯物史观，只是过去的理论，如使稍采用新理想主义来审察评判一番，就觉他千疮万孔，已没有存在的价值了。我想凡是一种学说，都是应着某时代的心的要求，故此学说，都不是放诸四海而皆准，却要依照心的要求而变化的。就如马克思的唯物史观，我以为是不合于现代人心的要求了！是已站不住脚了！所以我敢大胆批评他，批评以后，还要提出我的唯心历史观来！

## （二）唯心史观的学理根据

唯心史观不是什么新的历史哲学，本来黑格儿辩证的方法，就有这种倾向了。因这方法能够证明历史发展的观念，又告诉我们物质不过人的思想底反射，所以从根本上看起来，辩证法也就是"历史的唯心论"，一切过去的历史，由黑格儿看起来，都是思想史。只可惜他的逻辑里，虽然说人的思想和行为没有最终的归结，而他哲学全体的结果——就是"绝对意象"的概念，应用到实际方面，却变成极端的保守主义，因此唯心史观的创始，虽不能不穷溯到黑格儿的历史哲学，而唯心史观的成立，其责任却在虚无学者。而且我说的唯心史观，十分脱掉保守的观念，也唯有这新颖的解释，才有真正的意义和价值。

我对待马克思的唯物史观，虽施以根本推翻，但这推翻，却正是历史哲学的再造，依我意思，把经济来解释历史，实在是把结果认为普遍的原因，今苟知历史是我思想自己造成，只有我的思想能够作历史的主宰，那末我的历史观，就应该倒转下来，把"心"作观察的出发点了。要知道这个心，则体认自心经验的工夫，为最紧要，因为历史哲学，就是生命哲学，所以归根及底，非认得生命之全体的经验——就是意识之流，就也难于发见真的历史法则，只为真的历史，是生命的活动，就是活动于物质上向上自由的现象，所以要说明历史，也非从根本上着手不可。我的唯心史观，就是本这使命，从

"心"方面着想。根据于新的辩证法，和新的心理学，把他合拢起来。便是我的唯心历史观了。

  1. 新辩证法——黑格儿辩证法的好处，全在他思想之论理的进化观念。罗素（Russell）在《德国社会民主主义》解释得好：（a）辩证法一方面承认事物的现状，一方面又承认结果归于消灭。（b）辩证法以为历史上进化的社会形式变动不居，故不特计及其过渡的性质，且计及其暂时的存在。（c）辩证法不愿有任何事物加诸其身，就他本质说，就是批评的而且革命的。由此可见，辩证法所以成为"破坏的工具"，即因他能变更现存事物的形式，向着进化的前途中去，就是我所受于黑格儿的，也不过如此。总之，我对于辩证法的本质，是赞成，而于进化程序的三分说，认他是保守的，调和的，却要从根本上求个改换，这就是新的辩证法了。须知这新的辩证法所论究的，是时间的流行，不是空间的开拓，如黑格儿的三分法，虽力言世界万事万物的运行，莫不随同一必定的继续不断的进化，可是这种进化，是移行的。若以术语表之，即由"正"（Thesis）而"反"（Antithesis），复为"合"（Synthesis），这自然不能说明绵延不绝的"时间的流行"了。我么？是把辩证的方法，去说明真的时间，固然真的时间是不间断的，也不会重复的，也没有部分的，然为着实际需要，想引渡现存事物到进化的路程上，所以又应用辩证法，把他分作一片一片的"分段分命"。

  2. 新心理学——詹姆士（James）的新心理学，是把进化的道理，应用到心理方面，他把意识看作变迁之流，以为前辈哲学家对于意识的见解，都只作分析的片面观，把意识看作零碎凑成的，却不知意识的作用，是很像永远往前不断的流水，是一贯的，不可劈分的。但"意识之流"虽不可分，而为着区别的目的，也可自求原子说，把"意识之流"分作片段，所以把心的经验着作"意识之流"，便不一不多，一和多都有位置，该用一元时便一元，该用多元时使多元。总之，这新的心理学，就是主情意主义的心理学，所谓"意识之流"，就是我所说的"情"，意识之流的一部，就是我所说的"意"，"意"可分"情"不可分，所以"意"是一段一段的，"情"是永远向前不断的，而这一段一段强为区分的各部，仍旧汇合于变迁之流，故这向上的"意"，其自身已融化于更完全的"情"当中，这仍是"情"了。詹姆士又说，有心作用时，有两种表示：（1）向未来的目的做；（2）选择做到目的之方法器具。这种说法，我以为是从"意识之流"的一部着想，因为心作用之这个两部分，向来的人把他看作意志的。这意志的两种表示，依我看，前者就是"目的观念"，若目的观念受外界的阻力，能直接实现，则不得不求第二目的观念，用以驱除阻力，以求实行他的目的，这就是"手段观念"，也便是詹姆士说的选择做到目的之方法器具的一番工夫了。

把辩证法和詹姆士的新心理学，合拢起来，便是唯心史观的进化观念了。原来唯心史观，是一种历史的"动的法则"，是要"执古之道，以御今之有"；不过这种法则，固有必然的次序，但也是有为的结果。换句话说，这历史的法则，决不是概括事实，使成定律，不过本自心经验来预测将来，管理现在，引渡现在到永远进化的路去。再进一层，我相信历史法则，也不是说法则可以使现象发现，不过得着这个法则，更容易使我们继续力行，去到达我们所期望的将来罢了。

唯心史观是说明经验的法则，换言之，就是"心的经验的历史法则"，这种经验说，是从根本上着想，和经验派说的意义不同。依洛克学说，把经验分作二种：（a）外观研究外面的事物；（b）内审自己观察自己里面心的作用——感情和思想。而内审的经验，又根据于外观，即先有感觉所得的观念。用以经营精神的作用，我更返观这精神的作用，而后内省的观念始得。由此可见，经验派所谓经验，都只是外面增加来的东西——物的经验,却不是心的经验,因此有个很大的缺点,就是把经验看做被动的,不是能动的,心如素丝白纸,经验印之,吸下就是了。反之,唯心史观对于经验的说明,以为经验是活动的,创造的,心是永远向前流行的,所以心就是经验,不必把外面印下来的才算经验。而且外来的物,也逃不出"心"的范围,说"心"是素丝白纸,不如说心的本体,好似一面净镜,这镜子里,自能够森罗万象,把大地山河,都摄在里头,然而这些表面的"物",任他怎地,都只是依他起自,决不能有所增加。可见"物"不能外"心",物的经验也怎能离心的经验而单独存在呢?所以说,心经验是根本的经验,而物质这个东西,反是心经验的影响,如果没有心经验,就也无所表见那物经验了。总结起来,真正的经验,只在心中,不假外求,是能动的不是被动的,是自由的不是必然的,似此只承认心的经验,把心经验为中心的历史观,就是叫做唯心史观。

## (三)唯心史观的解释

唯心史观的大意,用最简明的话说出来,就是:

说明历史上种种变动,注重在那时候的思想,依于心理的条件而变化的原则。

由唯心史观看起来,思想就是动作,是迫于行为的要求而来,故和实际生活,有极大的影响的,因为思想是到达真实目的底过程,所以思想是有意志的,有目的的,是能生长的,能变化的,然而一时代的思想,实契合于一时代情意的要求,而一时代的情意的要求,却要唤起一时代的新革命。由此可见,历史上的种种变动,莫不是思想变动的结果；换句话说，只有思想支配历史行为，历史是人的产物，不是人是历史的产物。

晓得思想是原因，物质上的变动是结果，还要知道思想之所以成为思想，纯是生命内部所必具之本质的要求上发出来的。不然像马克思的唯物史观，虽也承认历史里思想的成分，却把他看作社会势力的产物，或者反映，那就未免倒果为因，无异乎把车子驾在马的面前了。总而言之，思想这个东西，不由于理知的要求，而由于情意的要求，也不因外的条件而决定。而因于我们自身的生活经验而决定，所以思想只是在"我"，只是表现于"我"之中。明白说罢！历史的种种变动，只是"我"的思想的变动，而"我"之为我，是为历史立法，永不受什么限制。这么一来，就可见"我"和历史确有相互的关系，"我"是能创造一时代的真正精神的，就说进化一事，也是由我思想的努力，去发展造成的。

什么叫做"思想依于心理上条件而变化的原则"呢？原来心的作用，虽然是那统一的，不间断的"意识之流"，然而从表面上看去，在这蝉联的现象当中，究有个自然的"动的法则"，我们要用历史的态度，去理解那永久不息的渗透生灭，很容易发现出两个心理上条件：（第一）心的活动，不过情意的选择作用，以其迫于情意的要求而来，故可因情意的要求而去。换句话说，就是到境厌境，在一个境地当中，一刹那便生厌倦，即有因无穷无极的厌倦，才有永续不断的翻新，这便叫进化了。（第二）心的作用起于时时刻刻的反情，而唤起时时刻刻的兴趣和意志，就是选择我们所渴望的较高的目标，而认识他，且到达他。由这两个条件看起来，就可见心是屏弃和要求之继续的历程，是追求无己以动作为中心的作用，由要求而屏弃，由屏弃而要求，这便是心理变化的原则了。至于思想呢？在这心理变化的原则中，乃是一个能够做媒摆渡的工具，因他依傍一个目的，无处不为意志所兴感，所以一面打破现实，作破坏的智慧，一面循着理想的目标，以创造未来。由此看起来，思想的本身，是和心理变化的原则，适相符合；而连续不断的思想，也只是连续不断的心的变化而已。那论究思想依于心理的条件而变化的原则的，才是唯心历史观。

　　唯心史观就历史发展中，寻出一种最根本的原动力，就是"欲望"。因为欲望就是这不足之感（欲），和求其充足之愿（望），两个合成的心作用，故此把欲望为基础，来考察历史上的种种变动，这实是唯心史观的最大贡献。为什么呢？因为历史不是独立存在的，不过一串一串事情的关系，如果没有欲望，那就决不会有什么好与不好，要与不要，喜与不喜的事情，又那里会发生历史的行为呢？由此反证起来，可见历史上的种种变动，莫不以欲望为基础，欲望对于所欲的，想念他，渴望他，成功了就高兴，失败了就悲哀，所以有欲望就有要求。欲望底目的，即因旧环境的不安，而要求其所安，因这要求的冲动之发现，于是才要革命，才有新历史发生。简单几句话：我们自己的历史，是依我们自己的欲望，而且是在自己所选择的情形上有其根据，我们的思想，正是随心之所欲的一个产物，故可以自由发达，打破一切物质的网罗，不受什么限制，就是所有的历史，也都是思想史，或者欲望的发达史罢了。

　　我把欲望分作二种：（1）占有欲，（2）创造欲。前者是向着空间的，多拘于物质方面，自然要引起战争、强力、种种不好的事情来了。后者是向着真实方面的，因他要排斥外来的制限，要求自己活动的本能欲望，故又叫做自由欲；也唯有这自由欲，才是由于生命内部所必具之本质的要求上发生出来，所以木村泰贤著《人生论》把他看作根本欲，以为进化的现象，也是根据于这自由欲递演递进的结果。但我要申明一句，这种根本的原始的欲望，虽并不是要求物质，而要求物质的，如色欲、性欲，假使是由于自发的活动之要求，那末这两种欲，也正是本性自然性，自然是汇合于自由欲当中了。反一面说，那求知识艺术的欲望，如使是伴着分别彼此自私自利的理知而来，那也只是占有欲罢了。由此可见，占有欲和创造欲的分别，只看他是否出于自发的活动的要求？只要是内的要求，那就是生命的活动了，就是创造欲了。

把这生命的本质的要求，而支配人类历史的种种变动的形式看起来，我也是说"只有欲望支配经济，决不是经济支配欲望"，因为欲望就是生命之流的不绝的历程，所以欲望在前，经济的行为在后，就是经济的内容，也是跟着欲望的高低，或者思想的不同而改变。何则？创造的欲望，那是生命的自由的表示，不消说了。就是占有的欲望，因受物质诱惑，把能动的精神消失。然就这种欲望的本身说，也正是创造欲的逆转，其初还是支配经济，结果受了经济支配。由此可见，历史上的种种变动，不是没有经济，但并不起于经济，而起于心理原因，就是欲望。所以历史是欲望的产物，就是心理的变化的纪载，创造欲越发达，则进化的程度越高，等到占有性得到胜利，则历史的发展，又迟钝了，弛缓了。故欲望实是一切历史最初的原动者，而所有历史的变动，也都随着欲望的变动而变动。再明白说吧！欲望是经济行为的动机，人们先有这个那个的欲望（心），才有这个那个的要求（物），如使没有欲望，那就无论物质的效用如何，也自始等于无效用，即因欲望是价值发生的原因，所以没有欲望，便不发生经济行为，而欲望在这方面的重要，也可见了。

## （四）唯心史观与阶级竞争

唯心史观说明历史上一切进化，固由于自然趋势，然也由少数思想家的理想实现的结果，因少数思想家，本着个人生命之本质的要求，而提倡一种学说。这种学说，断没有和别人全没交涉，而为纯粹的幻想的，一经有了交涉，那末因感受传达的结果，这少数人的理想，便成为社会的理想，思想者的新要求，便可代表一个时代，或是一处地方的新要求了。到这时候，则思想变成极可怕的东西，好似那洪水样，潮流样，在那里传播，这就叫思潮了。须知一切历史的变动，都是随着思潮的转移，而一时代的思潮，又必有其满足需要的目的，因有这个目的，才选择最方便的方法，去到达他；结果就时常产生革命，而一切过去的思想进步史，也就是革命史了。

我以为过去革命的历史，都是两种不同思想相冲突的历史。一是主情意的思想，便是革命思想；一是主知的思想，便是保守思想。须知这两种思想，实朝着两相反对的方面去伸张，前者向着真时，而为批评的、破坏的、理想的新思想，后者则附着于物质而前进，变成固定的、狭隘的、保守的思想。因前者的动机，和后者的动机截然不同，所以利害冲突最剧烈，于是难免不发生战争了。但在这里，还要注意这两种思想上的冲突的背后。实在是代表着两种不同的欲望，前者是代表创造欲，后者是代表占有欲。如资本家、政客、那些高级社会，都属于占有欲一边；至于革命者和提倡新思潮的人，都属于创造欲这边。因此两方的欲望不同，思想也因之各异。资本家一流的思想，总属于守旧方面，而革命者一流，总属于自由方面，这就演成新旧思想的冲突了。再进一层说，因新旧的思想不同，所以影响到物质生活方面，资本家总想把财产据为己有，而革命者总想把他公之社会，于是由思想上的冲突，移到物质上的冲突，表面上争论的好似是财产的分配问题，而从底子里看去，却是从意识上发源的思想问题，就是思想的新旧问题。那有革命思想的人，因眼见旧派——他的敌人——所引下来的罪恶，所以大声疾呼，把自己根据于自由欲的思想，竟直接现于实行上，这就是革命了。由此看起来，过去革命的历史，都是革命思想和保守思想相冲突的历史，换句话说，就是新旧思想冲突的历史。

新思想发生的那一日,便是同旧思想竞争开始的那一日。因为旧思想是把过去支配现在,新思想是要由现在到达未来;又旧思想实是占有冲动的直接原因,新思想却是各个人自觉的独立的运动。因此新思想家要不将那保护高级社会的旧思想推翻,自己的理想,也决不实现。即因这个原故,带着两阶级的色彩,于是乎新思想家就结了革命团体,去对抗保守党,分裂成为对垒的两大营寨,互相敌视的两大阶级,末后便爆烈起来,成了公然的革命了。由此看起来,那酿成物质上最急激的破裂,当然是思想不是经济,所以唯物史观一派,把每次阶级的竞争,都看作由于他们自己特殊经济上的动机,不消说是根本差了。

固然一切过去社会底历史,是那直接、间接、或多、或少、各特殊间团体竞争所表现的结果;但须知他们所以牵入这竞争中的缘故,完全因为思想底不同;即因思想不同,故影响到经济方面,也不免有阶级的对抗。看吧!"自由民和奴隶,贵族和平民,领主和农奴,行东和佣工,总而言之,就是压迫阶级和被压迫阶级,从古至今,没有不站在反对的地位,继续着明争暗斗。"(见马克思的《共产党宣言》①)他们究竟为的什么呢?据马克思看起来,自然是社会的和经济的原因。但由唯心史观看起来,这经济情形还不过被动的结果,而唯一的原因,即是从人类意识上发源的思想。总结起来,我可以说:"一切过去社会底历史,都是建筑在革命阶级和保守阶级底对抗上面。"

## (五)唯心史观与虚无革命

唯心史观并不是拘泥于辩证方法,或语句的幻术的学说,他的真价值,简直可由他实际所产的效果而定。依我意思,惟有唯心史观,

---

① 据查,此引文出自陈望道1920年所译《共产党宣言》,是其首个中译本。——编者

才能给目前以一个意义，一个价值，一个目的，使他向着更完全的新生命走；也惟有唯心史观，才能够说明生命之全体的经验，使人们更满意，而且为自由欲所兴感，不能不努力前程，上更真实的路。由此看起来，唯心史观确是一个最有效能的工具，我们假使囿于现实生活，不想宇宙进化罢了。要是一念真实，不愿受现实管束，那末就应老实承认唯心史观的真价值，把他来促进宇宙进化，由现实去到达本体。

革命一事，由唯物史观一派看去，完全是由于物的变动，所以说"革命须要一个被动的原素，一个物质的基础"（马克思的《德法年书语》[①]）。其实革命时候，不是没有物的变动，但这物的变动，实在由于心的变动。因为心的自然趋势，常常因旧环境的不安，而要求其所安，革命就是求其所安的方法，所以把唯心史观来说明革命，无论何时，都说得通。而且唯心史观告诉我们的，是三种理论：关于过去的理论，就说"心是一刹那一刹那，自无而有自有而无的聚散起灭，流转相续"。关于现在的理论，就说有的不能不无，凡存在世界上的东西，将不久归于消灭一途。至于将来的理论，那就是用革命的方法，去打破现实，把从前有而无，无而有的宇宙，洗得干干净净，然后大踏步上那开解超脱的大道，永远绵延，永远创化，这就是虚无革命了。由此看起来，可见唯心史观应用于历史的前史一段，是革命的，就是这历史法则自断自灭的一段，也是革命的；可见唯心史观，就是"革命史观"。

把唯心史观来观察现在，便知道现在的一切，总有消灭那一天，因为有的不能不无，现在是有了，所以依照心理变化的原则，不能不向着"无"的路上走，而这种运动，便就是虚无运动。试本这层见地，去审察现在各方面的思潮，便知虚无的种子，正在各方面潜萌暗长，不过突变的时候，还没有到罢了。

---

[①] 据查，此文应出于《〈黑格尔法哲学批判〉导言》，载于《德法年书语》（今译《德法年鉴》）。——编者

1. 哲学方面——自哲学发生以来，经二千多年的时候，还没有一定的成说。这就可见哲学也是沿着历史进化的路径，为自然而生的结果了。依我意思，近代哲学的变迁，可分作三时期：（A）现实哲学自十八世纪法国的启蒙思潮期起，唯物论才大兴盛，代表当时思潮的书，有 System of nature，就是因为排斥一切超自然的思想而作。到十九世纪中期，唯物思想在德国又蓬蓬勃勃的发展。他若孔德（Comte）的积极论，斯宾塞（Spencer）的不可思议论，都是教我们去承认现实生活的价值，而有排斥理想化的倾向。（B）新理想哲学自百年来，已经使哲学者熟知现实生活的破裂和困难，从前哲学的学说，都不能给人生以意义和价值；因此对于前代哲学生起反动，而有詹姆士的实际主义、柏格森的直觉主义和欧肯精神生活说，这些都是要从内的生命出发，光大我们的人生，并使人生完全成为我们自己的人生。换句话说，这时期的哲学，就是要在现实生活中去实现理想生活。（C）虚无哲学我现在觉悟了，现实生活和理想生活是根本冲突，如果现实生活存在一天，那末理想生活也决难实现，所以晚近哲学界，想把理想改造现实，那是不可能的事。依我意思，现实就是根本错误，非完全打破不可；一旦把伪的幻的错的暂的宇宙万有，归到了本原的究竟的真实的生命之流，这才算是真正生命的，行为的哲学了。所以第三期的哲学，是破坏现实的圈套，而向着"自有而无"那方面走，这自然和唯心史观的进化观念，相符合的了。

2. 革命思想方面——试观察近代革命思想的进化；也是沿着宇宙进化的路程走，我常说革命思想，是有四大变迁：（A）政治革命。如一千七百八十九年的法国革命，就是属于政治的性质的，他的目的，是在确立基本的政治上权利，所以这时革命，也只是资产阶级对于贵族阶级的斗争，其最后的胜利，还在资产阶级，和多数的劳动家无涉。（B）社会革命。近几年来，社会革命的趋势，已经一转直下，自从列宁（Lenin）、托罗斯基（Trotsky）等振臂一呼，于是"无产者专政"的理想实现,这种革命,是劳动者阶级对于资产阶级的斗争,比前代的政治革命,更彻底些。(C)无政府革命。对于布尔札维克派,把政治力放在经济力前面的社会革命,远否认他。以为真正的革命,是应该从根本上着想,把一切的强权都推翻,而实行无政府、无国家、无法律、无宗教、无军队、无监狱、无婚姻制度的无政府革命来,须知这种革命,又比社会主义的革命强得多了。(D)虚无革命。因为无政府革命,虽革掉强权,仍然有个组织,不知既有了组织,就不能没有强权,强权不是别的东西,就是组织。所以无政府革命,还不过一种过程,而最彻底的革命,还在后头,就是把宇宙间的一切组织都推翻,几时革到"虚空破碎,大地平沉",才算归宿。总结起来,可见照着现代的革命思潮,也是从有到无,结果是要到大虚无上边去的。

最后几句话,把唯心史观来解释现在的各种思潮,无论那方面,都是以自有而无做进化的路程。而唯心史观又是基本于历史的经验,是证明自然不可逃避的事实,故凡为唯心史观所能说得通的,都是必能实现的。所以自有而无的"虚无革命",我为自然必致的事情,或激或徐,不问他的方法手段如何,他的成功,总是历史的经验所能推测得来。再明白说罢!凡存在的都是不真实的,故不真实的宇宙,非灭亡不可,而且依照自然的次序,宇宙也总不免于灭亡。

## (六)结论

但我虽肯定唯心史观的意义和价值,却不是把他看作究竟终极的学说。因为唯心史观还不过到达本体的工具,就其本身道理,实在立于历史法则支配之下,而我们的目的,则在超越而支配这法则的最终真理;所以唯心史观,在这方面说,我们固然完全领受,在那方面看,却不是以领受为目的,是要因领受而脱于法则之外,晓得这层,才可说我的唯心史观了。

# 第十一章　革命与新生活

## （一）

新生活的要求，是当着现实生活有病的时候，因不满意于现实，而觉得许多烦闷，烦闷不已，遂引出无数的怀疑；怀疑的结果，遂从积极的进化方面着思，而有新生活的问题发生。所以新生活的要求，是从失望的海，而跳向光明所在的一种运动，就中有两个不可少的条件：(1)须有不满意于现实的共同倾向为起点；(2)因不满意于现实，而另有从积极的进化方面着想底"新生活"观念。

但在同一烦闷时代之中，也有许多人虽觉着不适；只因"识域"的限制，除去现实或过去以外，便不能设想。如抱复古主义的，因对于现实的反感，而想象古代的好处，以为现实是坠落的，古代是如何快乐安稳的，因想将现实打破，而回复古代浑浑噩噩的时代，似这种新生活观，早已失却新生活的第二条件了。因他是消极的，不是积极的，是倒退的，不是进化的。因摆不开于"过去"的残余，虽也能逃出现实，却不肯稍费气力去创造新路，所以是与新生活背道而驰了。又如抱独善主义的，以为现在生活方法的不良，可以实行改善，于是有"小组织""新村"的提倡，似这种新生活观，我说他是没有彻底的觉悟，而且与新生活的一条件，根本冲突。因新生活只是将现实重新造过的，换句话说，新生活和现生活，必不能同时存在，须先将现生活推翻了，征服了，然后新生活才能一点一滴的创造起来。所以独善主义的新生活，只是一般怕奋斗的懦夫，由此去求眼前的速利小效，若从根本上着想，这些换汤不换药的新生活，都不外敷衍现实，不消说是失却新生活的意义了。

我所说的新生活，只是现生活的反面，因具备了新生活的两个条件。所以叫他"新生活"。他是为着将来而有意义，因过去是已经过去了，"现实"更不成问题了，我们所认为有意义的，除却将来，没有什么！我们意中的生活，正在由黑暗的现在，而跳向永续不断的将来，因有无限的将来，所以有无穷的新生活；故所谓新生活，不外连续，就是为自己向上创造之正当运动。但话虽如此，我却不愿用哲学上的说明，今要将新生活的观念弄清，因先把现生活研究一下，然后由反证的方法，说出新生活究竟是什么。

## （二）

我所恶于现生活的缘故，只因现生活是因袭的，而且没有真情的，所以不满意他；简单说，现生活就是不自然的生活，因其不自然，所以引起各个人的不自在来。卞彭塔（Edward Carpenter）说得好："自从以所有权为基础的文明发生之后，于是各个人身心的统一，就渐渐消失了，各个人和社会的生活，也渐渐失其健全了。"可见现生活，的确是一种病的状态，是一种不可思议的生活，详察起来，我可以说：

1. 现生活是伪的不是真的　自太古野蛮时代逐次进步，以到现在自是文明极了，但文明的进步，都是由于人为的结果，而所谓人为的，都是反于自然的生活；所以越文明，就越技巧，自有了人造的道德，就有许多不道德的事与他对立；更进有科学美术，就连道德都要破坏。我常听说现时代有三多：一法律多；二精神病的，自杀的，犯罪的多；三花柳病多。推三多的原因，都由于物质文明进步的结果，这层理由，研究社会学人类学经济学的，都晓得很清楚，也不容我详说了。由此可见人为便是大乱的根源，文明程度越高，生活也越复杂，一切罪恶也有加无已了。所以人为的，都是虚伪的，而文化（Civilization）竟成为梅毒化（Syphilization），现生活的内幕，可想而知了。反面说，自然的就是真实的，所以从前的哲学家，如老子卢梭（Rousseau）都喊着要返朴归真，跑出不自然的生活，而向着本性自然性的生活方面发展。就我个人的意思，也是不满意于虚伪的现生活，而求真实的新生活快些实现。

2.现生活是名的不是实的　现生活是免不了种种组织的，有了组织，就要阻抑着各分子的伸张，把一个空洞名字，似"家庭""社会""国家"的种种组织，"三纲五常""孝弟忠信"的烂索子，就可以将个体的特别的一类事物管住了。所以现生活就是种种限制，把完全无缺的真情，割成七零八碎，又利用"涵盖一切"的"名"——神通广大的魔王，将具体的"实"的自由，剥夺尽去。所以现生活是强力的，不是自由的，是组织的不是个性的；是差别的不是平等的；换句话说，现生活只是要压制具体的事物，在"名"的底下，反之新生活只是"实"的自觉，将名根本推翻了。

## （三）

现生活既是不自然的，那么新生活一定是自然的了。现生活既是虚伪的、抽象的，那么新生活一定是真实的、具体的了。但何以真实的、具体的，就是自然的呢？原来自然的，就是自己如此；而真实的、具体的，都不外自己如此的，所以说新生活是自然的。但既是自然的，那么有什么创造可言？而且何待创造？不知自然是流动的，不是静止的；是变换的，不是呆板的；所以自然可以不自然，不自然可以自然，而自"自然而不自然"，"不自然而自然"这也是自然的。我现在再简直说句，自然的迁移，便是新生活的创造，因"自然"与"不自然"虽是相互的东西，而有互相连结的倾向，"自然"了，自然要渐渐的"不自然"起来；"不自然"了，也自然要"自然"起来；所以宇宙的进化，只是"自然了又不自然，不自然了又自然，可以说常常自然，常常不自然，因有无限的不自然生活，所以有无限的自然生活"。我说的新生活，就是从不自然而向自然发展的创造，一面不满意于现生活，一面向进化前途申去；一面是憎，一面是爱，一面是破坏，一面是建说（设）。懂得这些话，就可以明白新生活的意义的大半了。

因为自然的就是真实的，所以自然即善，一入人的手中，才变坏了。所以新生活不是什么灵秘的生活，就是简简单单的要返于自然，返于人的天真，近代如卡彭塔很可代表这种思想。他说："我们所应进的生活，是复归于自然，思想要自然，生活要自然，非以此为目标不可。现代的人，离自然太远了，所以身体才虚弱，精神才不健全，救之道，唯有复归自然而已，复归自然，则衣服很可简单，精神自可统一⋯⋯如是我们才可以享受慰安和幸福，我们的社会，在此种状态之下，才可以得一大调和，外界的权威和统制，都可以废掉。"依我意思，卡氏的学说实在还未彻底，因他不过厌恶纷浊，思返于淳朴而已。若我所谓返于自然，就有"复归情"的意思，所以要离去现象界，复归本体界，而这自然观，比那合一于人间的大宇宙的自然主义，自更进一层了。闲话休谈，且说我所谓自然生活是什么？

1. 自我的　我的就是自然的，自然的就是我的，因我是无始终，无生灭的，若我而有始终，必始终于"无我"或"我"，无我就无我了，所以始终于我的话，无有是处，而我之外更没有我，所以始终于我的话，无有是处，这说无始终无生灭的我，就是自然。所以自然，即自我的自然，主观的自然，而所谓自然的生活，也不过自我的生活罢了。现在分作两段说：

（A）自${}_\cdot$觉${}_\cdot$的　新生活对于一切的制度，都要加以主观的评判，我觉得是对的，就许他存在，倘是不合于我的真理，那可就要尽力的评击了。所以新生活只是评判的态度，苏格拉底Socrates当在法庭上替自己辩护时说得好，"不曾省察过的生活，是不值得过的"；我要晓得曾省察过的生活，这便是新生活，为了这曾省察过的生活，已送了一个最喜说老实话的七十岁哲学家，但我们自觉的青年，还是要送着生命去与现实拼命，却断断不能过那醉生梦死的生活了。

（B）自${}_\cdot$由${}_\cdot$的　从前过的是奴隶的生活，现在我要努力做主，对于任何等的证据和权势，凡是压制我的，都要尽数划除，什么国家家庭法律宗教，一切的束缚，一切的命令，我与他都无一点情恩；我只认定自由，凡与自由冲突的，便是强权，就要对不起他；所以新生活一面是反对强权的压迫，同时提倡个人之绝对的自由。简单一句话，新生活就是"不为罪恶的奴隶"，而返于人类的天真。

2. 主${}_\cdot$情${}_\cdot$意${}_\cdot$的　新生活最重的是本性自然性，所以反抗以智识作用来支配生活，而主张情意主义，依近代心理学的研究，智识作用是附属于情意的第二段作用，所以智识是派生的，情意是自然的。从前的生活，把那不相干的智识学问，看作重要不过的一回事，好似把现成的智识装进脑袋去，如此生活的意味，就格外浓厚了。新生活便不然，以为真理是要与生活有关系的，所以知识很可以看轻，新生活却当立于情意为主的生活上。

只因新生活是主情意的，所以也是生命的，行为的，具体的，以无穷的努力，要求世界的无穷改造；由无限的发展，要回复到人类生命的本原；但这话说来很长，我只可略提一过就算了。

总而言之，新生活就是自然的生活。自然生活只是摆开一切不自然的限制，而为自己向上创造之正当运动。

## （四）

我已将新生活的意义说过了，但知而不行，还不算数，现在最必要的疑问，就是由什么"方法"能够使新生活实现，由我研究的结果，有个简单方法，这简单的方法，就是创造新生活的唯一方法。

由前面的结论，我可以决定的：（1）现实生活是不自然的生活；（2）新生活是自然的生活。我又晓得新生活的要求，是由于反抗现实，要从不自然生活而到自然生活的，但是自然生活是本来自己如此的，所以要创造自然生活，只须将不自然生活根本推翻，既没有什么不自然的，那就是自然了；所以自然生活，除却不自然生活便是。换句话说，我要求新生活的实现，不必枉费工夫去创造他，因他是自己如此的，是用不着人为来增加他，因一增加便是不自然了。但我却是有方法，使"新生活"实现，就是从自然上面，抽去不自然的生活，既将不自然的分子，扫除净尽了，那所剩的，就是自然了。所以我对于实现新生活的方法，就是只管向前破坏，将现实的制度根本推翻，这就是革命了。

我常说过，既不满意于现实，而唤起无数的怀疑，怀疑是不能不引申的，怀疑引申，那就是破坏了。今证以新生活的要求，也是起于不满意的境地，因不满意而破坏现实，这是心理上自然的倾向，用不着大惊小怪的。而且依照上面的证明，可知除了破坏，更没有建设，如不将现实根本推翻，便永不见得有新生活的实现，然则我们要求新生活的，也只得这样办，我们所能作的，也唯有革命罢了。

# 第十二章　革命者的性格与精神

## （一）

考察革命发生的原因，就知道革命是自然不可逃避的事实，假使不能从根本上取消进化，就绝其不能阻住革命发生，晓得革命是自然的，我就可老实承认革命的必要；须知依照现在的趋向，绝不会老成忠厚下去，一般有思想的青年，都是忍不住了，都想打开窗户去换新鲜的空气了。所以现在的希望，只是将革命去换平安；因革命是破坏不善的，而进于较善的，由渐善的，而进于较为尽善的；革命是策进社会永远进化的事业，我又安得不讴歌革命，又安得不讴歌革命之魂——就是革命家，是我奋斗的朋友，大勇猛大无畏的青年！

我这篇的意思，就是要说明革命家的性格与精神，不但对那些反对革命家的，加以辨护，而且要积极的从学理上着想，使有志的知道趋向。但在说明之先，我还要肯定革命家所认为绝对的真确的道德与方法，因革命家的性格与精神，都是根据在此。我可以说这些新道德与新方法，是能够支配革命家，而且常常支配当时群众的心理，使他去从事革命事业，由此可见革命的动机，是建立于新理论之上，懂得新理论的意义和价值，就可明白革命家的立足地了。

1.新道德　革命家的主要特性，使他与人别异的，就在于道德观念的不同，因普通所认识的道德，都摆不脱于环境的束缚。换句话说，便是把历史传下来的虚伪道德，看做神圣的真理，这自然不是革命家所敢承认了。我以为革命家的道德观，是有最明显的两要件：（a）自然的一切矫揉造作的道德，都是管不住他，因人造的便不是自然的，真正的道德，只是自然如此反之人造的道德，便是大乱的根源，所以常人所说的道德，就是不道德；而革命家所说的道德，就是常人所认为不道德。总之，他能脱尽常人的道德观念，而另有他们赤裸裸的道德；而这赤裸裸的新道德，也不能别求，打破现实的道德便是。因他要破坏现实的道德，所以关心于世道人心的老人们，都说他是无道德，其实无道德，就是新道德。（b）自由的革命家最恶的是权力的压迫，最喜欢的是发展个人绝对的自由，打破从前以服从为道德的本务，而主张不服从，同时提倡反抗的权利。因他以不受拘束为主义，所以反对种种秩序，把一切限制我的自由、阻碍我的前路的，都破坏他，推翻他。我为着自由而战，就是为着道德而战，所以暴动、暗杀、威吓，一切破坏殄灭的行为，都是革命家的新道德。因革命家是受了新道德的支配，所以绝不服从于性质相反的道德观念，那些关心世道的人，都想介绍道德给革命家，革命家只得付之一笑。

2. 新方法　稍做过方法学工夫的，都知道一种方法就是一种学说的根据，如其没有特别的方法，就绝不会有特别的学理发生；就是革命的一切学理，以至于一切行为，也都支配于他的特别方法，吕邦在他所著的《革命心理》上，很晓得这个道理，不过他是保守主义者，所以极力排斥这神秘的感情的论理罢了。其实神秘的感情的论理，正是革命的福音，由革命家的主观观察，这种新方法，正是最有哲学意味，而较近于真理的路，我想一般学者，如果肯定革命的价值，自不至反对他了。现在且把革命家所用的方法，分作两段说：（a）直觉反对革命家的，都以为他是无思想，无意识，而且犯了神经过敏的毛病，不知革命家观察事实，本来用直觉的方法。——直觉是无上的知识，就是在所谓纯粹知觉的悟性上，更加以知识的热望与努力；所以表面上好似是废绝思想，其实这种"无思"思之的元知，比由推知所得的，更确实可靠。就是革命家所具有的"无踌躇""无顾忌""无似是而非"的特性，也是由直觉的方法养成。（b）反感我常说过，黑格儿的辩证法，是一种革命的破坏的旗帜，因用辩证法的，最容易想到一物的反面，如由"有"的概念，就想到"无有"，由"政府"一个概念，就想到"无政府"。似这种方法，在骨子里，实含有唤起无数反情的可能性，所以到一个地方，就引起无数的革命军恐怖党来。也可见革命家是有偏于反面的倾向，对于大家所以为美的善的，常常发见出腐败的虚伪的地方。因在无形中间受了方法上的支配，而养成丰富的反感，对于一切事物，都敢破坏他推翻他了。

## （二）

由上面研究的结果，就可明白革命家的性格和精神，都是从他的新理论流出；当新理论最占势力，能够支配革命家的性格与精神的时候，然后才有革命发生，所以革命家，还不是革命的原动力，只是革命的实行者，由着理论而形成革命家的性格和精神，也就是从无形的革命，而实现革命时代之花。

（第一）性格　凡能成为革命家的，都有他特别的性格，我以为这种性格，只是人类的本来面目，普通人因被习惯管住，积渐的泊没了本性自然性，革命家也不外能还我本来罢了。今试分析革命家的性格，有两件最可注意的：（a）感情的考察感情的要素，自然有同情和憎恶的两面，革命家因眼睹政治与社会上的腐败，而激起暴烈的感情，须知这种憎恶心，实是人的本性自然性。李卓吾说得好："每见世人欺天罔人之徒，便欲手刃，直取其首，岂徒暴怒哉！纵遭反噬，亦所甘心，虽死不悔，暴何足云？然使其复见光明正大之夫，言行相顾之士，怒又不知何处去，善又不知何处来。"可知喜怒都是天性的自然，革命家所以主张破坏，也是率性而行，因对于所憎恶的对象，原是一无情恩，又那里用得客气呢？再者革命家不特有憎恶心，而且最富于同情心，一个无政府党员，对裁判官说："我不忍看现世界人类的不幸福，不平等，我要跑去，我要自杀。"可知革命家对于世界的不幸，有何等的恻隐！因他要除却社会的苦恼，而至于流血，或发狂，似这样热烈的性格，不值得赞美吗？我由此觉得反对革命家的，都是根本错误，因他把感情看得太轻，将理性抬得太重，以为革命家只是由感情作用所结合而成的性格，一些儿理知也没有，不知据近代心理学的研究，原来情意作用实是支配知识作用的根本原力，知识并不能离却情意而单独存在，所以情意居第一位，知识只是附属物。革命家的好处，正在于尊重感情而蔑视理知，我想主知主义是过去了，那末谬托于主知主义以攻击革命家的，只是时代错误，反证他是不识现代思潮的人，与革命家的价值，原不见得有什么损伤。（b）自我的　凡是革命家，都是有个人主义所不可少的条件，因他的真理观，只是由于主观的努力，与热情所能认识的东西，所以肯定自我的价值，而主张个人的自由，即因肯定自我，所以对于自己所抱的主义，有非常的信念。李卓吾说得好："我确然以为是，虽刀刃在头，雷霆在顶，终不为少屈。"这真是革命家的性格哩！又因革命家主张自由，为着自由而战，凡一切的暴动，捣乱，威吓的行为，都可证明革命家是属于硬性格的；换句话说，革命家是有血性的男儿，是负责任的好汉，并不是怕事的懦夫了。

（第二）精神　革命家所要求的，是解放，是自由，他所能作的，就是破坏现实的圈套，以求个根本上改善，但现实是不容易破坏的，不是笼着手，抬起头来，就可以做到的，所以革命家还须有一丝不断的努力，与现实拼个你死我活，这种精神，我叫做革命家的精神，而革命家的失败和成功，也全看他的精神如何。我现在将本段分作两面说：（a）破坏的精神。革命家是最敢于怀疑的人，因他能够从根本上怀疑，所以能找出根本的解决，这根本上的解决，便是破坏现实，反之，改良派因缺乏了破坏的精神，想随时随地去找出具体的病，而谋具体的补救或修正，这自然不是革命主义的朋友了。再者革命家不但有破坏的意思，而且要实行破坏，手枪呢！炸弹呢！都是革命家的工具；政府呢！资本家呢！都是我破坏的东西。总之，革命家有的是反叛的精神，更激烈些，就要目的认手段，只管认定目的，可不管手段如何了。（b）奋斗的精神。据我的朋友易家钺君说，"奋斗是有三个必备的条件——决心，忍耐，牺牲"，我想革命家对此，也是缺一不可，因革命家须先有革命的决心，对革命这桩事，有了把握，然后由这毅然断然的实心，养成金刚不坏的实力。又因革命是有失败的可能，如果一失败，就流于悲观，还又有什么事业可成？所以革命家最必要的，决心以外，要有忍耐，能够忍得住了，才能做那"扎硬寨打死仗"的工夫，以一不可调和不可妥协的态度，与黑暗力作激烈的奋斗，奋斗失败了，还要努力，作最后的奋斗——就是牺牲。总而言之，革命家的奋斗精神，只是为着奋斗而牺牲，无论如何，决不牺牲奋斗，我奋斗的朋友呵！大勇猛大无畏的青年呵！你那破坏的、奋斗的精神那里去！

我既说明了革命家的性格与精神，自是有绝大的希望，在"革命之魂"的身上了。但我同时细想一过，觉得革命家固是必要，而革命的理论，也一样的必要，所以我尊革命家，而在革命未发生以前，也很望有革命理论家，去唤出他，来切切实实地将社会政治的组织，重新改造，我奋斗的朋友呵！大勇猛大无畏的青年呵！你负责任的时候快到了！你快些准备，将你的性格和精神弄好，率性打开窗户去！

# 第十三章　革命的人生观

## （一）

宇宙是从我心变见出来，只是本体派生的模型，只是那被黑雾迷困的假我，所以是虚伪的世界，不是真实的世界平常人。因被这虚伪的世界骗住了，以为这就是实在，因此种种执着，种种颠倒，好像除却耳目所接触的世界外，更没有什么。似此皮相的宇宙人生观，实在把宇宙看得太大了，把"我"看得太小了。

虽然宇宙间的一切，都是空的，都是没有自性的，但于幻有的当中，却自有个唯一不二的本体，尽管天地生生灭灭，本体却独立不改，而革命者的好处，即在于一切皆幻中，体认出这个性自存的本体，就是"真我"，而且恢复他。

## （二）

所谓觉悟，就是自觉我是什么，换句话说只是体认得"我"——永远绵延永远创造的"真我"。即因我是时时刻刻的变，所以在这变的当中，能够时时刻刻的体认真我，这就是无穷无极的觉悟，由这觉悟，才能打破了现象界有我他彼此的分别的我。

我常恨现在没有觉悟的人，因他只认得"人"，却认不得"我"，不知在人生观的进化当中，是有三大变迁，神道已经过去了，人道也要站不住脚了，现在的倾向，实在是向着我道方面进行，详细说起来：（1）神的人生观这时所知道的只有神，把人和我都迷住了，一致依着神去。（2）人的人生观这时把人来支配我，把社会来强制个人，换句话说，就是只看见人家，不看见自我。（3）我的人生观，到了这时才能摆脱了神和人的限制，去还我的本来面目，没有神，也没有人，只有我的本体是真的（我的本体就是绵延、创化非二），我以外没有什么真的。须知这人生观的进化，实在是自远而近，自粗而精，而且自名而实，从前不知道自我，所以把皮相认作我，现在已有清澈的觉悟了，已经现证那遗世而独立的真我了！

## （三）

唯有真我才是绝对的真实，才是个性自存的本体。塔果儿 Tagore 说得好："在那方面看，我是离开了万物，我已经摆脱了平等的牵制，而独立像个人咧！我是绝对的单一，我是我，是不能比较的，这宇宙的重量，也不能压碎我的个性；在外像方面，个性是藐小的，在实际上面，个性却是伟大的，因为他能坚持他所固有的去抵抗外力的引诱和侵掠。"似此肯定自我的态度，就是革命者的态度，因为革命者都是自豪他的孤立，自矜他本着真情所认识的真我。

## （四）

当真我实现的时候，那就我大而宇宙小，我能立我和宇宙宣战，并且宣布人类的罪状，所谓口吞佛祖，眼盖乾坤，就可见我道主义的精神所在了。详细说起来，有如下的十八条：（1）我就是宇宙的本体,所以超越一切,作宇宙主。(2)我比宇宙还大,宁可为我而牺牲宇宙。(3)只有宇宙投身于我当中,我决不在宇宙中实现。(4)我是永续不断的和宇宙奋斗,把我来征服那"无而有,有而无"的永远轮回。(5)我是革命的神,敢取宇宙革命家的尊号自夸。(6)我的存在比宇宙还早,宇宙尽管生灭,我却是独立不改。(7)我是为宇宙立法,宇宙从我而生,也从我而灭。(8)我是绝对的单一,和宇宙万物永远分离。(9)我不是宇宙的产物,宇宙是我的产物,所以生天生地,唯我为万物母。(10)我是超神,如有上帝还要征服他,赶他下去。(11)我是不能比较的,我以外更没有我,也没有非我,能够和我对立。(12)我所感、所行、所说,都是本体的流行。(13)我是至大无外至小无内的,一切经验上有重要差别的东西,都捣碎在我的面前。(14)我是遍一切处,无所不在,无所不包,无所不为之根抵的。(15)我是绝对自由的,打破一切的罗网,不受任何事物,加诸其身。(16)我是宇宙万物的根本大法。宇宙的消长变化,就是我的消长变化。(17)我就是无我,就是大我,所以天上地下,只唯有我,更没有人。(18)我是金刚不坏的,故能破坏一切,却不受一切的破坏,宇宙万有都当不住我。但须知这个"我",已经在本体界了。

## (五)

我并不是主张极端个人主义,如司多奈(Max Stirner)、尼采(Nietzsche)一流,只知现身的我。尼采告诉我们:"人是可以超的东西,但这超人是地的意义,让你们的意志说:超人应该是地的意义!我恳求你们,我的兄弟们,留忠信在地上,而且不要相信那些告诉你们超于地上的希望的人!"由此可见这诗人哲学家,无论怎用他的超人的希荣的翅翼,向上飞升,也逃不出宇宙的大牢笼,自比虚无学者不彻底多了。复次，尼采的超人，只是以自己为目的，所以一切闲事不管，只晓得把自己弄到最强的地位，最胜利的地位。反之，我说真我，虽超越宇宙，而把精神贯彻在宇宙当中，所以我就是宇宙，宇宙内事，就是我分内事，似此以向真实意志的发挥，作真我实现的标征，不消说是和尼采所理想那向权力意志的查拉图斯特拉（Zarathustra）是根本冲突了。

## （六）

真正的觉悟，不是"知"了就完事了，却是要引起实际行为的，如已体认出真我，就不能不恢复他，把自我的皮——就是束缚真我的假我——一层一层的徘除打扫，这就是革命了。所以没有真正的觉悟，决引不起革命行为，而革命的目的，也不过要洗涤假我，把假我洗得干干净净，那时真我也自然显出了。

因要实现真我的缘故，而洗清假我，在表面上好像是牺牲，而在牺牲的背后，还有最后最大最真切的获得——就是获得真我。须知这个真我，在那方面看，固然不待离垢感方净，离迷惘方清，而从工夫上着想，要不采用革命的方法，则真我亦决不能获得，所以革命是实现真我必由的途径，而人们为"革命"尽一分力，即成就一分"为我"的功绩——故不能革命，即不能为我。

## （七）

革命者的好处，在他能够顿见真我的本来面目，所以终日腾腾任运，任运腾腾，只管任情去做，都是非常纯正的，非常真实的。依我意思，真理只是真我的努力，与真情所能认识的东西，所以我的就是真的，我自己就是真。换句话说，凡能增加我生命的价值，扩大我向真实意志的发展，那才是真的。因我为着我自己的真，所以不可不尽力革命，我只知最有价值的是"真我"，无论什么信仰，什么神，什么道德的义务，一切限制"真我"的自由、阻碍"真我"的前路的，革命者为着真理的向上努力，都要打破他，征服他了。

## （八）

不错！当这溷浊世间，话着真没有趣儿，所以革命者很多都抱厌世思想，作个咒生赞死的人，但他为什么不自求解脱——自杀——呢？我的答案，是因为：（a）革命者虽把现实看作凄惨的修罗场，同时又把直接证会的"真我"，看作情和自然的乐园，所以革命者是有理想的眼光的，在理想未实现以前，决不愿自杀。（b）革命者是以人类生活全体自现象的世界解脱的目的，所以宁愿为普泛的解脱，而忍自己的痛苦，不但不忍自杀，而且要硬着头皮，为绝对的自由而战。由此可见革命者敢自杀而不自杀，也无非为要实现"真我"的缘故，因他相信我的真理，可自我实现，所以格外奋斗，决不说我不干了！

## （九）

总而言之，革命的人生观，就是真我本位的人生观，就是我道主义，所以真正的革命者，都是肯定自我，而含有主张情热与破坏的无道德的性格，然这无道德，却是有道德的最大者，故只是一个真我，而真伪分明，只要在我确以为是，就要实实落落，依着他做去。真便存，伪便去，该爱时便爱，该憎时便自然憎他，憎呵！爱呵！都纯粹是一种真情的流露，也是真我的表见，由此可见我就是情，情就是我，因为情我同一，所以人生观上要实现真我，正是宇宙论说的"复情"罢了。

## （附录） 一封公开的信与冰波君

（上略）从来提倡革命的人，想做"英雄"，做"伟人"，这"英雄"和"伟人"，就是那时候革命者心中的"理想的人格"，但是现在怎样呢？英雄，伟人，这些怪名称，早已过去了！什么圣人哪！君子哪！更是要不得的东西，然则四顾茫茫，我们在人的生活中，毕竟没个目标，就是热心革命的人，也终是没着落似的。

本来"理想的人格"，是可以不必要的，然为使革命者当着绝望，颓废的时候，有了这个理想，可以使他时时振励，刻刻努力，所以为方便起见，不可不有这个工具。我么？是个"天下第一失望人"，更不可不有个做人的目标，去增添我的努力，我的奋斗。

我想现在革命所以不成功的缘故，就因"理想的人格"破产，革命者傍徨迷路，因此坠落者有之，自杀者有之，冰哥呀！这是实在的情形！"英雄""伟人"既不为我们所取，那末我们热情所认识的，究竟是什么呢？没有！简直没有！……

我在狱三个多月，已觉得"立志"的紧要，要是没有坚决不挠的"志"，什么事也做不成，什么苦也耐不住。但立志必有所立，如从前的革命者想做"英雄"，所以做"英雄"是他们的立志处；推之释家立志成佛，道家立志成仙，墨氏立志做"巨子"，孔门立志做"圣人"，以至近代哲学家如尼采的超人，马洛克的伟人，都因有个可立的志，故能坚苦卓绝，百折不挠的做去。不然无志之人，他的心先馁了！一旦患难当前，直如疾风之扫秋叶耳！又那里说得上革命事业呢？

我现在对冰哥宣誓——当着自家本体宣誓,我现在是个有志的人,而这个"志",虽然说来平常,但却是从千磨百难中立得,简单一句话:我现在立志做个"情人"了。我理想的人格,就是情人;我很盼望世间上有情的人,都爽爽快快做"情人"去。

什么叫做情人?

情人是和宇宙本体合德的——"情"就是宇宙本体,情人的好处,就在能够认识本体,到达本体,他的一举一动,莫不是本体之流行,因他和本体合德,所以他就是本体,他已经是绝对的单一,是不能比较的了。

(1)本体是至小无内的,故情人的为我,比杨朱司多奈还要彻底;本体是至大无外的,故情人的兼爱,比墨翟托尔斯泰还更进一层,而至大无外的,也正是至小无内的,故情人之心,圆融无碍,情人是最为我而最兼爱的,两者对待发展,到了极端的便是。

(2)情人和尼采的超人,正相反对。超人是"地的意义";情人是"自然的意义";超人的奋斗,是向空间开拓;情人的奋斗,是向时间流转;因为情人以到达本体为怀,所以不绝的和现象界挑战,和超人挑战,在这"由现象世界到本体的界"的过程中,情人是个"做媒摆渡"的人,没有情人,本体也难于完全实现。

(3)本体是兼动静而言,动的时候,也只是"情";静的时候,也只是"情"。情人契合本体,所以"静如处女,动如脱兔",静的情,比冰还冷,动的情比火山还热。(这两句是光涛说的,我真服他卓识,)总之,无论动静,而情人之情,是永不间断的。

(4)情人是忧患中人,这点和本体不同,因本体是不垢不净,"鼓万物而不忧"的,情人却是有忧之甚,眼见宇宙间的痛苦,迫他不能不忧,不能不悲观,即因情人有忧,所以本体无忧,因有情人当其忧了。

情人是兼知仁勇的——孔门三达德之说,实在粗浅的很,而且滞于名相,有支离破碎的毛病。我说情人根本上没有这些怪名称,实际上则情人之"知",才是"真知",因情人的直觉法,当下便是,动念即乖,这不是"真知"吗?又情人契合本体,所以情人之"仁"周偏法界,这不是"真仁"是什么?且情人又是知行合一的,无顾忌,无踌躇,无似是而非,这不是"真勇"吗?由此可见,情人虽没有知仁勇,却有一以贯之的真知,真仁,真勇,只说情人,就自然是知了,是仁了,是勇了。

情人的真价值在那里?

情人是爱真实恶虚伪的——因爱真实,故对于那不自然的,人工的,勉强的东西或学说,都只是破坏,破坏了虚伪的一部分,就是存真实的一部分,情人主张打破宇宙间的一切组织,要实行宇宙革命,这也只是"为绝对的真实而战"。即因情人要做"闲邪存其诚"的工夫,故不能不出来革命。

情人是把宇宙的事,老实担当的——由情人看起来,我就是宇宙,宇宙就是我,所以宇宙间的痛苦,是情人的痛苦,别人因没有真情,故对于别的痛苦,好像没有关系,情人便不然,他只多了一副热情,所以眼见这样不平等,不自由,就要亲自出来,去做革命事情;他是把宇宙内事,看作分事的。

情人是个先觉者又是实行者——情人和别的英雄、伟人、圣人不同,他不是做大家的领袖,乃是做那朋友,不是做制人教人的人,乃是为使人醒悟,他也不过把必然到来的趋势,告诉大家,做个代宣者罢了。情人是知行一致的,是要实行的,他又不是像那些指导者,常常躲在大众背后说风凉话。

总而言之,情人是为着"革命"而有价值,也没有真个情人,而不主张革命的,也没有真个革命者而不是情人的。须知"和尚"不是情人,因他要"独善其身";托尔斯泰不是情人,因他只知"孑孑为仁,孳孳为义"。至于情人呢?只有一个在我的"情",该憎时便憎,该爱时便爱,忽而痛哭流涕,忽而慷慨悲歌,要不是他多情种子,谁愿意仿革命事业!情人呀!我要把大锦褥来欢迎他出世!

怎样做情人。

但空洞说做"情人",还是不成功的。因为情人不是在外,只在我的心中,所以我决心做情人,就自然是个情人了;这层决心,便就是"立志",只要时时刻刻的立志,便时时刻刻的是个"情人"。由此可见,情人不是难做,只怕没有决心,而且做"情人"比做什么都容易得多,譬如圣人是在外的,是勉强做成的,假使不把我的"本性自然性"完全扑灭,就九世也做不到的。至于情人呢?当下便是,何假修为,不过随顺人的"本性自然性"而假立这个名称,罢了。所以虽不说情人,而本来是个情人,只要一念真实谁都是情人。不但我们这些小孩子是情人,尽大千三千世界,又那里找一个不情人来。

你的谦之  三月十日

# 第十四章　革命主义在进化中

## （一）

我不相信那一种主义是"万事万物的终点"（the end of all things），以为任何主义都不过一种工具，因心的要求发生的。故有一时的心的要求，必有一时的新的主义，即因这个原故，所以真理绝不是什么天经地义，主义也正是随时变迁进化的东西，就是我们谈主义的人们，也应都取一种历史的态度，搜求各种主义沿革变迁的线索，和思想所以不同的原因。于是更进一步，用批判抉择的态度，将各种主义，重新估量一番，使大家打破主义神圣，名词万能的心理，免得把过去的主义，也囫囵吞枣的吃将下去。

依唯心史观看起来，主义都是一时共同趋向的理想，本为应付心理的要求而起的，以要求而起的主义，即可因要求而变化，所以就主义发生的背景说，便知主义是活动的，不是静止的；是变换的，不是呆板的；是进化的，不是倒退的。一种主义在一时代看作真理，也许时代变了便一钱不值；或者现在所谓异端邪说，时候变了就是真理。可见真理是随时变换，只须我们能够指挥他，引导他，教他朝真实的路走。如布尔札维克不合于人心的要求了，那末我就任其消灭，而另取无政府主义，无政府主义又露出破绽了，这里还有虚无主义来代替他。

我更不相信主义是什么人能够发明的，因为一种主义，都不外由于自然的趋势，而那提倡主义的人，也不过因势利导，使那要实现的理想自然实现罢了。即因主义不是从勉强杜撰得来，所以穿凿附会的，算不得主义，而在人的方面，也只有主义的代宣者，没有主义的发明家，似现在许多人把克鲁泡特金看作无政府主义的创造者，那实在错了，克氏自己说过"We did not pretend to evolve an ideal commonwealth out of our theoretical views as to what a society ought to be, but we invited the workers to investigate the causes of the present evils, and in their discussions and congresses to consider the pratical aspects of a better social organization than the one we live in"（见 Memoirs of a Revolutionist, p. 211）。由此可见，真正有意义的主义，既不是那些伟人，贤哲，玩煞活孩子的大把戏，也不消说是不能由那登垄断、左右望、图利市的贱丈夫所可包办的了。晓得主义是本于自然的，自然是由于自己底真情去认识的，那末对于思想家，就不应该过于推崇，因为太推崇思想家的结果，反阻碍了历史进化的自然路径。

上面泛论主义进化的原理，把他范围缩小来说明革命主义，就更容易明白了。因为革命是要打破旧环境，而向着进化的前途申去，故革命主义也是要打破旧的信仰，而要求宇宙的进化，知道他是为要求进化而有意义，就可见革命主义不是凝固死定的法，而是能够做媒摆渡的真理。复次，进化是自己如此的事实，革命主义则本于这事实的使命而来，故即就主义本身的道理，亦不能不有进化，不能不在进化中转。我最恨的是一种人，牢牢守着过去的革命主义，而不承认主义进化的可能，似此无意识的崇拜，真不值得一笑！其实我们提倡主义，是为求真理，并不是要崇拜偶像，真理所在，什么都可以牺牲，更何论从前的旧主义，自弃之如敝屣了。若因新主义和旧主义不同，因而一面决意排斥，一面极力作无条件的辩护，那末这种不真实的态度，真要弄到思想没有进化可言，所以我亲爱的同志光涛哥，即有见及此，对那崇拜克翁学说的人，宣言道：

> 世界进化是不息的，学说只能在一个时代，能有补偏救蔽的效能，我不相信世界生了一个克鲁泡特金从此就不进化啦！更不信他底主义就能推诸万世而皆准，就是包医百病的万应如意油，无论那一个人的主义，都不能是人们的归宿，只不过空间时间画一个痕迹，占一个地位罢了。

就是我们真情认识的虚无主义，虽确信是前无古人，却不敢说后无来者，何则？世界的进化无止境，则革命主义的进化，也无止境。不过在二十世纪当中的青年，总觉得什么马克思哪克鲁泡特金哪列宁哪这些十九世纪的残余思想，早已经过去了，虚无主义就要代替他了。所以虚无主义对于现代的革命主义，实在彻底得多，他是真理上的最光明的路灯，他是二十世纪青年的新思想，在这时代当中，总算是更进化更美满的革命主义。

## （二）

试由革命的历程看来，我也可见革命是有进化的。譬如俄罗斯式的革命，无论如何，总比法国式的革命，格外彻底，因革命的趋势，永远是向着更高尚更彻底的地方跑，因此革命的范围，也是逐渐扩大，从前只知求第三阶级的利益，现在却要求第四阶级的利益了。从前只知革神的命，现在更进一步要实行宇宙革命了。

过去革命的历史，可分作四时代：

（a）宗教革命……革第一阶级——僧侣——的命；

（b）政治革命……革第二阶级——贵族——的命；
（c）社会革命……革第三阶级——中产阶级——的命。

德国的宗教革命，不消说了。单道法国的政治革命，据福克思 Fox 说："这是世界上从来没有的事情！"德国的哲学家哥德（Goethe）说："这天是为全世界开辟新纪元。"由此可见巴士丁狱击毁那一天，在革命思想史上，有何等的价值！何等的荣耀！但细察起来，这次革命就真能把那种种锢闭束缚人的东西都一火烧毁了吗？一切被枷带锁的囚犯们都得到自由了吗？否！否！法国的政治革命，虽然革了第一第二两阶级的命，然最后的胜利，还和多数的劳动家无涉。有田寿昌兄的"法国革命和阶级斗争"说得十分清楚，今照录于此，可资参证：

> 元来当时法兰西的国民，区分为三阶级，第一级僧侣，第二级贵族，第三级平民。这个第三阶级中却包括了上下两级，上级的人有才能有识见，也有资产，因为僧侣贵族所妨碍，不能得高官厚爵，所以向政治以外活动于商业工业学术各界，发挥他们的才识，这班人就是于今所谓中产阶级。而国民的大多数——四分之三——都沉沦于平民的最下层，服工业，农业的劳役，贫窭不堪而负担特重，对于地主要纳地价，对于教育要纳教育税，对于政治要纳国税。……英国人 Arthur Young 当时游历此地的日记中一节有曰："余于各村落所见的人，多呈体屈色青，系病前病后的状态。"于是乎这些体屈色青病前病后般的人，便是于今所谓劳动阶级。劳动阶级和中产阶级结合而为第三阶级，以与贵族僧侣战，以为贵族僧侣败，而他们遂可以由水火而登衽席，中产阶级者亦利用劳动阶级的多数势力，（1）可以倒国民的公敌；（2）可以遂他们自己政治上的野心；于是乎第三阶级主义出。……

当时第一阶级的僧侣，第二阶级的贵族合起来家数五六万，人口不出三十万，占当时法国全国民百分之一内外。而属于两阶级的土地，几达全国之半。对平民暴戾贪污，对国民又不纳税，穷奢极欲至于破产的，由政府支给年额达数百万元。这种食人而肥的第一第二两阶级，所借以维持自己从前的地位的，便是正统主义……因他是正统主义的产物，与正统主义有共灭的运命。于是乎正统主义和平等主义——第三阶级主义——间利害全相反，乃不能不起绝大的冲突。

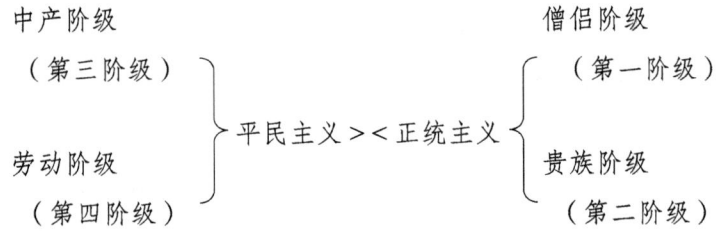

马鉴齐十九世纪史谓法国一千七百八十五年五月的三民会议当日情形，谓僧侣丰丰裕裕的穿着红色的僧服，先头进行，贵族穿着金色灿烂的礼服，戴着白白参参的礼帽，走第二队，走最后面的，便是穿很质素的黑衣服的平民，虽没有穿贵族僧侣那们的美服，而员数较二者合起拢来的还要多。全级会议召集后，第三阶级主义在议会内外如火如荼，七月十四日大爆发后，法兰西穿黑色的，逐战胜穿红色和金色的。

由此可见法兰西革命，归根及底，原不过中产阶级的胜利，以确立基本的之政治上权利而已。这自然和现代阶级斗争的意义不同。因现代的阶级斗争，是劳动者对于中产阶级的斗争，属于经济的性质，法国当时则系中产阶级对于贵族阶级的斗争，属于政治的性质，所以现代的革命可称为社会的革命运动，而法国的革命运动，则不过政治的革命运动。因此立足地不同，政治的革命自难免要受社会主义家所诋斥的了。就中如拉萨尔（Lassalle）在《工人计划》书中说的最痛快，他说："当时这种革命的领袖，自称是为人道而起革命，所以大家对于这种革命，都有一种极大的热忱，但是不久大家就知道这新领袖是为中产阶级的利益而起革命，所以贫民阶级，就是一般无产业的工人，便以为这种革命，是和他们的利益相反的！因中产阶级利用法律上和政治上的权力，去谋他们自己的私利，他们的行动和以前的贵族是一样的。他们的财富为政治上和社会上权利的标准及基础，他们创造一种限制选举制度，他们对于报纸用种种警戒法，并且征收种种税金，使言论不能自由，他们又以赋税的负担加在工人的身上。"（见克卡朴《社会主义史》卷三，李季译）又克鲁泡特金在"国家论"里，对于法国革命，也深致不满之辞。即因政治革命太不彻底，所以我们都是提倡以劳动者为革命的原动力，把社会革命来代替政治的革命运动。

但在社会革命家当中，因为意见不同，生出许多派别，有的主张社会革命事业应该安置在第四阶级专政的信任上面的，如列宁在"俄国问题"里说："俄国革命不至于无地无食无工可作无家可归的各阶级，完全胜利，则俄国革命断不能得政策上成绩的结果。"这就是布尔札维克派的革命论了，有的主张在革命发生的时候，第一步就是把强权——芟除，而劳动者独裁专制，也是要不得的，这么一来，就成为无政府派的革命论了。

现在法国的革命，早已经去了。近几年来，社会革命的局势，已经一转直下，自从列宁、托罗斯基等振臂一呼，于是社会革命的理想证实，各国的劳动者才如梦乍醒，知道这种大革命必不可免，而阶级斗争实是解放无产者的方便法门。虽然如此，布尔札维克的革命计划，在无政府的学者看去，本来就不彻底，但从这方面看去，实是无产者解放的初步，而社会革命的动机既开，自然由此浩浩荡荡，将红色的旗，代替白色的旗，一发不可御，这总算是社会革命的开端了。

然这说的都不外过去的革命历史，却不是我们理想的革命主义，我们的理想，是以无政府革命为手段，而以到达"虚无"为目的。元来无政府革命和布尔札维克革命，虽同是社会的革命运动，然而比他彻底得多，试看列宁在《国家与革命》书中所说，就可见了。他说："我们不是空理想家，我们不作痴梦，以为最好是即刻把各种管理和抑制废除，这是无政府家的梦，由于他们不晓得庶民执政者的事业是什么，他们对于马克思主义是外行，在事实上他们只尽力把社会革命丢开，等到人类天性改变。不对！我们要社会革命，人性不妨和现在一样，人性自身没有抑制，驾驭，管理者是不行的。"由这话看去，可见布尔札维克的革命，还承认什么强权，这自然不如那无政府革命，绝对否定强权，要撤去政府法律的束缚，而建设一切放任个人自由行动的社会。

无政府革命和那些误谬方法，像什么普通选举、什么社会政策等大大不同，就是集产派所谓社会革命，把政治力放在经济力前面的革命，也实在不敢恭维。他以为不要革命罢了，既然肯定革命的意义，就应该从根本上着想，而主张无政府、无国家、无法律、无宗教、无军队、无监狱、无婚姻制度的社会革命来。须知这种社会革命是有几种意义：（1）这种革命和普通的革命不同，因他不是以区区的政治自划，国界自划，所以这种大规模的运动，就是世界的普及革命。（2）无政府革命实以劳工为革命的原动力，由他直接行动，把一切生产要件，如田地、矿山、工厂、机器等等都收归社会公有，因而废除私有财产制度，实行共同生产，共同消费。（3）无政府主义都是反对那些想依靠国家的权威，去实行种种改良革命的方法，他以为国家这个东西，实在是社会的障碍物，我们既要革命，就不要改良他，简直废弃他才好。（4）无政府学者更不承认什么强权，他以为政府和法律都是最不公平的东西，论到任务，只是保护资本，维持强力，察他发达历史，也和资产阶级同其运命，故此无政府革命的时候，就应先把这些迫人服从的冷怪物，——芟除，然后垢秽磨光，而人类才能够向着自由的路上走。

综上所述，可见政治革命不如社会革命，而社会革命当中，社会党的革命主张，又不如无政府派远甚。即就现今革命的前途看起来，以有政府与议会故，而认国家是无益有害的思想和行动，各国与全世界已有风靡的趋势，可见无政府革命，依照人心的自然是不会不实现的了。虽然如此，我是不相信无政府革命就算极点，接着这种世界革命之后，以为还有大虚无大破坏的宇宙革命。不过在过渡当中，却不能不帮助无政府主义者，共同做去罢了。

## （三）

任何革命都是有主义做根据的，如政治革命的根据是庶民主义，社会革命的根据，是社会主义和无政府主义，故革命的进化，也就是革命主义的进化，自政治革命进化到社会革命，也正是从庶民主义进化到社会主义，无政府主义，进化是不能栏得住的，所以我们也只能因势利导，向着那开解超脱的大道前进。

革命都是要根本解决，不根本解决，依然不算革命，故此革命主义总要有通盘计划，要是只顾零零碎碎的改，有的部分革了，有的部分没革，若这两部分是密切相关的，相联而存在的，那末一部分革了而他部分不随着改革，那自然不能根本解决了。由此可见，革命主义的彻底不彻底，全看他的根本解决的程度如何。最明显的例，如社会主义与无政府主义，社会主义只知置重于富之分配的公平；而无政府主义则以为经济革命，非依政治上的革命不能奏功，所以同时置重于权力分配的公平。克鲁泡特金说得好："社会党的政府，犯着一个很大的谬误，每个生活的经济状态，包含他自己的政治状态，如果政治组织的基础，没有一个变革，那现今的经济生活——私产——的总基，是不能摇动的。""绝对的君主政治同农奴制度相吻合，代议政治同资本制度相吻合，两者果然都是阶级制度，所以在一个社会，资本主和劳动者的界限，既然消灭，自不必要这样的一个政府，他也将成一个时代错误。"由这些可知，无政府主义的彻底处，正在能够从关系上着想，而求一个根本解决，所以无政府主义者就是彻底主义者。

但革命主义到了无政府主义，也不是停着不进的。代替无政府主义的，元来还有虚无主义，这虚无主义是更能够从根本上着想而求出根本的解决，他的革命，就叫作虚无革命，必革到"虚空破碎大地平沉"而后止。须知无政府主义虽然反对强权，仍然有个组织，不知既有了组织，就不能没有强权，强权不是别的东西，就是组织。所以虚无学者以为无政府革命还是半截的、不彻底的，而最彻底的革命，在把宇宙间的一切组织都推翻，几时革到无天无地，无人无物，这才是归宿。这就可见虚无革命比无政府革命更是彻底，而虚无主义也比无政府进步的多了。

虚无主义并不是凭空杜撰出来，实因宇宙进化为自无而有自有而无，现在是自有而无了，所以种种的革命主义，也都是顺着这个潮流，向着无的方向走去。太虚法师批评虚无主义，说得很好："虚无主义的起点，是不在无政府主义以后的，从旧庶民主义的无专制君主，新庶民主义的无阶级选举，早已是虚无主义的倾向的过程了。故彻面彻底的做去，便总谓之虚无主义，无政府等不过是虚无主义的一过程，包在虚无主义中的，不是可与虚无主义对等的。"似此把虚无主义来笼罩这些革命思想，我是不赞成的。然从这方面看去，总可见革命主义，是已向着大虚无的路前进，而我说的虚无主义，要求宇宙全体的解放，也可见是顺着进化潮流而发生下来的革命思想了。

总而言之，革命主义都是能够做媒摆渡的真理，就是进化到虚无主义，也不是永安于"无"，便没有革命了。但这是后话，尚为现在的我觉悟所未到达之境，我们现在也只能脚踏那到虚无的路，而力倡无政府革命，因为无政府革命实现了，那末"虚空破碎，大地平沉"这一大事，也就容易成功了。

# 第十五章 虚无主义——革命底哲学

## （一）

我说的新虚无主义（Neo-nihilism），是一种新青年思想，和俄国的虚无主义，很有几个不同的地方：

1. 俄国的虚无主义，是极端主张唯物，（俄国革命的文学家Stepniak在《地底的俄罗斯》说：虚无党把唯物的思想感动人心，如同宗教一样，传布这种主义的人，比那传教的人还要热烈，奔走运动要从基督教的迷信里面，救出一切众生，他们更进一步，发行秘密出版物，德人布尔聂尔作的《物质与势力》一书，是力攻基督教元理的，他们把这本书翻译出来，秘密传布，这就可见俄国的虚无主义，是极端主张唯物了。）而我却反一面来主张唯心，因为我们的主义，是和现代的哲学，同其趋向，而俄国的虚无主义，却受了十八世纪唯物论的影响。

2. 俄国的虚无主义，是以科学为依据，理性做权衡，反之，我们是根据哲学，而直取情意的自由，所以我们所目标的纲领，是绝对的任情主义，不论是政府，是社会，是宗教，凡是限制个人情意的东西，都要反抗，就是科学，或文艺也无诚意承认他。

3. 俄国的虚无主义，有个最大的弱点，就是没有诚确的宇宙观人生观，法国某批评家说——虚无主义在哲学上不过是物质主义的卤莽者，在政治上也不过是一种特别压力下，发生来的一种激烈主义，若论学理上的根据，实在比孔德（Comte）的实验主义和萧本华（Schopenhauer）的厌世主义，差得多哩！这话很对！因俄国的虚无党向来不知道哲学的门径，他的主义，只成为一个由政治的压制专横所激成的社会的急进主义，却不是有组织的主义学说。反之，我说的虚无主义，则从形而上学出发，是有方法学的根据的，所以这一种主义可谓盛水不漏的思想，和那刺激养成的虚无主义，大不同了。

4. 俄国的虚无主义，实在太不彻底，他虽咀咒现实，却没有胆量，去推翻世间。他把现实生活看得太重要了，所以最喜欢的是讲究大家每日的生活，而颠倒于物质文明的迷梦中，却不知物质文明和人类一切工作，正是大乱的根源，那末我们为什么还要保存这不真的世界呢？为什么要这世界进行呢？故依现代的虚无学者看起来，既然世界是错的，人生是恶的，那末我们最后的冒险，一定要毁灭这世界——毁灭太阳的光，月亮的光，世界一切的光，和世界自己。

但我对于前代的虚无主义，虽不相信，然就他们的精神论，实在钦佩得很，他们都是热血喷涌的少年，勇猛至诚的革命论者，有的是：

（1）真实的态度；

（2）否认的精神；

（3）革命的主张。

因他是以自我为本位，所以只认定真理，对于所自信的主张，毫不可屈，这种诚实的态度，把天地都充满了！复次，他们的主义，就是否认的主义。《父与子》书中的主人翁巴柴洛夫（Bazarov）可为否认主义的代表，他们有一种破坏和狂热的精神，对于政治哲学宗教上认为天经地义的东西，只是一个不相信，这种精神，表现出来，怎能不把那虚伪的对手应手倒下来呢？再进一层，他们不但用否定方法来扫除种种思想，而且简直主张革命，要用激烈的手段，去求根本的变换，所以俄国的虚无主义者，就是革命家，试看《地底的俄罗斯》

（原著经日本宫崎滔天的哲嗣龙介君译成日文，吾友郭须静君，又转译之，刊于《晨报》）所引虚无党员的话。就更明白他们是一心一意，要为人类生活奋斗，到死不懈了。

（例一）柴挚夫（Zaitsev）出了一种秘密出版物，中间有一通现时的新虚无党致旧虚无党的宣言，前边畅论时局，后尾有一段说："我当着神明向诸君宣誓，我断不是像诸君所说的那抱利己主义的人，诸君所见实在错了。我老实告诉君说，我们为人类幸福尽力奋斗，绝不懈怠，我们要全蹈刑戮一人不懈，我们应该像赞成慕烈肖德（Moleschott）和达尔文（Darwin）主义的人，拼着身命殉他的主张一样，横卧在死刑台上。"

（例二）有一位远处来的青年，访问一位老者，这位青年英气勃勃情真语切的向老者道："君是已经纳福，不用说我也可以知道的，但是在君乡土的同胞们，又是怎样的景况呢？君是晓得的，那些人就是仅仅有了一文钱，也是要被政府夺去的，他们的手中，是一钱也靡有，饥不能吃饭，寒不能穿衣，抱着那饿得好久的婴儿，旁皇道上，向人叫苦，人也不顾，向天哭号，天也不应，不能无情的人生，如同无情一样，虽属近亲，也是相望待毙，没有法子可以救援，这不是他们今日的情况么？他们的情况既然如此，君怎样独享幸福呢？君并不是不知人民怎样惨状的人，怎能对于那些同胞的哀号，冷眼看过呢？君数年前发的宣言说：为人类幸福奋斗，如今还能记得？唉！君实到了老境了！我是不能不横尸山野的！"

由此可见，俄国的虚无党，这样悲状的青年，不但是人间的历史上所绝无仅有，就是一想起来，也觉得他一点真诚，要顿时把我的热血不禁地喷出来了。虽然如此，他们主张革命和实行，我固十分同情，而他思想上的基础，则未免过于浅薄，自不是我所敢承认的了。我以为俄国的虚无主义，在现在已成历史的陈迹了，过去的化石了，所以我力倡虚无主义,并不是要恢复十九世纪的虚无主义,却是要创造我们二十世纪青年的新思想,而且直接见于实行上。因俄国的虚无主义,只适应于前代的心的要求,而我们的虚无主义却从现代发端,所以前代的革命运动,俄国的虚无主义——虽可适用前代的革命哲学——而现代革命的运动,则唯有这新的虚无主义——革命哲学——才够得上去利导他了。

## (二)

我们都知道虚无主义这个名词,是由俄国小说家屠格涅夫(Turgenieff)才用起来的,屠格涅夫在"父与子"书中说的,是有两种意义:

(1)"虚无"有否定的意思,虚无主义就是否定主义,不崇拜各种权威,对于现实,心怀革命。

(2)"虚无"主义是无主义的主义。

但这两点,虽仍可说明现代的虚无主义,然现代的虚无主义,却不止此,所以把这两种意义,去解说俄国的虚无主义是很够了,若把他解说新虚无主义,便觉得不周不备了。Cross说"虚无"这个字,到西历一八五年至一八七年,是特别制限当作扰乱的意思。不错!"虚无"在当初说起来,本含有一种嘲笑轻蔑的意儿,然自被虚无党采作他们的党名的时候,就和从前不同了。故有人还把虚无主义,看作胁迫运动,那实是误会,克鲁泡特金说这种误会,就和将斯脱伊克派及实验哲学派,混为共和主义同样的政治运动,同一误谬,而承认虚无主义就是真实主义。

我说"虚无",是有四种意义:

(a)方法上的意义;

（b）主义上的意义；

（c）本体上的意义；

（d）进化论上的意义。

前二者和屠格涅夫说的是一样意思。因为虚无主义在方法上是注重批判，用批判的方法来怀疑一切，否定一切，所以"虚无"就是否定。复次虚无主义也不过一时做媒摆渡的工具，故并不是天经地义，和别的主义大不相同，因他不把虚无主义看作主义，所以是无主义的主义，如果把虚无主义看作凝固死定的"主义"，那便万要不得。

由本体上看去，"虚无"不是别的东西，便就是本体，本体一向空无，是名不得状不得的，是透明的、自然的，因他是无形，无声，整个的不可分断，却又无所不在，故从具体的方面着想，用那空无所有的"虚无"来形容他，晓得本体就是虚无，虚无就是本体，那末虚无是什么，也不难证会了。复次，照进化论眼光看去，虚无两字，可分开来讲，虚是表明宇宙全体是虚而不屈动而愈出的，无是表明现在宇宙进化的倾向，因宇宙有其自无而有的成而住，便有其自有而无的坏入空，所以我说虚无，就有"还灭"的意思了。总结起来，可见"虚无"虽有种种不同的解释，而归根及底，"虚无"的意义，总是批评的，破坏的，理想的，而且可受流动变化的说明，这就可见虚无，是为着革命思想而有意义，而虚无主义之为革命哲学，也是决无可疑的了。

（三）

虚无主义的派别，我很想把他胪举起来，然后指明新虚无主义的位置，和别的有什么不同的地方。所惜材料不够，而那些抱着虚无思想的，又没有明白标明他的主义，所以现在说的，一定挂一漏百，至于详细的研究,只好再待我"虚无主义史"的专书好了。

我是把虚无主义分作两大派:

(1)人生的虚无主义,

(2)宇宙的虚无主义。

如俄国的虚无主义,他们大声绝叫,无非要肯定人生,所以说"靴工能作必要品,比那作与人生没有用处的美术的拉菲尔氏(Raphael)实在强得多",这样为人生而破坏艺术的态度,可以想见那些人冷酷而空漠的虚无思想,均建筑在人生和人生的真实上面,这就是人生的虚无主义了。又如弗劳贝(Flaubert),他把艺术的真看作世间唯一的东西,除艺术外,什么科学,什么道德,什么法律,都一切否认,这虽和俄国的虚无主义相反,但也属于人生的虚无主义。总之这种虚无主义,有的是否认的精神,然究竟偏于理性知识方面,所以较于宇宙的虚无主义,范围自然狭窄得多,我现在也可不论他了。

我要说的是宇宙的虚无主义,而现代的虚无主义属之,就中有:

1. 无为的虚无主义　这派把自然看得太重,以为种种变化,都是一种天道作用,人们只可"正而待之耳",因此达观一切,对于固有社会,既不思打破,对于进化,又绝对不许人力有助进的效能,如庄子就是好例,他明知"无动而不变,无时而不移"的道理,却要"不谴是非,以与世俗处",明知有的会无无的会有的道理,却要"大而化之,乘万物而未始有极",这种达观的虚无主义,实是宇宙进化的大阻力,而这派学者其实就是懦夫,结果把存在的都看作合理,"依其天理,因其固然",一切归到命定,自然是守旧极了。

2. 断灭的虚无主义　这派知道生必有灭,有必返无的道理,但他以为灭了就不再生,无了必不更有,所以这种虚无主义,实在落见成执,而成为断灭的虚无主义了。《瑜伽师地论》说"有断见论者,计我有粗色四大所造之身住持未坏,尔时有病有痈有箭,若我死后断灭无有，犹如瓦石，若一破已，不可复合"，这"断灭无有"四个字就是这派哲学的根本观念。

由我看起来，这两种虚无主义，都是不懂得宇宙进化的道理，因为宇宙进化虽是自然的运行，但还要自我实现，所以真正的无为，是无不为，就是一个"因"字，试看《淮南子·原道训》的，便知无为是"不先物为""不易自然"，而无不为就是"因物之所为"，所以一方面虽有自然的次序，一方面仍是"因势利导"的结果，换句话说，就是"自然+因而为之=进化"应用在革命上，就是"自然+革命=进化"似无为派的虚无主义，只知无为，只知"因其天理，仍其固然"，把进化看作现成的东西，不消说是偏于保守，而养成惰性的习惯，而宇宙进化，为之停滞不前了。复次，断灭的虚无主义，也是我所极力排斥的。我常说过："宇宙进化是自无而有自有而无，现在是到了自有而无的时代了，所以须应用虚无主义从有进无，然从有进无之后，却又能从无进有，从有进无从无进有是流行着前进没有止境的，所以进于无是进化不是断灭。"今断灭的虚无主义，只知自有而无，却不知可自有而无的，亦可自无而有，所以他于进化的道理，还只见半边，若现代的虚无主义便不然了。他所说的，宇宙革命，决不是绝无危险的解脱，因他很知道在这"虚而不屈动而愈出"当中，解脱虽不是永不能达到的境地，然还仗着我们一丝不断的努力，总能消灭那"无而有，有而无"的宇宙法则。所以现代的虚无主义，正因"空"而即空，所以格外有意义，对于断灭派之反生命的，反行为的倾向，此则可谓生命的行为的虚无主义。

有人以为新虚无主义，是从老子学说引申下来，这种错误，尤不可不辨。本来老子学说，如关于形而上学方面，自然再好没有，若说到工夫上那就未免把天道看得太重，自不是我所敢赞同的了。分开来说：（1）我是主张反抗，以为无抵抗就是放弃天职，今案老子学说，处处抱着"无抵抗主义",如第八章称赞水德的谦让,卑下,柔弱,第七十六章、四十二章,斥"强梁者不得其死",又要人知道"夫唯不争故天下莫能与之争"。似此虚无恬淡的思想,何曾不是虚无主义,只是可惜他怵于利害,胆为之怯,而且在本体上,又加了"无为权首将受其咎"的意思,反失却虚无的本色了。依我意思,任情就是虚无,所以真正的虚无主义,都是以勇猛无畏为宗,以革命破坏为必由的程叙。对于那被恐怖情绪弄成麻木的遁世派,自和他根本冲突了。

（2）我是主张离去现象界,复归本体界,老子却不然,他的最大希望,只在于合一于人间的大宇宙。因老子不主张身体灭尽故和我说的新虚无主义不同。谢无量说:老子复归道的意思,很好。他说:"老子之意,固无有如厌世家,求杀身以去世,不过厌恶纷浊,思返于淳朴耳,今细玩老子复归道之旨,大抵以吾人形体,虽为凡质,而心则灵妙,能合于本体,故宇宙之体用,与一心之体用,殆相同符,其繁颐亦不异一心,吾人能进而融吾心于宇宙,即复归道之说矣。"由此可见,老子"复归道"说,并不曾打破现前的长途生灭,自不如新虚无主义远甚,若新虚无主义则不但如老子所说将精神超出斯世,还要举宇宙的存在物而悉灭尽之,这么一来,这可见我的虚无主义实和老子学说不同,也自不能说新虚无主义是出于老子了。

晓得新虚无主义,是生命的行为的哲学,就可见这种虚无思想所与从前别异的,即在于重"情"而不重"知",唯其重"情",所以主张向前活动,而带着非常丰富之革命的色彩,而为一种彻首彻尾的情的哲学——就是革命哲学。

# 第十六章　宇宙革命预言

## （一）

有一物，从本已来，性自清净，明明不昧，了了常知，名不得状不得，不曾生不曾灭，会得时当下便是，动念即乖。因他绝诸表示，不可以心知，所以非色非空，非自非他，非内非外，非能非所，非体非用，非一非异，非有非无，非生非灭，非断非常，非来非去，非因非果，似此一切俱非，如何说得？但为方便起见，不妨假设一个表记，叫做"本体"。本体是寂然不动，感而遂通，虚而不屈，动而愈出，所以把不露色相的"情"字来形容他，其实这里"本体"字"情"字两个抽象名词，都是凑成的，人造的，已不是从本已来那一回事了。

"情"是以灵知寂照为心，不空无住为体，无性为真实自性，所以不假闻见，更无待于逻辑，因为逻辑原于推知，故只能体会事物的关系，和生命的皮相，至于绝对无比的东西，实在没的法子去求。由此反证起来，"情"是不二而最初，既不能用理知的方法——逻辑——去推证其所以然，也可见是脱然于理知之外，和理知是根本不同了。

"情"是真心本觉，怎么忽生大地山河呢？原来大地山河，都因妄念而起，这个妄念，就是分别性，就是理知。所以要说明宇宙的缘起,则认识起的时候,便是。何则?"觉性圆满,无待有明,妄欲有明,而觉非所明,由是因明立所,而生妄能,宇宙之关非他,从一觉性中,妄开能所也;能所非他,能所认识之能所也。"(见梁漱溟《印度哲学概论》,页二四六)因有认识,方于无同异中而起同异,忽然囝地一声而宇宙生起,千差万别,便有许多事了。

准上,可见宇宙就是"情"之化为理知者,因情化自身为客观,相对,有限的东西,才为宇宙的森罗万象而现,故宇宙的存在,是因理知作背后的护持力,而理知这个东西,则不外分别彼此,其自身就是罪恶,和情根本相违,所以我们的宇宙,不是真情的本体,实为一种占有冲动的世界。而我们所能作的,也只是要脱去这虚伪的世界,到达那本原的究竟的真实的本体去。

## (二)

宇宙革命就是一种"还灭论",是要把宇宙的存在物,都一概消灭他。这种学说,从消极方面看,是"反知";从积极方面讲,就是"复情";而"反知"和"复情",根本也只是一个工夫。因理知是万恶之源,宇宙则理知的表现,故世界自身,即冷酷无情,而人生在世,亦不外自始至终,作那自私自利的够当。所以宇宙是错的,人生是恶的,要复我真情的本体,就非宇宙革命不可,几时革到"天翻地覆人类灭亡"的时候,那时"有穷"消失于"无穷",这才算归宿。

本来人一切的劳碌,就是日光之下的劳碌,我都以为烦恼,都是虚空,都是捕风(见所罗门的《传道书》)。那末我为什么要这世界进行呢?为什么不顷刻之间,毁灭世界呢?而且宇宙是一个大组织,是一个最大的魔王,有了他就有虚伪,有痛苦——有极重的痛苦,可见宇宙是不可不消灭,我们一定要把太阳的光吹熄,把凡有理知和数目的东西,悉行废掉,但我们又怎样消灭他呢?又怎样到达那夏脱(William Butler)所盼望的"无物即是万物,无身即是万身","Where there is nothing that is anything, and nobody that is anybody"的境界呢?

有的,就是用革命的方法,去实现本体,因真正的出世,是要从奋斗悲剧得来,而宇宙的一切理知现象,如一天存在,则真情亦一天复不得,所以出世的境界,不是和平的境界,却是奋斗的境界。因情是自己如此的,故不假修为,只须打破理知便是。打破了又打破,打破了又打破,打破到最后的一回,什么都没了,到那时我们的真情,自会活泼泼地流出了。由此可见,不求真个解脱便罢,如有解脱的实心,则除却革命外,便没有别的方法。

我们要"举乾坤而毁之",并不是什么妄想,而且以为这是"返朴归真"的运动。似从前理性派的哲学家,只管凭空结撰那不变不动的普遍的实在,究竟和实际行为,有何干涉?依我的意思,本体不是知道了就完事了,还要有一种工夫跟上去。所以顿悟以后,还须顿修,革命就是顿修的方法,由这方法"损之又损,以至于无为",把宇宙人生都还没于"情"的当中,而后"真情"可见,既复了真情,就理知和情永远舍离,这就叫解脱。故此,解脱不是不可能的,但还须我们努力革命,革命就是得果的因。

但同在出世家中,其出世法也各自不同,有的投渊赴火,唯望生天;有的只要眼光见地超出"形骸之外";有的修持瑜伽,立志出离;有的禁欲苦行,求复清净本体。由我看起来,这些解脱方法,实在完全错了,因为解脱的究竟,就是"复情",故要解脱即须任情,若用强制的方法,去拂人之性,无论是外道也好,是佛法也好,是叔本华的学说也好,总归要失败的。复次,瑜珈方法,似乎好些,然也和真正解脱的道理相违，因真正解脱都是从动转施为上得来，是要在事上磨练的，若只管向静中讨生活，饶你坐破蒲团百千万个，究竟跳得出吗？再进一层，我们眼见世间的苦痛，无聊，正应该求真个解脱，如那些高谈佛老的人们，以中道为教，一味的想调和生灭，却不知调和生灭，仍不免于生灭，何以故？生灭现见故，生灭眼见故。有生灭而说生灭本空，这固是本体上的说法，但在工夫上，却应该从生灭着手；因为现见的宇宙，是生生灭灭的。所以我们应有个方法，去灭尽存在物，而向不生不灭的本体进行，因这不生不灭的本体，还算未到达的境界，故此我们还须努力，不应该似那些宗教家，用尽曲折的方法，去糊眼前的，就是对于出世法，也应该舍却那反生命的，反行为的——怯懦和柔弱的——佛老的态度，而采取虚无主义大勇猛大无畏的宇宙革命方法。

## （三）

　　虚无学者虽确切以为宇宙革命是有益的，但多半是证明宇宙革命是所不能免的。因他是自己如此的事实，所以只须因势利导，决用不着着意安排，但我究竟怎么证明宇宙革命是必然到来的运命呢？

　　1. 方法论上的证据——辩证法告诉我们，一切存在的东西，都有消灭那一天，有的不能不无，存的不能不亡，完全的不能不毁坏，因为事物都有互相反对的两端，而这两端又互相连结，所以现在既有了宇宙，就不能不向无宇宙的方面行，现在既有了人生，就不能不到消灭人生的路上走，可见宇宙革命正是方法上自然的趋势，知他是合理的必然的结论，就知道宇宙革命是不能不实现了。

　　2. 进化论上的证据——虚无主义根据于辩证法，知道宇宙的进化，是自无而有自有而无的迁移，所以现在有宇宙，而宇宙革命就是进化的过程。复次，进化的前途，永远向着真的、美的、善的方面，而革命的范围，也好似滚雪球一般，越滚越大，故从中等阶级革命到第四阶级革命，从政治革命到无政府革命，依照现在革命的思潮，决不会就停住不进，而宇宙革命，也正是应着更真的美的善的需求而起，这自和进化的道理恰合了。

宇宙的究竟为寂灭，这不但是我的私见，法国傅立叶（Charles Fourier）早就用辨证法证明过的。但有人根据科学来反对我这种学说，以为"天地毁灭那简直违背了生物自存（Self-preservation）的通性，且和物质，物力不灭的定律不符"。这种驳论，我听不一听，其实他们所根据的自然科学的根本律，早已成老式的教科书上的理论了。

近来在科学界的革命，总算是安斯坦（Einstein）的相对说了。他告诉我们，一向科学家假定物质是不变的、绝对的，实是错误，物质并不是不变，只要速度有变迁，物质也跟着起变迁，由道相对说，就可见物质断灭，并不是不可能，而赫克尔（Haeckel）在《宇宙之谜》要证明物质定律的万能，现在可不兴了。再进一层，近代科学不但把从前所信的物质定律，从根本上掀翻他，而且即从科学的基础上，也可以证明宇宙革命，并不是空谈，却是不可逃避的真理。

因为近代科学家，如吕邦（Le Bon）已告诉我们物质断灭的道理，他著《有物质的进化》（*Evolution of Matter*）书，又于一九〇七年在比国倭斯丹市，本其研究结果，为通俗讲演。（见《东方杂志》十二卷第四五号，黄士恒译篇）依他意思，"以太"就是万物的本原，一切物质因力的作用，经过生成衰灭的一轮回，仍消灭于以太。所以说："物质非徒善变也，且必趋于死之途，而从所谓宿命的法则者也。""物质者莫大之力之贮蓄者也，且此物质，变形而为他之形式之力，遂复归于虚无之中而消灭也。"由这话看起来，可见吕邦学说虽

不尽和虚无主义相同,而就物质断灭一点,则大可资参证。因即照录他根本的原则并要语如左:

(1) 物质昔虽假定不灭,而实则其形成之原子,由连续不断之解体而归于消灭。

(2) 物质之变为非物质,其间遂产出一种之物,据从来科学所主张,物体有重量,而以太无重量,二者如划鸿沟,今兹所发明之产物,其性质乃位于物体与以太二者之间者。

(3) 物质尝认为无自动力,故以为必加外力而始动,然此说适得其反,盖物质为力(即原子内之力)之贮蓄所,初无待外部之供给,而自能消费其力也。

(4) 宇宙中力之大部分,如电气日热均由物质解体之际所发散原子内之力而生者也。

(5) 力与物质同一物而异其形式,物质者即原子内力之安定的形式,若光热电等,为原子内力之不安定的形式。

(6) 总之,原子之解体,与物质之变为非物质,不外力之定的形式(即称为物质者),变为不定的形式(即如电、气、光、热等),凡物质皆如是不绝而灭为力也。

(7) 适于生物之进化原则,亦可适用于原子,化学的种族,与生物种族同,均非不变者也。

(8) 力亦与其所从出之原物质,同非不变者。

又,宇宙之力,以质力二者失其平衡生,以复平灭。

又,质渐分解归于万物第一本体不可思议之以太者也,物体因燃烧或其他方法而破坏,斯为变化而非消灭,可由天平不灭其分量验之,而所谓灭,乃一切消失。

又,此以太之涡动,与由此而生之力,如何而失其自性,而消归于以太乎？如液中旋涡以失平遂颤动，放射周围，转瞬而消灭于液中。

又，宇宙无休息，纵有休息之所，非吾人所住之世界，而其间亦必无生物，死非休息也。

又，总括之云：一禽聚其力于物质之形之下，二力复归消灭，此为一循环，几千万年更为新轮回。

原文的归结是："从前科学以物质之恒久为基础，将来科学则当以物质之解体为基础，苟能发现物质速于解体之方法，则可掌握无限力之源泉，此为科学研究之主目的也。"这更可见吕邦的命意所在，虽他诠明的理论，也不见得全对，但我无意中得此旁助，对于宇宙革命主义，一发有坚决的信念，而那些抱定物质定律来批评我的，也大可以不论他了。

## （四）

虚无主义是要革掉宇宙的牢笼，几时革到"虚空平沉，大地破碎"，那时才算虚无主义的目的达到了。但我们究竟用什么方法，去实行这种理想呢？依我意思，这实在很难有一定答案，因为虚无学者虽预言未来的宇宙革命，却不必要惩前毖后，用深思和经验去预备一种新方法，关于这点，我和苏鲁（Sorel）工团主义的哲学家——的思想一样，他以为理性这个东西，并未能够引导我们，引导我们却是我们的理想，人若有理想必不能安静静的住着。当我们的感情压服理性的时候，平常防止我们的戒慎和节制我们的动机，都失了他的能力。我们才能够去做一种超过寻常的事情。所以你若有去做的决心，你便当去做，不必踌躇什么，否则，徒然使你勇猛径进的前途，无端的生了满地的荆棘，那时候你还能去行为吗？（见《奋斗》第六期《工团主义的哲学》）中此可见宇宙革命只要认定目标向前去做就是了，却不必问实行革命时候的状态如何。

但我们怎么向前去做呢？这就不能没有问题，依我意思（其一）我们对于未来的革命虽肯定他的真价值，但为实际上需要，却要特重现前的革命事实，要扩充他，使能够实现的革命实现，这就是虚无主义的效果了。所以我于宇宙革命的计划，是从无政府革命下手，因无政府革命是虚无的过程，所以我们只得和无政府的赞成者，一齐手牵手的去打破阶级、强权、资本家等，做到怎么样便怎么样，这就是实行宇宙革命的方法了。至于无政府革命以后的事，我现在也不便说他，以为到那时候，自然会发生别的困难，那时因要解决这种困难，宇宙革命也自然再进一步了。（其二）我研究宇宙的起源，知道宇宙是从心法而生，又可因心法而灭，所以实行宇宙革命的方法，是要用一种"心的工夫"，先使一切众生都有厌弃现实的倾向，然后宇宙也为着众生的心的变化而变化，以至消灭。故此现在的急务，在怎样使众生都有宇宙革命的决心，这简单的答案，自然要极力提倡虚无主义了。假使虚无主义能够变成一种共同的理想，那就是宇宙革命的时期近了！因此虚无思想的传播，也就是实行宇宙革命的一种方法，等到这种思想成熟，那时突变起来，就要到虚空去了。

## （五）

本来天翻地覆、人类绝种，并不是我们说来开顽笑的，实在是自然不可逃避的事实。因这是自然的事实，所以只可因势利导，在这大变动当中，能够使众生们早些解脱，这就是虚无学者的发心处了。闲话休谈，且说推翻宇宙的主义，虽在无政府革命后面，但两者的中间，还距离太远，如果详细说起来，接着无政府主义，还可提出无人类主义，无生物主义，无……无……主义，乃至无宇宙主义，所以要实行宇宙革命的理想，则无人类主义实是打破宇宙的一种过程，但怎么样才教人类灭种呢？说来只有两种方法：

（1）自杀，

（2）自由恋爱。

在现代思潮当中，有一派学者，主张人人自杀，他以为世界是错的，人生是恶的，我们要毁灭人生，只要用自杀来毁灭自己，把社会上各各的自己，都归消灭。这种学说，是由萧本华的厌世主义引申下来，自然和虚无主义的思想，很相吻合；因为虚无主义，也正是要毁灭人生，既要毁灭人生，决没有不赞成自杀的了。所以我在一九二〇，七月，曾实行自杀，可惜没有成功，就中遗言，有几句话，很可代表我的意见。我说："吾预料死后，必有反自杀论者，对我极力攻击，然吾乃无惧，吾只信自己有决定自己运命之自由，舍此以外任何伦理、社会、政治、法律……吾皆熟视若无睹，如是则持此谬说以诋我者，均何有于我？吾今自杀则自杀耳，不能自由而生，渠不可自由而死？……"虽然如此，自杀一事，究竟是个人的，我能自决我的运命，然实没有解决别人运命的自由，所以人人自杀的理想，很难实现，因为无论何人，都不能以自杀望之他人。复次，自杀实在过于人工的，勉强的，一切有情有一种共同的倾向，就是非迫不得已的时候，决不自杀——哲学的自杀，是例外的——所以人人自杀的理想，结果必不可能，而抱无人类主义的，也只可用自然方法来利导他，却不能用这反自杀的方法，来消灭人生了。

自杀的方法以外，我还寻找一种有普泛性的、自然性的方法，来促进"人类灭亡"的大事业，这种方法，便是自由恋爱。本来自由恋爱是现代世界的新思潮，是新时代人心的倾向；把他看作毁灭人生的武器，好似毫无道理，不知人生成为人生，都是从父精母血生下来的，故此归根及底，要毁灭人生，非从恋爱问题下手不可。何则？有男女恋爱才有生育，有生育才有这许多人来，倒转来说，假使没有生育，就许没有人生了。今据我研究所得，知道自由恋爱的结果，一定人们不喜欢生育，所以把自由恋爱来实现人类革命，实在很有理由。

有人说废止生育的方法，很多，独身主义不也是能够毁灭人生吗？不错！但独身主义只能行之少数学者，至于寻常的人便不能了。而且独身是要压抑情欲冲动，似此不自然而又没有普泛性的方法，实在比自杀还不彻底，所以我对于独身主义不认他是一种方法；不过或种的人，因不喜异性生活的缘故，而主张独身主义。我也并不反对，因为这种主义，也未始非毁灭人生的一大帮助，不过还不及自由恋爱有极大的效果罢了。

我说自由恋爱是有普遍性的，因为人们无尊，无卑，无贤，无不肖，无男无女，无利无钝，无论贩夫走卒，谁都有性欲的本能，谁都爱寻找那称心情热的伴侣。所以自由恋爱是由解放性欲的观念，而发出的异性的爱，这正是现代人极普泛的要求，也可见是有普泛性的了。复次，自由恋爱是自然的，依照现在社会、经济、道德、生理的种种需求，已知道自由恋爱是自然不可避免的事实。（参看《奋斗》第三期我做的《自由恋爱主义》）而且自然恋爱本来是因反抗那不自然的异性生活，而要求率性而行，凭着烂漫天真，去实现那"本来"——就是纯粹的情，故为有自然性的，较之稍有勉强意味的自杀方法，真优美愉快多了。

然我赞成自由恋爱主义，实和那提倡自由恋爱的宗旨不合。因那提倡的人们，是以自由恋爱为目的，虚无主义却把自由恋爱作手段。老实说吧！那些人是因自由恋爱而提倡自由恋爱，我是因要毁灭人生而主张自由恋爱,因有这些分别,所以提倡自由恋爱的人,最忌那自由恋爱使人类灭亡的话,而虚无学者却大胆承认他。

自由恋爱的好处,在自身的道理外,正因为他能够使人类灭亡,但我有什么证据,说他的结果,一定使人类灭亡呢?我的理由,简单说之如左:

(1)从前婚姻,男女是把金钱来代替真情,所谓夫妇制度的中心,其实定全是经济关系,所以有钱的人,可以用金钱来买恋爱,今自由恋爱便不然了,这时纯以恋爱而结合配偶,故男女之间,假使不得互相合意的人,实无结合的机会可言,就是有结合机会的人,也一定很少,因此自由恋爱的结果,使人口便自自然然的少起来。

(2)在婚姻制度底下,男女要衣食同栖共处,女子是以生育为唯一责务,所以并不顾惜自己,拼命的生殖起来,到了自由恋爱的时候,女子渐知觉悟,晓得生育是卑鄙、没趣,而且很痛苦的事情,于是不情愿孕妊,而生殖率也自然减少起来了。

(3)当实行自由恋爱的时候,一定在无政府共产的社会中,那时人人做工,然做工的时间,总是力求减少,而生产的数也一定不求多过消费,因此社会对我不负任的生育,使大家加多负担的人一定不满意,而男女们也自己不愿生育,使社会因养育儿童的缘故,而增加他劳动时间。

(4)这时子孙观念打破了,男女们既在社会中共同生产,其同消费,自没有那(a)衰老之时靠子孙生活、(b)死亡之后靠子孙祭礼、(c)子孙名利发达了好光大门楣这三种观念。即因这个原故,所以男子除却满足自己情欲以外,实没有生子孙的必要。何况这时社会,是极端自由,不生育也说不上"不孝有三,无后为大"的话,自由恋爱是和无后主义很有必要的关系,这也是能使人类灭亡的一大理由了。

（5）自由恋爱的社会里，人人因有余力从事于思想方面，故一一都富于理想，而喜欢过那精神的生活。仿佛吴稚晖先生说过，无政府时候的人们，脑部都比现在大一倍，这虽过甚之言，然这时人们脑力的发达，却是真的事实。今据心理学说，用脑力过度，生殖力自然减少，可知这时脑力发达，又是促人类灭亡的一原因。

由上面的证明，可见自由恋爱实是人类灭亡的武器，如果真个实行，那末人类就要渐渐的减少下去，以至于无。因此所以我主张自由恋爱，一面却很讥笑那高谈儿童公育的人，以为白费心了，何则？自由恋爱不但在学理上可证明他有消灭人生的倾向，即在事实上，都可以证明：如法国近来男女间因求自由的缘故，而力避孕妊之苦，这就是好例了。总而言之，自由恋爱是不要生育的，而人生真路，也只有永远向着消灭那方面走。那末我们为什么还要生育呢？

宇宙革命成功后，那时有穷消失于无穷——而我们所理想的真情本体，就完全实现了。但虽则实现，我还须奋最大的努力，自由突进，使这绵延创化的本体，不散漫了，不坠落了，我也从此达于绝对真美善之境，这就是永远的解脱了。

最后要勤勉我们尚未到达的目的，因高唱"到虚空去"的歌儿，作本书的结果：

    我从虚空来，还向虚空去。
    虚空是我本来身，也正是我们归宿；
    我去！我去！把身意断灭，吹成灰的我，也自和虚空无二。
    虚空里没有国，没有人，没有嗔，没有喜，既远离你和他，也没有他和我；
    那不是净土？那不是涅槃？
    证得虚空时，方知道人间的坠落，生存的凄楚。

谁送我从虚空来谁送我向虚空去?

但谁也不送我从虚空来,谁也不渡我到虚空去;

我来时自来,去时自去;

我去!我去!用不着渡夫渡我;

只凭一念真实,我自赤条条地到虚空去!

# 古学厄言

1919年，朱谦之先生作《太极新图说》《政微书》《周秦诸子学述》三文，发表于《新中国》杂志第1、2卷，后收入《古学卮言》一书，由上海泰东图书局于1922年4月初版发行，同年11月再版。收入《古学卮言》时，文字有删节。2002年此书收入福建本第三卷。本次整理，以泰东图书局1922年版为底本，以福建本为校本，同时参以中山大学哲学系藏朱谦之先生"自存本"所作校批文字。又，朱先生于"自存本"扉页题曰："在北大预科时作，此书系旧作，不合科学原理，不阅为佳。"又："怀疑时代，太极新图说——理想；托古、批评、破坏之著作，政微书——政无书。"

——编者

# 目　录

**太极新图说** ... 299
 无有第一 ... 300
 心第二 ... 301
 阴阳第三 ... 302
 火水土金第四 ... 303
 人第五 ... 304
 男女第六 ... 305
 万物第七 ... 306
 自跋 ... 307

**政微书** ... 308
 体道训第一 ... 308
 太极训第二 ... 317
 阴阳训第三 ... 327
 易生训第四 ... 336
 理数训第五 ... 347

**周秦诸子学统述** ... 355
 绪论 ... 355
 儒家第一 ... 365
 阴阳家第二 ... 370
 法家第三 ... 376

名家第四..................................381

墨家第五..................................390

纵横家第六................................397

杂家第七..................................403

农家第八..................................413

小说家第九................................417

辞章家第十................................419

兵家第十一................................420

数术家第十二..............................424

医家第十三................................426

房中家第十四..............................428

神仙家第十五..............................429

道家诸子第十六............................430

 （一）管子........................431

 （二）关尹子......................432

 （三）亢仓子......................434

 （四）文子........................434

 （五）杨子........................435

 （六）列子........................436

 （七）庄子........................437

 （八）鹖冠子......................438

 （九）田子........................439

 （十）子华子......................439

余论......................................441

附录：太极图辨诬及太极新图说（节选）......447

# 太极新图说

自无而有心,心者太极也,心之出而有电,电有阴阳,阴阳相对,动静在其中矣;一动一静,而生火水土金;合火水土金,变而成人,化而成男女;人复相贼,以相贼故,浸成淘汰,化为无量万物,盖宇宙发生之现象如此。

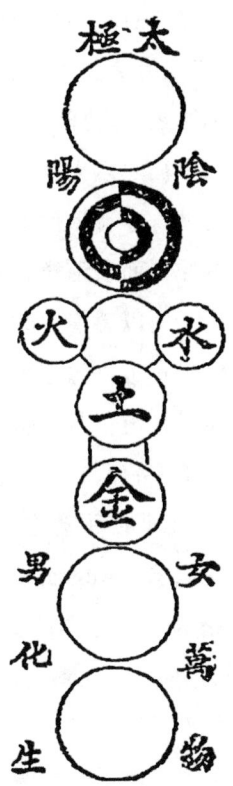

## 无有第一

吾尝闻 Parmenides 之论有矣。其意以为天下无无有，无有斯无有矣；抑所谓有者，无始终，无生灭者也。若有而有始终，必始终于无有或有，无有斯无有矣，是谓始终于无有者，无有是处；而有之外别无有，是谓始终于有者，无有是处；此无始终无生灭之有，是谓本体。而一切随染幻用，皆无有耳。之言也，可谓圣明特达，能契神于有无之间矣。今以例太极之有，浸假而阴阳矣；浸假而四象矣；果自有也，则何其迁流转变，生灭无常也？故夫太极之有，无有耳，虽今现有，不过以妄情故施设，自无而有也。今欲明自无而有之有为非有，则不如明自有之有之为有也。自有之有者曰：情尽之矣，Parmenides 之谓有，佛氏之谓真如，从本已来，不可言说，离色心等有实常法者也。吾固知乎彼之以无为有者，则必以有为无。虽然吾不可以不言，吾所谓有之情。今者形而上学之心理学派，有为唯意论者，实以意志为宇宙之本原，而所谓意志者，实外乎意志，而有感情存也。敢问此感情何自来？何以感情盛时，忘形丧我，若无有意志之存？是知唯感情，可以外于意志，意志则决不能离却感情，特所谓感情者，犹意志之未涤除净尽者也；若以感情为宇宙之本原，其陋乃与僧佉派之言冥谛同，必至于无感而有情，寂灭精妙已圆，则情之谓矣。故夫情在意志之先，而无不在乎意志之内，凡有意志者，莫不有情，凡天下之物，莫不有意志，Augustine 所谓意志之外，更无物，则推于未始有意志之前，情为宇宙之本体明矣。复次 Plato 之论，以为真实存在者，不外至善之事，因立善之观念，以为万物究竟之原因，不知所谓至善，必不可于观念中求之，若以观念求之，即属所证之境，未离于差别相，尚何善之足云？若情者不有善故不无善，不得善故不失善，瞥起求情，即非真情，此所的至善本有而不无也。本有故不无，若太极既已自无而有；有则不能无无也，夫至于自有而无，则又圣人所谓忧患也。

何言乎太极之自无而有也？周子《太极图说》曰："无极而太极。"晦庵以为灼见道体，迥出寻常。诚哉道体之无而有也！以能生故知其自无而有也。《系传》曰"天地之大德曰生"，曰"生生之谓易"；周子亦云："动而生阳，静而生阴。"是太极为能生，凡能生者皆无常也；凡无常者，皆自无而有也。故刘巘《周易义》曰"自无出有曰生"，是亦自无出有而已！是又安得不曰无极而太极乎？《周易兼义》何氏云："《系辞》分为上下二篇者，上篇明无；故曰易有太极，太极即无也。又曰圣人以此洗心退藏于密，是其无；下篇，明几，从无入有，故云知几其神。"盖积渐以言有者，悟道者皆然，因其积渐而成，则知其始之非实，因其未有无有，则知其自无而有，特周子所谓无极而太极一语，犹有语病，不如言自无而有之犹愈。《老子·四十章》曰："天下万物生于有，有生于无"；王弼曰："凡有皆始于无。"可谓能存道体者矣。

## 心第二

心为太极，而太极本无极也，故有心者；有未始有心者；即自无而有心也。《大乘起信论》曰："心初起者，随俗说也，求其初相，终不可得，心尚无有，何况有初？是知一切众生，不名为觉，以无始来，恒有无明妄念相续，未曾离故。若妄念息即知心相生灭异位，皆悉无相，以于一心，前后同时，皆不自知，无始自故；如是知已，则知始觉不可得，以不异本觉故。"虽然心之前际不可得矣，不可得则得之矣。何则伏曼容言："万物从惑而起，故以蛊为事。"今搜讨心所自来，而犹在惑中，是知心之从惑而起，以惑为体者也。从惑而起，是无常也；无常者，皆自无而有也；自无而有者，意而非情。意者何？《易》所谓太极，邵子所谓心也。夫论道而有见于心，虽于本有之体，犹有未树，而于宇宙之情状，则洞得之矣。故佛氏言万法唯识，三界唯心，而以心为一法界大总相法门体；吾华前哲之为形而上学者，亦立心为道之宗极，而命之曰太极，其说至矣尽矣，无以加矣。

## 阴阳第三

自太极而阴阳，昭昭乎进乎气矣，郑康成曰："极中之道，淳和未分之气也"；班固典引曰："太极之先，两仪始分，烟烟煴煴，有沉而奥，有浮而清。"盖皆以太极为气所自始也。太极异名曰元，《九家易》曰"元者气之始也"；《后汉书·方术传注》曰"元气者，为开辟阴阳也"；《公羊传》何休注曰："元者气也，无形以起，有形以分，造分天地，天地之始。"是尤足证太极之为气母者矣。特所谓气者前哲之论未详，自余观之，即电是已。电具阴阳二性，the electric yields are nagtive and positive，就阴阳二电之未分言，则谓之太极；就阴阳二电之判然者言之，则谓之阴阳。阴阳一太极，即合阴阳二电，而有电之名也。电气和则静，elective state undisturbed，故太极之旨主静，周子所谓"圣人定之以仁义中正而主静"也。电气不和则乱动，elective state excited，就阴阳二电之将判时言，不和可知，周子所谓"动而生阳，动极而静，静而生阴，静极复动，一动一静，互为其根"，即电气不和而乱动也。太极心也，太极而阴阳，即自心之出而有电也。《庄子·庚桑楚篇》曰："寇莫大于阴阳，无所逃于天地之间，非阴阳贼之，心则使之也。"关尹子亦谓气缘心生，可以为之，盖皆有见于心能生电者矣。心太极也，自太极而阴阳，太极即无不在乎阴阳之中，即自心而有阴阳二电，即阴阳二电，而心在其中矣。天下之物莫不有心，故天下之物，莫不含电，心既自无而有，则电亦自无而有而已。

## 火水土金第四

案太极原图，次三曰五行，与《大传》"两仪生四象"说不合，且木为植物，与火水土金殊科，疑后人所增，今从删。又案原图说定为水火木金土，除木系妄增，无庸议外。其余亦与原图次序不合，疑本于《洪范》而失《太极图》原义者，今改为火水土金，从原图也。

阴阳二电之相错、相什、相得、相易、相荡、相推、相资、相感、相攻、相逮、相悖，然后能变化既成火水土金也。其激耀时，则烁而成火；其负抱时，则润而成水。邵子《观物外篇》曰："火生于无，水生于有，火无体因物以为体。"盖阴阳离必牵引复合，when separated they strongly attract each other，始离而相烁，后必冲气以为和。鲍景翔曰："气为水母，气聚则水生，人之一身贪心动则津生，哀心动则泪生，愧心动则汗生，欲心动则精生。"盖自阴阳相烁而复合，气聚生水必矣，相烁时有火热，fire or artificial heat，而不可把握。至于水，形质始著，观之则有，握之亦有，故水者自无出有，次于火者也。《易》曰"天一生水"，苏东坡曰："阴阳一交而生物，其始为水，水者无有之际也，始离于火而有。"可谓契神于有无之际者矣。希腊Zeno谓太初生火，火生风；风生水，此谓火生风者，电之动而静也；谓风生水者，电之静又动也；盖亦有见于火先于水之理矣。有水则有土，故Zeno于火生水之后，即继以水生地之说，《朱子语类》论天地初生时之形状，亦曰："天地始初，混沌未分时，想只有水火二者，水之滓脚便是地，今登高而望群山，皆为波浪之状，便是水泛如此，只不知因甚时凝了，初间极软，后来方凝得硬。"盖皆有见于水生土之理矣。案为火云星说者，谓太初时，有非常稀薄之瓦斯体弥漫天空，绕其中心如轮绕轴旋转。既久，其中心之气结而为日，外层亦分裂为环形。自日而外第三环即地之原质，原质又互相吸引，始渐结为球。方其初成形如火球，经亿垓年旋转不已，始结成地壳云。余意谓地之成因，由于星气是也。谓星气之旋转不已，亦是也。前者从阴阳处说，后者不过阴阳勤静之微。唯就星气之凝结言，而谓其形如火球，是不知"火无体因物以为体"之理耳。今知火无体则球于何有？知气聚则生水，则曷不言自水而地。水者无有之际，自火而水自水而地，若谓自火而地，于谊有所未明，徒令人傍徨迷惑耳。有土则有金，土之与金，本无判然之界限，如砷（Arsenic）、锑（Antimony）、铋（Bismuth），则固介乎二者之间。邵子《观物内篇》亦舍金用石，石出于土，言石而土生金之理见矣。更进而言，晚近科学之妙穷理致者，有电子说，夫原子（Atom）者则电子所合成也；分子（Molecule）者则原子所合成也；单体（Simple Substance）者则分子所合成也；火水土金，则又数十种单体之化合者也。由是以推，电之出而有火水土金，其事亦易明矣。

# 人第五

人者，合火水土金之精而成者也。故《宝积经》曰："此身生时共其父母四大种性，一类歌罗逻身。若唯地火无水界者，譬如有人握干曲灰，终不和合，若唯水界无地界者，譬如油水，无有坚实，即便流散；若唯地水无火界者，譬如夏月阴处肉团，无日光照，则便烂坏，若唯地水火无风界者，则不增长。"《圆觉经》亦曰："我今此身，四大和合，所谓发毛爪齿，皮肉筋骨，髓脑垢色，皆归于地；唾涕浓血，津液涎沫，痰泪精气，大小便利，皆归于水；暖气归火；动转归风；四大合离，今者妄身，当在何处，即知此身，毕竟无体和合为相实同幻化。"盖皆有悟于是身不实，四大为家，众缘假合而知其无我也。唯以地水风火，谓之四大，似与太极图之以火水土金为四象者不同，不知地即土金，风即电，电者贯于太极全图彻首彻尾，无乎不在。故太极图不于火水土金以外，别立此名，抑亦吾国哲学所以精微也。

## 男女第六

原人初生，本无有男女之分，今在地球之北，北纬七八十度之处，住有人民曰 Eskimo，世所称最野蛮之人种也。试察此曹之躯体与其生活之状态，殆直接原人之绪余者。Eskimo 男女之容貌相似，殆难辨别，不独容貌，即服装亦然。吾闻生理学家言男女性之区别与容貌大有关系，今 Eskimo 男女之容貌无甚差别，则原人初生初无男女之别审矣。又况自绝对差别，而无甚差别而有所差别，固可以进化论之理解之乎？吾闻 Eskimo 之自称曰 Inuit，即人类之义，古物语神以土造人，理想的之人颇不易出，最后所出者为 Eskimo 乃至正之人类也。细玩其意，所谓至正之人类，殆对于男女无差别时而发，所谓理想的之人颇不易出，其言亦本易见也。吾意 Eskimo 其存原人时代之记忆乎？殆知男女所由分乎？吾甚愿治人种学者，亟起而问之。其所以分，本与宇宙原理相一贯也。盖太极所起，即分别心所起，依相续识，分别心无灭，本原人类之刻薄寡恩。吾尝闻于学者之言矣，其强梁者，以血肉相冲突，久者成性，作强之官，形渐凝蹇，则施者为男，受者为女，《老子》云"人多伎巧，奇物滋起"；楞严经云"淫习交接，发于相摩，研摩不休，故有大猛火，于中发动，如人以手自相摩触，暖相现前，二习相然，故有铁床铜柱诸事"，皆说此者也。是故当知，男女差别，积极而成，即无量众生，雌雄异性，亦根原于此。

## 万物第七

今者无量众生，其心理作用，如辨识、如记忆、如联想、如判断，皆与人类若无殊，此近代生物学家，心理学家所公认者也。关于人类心性起源及发达之论，Darwin 于一八五九年所刊 Origin of Species 已发其端略。谓动物之中有酷似人类之性情者，如苦痛、喜怒、忧患、嫉妒、复仇、忍耐、好奇之感情，以及注意、记忆、想像、辨识、判断、选择、模拟等之能情是也。结论谓高等动物与野蛮人差异虽多，究非根本之差，乃程度之差耳。Huxley 亦言"人类脑髓与猿类髓蹄之差异隆大与重量外无甚区别"（见陈映璜《人类学讲义》）。可知进化论者，非不知人类之心与动物之心大同，特倒果为因，遂谓人类之心为由动物之心进化而来，乃不知动物之心本由人类之心递变递降成而成也。此何以故？以生物皆自人类递变递降而成也。今以牛马为例，常乎本原人类之相争相竞，强之于弱，肆意轻蔑，于是有人，牵持同类，俯伏令行，加之以衡扼，齐之以月题，鞭策之下，畏威而从，久而凝性，引重致远，成为特别官能，体质亦变，如是等例，吾所谓人为淘汰也。《说文》物字下云"万物之数，始于牵牛"，疑亦说此。复次本原人类由因攻击及防御，动颠倒故，起种种不可思议想，由因种种不可思议想，故变成种种各异色相，此种种各异色相，复恃强凌弱，掠夺攫取，如 Eskimo 者即食生肉者之名，则本原人类可想而知。生存愈艰，变态愈幻，其能自适者，必其有以自适也。故自陆而之海，自海而之空中，乃至无可逃难，因枯槁乱想，变化植物，此植物者，或呈色泽，或吐芬香，无非委曲求全而已。如是等例，吾所谓自然淘汰也。以此淘汰，而有人相我相众生相，则众生与人，本为一体，亦《太极图》归结之微意也。

## 自　跋

　　右说既成，乃循其本。夫无外不可一，故正复为奇，善复为妖，无内不可分，故自道而德，自德而仁。今爱智者之所事在知，而学者所见不同焉。或见于无，或见于有，或见于太极而主一，或见于阴阳而主二，或见于心，或见于气，或见于火水土金，乃至于至小之倪，与乎无厚之端，要皆蔽塞者流，见于一隅之小一而未之通类者也。夫道果恶乎在？恶乎不在！则一隅固不足以举之，而有待于至大无外之大一以贯之也。乃者吾求大一，于今不可得，得《太极图》而知其源流深长矣。则潜玩默体，探其远情，复疑于太极之情而有，而知本体之不如是也。于是上推无极之前，得圆成实性，下稽无极而太极以后，而自无而有，一而二，而物之理以明，吾于是知天地之道，皆从图出，而图之果为至大无外之大一也。疏而行之。一九一九年二月二十日，情牵跋。

# 政微书

## 体道训第一

吾闻之！疾形不能遁影，大音不能掩响，默然讬荫，则影响无因，深根固柢之道岂不然哉！政在我，则保此要妙，守我微明，鱼不可脱于渊，国之利器不可以示人；夫唯无知，是以不我知，孰知其极且无政，是故常函掩其迹，使民无知无欲，使夫智者不敢为也。民无为而君有以为，牵持驾服，以入于道，以正治国者此也。《关尹子·一宇》曰："非有道不可言，不可言即道；非道不可思，不可思即道。"以前言之，则不使民知之；以后言之，则使民由之；百姓日用而不知，此道所以可贵也。《管子·心术》曰"大道可安而不可说"；房玄龄注曰："夫大道无形无声者也，体神而安之，则有理存焉，如欲说之无绪可言"。《素书·原始》曰"道者人之所蹈，不知其所由"；是故谓之玄伏，见《淮南子·原道训》高诱注。谓之深囿，见《管子·心术篇》。安女止惟几惟康，几事不密则害成，无咎者必括囊也。《老子》曰："古之善为道者，非以明民，将以愚之。"吾亦曰，道之无为无见，退藏于密者，不以智治国也。知我者希，则道成而政适，彼不知道妄意卜者，如射覆盂，高之者曰存金存玉，中之者曰存角存翠，下之者曰存瓦存石，不是乎，非是乎，惟置物者知之。置物者，固未尝置物，而说者如打诨猜拳，闻者如捉风听梦，譬之画鬼，何所佐证哉？苏子瞻

《日喻》曰："生而眇者，不识日，问之有目者，或告之曰，日之状如铜盘，扣盘而得其声，他日闻钟以为日也。或告之曰，日之光如烛，摸烛而得其形，他日揣籥以为日也。日之与钟籥亦远矣，而眇者不知其异，以其未尝见而求之也。道之难见也，甚于日，而人未达也无以异于眇也，达者告之，虽有善譬巧道，亦无过于盘与烛也。自盘而之烛，自烛而之籥，转而相之，岂有既乎，故世之言道者，或即其所见而知之，或莫之见而意之，皆求道之故也。"苏子真知言哉！知言之谓者，不以言言也，争鱼者濡，逐兽者趋，天下皆知，斯善而不善；故可传者传以心也，可受者受以心也，耳受而口传之，且议其有将矣。今请言道，《老子·赞玄》曰："视之不见名曰希，听而不闻名曰夷，抟之不得名曰微，此三者不可致诘，故混而为一。其上不皦，其下不昧，绳绳不可名，复归于无物，是谓无状之状，无物之象，是谓恍惚；迎之不见其首，随之不见其后，执古之道，以御今之有，能知古始，是谓道纪。"道纪者，政之纪纲也，物有形器而可见，道独恍恍不可知。不见其首，则无来时，不见其后，则无去日，由后则有，诘之则无，执古则莫可分晰，对今则了然不昧，于人之论者，谓之冥冥，所以喻道，而犹非道者，以道本无也。焦竑《庄子翼序》曰："夫曰今之有则古之无可知已"，其说最精。道之本无政之本无也，言无者，求其或有也。故《虚心章》曰："孔德之容，唯道是从，道之为物，惟恍惟惚，惚兮恍兮，其中有象；恍兮惚兮，其中有物；窈兮冥兮，其中有精；其精甚真，其中有信，自古及今，其名不去。"此自恍惚运而成象，著而若形，所谓视乎冥冥，听乎无声，冥冥之中，独见晓焉，无声之中，独闻和焉，深之又深，而能物焉，神之又神，而能精焉，斯之谓也。窈冥深眇，虽未成形，而真精之极得，万物之性定，若有真宰，而特不得其联，可行己信，此之谓动之微吉之先见。夫既湛兮似或存矣，则有不可无，一调不改，乃将得比哉！道之以有，政之以有也；而自无而有者，岂可有也哉？焦竑《笔乘》曰："昧者乃谓恍惚，窈冥之中，真有一物；夫恍惚窈冥，则无中边之谓也，予物奚丽乎？"诚乎其无也，而知者不言，言者不知，而世岂识哉？《庄子·知北游篇》曰："泰清问于无穷，曰子知道乎？无穷曰，吾不知。又问乎无为，无为曰：吾知道。泰清以之言也，问乎无始，曰：是则无穷之弗知，与无为之知，孰是而孰非乎？无始曰：不知深矣，知之浅矣，弗知内矣，知者外矣。泰清中而叹曰：弗知乃知乎！知形形之不形乎，道不当名。"夫所假而行，有而何曾有也，妄而已矣，何可以言传乎！故睹道者不随其所废，不顾其所终，所谓可传而不可受，可得而不可见，自本自根，未有天地自古以固存，神鬼神帝，生天生地，在太极之先，而不为高，在六极之下，而不为深，先天地而不为久，长万物而不老者也。所谓谋乎无闻其音，卒乎乃在其心，冥冥乎不见其形，淫淫乎与我具生，不见其形不闻其声，而序其成者也。夫不可闻，不可见，不可得，不可执，宁复名物？而曰：苞络天地，含阴吐阳，山以之高，渊以之深，兽以之走，鱼以之游，凤以之翔，星辰以之行，不成梦呓语哉？盖亦自知之矣，故曰：言道者如言梦。夫言梦者，曰：如此金玉，如此禽兽，言者能言之，不能取而与之，听者能闻之，不能受而得之，以道本无所谓道也。曰凝寂，曰邃深，曰澄彻，曰空同，曰瞑冥，皆以道为不可得而象。何晏注《论语》曰："道不可体，故志之而已。""志于道"句下，又《正义》云："道者，虚通无拥自然之谓也。"王弼曰："道者，无不通也，无不由也。"况之曰："道寂如无体，不可为象，是道不可体但志慕而已。"韩伯注《易》曰："道者，何无之称也。""一阴一阳之谓道"句下，又《正义》云："以体言之谓之无，以物得开通谓之道，总而言之，皆虚无之谓也。"是无也，非妄之异言乎？是妄也，故《易》言无妄。船山王氏《周易内传》云："无妄云者，疑于妄而言其无妄也，若非有妄，则不言无妄矣。"其说甚精。《关尹子·一宇篇》曰："圣知造迷，鬼神不识，惟不可为，不可致，不可测，不可分，故曰天，曰命，曰神，曰玄，合曰道。"其言可谓至极。何谓天？《论衡·自然篇》曰："君臣相忘于治，鱼相忘于水，兽相忘于林，人相忘于世，故曰天也。"夫浑而撵者，无为而尊，百姓皆谓我自然，则端兆不可得而见，意趣不可得而睹，莫知其所为，夫何至于君人稍涉疑虑哉！何谓命？受命之君，是不自生也。《汲冢周书·命训解》曰："天生民而成大命，命司德正之以祸福，立明主以顺之，曰大命有常，小命曰成，成则敬常，敬常则度至于极。"夫谓之命，则我不为主而为客，隐匿而无名，则兕无所投其角，虎无所措其爪，此能成其大者也。何谓神不神不尊，不尊不化，人之所以见信而获尊者，以其中有所不可窥也。《春秋繁露·立元神篇》曰："为人君者莫贵神，神者不可得而视也，不可得而听也，是故视而不见其形，听而不闻其声，声之不闻，故莫得其响，不见其形，故莫得其形；莫得其形，则无以曲直也；莫得其响，则无以清浊也；无以曲直则其功不可得而败；无以清浊则其名不可得而度；所谓不见其形，非不见其进止之形也，言其所以进止，不可得而见也；所谓不闻其声，非不闻其号令之声也，言其所以号令不可得而闻也；是谓冥昏，能冥则昏，能昏则彰，能冥能昏，是之谓神。"何谓玄？张衡《玄图》曰："玄者无形之类，自然之根，作于大始，莫之能先，色含道得，拘掩乾坤，橐钥玄气，禀受无原。"《抱朴子·畅玄篇》言：玄綦详文繁不引。夫微妙玄通，深不可识，莫见乎隐，莫测乎微，此道之所以用之不足既也夫！故守道之极，知玄知默，譬如处暗，夫处明者不见暗中一物，而处暗者，能见明中区事，诡潜寂而为无者，即因兆类而为有也。合此四名，成为道体，冥冥默默，无容无则，大不可极，深不可测，常与人化，智不可得。故曰：上士闻道，勤而行之；中士闻道，若存若亡；下士闻道，大笑之，不笑之不足以为道。由此观之，玄之又玄，天下莫知其极，莫知其极，可以有国，政皆从此而出，谓之众妙之门者此也。尝试论之，有国矣必有始以为万物母，既得其母，则天下之物，皆从此出，此所以视天下如婴儿也，既知其子，复守其母，则天下孰敢以其所出，害其所自出哉！故曰没身不殆，曰可以长久。夫道者万物之奥，吴澂注云："万物之奥，万物之最贵者；奥室之西，南隅寝庙之制，有堂，堂在内，故室为贵。室中之制，东南隅曰突，东北隅曰宦，西北隅屋漏奥，尊者所居，故奥为贵。"以有名而为之母者也。故无之用极，而有之功显，《史记》所谓本隐而之显者是，因象玄之状曰：有物混成，先天地生；夫视之不见者，无异乎听之不闻，抟之不得者也；三者不可致诘，混而为一，无异乎曰天曰命曰神曰玄，合曰道者也。指空而曰：此独立而不改，周行而不殆，可以为天下母，虽三尺童子，皆知其妄，而世皆信以为真者，何也？亦曰：不知道之即政，政之本无也。故自盘而之烛，自烛而之籥，其迷固久，知者即因其迷而蛊之，以开物成务。李鼎祚《周易集解》引伏曼容曰："蛊，者惑也，万事从惑而起，故以蛊为事。"《尚书大传》曰："乃命五史以画五帝之蛊事。"呼呜蛊也！吾故曰不以智治国也。夫曰独立，则超然无偶；曰不改，则终始如一；曰周行则无所不包；曰不殆，则有不可无；独立以形体言，则执大象而天下往也；不改以主宰言，则湛兮似或存也；周行以妙用言，则冲而用之也；苏注：冲然至无。不殆以性情言，则以无有入无间也；合而言之，可以为天下母，程子所谓天且弗违是也。而孰知可以为天下母者，本托之虚无，空然无有也！谓之执，谓之似，谓之冲，谓之无有可知也。昧者以为或有，探之茫茫，索之冥冥，童而习之，白首而不得其由，则以为天也、命也、神也、玄也，不知其所由，则置之安之，圣人亦从而亭之毒之；既置之安之亭之毒之矣，则赅而存焉，而不忧物变事机之或轶其外，况之曰道。孔子则谓之易，扬子则谓之太玄。本桓谭《新论》之语。谓之易者，无形埒也；《列子·天瑞篇》曰："视之不见，听之不闻,循之不得,故曰易也。易无形埒。"张湛注云:"太易之义,如无而已。"谓之玄者,幽摘万类而不见形者也;《太玄经·玄摘》第九。自无而有,自无名天地之始,而为有名万物之母;约之以命,期以累实,亦岂自然著哉!名定矣,则循名以责实!曰如是则大逆不道,物不竞非无心,无所措其心也;君主有所守者守此也。强名之曰大则大矣,曰逝则逝矣,曰远则远矣,曰反则反矣,出无间入无朕,独往独来莫之能止者,行于无人之地也。

今夫周易之义,乾坤二卦尽之矣,乾坤二卦之义,元亨利贞四德尽之矣。《子夏传》曰:"元始也,亨通也,利和也,贞正也。"予意者,即曰大曰逝曰远曰反也。何以言之?正莫大于正始,不及本所从来而承之,不能遂其功,故以元开物成务,《易乾凿度》所谓凿开天路,显彰化源也。于文从一兀,一者何?国必有王所以一之也,王必执一所以搏之也;兀高也,巍巍兮莫能名焉,《前汉书·哀帝纪》基事之元命,师古曰:"更受天之大命。"盖元之训大,不自周易《本义》始也,本义则最明斯旨。《乾象传》曰:"大哉乾元,万物资始,乃统天。"此曰乾元,即所谓道大天大也。《坤象传》曰:"大哉坤元,万物资生,乃顺承天。"此曰坤元,即所谓地大王亦大也。人法地,而王者不言法者,乾道也;人法地而不言天者,坤道也。人法地,地法天,天法道,而不言王者,以王者即地即天即道也,故域中有四大,而王一其大而居焉而不辞,功德至大,势名至贤,人卒虽众,唯我洋洋乎大哉。《尚书·召诰》曰:"其维王位在德元,小民乃惟刑用于天下。"夫道同则何以相先,情同则何以相使,必居天下之上,譬如北辰居其所而众星共之,而后小民皆仪刑用德于下,此王者所以贵自大也。唯有所德则有所受,不以法天为虚名,则吾说穷矣。故《公羊传》元年春王正月,传曰。"元者何?君之始年也。"疏曰:"《春秋说》云:"王不上奉天文以立号,则道术无原,故先陈春后言王，天不深正其元，则不能成其德，故光起元然后陈春矣。"得意忘言，则法天之为虚名可知，《春秋》推见至隐，岂虚言哉！今夫信不足焉，有不信焉，民以性命之理为犹可疑也，则宜如何含光藏曜，匿迹灭尘哉！归枢微妙，是谓至神，轨天以为天下母也，则不如坐进此道，轨道以为天下母也，则不如希言自然，故天法道，而道乃天，道法自然，而道乃久，橐籥禽施，无有津崖，王者以此为教，则孰有不信者！不知而然，而亦不然，万物皆然，不得不然，然而自然，非有能然，无所因寄，则绵绵若存，为天地之根，噫，此其政所以到今而不废与！《说文》无字下云："奇字无通于元。"元，《经典释文》《说文》云："奇无通于无者，虚无道也。"王述说天屈西北为无。则与无同，政始于有，而有非有也，取诸非有，以名大有，为善之长，善复为妖，即元之为妖也，呼呜妖也！吾故曰不以知治国也，次曰逝，曰远，周行无所不至，亨利之义，道之动也。云道者，所由适于治之路也，《汉书·董仲舒列传》，又《论语》道千乘之国，《史记·文帝纪》道民之路，皆训治。与道同，《释名·释言语》曰："道，导也，所以通导万物也。"其义为田也，《说文》道训所由道也，《庄子·渔父篇》曰："道者万物之所由也。"引也，《春秋左传》隐五年，请君释憾于宋，敝邑为道。申之则从也，《前汉·淮南王传》请使者道长安来，《山海经》风道北来，注：道，从也。顺也。《书·禹贡》九河既道，注：顺其道也。譬猎者之于兽也，设陷阱以致之，故道从辵，所以致而陷之也；唯其然也，处众人之所恶，故几于道而贵玄同，迂其途而诱之耳，亦曰将欲歙之，必固张之；将欲弱之，必固强之；欲将夺之，必固与之。夫未尝与之而遽夺之，则势有所不极，而取之难，故亨者嘉之会，可得而亨即可得而塞其兑，闭其门也，利者义之和，可得而利即可得而弱其志，虚其心也。乐与饵过客止，常使民有欲以止者，亨之期也。号而不嘎和之至，常使民无欲以静者，利之期也。刍狗万物，莫此为甚，孰谓圣人自为太少哉！《孙子·始计篇》

曰："道者令民与上同意也，故可与之死，可与之生，而民不畏危。"《墨子·尚同篇》曰："爱民不疾，民无可使，必疾爱而使之，畋信而持之，富贵以道其前，明罚以道其后，为政如此，虽欲毋与我同，不可得也。"伤哉言也！圣人孩提天下，而独怀玉而不渝，谓之和光，谓之同尘，谓之保合大和，而实无私焉乃私也；天下之人乃以为王者圣人也，天恐惧振惕，不敢为乱，斥阘要遮，赴汤蹈火为之死而不辞，人之迷其日固久矣！故曰：众人如春登台，《释名》春之为言蠢也，原道指归，何莫非是。《荀子·正名篇》曰："民易一以道，而不可与共故。"郝懿行注云："故谓所以然也，夫民之愚而难晓，故但可偕之大道，而不可与共明其所以然。"《孙子·九地篇》曰："如登高山，去其梯，与之深入诸侯之位，而发其机，焚其舟，破釜，若驱群羊而往，驱而来，莫知所之。"亨利即是斯义，使之先迷于歧路之中，歧路之中，又有歧焉，皇然无所措，而归我，则唯余一人之令矣。谓右则右，谓左则左，左陷于大泽中，坎之谓也；坤道先迷后得主，谁迷之耶？逝矣远矣，思过半矣，呼呜迷也，吾故曰不以智治国也。次曰反，王弼注曰："不随于所适，其体独立，故曰反；其体独立，是正也，非贞之谓而谁谓。"《去用章》曰"反者道之动"，注曰："高以下为基，贵以贱为本，有以无为用。此其反也，动皆知其无，则物通矣，故曰反者道之动也。"吾常论之：睹有者今之君子，睹无者天地之友，知无之可以适有，则知有亦可以之无，圣人之大位，诚何法以全之也？亦曰归本而守之以政耳。今日之有非我有，则乾乾因其时而惕，虽危无咎矣；枢始得其环中以应无穷，此善抱者不脱也。《淮南子·原道训》曰："肃然应感，殷然反本，则沦于无形矣，所谓无形者，一之谓也，所谓一者，无匹合于天下者也。"卓然独立，块然独处，与《周易》"天下之动贞乎一也"之义合。虞翻曰"一谓乾元"，而不知此乾元者，贞乎无者也，知此者，王弼最贤。其言曰："以无为心，则莫不载也，故物无焉则无物不经，有焉则不足以免其生，是以天地虽广，以无为心，圣人虽大，以虚为主，故曰以复而视，则天地之心见，至日而思之，则先王之至睹也。"又曰："复者反本之谓也，天地以本为心者也，凡动息则静，静非对动者也；语息则默，默非对语者也，然则天地虽大，富有万物，雷动风行，运化万变，寂然至无，则其本矣，故动息地中，乃天地之心见也，若以有为心，则异类未获具存矣。"见《周易》王弼注。其言至矣尽矣！是故善为道者，憛憛然如以腐索御奔焉，何其畏也？曰：通达之国皆人也，以道导之，则吾畜也，不以道导之，则吾仇也，若何而毋畏。《说苑·政理篇》孔子语。譬如脚箧探囊发匮之盗，人之所恶夫，奚不自知之哉！故《老子·无用章》曰："三十辐共一毂，当其无有车之用；埏埴以为器，当其无有器之用；凿户牖以为室，当其无有室之用；故有之以为利，无之以为用。"船山王氏衍之曰："造有者求其有也，知求其有有，所以保其无也，经营以有，而但为其无者，岂乐无哉，无者用之藏也。"有味乎斯言，则正所以藏身之说，不綦然乎！《朱子语类》云："贞便是收敛，收敛既无形迹，又须复生。"今案《老子·任信章》曰"正言若反"，以反为正之本，即《文言传》以贞为事之干之旨也。知正之所在，而固守之，斯可以成其大，而正之本则无，故守中者，守此也；执一者，执此也。《语类》所谓知，是那默运事变底一件物事，所以为事之干，其言亦尽也。《复》象传曰："复其见天地之心乎？"《咸》象传曰："山上有泽，君子以虚受人。"《论语》曰："有若无，实若虚。"《鹖冠子》曰："远而反故谓之明。"《环流篇》。吴子曰：道者所以反本复始；盖自无而有，无其根也，无以守之，谓之归根，洗心之学则然也，故曰物过则舍，复所于虚，此正之成业，先儒谓复卦为尧舜相传之心学，为此言者，其知道乎！若夫西伯戡黎，且以为我生不有命在天，不拂有以取无，而以为果有也，是谓迷复，何足以临天下。唯知反者则知今日之域中,自盗窃来也,今日所据之道,本托之虚无,空然无有也。非有而有之,必至于攘臂而扱之则何辞,以正治国者,复以奇用兵,殊途而同归,皆务为治者也。故仁义道也,郑玄《礼记·乐》注曰:道谓仁义。礼亦道也;《论语集解》"君子所贵乎道者三",注:此道谓礼。太极道也,阴阳亦道也;能秉要执本者,未有不能与时迁移,因物变化也;能与时迁移因物变化者,则总可保其有终,此所谓政也。故乾以元始,以贞母,道以大始,以反母,于《易》曰:天行健,君子以自强不息。于老曰:天下之至柔,驰骋天下之至坚,无有入无间,所以执一以搏之者,无二术也。知此者,有国可以长久,不知此者,且孰为之宗!

## 太极训第二

昔者圣人之作《易》也,始于☰,终于☷;藏头缩尾之术则备矣。《乾》曰:"用九,见群龙无首,吉。"又《既济》曰:上六,濡其首,厉。象曰:濡其首厉,何可久也。《未济》曰:"小狐汔济濡其尾,无攸利。""初六,濡其尾,吝。象曰:濡其尾,亦不知极也。"呜呼!此何等事,不固其门,虎乃将存不慎其事,贼乃将生。吾是以不释于老聃之言——有所谓"孰知其极且无政"也。虽然,藏诸用而显诸仁,使明德不明,则何取于大学之道,故自天尊地卑,君臣位列;五运相继,父子道彰;而后政教郁兴,元吉无咎矣。唯此临乱之义,幽摊万类,而不见形,圣人于是探赜造迷,以求中孚,载之于书契,归之于希夷;强为之名曰"太极"。夫人既不能驰骛乎太初之中,登乎太始之前,以览其极;则又安知太极之果为何物,奋搏无端,此其所以能化邦也乎,然则彼群趋蜗窍鬼国,喧觑性天者,概乎皆尝有闻者也。斯说未破,君人之凭借未亡,余奚不发而覆之乎,欲发其覆,必引其纪。周子之《太极图说》——晦庵所赞为"灼见道体，迥出寻常"者也。——实亦广包古谊可以无疑。《易纬乾凿度》曰："黄帝曰，太古百皇，辟基文籀，遽理微萌，始有熊氏，知生化抵晤兹天心，譩念虞思慊愆，虑万源无成，既然物出，始俾太易者也，太易始著，太极成，太极成，乾坤行。"苍颉注云："太易无也，太极有也，太易从无入有，圣人知易有理末形，故曰太易。"是太易即无极之说，太易始著，太极成，即无极而太极之说，太极成，乾坤行，即阴阳一太极之说。《列子·天瑞篇》曰："夫有形者，生于无形，则天地安徒生？故曰，有太易，有太初，有太始，有太素。太易者，未见气也；太初者，气之始也；大始者，形之始也；太素者，质之始也。气形质具而未离，故曰浑沦，浑沦者，言万物相浑沦，而未相离也，视之不见；听之不闻，循之不得，故曰易也。"案此曰太易，即无极之说，太始象太极之形，太始象太极之炁，太素象太极之质，三者混而为一，即老子所谓"有物混成，先天地生"，《汉书·律历志》所谓"太极函三为一"，《乾凿度》所谓"三著而成体"，《孝经钩命诀》所谓"质形已具，谓之太极"，盖即周子太极之说也。《古三坟河图代姓纪》云："混沌为太始，大始者，元胎之萌也。太始之数一，一为太极。太极者，天地之父母也，一极易，天高明而清，地博厚而浊，谓之太易。太易者，天地之变也，二为两仪。"案此以太始为天地之始，太极其数也，合象数而为太极之说也，以太易为天地之变，两仪其数也，合象数而为阴阳之说也，即周子无极而太极，太极而阴阳之说也，《周易·系辞传》云："易有太极，是生两仪。"案易无形埒，故曰："神无方，而易无体。"无体即无极之说也，易有太极，即自无极而有太极之说也，《老子·去用章》曰："天下万物，生于有，有生于无。"《庄子·大宗师篇》曰："道在太极之先，而不为高。"一则其剖发幽秘，直指有无，以明道体，濂溪固已神交心契，列其本流矣，吾闻之，蛇之制在项，人之制在限，系其项则废其螯，良其限则列其禽。《太极图说》诚哉，其足以嗣往圣，开来哲，探造代之至颐哉！何则？人之所恶，故几于道。此则语意浑然，削迹无遗根者也，虽然，吾于《太极图》潜玩默体，得其作伪之心矣，吾又如之何其无言。

夫《太极图》何物也？朱子答陆子静书曰："周子不顾前人是非，不计自己得失；勇往直前，说人不敢说底道理，直得千圣不传之秘。某推本周子之意，说得太煞分明，只恐知道者，厌其漏泄过甚。或问程氏未尝以此图示人，今乃遽为之说以传之，是岂先王之意。曰：当时此书未行故可隐，今日流布既广，若不说破，却令后人枉生疑惑。故不得已而为之说耳。"呜呼！言者其有忧患乎？圣人之所以极深而研几也，唯深也，故能成天下之志；唯几也，故能成天下之务，太极之说，反之道乎？唯忧患则疏瀹阐明，以发其蕴，多言者不已穷乎？此所以厌漏泄过甚也，此所以未尝以图示人也；此所以书未行则隐之也；此所以为不传之秘也，暗室屋漏之隐，诚不足为外人道也。子静答朱子书曰："太极者，实是有理，圣人从而发明之，非以空言立说，使人簸弄于颊舌纸笔之间，其为万物根本，固自素定，其足不足，能不能，岂以人言不言之故耶？太极本言有，今乃言无何也。作大传时不言无极，太极何尝同于一物，不足为万物根本耶？自有大传至今几年，未闻有错认太极别为一物者，何烦特地于太极下，加无极二字以晓之乎？"朱子答书云："伏羲作《易》，自一画以下，文王演《易》，自乾元以下，皆未尝言太极，而孔子言之；孔子赞《易》，自太极以下，未尝言无极，而周子言之；先圣后圣，岂不同条而共贯哉！若于此有以灼然实见太极之真体，则知不言者不为少，而言之者不为多矣。"自余观之，朱陆皆知言之士哉！古之人其知有所至矣，恶乎至？以为未始有物者。是至矣尽矣，不可以加矣。陆子以为以求得有，则无死地矣。执太极而有之，效已著，政已成，君已尊。善言无瑕谪,岂复可以本无之实相示人哉?朱子以为信不足焉,有不信焉。悠兮其贵言,言无极则此理之所自来,不落方体,若实然而不可易。否则彼所称为诡经邪说,何辞以对之耶?是故朱陆二子,其知几一也。《汲冢周书·命训解》有云:"正人莫如有极,道天莫如无极,道天有极则不威,正人无极则不信。"盖朱陆二子,觉道无异,但小有差耳。即冥览古始,贵乎说无,执古御今,贵乎说有相!反而实相成也。知此者,则周子之说太极也,不得不说。朱子之解太极也,不得不解。陆子之惑太极也,不得不惑。即余之发其覆也,亦不得不发者也。

何谓太极?曰:理也。朱子曰"太极只是一个理字",又曰"太极只是一个实理一以贯之",又曰"太极只是天地万物之理,在天地言则天地中有极,在万物言则万物中各有太极,未有天地之先,毕竟是有此理"。陆子亦曰:"太极者实是有理,圣人从而发明之。"特假是物,以名是理也。太之为言,大之至甚也。极之为言,为天下之大枢纽大根柢也。合而言之,至极至中,无对之尊称。有所谓天地自然之理,亘古攧扑不破者也。《混古始天易》曰:"天体至高,物莫与并,其色青赤相同,曰紫极;北辰在天之中,以正四时,为天枢,曰北极;老人一星以均二分,曰南极;此在天成象者,不外乎极也。东至泰远,西至邠国,南至濮铅,北至祝栗,曰四极;合上下四方,曰六极;总四正四隅之尽处,曰八极;帝王所居之都,曰四方之极。此在天成形者,不外乎极也。《书》曰:'惟皇作极。''皇建其有极。'《礼》曰:'以为民建极。'《传》曰:'天子建中和之极。'此在地成形者,不外乎极也。"信如田艺衡所云。则《易·系辞》所谓三极之道,浑合天地之极而立人极。换言之,即立天子,作民父母,以为天下王已耳。夫天下之人,并类并生,我岂独尊,人岂独卑,是故圣人作焉,执大道以冒之,使之有以为异,而无以害异,用不缦缦,以有所柄以临斗也,噫嘘嘻!此民所以九死无遒地也！今日之可以言道大，即明日之可以言天大地大，即他日之可以言王亦大，如以高下制水，如曰燥湿制火，以此毒天下，而况之曰理，吾亦何必有此理哉！此理亦何至于不可解于心，无所逃于天地之间哉！尝试论之，秉要执本，此君人南面之术也。或曰抱一，或曰执中，曰一，曰中，胥是太极耳。何谓"一"？《说文》曰："惟初太极，道立于一。"《老子·德经》曰："道生一。"《鬼子·阴阳符》曰："道者，天地之始，一其纪也。"又曰："道者，神明之源，一其化端。"《荀子·儒效》曰："道出于一。"扬子《太玄》曰："生神莫先于一。"盖道始无象，象之以一，即一而政道形矣。故《易》曰："天下之动，贞夫一者也。"虞翻注云："一谓乾元。"《庄子·天下篇》曰："神何由降，明何由出，圣有所生，王有所成，皆原于一。"《鹖冠子·泰鸿篇》曰："泰一者，执大同之制，正神明之位也。郄始穷初，得齐之所出，九皇殊制，而政莫不效焉，故曰泰一。"又《王铁篇》曰："易一故莫能与争先，易一非一，故不可增尊。成鸠得一，故莫不仰制焉。"诚哉一之为制令之母，政教之原也！故一之理施四海，一之解际天地，一之法立，而万物皆来迟，唯其致一，乃得其极，故一为道本。《老子》二十二章曰："圣人抱一。以为天下式。"三十九章曰："昔之得一者，天得一以清，地得一以宁，神得一以灵，谷得一以盈，万物得一以生，侯王得一以为天下贞，其致之一也。"《管子·内业篇》曰："一物能化谓之神，一物能变谓之智，化不易气，变不易智，惟执一之君子，能为此乎。执一不失，能君万物。"《韩非子·扬权篇》曰："君子使物，不为物使。用一之道，以名为首。名正物定，名倚物徙，故圣人执一而静。"《吕览·执一篇》曰："天下必有天子用以一之也。天子必执一，所以搏之也。"盖政之不违，以不离一，政若离一，反还如无，故君人之道，执大象天下往，往则不我害，岂不安平太哉。虽然，《庄子·天道》常言之矣："泰初有无，无有无名，一之所起，有一而未形。"① 是一起于无也。《鹖冠子·环流篇》亦曰："空之谓一。"是一之义为空也。而《吕览·大乐》至谓"一不可形，亦不可名"，是知一之非自然著也。何谓"中"？朱子《语类》云："极不是中，极之为物，只是在中。如这烛台，中央簪处便是极。从这里比到那里恰好，不曾加些，从那里比到这里，也恰好，不曾减些。"勉斋黄氏曰："极之得名，以屋之脊栋，为一屋之中，居高处尽，为众木之总会，四方之尊仰，而举一屋之木，莫能加矣。"此以中字诠明极字之义，甚是。《系辞》"易有太极"郑注云："极中之道。"又《鸿范五行传》"王之不极，是谓不建"，郑注云："极，中也。王象天以性质覆成五事，为中和之政也，王令不中则不能其事也。"《汉书·律历志》："太极元气，函三为一。极，中也。"极皆训中。《说文》：柱，栋也。《逸雅》：栋，中也，居屋中也。又邵子《观物外篇》曰先王子心法也，皆从中起，又曰心为太极。可见极即中，从中起谓从太极起也。张子《正蒙·中正篇》曰："极其大而后中可求，止其中而后大可有。"其说亦通。抑吾闻之，《乾凿度》曰："四方之义，皆统于中央。故乾坤艮巽位在四维，中央所以绳四方行也。"《荀子·大略篇》曰："欲近四旁莫如中央，故王者必居天下之中。"《韩非子·扬权篇》曰："事在四方，要在中央，圣人执要，四方求效。"《淮南·道原篇》曰："泰古二皇，得道之柄，立于中央。"《文中子·周公篇》曰："吾常守中，则卓然而无可动，感而遂通，此之谓帝制。"盖一元大中，合辐同轨，故《洛书》九数而五居中，《洪范》九畴而皇极居四。中不诚为天下之至极，日月之所至而却哉！尝更按之于经。《周易》有所谓卦主者，成卦之主，则卦之所由成，无论位之高下，若卦义因之而起，则皆得为卦主也，若主卦之主，必皆得时与位者为之，故取于五位者为多，以其能首出庶物，不问何

---

① 引文出自《庄子·天地篇》，非出自《天道篇》。——编者

时,克济大事,《系传》所谓五多功者也。《象传》称之曰:"位乎天位,以正中也。""利见大人,尚中正也。""刚中而志行也。""刚中正履帝位而不疚也。""往得中也。""刚巽乎中正而志行也。""当位以节,中正以通也。"其辞盖可见矣。且《大有》以虚中居尊,故《象传》曰:"柔得尊位大中,而上下应之。"《丰》以柔而居中,曰中之德,故《象传》曰:"王假之勿忧,宜日中。"《旅》六五处中位,为离体之主,故《象传》曰:"柔得中乎外。"《未济》六五居外正开治之时,故《象传》曰:"未济享,柔得中也。"是知中之为义,四圣所以立人极也。《易》为大业之书,六十四卦,三百八十四爻,如斯而已矣。复次,《尚书》五十九篇,杨氏时以为一言蔽之曰:"中而已矣。"今请发其恉。《大禹谟》曰:"予懋乃德,嘉乃丕德,天之历数在汝躬,汝终陟元后。人心惟危,道心惟微,惟精惟一,允执厥中。"此曰执中,江都董氏所谓"禹继舜,舜传尧,三圣相受,而守一道"者也。《仲虺之诰》曰:"王懋昭大德,建中于民,以义制事,以礼制心,垂裕后昆。"此曰建中,西山真氏所谓"事有万端,未易裁处,惟揆之以当然之理,则举措当,而无一事之不中"者也。是岂不重哉!帝之所以帝,王之所以王,总之所以总,率此道也。今夫"人心惟危"者,如以腐索御奔马,善之则吾畜也,不善之则吾雠也;"道心惟微"者,几事不密则害成,故圣人以此洗心也;"惟精惟一,允执厥中"者,戒惧乎其所不睹,恐惧乎其所不闻,知必然之理,必为之时势,故为必治之政,行必听之令也。朕言不再,守中而已,守中则《尚书》岂足学哉?复次,《中庸》程子曰:"不偏之谓中,不易之谓庸。中者,天下之正道。庸者,天下之定理。此篇乃孔门心理,子思恐其久而差也,故笔之于书,以授孟子。其书始言一理,中散为万事,末复合为一理。放之则弥六合,卷之则退藏于密。"程子真知言哉!中庸之义,岂不曰"莫见乎隐,莫显乎微,立天下之大本,以慎其独乎"？岂不曰"致中和，天地位焉，万物育焉"乎？盖自天命之谓性，率性之谓道，修道之谓教，于是而日用事物之间，且以为各有当然之理。虽无适而非君，而无或稍疑虑之，素位而行，而中之效见矣。复次《论语·尧曰篇》引"咨尔舜，天之历数在尔躬，允执其中，四海困穷，天禄永终"云云。又《为政篇》曰："为政以德，譬如北辰，居其所而众星共之。"亦言其中道也。然则《论语》之中说何如耶？《癸巳存稿》曰："'《诗》商邑翼翼，四方之极'，《周礼》'体国经野，以为民极'，正言商周建都豫州，为九州岛之中。《诗》'立于蒸民，莫非尔极'，正言民于其时得其中。"由此观之，中诚群经所极说哉！虽然，物理本齐，今此中彼非中，岂其情哉？且中自执有，吾知未执之前，必无中也。无中而中以生，明明德之谓也，明明德者，所以自别于不明明德也。故明明德者，自明也。自明者，非以明民也。非以明民者，将以愚之者也。呜呼！是不诚可叹息痛恨者哉！尝更论之曰。曰"一"，曰"中"，曰"太极"，即"皇极"之说也。如皇极之说可信耶，则此理可存；如不可信，而以杀理人，是圣智之过也。今言"皇极"。《洪范》五曰皇极，其辞曰："皇建其有极，敛时五福用敷，锡厥庶民惟时，厥庶民汝极，锡汝保极，凡厥庶民，无有淫朋。人无比德，惟皇作极，凡厥庶民，有猷，有为，有守，汝则念之。不协于极，不罹于咎，皇则受之，而康而色。"曰："予攸好德，汝则锡之，福，时人斯其，惟皇之极。无偏无颇，遵王之义；无有作好，遵王之路；无偏无党，王道荡荡；无党无偏，王道平平；无反无侧，王道正直；会其有极，归其有极。"曰："皇极之敷言，是彝是训，于帝其训，凡厥庶民，极之敷言，是训是行，以近天子之光。"曰："天子作民父母，以为天下王。"案《鸿范五行传》曰："王之不极，是谓不建。厥咎眢，厥罚恒阴，厥极弱。时则有射妖，时则有龙蛇之孽，时则有马祸，时则有下人伐上之疴，时则有日月乱行，星辰逆行。"盖政者正也，有政即有极。率教顺化为其有此极，此所以极说而不讳也。而此极者，万变不离其宗，故能为道德之本，众理之会。理之不废，政之不废也，故太极图说，其旨归在"为民父母"一语，先儒谓"圣人千言万语，只是说个当然之理，恐人不晓，又笔之于书"。呼呜！异哉所谓理者！可信耶？则无适非君，莫匪尔极，吾亦归之自然，任圣智之刍狗可也！

然而"无极而太极"，太极为有理，则无极为无理，无有是理而有是理者，则理之非理也。若曰无有之中，而有至极之理，则此至极之理，涵于无有之中——体分于兼也——体为无有，而兼为大有。谓之何说？是故而已矣——故所得而后成也——岂自然著哉？又忆朱子答陆子美书曰："周先生恐学者错认太极别为一物，特著二字以明之。"太极非为形器之物，无极即是无形，太极即是有理。以此例之，吾知其所以建极之道矣。始也非有极，于是假形器而言其有极。今则所以建是极者已存存矣，则即其所以建者而言之，于是而言无形，而即有极，太极遂无不有矣。故其自无适有，何异朝三。知其为朝三，则昭而不道矣。更进言之，太极所以示人以理，而理所自来，则无可说。是言其然，而不能言其所以然。不能言其所以然者，然而不然也。且此自无而有之有，则托之至无不可得而形。是太极无不徙无极为无也。太极无即自无而无，即自无而有之有，为非有也虽然言者，非不知道者也。则深藏若不及，奚至示人以疑窦哉？意且以为天地间，凡有形象声气方所者，皆不甚大。唯至于无方所，无形状，在无物之前，而未尝不亡乎有物之后。在阴阳之处而未尝不行乎阴阳之中。适贯全体，无乎不在。则又初无声响之可言，大孰甚焉。子华子曰："生者死之对，有者无之反，瘠者隆之因，亏者成之渐。大道无体，无数，无名，无形，以无体故无有生死，以无名故无有有无，以无数故无隆瘠；以无形故无成亏。既已域于四象矣，完不能无毁也。

是以韦革虽柔,扩之则裂;矿石虽坚,攻之则碎。刚柔重轻,大小长短,虽不同也,同于一尽。"则知太极之归根乎无极,甘冥于无何有之乡者,所以反一无迹也。故管夷吾曰:"三章五教九章,始乎不知,发乎无端,径乎无知,故莫之能御也。发乎不意,故莫之能应也。故全胜而无害。"此其一义也。其次,则所以穷变而尽神。壶丘子林之言曰:"有生者不生,有化者不化,不生者能生生,不化者能化化,生者不能不生,化者不能不化,故常生常化。常生常化者,无时而不生,无时而不化,阴阳尔,四时尔,不生者疑独,不化者往复,疑独其际不可穷,往复其道不可穷。"《庄子·大宗师篇》亦曰:"朝彻而后能见独,见独而后能古今,无今而后能入于不生不死。杀生者不死,生生者不生,其为物也,无不将也,无不迎也,无不毁也,无不成也,其名为撄宁。撄宁也者,撄而后成者也。"有味乎斯言,则无极而太极之说,用意可见矣。夫阶名以至无,必得无于言表,以太极为犹,未及,而又推寄我无极,即所谓"南伯子葵闻之副墨之子,副墨之子闻之洛涌之孙,洛涌之孙闻之瞻明,瞻明闻之聂许,聂许闻之需役,需役闻之于讴,于讴闻之玄冥,玄冥闻之参寥,参寥闻之疑始"之意也。七重而后无之名,九重而后疑无是始,阶近以至远,研粗以至精。至于自然之理,积习而成。则自本自根,直疑其为独立而不改,周行而不殆也,尝稽故谊,凡所以状道之词,曰希、曰夷、曰微、曰几、曰潜、曰隐、曰深、曰远、曰恍、曰惚、曰寂、曰寥,皆以为不可思议,莫可究结。所以者何?凡莫知其极者,其色必玄,故老子常以玄寄极,而无极云者,即茫无边际之谓。老子之"复归于无极",管子之"慌慌兮若游于无极",庄子之"游无极之野",列子之"无极之外,更无无极",其说尽皆玄之又玄,始终相反乎无端,而莫知乎其所穷,此其所以与时偕极乎?即无极而太极之说所由托乎?故关尹曰:"以盆为沼,以石为岛,鱼环游之,不知几千万里,而不穷乎？夫何故？水无源无归，圣人之道本无首，末无尾，所以应物不穷。"此又一义也。虽然，以前为言之，是无参验而必之也，不能必而据之也。今言之如吷影，思之如镂尘，其名为引诡，吾亦且奈何哉。以后者言之，无极既谓之无穷矣，是疑有穷而言其无穷也。若非有穷则不言无穷矣，世固有深信无穷，而以归诸天理之固有。不知无穷而果无穷也，是耳目不得而见闻，且谁知其有理耶？有穷而以无穷言是，欲罔人也。已乎！已乎！太极之说，岂为我设乎！殆乎！殆乎！谁为真宰乎！

## 阴阳训第三

易道其亡乎？其亡！其亡！"乾坤毁则无以见易，易不见，乾坤或几乎息矣。"《系辞上》。然则天地可敝，则易可亡，天地可敝，故易可亡也。《阴符经》曰："天地之道浸，故阴阳胜。"浸，则知其自无而有矣。《庄子·庚桑楚篇》曰："冠莫大于阴阳，无所途于天地之间，非阴阳贼之心，则使之也。"是心之出，而有天地，有阴阳，吾又安知非妄也耶！知乎天地之道妄，则易之为书，所以弥纶天地之道，而济其道至无穷者，果其无妄耶！否乎！尝试论之。夫易之道，在明阴阳而守之以正，空阴阳则无正矣，故《秘书说》曰："日月为易，象阴阳也。"《庄子·天下篇》曰："易以道阴阳。"《礼记·祭义》曰："昔者圣人建阴阳天地之情，立以为易。"《史记》自叙曰："易著天地阴阳。"盖六十四卦，三百八十四爻，一阴一阳，而天下之能事毕矣。曰：何以言阴阳？曰：以阴阳为端，故民可生可杀，而不可使为乱，使贵贱无差，将何以全其位。故其制民也，如以高下制水，如曰燥湿制火。用其机权，所以持天下之心也。故《素问》载黄帝之言以为："阴阳者，生杀之本始。"《阴阳应象大论》。《越绝书》范子曰：

"夫阴阳进退,前后幽冥,未见未形,此持杀生之柄,而王制于四海,此邦之重宝也。"呜呼!岂不然哉!凡诸纵横错竖恫疑禁格之术,悉出于阴阳,而莫逃乎是者也。《汉书·艺文志》有兵阴阳十六家。得其道以制胜,始如处女,敌人开户,终如脱兔,敌不及拒。纵横十二家,得其道以揣摩,与阳言者依崇高,与阴言者依卑小,阴阳之理尽,小大之情得,则出入皆可。更有弹精于是以名家者,深观消息之机,出盈虚之则,而作怪迂之变,终始大圣之篇。由此观之,阴阳之说可见矣。或道阴以见阳,或贵阳而贱阴,驰骋斯术,即所谓"阴阳不测之谓神"矣。阴阳之说行,则田父可坐杀,以正治国,以奇用兵,此其首出元哲,所以能净寰海而御宇宙乎。曰:何以无言阴阳?曰:太极本无极,寂然不动,气以使之,感而遂通。天下之故,非天下之至神,其孰能与乎此,盖元哲有以见于乾之刚健中正纯粹精也。精而熟之,则芒乎芴乎,精气为物。非气为物也,精而熟之也。故夫天下之事,莫非气之所为也。天地以动静,日月以光明,四时以变异,此伏戏所以袭气母也。《阴符经》曰:"禽之制在炁。"此言炁以为言,则有以禽制之也。《公羊传》:"公何以不言即位。"何休注云:"即位者,一国之始,政莫大于正始。春秋以元之气,正天之端;以天之端,正王之政;以王之政,正诸侯之即位;以诸侯之即位,正竟内之治。"《吕氏春秋·名类篇》曰:"黄帝曰:芒芒昧昧,因天之威,与元同气,故曰:同气贤于同义,同义贤于同力,同力贤于同居,同居贤于同名。帝者同气,王者同义,霸者同力。勤者同居则薄矣,亡者同名则粗矣。其智弥粗者,其所同弥粗,其智弥精者①,其所同弥盛②。故凡用意不可③不精。夫精者,帝王之所以成也。"是以无言,则帝王神

---

① "者",原作"为",误,据《吕氏春秋》通行本改。——编者
② "盛",《吕氏春秋》通行本作"精"。——编者
③ "用意"下原脱"不可",据《吕氏春秋》通行本补。——编者

精与天地通，设位可最尊矣。《释名》："气，忾也，忾然有声而无形也。"陈思王《七启》曰："有形必朽，有端必穷，茫茫元气，孰知其终。"孙楚《石人铭》曰："大象无形，元气为母，杳兮冥兮，陶冶众生。"盖以无言，则无根无基，虽若有物焉，而自有其不可窥。此政道所以尊而不废耶！由此观之，以无言阴阳者，又可见矣。

何谓阴阳？曰：无适而非是也。《春秋繁露》盖知其类矣，曰："凡物必有合。合必有上，必有下，必有左，必有右，必有前，必有后，必有表，必有里。有美必有恶，有顺必有逆，有喜必有怒，有寒必有暑，有昼必有夜，此皆其合也。阴者阳之合也，妻者夫之合，子者父之合，臣者君之合。物莫无合，而合各有阴阳。阳兼于阴，阴兼于阳，夫兼于妻，妻兼于夫，父兼于子，子兼于父，君兼于臣，臣兼于君。君臣、父子、夫妇之义，皆可取诸阴阳之道，君为阳，臣为阴；父为阳，子为阴；夫为阳，妻为阴。"然犹曰有待于人之偶而有阴阳也。请言人之阴阳。《素问》盖知其类矣，曰："夫言人之阴阳，则外为阳，内为阴。言人身之阴阳，则背为阳，腹为阴。言人身之藏府中阴阳，则藏者为阴，府者为阳。肝心脾肺肾五藏皆为阴，胆胃大肠小肠膀胱三焦六府皆为阳。"然犹曰有得于人而有阴阳也。请言禽兽之阴阳。《说苑·辨物篇》曰："阳者，阴之长也。其在鸟则雄为阳，雌为阴。其在兽则牡为阳，而牝为阴。"乃至于《论衡·订鬼篇》之以骨肉为阴，精神为阳。《孝经·援神契》之以性为阳，情为阴。《夏书·甘誓疏》之以祖为阳，社为阴。《礼记·王制疏》之以饮酒之礼为阳，饭为阴。《曲礼疏》之以面为阳，足为阴；又以食饭为阳，羹为阴。《乐志》之以钟为阳，鼓为阴。《朱子全书》之以鼻气出者为阳，收回者为阴。《素问·至真要大论》之以辛甘发散为阳，酸苦涌泄为阴。其言已近怪矣！尤奇者，《宋史·陈完传》以朱为阳，墨为阴。《朱子全书》以"言语两端处分阴阳。如云开物成务，开物是阳，成务是阴。如云致知力行,致知是阳,力行是阴"。则何阴阳之每况愈下耶!然吾闻之庄子矣。"东郭子问于庄子曰:'所谓道恶乎在?'庄子曰:'无所不在。'东郭子曰:'期而后可。'庄子曰:'在蝼蚁。'曰:'何其下耶?'曰:'在稊稗。'曰:'何其下耶?'曰:'在瓦甓。'曰:'何其愈甚耶?'曰:'在屎溺。'东郭子不应。庄子曰:'夫子之问也,固不及质,正获之问于监市履狶也。每下愈况①。汝惟莫必,无乎逃物。至道若是,大言亦然。周、遍、咸,三者异名同实,其指一也。'"庄子之谓道,"一阴一阳之谓道也"。道之无所不在,阴阳之不逃于物也。故曰:"阴阳于人,不翅于父母。彼近吾死,而我不听,我则悍矣。"然则无适非阴阳,无适非政,吾其如阴阳何哉!吾其如政何哉!

今请言易。易管三成为道德苞籥。变易也,不易也,言阴阳之用莫精于是矣。何谓不易?"不易也者,其位也。天在上,地在下,君南面,臣北面,父坐,子伏,此其不易也。"《吕氏春秋·名分篇》曰:"凡人物者,阴阳之化也。阴阳者,造乎天而成者也。天固有衰相废伏,有盛衰盆息,人亦有困穷屈匮,有充实达遂,此皆天之容物理也,而不得不然之数也。"《管子·乘马篇》曰:"阴阳虽不正,有余不足损,不足不可益也。天地莫之能损益也。"此相以阴阳为天地之大经,义配日月,万古以固存。其然,岂其然乎!《系辞》曰:"天尊地卑,乾坤定矣。卑高以陈,贵贱位矣。动静有常,刚柔断矣。"曰:"乾道成男,乾道成女,坤知大始,坤作成物。曰:"君子所居者,易之序也。"曰:"列贵贱者存其位,齐小大者存乎卦。"王奇注云:齐犹正也。阳卦大,阴卦小,卦列则小大分。曰:"成象之谓乾,效法之谓坤。"曰:"三与五同功而异位,三多凶,五多功,贵贱之等也。"

---

① "况",原作"下",误,据《庄子》通行本改。——编者

曰："天地设位，圣人成能。"盖易所以明阴阳者，"以明治人""治于人"之贵贱已耳。政之不废，则无适而非君，故谓易道未尝一日而去物之左右也。且易之言阴阳，议而不辩也。众人辩之，以相示也。曰："阳道为君，阴道为民。"曰："阴道为民，阳道为君。"夫使阳道为君，阴道为民，是亦谓之阴阳而已矣。即使阳道为民，阴道为君，是亦谓之阴阳而已矣。彼亦一阴阳，此亦一阴阳，"无平不陂"，此天下所以脊脊大乱也，此不易之义所由立也。然吾闻之《阴符经》曰："生者死之对，死者生之根。恩生于害，害生于恩。"《老子》二章曰："有无相生，难易相成，长短相较，高下相倾，前后相随。"此可谓知阴阳消息，控搏之微矣。虽然，今有道焉。并"生死""恩害""有无""难易""长短""高下""前后"而无之，如是则连环可解易定之说其亡乎？

何谓变易？《乾凿度》曰："变易也者，其气也。天地不变，不能通气。五行迭终，四时更废。君臣取象，变节相和，能消者息，必专者败。君臣不变不能成朝，纣行酷虐，天地反，文王下吕，九尾见。夫妇不变不能成家，妲己擅宠，殷以之破，大任顺季，享国七百。此其变易也。"余亦尝试论之。易长于变者也。观变于阴阳，则为政之道尽矣。所谓变者，非变也，交也。《屯》曰："屯，刚柔始交而难生，动乎险中，大亨贞。"《泰》曰：泰，小往大来，吉亨，则是天地交而万物通也。上下交而其志同也。象曰：天地交，泰。后以财成天地之道，辅相天地之宜，以左右民。《坎》曰："习坎有孚，维心亨行，有尚。"《咸》曰："咸，感也。柔上而刚下，二气感应以相与。……天地感而万物化生，圣人感人心而天下和平。观其所感，而天地万物之情可见矣。"《恒》曰："刚上而柔下，雷风相与，巽而动，刚柔皆应，恒。"《姤》曰："姤，遇也。天地相遇，品物咸章也。"《震》曰："震亨，震来虩虩，笑言哑哑，震惊百里。"《渐》曰："进得位，往有功也。进以正，可以正邦也。"余如"晋""旅""既济"诸卦，亦多言刚柔相推之事。而《否》曰："天地不交，而万物不通也。上下不交，而天下无邦也。"《归妹》曰："天地不交，而万物不兴。"是易之言交易，如是其重也。何以言交易？曰：参伍错综，则阴阳和。且使人不得虑也。不得虑则以为变矣。不知所谓变者，动静而已。吾尝闻《系辞》之论变矣，曰："在天成象，在地成形，变化见矣，是故刚柔相摩，八卦相荡。"曰："刚柔相推，而生变化。"曰："变化者，进退之象也。"曰："一阖一辟谓之变，往来不穷谓之通。"曰："知变化者之道者，其知神之所为乎。"曰："动则观其变，而玩其占。"曰："拟议以成其变化。"曰："刚柔相推，变在其中矣。"曰："化而裁之谓之变。"曰："功业见乎变。"曰："变化云为吉，事有祥。"曰："通其变遂成天下之文。"曰："山泽通气，然后能变化，既成万物也。"然则吾知所谓变矣，穷故变也，变而不变也。善变莫如卢蝉，身色无恒，日十二变；然其变也，色变也，非卢蝉变也。易者从其变也，而变岂变乎？故知所谓变者，随时变易以从道也。故《老子》曰："道可道，非常道。"一章。《系辞》曰："易之为书不可远，为道也屡迁；变动不居，周流六虚，上下无常，刚柔相易，不可为典要，唯变所适。"盖观于正之变，而加其无有变也，则谓之知易之用矣。知易者，莫如黄帝、孔子，黄帝书曰："谷神不死，是谓玄牝，玄牝之门，是谓天地之根，绵绵若存用之不勤。"孔子赞易曰："乾坤其易之门邪？乾阳物也，坤阴物也；阴阳合德，而刚柔有体，以体天地之撰，以通神明之德。"此皆能于通变之中，著不易之指者也。《公孙龙子·通变篇》曰："谓变非不变，可乎？曰可。曰右有与，可谓变乎？[①]曰可。曰变奚曰右。曰右苟变，安可谓右？苟不变，安可谓变。"（参看谢注自解）亦明变而不变，而变之

---

[①] "可谓变乎"上原衍"可谓乎变曰"五字，据《公孙龙子》通行本删。——编者

指者。曰："然则何故言变？"曰：此尺蠖之屈，所以藏身也。此"玄同"之谓也，"万物负阴而抱阳，故冲气以为和"。《老子·道化章》所谓"忧悔吝者存乎介"者也。王夫之《周易内传》曰："介者，错综相易之几也，此易之所以名而义系焉矣。"其说最精。虽然，冲气以为和者，岂其和哉？屯刚柔始交，盖继乾坤而为阴阳相和之始也；而六二疑寇，九五屯膏，上六泣血。异哉所谓和者！抑何不和之甚也？尝更考之，古之有见阴阳于之和者众矣。要其言莫古于《阴符经》，下篇曰："阴阳相推冒而变化顺是，故圣人知自然之道，因而制之。"莫精于老子，程大昌《易原论》三篇曰："阴阳之交，有互体相入者焉。凡曰相错、相什、相得、相易、相荡、相推、相摩、相资、相惑、相攻、相逮、相悖，是皆合二以成其互者也，二其分也，互相合也，分之外有互焉，不得不三者也。原其始，则皆阴阳而交焉者也，故老子于三之已生物之后，又尝即其所形而明其始矣。曰万物负阴而抱阳，冲气以为和。夫且负且抱，是一之相交也，负抱之中有和焉。"案老子三生三之说，如程氏所解可见其精。莫妙于庄周，惠士奇《易说》大明终始句下引《庄子·在宥篇》："我为女遂于大明之上矣，至彼至阳之原也；为女入于窈冥之门矣，至彼至阴之原也。"谓庄周精于易，故善道阴阳，其言当矣。又《田子方篇》引老聃之言曰："至阴肃肃，至阳赫赫。肃肃出乎天，赫赫发乎地，两者交通成和而物生焉。"亦知易者所乐道。莫神于张横渠，《正蒙·太和篇》曰："太和所谓道，中涵浮沉升降动静相感之性，是生絪缊相荡胜负屈伸之始。其来也，几微易简；其究也，广大坚固。起知于易者乾乎，效法于简者坤也，散殊而可象为气，清通而不可象为神，不如野马氤氲，不足谓之太和。"案朱子云："《正蒙》所论道体，觉得源头有未是处，如以太虚、太和为道体，皆是发而皆中节谓之和处。"不知太和之说，正张子之真知灼见也。易则尤备矣。如曰："六爻发挥，旁通情也。"陆绩注云："乾六爻发挥变动，旁通于坤，坤来入乾，以成六十四卦，故曰旁通情也。"曰："生生之谓易。"京房注云："八卦相荡，阳入阴，阴入阳，二气交互不停，故曰生生之谓易。"

曰:"云行雨施。"荀爽注云:"乾升于坤,曰云行,坤降于乾,曰雨施,乾坤二卦成两既济,阴阳和均,而得其正。"盖"保合大和乃利贞",易之穷变尽神,始终覆括之者,如此也。顾予则有疑于阴阳相和之际,何其不能和阴阳,而仅参伍错综以迷之也?抑参伍错综其阴阳,是阴阳仍存,而世何遂以阴阳为亡耶?于是潜心察之,知无有阴阳,斯阴阳亡矣,参伍错综,其阴阳若无有阴阳者,而实阴阳之所以为阴阳也。百姓日用而不知,贸贸者不知所谓阴阳者,则阴阳之名亡而实存,此又阴阳之所以与天地准也。于是更进而求阴阳于参伍错综之际,得数事焉,此数事者,则又阴阳之至赜而不可恶也,至动而不可乱也。

## (一)阳常施而阴常化也

《大戴礼·天圆篇》曰:"天道曰圆,地道曰方;方曰幽,员曰明;明者吐气者也,幽者含气者也;吐气者施,而含气者化,是以阳施而阴化也。"

《蠡海集》曰:"云为阳,阳主施;雨为阴,阴主化。阳施而阴化,故云密则雨降;阴施而阳不能化,则有云而无雨;未有阳不施而阴能化者,故有雨则未尝无云也,是以《易》曰'云行雨施',盖阳可摄阴,阴不可强阳也。"

又即乾坤二卦较之。乾,《象传》曰:"大哉乾元,万物资始,乃统天。云行雨施,品物流形。大明终始,六位时成,时乘六龙以御天。乾道变化,各正性命,保合大和,乃利贞。首出庶物,万国咸宁。"此阳常施之义也。坤,《象传》曰:"至哉坤元!万物资生,乃顺承天。坤厚载物,德合无疆。含弘光大,品物咸亨。牝马地类,行地无疆,柔顺利贞。君子攸行,先迷失道,后顺得常。西南得朋,乃与类行;东北丧朋,乃终有庆。安贞之吉,应地无疆。"此阴常化之义也。

## （二）阳大生而阴广生也

《系辞传》曰："阖户谓之坤，辟户之谓乾，一阖一辟谓之变，往来不穷谓之通。"又曰："夫乾，其静也专，其动也直，是以大生也；夫乾，其静也翕，其动也辟，是以广生也。"由是观之，阳行乎阴，荡阴而启之也。故虞翻注乾卦曰："乾始开通，以阳通阴。"又《系传》注曰："至赜无情，阴阳会通，品物流宕，以乾开坤，易之至也。"又曰："以阳动阴，万物以生，故不可乱。六二之动，直以方。"

## （三）阳常实而阴常虚也

《春秋繁露·王道篇》曰："阴，夏入居下，不得任岁事，冬出居上，置之空处也。养长之时，伏于下，远去之，弗使得为阳也。无事之时，起之空处，使之备次陈，守闭塞也。故阳常处而行其威，阴常居空位而行其末也。"

## （四）阳道不绝而阴道绝也

惠栋《易例》引《复》象曰："朋来无咎。"《坤》象传曰："东北丧朋。"《泰》九二曰："朋亡。"……此阳道不绝阴有绝之效也。

然则所谓和者，不过变势易形而已。如阳气内壮，则格乎群阴攘而却之。《太玄》格准易大壮。或伤阴而黜除之，阴无救痍，物则平易，《太玄》夷准易豫。如阴气章疆，则阳气亦能作能休，见难而缩。《太玄》戾准易需。故昆《太玄》准易同人。曰：阴将离之，阳尚昆之，昆道尚同。少《太玄》准易谦。曰：阳气澹然，施于渊，物谦然能自截。盖此时阴阳相硙物，成雕离，若是若非，《太玄》疑准易贲。宋注，物相切磨称硙，是时阴阳相劘，分数均，昼夜等。陆注，阴卑而主，阳尊而废，是故若是，非疑之也。司马注，以气运言之，若阴是而阳非；以物情言之，若阳是而阴非，故疑也。谓正之极轨也可，谓阴阳之亡也不可。夫阴阳之名或可亡也，若其道虽参伍错综，至于无算，吾亦徒见其亭之毒之而已，恶识所以亡哉！

右稿既成，复取周子之《太极图说》读之，其阴阳一太极之谊，有不可没也，何以言之？大极者政之谓也，有政则必有"治者""被治者"，阴阳一太极，即合"治者""被治者"，而有政之名也。朱子有言：所谓太极者，便只在阴阳里，所谓阴阳者，便只在太极里；才说太极，便带者阴阳。试挽言之，则所谓政治者，便只在"治者""被治者"里；所谓"治者"被治者"，便只在政治里；才说政治，便带着"治者""被治者"。如是则阴阳一太极之说，可涣然冰释，略无疑谊矣。复次，周子之言曰："太极动而生阳，动极而静；静而生阴，静极复动。一动一静，互为其根；分阴分阳，两仪立焉。"此以动静言阴阳，亦非无以。临川吴氏曰："太极无动静，动静者气机也。气机一动，则太极亦动；气机一静，则太极亦静；故朱子释太极图曰：'太极之有动静，是天命之流行也。'此是为周子分解，太极不当言动静，以天命之有流行，故只得以动静言之也。又曰：'太极者，所乘之机也。弩弦乘此机，如乘马之乘。机动则弦发，机静则弦不发，气动则太极亦动，气静则太极亦静。太极之乘此气，犹弩弦乘机也。'"案吴氏之言，可谓洞得真诠，政治之运行，亦只在一动一静之间，治人者不动无以行其政，被治者不静无以行其化。朱子"所乘之机"四字，最可玩味。昔蔡季通问朱子"所乘之机"，如何下得恁地好，先生微笑，吾知其有难言者矣，非难言也，非所宜言也。情牵自识。

## 易生训第四

夫道之有，其始未有也，图弗能载，名弗能举，强为之说曰：芴乎芒乎，中有象乎；芒乎芴乎，中有物乎；窅乎冥乎，中有精乎。于感忽之间，疑玄之时，中心不定，认无为有，此人之所以无有而有无之时也。《鹖冠子·夜行》曰:"鬼不见不能成人业,故圣人贵夜行。"夜行者,冥冥蔽其明,故逆而不见其首,迎而不见其后,恍然不能定,因而有之;由其未有是而有是,有是则道有稽,德有据,有而无乎不有矣。孔颖达《周易正义》曰:"易之三义,唯在于有,然有从无出,理则包无,而易象唯在于有。故形而上者谓之道,道即无也;下者谓之器,器即有也。故以无言之,存乎道体,以有言之,存乎器用。"方实孙《读周易记》曰:"易者道也,象数也,言道则象数在其中矣,道果有耶?《系辞》曰:易无体,道果无也?《系辞》曰:易有太极,是道自无而有也。"① 自无出有曰生,② 故曰:"生生之谓易。"自不可言传之道,朗然玄鉴,忽即有而得玄,孙绰所谓妙有是也。③虽然,何取于有,而必求诸有?曰:使道不无,何用圣人,今不以其无而无之,则从无而有之;正惟其无是有,故虽有是无,而不可明无;正惟其有是无,故虽不有,是有而不得不言。王弼曰:"夫无不可以无明,必因于有,故常于有物之极,而必明其所由之宗。"④ 可谓圣明特达,能契神于有无之间者矣。何取于有,而必其不无? 裴𬱟

---

① 凡有非有,故《易》积渐从无入有,《周易兼义》引何氏云:"《系辞》分为上下二篇者,上篇明无,故易曰有太极太极,即无也。又云圣人以此洗心,退藏于密,是其无也。下篇明几,从无入有,故云知几其神乎。"其说虽有穿凿处,然以明道之如是乎自无而有,固最精之论。《兼义》訾"几"字亦甚善,曰:"几者离无入有,初之微,以能知有物之微则能兴行其事,故能成天下之事务也。"
② 刘蛾《周易义》。
③ 孙绰《天台赋》曰:"太虚辽廓而无生,阒运自然之妙有。"李善注云:"妙有谓一也,言大道运彼自然之妙一而生万物,谓之为妙有者,欲言有则不见其形,则非有,故谓之妙。欲言其无,物由之而生,则非无,故言其有也。"
④ 《正义疏》曰:"凡有皆从无而来,故易从太一为始也;言夫无不可以无明,必因于有者,言虚无之体处处皆虚何可以无说之,明其虚无也。若欲明处无之理,必因于有物之境,可以却本虚无,犹若春生秋杀之事,于虚无之时,不见生杀之象。是不可以无明也。就有境之中,见其生杀,却推于天始,知无中有生杀之理,是明无必因于有也,言欲常于有物之极而必明其所由之宗者,言欲明于无常须因有物至极之处,而明其所由宗。若易由太一,有由于无,变化由于神,皆是所由之宗也,言有且何因,如此皆由于虚无自然而来也。"

《崇有论》曰："贱有则必外形,外形则必遗制,遗制则必忽防,忽防则必妄礼,礼制弗存,则无以为政矣。"是知有而无不有者,即无而无乎不无。欲政之有,则不可究有之可有可无。非无是无而不言,亦有是无而不言也。然犹千言有而一言无者,以有必根无,无必宿有,以无为辞,而旨乃全在有也。《世说新语·文学篇》曰："王辅嗣弱冠诣裴徽问曰:夫无者诚万物之所资,圣人莫肯言,而老子申之无已,何耶?弼曰:圣人体无,无又不可以为训,故言必及有,老庄未免于有,恒其所不足。"是谓老子是有者也。若焦竑之言,则又有至者。曰:"虚无者,世教所以立也,彼知有物者,不可以物物,而睹无者,斯足以经有,是故建之以常无有,不然圣人之业将以成变化,行鬼神,而责之胶胶扰扰之衷,其将能乎?老子曰:执古之道,以御今之有。夫曰今之有,则古方为无可知已,而御有者必取之无,然则虚无废世教可不可也?"①抑以吾所见,则积渐言有者,孰有如老氏哉?象元则曰有物混成;《圣德》则曰始制有名;《归玄》则曰天下,有始以为万物母;《守道》则曰莫知其极,可以有国;《虚心》则曰其中有象,其中有物,其中有精,其中有信。盖凡天下之有,皆生于无,虽无,然欲存有,故言必因于有。有矣,又拂有以取无;非取无也,无之以为用,其旨乃在有之以为利。是亦言有而已矣。

何以有?意有而有之也。是谓"意象"。《韩非·解老》曰:"人希见生象,而得死象之骨,案其图以想其生也,故诸人之所意想者,皆谓之象也。今道虽不可得闻见,圣人执其见功,以处见其形,故曰:无状之状,无物之象。"盖神精之通,拟诸其形容,《管子·内业》所谓"凡物之精,此则为生"是也。夫易岂有体,意象以为体耳。来知德《周易集注》曰:"夫易者象也,象也者像也,此孔子之

---

① 见《庄子翼序》。

言也。曰：像者，乃事理之仿佛近似，可以想象者也；非真有实事也，非真有实理也；若以事言，金岂可为车，玉岂可而铉；若以理论，虎尾岂可履，左腹岂可入。易与诸经不同者，无此事无此理，惟有此象而已。有象则大小精粗之理，咸寓万乎其中，方可弥纶天地；无象则所言者，止一理而已，何以弥纶？"达哉言也。谁谓斯事斯理为实有，非有而有者，意有而有之也，有则亦谓之有矣。章实斋曰："有大地自然之象，有人心营构之象。天地自然之象，说卦为天为圜诸条，略足以尽之；人心营构之象，睽车之载鬼，翰音之登天，意之所至，无不可也。然而心虚用灵，人累于天地之间，不能不受阴阳之消息，心之营构，则情之变易为之也。情之变易，感于人世之接构，而乘于阴阳倚伏为之也，是则人心营构之象，亦出天地自然之象也。"信如所言，则谓意象为实象也可。

复次，何以有？言有而有之也。是谓"言象"。《文言》曰："修辞立其诚。"《系辞》曰："鼓天下之动者存乎辞。"凡所言，皆为"有"言之也。圣人之作《易》也，将以顺性命之理也，是以立天之道，曰阴与阳。一者奇也，阳之象也；--者偶也，阴之象也。天垂象，象之象者也。伏羲仰观俯察，通神明，类物情，画☰以象天，☷以象地，☴以象风，☶以象山，☵以象水，☲以象火，☳以象雷，☱以象泽，"八卦甲子，神机鬼藏，阴阳相胜之术，昭昭乎进乎象矣"。①象与卦并生，以寓天下之赜；卦者挂也，八卦重之为六十四卦，以无象者不可示，故自画一而再一，三一，三一外重加三一，即☰之象，乾道备矣。破一为两，参两为八，错八为六十四，无非因象以见易也。文王总一卦而系之象，周公分六爻而系之辞，孔子《彖传》所以释彖辞也，《象传》所以释爻辞也，《说》卦诸篇，所以总论卦爻之象

---

① 《阴符经》下篇语。

也。可见伏羲六十四卦之画，画以象也；文、周、孔子之辞，辞以象也；文王于各卦举牝牛、豚鱼、飞鸟之类，以见其例；周公于各爻举六龙飞跃之类，以极其赜；孔子于文、周辞外，设天行健、地势坤之类，以广其义。盖圣人设卦观象，系辞焉而明吉凶，所以象者言乎象，而词亦象也。然则言象尚矣！王弼《周易略例》曰[①]："夫象者，明意者也；言者，明象者也。尽象莫如象，尽象莫如言。言生乎象，故可寻言以观象；象生于意，象可寻象以观意。意以象尽，象以言著。故言者所以明象，得象而忘言；象者所以存意，得意而忘象。犹蹄者所以在兔，得兔而忘蹄；筌者所以在鱼，得鱼而忘筌也。然则言者象之蹄也，象者意之筌也，是故存言者非得象者也，存象者非得意者也。象生于意，而存象焉，则所存者，乃非其象，言生于象，而存言焉；则所存者，乃非其言也。然则忘象者，乃得象者也，得意在忘象，得象在忘言，故立象以尽意，而象可忘也；重画以尽情，而画可忘也。是故触类可为其象，合义可为其征……盖存象忘意之由也，忘象以求其意，义斯见矣。"夫敷畅名理，不深求于象所自来，而直据言中之，象言亦象也，其亦可矣！然苟知其意，宁必滞于言，则言之未忘，犹未尽也，如弼可谓知言矣。凡所言皆为有言之也，睹有矣，则孔丘欲无言。

复次，何以有？因有而有之也。是谓"像象"。《墨子·明鬼篇》曰："天下之所以察知有与无者，必以众之耳目所实知，有与之为仪者也；诚或闻之见之，则必以为有，莫闻莫见，则必以为无。"夫道本无，必因于有，则即象以明理，因象之有，而无者有，若舍象则理尚何说？而莫大之象，无如天地，故必以天地言实有。《系辞》曰："法象莫大乎天地。"又曰："天地变化，圣人效之。"又曰："天地设位，圣人成能。"合地于天，而言道之立体；分天于地，而言道之流

---

[①] 见《明象篇》。

行，凡所有皆因天地之有，而有之也。干宝《周易注》曰："物有先天地而生者矣，今正取于天地，天地之先，圣人弗之论也；故其所法象，必自天地而还。"老子曰："有物混成，先天地生，吾不知其名，字之曰道。"《上系》曰："法象莫大于天地。"庄子曰："六合之外，圣人存而不论。"《春秋穀梁传》曰："不求知所不可知者，智也，而今后世浮华之学，疆支离道义之门，求入虚诞之域，以伤政害民，岂非钻说殄行，大舜之所疾者乎？"盖有天地者，有未始有夫天地者，而凡有皆因有是天地而有。若以天地为非有，则凡天地之所有，皆妄。故不究乎未始有乎有天地，而即其有天地者言之，可见可闻，必以为有，此圣人立象之意也。虽然，于有非有，因有而有，若使天地非有，则因是者尚得有者？天地固非有，与本体相违故，自无而有因，故缘和合无自性故。相无定故，然则虚空破碎，大地平沉，宇宙革命时，尚有何道可言。故谓因有而有者，可有而有其不可有者在。

复次，何以有？昔有而有之也。是谓"史象"。《老子·赞玄章》曰："执古之道，以御今之有，能知古始，是谓道纪。"古之道即无也，观其对今之有而言，意可见矣。①然古之道虽无，而自无而有，谓之有也可。用古之有，察今之有，谓今之有，不无也可，故执古之道，以御今之有，此能成其治者也。殷汤问于夏革曰："古初有物乎？"夏革曰："古初无物，今恶得物？"张湛注曰："今所以有物，由古有物故。"②夫以古之有，见今之非无；以今之有，见古之不无；复以今之有，见后之不得不有。古今如循环，而道周流于六虚矣。昧者以其昔有也，则以为有不可无，殊不知有则为有，以其有不可无；无则为无，以其无本不有。古之道既如是乎自无而有，有则不能无无，亦如是乎自有而无耳。今之有虽现有，而有不即真；若即真者，有自常有，岂

---

① 本薛蕙《老子集解》说。
② 见《列子·汤问篇》。

自无而有，故今之有，有其所不有，欲不无安可得？然无之不得不无也，而何有之犹有也。曰：绳绳不可名之象，未涤除净尽，虽明哲其犹惑之。

夫象外无理，理外无象，义理无象，必即象以明之，所谓我欲托之空言不如见诸实事之深切著明，故易以象告也。惠栋《易例》曰："八卦由纳甲而生，故《系辞》曰：在天成象，易也者象也，象也者象也。古只名象，《皋陶谟》帝曰：予欲观古人之象是也。至周始有三易之名，然《春秋传》曰：见周象，则象之名犹未亡也。"然则古矣，不待于孔子赞易，而易已无往非象矣。然自孔子遂为易象，集其大成。章潢之《周易象义》，能会通《系辞》以语《周易》之象义者也。潢曰："《系辞》曰：易者象也。岂圣人以己意为之象哉。盖天垂象见吉凶。圣人法天之学，一皆因其自然，以通神明，类物情，故六十四卦，三百六十四爻，皆象教也。曰八卦以象告，岂法象莫大乎天地，悬象莫明乎日月而已哉？夫象，圣人有以见天下之赜，而拟诸其形容，象其物宜，是故谓之象。所以八卦成列，象在其中，凡天地雷风，山泽水火，倒化云为，百物不废，莫非象也。曰：鼓天下之动存乎辞，观其辞思过半矣，观象玩辞，岂无别哉？盖圣人设卦观象，系辞焉而明吉凶，所以象者言乎象，而辞亦象也。曰天地之数，五十有五，此所以成变化而行鬼神也，象岂足该其数哉？盖参伍以变，错综其数，通其变遂成天下之文，极其数遂定天下之象，而数亦象也。曰以制器者尚乎象，象不滞于器乎？盖形而上者谓之道，形而下者谓之器，道器本不相离，而备物致用，立成器以为天下利，孰谓象非道也。曰以卜筮者尚乎占，故占事知来，而吉凶悔吝，亦可谓之象乎？盖吉凶者，得失之象也；悔吝者，忧虞之象也；变化者，进退之象也；刚柔者，昼夜之象也；所以也爻象动乎内，吉凶见乎外，孰谓吉凶悔吝，专属之占而非象也。曰易之为道也屡迁，变动不居，周流六虚，不可为典要，何定象之可见乎？盖阖辟变通，见乃谓之象，所以圣人立象以尽意，设卦以尽情伪，系辞以尽言，否则易不可见，则乾坤几毁矣。周流变动，孰非可见之象也。……"然则易虽广大，可举象以明。离象求易，即力竭而思不得尽矣。虽然，岂徒易哉？六艺莫不兼之矣。岂徒六艺？诸子何莫不以此为教。章实斋之论已详，[①] 可以证也。

儿易《内仪》曰："仲尼用易，如丹制汞，使就财实。用豫治乐，豫尽卦皆归乐；用革治历，革尽卦皆为历；用师萃治兵，师萃尽卦皆归兵；用噬贲丰旅治刑法，噬贲丰旅尽卦皆归刑法，仲尼之使易也，器之应之犹响也。"是岂不然哉！《易》之为书不可远，故不取于空疏。《系辞》曰："形而上者谓之道，形而下者谓之器，化而裁之谓之变，推而行之谓之通，举而措之天下之民，谓之事业。"又曰："见乃谓之象形，乃谓之器制，而用之谓之法利，用出入民，咸用之谓之神。"盖所贵于易，在前民用，故易之道四，以制器者尚其象。包牺氏作结绳而为网罟，以田以鱼，盖取诸☷；神农氏斫木为耜，揉木为耒，耒耨之利以教天下，盖取诸☷；日中为市，致天下之民，聚天下之货，交易而退，各得其所，盖取诸☷；黄帝尧舜垂衣裳而天下治，盖取诸☷与☷；刳木为舟，剡木为楫，舟楫之利，以济不通，致远以利天下，盖取诸☷；服牛乘马，引重致远以利天下，盖取诸☷；重门击柝，以待暴客，盖取诸☷；断木为杵，掘地为臼，臼杵之利，万民以济，盖取诸☷；弦

---

[①] 《文史通义·易教》曰："象之所包广矣，非徒易而已，六艺莫不兼之。盖道体之将形而未显者也。睢鸠之好逑，樛木之于贞淑，甚而熊蛇之于男女，象之通于诗也；五行之征五事，箕毕之验雨风，甚而傅严之入梦赉，象之通于书也；古官之纪云鸟，周官之法天地四时，以至龙翟章衣，熊虎志射，象之通于礼也；歌协阴阳，舞分文武，以至磬念封疆，鼓思将帅，象之通于乐也；笔削不乐灾异，左氏遂广妖详，象雕通于春秋也。"又曰："战国之文，深于比兴，即其深于取象者也。《庄》《列》之寓言也，则触蛮可以立国，焦鹿可以听讼；《离骚》之抒愤也，则帝阙可上九天，鬼情可察九地；他若纵横驰说之士，飞箝捭阖之流，徙蛇引虎之营谋，桃梗土偶之问答，愈出愈奇，不可思议"云云。案此即六艺诸子，兼言象之证。

木为弧，剡木为矢，弧矢之利，以威天下，盖取诸䷥；上古穴居而野处，后世圣人易之以宫室，上栋下宇，以待风雨，盖取诸䷡；古之葬者，厚衣之以薪，葬之中野，不封不树，丧期无数，后世圣人易之以棺派盖取诸䷛；上古结绳而治，后世圣人易之以书契，百官以治，万物以察，盖取诸䷪。观其象事，则知制器之方，通其变使民不倦，象其物宜，故使民宜之也。《九家易》曰：“定天下之业者，谓以制器者，尚其象也；凡事业之未立，以易道决之。”陆绩曰：“圣人观象而制网罟，耒耜之属，以成天下之务。”则以制器者尚其象，可一言以蔽之曰：易之为君子谋也。

易言“易简”。《系辞》曰：“乾以易知，坤以简能，易则易知，简则易从；易知则有亲，易从则有功，有亲则可久，有功则可大；可久则贤人之德，可大则贤人之业；易简而天下之理得矣，天下之理得，而易成位乎其中矣。”又曰：“易简之德配至德。”夫易简其至矣乎！易果何所为而为？开物成务，冒天下之道，如斯而已矣。易简至久大，则天地不毁，易无不行乎其中；易简配至善，则阴阳合德，健顺有体；盛德大业，不期来而来矣。易简何得见？曰：“夫乾确然示人易矣，夫坤隤然示人简矣。”乾坤何得见？曰：“成象之谓乾，效法之谓坤。”然则乾者象也，而坤效法乎乾，则易简者象也。故老子《仁德章》曰：“执大象天下往，往而不害安平太。”《知难章》曰：“吾言甚易知，甚易行……言有君，事有宗。”道之出口，淡乎其无味，然乃用之不可穷极也。用易简以为治者奈何？曰：“无为。”《易乾凿度》曰：“易者易也……易者以言其德也，通情无用，藏神无内也；光明四通，效易立节，天地烂明，日月星辰，布设八卦，错序律历，调列五纬，顺轨四时，和栗孳结，四渎通情，优游信洁，根着深流，气更相实，[①] 虚无感动，清净照哲，移物致耀，至诚专密，不烦不挠，淡泊不

---

① 原注：“此皆言易道无为，故天地万物各得以自通也。”

失,此其易也。"案《老子》十章曰:"明白四达,能无为乎。"王弼注曰:"言至明四达,无迷无惑,能无以为乎,则物化矣!所谓道常无为,侯王若能守,万物将自化。"此皆本易简以言无为者也。我无为而民自化,我好静而民自正。百姓皆谓我自然则,闷闷然卒至于大治,自然者,随物而成,不为一象,大象无形,故自然以无象而大象也。王弼曰:"用智不及无知,而形魄不及精象,精象不及无形,有仪不及无仪。"故无为者,政之极轨,君人南面之术,如是而已。

易本因象以明理,理者何?政之理也。易家大抵明象,所明者政之象也。《说卦》十一章,固不可泥之以求易,然乾牛坤马,岂漫无根著,无以而言哉?西汉以前注易者,无不引《说卦传》以证经文,此盖观象玩辞之古法,若以为凭空结撰,恶之而去其藉,则易之以象告者,既不知所谓象且何以发其覆乎?吾尝读方申《易学》矣,知易家之言象者,不为不多。《易纬》引逸象三百一十二则,荀爽注引逸象一百一十一则,郑康成注引逸象一百有四则,《易纬注》引逸象二百三十五则。其次焉者,李鼎祚《集解》七十七则,《九家集注》八十七则,崔憬《探元》七十则。而虞仲翔所述为最详,凡引逸象一千二百八十七则,①是尚可忽象而谈理哉?今敢略取《虞易》作"乾坤象义"。何则?易象不外于六十四卦,六十四卦不外于八卦,八卦不外乾坤,乾坤之象明抑易象明矣。

**第一表　乾**

| 乾吉也 | 系下第六章注 | 乾贵也 | 鼎初六爻注 | 乾天崇也 | 系上第七章注 |
|---|---|---|---|---|---|
| 坤凶也 | 系下第六章注 | 坤穷也 | 既济初九象注 | 坤地卑也 | 系上第六章注 |
| 乾阳也 | 系下第六章注 | 乾始也 | 归妹象注 | 乾开户也 | 系上第一章注 |
| 坤阴也 | 未济象注 | 坤终也 | 艮上九爻注 | 坤闭户也 | 系上第一章注 |

---

① 述虞氏易者,以惠栋、张惠言为详,惠氏所述凡三百三十则,张氏所述凡四百五十六则,仪征方申作《虞氏易象汇编》至一千二百八则。

### 第二表　坤象

| 乾为王 | 坤六三爻注 | 乾为良 | 归妹六五爻注 | 乾为上 | 履象注 | 乾为盈 | 剥象传注 | 乾为秦 | 临象传注 | 乾为大君 | 师上六爻注 |
|---|---|---|---|---|---|---|---|---|---|---|---|
| 坤为臣 | 观六四爻注 | 坤为恶 | 谦象传注 | 坤为下 | 随象传注 | 坤为虚 | 剥象传注 | 坤为塞 | 节初九爻注 | 坤为顺臣 | 系下第二章注 |
| 乾为人 | 履象注 | 乾为好 | 逐九四爻注 | 乾为治 | 系下第二章注 | 乾为清 | 豫象传注 | 乾为君子 | 剥象传注 | 乾为明君 | 系下第二章注 |
| 坤为鬼 | 暌上九爻注 | 坤为丑 | 解六三象注 | 坤为乱 | 萃象注 | 坤为冥 | 豫上象爻注 | 坤为小人 | 逐象注 | 坤为众臣 | 史象注 |

### 第三表　义

| 乾生 | 系第一章注 | 乾尊 | 姤九二爻注 | 乾息 | 剥象传注 | 乾高贵 | 系上第一章注 |
|---|---|---|---|---|---|---|---|
| 坤死 | 乾文言注 | 坤卑 | 序卦下注 | 坤消 | 坤文言注 | 坤困穷 | 系上第七章注 |
| 乾存 | 系下第九章注 | 乾健 | 乾象注 | 乾刚武 | 捐象注 | 其他乾坤之象，不足资对较或无意义者，均不录 | |
| 坤亡 | 系下第九章注 | 坤顺 | 剥象传注 | 坤柔弱 | 渐象注 | | |

　　夫乾坤者，易之蕴也，易之门也。观于乾坤之象，何其偏至也？何其畸重轻之甚也？无乾坤则无以见易，然乾坤不毁，则不能无偏至之患，畸重轻之病也。则宁毁乾坤，而无以见易；不能存易，而任不平之气，流转于世间也。是乾也！何以有统宗念元之象也？是坤也！何以有至柔顺承之象也？无非寓言，而求不失其正。盖乾坤伪也，凡六十四卦三百八十四爻，无往而不伪也，何以伪？凡象皆非实，实则何待象，非实且奈何？意者当远离而独绝乎？

## 理数训第五

　　夫易彰往而察来，而微显阐幽。故起于无，而从无入有，有理若形，及于变而象，象而后数，极其数遂成天下之文矣。元吴泽曰："象与数不可离，象为主而数为用；如天是象，三百六十五度四分度之一是数；日月是象，一月十三度十九分度之七是数；天与日月运而为春夏秋冬，积为元会运世，天与日月是象，春夏秋冬元会运世是数。易有象数，所以法天，卦主象而蓍主数，二者相须，但象有定而数无穷，故成变化行鬼神，必归之数也。"① 今夫道妙于无形，而著于有象，昔者圣人赜天下之故，穷造化之隐，而其妙有难以言示者，于是拟诸形容，若身与物，皆拟于象，象立而易斯见矣。然犹未足，则又倚数以尽象之意，故言有据，而动有则，措诸事业，则百姓与能，易道岂在远哉！且尝试论之：易之由浑而画，考之穷易之家足征也。周秦诸子皆言道，虽奇衺错出，而皆有得于易教之一端，乃能恣肆其说，以成一家之言，此易理时代也。降而至汉，学者皆言阴阳五行说，易者自孟喜、京房以逮荀爽、虞翻今所见于李鼎祚《周易集解》者，举不外世应、飞伏、爻辰、消息、卦气、纳甲之谊，此易气时代也。降至魏晋王弼倡明象之论，始忘象而得象，② 孙盛有"易象妙于见形"论，殷融有"象不尽意"论，何襄城有"六象"论，③ 然挹其旨趣，则惟恍惟惚，惚兮恍兮，其中有象也。降至宋代，陈抟出河图洛书，并先天图古易以示，种放受先天四图，复自著六十四卦相生相推

---

① 见《易学滥觞》。
② 王弼著《周易略例》有《明象篇》，谓立象以尽意，而象可忘也；盖从忘象处，始向象之方面发展。
③ 见朱彝尊《经义考》。

卦图，一时中，太易源流图，太极图……绘画满纸，千态万状，毛奇龄曰："宋元间人，凡言易象者，辄自为一图。"① 盖纪实也。夫以惚兮恍兮之象，为怳而不精，而各为图以象之，则已有定体而界域分明，可谓本隐而之显矣，此易象时代也。自宋历明至于清，学宗汉儒，竞言象数，实则象而后有滋，惠栋、张惠言之易，皆数之所滋也。何则？具体之象，与隐微深潜之象殊科，自具体之象而抽象焉，则所谓象，数象也。邵康节曰："象起于形，数起于质。"知数象之起于质，则至矣尽矣。且如杨履泰之作《周易倚数录》也，② 列算式五十图，自积数叠法、开方法等皆备，可知有清一代为易数时代，理虽微眇，而有可寻也。要之，《周易》为穷通尽变之书，自理而气，自气而象，自象而数，岂无以而然哉！盖天下万物生于有，有生于无，无则无以为政，故言必及有，而有从无出，固有待于自有适有，而后执古之道，以御今之有，则济有者皆有矣，养既化之有，岂不诚"治者"为政之由哉！虽然，有则为有，岂积渐而有，因其未有无有，故知其本无，因其自无而有，故必其自有而无。吾闻之："夫有若真有，有自常有，岂待缘而有；若有不自有，待缘而后有者，故有非真有，难有不可谓之有矣。"呜呼！易家之言象数，皆为"有"言之也，言象数而不言"有"，不言象教矣；言"有"不言象数，则"有"不可得而言也。然圣明特达者，则灼然实见于有无之间，而辨章其先后矣。凡所以言先后者，皆所以阐贵无之议，而建贱有之论也，贱有则无以为政，而宗极之道，或几乎息矣。

易之为书，有理有数，凡天地间理之所在，数必寓焉，为其原同也。今请因数以明理，存古说焉：（1）倚天地之数。以扶阳抑阴也。《天原发微》曰："天数二十五，地数三十，此天地之本数

---

① 见《西河全集·太极图说造议》。
② 《周易倚数录》，在《聚学轩丛书》中，可自检阅。

也，地多其五；大衍之数，用数也，天多其十。曰：此圣人扶阳抑阴之道也，二八也，四六也，地之数止得其二；一九也，三七也，五五也，天之数复得其三而为三十，天多于地也。又阳数三，则进而用三十数之多；除数四六，则退而用十二数之少。自少推之，天三地二为五，天六地四为十，乾九坤六为十五，乾得三十六，坤得二十四，乾得六七，为二百五十二，生物之时，坤止得三六，一百八，以闭物而已。圣人倚造化之流行，以立其数，渊乎微哉。"（2）用数者由一下推，以见其无有穷极，不可殚究也。《古经天象考》曰："圣人之教，使循环者，由一上达，用数者，由一下推，以十至千万为之网，以二三四五六七八九为之目，网之数皆以十登，目之数转用不已，是故十为盛数，万为盈数，由万而递增之，则亿兆京陔秭，见于经传，壤沟涧正载，止见算书。此十者又分上中下三等，则《数术记遗》之言详矣。《毛诗》曰：'万亿及秭。'《楚语》曰：'百姓千品，万官亿丑，兆民经入垓。'《毛传》记数万至万曰亿，数亿至亿曰秭，此上数也；韦注云'万万兆曰陔'，此中数也；《说文》曰'数亿至万曰秭'，此下数也；应劭《风俗通》谓'京生秭，秭生壤'，其说少失次焉，此皆一下推无有穷极者也。"（3）倚数而行其典礼也。盖八卦以序相循环，君子所居而安者，易之序也。易之序者，造化变通往来，理数之自然，是故参伍以变，错综其数，数之动则典礼行焉，君臣父子夫妇昆弟朋友，各行其所当行，故曰："圣人有以见天下之动，而观其会通，以行其典礼，是故谓之爻。"《汉书·律历志》曰："数者一十百千万也，所以算数万物，顺性命之理也。"斯言尤可见矣。（4）极数以测知未萌事也。《乾凿度》曰："八卦之变，象感在人，文王因性情之宜，为之节文。"郑注云："人情有变动，因设变动之爻以效之。"盖探赜索隐，钩深致远，以定天下之吉凶者，以成天下之娓娓也，故易言筮法，于数尤详。《系辞》曰："天一，地二，天三，地四，天五，地六，天七，地八，天九，地十。天数五，地数五，五位相得，而各有合，天数二十有五，地数三十，凡天地之数，五十有五，所以成变化而行鬼神也。大衍之数五十，其用四十有九，分而为二以象两，挂一以象三，揲之以四以象四时，归奇于扐以象闰，五岁再闰，故再扐而后挂。乾之策二百一十有六，坤之策百四十有四，凡三百有六十，当期之日，二篇之策，万有一千五百二十，当万物之数也，是故四营而成易，十有八变而成卦，八卦而小成，引而伸之，触类而长之，天下之能事毕矣。"是则易以数而明理，借卦兆之所占，而发造化难言之妙，数莫逃乎理也。虽然，数者，因纪物而有，物且自无而有，则数亦自无而有，岂自然著哉！明其非自然而有，则是未始有衡，不足凭之为准明矣，且天地日月著，皆数之兆也，天地何以知其为三为两？四时何以知其为七八九六？日何以知其为一？月何以知其为二？河图何以十？洛书何以九？蓍龟何以五十而用四十九？此备物致用之数，皆古之巧伪人，所作言造语，擅生是非，奚足论哉！而世之惑者，则以圣人为能幽赞于神明，将有所深造于道，故能闻而辙解，而自耻于无所得则付之自若，而不强知矣。呜呼！言之者孟浪，闻之者听荧，政事从惑而起，故蛊为妙道之行也。

夫总混群本，数之道也。尝试论之，凡所以锡民福前民用为民极者，皆始于太初之一画。自有此一画，而天之象以成，地之象以立，天地细缊，万物化淳，故为八卦，为六十四卦，为三百八十四爻，为万有一千五百二十策，莫非一之所为，用其极而会其极，则一诚制令之母，而政教之原也。朱震曰："凡有数者，莫不有一，一之所在，无往而不为万物之祖。"姚配中曰："天一，地二，天三，地四，天五，地六，天七，地八，天九，地十，何也？一也。一者，元也。元者，易之原也。"可知生神莫先于一，其义为专，①为独，②数之始，物之极也。《吕览·圜道》曰："一也者，齐至贵莫知其原，莫知其端，莫知其始，莫知其终，而万物以为宗。"又《上贤》曰："莫知其始，莫知其终，莫知其门，莫知其端，莫知其原，其大无外，其小无小，此之谓至贵。"可知一即至贵，本有统宗会元之义。凡为天所包者，可以一统之；为易所有者，可以一贯之。《易》曰："一致而百虑。"又曰："天下之动贞夫一。"则亦指有天地后，总统万物之一也。一又训为元，《汉书·律历志》曰："十一月乾之初九，阳气伏于地下，始著为一，万物萌动，钟于太阴，故黄钟为天统律，长九寸九者，所究极中和，为万物元也。"云始著为一云，究极中和，为万物元，则其所谓元即，《董子重政》所谓"唯圣人能属万物，而系之元"也。发为六画，变为六爻，一以贯之耳。③荀爽"大衍之数五十"注云："卦各有六爻，六八四十八，加乾坤二用，凡有五十，乾初九潜龙勿用，故用四十九。"《周易姚氏学》曰："云加乾坤二用，则亦以乾元坤元。不在爻数，坤爻用六，实有用之者矣。初九潜龙勿用，故用四十九者，盖亦以乾元隐初入微，《文言传》云'阳气潜藏'，谓元下也，释爻自初至终无非元之所为，元实起于一卦之始，而举其义于一

---

① 案刘光汉《中国哲学考·系下》曰："天下之动贞夫一者也，虞注云，一谓乾元，万物之动各资天一以生，故天下之动贞夫一者也。又曰，天下同归而殊途，一致而百虑。又曰天地絪缊，万物化醇，男女构精，万物化生。易曰，三人行则损一人，一人行则得其友，言致一也。《左传》襄二十一年藏武仲曰，夏书曰，念兹在兹，释兹在兹，各言兹在兹，允出兹在兹，惟帝念功，将谓由己壹也，信由己一，而后功可念也。《诗·曹风》云，鸤鸠在桑，其子七兮，淑人君子，其义一兮，心如结兮。《大戴礼》引此诗云，君子其结一也，皆一训为专之证。"
② 案惠栋《易微言》曰："一在易为太极，凡物皆有对，一者至善，不参以恶，参以恶则二矣。又为独，独者至诚也，不诚则不能独，独者隐也，爱莫能助之，故称独。"
③ 案《周易姚氏学》曰："时乘六龙，荀九家云，时之元气以王而行，履涉众爻，是乘六龙也。乾初九干宝注云，初九，乾元所始也，谓初为乾元筹见之始，则六画六爻，罔非元之所为矣。"

卦之终，以见元之无不在，非上九之后，又有用九也，故既云'乾坤二用'，又云'潜龙勿用'，指元为说，非谓元用，而初爻不用。……夫资始者天，资生者地，乾元资始天道也，坤元资生母道也，娠身者母，致养者坤，故坤元独包四十八而为之母，万物资始于乾元，而致养于坤元，故合五十为大衍，太极之全数也。"然则乾元之所以为元，实足爻策万物，居无事而主宰全易者矣。发而为画，画变成爻，爻极乃化，莫非元之所为也。元者一也，元始无象，象之以一。一也者，则又圣人托数寓名，以明万物之总，百事之根者也。《庄子·天下篇》曰："神何由降，明何由出，圣有所生，王有所成，皆原于一。"然则尚矣！一之间无敢施也，故君人抱一为天下式。

盖一也者，合两为一，此易所以变，而神所以无方也，姚配中尝征元之所在矣，曰："在坤中，于辰为戌亥，乾元藏于坤元中也，乾元为精，阴凝焉谓之血，虞氏所谓坤含光大，凝乾之元，以坤牝乾者也。其于爻则伏于初，初者卦之极下，而极中者也，伏而未发，是为几为赜。虞氏《大过》象传注云：'初阳伏巽体中，体复一爻，潜龙之德。'又'其益无方'注云：'阳在坤，初为无方，寂然不动，隐藏坤初机息矣，专，故不动者也。'据虞诸注，则其所谓复初乾元，谓始伏复初，非已著成爻象明矣，所谓在坤初伏巽中也。姚信精义入神以致用也，注云：'阳称精，阴为义，入在初也，阴阳在初，深不可测，故谓之神，变为姤复，故曰致用也。'夫曰深不可测，曰变为姤复，则所谓在初者，亦入面伏于初，未成复姤时也，是故全卦之气，隐伏于初，是之谓元。"姚氏可谓知易矣。夫统宗会元之道，即隐乎龙战之中，不见其首，是谓元德，和光同尘，故能成器长。善乎孟景翼之论一曰："一之为妙，空元绝于有境，神化瞻于无穷，为无物而无为，处一数而无数，莫之能名，强号为一。"王弼之释大衍曰"演天地之数，所赖者五十也，其用四十有九，则其一不用也，不用而用以之通，非数而数以之成，斯易之太极也"之言也，非深明统宗会元之道之邮者乎！晦其位而冥其畛，深其阜而眇其根，穰其功而幽其所以然，无统治之名，而有无匹合于天下之实，惛然若亡而存，油然不形而神，是运雷风水火，而坐动挠燠润之用也，此老子所谓无为而无不为也。程大昌《易原》之论一曰：（1）易以一为祖，为至；（2）一神；（3）一能无为无不为。吾于是知易之一，实周流六虚，无体而无不体，体从虚出，故虽该众有，而无声无臭，入于"寥夫一"。虽然，索真宰之朕迹，而终不可得者，特不见其形，而真宰自若也，是亦彼也，彼亦是也，唯达者知通为一，既已有一矣，且得无言乎？夫自有一，而力穷之民制焉，至分之不齐，然后睹所争，政权起而天下大乱。今使决疣溃痈，则天下平而无故，然削迹无遗根，岂独遗"寥夫一"哉！

列子之言数变也，曰："易变而为一，一变而为七，七变而为九，九者究也，复变而为一，一者形变之始也。"张湛注云："一变为七九，不以次数者，全举阳数，领其都会也。"程大昌谓河图之数当于九，一三五七九者，阳之数也；二四六八者，阴数之对，变而包乎阳数之内也。予按《乾凿度》曰："阳动而进，阴动而退。"故阳以七阴以八为象，阳动而进变七之九，象其气之息也；阴动而退，故变八之六，象其气之消也；阳用九而阴用六，由数变而消息可知矣。尝闻之张惠言曰："《说文》解字之义，惟初太初，道立于一，二三四皆从积数，四，古文作亖，其从四八象四方分布，盖非初义。五象交午，古文从×。六象入而八分，七象气出于一，八象分别相背，九象屈曲究尽，十象气具四方中央。易变而为一者，大易动所有一气也，积三午五动七而出，故曰一变而为七；至九而究尽，故曰七变而为九，阴阳之气相并俱生，易变而为一，则二亦生矣，积二三交而动，一变而七，则二亦变而为八矣。阳动而进，阴动而退，七上出，八当下入，故八象分别相背也，七上究而九，则八亦下究而六矣，故六从八入也五交于中，十则具焉，函三为一，故复变而为一。"① 由是观之，观变于数，而阴阳之端，即寓乎其中，数非矫诈之所赖以行其奸巧者耶！故文王问鹖冠子曰："敢问诈之所始？"鹖冠子曰："始于一二。"文王曰："一二奇偶自然之数也，恶乎诈？"鹖冠子曰："有一二即有千百，有千百即有计算，而天下之机变，不可胜穷也。"然则数者，大朴之漓，而滑滑所由生也，曼衍为数，而天下始乔诘卓鸷，扰扰万绪起矣，此亦圣人之过也。

---

① 见《周易吴氏消息》。

# 周秦诸子学统述

## 绪　论

　　《庄子·天下篇》曰："天下大乱，贤圣不明，天下多得一，察然以自好，譬如耳目鼻口皆有所明，不能相通，犹百家众技也，皆有所长，时有所用。虽然不该不偏，一曲之士也；判天地之美，析万物之理，察古人之全，寡能备于天地之美，称神明之容。是故内圣外王之道，暗而不明，郁而不发，天下之人，各为其所欲焉，以自为方。悲夫！百家往而不反，必不合矣！后世之学者，不幸不见天地之纯，古人之大体，道术将为天下裂。"《汉书·艺文志》十家后序曰："诸子十家，皆起于王道隐微，诸侯力征，时君世主，好恶殊方。是以九流之说，蜂起并作，各引一端，崇其所善，以此驰说，取合诸侯。其言虽殊，譬犹水火相灭，亦相生也。仁之与义，敬之与和，相反而相成者也。"司马谈《论六家要旨》曰："《易大传》天下殊途而同归，一致而百虑。夫阴阳儒墨名法道德，此务为治者也，直所从言之异路，有省不省耳。"《淮南子·淑真训》曰："百川异源而皆归于海，百家殊业而皆务于治。"夫辨章学术，考镜源流，非深明道术精微，群言得失之故，如数子者，何足语此。吾是以知周秦诸子，自其异者视之，则肝胆胡越；自其同者视之，则万物一圈。曲知之士，道其缺者，而自以为知道者，无知也，道本乎一，何有乎九！善哉《文中子·周公篇》之言曰:"安得圆机之士,与之共言九流哉。"

何谓原于一?《惠子·历物篇》曰:"至大无外,谓之大一,至小无内,谓之小一。"司马彪注云:"无外不可一,无内不可分。"则立于一者,即分于一,此所谓天下之动贞乎一者也。《管子·内业篇》曰:"一物能化谓之神,一物能变谓之智。化不易气,变不易智,惟执一之君子,能为此乎。执一不失,能君万物。"呜呼!为此言者,其知道乎!所贵乎易者,贵其能随时变易以从道也,规始于一,一而不生,则道之量亦少矣。唯其穷而变,变而通,自理而气,自气而象,自象而数,玄之不足,而又玄之,使乎行于徼者,不知其妙,不以觭见,故为众妙之门也。尝试论之:《孙子·九地篇》曰:"将军之事,能愚士卒之耳目,使之无知。易其事,革其谋,使人无识;易其居,迁其途,使人不得虑,善为道者以曲而全。"岂虚言哉!圣叹《外史·杂华林》云:"遂万物之性为成,成里边有个秘诀曰曲,曲成曲字,取正吹之。横笛孔里边有个曲,逐孔吹去,从上翻到最下一孔,从下转到最上一孔,天地之调已尽了。"其说可相发明。诚全而归之,则所谓视之不见,名曰夷;听之不闻,名曰希;抟之不得,名曰微,此三者言曲则至矣,而常混而为一。故夫一所以挈始而测深也,所以曲成万物而不遗也。故曰:万物之总,皆统一孔,百事之根,皆出一门。道之立,立于一也;《说文》一字下曰:惟初太极,道立于一。易之始,始终一也;《易纬》曰:易始于一,郑注云:易无形体,变而为一。性之形,形于一也;《孔子家语·本命解》曰:形于一谓之性。数之起,起于一也。《道德经》三十九章王弼注云:一数之始,即物之极也。盖天地之道,可一言而尽也,其为物也,不二,则其生物也,不测。是故神何由降,明何由出,圣有所生,王有所成,皆原于一。一者万物之本也,无敌之谓也,其理施四海,其解际天地,《荀子·解蔽篇》所谓体常而尽变,一隅不足以举之也。奈何蔽塞者流观于一隅之小一,未之能识也,且以为有为不可加矣,攻乎异端,内以自乱。夫谈者别殊类使不相害，序异端使不相乱，谕志适意，非务相乖也，《邓析子·无厚篇》则既言之矣。

何由原于一？《尹文子·大道篇》曰："道不足以治则用法，法不以治则用术，术不足以治则用权，权不足以治则用势，势用则反权，权用则反术，术用则反法，法用则反道，道用则无为而自治。"故穷则徹终，徹终则反始，始终相袭，无穷极也。《孙子·始计篇》孟注曰："大道废而有法，法废而有权，权废而有势，势废而有术，术废而有数，大道沦替，人情讹伪，非以权数而取之，则不得其欲也。"《浮邱子·原形篇》曰："先王制道义以化不衷也，制礼以防不执也，制刑以诛不法也，是故道德之穷然后礼，礼之穷然后刑，不得已之苦心也。唯礼救道德之衰，唯刑救礼之穷，不得已而不已之妙用也。"盖凡此之言，皆能恍然于学派递变之故，然尤不若老子之言之也。五十七章曰："以正治国，以奇用兵。"五十八章曰："正复为奇。"王弼注云："以正治国。则便复以奇用兵矣。"又三十八章曰："上德不德，是以有德；下德不失德，是以无德。上德无为而无以为，下德为之而有以为，上仁为之而无以为，上义为之而有以为，上礼为之而莫之应。是故失道而后德，失德而后仁，失仁而后义，失义而后礼。"呜呼，深矣，远矣！恐奸衅之不虞，故敛想多术以备之；若烹小鲜，五味辛甘不同，期于适口；必至于信不足焉，而有不信，则攘臂而扔之，亦适治之道也。故不如庐蝉，不足谓之易；不如茅犀，不足谓之象。知此者，谓之知道；不知此者，虽周公之材之美，其智不足多也已。何足以语周秦诸子学术之大原哉。知乎仁义在乎道德之包，而后可共语儒墨之学；知乎法术原于道德之意，而后可共语形名之学；知乎权势本于道德之用，而后可共语攻守之学。周秦诸子，虽千差万殊，其出于道者一也。盖廉江江瑔尝论之曰："百家之学，言其末流，虽并辔联镳，各不相谋，而溯其初起之源，则实统于一。一者何？即道家是也。道家者，上所以接史官之传，下所以开百家之学也。"又曰："道家之学，无所不赅，彻上彻下，亦实亦虚，学之者不得其全，遂分为数派。其得道家之玄虚一派者，为名家、为阴阳家，及后世之清谈家、神仙符箓家。得道家之践实一派者，为儒家。得道家之刻忍一派者，为法家。得道家之阴谋一派者，为兵家、为纵横家。得道家之慈俭一派者，为墨家。得道家之齐万物、平贵贱一派者，为农家。得道家之寓言一派者，为小说家。传道家之学而不纯，更杂以诸家之说者，为杂家。是春秋战国之世，百家争鸣，虽各张一帜，势若水火，而其授受之渊源，实一一出于道家。"《诸子卮言》卷二第十章。呜呼！岂不然哉！唯其为君人南面之术也，故能秉要执本，因阴阳之大顺，采儒墨之善，撮名法之要，与时迁移，应物变化，而常主之以太一。所谓太一者，则周秦诸子所由分也。唯其自此而分，故阴阳家之序四时之大顺，百家弗能易也。儒家之序君臣之礼，列夫妇长幼之别，百家弗能废也。墨家之强本节用，百家弗能失也。法家之尊主卑臣，明分职不相逾越，百家弗能改也。何则渊源如此，非不相通而所以能通者，良有以也。

然则道家之谓道，何也？盖为万物之奥，善人之宝，不善人之所宝，圣人之至赜也。仁者见之谓之仁，智者见之谓之智，百姓日用而不知，不得其人，不虚传也，其学操之人君，其流出于史官。《庄子·天下篇》曰："古之人其备乎，配神明，醇天地，育万物，和天下，泽及百姓，明于本数，系于末度。六通四辟，小大精粗，其运无乎不在。其明而在数度者，旧法世传之史，尚多有之。"盖古者始执道以愚弄天下者，黄帝也。敷演大道而明治理者，史官也。历记成败存亡祸福古今之道，然后知秉要执本，清虚以自守，卑弱以自持。故道家之谓道，即得于君人南面之谓道；分于道家之谓道，亦即君人南面之道之一偏也。请申言之，《管子·任法篇》曰："官无私论，士无私议，民无私说。"《古史钩沉论》曰："周之世官，大者史，史之外无有语言焉，史之外无有文字焉，史之外无人伦品目焉。"盖窥道之蕴者，非史官莫由，而史官何以有此，不可不知也。《吕氏春秋·序意》曰"吾尝得学黄帝之所以诲颛顼矣"，可证史官之能道于大道，必自是始。而金人之三封其口曰："古之慎言人。"其毋乃为此发乎？帝史孔甲犹恐其子若孙，有为外人道者。故著书二十六篇，书盘盂中为诫，法式于鼎名曰铭。盖吾知之矣，君人之术，且将传之万世万万世，守之以史官，则道有藏之约行之得，可以为子孙恒也。虽然，史官未易与也，抚之则为吾畜，虐之则常资敌，履癸之时，太史终古执其图法泣谏不听，遂出奔商，随之而有鸣条之役。受辛之时，太史辛甲七十五谏而不听去之，周文王以为公卿，遂与周公议伐商。见《韩非子·说林》。伊尹能言古者所以立三公九卿大夫列士之故；见《说苑·臣术篇》。鬻熊能道五帝三皇传政之事；见《鬻子》五帝三皇传政诸篇。太公能述黄帝颛顼之丹书；见武王作记之。盖皆古之史官，慨乎王道衰微，暴乱在上，是以举其所知，输之人君。若谓于守藏之史以外，有能知成败祸福之源，则吾未之闻也。虽然，道家之出于黄帝审矣，而黄帝之学则何如？

尝试考之：黄帝生而神灵，长而敦敏，成而聪明，于天下之理无不知，天下之事无不能，上而天地阴阳造化发育之原，下而保神炼气愈疾引年之术，庶物百事之理，巨细精粗，洞然于胸次。用朱子称皇帝语。推步则访山稽力牧讲，占候则询风后，得蚩尤而明于天道，所学之广，遂为诸子之权衡。《汉书·胡建传》上奏曰：《黄帝理法》曰"壁垒已定，穿窬不由路，是谓奸人，奸人者杀"云云，是法家之祖也。《祭法》曰："黄帝正名百物。"是名家之祖也。刘恕《外纪》曰："作杵臼而谷粟始凿，作釜灶而民始粥，作甑而民始饭。以烹以炮，以为醴酪。"是农家之祖也。《文子·精诚篇》曰："黄帝治天下，调日月之行，治阴阳之气，节四时之度，正律历之数。"是阴阳家之祖也。作《阴符经》上篇演道，中篇演法，下篇演术，千变万化，出无入有，是纵横家之祖也。汉志所载，有《黄帝四经》四篇，《黄帝铭》一篇，《黄帝》十六篇，《图》二卷，《太一兵法》一篇，《推刑德》一篇，《蹴鞠》二十五篇，《泰阶六符经》一卷，《五家历》三十三卷，《长柳占梦》十一卷，《内经》十八卷，《八十一难经》二卷，《杂子步引》十二卷。其书说者谓多所依托，然推尊至此，非其学之广大，何以致之。自时厥后，最得其深旨者，惟老子《道德》二篇，盖读《金人铭》而知之矣。魏源《老子本义》引何孟春之言曰："如云诚能慎之福之根，谓为何伤祸之门者，即老子所谓祸兮福所倚，福兮祸所伏也。其云强梁者不得其死，即老子所谓坚强者死之徒也。其云知天下之不可上故下之，知众人之不可先故后之，即老子所谓欲先民必以言下之，欲先民必以身后之也。其云执雌守下，人莫逾之者，即老子所谓后其身而身先，外其身而身存。人皆趋彼，我独守此者，即老子所谓知其雄守其雌，知其荣守其辱也。其云人皆惑之，我独不徙者，即老子所谓处众人之所恶，众人皆有余，而我独若遗也。其云内藏我智，不示人技者，即老子所谓和其光，同其尘，众人昭昭，我独昏昏，众人察察，我独闷闷也。其云江海虽左，长于百川，以其善下之故，故为百谷王，故君子居则贵左也。其云天道无亲，常与善人者，则老子亦有是语。"可知周柱史之书，不为无才，而黄老并称之由，亦即以此征其源流。即诸子之学出自黄帝者。亦自老聃而传也。

盖老聃者，时势所造之才士也乎！既明治理之道，则幸周室之既衰，其意且欲取而代之，无如赤手空拳，谁与为理，故出函谷关而谋之耳。余杭章氏《诸子学略说》云"老子以权术授之孔子，而征藏故书，悉为孔子所诈取。孔子之权术，乃有过于老子者，惧老子发其覆也，于是说老子曰：

乌鹊孺，鱼傅沫，细要者化，有弟而兄啼。老子胆怯，不得不曲从其请。逢蒙杀羿之事，又其素所怵惕也。胸有不平，欲一举发，而孔子之徒遍布东夏，吾言朝出，首领可以夕断。于是西出函谷关，知秦地之无儒，而孔氏之无如我何，则始著《道德经》，以发其覆"云云。案此说未是然，而知老子之出函谷关，为有所为，是大有识矣。当时老聃之名满天下，托名归隐。而实足迹所及，殆遍绝世之秘密家，故世人莫得知之。葛洪《神仙传》曰："老子数易名字，非但一聃而已，所以尔者？按九宫及三五经及元辰经云，人生名有厄会，到其时若易名字，以随元气之变，则可以延年度厄，今世有道者，亦多如此。老子在周乃三百余年，二百年必有厄会非一，是以名稍多耳。虽然，此曲为之讳耳，安见非畏祸而为之所耶！《史记》言老子著书，莫知其所终，《释文》引刘向云：西过流沙，莫知所终。盖所以存疑词者已多矣，若夫化胡之说，吾岂敢信，然而有心哉老氏也！《神仙传》曰："或云老子欲西度关，关令尹喜知其非常人也，从之问道，老子惊怪，故吐舌聃然，遂有老聃之号。"自余观之，过关则过关耳，问道则问道耳，何至于吐舌聃然哉！夫望气而物色遮候，扫道四十里，意何为者？吾见有望气者矣，吾见有言非常人者矣。今欲谋人家国，临深、履尾，未足喻危，而身未出关门已泄矣，又安得不心惊而失色？其著《道德经》也，冥览古始，以说天下之民，所以自明其常容于物，不削于人，而收罗人心者也。即亦述经世之方术，以教其徒，使之攀龙鳞而附凤翼也。何以知其然耶？《太平御览》卷九百二十四引范子《计然》曰：范蠡知计然之贤，卑身事之，请受道藏于石室，乃刑白鹅而盟焉。夫计倪子，老子之弟子也，《老子翼》附录云：昭王癸丑五月，出函谷关，晋公孙辛钘字计然，学于老子，既而适越，范蠡师之，则范蠡殆始学于计然，复亲受于老子也。则老子之授之于计倪子也，正犹计倪子之授之于陶朱公也，即老氏之授之于关尹喜也，列御寇也，庚桑楚也，杨子居也，孰不如是哉？夫道藏之藏，何其秘也，受道藏于石室，何秘之又甚也？又未足焉，则刑白鷃而盟焉。呜呼所藏何书，所盟何事？左执道德经，右纳委任状，非老氏之秘密团结而何？事不卒成，而大道之蕴，坐此而传播于天下，不可收拾，演成九流诸子之学，非老子本意也。吾尝考之，老聃之党，关尹子、列子、亢仓子、杨子、庄子皆是也，世无异辞，吾何言哉？至于诸子，其直接师技而脉络可考者，孔丘是也。本道德遗意而私淑之者，韩非是也。学老子而囿者，稷下诸子是也。墨翟则得老氏之学于史角，鬼谷则本阴谋而授之苏秦、张仪，以为纵横一派。盖周秦诸子之学，莫不原于老氏，其事甚明。然而不知老氏之有帝王思想，为绝世之秘密革命家者，不足与语《道德经》，并不足与语周秦学术之大原也。诚能知老氏之旨，则盗跖亦其流裔，盖欲为老聃谋天下，以激烈出之，势亦固然，勿谓盗而非道也。夫鄹聚齐甿，以九千人横行天下，所过大国守城，小国入保，备说非六王五伯，死而操金推以葬曰，下见六王五伯，将敲其头矣。呜呼！何其壮耶！老聃欲自王，则势必溢王室之恶，尧溷舜浊，所以见老聃之德似天地。盗跖之徒，盖为老聃用耳。彼孔丘者，始诺而终背约，深心积虑，必欲自王，此其盗跖之所切齿，而庄周之所重讥与！或问老子之学，大抵以清净无为为本，不贵功业，于天下何所容心哉？余曰不然。夫认秽汁为精，以钝浊为朴，迟迟为性，拱手不动为无为，不食滋味为恬淡，倪来适去为自然。是犹闽人见霜而疑雪，雒人闻食蟹而剥蝥蜞，此塞而无为，非通而无为也。通而无为者，常无为而无不为也。何以言之？自然已定，为则败也，智慧自备，为则伪也，浅智之所争则末矣！《吕氏春秋·勿躬篇》引李子曰："非狗不得兔，兔化为狗，则不为兔，人君而好为人官，有似于此。是知无为者，处无为之事，为而不恃，为而不争也。"《崇文总目·叙释》曰："道家者流，本清虚，去健羡，泊然自守。故曰我无为而民自化，我好静而民自正，南面之术，如是而已。"欧阳子真知言哉！天下神器，不可为也，不造不始，因循为用可矣。夫代司杀者杀，是谓代大匠斫，夫代大匠斫者，希有不伤其手矣。故无为者，为客不为主也。为客则端兆不可得而见，兕何所投其角哉？虎何所措其爪哉？兵何所容其刃哉？故无为者无死地也。无为而无不为者，即以正治国者为之，即以奇用兵者，无不为也。无为而无以为者为之，即为之而莫之应，必至于攘臂而扔之，亦无不为也。以无为之有益，故太上下知有之，则亲而誉之，畏之，侮之，无为也；其次亲而誉之，则畏之，侮之，无为也；其次畏之，则侮之无为也。处其厚不居其薄，处其实不居其华。天下之民，将安其性命之情。凡诸所假而行者，亡之可也。天下将不安其性命之情，则脔卷伧囊，人之所恶，亦何惮于一发哉。保天下者，惟施是惧，及其有事，则有所施可也，欲蔽不新成，及其有事，则有所成可也。虚而不屈，动而愈出，不为而善应，其为不免矣。抑事物之数，迎其来不如要其往，追其往不如俟其来。如捕亡子，而丧家珍，瞀然介马以驰，终日而不遇，知无为之益，天下希见之，为无为则无不治，孰谓老氏于天下无所容心哉？或曰老氏之道，虚且无也，虚无则混混冥冥，何至如子所云。余曰不然，此洗心之学也。窃尝闻之焦竑之言矣，曰："虚无者，世教所以立也，彼知有物者不可以物物，而睹无者斯足以经有，是故建之以常无有。不然圣人之业，将以成变化，行鬼神，而责之胶胶扰扰之衷，其将能乎？老子曰：执古之道，以御今之有。夫曰今之有，则古之为无可知已；而御有者必取之无，然则虚无废世教可不可也。"《庄子翼序》。抑吾又闻之《世说·文学篇》曰："王辅嗣弱冠诣裴徽问：曰夫无者诚万物之所资，圣人肯无言，而老子申之无己，何耶？弼曰：圣人体无，无又不可以为训，故言必及有，老庄未免于有，恒训其所不足。"何邵为弼传曰："老子是有者也，故恒言无所不足。"辅嗣真知言矣！而未尽也。夫《象玄》则曰，有物混成；《圣德》则曰，始制有名;《归元》则曰,天下有始,以为万物母;《守道》则曰,莫知其极,可以有国;《虚心》则曰,其中有象,其中有物,其中有精,其中有信。盖凡天下之有,皆生于无,无不可以明无,故必因于有物之境。孔颖达《周易正义》有曰:"易之三义,唯在于有;然有从无出,理则包无,而易象惟在于有。故形而上者谓之道,道即无也;下之谓之器,器即有也。故以无言之,存乎道体;以有言之,存乎器用。"其言至矣!故鬼不见不能成人业,而积渐以言有者,老氏之旨也乎?《周易兼义》何氏云:《系辞》分为上下二篇者,上篇明无,故曰易有太极,太极即无也。又云:圣人以此洗心退藏于密,是其无。下篇明几,从无入有,故云知发其神,亦积渐言有之说。可知孔氏之学,出于老子无疑也。然老氏则又拂有以取无也。故曰:

(一章)无,名天地之始;有,名万物之母。故常无,欲以观其妙;常有,欲以观其徼。

(十一章)三十辐共一毂,当其无有车之用。埏埴以为器,当其无,有器之用。凿户牖以为室,当其无有室之用。故有之以为利,无之以为用。

(四十章)反者道之动,弱者道之用。天下万物生于有,有生于无。

盖以复则天地之心见矣,孰谓混混冥冥者,即于天下无所用心哉?当试论之:夫曰为之于未有,可概见矣。读史记曰,周亡矣。则乘青牛车去,入秦晋,游楚,适越,西入流沙,栖栖者此为之于未有之时也。天下莫不知其为,则为之几也。夫注《道德经》者,代有殊宗。虽以君平辅嗣之贤,不灼见于此,何论其他。唯子由有言:"老子生于衰周,文胜俗弊,将以无为救之。故于书之终言其所志,愿得小国寡民以试焉,而不可得耳。其说韪矣。虽然老氏之志不在小,苏子未能识也;而得未曾有,即此亦自豪哉。今欲论周秦诸子之统,不可不先明此怊。此怊明,则其大端可通矣。

## 儒家第一

何言乎儒家者流，出于老子？吾尝粤稽载籍矣，儒家之宗孔子也，谓孔子未尝从学于老聃不能也。经书传之，《礼记·曾子问》。《史记》传之，《史记》老子列传，孔子世家、仲尼弟子列传。诸子传之，《孔子家语》观周篇、五帝篇、执辔篇、《吕氏春秋·当染篇》《白虎通·辟雍》《潜夫论赞学》，若《庄子》则随处可指。非不可信也。孔子之学，闻而知之，得老氏之旨最明，故其学几足广包诸子。《汉书·艺文志》引儒家之言，以释十家，盖可知矣。抑孔氏亦有窥于君人南面之术，故始诺而终背约，说老子曰：乌鹊孺，鱼傅沫，细要者化，有弟而兄啼，其意可见矣。《春秋合成图》曰："皇帝立五始，制以天道。五始者，元年一也，春二也，王三也，正月四也，公即位五也。"《春秋全命没》曰："丘以匹夫，徒步以制王法。"又曰："吾作《孝经》，以素王无爵之赏，斧钺之诛，故称明王之道。"盖孔氏之图谋不轨，公羊家类知其意，吾无异辞焉。抑孔丘亦未尝不自道也，故曰："明王不兴，则天下其孰能宗予。"郑注云："今无明王，谁能尊我以为人君乎？"公山弗扰之召则曰：盖周文武起丰镐而王，今费虽小，其庶几乎？若夫颜渊司徒，子夏六十四人，共撰《仲尼微言》，以事素王，于籍有征，其步武老氏甚明。《孔子世家》有曰：

楚昭王将以书社封孔子，楚令尹子西曰：王之使使诸侯，有如子贡者乎？曰：无有。王之辅相有如颜回者乎？曰：无有。王之将率有如子路者乎？曰：无有。王之官吏有如宰予者乎？曰：无有。且楚之祖封于周，号为子男五十里，令孔丘述三王之法，明周召之业，王若用之，则楚安得世世堂堂方数千里乎。夫文王在丰，武王在镐，百里之君，卒王天下。令孔丘得据土壤，贤弟子为辅，此非楚之福也。昭王乃止。

准此则西狩获麟，自号素王，郑玄《六艺论》之说不诬矣，而学老子者之绌儒学，学儒学者之绌老子，其故亦岂外哉。自老聃写书征藏，以诒孔氏，孔氏则修其篇籍，删其六学，以设教于杏坛，多辞谬说，以迷天下之士，使服其衣冠，而儒者之学生焉。故章炳麟谓竹帛之下庶人自孔氏始，而竹帛之下于孔氏，则老聃非与！今夫儒者之谓道，亦岂有异乎老聃之谓道乎？桓谭《新论》曰："老子谓之道，孔子谓之元。"阮籍《通老论》曰："道法自然而为化，侯王能守之，万物将自化，易谓之太极，春秋谓之元，老子谓之道。"吾观于汉魏学者，言老者必通易为一家，道术相同，亦足证矣。请申言之：老子之言曰："致虚极，守静笃。"又曰："知其雄，守其雌；知其白，守其黑，为天下谷。"盖其所以不与人争者，乃所以深争之也。儒家则何莫不然乎。《说文》云："儒，柔也。"《盐铁论》曰："所以贵儒术者，贵其能谦以下人。"郑玄《三礼目录》曰："儒之言优也，柔也。盖其降心下气，犹是道家之遗意。"《家语始诛解》云："孔子为鲁司寇，有喜色，仲由问其故，孔子曰：有是哉！不曰乐以贵下贱乎！"盖其降心下气者，所以自便其私。人亦有言，儒者倨傲自顺，不可以为下，岂虚言哉。虽然，老氏之徒，则常教孔子以事君，《战国策》云：不闻老莱子之教孔子以事君乎，老莱子，老子之徒。其意且欲其为我干城，为我腹心，孔子叛之，而窃其意，以教七十二子。故孔子之自处也非常道，所以处七十二子者，常道也。其诲人也，曰：学也，禄在其中矣。曰：学而优则仕。无以勖之，则何以使之，其后遂有以天子三公为大儒者，固孔氏初意之所期也。唐玄宗追赠孔子为文宣王，诏曰："弘我王化，在乎儒术，能发挥其道，启迪含灵，则生民以来，未有如孔子者也。所谓自天攸纵，将圣多能，德配乾坤，身指日月，故能立天下之大本，成天下之大经；美政教，移风俗，君君，臣臣，父父，子子，民到于今受其赐，不其伟与！"明太祖制曰："孔子会前世之道，而通之以垂教万世，为帝者师，其孙子思又能传述而明言之，以极其盛。有国者，求其统续，尊其爵称，盖所以崇德而报功也。"则知儒术之所以见重于帝王者，正以臣术；而儒家之宗，固未必以臣术自重，孰谓俎豆太牢，乃孔丘之志哉！今舍此不言，即就儒道之相通者论之。老子曰："古之善为道者，非以明民，将以愚之。"又曰："圣人之治，虚其心，实其腹，弱其志，强其骨，常使民无知无欲，使乎智者不敢为也。"又曰："夫唯无知，是以不我知；孰知其极，其无政。"今儒家之言曰："民可使由之，不可使知之。"又曰："民易一以道，而不可与共故。"《荀子·正名篇》。又曰："问圣人者，问其所为，无问其所以也，问其所以为，终弗能见，不如无问。问为而为之，所弗问而弗为，是与圣人同实也。"《董子·郊行篇》。是其愚民政策，本于老氏者，此其证也。五千言道性命之常，而儒之有命说生焉；道家说无为自化，故孔子亟称尧舜之治。今而取儒道之说，一一相比较之，则若合符节。是无他，黄帝以是得天下，则世守之以史官；史官以是相传，则散之为诸子；得其全而最畅其旨者，孔丘是也。日本文学博士井上哲次郎曾比较儒道，以证其符合处，今录其数则如左：

孔子曰：予欲无言。又曰：天何言哉！四时行焉，百物生焉，天何言哉！（《论语·阳货篇》）

老子曰：圣人处无为之事，行不言之教，万物作而不辞；生而不有，为而不恃，功成而不居。（《老子》第十三章）

孔子曰：其未得也，患得之；既得之，患失之。（《论语·阳货篇》）

老子曰：宠辱若惊，贵大患若身，何谓宠辱若惊？宠为下，得之若惊，失之若惊。(《老子》第十三章)

孔子曰：朝闻道，夕死可也。(《论语·里仁篇》)

老子曰：死而不亡者寿。(《老子》三十三章)

曾子曰：可以托六尺之孤，可以寄百里之命，临大节而不可夺也，君子人与！君子人也。(《论语·泰伯篇》)

老子曰：贵以身为天下，则可以寄天下；爱以身为天下，则可以托天下。(《老子》十三章)

孔子曰：吾道一以贯之。(《论语·里仁篇》)

老子曰：昔之得一者，天得一以清，地得一以宁，神得一以灵，谷得一以盈，万物得一以生。(《老子》三十九章)

子思子曰：君子之道，暗然而日章。(《中庸》三十二章)

老子曰：明道若昧。(《老子》四十一章)

孔子曰：无为而治者，其舜也与！夫何为哉！恭己正南面而已。(《论语·卫灵公篇》)

老子曰：圣人云：我无为而民自化。(《老子》五十三章)

孔子曰：岁寒然后知松柏之后凋也。(《论语·子罕篇》)

老子曰：六亲不和有孝慈，国家昏乱有忠臣。(《老子》第十八章)

舜曰：来，禹，汝惟不矜，天下莫与汝争能；汝惟不伐，天下莫与汝争功。(《尚书·大禹谟》)

老子曰：上善若水，水善利万物而不争，处众人之所恶，故几于道。居善地，心善渊，与善仁，言善信，政善治，动善时，夫惟不争，故无尤。(《老子》第八章)

可知儒道之相通，不徒中土有此说也。唯是儒出于道，而老氏何又毁仁义而糟粕六经耶？曰：是有说。老氏之小仁义，非毁之也；

老子所谓道德云者，则犹是合仁与义言之也。《庄子·天道篇》曰："道德已明，而仁义次之。"又曰："仁义，先王之蘧庐也，止可以一宿，而不可久处；故先王假道于仁，托宿于义，以游逍遥之虚。"《淮南子·说山训》曰："升之不能大于石也，升在石之中；夜之不能修于岁者，夜在岁之中；仁义之不能大于道德也，仁义在于道德之包。"以是论之，道德为大，其小仁义宜也。又曷毁哉！若六经则先王之陈迹，而非所以迹。《老氏》则既言之矣，《庄子·天道篇》更设喻以明之曰：

桓公读书于堂上，轮扁斫轮于堂下，释椎凿而上问桓公曰：敢问公之所读为何言邪？公曰：圣人之言也。曰：圣人在乎？公曰：已死矣。曰：然则君之所读者，古人之糟粕已夫！桓公曰：寡人读书，轮人安得议乎？有说则可，无说则死。轮扁曰：臣也，以臣之事观之，斫轮徐则甘而不固，疾则苦而不入，不徐不疾，得之于手，而应于心，口不能言，有数存焉于其间。臣不能以喻臣之子，臣之子亦不能受之于臣；是以行年七十而老斫轮，古之人与不可传也死矣，然则君之所读者古人之糟粕已夫！

盖六经藏之柱下，老氏宁有不知，唯以六经治世之具，而非所以治之之道，故糟粕之耳。朱子《语录》云："庄周是个大秀才，如谈易以阴阳，春秋以道名分等语，后人如何胜得他；直似快刀利斧，劈截将来。"盖六经曷尝非道术之所寄者，儒者守株系鲍宾宾于此，不知至人且以是为已桎梏，安得不贻笑于大方之门！虽然，孔氏之所以用六经，以说天下之民，以干天下之君也；其指归于愚民者，自道家一转手焉。《春秋繁露·玉杯篇》曰："君子知在位之不能以恶服人也，是故简六艺以赡养之。"是知六经之起，为恶不足以服人耳！使恶而可以服人者，何六经为？使六经而不即箝人之口，结人之舌，何六经为哉？语有之：有鸟将来，张罗待之，得鸟者一目也；今为一目之罗，无时得鸟矣。《申鉴·时事篇》引此以言儒书典籍之富之故，是知儒者之以六经为教，其旨微矣。其博而寡要，正其所以摇荡民心，使之而逝而远，既成教易俗，不知所由然，谓之愚民审矣。今按老氏之言曰："绝学无忧。"又曰："为学日益，为道日损。"盖学者所以愚弄天下也，既已知之矣，奚至身蹈之。故曰："人之所教，我亦教之。"曰："吾将以为教父。"原斯指也，未为绝学；而所不绝者，则以此鞭笞天下，使之玩物丧志耳。孔子常以是受欺于老，既而有悟，即以愚乎人者，愚天下；知乎少成若天性，习惯之为常，譬之加茸以风，莫不仆者，君子尚可欺之以其方，而况无知之民？故列君臣父子之礼，序长幼之别，而使民从之，是之谓教化。蒙初六发蒙，利用刑人以正法，其用意可知也。程传云：发下民之蒙，谓明法禁以示之，使之知畏，然后从而教导之。自古圣王为刑罚，以齐其众，明教化以善其俗，刑罚立而后教化行。又云：既以刑禁之，虽使心未能喻，亦当畏威以从，不敢肆其昏蒙之欲，然后渐能知道而革其非心，则可以移风易俗矣。吾闻之公孙宏之言曰："夫虎豹马牛禽兽之不可别者也，及其教驯服之，至可牵持驾服，唯人心之从，揉曲木者不累日，销金者不累月，夫人之利害好恶，岂禽兽木石之类哉！"《汉书·公孙宏传》。准是以言教育，则今日之教育可废也，抑儒家之以此导天下，亦善推老氏之意矣。或曰：孔子问礼于老聃，而其言曰：礼者，忠信之薄而乱之首，则又何邪？曰：果所疑在此，则韩非《解老》言之详矣，吾复何言哉！

## 阴阳家第二

何言乎阴阳家者流，出于老子？黄帝有《泰素》二十篇。刘向《别录》云:"言阴阳者,以为黄帝之道也,故曰泰素。"今者《素问》之《金匮真言论》《阴阳离合论》《天元纪大论》《五运行大论》《五常政大论》,则皆阴阳家之言可考也。《阴阳应象大论》曰:"阴阳者,天地之道,万物之纪纲,变化之父母,生杀之本,神明之府也。"其言揭然若,为阴阳家下一叙义。盖所以敬顺昊天,历象日月者,黄帝作之,老聃述之,邹衍传之也。《道化篇》曰:"道生一,一生二。"《淮南子》发其意曰:"道善规始于一,一而不生,故分而为阴阳,阴阳合和而万物生。"吕子释其义曰:"万物所出,造于太一,化于阴阳。"司马光明其旨曰:"道生一,自无而生有;一生二,分阴分阳。"是老氏之言阴阳不已明乎?瑞安林损亦曰:"老子言无名天地之始,又言有名万物之母,言常无欲以观其妙,又言常有欲以观其徼;其意不出于举偶以守中,故曰:有无相生,难易相成,长短相形,高下相倾,声音相和,前后相随。又曰:天下有始,以为天下母,既得其母,以知其子,既知其子,复守其母,有无,难易,长短,高下,声音,前后,子母,皆因偶以立名,亦即阴阳也,可谓知其用矣。"是老氏之言阴阳之用者,不已明乎?且老氏明礼者也,夫礼必本于太乙,分而为天地,转而为阴阳。老氏明性者也,将以顺性命之情,是以立天之道,曰阴与阳。夫文熟化演,设民弗倦,益物弗限,尽秘先之旨阙,接引圣人显其机智,使贵贱无差,何以全其位。是故顺阴阳者,以别尊卑也,以定君位也,探之茫茫,索之冥冥,童而习之,白首而不得其原,以神天下之耳目,而其道遂尊而不废。玄德深远,言象不测,百姓日用而不知者,即此一阴一阳之谓道,亦即道家之谓道也。出乎斯道而明教化者,儒家是也,故曰:"阴阳之义配日月。"又曰:"以阴阳为端,故情可睹也。"出乎斯道以明法者,法家是也,故曰:"阴阳者,天地之大理也;四时者,阴阳之大经也。"兵阴阳十六家,得斯道以权衡轻重。鬼谷子捭阖之道,以阴阳试之，则本于权谋，而得老氏之旨。张陵张鲁之伦，其奸令祭酒，皆习五千言，以为荣解劾治，则出于寿张，而得老氏之旨。虽曰拘者为之，牵于禁忌，泥于小数，舍人事而任鬼神，与老氏县远，而究不得谓非老氏所传也。若夫谈天衍，雕龙奭，殚精于是以名家。邹奭采谈天之术以纪文，公梼生仍雕龙之书，作《终始》十四篇；厥后张苍之书，列于阴阳；谶纬之学，相传不替。说者因疑邹衍为阴阳家之祖，不知达摩老祖揭钖南来，而在西方则二十七祖密密相传，邹衍之学自老氏来，可数典忘祖耶？

章学诚《校雠通义》曰："阴阳家者流，盖出于易；《易大传》曰：一阴一阳之谓道。又曰：易有太极，是生两仪。此天地阴阳之由著也。"其言近是。然不知《系辞》之说阴阳，且出于老，谓阴阳家之出于易，进退失据，不如谓其出于老氏之尤愈也。孔易管三成，为道德苞籥易也，变易也，不易也，而皆老氏发其端也。何以言之？

（其一）何谓易？《乾凿度》曰："易者以言其德也，通情无门，藏神无内也。光明四通，效易立节，天地烂明，日月星辰，布设八卦，错序律历，调列五纬，顺轨四时，和粟孳结，四渎通情，优游信洁，根着深流，气更相实，原注，此皆言易道无为，故天地万物各得以自适也。虚无感动，清净照哲，移物致耀，至诚专密，不烦不挠，淡泊不失，此其易也。"案《老子》十章曰："明白四达，能无为乎？"王弼注云："言至明四达，无迷无惑，能无以为乎，则物化矣。所谓道常无为，侯王若能守，万物将自化。"此老氏言易之证也，更进而言之，成象之谓乾，效法之谓坤，夫易开物成务，冒天下之道如斯而已。今《老子》三十五章曰："执大象天下往，往而不害，安平太。"其旨亦同。

（其二）何谓变易？《乾凿度》曰："变易也者，其气也。天地不变，不能通气，五行迭终，四时更废，君臣取象，变节相和，能消者息，必专者败。"如是言之，非老子所谓二生三耶？程大昌《易原论》三篇曰："阴阳之交有互体相入者焉，凡曰相错、相什、相得、相易、相荡、相靡、相资、相感、相攻、相逮、相悖，是皆合二以成其互者也。二其分也，互其合也，合之外有互焉，不得不三者也，原其始其皆阴阳而交焉者也。故老子于三之已生物之后，又尝即其所形而明其始矣。曰：万物负阴而抱阳，冲气以为和。夫且负且抱，是二之交也，负抱之中有和焉。"程氏可谓知变易之义矣。尝试论之，《庄子·在宥篇》曰："我为女遂于大明之上矣，至彼至阳之原也；为女入于窈冥之门矣，至彼至阴之原也。"长洲惠士奇引此以诘大明终始，且谓庄周精于易，故善道阴阳，先儒说易皆不及。夫庄周犹其下焉者耳，若老子其得于阴阳之道更独微也。其言曰：夫吾所以有大患者，为吾有身，天下皆知善之为善斯恶矣，及至儽儽兮若无所归，则保合大和，微妙元通，吾既无身，吾有何患哉？此歙歙为天下浑其心者，即变易之指，抑所谓走麝以遗香不捕耳。

（其三）何谓不易？《乾凿度》曰："不易者，其位也。天在上，地在下，君南面，臣北面，父坐，子伏，此不易也。"案《老子》一章曰："道可道，非常道；名可名，非常名。"以非常道对常道，以非常名对常名，不自分别而自分别，《系辞》所谓天尊地卑，乾坤定矣，徒见其太煞分明也。唯其不易，故阳无死义。《老子》六章曰："谷神不死，是谓玄牝；玄牝之门，是谓天地根；绵绵若存，用之不勤。"四章曰："和其光，同其尘，湛兮似或存。"此所谓阴阳合德而刚柔有体，虽有变易而有不易在也。《乾卦》文言曰："知进退存亡而不失其正者，其惟圣人乎。"荀注云："存谓五为阳位。"若十六章曰："夫物芸芸，各复归其根。"其言不易又何如哉。

夫《易》《老》之相通明矣。然谓阴阳家之出于老，则又探本之说也。《汉书·严安传》引邹衍曰：师古曰：邹衍之书也。政教文质者，所以云救也，当时则用，过之则舍，有易则易也；故守一不变者，未睹治之道也。"呜呼！之言至矣！譬如橐籥虚而不屈，此其得因应之术多矣。若夫裴骃《史记集解》引刘向《别录》邹子之言，则大辩不言之旨。而《史记孟子荀卿列传》尤足参其同，文曰："驺衍深观阴阳消息，而作怪迂之变，终始大圣之篇十余万言，其语闳大不经，必先验小物，推而大之，至于无垠。"此即老氏不出户知天下，不窥牖见天道，不行而知，不见而名之旨也。"先序今以上，至黄帝学者所共术，大并世盛衰，因载其機祥度制。"此即老子执古之道，以御今之有之旨也。"先列日月，名山，大川，通谷，禽兽，水土所殖，物类所珍，因而推之，及海外人之所不睹。"此即老子唯道善贷且成之旨也。"称引天地剖判以来，治各有宜，而符应若兹。"此即老氏前识者道之华而愚之首之旨也。庄子作《逍遥》之篇，对鹏于蜩，所以均异趣，以为理有至分，物有定极，皆如年知，非跂尚所及。盖性命之理明，则不识不知，顺帝之则，无有作好，遵王之路，使由之而不使知之也。邹衍之言，谓中国者，于八十一分居其一分，意亦若是。故曰："要其归必止乎仁义节俭，君臣上下六亲之施始也滥耳。"《北堂书钞》九十七引刘画《邹衍别传》云：邹子博识善叙事，有禹益之鸿才，道深东海，名重泰山，日月不能乱其晖，金玉无以此其贵，称之甚至意，邹衍之学必更有可观者。夫关尹推衍五行邹衍著终始五德之运，若皆无预于治乱之数者，而不知皆为老氏张目者也。孔子曰："大德者必受命。"桂岩子曰："新王必改制者，非改其道，非变其理，非继前王而王也。若一因前制，修故业，而无有所改，则不显不明非天志。故必徙居处，更称号，易服色者，无他焉，不敢不顺天志而明自显也。"是故五德之论，老氏所以自示其神圣，我独异于人而贵食母，欲以水德王也。何以言之？黄帝得土德，黄龙地螾见；夏得木德，青龙止于郊；殷得金德，银白生溢；周得火德，有赤乌之符。今欲革周之命，故据水克之。于四章曰："渊兮似万物之宗，吾不知谁之子，象帝之先。"帝黄帝也，五德终始推之，水先于土，若曰请看今日之域中，竟是谁家之天下？八章曰："上善若水，水善利万物而不争，处众人之所恶，故几于道。王注云：道无水有，故曰几也。居善地，心善渊，与善仁，言善信，正善治。"二十章曰："我独闷闷，澹兮其若海，我独异于人而贵食母。"母，火德也，以水克之，故曰食。六十六章曰："江海所以能为百谷王者，以其善下之故。"欲以水德，使天下乐推而不厌也。七十八章曰："天下莫柔弱于水，而攻坚强者，莫之能胜，其无以易之。盖老氏水德之说非，孤文单证，不能为之讳也。邹衍传其说，以阴阳主运显于诸侯，今摭其佚说，其意尚可见焉。历城马国翰《玉函山房辑佚书》有《邹子》一卷。

五行相次，转用事，随方面为服。《史记集解》如淳引。

五德从所不胜，虞土，夏木，殷金，周火。《文选》沈休文《齐故安陆昭王碑》李善注引邹子。

凡帝王之将兴也，天必先见祥乎下民，黄帝之时，天先见大螾大蝼。黄帝曰：土气胜，土气胜故其色尚黄，其事则士；及禹之时，天先见草木秋冬不杀，禹曰：木气胜，木气胜故其色尚青，其事则木；及汤之时，天先见金刃生于水，汤曰：金气胜，金气胜故其色尚白，其事则金；及文王之时，天先见火，赤乌衔丹书，集于周社，文王曰：火气胜，火气胜故其色尚赤，其事则火；火者必将水，实先见水气胜，水气胜故其知尚黑，其事则水。水气至而不知，数备将徙于土。《文选》左思《魏都赋》李善注引《七略》曰：《邹子》终始五德从所不胜，土德为始，木德次之，金德次之，火德次之，水德次之。《吕览》所述，盖《邹子》佚文也。据补。

且主运之说，秦帝而齐人奏之，始皇采用，定为水德，则邹衍之主水德明矣。而水德之说，则老子所以号召天下，是知邹衍之学，出于老氏无或疑也。欲以水德胜，故其色尚黑，老子尝言，"玄之又玄"，玄德深远，玄即黑色也。《说文》曰："玄，幽远也，黑而有赤色者为玄。"《文选》注引钟会注《老子》曰："幽冥晦昧，故称为玄。"蔡邕《月令章句》曰："玄，黑也。"《夏小正》曰："玄，九月者黑也。"是玄之训黑有征矣。《朱子语录》问玄之义，曰："玄只是深远而至于黑窣窣地，那便是众妙所生。"是老子之尚黑色有征矣。东莱吕氏曰："水德之说，刚毅戾深，事皆决于法，刻削无仁恩和义，然后合五德之说。"夫惨礉少恩，本道德之意，阴阳家者流之出于老子，可断言矣。

## 法家第三

何言乎法家者流，出于老子？昔太史公以老庄申韩合传，曰："申子之学，本于黄老而主刑名，韩子喜刑名法术之学，而其归本于黄老。"又曰："韩子引绳墨，切事情，明是非，其极惨礉寡恩，皆原于道德之意。"杨倞《荀子·解蔽篇》注。谓慎子本黄老归刑名，多明不尚贤不使能之道；东坡谓商鞅韩非，得老子所以轻天下者，是以敢为残忍而无疑。明张鼎臣序《韩非子》曰："夫治太上以道，其次以法，韩子法家也，所著书，无非钩箝决摘之术，故其言曰：难言多惧思也，其时有言也，而先固其本与！曰：收爱臣收权也，曰：主道虚静以待下，皆黄老遗之术也。"《史记索隐》以《韩非》书有《解老》《喻老》二篇，证其归本于老子之学。盖法家之出于老子殆无可疑也。尝试论之，夫慎到之术，曰：椎柏辊断，与物宛转，推而后行，曳而后往，若飘风之还，若羽之旋，若磨石之隧，全而无非，动静无过，未尝有罪，此老子所谓圣人无常心以百姓之心为心者同矣。若谓为法者，则与道家相反，则余杭章氏之言，亦未当。《尹文子·大道篇》曰："老子曰：民不畏死，奈何以死惧之，凡民不畏死由刑罚过，刑罚过则民不赖以生，视君之威末如也。刑罚中则民畏死，由生之可乐也，知生之可乐，故可以死惧之。"呜呼，老氏深于法哉！知法深故退藏亦深，法令滋章，盗贼多有，此刑罚所以不可不审也。吾闻之，《管子》曰："求必欲得，禁必欲止，令必欲行，求多者其得寡，禁多者其止寡，令多者其行寡，求而不得则威日损，禁而不止则刑罚侮，令而不行则下凌上，故未有能多求而多得者也，未有能多禁而多止者也，未有能多令而多行者也。"由是观之，少则得，多则惑，法家之旨也夫！孰谓不自老聃来乎？若夫兼法术之长者，则有韩非其《解老》《喻老》最知老氏之微言。有曰："凡法令更则利害易，利害易则民务变，务变之谓变业。故以理观之，事大众而数摇之，则少成功；藏大器而数徙之，则多败伤；烹小鲜而数挠之，则贼其泽；治大国而数变法，则民苦之；是以有道之君，贵静不重变法，故曰：治大国若烹小鲜。"《解老》。又曰："民犯法令之谓民伤上，上刑戮民之谓上伤民。民不犯法，则上亦不行刑，上不行刑之谓上不伤人，故曰：圣人亦不伤民。上不与民相害，而人不与鬼相伤，故曰两不相伤。民不敢犯法，则上内不用刑罚，而外不事，利其产业，则民蕃息，民蕃息则蓄积盛，民蕃息而蓄积盛之谓至德。"《解老》。又曰："可欲之类，上侵弱君，而下伤人民，大罪也，故曰：祸莫大于可欲。"《解老》。此盖本于老，以言法也。就其本于术者言之，则如《喻老篇》曰："越王入宦于吴，而劝之伐齐以弊吴，吴兵既胜齐人于艾陵，张之于江济，强之黄池，故可制于五湖，故曰：将欲噏之，必固张之；将欲弱之，必固强之。晋献公将欲袭虞，遗之以璧马，知伯将袭仇由，遗之以广车，故曰：将欲取之，必固与之。"又《解老篇》曰："势重者人君之渊也，君人者势重于人臣之间，失则不可复得也，简公失之于田常，晋公失之于六卿而邦亡身死，故曰：鱼不可脱于渊。赏罚者，邦之利器也，在君则制臣，在臣则胜君，君见赏，臣则损之以为德；君见罚，臣则益之以为威。人君见赏，而人臣用其势；人君见罚，而人臣乘其威，故曰：国之利器不可以示人云。"是知老氏之言法言术，玄家弗能知，独韩非敢畅言之，孰谓法术家不出于老子耶？再申论之：夫刑者所以救礼之穷，故出乎礼者，斯入于刑。作刑礼论者，昔有叶良佩，今有刘师培，其说不为无见也。《汉志》"法家者流，盖出于理官，信赏必罚，以辅礼制"，夫理之训礼，戴震、阮元已有说矣。而理又训李，李则老聃之姓氏也，老聃又最知礼者也，今见于《曾子问》者可征也。汪中《述学》疑之曰："夫助葬而遇日食，然且以见星为嫌，止柩以听变，其谨于礼者如是，至其书曰：礼者忠信之薄，而乱之首，何哉？"余意是不难一决，夫因时制礼者，君人也；以死守礼者，天下之士也；老氏盖能于礼意之所存，而穷源反本焉，使信之已足，礼不诚为附赘县疣，而犹屈折呴俞而用之，是所贵于有司之才，何取于君主哉？何谓礼意之所存？曰：天下之大，何所云尊，彼事我者非有恒性，故必雕琢其性，而后成性存，存道义以出。今日之可使之擎跽曲拳，犹明日之可使之斥阓要遮；今日之可使之斥阓要遮，犹明日之可使之赴汤蹈火而不辞也。此所以曲为之防，事为之制，何以异于牛羊用人，其流又安得不至于惨礉寡恩如法家者流哉！呜呼！吾审之矣，道心何始，始于刻薄之一念。昔邓析倡无厚之旨，《邓析子·无厚篇》。狐卷伸不足恃之辩，《韩诗外传》。彼其终不近也，以其知之也，老氏则知之至也，故曰："天地不仁，以万物为刍狗；圣人不仁，以百姓为刍狗。"古者结草为狗，用之祭祀，祭毕则弃之，喻其无爱心，夫诚何爱于民哉！亦亭之、毒之、奴之、隶之而已！道何始，始于黄帝，故《阴符经》恫疑禁格，而其言曰："天生天杀，道之理也。"伊尹、太公有拨乱之材，知道者也，迹其行事，以间谍欺诈取人，鬻熊且大书之曰："无不能生而无杀也，唯天地之所以杀，人不能生。"夫此皆古之善为道者也，老聃述之，其道岂有外哉！老聃又以是传之法家诸子，法家诸子则述之矣，其道岂有外哉！噫嘘嘻！黄梨洲所谓屏毒天下之肝胆，离散天下之子女，以博我一人之产业者，君人南面之术则然，自古莫不然。此何事乎？不固其门，虎乃将存；不慎其事，贼乃将生，于是执道者曰：我有法术在，杀之，危之，劳之，苦之，饥之，渴之，能用民而致之此极也。呜呼！申韩之法不仁哉！而不知道固不仁也。道何不仁？圣人之大宝曰位，必天下莫予毒，而后卧榻可以安，吾安则天下何可安哉！故曰："民弱国强，民强国弱。"将欲弱之，舍愚之则何以弱之，故曰："非以明之，将以愚之。"曰："不以智治国，国之福。"何则？所谓道之华者，愚之始也；所谓元之长者，妖之谓也。人之迷其日固久，且以为道德仁义美名也，而不知所假而行，皆蛊之类。法家稔之，心领神会。然而不能假道于仁，托宿于义，以自文焉，必龁啮桄裂，尽去而后自歉，卒之卤莽用事，丘山怨成，以峭刑而车裂者有之，以峻法而支解者有之，此其蔽不在于不知，在知之敏也。何以言之？老氏之言曰："揣而棁之，不可长保。"是揣末令尖可也，锐之令利，势且摧创，何以能久哉？其次畏之，是持威权可也，持而盈之，势且倾危，何以能守哉？夫圣人方而不割，割而天下且莫或知其割之者谁耶，不割则譬如块肉，何以方为，是亦割也。而大匠任其责，我收其利，盲氓者民，恬然不疑，惟几故惟康，此适治之道也，亦自逝而远之道也，何至法家独不识哉？今读其书曰："父母之于子也，犹用计算之心，而况无父子之泽乎？"《韩非子·六反篇》。又曰："仁者能仁于人，而不能人仁，义者能爱人，而不能使人相爱，是以知仁义之不足以治天下。"《商君书·弱民篇》。噫！不以仁义治天下也久矣，杀机而退藏于仁义之中,微权也,《周书》曰:"将欲败之,必姑辅之,将欲取之,必姑与之。"孰谓仁义之果仁义耶?是故知必然之理,必为之时势,故为必治之政,战必勇之民,行必听之令,如以高下制水,如曰燥湿制火,此其实也。然而知者不言,而世岂识,天下皆知优之胜劣之败,则优者何能优,劣者何甘劣哉?何商韩之不殚尽言,其于道也,殆自盘而之烛矣。虽然,余思之,余重思之,法家皆内也,非外也,以其急于事功,故形之言表,非不知人之所恶,于道当几,殆有志焉而未遑也。所谓几者,无为之谓也,今其书曰:"上明见人备之,其不明见人惑之;其知见人惑之,不知见人匿;其无欲见人司之,其有欲见人饵之,故曰吾无从知之,唯无为可以规之。"《韩非子·外储》引申子。又曰:"权不欲见,素无为也,事在四方,要在中央,圣人执要,四方求效,虚而效之,彼自以之。"《韩非子·扬权篇》。又曰:"昔者天子手能衣而宰夫设胆,足能行而相者导进,口能言而行人称辞。"又曰:"不瞽不聋,不可为公。"《太平御览》引慎子。盖轻则失本,躁则失君,此其所窥者为不少矣。其于君人之术,何有外于老,而急于事功何哉?事功之谓事功何哉?余尝论之:彼法家之欲谋人家国也久矣,卑卑者不足道,若管子则韩非知之稔矣,故《难》第三十七曰:"若使管仲大贤也,且为汤武。汤武,桀纣之臣也。桀纣作乱,汤武夺之。今桓公以易居其上,是以桀纣之行,居汤武之上,桓公危矣。若使管仲不肖人也,且为田常。田常,简公之臣也,而杀其君。今桓公以易居其上,是以简公之易,居田常之上也,桓公又危矣。管仲非周公旦以明矣,然为汤、武、田常,未可知也。"韩非之议管仲如是,然而未尝不以是自道也。今其书又曰:"人臣之事君也,非有骨肉之亲也,缚于势而不得不事者也。故为人臣者,窥觇其君心也,无须臾之怠,而人主意傲处其上,此世之所以多劫君弑主也。"《备内篇》。呜呼!为斯言者,而无叛乎?使非而得志于秦,则秦不旦夕可亡。吾读

《史记》，秦王见《孤愤》《五蠹》之书曰："嗟乎！寡人得见此人，与之游，死不恨矣。"夫惟畏之甚，故爱之甚，夫惟爱之甚，斯其欲死之之甚。李斯曰：此韩非之书也，于是乎，非不免矣。复次商鞅，史称秦孝公既死，秦人告商君欲反，登吏捕商君，商君亡。亡，则益见其中心虚，吾故曰：法家者流，其欲谋人家国者久矣，其终于不得人家国者，则言之者不知也。然其心则固老氏之心，而无可疑也，其学则固老氏之学，可按而寻也。程子曰："老子之言杂权诈，秦愚黔首，其术盖有所自。"《二程全书》四十一。朱子《语录》云："张文潜说老子惟静故能知几，然其势必至于忍心无情，视天下之人皆如土偶尔，其心都冷冰冰地了，便是杀人也不恤，故其流多入于变诈刑名，太史公将他与申韩同传，非是强安排，其实是如此。"清儒魏祥说黄老之后为申韩，亦曰："忍者必阴，性阴者必毒，女子之为质，婉变而多美，柔泽而善从，匿影闺房之中，声气不出壶阈。然一言而破国，一笑可以倾城，虺蛇潜于空洞，人或经年不见，出而螫人，则人必死云云。"凡此皆深知老氏者也。抑又闻之，《淮南子·齐俗训》曰：老子曰："治大国若烹小鲜，为宽裕者曰，勿数挠；为刻削者曰，致其咸酸而已矣。"《扪虱新语》引此云：太史公所谓申韩刑名惨刻，都原于道德之意，无乃是乎？余曰是也。宽裕犹刻削也，直不数挠也，是亦挠也。法家之学出于老氏此，今欲刻削之外，求老氏之学，是何异孟轲所谓缘木而求鱼，何可得哉！

## 名家第四

何言乎名家者流，出于老子？曰：班志于法家，则曰以辅礼制；于名家，则曰出于礼官，亦明其同出于一原耳。故古者刑名并称，而皆归本于黄老名家之学，则老氏发其端也。何以知？曰：《管子·心术篇》曰:"形固有名,名当,谓之圣人。"谓之圣人者,即名可名,非常名也。侯王无以贵高将恐蹶,是以处其厚不居其薄,可名为大,则能成其大矣,故又曰:"始制有名,名亦既有,夫亦将知止,知止可以不殆。"王弼注云:"始制谓朴散始为官长之时也,始制官长,不可不立名分,以别尊卑,故始制有名也。过此以往,将争锥刃之末,故曰:名亦既有,夫亦将知止也。"三十三章。盖于止知其所止,则执古之道,以执古之道,以御今之有,所谓道纪是也。故道何存,此绳绳不可名之名,自古及今不去,是以存也。存名以阅众甫,吾何以知众甫之状哉?以此。此者名也,夫无者,名天地之始也;有者,名万物之母也。生其不能生之谓易,故凿开天路,显彰化源,即深正其元,以开物成务,此所谓吾不知其名字之曰道,强之名曰大也。夫谁名之?则强为之名者,吾也。夫谁受之?则可名为大者,又吾也。督言正名者谁耶?吾也。而名此督言正名者,又吾也。《管子·心术篇》督言正名曰圣人。许慎《说文》曰:"名,自命也,从口从夕。夕者冥也,冥不相见,故口以自名。"吾尤有味乎其言,而知建名之谊,为君人南面之术也。《管子·心术篇》又曰:"圣人不言之言应也,应也者,以其为之人也,执其名务其实,所以成之应之也。无为之道因也,因也者,无益无损也,以其形因为之名,此因之术。名者,圣人之所以化万物也。人者立于强,务于善,末于能,动于故者也。圣人无之,无之则与物异矣,异则虚,虚则万物之始也,故曰可以为天下始。"吾读此乃知名家之说,皆虚无因应之术,其出于老也,盖有其所自出之由,非仅囫囵一语也。五十二章曰:"天下有始,以为天下母,既得其母,以知其子,既知其子,复守其母,没身不殆。"此言控名以责实,又不舍实以逐名,不惑于用,是谓知名。故《列子·杨朱篇》老子之言曰:"名者实之宾,而悠悠者趋名不已,名固不可去,名固不可宾耶?名胡可去,名胡可宾。但恶夫守名而累实,守名而累实，将恤危亡之不救，岂徒逸乐忧苦之间哉！"盖其言复复乎为公孙龙子指不至之义所本，老氏之于名何如哉？更进而论之：名之义寓于法，故《荀子·正名篇》曰："约之以命，期以累实，约定俗成谓之宜，异于俗则谓之不宜。"《淮南子·主术训》曰："有道之士，循名责实，使有司任而弗教。责而弗教，以不知为道，以奈何为实，如是则为官之道，各有所守也，摄权之柄，其于化民易也。"名之义寓于礼，故《尹文子》曰："名定则物不竞，分明则私不行，物不竞非无心，由分定故无所措其心，私不行非无欲，由分定故无所措其欲。"《崇文总目·叙释》曰："名家者流，所以辨核名实，流别等威，使之上下之分不相逾越也。"《隋书·经籍志》曰："名者，所以正万物，叙尊卑，别贵贱，控名而责实，使无相僭滥者也。"吾观于老氏为法家之所出，又长于礼。是以知名家之出于此，更无疑也。名家之学，凡诸子莫不兼之，故儒家者流，以治礼故名位不同，礼亦异数，故问礼而名在其中矣。《论语》子路曰："卫君使之以为政，子将奚先？子曰：必也正名乎！名不正则言不顺，言不顺则事不行，事不行则礼乐不兴，礼乐不兴，则民无所措其手足。"《集解》马融云："正百事之名也。"桂岩子《实性篇》云："孔子曰，名不正则言不顺，《春秋》别物之理，以正其名，名物必各因其真，真①其义也，真其情也，乃以为名。名賨石则后其五，退飞则先其六，此皆其真也。圣人于言，无所苟而已矣。"又《韩诗外传》五卷。说鲁君假马于季孙云"孔子正假马之言，而君臣之义定矣"，是知孔子之得传也。厥后荀子有《正名篇》，桂子有《深察名号篇》，《晋书》鲁胜《墨辩序》曰："孟子非墨子，其辩言正辞则同。"是孟子亦言名学之证。其流为《中论》之《考伪篇》，《新书》之《审名篇》，《颜氏家训》之《名实论》，周

---

① "真"字原脱，据董仲舒《春秋繁露》通行本补。——编者

子《通书》之《务实篇》，章学诚《校雠通义》且谓后世经解家言，辨名正物，盖亦名家之支别，则儒之传之也广矣。法家者流，详于事然不可以不论其理，至于论理，则名家之学兼治矣。《韩非子·扬权篇》曰："用一之道以名为首，名正物定，名倚物徙，故圣人执一以静，使名自正，事自定。"其言审矣。史记申子之学，本于黄老施之于名实，则相通之原委可知，其后晋杜预作晋名例，欲执名以审趣舍，伸绳墨之直，去析薪之理，其遗意也，由此溯之，所自出甚明。唯其出于老，故道家尤能阐其蕴焉。庄子有《齐物论》，又《北齐书·杜弼传》云："弼注《庄子·惠施篇》。"夫弼之注此篇，其用意殆与鲁胜之注《墨辩》同，今皆不传，然庄子之治名学足见矣。《列子》有《杨朱篇》，《文子》有《道原篇》，杂家者流，闻而悦之，故《吕氏春秋》之《正名篇》，《淮南子》之《说山训》，犹张一帜焉。延及晋世，当世竞慕老氏之学，故名家之学大兴，于戏盛哉！名家之学出于老氏亦已明矣，今且更论《汉书·艺文志》所叙录者，凡四人。

一曰邓析子，就其学说论之，《无厚篇》之辞曰："天于人无厚也，君于民无厚也，父于子无厚也，兄与弟无厚也。何以言之？天不能屏勃厉之气，全夭折之人，使为善之民必寿，此于民无厚也；凡民有穿窬为盗者，有诈伪相欺者，此皆生于不足，起于贫贱，而君必执法诛之，此于民无厚也；尧舜位为天子，而丹朱商均为布衣，此于子无厚也；周公诛管蔡，此于弟无厚也。"此其说，非老氏所谓天地不仁、圣人不仁之旨乎？又曰："所谓大辩者，别天下之行，具天下之物，选善退恶，时措其功，而功立德至矣；小辩则不然，别言异道，以言相射，以行相伐。"此其说，非老氏所谓大德之旨乎？《转辞篇》之辞曰："因其所以来而报之，循其所以进而答之。圣人因之，故能用之，因之循理，故能长久。"此其说，非老氏所谓虚而不屈之旨乎？又曰："明君之御民，若御奔而无辔，履冰而负重，亲而疏之，疏而亲之，故畏俭则福生，骄奢则祸起，圣人逍遥一世，罕匹万物之形，寂然无鞭朴之罚，莫然无叱咤之声，而家给人足，天下太平，视昭昭，知冥冥，推未运，睹未然，故神而不可视，幽而不可见。"此其说，则得老氏之学益多矣。杨慎序曰："其言达道者，无知之道，无能之道，圣人以死，大盗不起，则漆园语也；其言心欲安静，虑欲深远，尊贤无以高人，聪明无以笼人，资给无以先人，刚勇无以先人，则柱下史知雄守雌，知白守黑之遗教也。"盖邓析之学，出于老氏以明矣。

二曰尹文子，高似孙《子略》曰："其书言大道，又言名分，又曰仁义礼乐，又言权衡大略，则学老氏而杂申韩也。其曰：民不畏死由过于刑罚也，刑罚中则民畏死，民畏死则知生之可乐，知生之可乐故可以死惧之，此有希于老氏者也。又有不变之法，理众之法，平准之法，此有合于申韩，然则其学混矣，其学杂矣，非纯乎道者也。"虽然，自余观之，申韩之学且出于老，则尹文子之学，何混何杂之云哉！周氏《涉笔》曰："尹文子稷下能言者，刘向谓其学本黄老，其书先自道以至名，自名以至法，以名为根，以法为柄，芟截文义，操制深实，必谓圣人无用于救时，而治乱不系于贤不肖。盖所以尊主权，聚民食，以富贵贫贱，干动宇宙，其为法则然，盖申商韩非所共行也。老子曰：以正治国，以奇用兵，以无事取天下。无事云者，翕张与夺老氏所持术也，尹文子说之以为名法权术，而矫抑残暴之情，则已无事焉，已无事则得天下，然则犹未识老氏所谓道也。"虽然，自余观之，矫抑残暴，老氏所谓道岂有外哉！则尹文子之学所出甚明，今更读其书，则开宗之言曰大道无形；即四十二章"大象无形"之旨；曰称器有名，即三十二章"始制有名"之旨，余复奚言为！

三曰公孙龙，郑玄以为即子石，孔子弟子，其说确是，请为之证。《迹府篇》曰："白马非马，乃仲尼之所取，龙闻楚王张繁弱之弓，载忘归之矢，以射蛟兕于云梦之圃，而丧其弓。左右请求之，王曰：止，楚王遣弓，楚人得之，又何求乎？仲尼闻之曰，亦曰，人亡弓，人得之而已，何必楚！若此，仲尼异楚人于所谓人"云。按《吕氏春秋·贵公篇》："荆人有遗弓者而不肯索，曰：荆人遗之，荆人得之，又何索焉！孔子闻之曰：去其荆而可矣，老聃闻之曰：去其人而可矣。"是知公孙龙子知仲尼异楚人于所谓人，不知老聃异人于所谓无人，即其受学于孔丘，而未尝受学于老之证，然其为老氏再传之弟子，已明矣。唯其为再传弟子也，故其说所本，如蛛丝马迹，可考而知，尝试论之：公孙龙之说，非以白马非马，鸡三足，《孔丛子》有臧三耳同。为大观于天下，而晓辩者乎？胡适亦谓公孙龙最出名的学说是白马非马、臧三耳两条，见所著《墨家哲学》。今言鸡三足，司马彪云："鸡两足所以行而非动也，故行由足发，动由神御，今鸡虽两足，须神而行，故曰三足也。"案此即老子二生三之旨也。行而非动，是为两矣，两之动也，别之纲缊者出焉，既不可分以属诸左足，亦不可别为右足，又不可别诸数外，则安得不参乎二，而成其为三也。程大昌《易原论》二篇最明此旨。又曰：庄子推本此理所出，而明言之曰："至阳赫赫，至阴肃肃，肃肃发乎天，赫赫出乎地，两者交通成和而物生焉。"是盖指夫肃肃赫赫之交者，以为两，而两之通以成和者为三。知乎二之可以生三，则火不热，目不见，与乎坚白之论，皆可迎刃而解，所自出亦得明矣。是之谓鸡三足。次言白马非马，《白马论》曰："有白马不可谓无马也，不可谓无马者，非马也，有白马为有马，白之非马一也。所求一者，白者不异马也，所求不异，如黄黑马有可有不可，何也？可与不可，其相非明，故黄黑马一也，而可以应有马，而不可以应有白马，是白马之非马审矣。"又曰："二者不定所白，忘之而可也，白马者言白，定所白也，定所白者，非白也。马者无去取于色，故黄黑马皆所以应；白马者有去取于色，黄黑马皆所以色去，故唯白焉独可以应也。"其说甚辩，殊不知此本

《老子》三十九章"致数舆无舆"之旨。《老子》通注此云:"今夫车一也,极分为致数,数则为辐辏,为轮,为衡,为毂,其名且百,合百为一,而后成车之名,散百而一名之则轮耳,辐耳,不可复称车矣,犹之合天下之道后称道,散天下之道无道矣"云云。又《吕氏春秋·君守篇》曰:"今之为车者,数官而后成,夫国岂特为车哉!众智众能之所持也,不可以一物一方安车也。夫一能应万,无方而出之务者,唯有道者能之"云云。似亦发明老氏之旨。是旨也,存其意而易其辞,则白马非马是也。案胡适谓:矩不方规不可以为圆,凿不围枘,狗非犬,黄马骊牛三,狐驹未尝有母,皆所以论物体的个性区别,与白马非马之说同科,则举一例之足证其皆出于老氏。且如《名实论》者,公孙龙子六篇之指归也,其言曰:"天地与其所产焉物也,物以物其所物而不过焉实也,实以实其所实,不旷焉,出其所位非位,位其所位焉正也。以其所正,正其所不正,疑其所正。其正者,正其所实也,正其所实者,正其名也,其名正则唯乎其彼此焉。谓彼而彼不唯乎彼,则彼谓不行;谓此而此不唯乎此,则此谓不行。其以当不当也,不当而当乱也,故彼彼当乎彼,则唯乎彼,其谓行彼[①];此此当乎此,则唯乎此,此谓行此。其以当而当也,以当而当正也。故彼彼止乎彼,此此止乎此,可;彼此而彼且此,此彼而此且彼,不可。"其言则又本于老氏三十八章"处其实不居其华",故去彼取此之说,而抒之已耳。由是观之,公孙龙子出于老氏推之桓团、兒良辩者之徒,虽其弊至于饰人之心,易人之意,能胜人之口,不能服人之心,要之必有得于老氏之一端也。

四曰惠子,盖最得老氏刍狗百姓之旨者也。《说苑·杂言篇》曰:"梁相死,惠子欲之梁,渡河而遽坠水中,船人救之,船人曰:子欲

---

[①] "行"下原脱"彼"字,据《公孙龙子》通行本补。——编者

何之而遽也。曰：梁无相，吾欲往相之。船子曰：子居船楫之间而困，无我则子免矣，何能相梁乎？惠子曰：子居艘楫之间，则吾不如子，至于安国家，全社稷，子之比我，蒙蒙如未视之狗耳。"呜呼，如惠施者，固所称为泛爱万物，抑何言又不仁之甚也！且所贵泛爱者，贵其无猜忌，而惠子曰："往者东走，逐者亦东走，其东走同，其所以东走者则异，故曰同事者不可不审也。"《韩非子·说林》引，慧子，慧与惠同。马国翰《辑佚书》据补。呜呼，是其同也！谓之微明，谓之要妙，若驱群羊而往，驱而来，以此而曰玄同，欺人甚矣！夫可得而吻其右颊者，即可得批其左颊而无怒，何则徒见其吻我，而忘其批我也，以是术毒天下之人，而天下之人，美之曰泛爱万物，是何世之惑之甚也。抑吾观于惨礉寡恩如韩非子者，常引惠子之言，以附成其说，是惠子亦惨礉恩者所爱好也。奈何今世之迷者，眩乎其说，为悦其言，且以其泛爱为有为不可加矣。章太炎唱之，《国故论衡·明见篇》。胡适之和之，噫嘘嘻！历物之意，此多为之术，以愚弄天下，老氏之旨则然，而何不识哉？今请疏证之：

（1）至大无外谓之大一，至小无内谓之小一。无外不可一，故正复为奇，善复为妖；无内不可分，故自道而德，自德而仁，自仁而义，至于攘臂而扔之，进吾往也。

（2）无厚不可积也，其大千里。《老子》六十四章曰："合抱之木，生于毫末，九层之台，起于累土，千里之行，起于足下。"又六十三章曰："图难于其易，为大于其细，天下难事，必作于易，天下大事，必作于细，是以圣人终不为大，故能成其大。"

（3）天与地卑，山与泽平。天与地卑，而天之名未去，盖犹尊也；山与泽平，而山之名未去，盖犹高也，故《老子》曰："圣人被褐怀玉。"王弼注云："被褐者同其尘，怀玉者宝其真也。"能人之所以难知者,以其同尘而不殊,怀玉而不渝。

(4)日方中方睨,物方生方死。《老子》十六章曰:"万物并作,吾以观复,夫物芸芸,各复归其根。"归根曰静,则治臻于无为。

(5)大同而与小同异,此之谓小同异;万物毕同毕异,此之谓大同异。和其光,同其尘,是谓玄同,同之至也。不知其同也,将欲异之而姑同之也,是故毕同毕异,所以迷天下之耳目,使之无知。

(6)南方无穷而有穷。无极之外,复无无极,无尽之中,复无无尽,无极是无无极,无尽复无无尽,以是知其无极无尽也,而不知其有极有尽也。若此不能归本于至无,而已域于方所,不能无穷也,故《老子》四十一章曰:大方无隅。

(7)今日适越而昔至。夫察察于往来者,非先时而即后时,先既失后,后又失先,彼劳劳者何为,是以圣人不行不为。

(8)连环可解也。善闭者不可开,以无关楗也,善结者不可解,以无绳约也。谓之连环,则尽于形,何能当君王后之铁槌一敲。

(9)我知天下之中央,燕之北,越之南,是也。司马云:天下无方所,故所在为中,循环无端,故所行为始,譬如橐籥而数守中,则足以造迷矣。

(10)泛爱万物,天地一体也。可得而泛爱者,即可得而刍狗;可与之稽式者,即可使之大顺。

由是观之,孰谓惠施仁哉!孰谓惠施之学,不自老聃来哉!孰谓名家之学,不皆自老聃来哉!若乎墨翟之学,则师承详下,其作《辩经》以正名本,其学尤与名学可相即证,然而销铄精胆,蹙迫和气,益甚焉。《老子》七十章曰:"言有君,事有宗。"《墨子·非命篇》曰:"凡出言谈,由文学之为道也,则不可不先立仪法。若言而无仪,譬犹立朝夕于员钧之上也,则虽有巧工,必不能得正焉。"盖老子所云者,即所谓先立仪法,此三表三法之自来。名学之作,何以异是?盖尝论之:老氏盖大辩者也,其不以辩名者,犹之孔子有县国门之勇,不以力闻也。其应曰:"信不足焉,有不信焉,悠兮其贵言。"则以名举实,以辞抒意,以说出故,以类取,以类予者,皆其术也。又曰"大辩若讷",曰"不言而善应",是其应也,能不辞而对,不辞而有,不虑而对。然而不为者,非不能也,大道不辞,大辩不言。庄周道之曰:"分也者,有不分也;辩也者,有不辩也。"圣人怀之,众人辩之,以相示也,故曰:"辩也者,有不见也。"《齐物论》。然亦微有见矣。四十一章曰:"夫唯道,善贷且成。"则又《小取篇》辩之七科所本,今纪录如次,藉资参证。然则老氏不诚为名家之祖也邪?以无名之论始,以坚白之昧终,夫亦博大矣哉!

或也者,不尽也。

假也者,今不然也。

效也者,为之法也,所效者,所以为之法也。

辟毕云:辟同譬。《说文》云:谕也。谕,古文喻也。也者,举物而以明之也。

侔也者,比辞而俱行也。

援也者,曰:子然,我奚独不可以然也。

推也者,以其所不取之,同于其所取者,予之也。

# 墨家第五

何言乎墨家者流,出于老子?盖吾尝闻之《吕氏春秋·当染篇》

曰："鲁惠公使宰让请郊庙之礼于天子，桓王使史角往，惠公止之，其后在于鲁，墨子学焉。"彼史角者，殆老聃之僚友与！染于苍则苍，染于黄则黄，宁有日与老聃相处，而不一闻其绪论耶？史角之学，得之于其友，墨子之学，得之于其师，当染之叹，示其意焉。更有进者，《淮南子·要略训》云："墨子学儒者之业，受孔子之术，以为其体烦扰而不悦，背周道而用夏政。"盖墨子鲁人也，其曾一度受业于孔氏，而间按得以闻老氏之学，又势所固然也。《抱朴子·遐览篇》云"道家有墨子《枕中五行》记"，《神仙传》则列之仙籍，今亦摭之以备一说。

葛洪《神仙传》曰："墨子卧后，有人来以衣覆足，墨子乃伺之，忽见一人，乃起问之曰：'君非山岳之灵气乎？将度世之神仙乎？愿且少留，诲以要道。'神人曰：'知子有志好道，故来相候，子将何求？'墨子曰：'愿得长老，与天地相毕耳。'于是神人授以《素书》，朱英丸方，道灵教戒，五行变化，凡二十五篇。告墨子曰：'子有仙骨，又聪明，得此不复须师。'墨子辞受，乃撰集其要，以为《五行记》云。"

盖老氏实墨学之导源，其说固有相通者也，廉江江瑔盖能言之矣。其文曰：

老氏之言曰：天下之宝三，一曰慈，二曰俭，三曰不敢为天下先。《道德经》五千言，可以此三者楷之。其曰不为天下先，杨朱之学所从出也。其曰慈曰俭，墨翟之学所从出也。墨家得道家之慈，故有《兼爱》之篇；得道家之俭，故有《节用》《节葬》之篇。惟其慈故不嗜杀人，《老子》曰："以道佐人主者，不以兵强天下。"又曰:"天下有道,却走马以粪;天下无道,戎马生于郊。"此即墨子《非攻》之旨也。亦惟俭故不尚奇巧,《老子》曰:"人多技巧,奇物滋起。"此即墨子《经说》之旨也。虽其他不能尽同,老子欲弃义,墨子则有《贵义篇》;老子欲不尚贤,墨子则有《尚贤篇》。此则正言若反,相反而实相成。《读子卮言》第十章。

虽然,不为天下先者,固墨氏之旨也。《亲士篇》曰:"今有五锥,此其铦,铦者必先挫;有五刀,此其错,错者必先靡。是以甘井近竭,招木近伐,灵龟近灼,神蛇近暴。是故比干之殪,其抗也;孟贲之杀,其勇也;吴起之裂,其事也。"之言也可以证矣。是将谓墨氏之说出于《老子》六十七章,可也。且《亲士篇》则翟所著也,毕沅云:《亲士篇》与《修身篇》无子墨子云,疑翟所著。今取而读之,有曰:"圣人者事无辞也,物无违也,故能为天下器。"此非老氏四十九章之旨乎?四十九章曰:圣人无常心,以百姓心为心。善者吾善之,不善者吾亦善之,德善。信者吾信之,不信者吾亦信之,德信。圣人在天下,歙歙为天下浑其心,圣人皆孩之。又曰:"太上无败,其次败而有以成之,此之谓用民。吾闻之曰:非无安居也,我无安心也;非无足财也,用无足心也。是故君子自难而易彼,众人①自易而难彼。君子进不败其志,内不究其情,虽杂庸民终无怨心,彼有自信者也。是故为其所难者,必得其所欲焉,未闻为其所欲,而免其所恶者也。"此固选言弘奥,文垂尔雅,何以异于聃史之言哉?再申论之:老子之言曰:"孔德之容,唯道是从。道之为物,惟恍惟惚。惚兮恍兮,其中有象;恍兮惚兮,其中有物。窈兮冥兮,其中有精;其精甚真,其中有信。"又曰:"人法

---

① "自易"上原脱"众人",据《墨子》通行本补。——编者

地，地法天，天法道，道法自然。"又曰："执大象天下往。"此老氏之以法天为归者，则犹墨子之谓顺天志也。故曰："我有天志，譬若轮人之有规，匠人之有矩，以度天下之方圆，曰：中者是也，不中者非也。"《天志篇》上。又曰："天下之百姓，皆上同于天子，而不上同于天，则灾犹未去也。今若飘风苦雨，凑凑而至者，此天之所以罚百姓之不尚同于天者也。"《尚同篇》上。盖墨氏之《天志》《尚同》诸篇，固自老氏之以大象为天下母者演绎而成，此指归相同之一证也。老氏之言曰："既以为人已愈有，既以与人已愈多，天之道利而不害，圣人之道为而不争。"又曰："圣人常善救人，故无弃人，常善救物，故无弃物，是谓袭明。"盖老氏所以歙歙为天下浑其心者，则是墨家兼爱之说所由来也。圣人之治，其次亲而誉之，必不得已，而后畏之，悔之，亭之，毒之，宁果有爱心耶？亦曰：非我族类，其心必异，《春秋左氏》四年传引史佚语。因重而抚之，《春秋左氏》哀四十年引史佚语。故曰："善之则吾畜也，不善则雠也。"刘向《说苑·政理篇》史佚语。故曰："爱民不疾，民无可使，必疾民无可使，必疾爱而使，之畋信而持之，富贵以道其前，明罚以率其后。为政如此，欲毋我同，将不可得也。"《尚同篇》下。故曰："无言不雠，无德不报，投我以桃，报之以李，此言爱人者必见爱，恶人者必见恶。"《兼爱篇》下。盖墨家之所谓兼爱，报复之义，即存其中，谓之兼爱，勿宁谓之刍狗万物，惠施于民，必无爱财，民如牛马，数喂食之，从而使之，太公《六韬》。爱民可烦也，《孙子·九变篇》。故可与之生者，可与之死，是谓微明。吾尤有昧乎王弼之言曰："可得而亲，则可得而疏也；可得而利，则可得而害也；可得而贵，则可得而贱也。"《老子》五十六章注。如是则兼爱之说，以无私而能成其私者，不与老氏合其权乎？老氏言天道无亲，常与圣人，七十九章。故尚贤之说生焉，言不善人者，善人之资，不爱其资，虽智大迷，二十七章。故亲士之说生焉。言佳兵不祥，不得已而用之，三十一章。故非攻之说生焉。言慈以战则胜，以守则固，六十七章。故自《备城门》以至《杂守》十一篇之说生焉。言不见可欲，使民心不乱，三章。故节用之说生焉。墨氏之明鬼也，其言曰："今天下之人曰，方今时天鬼之福可得也，万民之所便利，而能强从焉，则万民之亲可得也。"又曰："今若使天下之人，偕若信鬼神之能赏贤而罚暴也，则夫天下岂乱哉。"《明鬼篇》。盖其意可见矣！天网恢恢，疏而不失，《老子》七十三章。此老氏之言也，推其意则不明鬼神，而陋民不惧，故从而恐吓之，役使之耳。夫惟明鬼，则民不厌其所生；夫惟明鬼，则民惊惕而不敢为。知乐生，故其生也勤而不恤；不逃死，故可使之赴汤蹈火而不辞，勿谓墨氏之政术，不与老氏通其趣也。张陵、张鲁之徒，其言鬼则托其说于老子，刘根则托之于墨翟，皆明鬼说也。所托不同，而皆自谓其真，更可知明鬼之说，为自老聃来也。然则墨氏又曷为而非命与？曰：是有说，墨子非名家之一别派乎？名家非所以别上下之分，使之不相逾越乎？别上下之分不相逾越，非有命说乎！而所以非命者，自有深意焉。《春秋繁露》云："凡有兴者，稍稍上之，以逊顺往，使人说而安之，无心恐。"《基义篇》。盖有命之说，其势必至于农怠乎耕稼树艺，妇人怠乎纺织绩纴，唯得稍稍上之，使得竭其犬马之力，故非命之说，权也。吾何以知非命之说为权乎？吾则以《非乐篇》知之。其言曰："王公大人蚤朝晏退，听狱治政，此其分事也；士君子竭股肱之力，亶其思虑之智，内治官府，外收敛关市山林泽梁之利，以实仓廪府库，此其分事也；农夫蚤出暮入，耕稼树艺，多聚升粟，此其分事也；妇人夙兴夜寐，纺织绩纴，多治麻丝葛绪捆布缪，此其分事也。"谓之分事者，盖有不可移之意，是墨家虽以非命立言，而未尝不言命。其言命也，盖老氏所谓虚其心，弱其志也。命定则不敢萌异志，故曰虚其心；命定则不敢萌异志，故曰弱其志。其非命也，盖老氏所谓实其腹，强其骨也。命不定则务疾农，以食为天，故曰实其腹；命不定则劳苦自牧，忘其卑陋，故曰强其骨。盖得非命之说，而有命之说乃益明，此儒墨取舍不同，而皆出于老氏之证。也曰：然则墨家又曷为而言非乐、节葬耶？曰：此墨氏所以异于儒也，吾闻之墨子之言曰："圣人为衣食，适身体，和肌肤，而足矣，非荣耳目而观思民也，得其所以自养之情而不感于外也，是以其民俭而易治。"《辞过篇》。以老氏之言证之，则曰："五色令人目盲，五音令人耳聋，五味令人口爽，驰骋田猎令人心发狂，难得之货令人行妨。"又曰："祸莫大于不知足，咎莫大于欲得。"此墨氏所以防民之乱，谓非老氏之遗意乎？其言节葬也，一则曰："此其为败男女之交多矣，以此求众，譬犹使人负剑而求寿也。"再则曰："使面目陷㗁，颜色黧黑，耳目不聪明，手足不劲强，不可用也。"盖节葬之说，不为死者计而为生者计，非为生者计，而实欲得而鞭笞之役使之耳！死者于我何厚哉！生者亦于我何厚哉！生者则犹足为我马牛，故不以死者而害生，宁有爱于马牛哉！嗟呼！生之，畜之，长之，育之，亭之，毒之，吾言之痛矣！墨氏之非乐也，曰："今大钟琴瑟鸣鼓竽笙之声，既已具矣，然奏而独听之，将何得乐焉哉？与君子听之，废君子听治；与贱人听之，废贱人之从事。"盖其非乐也，则恐民之见可欲而乱，则谋所以防之耳。今夫乐而岂所以乐哉！故曰礼以制内，乐以制外。《后汉书·张苍传》注引礼纬。外内之制，各得其宜，四方之事，无有留滞。《太平御览·休征部》引礼纬。福泽谕吉之言曰："支那旧教莫重于礼乐，乐者，所以调和民间郁勃不平之气，使之柔顺于民贼之下也。"推此言之，乐者亦其化之准绳，所以愚弄先民于股掌之上也。乐以为乐是也，而墨子不悟，故荀子《乐论篇》讥之曰："是平王立乐之术也，而墨子非之奈何？故曰墨子之于道也，犹瞽之于白黑也，犹聋之于清浊也，犹欲之楚而北求之也。"盖非乐之论，墨子殆误解乎？抑知之太过乎？而何不因人情以为田乎？曰：是有说。管子曰："马者所乘以行野也，民者所以守野也。"则是守战之谓民，苦其筋骨，劳其体肤，此其分事也。劳苦之余，稍假之以乐，所以愚民固矣，而有乐则有外交，有外交则有所闻见变方，有所闻见变方且我叛矣，此殆非乐之意与？故庄子论之曰："其生也勤，其死也薄。其道大觳，使人忧，使人悲，其行难为也，恐其不可以圣人之道，反天下之心，天下不堪。墨子虽欲独任，奈天下何？"《天下篇》。盖墨氏心术之险恶，殆什百倍于儒，而古之道术有在于此者焉。且尝考之，墨氏之学君术也，盖所得于老氏者多矣。庄子《天下篇》云："以钜子为圣人，都愿为之尸，冀得为其后世。"盖自老氏之阴谋失败，墨氏承其志焉，老子以宽厚不削自明，墨子则转会其意以兼爱收天下之心，以神道辅其教，此自老氏一转手也。无地而为君，无官而为长，天下丈夫女子，莫不延颈举踵而愿安利之，《列子·黄帝篇》。然而终不能天下者何哉？盖节俭非乐之说，所以取厌于民也。上下见厌强聒而不舍，则已反天下之心，宜其败也。《淮南子》曰："墨子服役者八十人，皆可使之赴汤蹈火，死不还踵。"盖禽滑厘等之于墨子，则犹盗跖之于老聃，子路之于孔子，所以谋天下者一也。老子之自道曰："天之道，其犹张弓乎？高者抑之，下者举之，有余者损之，不足者补之。天之道，损有余而补不足；人之道则不然，损不足而奉有余。孰能有余以奉天下？唯有道者。是以圣人为而不恃，功成所不居，其不欲见贤。"七十七章。孔子之自道曰："文王既没，文不在兹乎？天之将丧斯文也，后死者不得与于斯文也；天之未丧斯文也，匡人其如予何？"又曰："天生德于予，桓魋其如予何！"包注曰："天生德者，谓授以圣性德合天地，吉，无不利，故曰其如予何。"盖皆自谓上同于天，而且神圣之君人资格也。《墨子·尚同篇》曰："选择天下贤良圣智辨慧之人，立以为天子，使从事乎一同天子之义。"盖亦自道其与天地合德，因以号召天下耳。所以谋天下者一，所不能天下者一。老氏不得天下，而后世则以为消极革命家而叹美焉；见《新青年》第三卷第二号。孔氏不得天下，而后世则以为《礼运》有大同之义而叹美焉；墨氏不得天下，而后世且以为自由主义之先导而叹美焉；人亦何苦不为巨奸哉！

## 纵横家第六

何言乎纵横家者流，出于老氏？元吴莱《阴符经注序》曰："夫老聃道家之祖，而其书多寓于术，自其一心之静，天旋地转，阳嘘阴翕，而世故之万变者，纵横错竖，恫疑禁格，悉出其中彀，而莫逃乎是也。"明王世贞《读鬼谷子》曰："彼所以捭阖张翕之机，大要出于老氏。老氏之以进为退，以与为取，知白守黑，知雄守雌，不足求足，不大求大，虽天下后世之言术者，莫能外焉，深于鬼谷者也。"虽然，仅谓其深于鬼谷犹未当也。按谷神不死，是谓玄牝，鬼谷之义本此；谷叩而应者也，鬼与神同，幽而显者也。《淮南子·说山训》盗跖见饴可以黏牝，高注：牝，门户，是玄牝犹云门户。藏幽露显，一叩一应，显其因应之妙用，藏其本无之实体。鬼谷子之《捭阖篇》，盖全本于老子《成象章》者也。今请两存其文，以相对证。

老子《成象章》曰："谷神不死，是谓玄牝，玄牝之门，是谓天地根。绵绵若存，用之不勤。"

《鬼谷子·捭阖篇》曰："粤若稽古，望人之在天地闻也为众，生之先，观阴阳之开阖，以命物，知存亡之门户，筹策万类之终始，达人心之理，见变化之朕焉，而守其门户。故圣人之在天下也，自古及今，其道一也，变化无穷，各有所归，或阴或阳，或刚或柔，或开或闭，或弛或张。是故圣人一守户其门户，审察其所先后，度权量能，校其伎巧短长，夫贤不肖智愚勇怯仁义有差，乃可捭，乃可阖，乃可进，乃可退，乃可贱，乃可贵，无为以牧之，审是有无，以其虚实，随其嗜欲，以见其志意，微排其所言，以捭反之，以求其实，贵得其指，阖而捭之以求其利，或开而示之，或阖而闭之。开而示之者，同其情也；阖而闭之者，异其诚也。可与不可，审明其计谋，以原其同异，离合有守，先从其志，即欲捭之贵周，即欲阖之贵密，周密之道微，而与道相追。捭之者料其情也，阖之者结其诚也，皆见其权衡轻重，乃为之度数，圣人因而为之虑；其不中权衡度数，圣人因而自为之虑。故捭者或捭而出之，或捭而纳之；阖者或阖而取之，或阖而去之。捭阖者，天地之道，捭阖者以变动阴阳，四时开闭，以化万物，继横反出，反覆反忤，必由此矣。捭阖者，道之大化，说之变也，必务审其变化。口者心之门户也，心者神之主也，志意喜欲思虑智谋此皆由门户出入，故关之捭阖，制之以出入。捭之者开也，言也，阳也；阖之者闭也，默也，阴也。阴阳，其和终始，其发放言，长生，安乐，富贵，尊荣，显名，爱好，财利，得意，欲喜，为阳，曰始；故言死亡，忧患，贫贱，苦辱，弃损，亡利，失意，有害，刑戮，诛罚，为阴，曰终。诸言法阳之类皆曰始，言善以始其事；诸言法阴之类皆曰终，言恶以终为谋。捭阖之道，以阴阳试之，故与阳言者，依崇高；与阴言者，依卑小；以下求小，以高求大。由此言之，无所不出，无所不入，无所不言可。阴阳之理尽，小大之情得，故出入皆可，何所不可乎，为内无外，为大无外，益捭，去就，倍反，皆以阴阳御其事。阳动而行，阴止而藏，阳动而出，阴随而入，阳还终始，阴极反阴，以阳动者，德相生也；以阴静者，形相成也；以阳求阴，苞以德也；以阴结阳，施以力也。阴阳相求，由捭阖也，此天地阴阳之道，而说人之法也。为万事之先，是谓圆方之门户。"

《鬼谷子》之第二篇，曰《反应》，反应则固老氏之术也。老子亦有所得，《列子·黄帝篇》引鬻子曰："欲刚必以柔守之，欲强必以弱保之，积于柔必刚，积于弱必强。"又《韩非子·说林上》引《周书》曰："将欲败之，必姑辅之；将欲取之，必固与之。"注云："宋王应麟云：此岂苏秦所读《周书阴符》者欤！老子之言出于此。"朱子曰："老子为柱下史，故见此书。"可知反应之术有自来矣。今按四十章曰："反者道之动，弱者道之用。"七十三章曰："不言而善应。"三十六章曰："将欲歙之，必固张之；将欲废之，必固张之；将欲夺之，必固与之；是谓微明。"盖皆鬼谷此篇所本。韩非知其意焉，故曰："越王入宦于吴，而劝之伐齐，以弊吴，吴兵既胜齐人于艾陵，张之于江济，强之黄池，故可制于五湖，故曰：将欲歙之，必固张之；将欲弱之。必固弱之。晋献公将欲袭虞，遗之以璧马，知伯将袭仇由，遗之以广车，故曰：将欲取之，必固与之云云。"《喻老》。宋儒亦知其意焉，故程子曰："与夺翕张，理所有也，与之之意乃在乎取之，张之之意乃在乎翕之，权诈之术也。"《性理大全》。又曰："老子书其初意欲道之极高妙处，后来却入做权诈上去，如将欲取之，必固与之之类。"《二程全书》卷十九。朱子亦曰："程明道云：老子之言窃弄阖辟也者，何也？曰：如将欲取之，必固与之之类，是他亦窥得些道理，将来窃弄，如所谓代大匠斫则伤手者，谓如人之恶者，不必自去治他，自有别人与他理会，只是占便宜，不肯自犯手做。"又《语类》云："问反者道之动，弱者道之用。朱子曰：这老子说话，都是这样意思，缘他看得天下事变熟了，都于反处时起。且如人刚强咆哮，跃跃不已，其势必有时而屈，故他但务为弱，人才弱时便蓄得那精刚完全，及其发也，自然不可当。"呜呼！孰料此诡诳激讦揣摩检滑之术，鬼谷子则尽得而用之矣，今请录其文著于篇。

　　古之大化者，乃与无形俱生，反以观往，覆以验今，反以知古，覆以知今，反以知彼，覆以知己。动静虚实之理不合，来今反古而求之，事有反而得覆者，圣人之意也，不言不察，人言者动也，己默者静也，因其言听其辞，言有不合者，反而求之，其应必出。言有象，事有比，其有象比以观其次，象者象其事，比者比其辞也。以无形求有闻，其钓语合事得人实也。其张置网而取兽也，多张其会而司之道，合其事彼自出之，此钓人之网也。常持其网驱之，其言无比乃为之变，以象动之，以报其心，见其情随而牧之，己反往，彼覆来，言有象比，因而定基。重之，袭之，反之，覆之，万事不失其辞，圣人所诱愚智事皆不疑，古善反听者乃变鬼神以得其情，其变也而牧之审也，牧之不审得情不明，得情不明定基不审。变象比必有反辞以还听之，欲闻其声反默，欲张反睑，欲高反下，欲取反与，欲开情者象可比之，以牧其辞，同声相呼，实理同归，或因此，或因彼，或以事上，或以牧下，此听真伪，知同异，得其情诈也。动作言默与此出入，喜怒由此以见其式，皆以先定为之法则，以反求覆，观其所托。故用此者，己欲乎静，以听其辞，察其事，论万物，别雌雄，虽非其事，见微知类，若探人而居其内，量其能，射其意也。符应不失，如螣蛇之所指，若羿之引矢，故知之始己，自知而后知人也。其相知也，若比目之鱼，见形也，若光之与影也，其察言也不失，若磁石之取钱，舌之取燔骨，其与人也微，其见情也疾，如阴与阳，如阳与阴，如圆与方，如方与圆，未见形以道之，既形方以事之，进退左右，以是司之，己不先定，牧人不正，事用不巧，是谓忘情失道；已审先定，以牧人策而无形容，若见其门，是谓天神。

且君人南面之术，未有不以阴权为本课者也。故《列子》称尧舜伪以天下让，《史记》称文王脱羑里，归与吕尚阴谋修德以倾商政，若汤真所谓古之阴谋者欤！故《管子》曰："女华者，桀之所爱也，汤事之以千金；曲逆者，桀之所喜也，汤事之以千金。内则有女华之阴，外则有曲逆之阳，阳阴之议合，而得成其天子。"若伊尹，亦真所谓古之阴谋者欤！故《管子》曰："昔者桀之时，女乐三万人，端噪晨，乐闻于三衢，是无不服衣绣衣裳者。伊尹以薄之游女工文绣篡组，纯得粟百钟于桀之国。夫桀之国者，天子之国也，桀无天子忧，饰妇女钟鼓之乐，伊尹得其粟而夺之流。"若老聃，而岂不然哉！今即五千文之术语案之，曰袭明。吴澄注云："袭者如以外衣，掩蔽其内衣。"掩蔽其所可见，非尚阴谋乎？曰微明。吴澄注云："视可不见曰微，微明者微其明也。"匿其可见者，而使之不可见，非尚阴谋乎？曰玄德。钟会云："幽冥晦昧，故称为玄。"非尚阴谋乎？曰：要妙。王弼云："妙者征之极也。"微者搏而不得，非食阴谋乎？盖所谓道者，谓之玄伏，《淮南子·原道训》高诱注。谓之深闶，《管子·心循篇》。未有不以阴谋而成，浅知者以老子语道德而杂权诈，以为本末舛矣，今既明本末之不舛，则纵横家之出于老氏奚疑焉。

抑又闻之，《校雠通义》曰："纵横者，词说之总名也。苏秦合六国为从，张仪为秦散六国为横，同术而异用，所以为战国也。既无战国则无纵横矣，而其学具存，则兵法机谋所参互，而抵掌谈说所取资也。是以苏张诸子，可互见于兵书，《七略》以苏秦蒯通入兵书。而邹阳严徐诸家，又为后世词命之祖也。"余案《战国策·秦策》，称苏秦得太公阴符之谋，伏而诵之，简练以为揣摩，盖纵横之徒，其始未尝不欲以兵奏其效,《秦策》苏秦说秦惠王曰：大王之国所谓天下之雄国也,以大王之贤士民之众,车骑之用,兵法之数,教以并诸侯吞天下将帝而治,愿大王留意,臣请奏其效云。其后则用之于谈说以取富贵,是其与兵家为同出明矣。老氏则兵家之祖也,其俭武、配天、偃武、元用四章,言兵者莫外焉。唐王真以为道德经为谈兵而作,其说亦是。是知兵之所出,即纵横用之所出已明。《孙子·始计篇》曰："兵者诡道也,故能而示之不能,用而示之不用,近而示之远,远而示之近,利而诱之,乱而取之,实而备之,强而避之,怒而挠之,卑而骄之,佚而劳之,亲而离之,攻其无备,出其不意。"推此说则与纵横何异,是故纵横家未尝不言兵也。《摩篇》曰："主名曰胜,常战于不争不费,而民不知所以服,不知所以畏,而天下比之神明。"此与老氏之言,兵者不得已而用之,孙子所谓不战而屈人之兵,善之善者,同出一辙。纵横家之出于老子,又可见矣。不特此也,老氏非极坚忍而陷鸷者乎？今苏秦能受妻嫂之辱,张仪能受馆人之殴,其忍辱负耻似之。又《太平御览》引苏子曰："天子坐九车之内,树塞其门旅,以翳明衡,以吹折鸾,以抑驰从。"又《战国策》亦曰："善为王业者,在劳天下而自逸,乱天下而自安,佚治在我,劳乱在天下。"此老子无为之旨可案也。汉《王符传》引苏子曰："人生一世,若朝露于桐叶耳,其与几何？"此老子任天之旨可案也。《史记》称鬼谷子长于养性治身,苏秦、张仪师之,受纵横之事,其后秦仪复往见先生,乃正席而坐,严颜而告二子以全身之道,此老子明哲保身之旨可案也。以辩名家,而其言曰："今之嗣主忽于至道,迷于言,惑于辞,沉于辩,溺于辞。"《战国策·秦策》苏秦语。又曰："一钩之急,不务芳饵,事之急不在辩言。"《水经注》引阙子语。盖大辩不言,固未尝显违此说也。诸子莫不出于老氏,故诸子莫不兼纵横,孔门有言语之科,摇唇鼓舌,擅生是非,是以儒家而兼之也。墨子周行天下,强聒不休,南方之墨者,且以坚白同异之辩相訾，以觭偶不仵之辞相应，是以墨家而兼之也，名家苛察缴绕，诡辞数万，能服人之口，不能服人之心，是以名家而兼之也。韩非作《说难》十余万言，欲以母婴人主之逆鳞，是以法家而兼之也。陈相见许行而大悦，尽弃其学而学焉，则行之辩言必大有可观，是以农家而兼之也。谈天衍、雕龙奭，莫不以是术干世主，小说家之言，委曲而入情，微婉而善讽，盖原周秦诸子所以持之有故，言之成理，裔宇鬼魈，争彼胜当，使天下混然不知是非治辞之所存者，毋谓蛇鼠之智，不自老聃来也。

## 杂家第七

何言乎杂家者流，出于老子？《隋书·经籍志》曰："杂者兼儒墨之道，通众家之志，以见王者之化，无所不冠也。古者司史，历记前言往行，祸福存亡之道，然则杂者盖出史官之职也，放者为之，不求其本，材少而学多，言非而博，是以什错漫羡而无所指皇。"夫所谓指归者，吾知之矣，高诱序《吕氏春秋》曰："此书所尚，以道德为标的，以无为为纲纪，以忠义为品式，以公方为检格。"此其指归之谓与！若然则与道家一而二二而一也。尝论之：黄帝以道得天下，立史官而世守之，孔甲则黄帝史也，《盘盂》二十六篇则杂家所托始也，是亦足证于道为一原。故司马谈之论道家要旨曰："道家使人精神专一，动合无形，赡足万物。其为术也，因阴阳之大顺，采儒墨之善，撮名法之要，与时迁移，因物变化，立俗施事无不宜。"而《汉书·艺文志》之论杂家要旨，则曰："杂家者，兼儒墨，合名法，知国体之有此，见王治之无不贯，此其所长也。"由是观之，彼亦是也，是亦彼也，既已为一，且得有言乎？《老子》三十九章曰："昔之得一者，天得一以清，地得一以宁，神得一以宁，谷得一以盈，万物得一以生，侯王得一以为天下贞，其致之一也。"末二字据吴澄本增。此一以贯之之说也。杂家何莫不知此？《尸子·广泽篇》曰："墨子贵兼，孔子贵公，皇子贵衷，田子贵均，列子贵虚，料子贵别囿。其学相非也，数世矣而已。皆弇于私也。天、帝、后、皇、辟、公、弘、廓、溥、介、纯、夏、幠、冢、晊、昄，皆大也，十有余名而实一也。若使兼、公、虚、均、衷、平易、别囿一实，则无①相非也。"又《吕氏春秋·审分览·不二篇》曰："老耽贵柔，孔子贵仁，墨翟贵廉，关尹贵清，子列子贵虚，陈骈贵齐，阳生贵己，孙膑贵势，王廖贵先，兒良贵后。此十子者，皆天下之豪士也，有金鼓，所以一耳也；必同法令，所以一心也；智者不得巧，愚者不得拙，所以一众也；勇者不得先，惧者不得后，所以一力也。故一则治，异则乱，一则安，异则危，夫能齐万不同，愚智工拙皆尽力竭能，如出一穴者，其惟圣人乎？"由是观之，其执一而搏，无二术也，是其学不异也，其学不异，故高诱序《淮南子》曰："此书其旨近老子淡泊无为，蹈虚守静，出入经道，言其大也，则焘天载地；说其细也，则沦于无垠；及古今治乱存亡祸福世间诡异环奇之事，其义也著其文也富，物事之类，无所不载。然其大较归之于道，号曰鸿烈，鸿大也，烈明也，以为大明道之言也。"此则直探杂家之自出，而言其归本于老，其说已可信矣。然犹曰此后人之说，则更以《吕氏春秋·序意》自证之。其言曰："尝得学黄帝之所以诲颛顼矣，爰有大圜在上，大矩在下，汝能法之，为民父母。"是其学出于黄帝者，即出于老氏也，唯其出于老氏也，故司马谈论六家要旨，既最取乎道，而太史迁则心折于《吕氏春秋》。陈黻宸《诸子哲学》曰：我闻之太史公曰，孔子之所谓闻者其吕子乎？夫闻美名也，故子张问闻而少正卯以闻人称。然则太史公心折于《吕氏春秋》之

---

① "无"下原衍"非"字，据《尸子·广泽》通行本删。——编者

作矣,其《报任少卿书》曰:不韦迁蜀,世传《吕览》。而《史记》自叙亦云:吾故知太史公之心折于此书也。自善学者视之,但见其同,道杂之分,不知作何说也,且《吕览》之书,太史公以为备天地万物古今之事。《淮南·要略》其自道曰:"天地之理究矣,人间之事接矣,帝王之道备矣。"此君人南面之术则然,唯杂家为能多为之辞,以抒其情,博为之说,以通其意。汪中谓《吕氏春秋》之《贵生》《情欲》《尽欲》《审分》《君臣》五篇,尚清净养生之术,则道流也,不知道论至深,奚止于此。知老氏之未尝不言兵,则《荡兵》《振乱》《禁塞》《怀宠》《论威》《简选》《决胜》《爱士》七篇之论兵者,皆其说也;知老氏之未尝不言农,则《上农》《任地》《辨土》三篇之论农桑树艺之事者,皆其说也。必区以别之,则牴牾难通,不知杂家之学,而以为《修文》《御览》《华林》《编略》之类,岂不陋哉!夫杂说所丛,间失之要,所贵为杂家者,岂贵其失要哉!今就《吕氏春秋》之归本于老子者言之,《似顺篇》之辞曰:"夫君也者,处虚素服而无智,故能使众智也;智反无能,故能使众能也;能执无为,故能使众为也;无智,无能,无为,此君之所执也。"此老氏无为之旨也。《审应览》之辞曰:"凡主有识,言不欲先,人唱我和,人先我随,以其出为之名,以其言为之名,取其实以责其名,则说者不敢妄言,而人主之所执其要矣。"此老氏因应之旨也。《恃君览》之辞曰:"凡人物者,阴阳之化也,阴阳者造乎天而成者也,天固有衰嗛废伏,有盛衰盆息,人亦有困穷屈匮,有充实达遂,此皆天之容物理也,而不得不然之数也。古圣人以感私伤神,俞然以待耳。"此老氏道法自然之旨也。《园道篇》之辞曰:"以言说一,一不欲留,留连不败圜道也,一也。齐至贵莫知其原,莫知其端,莫知其始,莫知其终,而万物以为宗。"此老氏法天之旨也。《君守篇》之辞曰:"得道者必静,静乃无知,知乃无知,可以言君道也,故曰:中欲不出谓之扃,外欲不入谓之闭,既扃而失闭，天之用密，有准不以平，有平不以正，天之大静，既静而又宁，可以为天下正；身以感心，心以感智，智乎深藏，而实莫得窥乎？"此老氏守静之旨也。《似顺论》之辞曰："事多似倒而顺，多似顺而倒，有知顺之为倒、倒之为顺者，则可与言化矣。"此老氏微明之旨也。《观表篇》之辞曰："圣人之所以过人者以先知，先知者必审征表，无征表而欲先知，尧舜与众人同等，征虽易，表虽难，圣人则不可以飘也，圣人则无道至焉，无道至则以为神以为幸。"此老氏前识之旨也。《审己篇》之辞曰："人或谓兔丝无根，丝非无根也，其根不屡也，伏苓是慈石引铁，或引之也，树相近而摩，或斩之也。圣人南面而立，以爱利民为心，号令未出而天下皆延颈举踵矣，则精通乎民也。"此老氏玄同之旨也。《不二篇》之辞曰："王者执一而为万物正，军必有将所以一之也，国必有君所以一之也，天下必有天子所以一之也，天子必执一所以搏之也。一则治，两则乱，今御骊马者，使四人人操一策，则不可以门闾者，不一也。"此老氏执一之旨也。若乎《审分览》曰："问而不诏，和而不矜成而不处，止者不行，行者不止。"《精谕篇》曰："至言去言，至为无为。"其说皆以绎五千文故谊，所出亦可明矣。《君守篇》则尤可见焉。今录其文，附以案语。

不出于户而知天下，不窥于牖而知天道，其出弥远者，其知弥少，案本《老子》四十七章文。故博闻之人，强识之士阙矣。案《老子》八十一章曰：知者不博，博者不知。事耳目深思虑之务败矣。案《老子》四十四章曰：甚爱必大费，多藏必厚亡。坚白之察，无厚之辩，外矣。案《老子》八十一章曰：信言不美，美言不信，善者不辩，辩者不善。不出者，所以出之也；案此《老子》二十七章所谓善行无辙迹也。不为者所以为之也；案《老子》三章曰：为无为则无不治。此之谓以阳召阳，以阴召阴，案《老子》二十三章曰：从事于道者，道者同于道，德者同于德，失者同于失。同于道者，道亦乐得之；同于德者，德亦乐得之；同于失者，失亦乐得之。事物之极，水至必于反，夏热之下，化而为寒，案《老子》二十五章曰：大曰逝，逝曰远，远曰反。又四十四章曰：反者道之动。故曰：天无形而万物以成；案《老子》四十五章曰：大成若缺，其用不弊。王弼注云：随物而成，不为一象，故若缺也。至精无象，而万物以化；四十一章曰：大象无形。王注云：有形则有分，有分者不温则炎，不炎则寒。故象而形者，非大象。又三十五章曰：执大象，天下往。王注云：大象天象之母也，不寒不温不凉，故能包统万物，无所犯伤，主若执之，则天下往也。大圣无言，而千官尽能；此乃谓不教之教，无言之诏，故有以知君之狂也。以其言之失也。与以之君之当也，以其言之得也；君也者以无当为当，以无得为得者也。案《老子》二章曰：天下皆知美之为美，斯恶已；皆知善之为善，斯不善已。故有无相生，难易相成，长短相较，高下相倾，音声相和，前后相随。是以圣人处无为之事，行不言之教，万物作焉而不辞，生而不有，为而不恃，功成而弗居，弗居是以不去。当与得，不在于君而在于臣，案《老子》六十九章曰：吾不敢为主而为客。十五章曰：俨兮其若客。（陈景元本）故善为君者无识，按《老子》二十章曰：沌沌兮，俗人昭昭，我独昏昏；俗人察察，我独闷闷，澹兮其若海，飂兮若无止。众人皆有以，而我独顽似鄙。其次无事，案《老子》五十七章曰：圣人云，我无为而民自化，我好静而民自正，我无事而民自富，我无欲而民自朴。有识则有不备矣，故《老子》六十五章曰：以智治国，国之贼。有事则有不恢矣，故《老子》四十八章曰：及其有事，不足以取天下。不备不恢，此官之所以疑，而邪之所从来也。案《老子》五十八章曰：其政察察，其民缺缺，祸兮福之所倚，福兮祸之所伏，孰知其极其无政。此段言官之所以疑。又五十七章曰：天下多忌讳，而民弥贫，民多利器，国家滋昏，人多伎巧，奇物滋起，法令滋彰，盗贼多有。此段言邪之所从来。今之为车者，数官而后成，夫国岂特为车哉！众智众能之所持也，不可以一物一方安车也，案三十九章曰：故致数舆无舆，不欲琭琭如玉，珞珞如石。夫一能应万，无方而出之务者，唯有道者能之。十一章曰：三十辐共一毂，当其无有车之用。又曰：有之以为利，无之以为用，有道者即杂家之自谓也。

犹有进者，十二纪，八览，六论，盖皆发明五千言之旨，而为《道德经》作传也。学者若与《道德经》比附参观之，庶几心释神悟，于所自来矣。请本《老子》古义，为胪列如次。

老子十三章曰："何为贵大患若身？吾所以有大患者，为吾有自，及吾无身，吾有何患；故贵以身为天下，若可寄天下；爱以身为天下，若可托天下。"

《吕览·贵生篇》曰："尧以天下让于子州支父，子州支父对曰：以我为天子犹可也。虽然，我适有幽忧之疾，方将治之，未暇治天下也，天下重物也，而不以害其生，又况于他物乎？惟不以天下害其生者也，可以托天下。"

《老子》十五章曰："古之善为士者，微妙元通，深不可识。"

《吕览·必己篇》曰："庄子行于山中，见木甚美，长木枝叶盛茂，伐木者止其旁，而弗取。问其故，曰：无所可用。庄子曰：此以不材得终其天年矣。出于山及邑舍故人之家，故人喜具酒肉，令坚子为杀雁飨之，坚子请曰：其一雁能鸣，一雁不能鸣，请奚杀？主人之公曰，杀其不能鸣者。明日，弟子问于庄子曰：昔者山中之木，以不材得终天年，主人之雁以不材死，先生将何以处？庄子笑曰：周将处于材不材之间，似之而非也，故未免乎累。若道德则不然，无讶无訾，一龙一蛇，与时俱化，而无肯专为，一上一下，以禾为量，而浮游乎万物之祖，物物而不物于物，则胡可得而累？此神农、黄帝之所法。"

《老子》三十一章曰："兵者不祥之器，非君子之器，不得已而用之。"

《吕览·论威篇》曰："凡兵天下之凶器也，勇天下之凶德也。举凶器，行凶德，犹不得已也。举凶器必杀，杀所以生之也；行凶德必威，威所以慑之也。敌慑民生，此义兵之所以隆也。"

《老子》四十八章曰："为学日益，为道日损，损之又损，以至于无为，无为而无不为。"

《吕览·有度篇》曰："夫以外胜内，匹夫徒步不能行，又况乎人主，唯通乎性命之情而仁义之术自行矣。先王不能尽知执一而万物治，使人不能执一者，物感之也，故曰：通意之悖，解心之缪，去德之累，通道之塞。贵富显严名利六者，悖意者也；容动色理气意六者，缪心者也；恶欲喜怒哀乐六者，累德者也；智能去就取舍六者，塞道者也。此四六者，不荡乎胸中则正，正则静，静则清明，清明则虚，虚则无为而无不为也。"

《老子》三十三章曰："知人者智，自知者明。"王注曰：知人者智至已矣,未若自知者超智之上也。

《吕览·自知篇》曰:"欲知平直,则必准绳;欲知方圆,则必规矩。人主欲自知,则必直士。故天子立辅弼,设师保,所以举过也。夫人固不能自知,人主独甚,存亡安危,勿求于外,务在自知。尧有欲谏之鼓,舜有诽谤之木,汤有司过之士,武王有戒慎之鞀,犹恐不能自知,今贤非尧舜汤武也,而有掩蔽之道,奚由自知哉!齐庄不自知而杀吴王,知伯不自知而亡宋,中山不自知而灭晋惠公,赵括不自知而虏,钻荼、庞涓、太子申不自知而亡,败莫大于不自知。"

《老子》三十六章曰:"将欲歙之,必固张之;将欲弱之,必固强之;将欲废之,必固兴之;将欲夺之,必固与之。"

《吕览·行论篇》曰:"齐攻宋。燕王使张魁将燕兵以从焉,齐王杀之,燕王闻之,泣数行而下。召有司而告之曰:'余兴事而齐杀我使,请今举兵以攻齐也。'使受命矣。凡繇进见,争之曰:'贤王故愿为臣,今王非贤王也,愿辞不为臣。'昭王曰:'是何也?'对曰:'松下乱,先君以不安弃群臣也,王苦痛之而事齐者,力不足也。今魁死而王攻齐,是视魁而贤于先君。'王曰:'诺。'请止王兵,王曰:'然则若何?'凡繇封曰:'请王缟素辟舍于郊,遣使于齐,客而谢焉。曰:此尽寡人之罪也,大王贤主也,岂尽杀诸侯之使者哉?然而燕之使者独死,此弊邑之择人不谨也,愿得变更请罪。'使者行至齐,齐王方大饮,左右官实御者甚众,因令使者进报。使者报,言燕王之甚恐惧而请罪也。毕,又复之,以矜左右官实。因乃发小使以反,令燕王复舍，此济上之所以败，齐国以虚也。七十城，微田单，固几不反，湣王以大齐骄而残，田单以即墨城而立功。诗曰：'将欲毁之，必重累之；将欲踣之，必高举之。'其此之谓乎？累矣而不毁，举矣而不踣，其唯有道者乎？"

《老子》五十八章曰："祸兮福之所倚，福兮祸之所伏，孰知其极，其无政。"

《吕览·制乐篇》曰："成汤之时，有谷生于庭，昏而生，比旦而大拱，其吏请卜其故。汤退卜者曰：吾闻祥者，福之先者也，祥见而为不善，则福不去；妖者，祸之先者也，见妖而为善；则祸不至。于是早朝晏退，问疾吊丧，务镇抚百姓，三日而谷亡。故祸兮福之所倚，福兮祸之所伏，圣人所独见，众人焉知其极。"

《老子》五十九章曰："夫唯啬是谓早服，早服谓之重积德，重积德则无不克，无不克则莫知其极。莫知其极，可以有国。有国之母，可以长久。"

《吕览·情欲篇》曰："耳不乐声，目不乐色，口不甘味，与死无择。古人得道者，生以寿长，声色滋味，能久乐之，奚故？论早定也。论早定则知早啬，知早啬则精不竭。"

《老子》七十一章曰："知不知，上不知，知病。"

《吕览·谨听篇》曰："夫尧恶得贤天下而试舜？舜恶得贤天

下而试禹？断之于耳而已矣。耳之可以断也，反性命之情也。今夫惑者非知反性命之情，其次非知观于五帝三王之所以成也，则奚自知其世之不可也，奚自知其身非不逮也？太上知之，其次知其不知，不知则问，不能则学，《周箴》曰：夫自念斯，学德未暮。学贤问，三代之所以昌也，不知而自以为知，百祸之宗也。"

《别类篇》曰："知不知上矣，过者之患，不知而自以为知。物多类然而不然，故亡国戮民无已，夫草有莘有藟，独食之则杀人，合而食之则益寿；万堇不杀，漆淖水淖，合两淖则为蹇，湿之则为乾；金柔锡柔，合两柔则为刚，燔之则为淖。或湿而乾，或燔而淖，类固不必，可推知也。小方，大方之类也；小马，大马之类也；小智，非大智之类也。"

况《淮南子》之《原道》《道应》《本经》《氾论》《齐俗》《主术》《俶真》《说林》《天文》《精神》《览冥》《诠言》《人间》，此十三篇，皆于老氏有所发明，不犹多于《韩非》之仅于《解老》《喻老》《说难》《外储说》言之乎？《史记索隐》以彼证法家之出于老氏，吾曷不可以此例之。且尝更进论之：原杂家造述之意恉，岂无为而然哉！《吕氏春秋》之言曰："十里之间，耳不能闻；帷墙之外，目不能见；三亩之间，心不能知，而欲东至开晤，南抚多䴏，西服寿靡，北怀儋耳，何以得哉！"见《任数篇》。高似孙《子略》以为此所以讥始皇者，夫岂徒讥始皇哉？始皇不好士，不韦则徕英茂，聚峻豪，簪履充庭，至以千计；始皇甚恶书也，不韦乃极简册，攻笔墨，采精录异，成一家言。方孝孺谓世之谓严酷者，必曰秦法，而为相者，乃广致宾客以著书，书皆诋訾时君为俗主，至数秦先王之过无所惮，不知后世之所甚讳，而不韦敢昌言之者，盖欲攫秦而有之，故为之扬其波而哺其糟耳。元陈澔曰：吕不韦相秦十余年，此时已有得天下之势，故大集群儒，损益先王之礼,而作此书名曰《春秋》,将欲为一代兴王之典礼也。其说甚精。书成,暴之咸阳门曰:有能损益一字者与千金,此以试吾之威信素行与否,愚黔之甚,亦心计之至深者也。后不韦二百年,有淮南王刘安,杂家也,尚奇谋,募奇士,庐馆一开,天下隽绝驰骋之流,莫不雷奋云集,蜂议横起,环诡作新,用《子略》语。未几,而淮南反矣。由是观之,杂家著书,岂专觑世名者比,盖其深心积虑,且将谋其所大欲,固与老氏有其同也。

## 农家第八

何言乎农家者流,出于老氏?《神农书》二十篇,则注所称六国时,诸子急于农业,道耕农事,而远托之也。刘向《别录》云:疑李悝及商君所说。李悝则老氏之子名宗之字也,《史记》:"老子之子名宗,宗为魏将,封于段干。"按李悝《通鉴外纪》云:"为魏上地守,下令曰:人有狐疑之讼,令射的,中者胜,不胜者负。令下而人皆习射,及与秦人战,大败之。"此即为魏将之说。兵权谋有《李子》十篇,晋《刑法志》云:"魏文侯师李悝,撰次诸国法,著《法经》。"《汉食货志》云:"李悝为魏文侯作尽地力之教,则其所学之广,殆老氏之家传无疑,于魏有功,故封段干。"《史记·魏世家》有段干子,《列子·杨朱篇》述段干生之言,当即一人,若商鞅得老氏所以轻天下者,此杨道夫之说。此外范子《计然》十五卷,以老氏之弟子而道农事,又梁《七录》有陶朱公养鱼法,《唐书·艺文志》作范蠡养鱼经,今佚。尤不待言矣,《野老》十七篇,应劭曰:"年老居田野,相民耕种,故号野老。"殆世之所谓隐君子,老氏之流欤!由是观之,农家之出于老氏,思过半矣。老氏之言曰:"治人事天莫如啬,夫惟啬是谓早服,早服谓之重积德,重积德则无不克,无不克则莫知其极。莫知其极,可以有国。有国之母，可以长久。"五十九章。又曰："五色令人目盲，五音令人耳聋，五味令人口爽，驰骋田猎，令人心发狂，难得之货，令人行妨，是以圣人为腹不为目，故去彼取此。"十二章。盖有慨乎溷浊之世，不可以治，故令有所属，见素，抱朴，少私，寡欲，而归本于农焉。《韩非子·解老篇》又申其重农之意曰：

今有道之君，外希用甲兵，而用禁淫奢。上不事马于战斗逐北，而民不以马远通淫物，所积力唯田畴。积力唯田畴，且必粪灌。故曰：天下有道，却走马以粪。

老氏又最知田制者也。常病周之彻法为无德，发愤言之曰："无德司彻。"吴澄注曰：

彻，通也，古者助法，一井之田，分有九区，八家各受私田一区，其一区为公田，八家同耕公田，而各耕私田。私田百亩，所取或食九人，或食八人，或食七人，或食六人，下食五人，由其各家丁力多寡强弱不同故也。周改助法为彻法，恐八家私田所收之不均，故八家私田亦令通力合作而均收之，八家所得均平，而无多寡之异。然司彻者患其不均，有心计较，故曰无德。

老氏之意，则以无为为农者也。遵依自然之法则而无不为，万物由之以治以成，侯王若能守此，万物将自化，化而欲作，吾将镇之以无名之朴，无名之朴，夫亦将无欲，不欲以静天下将自定矣。故于七十五章，常揭其义曰：

民之饥，以其上食税之多，是以饥；民之难治，以其上之有为，是以难治；民之轻死，以其生生之厚，是以轻死。夫唯无以生为者，是贤于贵生。

夫以饵则过客止，使之恬淡而无所思，退恬而无所为，宁有狷狂妄行者乎？又况小国寡民，则民重死而不远徙，虽有舟舆，无所乘也；虽有甲兵，无所用也；虽有什百之器，无所用也；甘其衣，美其俗，安其居，乐其俗，邻国相望，鸡犬之声相闻，民至老死不相往来。此致民于塞而无为，其术胜于祖龙之收天下兵器、焚书坑儒者，多矣。世徒见商君《开塞》《耕战》诸篇，极尊君抑民之旨，独于老氏无或知之，学派之不明，是吾所谓忧患也。今请就农家之本于老氏者言之。

第一反朴。《野老书·上农篇》曰："古先圣王之所以导其民者，先务于农，民农非徒为地利也，贵其志也。民农则朴，朴则易用；易用则边境安，主位尊。"《商君书·农战篇》曰："圣人知治国之要，故令民归心于农，归心于农，则民朴而可正也。"

第二安居。《野老书·上农篇》曰："民农则其产厚，其产厚则重徙，重徙则死其处，而无二虑。"《商君书·算地篇》曰："农则朴，朴则安居而恶出。"焦竑《经籍志》农家论曰："人农则其产复，其逢复则重流徙而无二心矣，天下无二心，即轩辕几蘧之理不过也。"

第三检欲。《神农书·法篇》曰："不贵难得之货，不器无用之物，是故其耕不强者无以养生，其织不力者无以掩形。有余不足，各归其身，衣食饶溢，奸邪不生，安乐无事而天下均平。智者无所施其策，勇者无以行其威，故衣食为民之本，而工技为其末也。"商子《垦令》《农战》诸篇，最明此旨。

第四绝学。《商君书·垦令篇》曰："国之大臣诸大夫，博闻辩慧游君之事，皆无得为，无得居游于百县，则农民无所闻变见方。农民无所闻变见方，则知农无从离其故事，而愚农不知，不好学问。愚农不知，不好学问，则务疾农。知农不离其故事，则草必垦矣。"又曰："民不贵学则愚，愚则无外交，无外交则勉农而不偷，民不贱农则国安不殆，勉农而不偷，则草必垦矣。"

盖农家之旨，所以实其腹者，所以虚其心也，弱其志也。民弱国强，民强国弱，可谓善非老氏之意矣。考所得于老氏而建其根本之义者，厥有二端：（1）《商君书·农战篇》曰："今夫螟螣蚼蠋，春生秋死，一出而民数年不食。今一人耕而百人食之，此其为螟螣蚼蠋亦大矣。虽有诗书，乡一束，家一员，独无益于治也，非所以反之术也，故先王反之于农战。"盖《老子》四十章反者道之动之恉也。（2）《农战篇》曰："凡治国者患，民之散而不可抟，是以圣人作，壹抟之于农而已矣。"《壹言篇》曰："抟力以一务也，杀力以攻敌也。"《算地篇》曰："君子操权一正以立术、立官。"盖《老子》三十九章侯王得一，以为天下贞之恉也。由是观之，农家之出于老氏明矣。请申论之：老子长乎法者也。《野老篇》曰："民农则重，重则少私义，少私义则公法立焉。"商子有《错法》《勒令》《修权》《刑约》《赏罚》《慎法》《定分》诸篇，凡此皆本于老氏之言法者，以附成家说也。复次，老氏长乎兵者也，师之所处，荆棘生焉，大兵之后，必有凶年。于斯时也，言战则无饷，言守则无兵，是故率民以从战者，即寓战于其耕，此老子之意则然，其徒计倪子、亢仓子皆能道之。《亢仓子·农道篇》曰："舍本而逐末，则不一令，不一令则不可以守，不可以战。"换言之，欲求其可以战可以守者，非即商子《开塞》之说所托本乎？是其《农战》《开塞》《战法》《兵守》《来民》《境内》诸篇，皆本于老氏之言兵者，以辅成家说也。吾故曰：农家者流，出于老氏。

尝更论之：夫使民首戴苎蒲，身服襏襫，沾体涂足，暴其发肤，尽其四肢，以疾从事于田野，此何爱于民者？愿世于许行并耕之说，以为欲举尊贫卑富劳逸之不齐，而一归于平等，甚矣其诬也！许行为神农之言，而《神农书》则《淮南子·齐俗训》所引，愚民之旨也。《商君书·问塞篇》曰："民愚则智可以王，民愚则力有余而智不足，民之生不智则学，故神农教耕而王天下师其知也。"以此证之，为神农之言者，皆欲愚罔人也。若贤者与民并耕而食，此老子慈故能勇之说，《商子·君臣篇》亦曰："道民之门，在上所先，故民可令农战，可令游宦，可令学问，在上所与。"许行得其趣矣，夫曰"愿受廛而为民"，曰"愿为圣人氓"，是以身而愿受治。何谓无所事圣王？亲耕而为天下先，所以劝农也；同尘而不殊，怀玉而不渝。何谓君臣并耕，悖上下之序？厉民而以自养，此民之难治，以上之有为，亦老氏所大戒也。衣褐捆屦织席以为食，则其徒数十人，能知稽式，乃至大顺为可知。许行者，盖深契老氏之旨，自愚以愚人也。自愚愚人，有相因之理，然则彼数十人，安知其非向戈于滕文，为许行谋天下也耶？

## 小说家第九

何言乎小说家者流，出于老氏？《汉志》小说家，有《伊尹说》二十七篇，《鬻子说》十九篇，《周考》七十六篇，《青史子》五十七篇，《黄帝》说四十篇，《封禅方说》十八篇，《务成子》十一篇，《待诏臣饶心术》二十五篇，《未央述》一篇，《宋子》十篇，凡此皆道家之说，无可疑也。黄帝为道家之祖，伊尹、鬻熊书互见于道家目中，《周考》注云"考周事也"，《青史子》注云"古史官记事也"，则其出于聘史亦明。《未央术》注云：应劭曰："道家也，好养生事，为未央之术。"《封禅方说》为方士所作，皆可无疑。若务成子之教，避天下之逆，从天下之顺，天下不足取。避天下之顺，从天下之逆，天下不取，其言即道家之旨。《待诏臣饶心术》，疑其命名，本于管子

《心术》之篇。由是观之,小说家者流,亦古之道术所在也。尝申言之:《伊尹书·本味篇》曰:"三群之虫,水居者腥,肉玃者臊,草食者膻,臭恶犹美,皆有所以。凡味之本,水为最始,五味五材,九沸九变,火为纪,时疾时徐,灭腥灭膻,必以其胜,无失其调和之事,必以甘酸苦辛咸先后多少,其齐甚微,皆有自起。鼎中之变,精妙微纤,口弗能言,志弗能喻。若时御之微,阴阳之化,四时之数,故久而不弊,熟而不烂,甘而不哝,酸而不酷,辛而不裂,澹而不薄,肥而不腻。"盖老氏治大国若烹小鲜之旨也。《鬻子说·撰史篇》《四库全书总目》云:《汉志》道家《鬻子说》二十三篇,又小说家《鬻子说》十九篇。是当时本有二书,《列子》引《鬻子》凡三条,皆黄老清净之说,与今本不类,疑即道家二十二篇之文。今本所载与贾谊《新书》所引六条文格略同,疑即小说家之《鬻子》说也,今从之。曰:"民者积愚也,虽愚,明主撰吏焉,必使民兴言焉。士民与之,明上举之;士民苦之,明上去之,故王者取吏不忘,必使民唱然后和。"盖老氏吾不为主而为客之旨也。又《汤政篇》曰:"天地辟而万物生,万物生而人为政焉,无不能生而无不杀也,唯天地之所杀,人不能生。"盖老氏天地以万物为刍狗之旨也。青史子言胎教之法,盖老氏是谓早服之旨也。今而论小说家之学,既乏书足凭,而一二之散见于他书者,则已尽与老氏合。又况《庄》《列》著书,寓言十九,至有空言无事实者。《说符》《说林》《说难》,多其徒所作,亦纯然小说体。小说家者流,出于老氏盖可信矣。今请别论宋子、班氏曰:甚言黄老意。《庄子·天下篇》称之曰:"不累于俗,不饰于物,不苟于人,不忮于众,愿天下之安宁以活民命,人我之养,毕足而止。以此白心。接万物以别宥为始,语心之容,命曰心之行,以聏合欢,以调海内,请欲置之以为主。见侮不辱,救民之斗,禁攻寝兵,救世之急,以此周行天下,上说下教,虽天下不取,强聒而不舍也。"盖古者惧下情之壅于上闻,而背叛之情生于下也。

则有小说一家，委曲而入情，微婉而善讽，述君臣之义，明自然之理，以欺惑愚众，凡有兴者，稍稍上之，老氏所谓挫其锐，解其分，和其光，同其尘，小说家之术尽矣。在外观之，若兼爱无遗者，然实则阴为间谍，欺诈取人。至若宋钘奉老氏以为宗主，为布德意，以结天下之心，其有所阴谋最易见也。

## 辞章家第十

何言乎辞章家者流，出于老子？盖文以载道，舍道无文，所谓道者，即君人南面之术是也。史官欲保此道以传之久远，为之文字以纪之。文字之作，始自史官，辞章之学，何莫自此。吾当读《文史通义·诗教篇》矣，其言曰："辞章实备于战国，承其流而代变其体制焉，学者不知而溯挚虞所哀之流别，甚且以萧梁《文选》举为辞章之祖也，其亦不知古今流别之义矣。今即《文选》诸体，以征战国之赅备。《京都》诸赋，苏张纵横六国，侈陈形势之遗也。《上林》《羽猎》，安陵之从田，龙阳之同钓也。《客难》《解嘲》，屈原之《渔父》《卜居》，庄周之惠施问难也。《韩非》《储说》，比事征偶，《连珠》之所肇也。而或以为始于傅毅之徒，非其质矣。孟子问齐王之大欲，历举轻暖肥甘，音声采色，《七林》之所启也，而或以为创之枚乘，忘其祖矣。邹阳辨谤于梁王，江淹陈辞于建平，苏秦之自解忠信而获罪也。《过秦》《王命》《六代》《辨亡》诸论，抑扬往复，诗人讽谕之旨，孟子所以称述先王儆时君也。淮南宾客，梁苑辞人，原、尝、申、陵之盛举也。东方、司马侍从于西京，徐、陈、应、刘征逐于邺下，谈天雕龙之奇观也。"至战国而文章之变尽，至战国而后世之文体备，实斋之言，信而有征矣。虽然知文体备于战国，不知其源乃自老聃来也。知文体备于战国，而后可与论后世之文；知文体传自老聃，而后可与论战国之文矣。何以言之？老聃以柱下史之才，五千文有文有笔，其笔深质崖戾，汪洋大肆，诸子之为书者，各得其一端，而后乃能恣肆其说，以成一家之言。其文兼偶语如言无名天地之始，又言有名万物之母；言常无欲以观其妙，又言常有欲以观其徼，盖偶语也。韵词，刘申叔撰有《老子韵表》，见《国粹学报》第三年第六期。以成辞章之学，宜乎文体之备于其时也。故夫辞章之起，曷尝离道，其离道以言文者，今世有陈独秀其人。夫道苟可废，则并文而废之可也。今离道以全文，他日道废而文不废，文不废而道复缘会而生。是今日之评系陈先生为反道者，他日或讴歌陈先生弼道之功矣。究之文以载道，可谓论定之言，吾欲废道亦欲废一切之文，不如陈先生之为时势所利用也。附记。今观于屈子之《离骚》《九歌》《天问》《九章》《远游》《卜居》《渔父》诸篇，盖亦深窥乎道术之精微，不仅辞旨之跌宕。如曰："遂古之初，谁传道之？上下未形，何由考之？冥昭瞢暗，谁将极之？冯翼唯像，何以识之？明明暗暗，惟将何为？阴阳三合，何生何化？圜则九重，孰营度之？惟兹何功，孰初作之？"又曰："道可受兮而不可传，其小无内兮其大毋垠，毋滑而魂兮彼将自收，壹气孔神人兮于中夜，存虚以待之兮无为之先，庶颠以加号此德之门。"又曰："吾闻之，新沐者必弹冠，新浴者必振衣，安能以身之察察，受物之汶汶者乎？"凡此，皆老庄之绪言，述其谊而殊其辞耳。是屈原之学出于老氏为可知，屈原以下，可无论矣。

## 兵家第十一

何言乎兵家者流，出于老氏？廉江江瑔常论之曰："道家善忍，忍则必阴，故黄帝有《阴符经》，太公之谋亦曰阴符，后世之纵横家、兵家，皆由是出焉。《阴符经》为言兵之书，后世兵家，咸本其谋。盖用兵之道，虽贵于正，而行兵之术，不妨出于奇，此兵家之学，所以以权谋为先。然道家沉机观变,最精于谋,若施之于战阵之间,天下遂莫与敌。如太公之言曰:鸷鸟将击,必固张之,至于动人,必有愚色,此即兵家示敌以弱之术也。老子之言曰:将欲翕之,必固张之,将欲夺之,必固与之,此即兵家饵敌之策也。又曰:知其雄,守其雌,此即兵家知己知彼、百战百胜之道也。又如老子曰:天下皆谓吾大,似不肖,庄子曰:呼我为牛则应之曰牛,呼我为马则应之曰马,亦即范蠡吾虽腼然人面,吾犹禽兽之意也。按蠡亦兵家,《汉志》有范蠡二篇。大抵道家之术,最坚忍而阴鸷,兵家即师其术以用兵,故五兵战法,始于道家之黄帝。太公为道家之巨子,而《汉志》道家有《太公》二百三十七篇,《谋》八十一篇,《言》七十一篇,《兵》八十五篇,皆言兵之书。《史记·齐世家》亦云:'后世之言兵,及周之阴权,皆宗太公为本谋。'兵家有《范蠡》,今其书虽不存,而《国语·越语下篇》,多载其言,吕祖谦谓其多与《管子·势篇》相出入,则其学亦必出于道家之管子。他若《汉志》兵家所录,《黄帝》十六篇,《太壹兵法》一篇,《地典》六篇,皆黄帝之书。班氏论兵阴阳,推刑德,亦黄帝之术。又《封胡》五篇,《风后》十三篇,《力牧》十五篇,《鬼容区》三篇,《蚩尤》二篇,皆黄帝之臣,道家之流。至若道家所录,往往互见于兵家,刘《略》兵家更有伊尹、太公、管子、鹖冠子诸人,是道家者流,殆无不知兵者,此兵家出于道家之证也。"《诸子卮言》第十章。虽然,山渊盖泛言道家耳!余意不如谓出于老氏之犹当也,何则?先于老氏之书,得老氏而传;后于老氏者,得老氏之传。如《六考》六篇,或曰孔子问焉,师古曰:即今之《六韬》,盖其书成于吕望,存于柱下,问自仲尼而传自老聃,有征矣。复次,孙子则与庞煖同事鬼谷先生,鬼谷之学,戴虞皋撰《周易》阐理,以为出于老氏者也。举此两例,余可类推,盖失礼而后法,失法而后兵,老氏于是乎攘臂而扔之矣。

吴莱《阴符经注序》曰："老之言兵者，考诸道术，流乎谶记，洞乎飞伏孤虚，察乎龙虎鸟蛇。"其言韪矣。唐王真以为《道德经》为谈兵而作，似为过言，要亦不为无见，今请举老氏之言兵者著于篇。

以道佐人主者，不以兵强天下，其事好还。师之所处，荆棘生焉。大军之后，必有凶年，善有果而已，不敢以取强。果而勿矜，果而勿伐，果而勿骄，果而不得已，果而勿强。物壮则老，是谓不道，不道早已。(《俭武章》)

夫佳兵者，不祥之器，物或恶之，故有道者不处。君子居则贵左，用兵则贵右。兵者不祥之器，非君子之器，不得已而用之。恬淡为上，胜而不美，而美之者，是乐杀人。夫乐杀人者，则不可以得志于天下矣。吉事尚左，凶事尚右，偏将军居左，上将军居右，言以丧礼处之。杀人之众，以哀悲泣之，战胜，以丧礼处之。(《偃武章》)

善为士者不武，善战者不怒，善胜敌者不与，善用人者为之下，是谓不争之德，是谓用人之力，是谓配天古之极。(《配天章》)

用兵有言，吾不敢为主而为客，不敢进寸而退尺，是谓行无行，攘无臂，扔无敌，执无兵。祸莫大于轻敌，轻敌几丧吾宝。故抗兵相加，哀者胜矣。(《玄用章》)

吾间读兵家之书，莫不隐合此旨。孙子《作战篇》曰："凡用兵之法，驰车千驷，革车千乘，带甲十万，千里馈粮，则内外之费，宾客之用，胶漆之材，车甲之费，日费十万，然后十万之师举矣。其用战也，胜久则钝兵挫锐，攻城则力屈，久暴师则国用不足。夫钝兵挫锐，屈力殚货，则诸侯乘其弊而起，虽有智者不能善其后矣。故兵闻拙速，未睹巧之久也。夫兵久则国利者，未之有也，故不尽知用兵之害者，则不能尽知用兵之利也。"盖即《俭武章》之旨也。又《谋攻篇》曰："凡用兵之法，全国为上，破国次之；全军为上，破军次之；全旅为上，破旅次之；全卒为上，破卒次之；全伍为上，破伍次之。是故百战百胜，非善之善者也；不战而屈人之兵，善之善者也。故上兵伐谋，其次伐交，其次伐兵，下政攻城，攻城之法为不得已。修橹轒辒，具器械三月而后成，距闉，三月而后已。将不胜其忿而蚁附之，杀士三分之一而城不拔者，此攻之灾。"盖即《偃武章》之旨也。《三略》曰：《军谶》曰：柔能制刚，弱能善敌。柔者德也，刚者贼也；弱者人之所助，强者人之所攻；柔有所设，刚有所施；弱有所用，强有所强。兼此四者，而后制其宜。端末未见，人莫能知，天地神明，与物推移。变动无常，因敌变化，不为事先，动而辄随，故能图制无疆，扶成天威，康正八极，密定九夷。如此谋者，为帝王师。故曰："莫不贪强，鲜能守微，若能守微，乃保其圣。"《上略》。盖即《配天》《元用》二章之旨也。知兵家之旨，与老氏之旨无不合，则其所出思过半矣。抑余更有进者，兵家之目有四：其一兵权谋。《汉志》曰："权谋者，以正治国，以奇用兵，先计而后战，兼形势、包阴阳、用技巧者也。"夫五千言之文，诡绐激讦扬测恹滑之术皆备，如《微明章》即所谓攻其无备出其不意之术也。如云"致虚守静，万物并作，吾以观复"，即所谓始如处女后如脱兔之术也。如云"无以生为者，是贵于贤生"，即所谓置之死地而后生之术也。其他权谋不可胜举，就其本于形势者言之，二十章曰"曲则全"，则《孙子·势篇》所谓无穷如天地，不竭如江河，浑浑沌沌，形圆而不可败也。二十八章曰："知其雄，守其雌，为天下溪；知其白，守其黑，为天下式；知其荣，守其辱，为天下谷。"此《孙子·形篇》所谓善守者藏于九地之下，故能自保而全胜也。就其本于阴阳者言之，则《汉志》所谓顺时而发者，随在可指。如曰：天地之间，其犹橐籥乎？虚而不屈，动而愈出，如云尺蠖之屈，以求信也。此二者存消息之机，出盈虚之则，可以证矣。就其本于技巧者言之，则以至柔驰骋天下之至坚，无有入无间，此即柔术所由起。且列子学射，见于《说符》《黄帝》二篇，庄周以剑见赵文王，见于《说剑》之篇。而《蹴鞠》二十五篇，传言黄帝所作，是老聃亦得而传之矣。王应麟《汉书艺文志考证》云：刘向《别录》曰：蹴鞠者，传言黄帝所作，或曰起战国时。记黄帝，蹴鞠，兵势也，所以练武士，知有才也。今军无事，得使蹴鞠。有书二十五篇。史记霍去病穿齐蹴鞠，《正义》徐广云：穿地为营域。按蹴鞠书，有《域说篇》，即今之打球也，黄帝所作。战国时程武士知其材力，若讲武。知老氏之于兵学无不包，则谓兵家者流出于老氏，可谓信而有征矣。

## 数术家第十二

何言乎数术家者流，出于老子？吾闻之《庄子·天下篇》曰："夫明而在数度者，旧法世传之史尚多有之。"老聃则旧法相传之史也，而谓数术者流，不自是出耶？全祖望《读易别录》曰："老子一传而为文子，当世所称计然也。种蠡师之以霸越，其言为壬遁之祖，而阴阳消长之说，既不胜其难通，则必附之于玄妙之窟，以明其言之有验，而使天下之人，神其术而不疑，故阴符之书，入于道家。试观汉唐以来，严君平、葛稚川之流，皆以老庄治图纬者也；管公明、李淳风之徒，皆以图纬治老庄者也；至于康节而尤备，其言庄子得易之体，盖自实践中知之。而所用以推元会者，即六日七分之法，是其集大成者也。"盖数术家之出于老氏，谢山之言得其概矣。余亦试论之：数术之目有六，一曰天文。天则黄帝老子所极言也，《阴符经》曰：观天之道，执天之行尽矣，其言天何如耶？老子言天，约之则有四种义：（A）就其主宰者言之。如曰：天网恢恢，疏而不失。（B）就其运命者言之。如曰：天之所恶，孰知其故。（C）就其理法者言之。如曰：天长，天大，天得一以清，天之道不争而善应等。（D）就其形体言之。如云：天法道，以周行而不殆证之。厥后其徒庄子、列子为宣夜之学，孔子、墨子言天而有验于人，曾子且有天圆之说，盖皆老氏所传也。二曰历谱。黄帝之时，因五星，定五气，起消息，察发敛，以作调历，岁纪甲寅，日纪甲子，又迎日推策，造十六神历，积斜分以置闰，配甲子而设蔀，其学传于颛顼，以斗杓建寅为历元。夫黄帝之所以诲颛顼者，世传之史官备闻之矣，是老氏之传历谱可知已。三曰五行。《孔子家语·五常篇》曰："季康子问于孔子曰：旧闻五帝之名，而不知其实，请问何谓五帝？孔子曰：昔丘也闻诸老聃曰：天有五行，水火金木土。分时代育，以成万物，其神谓之五帝。古之王者，易代而改号，取法五行，五行更生，终始相生，亦象其义。故其生为明主者，死而配五行，是以太皞配木，炎帝配火，黄帝配土，少昊配金，颛顼配水云云。"是知五行之说，孔子且闻诸老聃所出明矣。四曰蓍龟，五曰杂占，皆以定天下吉凶，成天下之亹亹者。老氏所谓前识者，道之华，而愚之始，尽之矣。《列子·说符》曰："圣人见出以知入，观往以知来，此其所以先知之理也。"《尉缭子·天官篇》引黄帝曰："先神先鬼，先稽我智。"盖先物行先理动者，此在阅历久深之人，每优为之。老氏则宋儒所称看得天下道理烂熟之人，则其托诸蓍龟杂占之术，以骇天下，想亦当然。故《道德指归论》说目有曰："重符列验，以见端绪。"是其以此为教可知矣。六曰形法。《孔子家语·执辔篇》曰："子夏问于孔子曰：商闻之，易之生人及百物，鸟兽昆虫，各有奇偶，气分不同，而凡人莫知其情，唯达德者能原其本焉。天一，地二，人三，三三如九，九九八十一，一生日，日数十，故人十月而生；八九七十二，偶以从奇，奇从主辰，辰为月，月主焉，故马十二月而生；七九六十三，三主斗，斗主狗，故狗三月而生；六九五十四，四主时，时主豕，故豕四月而生；四九三十六，六为律，律主鹿，故鹿①六月而生；三九二十七，七主星，星主虎，故虎七月而生；二九一十八，八主风，风主虫，故虫八月而生，其余各从其类。鸟鱼生阴而属阳，故皆卵而生。鱼游于水，鸟游于云，故立冬则燕雀入海化为蛤，蚕食而不饮，蝉饮而卵生，蜉不饮不食。万物之所以不同，介鳞夏食而冬蛰，龁吞者八窍而卵生，龃嚼者九窍而胎生，四足者无羽翼，戴角者无上齿，无角无前齿者膏，无角无后齿者脂，昼生者类父，夜生者似母，是以至阴者主牝，至阳主牡，敢问其然乎？孔子曰：然吾问老聃亦如汝之言。"是知形法之传自老氏明矣。夫数术六家，皆出于老，故后之言数术者，皆其绪余，石林谓老子道生一，一生二，二生三，三之为九，故九而九之，为八十一，太玄以一元为三方，自是为九，而积之为八十一首，是其同。夫岂仅太玄，《周髀算经》曰："数之法出于圆方，圆出于方，方出于矩，矩出于九九八十一。"今老子之书，则所为九九之术，盖以算数事物顺性命之理，为数术家之祖者也。

## 医家第十三

何言乎医家者流，出于老子？刘申叔《古学出于官守论》曰："今观《老子》一书，多养生之妙论，以抱一专气为宗，以塞兑闭门为要，以长生久视自期。七章言天长地久，三十二章言死而不亡，四十四章可以长久，七十二章言无厌其所生。推之玄牝谷神之喻，虚心实腹之箴，谓冲气斯能致和，摄生斯能自爱，凡兹遗说，咸为有裨于卫生。若夫《庄子》之书，以全形抱生为指归，如《养生主篇》言缘督以为经，养身全

---

① "六月"上原脱"故鹿"二字，据《孔子家语》通行本补。——编者

生,《人间世篇》言不材终其天年,又言枝离,其形足以养生,《骈拇篇》言名适其适,《马蹄篇》言素朴得性,《在宥篇》言安性命言爱身,《天地篇》言形全神全,《刻意篇》言养神之意,又言存身之道,《达生篇》言养形存身,又言天全神全,《庚桑楚篇》言卫生抱一,《让王篇》言导生又言完生养生,《盗跖篇》言长生安体乐意是也。以损性残生为大戒,《骈拇篇》又《在宥篇》喜怒毗阴阳撄心愁五脏,《天地篇》言害生失性,《刻意篇》言形劳神竭。以平气顺心为养体,《桑庚楚篇》。以约新吐故为乐生,《刻意篇》。斯皆医学之精言,如《则阳篇》言卤莽致疾,《外物篇》言补疾休老止遽,《让王篇》言致幽忧之疾是也。非复寓言之谲诡。又《庄子·逍遥游篇》言彭祖,又言藐姑神人,《大宗师》言真人,言冯夷西王母,《马蹄篇》言广成子教黄帝,又《天地篇》言千岁上仙白云帝卿,皆长生之论也。《列子》亦然。如《天瑞篇》引《黄帝书·黄帝篇》以养生喻治国,又言至人纯气,而《阳间篇》后举扁鹊之治疾,《力命篇》言季梁之谒医,则《列子》亦兼言医学矣。又《杨朱篇》言养生恣意,言不死久生,言有我为贵,则亦以养生为主矣。而《淮南子》如《原道训》《俶真训》多言养生,而《览冥训》《说山训》《人间训》则多言治疾之方及药物之作用。而《抱朴子》如《对俗篇》言药物,《至理篇》言医术,又有《金丹》《仙药》诸篇。之书,亦言医药之妙用。试推其故,则以黄帝发明医学,后世言方技之学者,又莫不始于黄帝。而黄帝之书列于道家,故凡道家之言养生者,必以医为嚆矢,即韩伸所谓必欲长生,且先治病也。推之河上公注《道德经》,备言治身之要,《经典释文》。班孟坚叙神仙学,亦与医经并言。柱下之史,职主方书,黄庭诸经,兼治疾疫,非道家兼出于医家之证哉!"申叔之说辨矣。抑吾尝论疾何自起,起于五行之有生克,此曾读《八十一难经》《素问》者,类能言之,而五行者,则圣人固以是执天之行也。我之伪心,流转造化,莫亿万岁,无有穷极,其始为圣人刍狗百姓,卒之化而为天地之刍狗万物,莫大之寇,遂无所逃于天地之间。然而用五行者,克人而非自克,已知之矣,则其来者皆摄之以一息，是故深根固柢以守其国者，即亦宅神遗照而求长生久视之道。其后有不克自摄，则旁助于方药，而医道兴焉。盖医亦君人南面之术，此黄老所以兼之也。医包道中，非道之出乎医，吾观于孔子主痈疽，赵岐以为痈疽之医，知老子则固尝以是诏其徒。吾谓医家者流出于老氏，讵不信哉！

## 房中家第十四

何言乎房中家者流，出于老氏？《汉志》："房中者，情性之极，至道之际，是以圣王制外乐以禁内情，而为之节文。"传曰："先王之所以作乐，所以节百事也；乐而有节，则和平寿考，及迷者弗顾，而陨性命。"是知房中之术，古之道术有在于此，而男女所由分，岂自然著哉！谓之制，谓之作，可知已。俞正燮《积精篇》曰："《列仙传》言容成公黄帝师，善补导之事。"《列子·天瑞篇》云："黄帝书曰：谷神不死，是谓玄牝，玄牝之门，是谓天地之根，绵绵若存，用之不勤。"《封氏见闻记》、李石《续博物志》皆以老氏谷神书见黄帝书，唐僧元嶷《甄正论》老聃演黄帝书，重应其文为道德二经，上下二卷是也。《列仙传》亦云："容成之道，取经玄牝，其要谷神不死。"《辨正论·十喻篇》引《三教论》曰："五千文者，容成所说，老为尹谈。"盖渊源如此。谓之玄牝者，《白虎通·五行篇》云："玄冥者，入冥也。"则玄为入。《唐律疏义释文》云：物有穴可受入者为牝，则玄牝古语可知。又《辨正论·内九箴》，引汉安帝元年壬午道士张陵《分别黄书》云：和合之道，其诀在于丹田，丹田者玉门也。其注五千文云：道可道云者，朝食美也；非常道者，莫成溺也。两道同出而异名，谓人根生溺，溺生精也；玄之又玄者，臭与口也。又曰：老聃之学，皆本黄帝之术推应之，《道德经》云"甚爱必大费"，注云：

甚爱色，废精神，唯不爱而与之接，故能不施。《列仙传》云：老子好养精气，贵接而不施，采补之事得其半矣。《庄子·知北游篇》老子谓孔子曰：精神生于道，形本生于精，而万物以形相生，邀于此者，四支强，思虑恂达，耳目聪明，其用心不劳，而应物无方。此篇就养精气言，绝不言玄牝法。其言玄牝者，《辨正论》引《内侍律》老子云："使我专心养玉茎，三五七九还险精。"又云："我行三五住七九，呼噏大元生门口。"盖房中之术，孰谓非老氏所极说乎？吾更闻之，《增一阿舍经》云：天地更始，人渐相看，欲成多者，变为女子，遂成淫欲，久乃覆藏形体，不使人习见，吾意相看，何至变哉！本无男女，而强梁者出技巧于作强之官，形凝塞矣，则施者为男，受者为女，男女之道成，即君臣所由起，老子盖知之矣。故曰：人多技巧，奇物滋起。知乎君人南面之术，本自刻薄一念而来，则房中家之出于老氏何疑焉。

## 神仙家第十五

何言乎神仙家者流，出于老氏？夫索隐行怪，老氏之不述，安有孔氏吾不闻之言哉！古者神道设教，以为文也，而百姓以为神。故道家以鬼成业，而其言则曰："以道莅天下，其鬼不神。"曰："士无札伤，人无夭恶，物无疵厉，则鬼无灵响。"知鬼之情状如此，则何怵惕于胸中，不怵惕且自我作鬼，以开物成务矣。《列子·周穆王篇》曰："老成子学幻于尹文先生，三年不告。老成子请其过而求退[①]，尹文先生损而进之于室，屏左右与之言曰：昔老聃之徂西也，顾而告予曰：有生之气，有形之状，尽幻也。造化之所始，阴阳之所变者，谓

---

① "而求退"，底本作"其求"，误，据《列子》通行本改。——编者

之生，谓之死；穷数达变，因物移易者，谓之化，谓之幻。造物者其功妙，其功深，固难穷难终；因形者其功显，其功浅，故随起随灭，知幻化之不异于死生也，始可与学幻矣。吾与汝亦幻也，奚须学哉！老成子归用尹文先生之言深思三月，遂能存亡自在，幡校四时，冬起雷，夏起冰，飞者走，走者飞，终身不著其术，故世莫传焉。"由是观之，老氏固善为幻化者也。而神仙家所言，有飞升变化之术，黄庭古洞之法，太上天真金母之号，延康赤明龙汉开皇之纪，春王太一紫微北极之议，下至于丹药奇技符箓小数，要其作伪之法，亦岂有外于幻化之术者哉！抑吾又闻之，《神仙传》曰："夫人受命，自有神通远见者，禀气与常人不同，应为道主，故能为天神所济，众仙所从。是以所出度世之法，九丹八石，金澧金液，次存玄素守一，思神历藏，行气炼形，消灾辟恶，治鬼养性，绝谷变化，厌胜教戒，役使鬼魅之法。凡九百三十卷，符书七十卷，皆老子本起中篇所纪者也，自有目录，其不在此数者尚多。"盖老氏欲图天下，必务为诞欺怪迂之说，以愚天下之耳目，使信其神精与天地通，此神权政治所由起，即君人而托荫于神仙之由也。吾证之以《史记·封禅书》索隐曰："乐彦引《老子·道德经》云：月中仙人宋无忌。"则神仙家之托始于老，亦老氏之不废神仙之说。今者道藏之三百一十一秩，都无异辞，而犹谓神仙家者流，不自是出耶？

## 道家诸子第十六

今言道家，其出于老氏更明矣。《汉书·艺文志》曰："道家者流，盖出于史官，历记成败存亡祸福古今之道，然后知秉要执本，清虚以自守，卑弱以自持，此君人南面之术也"云云。所谓史官者，即柱下史之谓，此其证一也。自来言道家者，皆以黄老并称，则道家实出于老氏而远黄帝，此其证二也。欧阳修《崇文总目》道家叙释曰："道家者流，本清虚，去健羡，泊然自守，故曰：我无为而民自化，我好静而民自正。"称引老氏之言以释，此欧阳修以老氏为道家之所自出，其证三也。虽然，老氏之徒，颇有变本而骛于其极者，其旨或不尽与老氏同，世不能察，遂忘其祖矣。今欲尽吾言，请略举诸子之说，分别论之。

## （一）管子

何言乎管子之学，出于老氏？夫天概人概，泄溪谷之倪；毋代毋先，涵因应之旨。至于老吃婴儿，语反意协，其说之与老氏约证者何如？张榜求而不得，而曰神理所至而已，不知管子之学，其师承不可知，而有师承可断言焉。则取其近者，知出自老氏无疑也。何以言之？老子百有六十余岁，或言二百岁，孔子适周问礼时，已以老称。不久寿，不名老子也。晁公武《郡斋读书志》云，老子以周平王四十二年授关尹喜。如晁氏言，则在管子前已数十年，又安见其不为之师？张榜《管子纂》乃云：百余岁后有老氏徒见其不读书耳，又况管子所称，皆久有所取，圣人之绪论遗教，存于柱下，必有授之者，无可疑也。何以知其授之之人为老聃，吾则取证于其学说。何所取证？则陈澧宸之《诸子哲学》其言曰：《形势篇》之辞曰："上无事则民自试，抱蜀不言而庙堂既修，鸿鹄锵锵，唯民歌之。"又曰："飞蓬之问，不在所宾；燕雀之集，道行不顾。牺牲圭璧，不足以飨鬼神。主功有素，宝币奚为？"此重为轻根，静为躁君之旨也。《版法篇》之辞曰："凡将立事，正彼天植，风雨无违。远近高下，各得其嗣。三经既饬，君乃有国。喜无以赏，怒无以杀。喜以赏，怒以杀，怨乃起，令乃废，令不行，民心乃外。外之有徒，祸乃始牙。众之所忿，置不能图。"此道法自然之旨也。《宙合篇》之辞曰："毋犯其凶，毋迩其求，而远其忧。高为其居，危颠莫之救。"此去甚、去奢、去泰之旨也。《枢言篇》之辞曰："先王不约束，不结纽，约束则解，结纽则绝，故亲不在约束结纽。"此善闭无关键而不可开，善结无绳约而不可解之旨也。又曰："圣人用其心，沌沌乎博而圜，豚豚莫得其门，纷纷乎若乱丝，遗遗兮若有从治。"此歙歙为天下浑其心之旨也。《霸言篇》之辞曰："夫权者神圣之所资也，独明者天下之利器也，独断者微妙之营垒也。圣人畏微而愚人恶明，圣人之憎恶也内，愚人之憎恶也外。圣人将动必知，愚人见危易辞。"此不出户知天下，不窥牖见天道之旨也。见《诸子哲学》。若夫《白心》《内业》《心术》诸篇，尤本末较然，不啻老氏之间诂，孰谓管子之学，不自老氏来耶？

## （二）关尹子

何言乎关尹子之学，出于老氏？葛洪序曰："关令尹喜，周大夫也，老子西游，喜望见有紫气，因知圣人当过，候物色而迹之，果得老子。老子亦知其奇，为著书，喜既得老子书，亦自著书九篇，名《关尹子》。"抱一子《文始真经言外经旨序》曰："夫道本无名，老子曰：有物混成，先天地生，吾不知其名，强名曰道。既曰无名，而不知其名矣，则不可以言言也。如是则圣人于当，惟当不立言，不立文。虽然，圣人欲晓天下后世，苟不强立其名以述其实，则所谓道者，绝学而无传矣。关令尹喜望云气以候老子出关，邀而留之，师其道而请立言以惠天下后世，则圣人慈愍后学之心至矣。及乎得老子之道，传五千言之后，乃述是书以晓天下后世，而露五千言之所未述之旨。"文曰："关尹圣人生周末之世，与孔子同时，二人皆亲见老子，故其言间有一二与孔子同者，如朝闻道夕死可矣之类，岂所闻所见亦有同得者乎？今观是书，篇首之言，似发明五千言之旨，而为《道德经》作传也。学者当与《道德经》参观之，庶几心释神悟于是书矣。"

虽然，如二序言，关尹子之出于老氏无异辞矣。而所自出之由，吾不可以不说。老子体道，曰希，曰夷，曰微，曰深，曰远，曰玄之又玄，众妙之门。盖莫得吾形，则无以曲直我；莫得吾响，则无以清浊我。无以曲直则吾之功不可得而败；无以清浊则吾之名不可得而度，此所谓安汝止惟几惟康，知我者希，则我斯贵，原道之无为无见退藏于密者，亦不以智治国耳。关尹之学，即本此义以成。如《一宇篇》曰："非有道不可言，不可言即道；非有道不可思，不可思即道。天物怒流，人事错然，若若乎回也，戛戛乎斗也，勿勿乎似而非也。而争之，而介之，而咒之，而喷之，而去之，而要之。言之如吠影，思之如镂尘，圣智造迷，鬼神不识。唯不可为，不可致，不可测，不可分，故曰天，曰命，曰神，曰玄，合曰道。"又曰："不知道妄意卜者，如射覆盂，高之者曰：存金存玉；中之者曰：存角存羽；卑之者曰：存瓦存石。是乎？非是乎？唯置物者知之。"又曰："吾道如处暗，夫处明者不见暗中一物，而处暗者能见明中区事。"《九药篇》曰："威凤以难见为神，是以圣人以深为根；走麝以遗香不捕，是以圣人以约为纪。"又曰："圣人言蒙蒙，所以使人聋；圣人言冥冥，所以使人盲；圣人言沉沉，所以使人暗。唯聋则不闻声，唯盲则不见色，唯暗则不音言。不闻声者不闻道，不闻事，不闻我；不见色者，不见道，不见事，不见我；不音言者，不言道，不言事，不言我。"呜呼，关尹真其有闻者也！《庄子·天下篇》称之曰："以本为精，以物为粗，以有积为不足，澹然独与神明居，古之道术有在于是者，关尹、老聃闻其风而悦之。建之以常无有，主之以太一，以濡弱谦下为表，以空虚不毁万物为实。关尹曰：在己无居，形物自著。其动若水，其静若镜，其应若响，芴乎若亡，寂乎若清。同焉者和，得焉者失。未尝先人，而常随人。老聃曰：知其雄，守其雌，为天下溪；知其白，守其辱，为天下谷。人皆取先，我独取后，曰：受天下之垢。

人皆取实，己独取虚，无藏也故有余，岿然而有余。其行事也，徐而不费，无为也而巧笑。人皆求福，己独曲全，曰苟免于咎。以深为根，以约为纪，曰坚则毁矣，锐则挫矣。常宽容于物，不削于人，可谓至极。关尹、老聃乎！古之博大真人哉！"此文以关尹与老聃相约证，其所出益可见矣。

## （三）亢仓子

何言乎亢仓子之学，出于老氏？《列子·仲尼篇》曰："老聃之弟子有亢仓子者，张注：音庚桑名楚。得聃之道。"《庄子·庚桑楚篇》曰："老聃之役者，偏得老聃之道，以北居畏垒之山。"今案本书《政道篇》，其对鬷啜曰："吾闻至人尸居环堵之室，而百姓猖狂，不知其所往。今以习俗父子，窃窃然将俎豆予，我其杓之人邪？吾是以不释于老聃之言。"又其对荣之樗曰："全汝形，抱汝生，无使汝思虑营营。若此绪年，或可以及此言。虽然，吾才小不足以化子，胡不南谒吾师聃？"则亢仓子之学出于老聃可知已。抑畏垒之民，相与言曰："庚桑子之始来，吾洒然异之。"则其为老聃谋天下，自涉于诡秘，所谓以能耳视而目听，则又将以此惊天下乎？

## （四）文子

何言乎文子之学，出于老氏？李暹注《文子》，其传曰："文子姓辛名妍，文子其字也。葵丘濮上人，号计然，范蠡师事之，本授业于老子。"是文子之学出于老氏已明。十二篇为《道德经》作传者且无论，则就《范子计然》三卷以观其言。马国翰序谓："熟悉物情，而善观事变，其真不可掩。"不知其真之出自老氏，尤不可掩也。如《文选》注引曰："度如环，无有端，周回如循环，未始有极。"则老氏抱一守中之旨。《意林》引曰："圣人之变，如水随形，形平则平，形险则险。"则老氏无常心之旨。《齐民要术》卷三引曰："尧舜皆有预见之明，虽有凶年而民不穷"，则老氏事前识之旨。白居易《六帖》引曰："争者事之末。"则老氏不争之旨。《太平御览》卷一百八十八所引，"直木先伐，甘井先竭"，文并见于《庄子·山木篇》。又卷九百二十四，且曰："计然博学无所不通，为人有内无外，形状似不及人，少而明，学阴阳，见微而知著。其行浩浩，其志泛泛。"是其立身行事，莫不欲仿佛聃史，若《吴越春秋》之阴谋，亦仅其遗教之一端耳。

## （五）杨子

何言乎杨子之学，出于老氏？《列子·黄帝篇》曰："杨朱南之沛，老聃西游于秦，邀于郊，至梁而遇老子。老子中道仰天而叹曰：'始以汝为可教，今不可教也。'杨朱不答。至舍，进涫，漱巾栉，脱履户外，膝行而前曰：'向者夫子仰天而叹曰，始以汝为可教，今不可教也。弟子欲请夫子辞，行不闲，是以不敢。今夫子闲矣，请问其过。'老子曰：'而睢睢，而盱盱，而谁与居。大白若辱，盛德若不足。'杨朱蹴然变容曰：'敬闻命矣。'"是杨朱之学于老氏，此其证矣。杨朱见梁王，言治天下如运诸掌，馥骙乎君人南面之术哉！其言曰："既生则废而任之，究其所欲以俟于死；将死则废而任之，究其所之以至于治。"此盖老氏是谓早服，早服是谓重积德，重积德则无不克之旨也。《文子·道德篇》："老子曰：夫行道者，使人虽勇，刺之不中；虽巧，击之不中。夫刺之不于中则之不欲而犹辱也，未若使人虽勇不敢刺，虽巧不敢击。夫不敢者，非无其意也，未若使人无其意。"杨朱之说，是使天下无其志，直而推之，曲而任之，天下皆熙熙然如登蠢台，则余一人独往独来，孰能碍之。古之所谓牧民之道，岂有外哉！夫去健羡，泊然自守，此知而忘情，能而不为，真知真能也,彼哉!彼哉!居不知所为,行不知所之,含哺而熙,鼓腹而游,自以为知命,不为刑所及。呜呼聚块哉!积尘哉!此塞而无为也!民无为而君有以为,彼人人自以为损一毫利天下不与也,孰知人人不利天下,则人弃我取,此所谓以无事取天下,及其有事,不足以取天下也。盖杨朱之学,得老氏愚人之心之旨矣。

## (六)列子

何言乎列子之学,出于老氏?刘向曰:"列子者,郑人也,与郑缪公同时,盖有道者也,其学本于黄帝、老子,号曰道家。道家者秉要执本,清虚无为,及其治身接物,务崇不竞。而《穆王》《汤问》二篇,迂诞非君子之言也。至于《力命》一推分命,《杨子》之篇唯贵放逸,二义乖背,不似一家之书。"盖向信列子之学出于老氏,然犹有疑于其书。今案迂诞固道家之谓道,且以此开物成务也。《周易·李氏集解》引伏曼容曰:"蛊,惑也,万事从惑而起,故以蛊为事。"《尚书大传》曰:"乃命五史,以画五帝之蛊事。"是蛊之谓事,君人南面之谓事也。老子云:善复为妖,而《易·文言》曰:元者,善之长也,是妖之谓元,君人南面之谓元也。知此者,则何至于《穆王》《汤问》而疑之。抑《汤问篇》曰:"殷汤问于夏革曰:古初有物乎?夏革曰:古初无物,今恶得物?后之人将谓今之无物可乎?殷汤曰:然则物无先后乎?夏革曰:物之终始,初无极已,始或为终,终或为始,恶知其纪?然自物之外,自事之先,朕所不知也。殷汤曰:然则上下八方有极尽乎?革曰:不知也。汤固问革曰:无则无极,有则有尽,朕何以知之?然无极之外,复无无极,无尽之中,复无无尽,无极是无无积,无尽复无无尽,朕以是知其无极无尽也,而不知其有极有尽也。"此其说以无极道天,以有极正人,其言为吊诡,而实欲执古之道,以御今之有,特刘向求而不得耳！至于《力命》《杨朱》二篇，其义相反而相成。所以相成者，同出于愚民之道，老氏所谓"早服"之旨也。《老子翼》附录云："列御寇居郑圃，四十年人无识者，周安王四年著书八篇，明老子之道。"知言哉！孰谓《列子》八篇，非以明老子之道哉？

## （七）庄子

何言乎庄子之学，出于老氏？《汉书》称严君平依老子严周之书，著书数十万言，则并称老庄，自汉有之。曹植《七启》有曰"抑老庄之遗风"，谓之遗风，则并称老庄所由来久矣，何待西晋哉？曲知之士，以始于西晋为不近古，遂以为庄子之学与老有殊，何不学之甚也。抑《天下篇》曰："关尹、老聃乎！博大真人哉！庄周闻其风而悦之，以谬悠之说，荒唐之言，无端崖之辞，时恣纵而不傥，不以觭见之也。"则庄子自道其所自出甚明，何以讳哉！余意庄子之学，其得老氏愚人之旨，与杨朱有其同。蔡子民《中国伦理学史》云：孟子之所谓杨朱，实即庄周。古者庄与杨，周与朱相近。余案《庄子》书中如箝杨墨之口，儒墨杨秉，是庄周非杨朱明矣。《法言》且以庄杨并，是蔡氏之说未能谓当。证而知庄周之学无与异于杨朱，亦卓识也。故曰："万万云云，各复其根，各复其根而不知；浑浑沌沌，终身不离，若彼知之，乃是离之。"《在宥篇》。《马蹄篇》以物民有常性，织而衣，耕而食。《胠箧篇》以为焚符破玺而民朴鄙，朴则易用，其所以愚民者至矣。吾又观于庄生之喻道也，郭象得其意曰："夫自然之理，有积习而成者，盖阶近以至远，研粗以至精，故乃七重而后无之名，九重而后疑无是始也。"《大宗师篇》注。又曰："夫物事之近，或知其故，然寻其原，以至乎极，则无故而自尔也。自尔则无所稍问其故也，但当顺之。"《天运篇》注。盖庄子之旨，归之自然，如云父子不可解于心，君臣无所逃于天地之间。又云：庖人虽不治庖，尸祝不越樽俎而代之。凡此不用适然之数，而行必然之故者，皆为君人张目也。又其言教化也，曰："大圣之治天下也，摇荡民心，使之成教易俗，举灭其财心，而皆进其独志，若性之自为，而民不知所由然。"《天下篇》。呜呼！牵持驾服，牛羊用人哉！然未始不藏其言，以使人无识，故昧者求而不得，有以三十三篇皆皆废绝人治者，是其反一无迹，且足以欺后世以扣撅于无门，吾谓其出于老氏愚民之说，当矣尽矣。

## （八）鹖冠子

何言乎鹖冠子之学，出于老氏？今案《夜行篇》曰："此皆有验，有所以然者，随而不见其后，迎而不见其首，成功遂事，莫知其状。图弗能载，名弗能举，强为之说曰：芴乎芒乎！中有象乎！窅乎冥乎！中有精乎！致信究情，复反无貌。"此其说，非为《道德经》作传乎！盖其出老子明矣。《天权篇》曰："大者不便，重者创深。"陆佃注云："此言贵高之蹶其患大矣。老子曰：奈何万乘之主，而以身轻天下。"又："天之不纲，其咎燥凶。"陆注云："四时之和不成，故其咎凶旱。老子曰：必有凶年，盖言是也。"《世贤篇》曰："名不出于家。"陆注云："名在门内而已，老子曰：太上下知有之，其次亲而誉之。"《备知篇》曰："德之盛者，山无径迹，深无桥梁，不相往来，舟车不通，何者？其民犹赤子也。"陆注云："老子曰：舍德之厚比于赤子，男曰赤子，女曰婴儿。"《泰鸿篇》曰："神圣详理，恶离制命之柄。"陆注云："老子所谓鱼不可脱于渊，利器不可以示人。"又："上圣者，与天地接结，六连而不可解一也。"陆注曰："六连谓六合也，老子曰：善结者，无绳约而不可解。"《夜行篇》曰："远而反故谓之明。"陆注云："老子所谓逝曰远，远曰反。"《王铁篇》曰："易一非一，故不可尊，成鸠得一，故莫不仰制。"陆注云："此所谓侯王得一以为贞者也。"由是观之，鹖冠子之学出于老氏，陆佃盖稔之矣。

然其序曰:"鹖冠子楚人也,居于深山,以鹖为冠,号曰鹖冠子。其道踳驳,著书初本黄老而末流迪于刑名,传曰:申韩厉名实,切事情,其极惨礉少恩,皆原于道德之意,盖学之弊有如此者也。"是陆佃犹致疑于《鹖冠子》之踳驳,不知因阴阳,采儒墨,合名法,道固踳驳也。知道之踳驳,则出乎道德,入乎刑名,如《鹖冠子》者,其出于老氏,可释然矣。

## (九)田子

何言乎田子之学,出于老氏?《史记·孟子列传》:"慎到赵人,田骈、接子齐人,环渊楚人,皆学黄老道德之术,因发明序其指要。"是田子之学出于老氏已明。《尸子·广泽篇》曰:"田子贵均。"《吕氏春秋·不二篇》高诱注曰:"陈骈贵齐,齐生死等古今也。"盖和光同尘之旨,被褐怀玉之喻,所得深矣。《吕氏春秋·执一篇》,又《淮南子·道应训》,引田骈之说齐王曰:"臣之言无政而可以得政,譬之若无林木而可以得材也。变化变求而皆有章,因性任物而无不宜焉。彭祖以寿,三代以昌,五帝以昭,神明以鸿,已虽无除,其患害天地之间,六合之内,可陶冶而变化也,齐国之政何足问哉!"此老聃所谓无状之状、无物之象也。其称引师说所出,益无疑矣。

## (十)子华子

何言乎子华子之学,出于老氏?刘向序曰:"子华子博学,能通坟典丘索及故府传记之书,聚徒著书,自号程子。以道德为指归,经纪以仁义。"夫坟典丘索故府传记之书,藏之柱下,知必有授之者也。今案《孔子赠篇》曰:"有无以相反也,高下以相倾也,盛盈盆息以相薄也,宠洪芦符以相形也。"又《大道篇》曰:"万物玄同,孰是而孰非,孰知其初,孰知其终,吾无得其所以然也,命老曰一。一者众有之宗也，道得之谓之太一，天得之谓之天一，帝得之谓之帝一。帝一也者，立乎环中，扣其响而不得也，味其臭而不得也，浑浑兮若有容，泊兮若未始出其宗，茫茫兮如无所终穷。天一也者，为而不宰，成而不有，机之所由以入焉。太一也者，无不有家，能化一以为二，二而为三，因三以成万物。"盖其言多杂取老氏以合之，出于老氏于此可以见矣。

外此可考者尚多。如子产，《庄子·德充符篇》云："申屠嘉，兀者也，而与郑子产同师于伯昏无人。"又《吕氏春秋·下贤篇》云："子产相郑，往见壶丘子林，与其弟子坐必年，是倚其相与门也。"高诱注云："子产，壶丘子弟子。"夫伯昏无人与壶丘子林，皆老氏之同调也，列子师之，子产亦师之，是子产之学出于老氏也。又如老莱子，《史记·老子列传》云："老莱子亦楚人也，著书十五篇，言道家之用，与孔子同时云。"盖老子百有六十余岁，或言二百岁，以其修道而养寿也。马氏《绎史》曰："以矜知规仲尼，以齿舌喻刚柔，老聃之说也，《史记》附老莱子于《老子列传》之内，将疑为二人乎？抑一人耶？何其言之相同也？"国翰案之曰："《史记》云：老莱子亦楚人，明与老子同国。孙绰《游天台山赋》，蹑二老之元踪，注：二老，老子、老莱子也。二老道同，故以之合传。"是老莱子之学，出于老氏也。又如它嚣、魏牟，《荀子·非十二子篇》曰："纵情性，安恣睢，禽兽行，不足以合文通治，然而其持之有故，言之成理，足以欺惑愚众，它嚣、魏牟也。"案所谓纵情性，安恣睢，禽兽行者，即杨朱之说。又《庄子·秋水篇》魏牟拆坚白之论，理见其大，清辩滔滔，使公孙龙口呿而舌举，其称庄子曰："彼方跐黄泉而登大皇，无南无北，奭然四解，沦于不测，无东无西，始于玄冥，反于大通。若规规焉而求之以察，索之以辩，是直用管窥天，用锥指地也，不亦小乎？"其言绝与老聃合。是它嚣、魏牟之学，出于老氏也。又如陈仲、史䲡，《荀子·非十二子篇》曰："忍情欲、綦溪利跂，苟以分，异人为高，不足以合大众，明大分，然而其持之有故，其言之成理，足以欺惑愚众者，是陈仲、史䲡也。"案老氏之学，最坚忍而阴鸷者也，其言如二十章，"我独异于人"；三十九章，"侯王无以贵高将恐蹶"；四十九章，"为天下浑其心，圣人皆孩之"；七十章，"知我者希，则我者贵"。凡此，皆所谓跂苟以分异人为高之说也。又于陵子，《荀子·不苟篇》杨倞注云：田仲，齐人，处於陵，号於陵仲子。《先人篇》曰："吾未尝先天下事而贪而争也，则胡先乎人？而贪乎？饮乎？争乎？汲乎？岂贪奸乎我，我沈乎争乎？非然者，孰使我乎？孰使我先，孰使我贪乎？以我贞廉人为之耶？我为之也。"我之为耶？天为之也。盖以不争争之，天下莫能与之争，遂以为天道无亲，常与圣人，参之荀子之言，则知被褐怀玉，於陵子以无私成其私者也。是陈仲、史䲡之学出于老氏也。又如晏婴，则子华子之弟子也，见《子华·子晏子》与《晏子·问党》二篇。盖子华馆于晏氏，晏婴从其问焉，案子华子弟子尚有公仲承、北宫意、周舍、留务兹、子玄诸人。刘向谓晏子博闻强记，通于古今事，于子华子则云，学能通坟典及故府传记之书，可知子华子之学传于晏子，即晏子之学，溯其源，为自老聃来也。其他隐士者流，志于遁世无闷，盖亦有得于老氏遗世独善之旨。《史记·老子列传》云："老子，隐君子也。"是足证出自老氏。用是观之，周秦之时，滔滔者天下皆是，若得而一一数之，莫非老氏之支与流，今而曰周秦诸子皆出于此，殆俟之百世而不惑乎？

## 余 论

昔尝读《道藏目录》，心甚惑之，以为墨子、公孙龙子、尹文子,名家也;韩非子,法家也;孙子,兵家也;鬼谷子,纵横家也。今皆录而藏之,不綦背学术之源流乎?今乃知学术之源流固如是也,其分其合,尚有可者。尝闻之《韩非子·显学篇》曰:"世之显学,儒墨也。儒之所至,孔丘也;墨之所至,墨翟也。自孔子之死也,有子张之儒,有子思之儒,有颜氏之儒,有孟氏之儒,有漆雕氏之儒,有仲良氏之儒,有乐正氏之儒;墨氏之死也,有相里氏之墨,有相夫氏之墨,有邓陵氏之墨。故孔子之后,儒分为八,墨离为三,取舍相反不同,而皆自谓真孔墨。"则进而言之,自老氏之学,散而为周秦之子,生一父母,而阋一和,奈何不相反而皆相成哉?唯其相成,故可举其相通焉。

今即《汉书·艺文志》而观之,其相通之例,有可案而寻者。(其一)诸家之学,有相包含之例。如于名家,引必也正名;于纵横家,引诵诗三百,使于四方,不能专对;于农家,引所重民食;于小说家,引虽小道必有可观;于兵家,引为国者足食足兵,所以证儒家之学包含九流也。又于杂家云,兼儒墨,合名法,知国体之有此,见王治之无不贯,所以证杂家之学包含九流也。(其二)诸子之书,有互见于诸家之例。江山渊尝就班书以证之,如道家有《黄帝四经》四篇,《黄帝铭》六篇,《黄帝君臣》十篇,《杂黄帝》五十八篇;阴阳家有《黄帝泰素》二十篇;小说家有《黄帝说》四十篇;兵家阴阳有《黄帝》十六篇,是同一黄帝可以入道家,可以入阴阳家,可以入小说家,亦可以入兵家矣。儒家有《周史六弢》六篇,道家有《太公》二百三十七篇,谋八十一篇,言七十一篇,兵八十五篇,是同为太公,可以入儒家,亦可以入道家矣。道家有《伊尹》五十一篇,小说家有《伊尹说》二十七篇,又道家有《鬻子》二十二篇,小说家有《鬻子说》十九篇,是同为伊尹、鬻子,可以入道家,亦可以入小说家矣。儒家有刘向所序六十七篇,道家有刘向《说老子》四篇,是同为刘向，可以入儒家，亦可以入道家矣。农家有《神农》二十篇，兵阴阳有《神农兵法》一篇，是同为神农，可以入于农家，亦可以入兵家矣。杂家有《伍子胥》八篇，兵技巧有《伍子胥》十篇，又杂家有《尉缭》二十九篇，兵形势有《尉缭》三十一篇，又杂家有《由余》三篇，兵形势别有《繇叙》二篇。考由余，《汉书·古今人表》作繇余，疑繇叙亦即由余。是同为伍子胥、尉缭、由余可以入杂家，亦可以入兵家矣。道家有《力牧》二十一篇，兵阴阳有《力牧》十五篇；又道家有《文子》九篇，兵权谋有《大夫种》二篇。按文子即文种，是同为《力牧》《文种》，可以入道家，亦可以入兵家矣。法家有《商君》二十九篇，兵权谋又有《公孙鞅》二十七篇，是同为商鞅，可以入法家，亦可以入兵家矣。小说家有《师旷》六篇，兵阴谋有《师旷》八篇，是同为师旷，可以入小说家，亦可以入兵家矣。《诸子卮言》第三章。（其三）有师徒异录，以明出入之例。如杂家有《尸子》二十篇，自注云：名佼，鲁人，秦相，商君师之。而于《商君》二十九篇，则列入法家；尉缭为商君学，著书三十一篇，则又列入兵家，此凡所以证诸家之相出入也。案禽滑厘，子夏弟子，而为墨家之学。庄子，田子方弟子，而为道家之学。陈良悦孔子之道，其徒陈相为神农之言。公孙龙，孔子弟子而为名家之学。墨子亦尝受儒者之业，吴起亦尝入子夏之门。观其出入，则其相通明矣。又即司马迁之《史记》观之，亦得二则：（其一）合传以明源流所自出。如《老子·韩非列传》，以申不害、韩非与老子、庄子同传，并系以说曰："老子所谓道，虚无因应，变化于无为，故著书称微妙难识。庄子散道德放论，要亦归之自然。申子卑卑，施之名实。韩子引绳墨，切事情，明是非，其极惨礉少恩，皆原于道德之意，而老子深远矣。"案此云深远，即《老子》六十五章所谓玄德深矣过矣。（其二）附传以明诸子之义本通。如《孟子·荀卿列传》，附以驺忌、驺衍、淳于髡、慎到、环渊、接子、田骈、驺奭、公孙龙、剧子、李悝、尸子、长卢、吁子、墨翟诸子，是周秦诸子之息息相通，古人早有知之矣。吾今更推而证之：（其一）诸子书中常引异派之言以为重。如庄子引孔子、惠子之言，韩非子引郑长者之言。使冰炭之不相容，水火之不同器，必不能通融于其间。（其二）诸子书中之文常互见。如《邓析子·转辞篇》论言之术，与《鬼谷子·权篇》同；如《商子·弱民篇》，"仁者能仁于人而不能使人，仁义者能爱于人而不能使人，是以知仁义之不足以治天下"一节。文与《孔子三朝记》同。又如《鹖冠子》书，常与《孙子》书文同。《墨子·亲士篇》又见于《计倪子》，是诸子书中之文常互见之证也。（其三）诸子之名可并举。如《列子》载惠盎见宋康公曰："孔丘、墨翟无地而为君，无官而为长，天下丈夫女子，莫不延颈举踵而愿安利之。"邹阳上书于梁孝王曰："鲁听季孙之说逐孔子，宋任子冉之计，囚墨翟。以孔墨之辨，不能自见于谗谀。"贾谊《过秦》云："非有仲尼墨翟之和。"徐乐云："非孔曾墨翟之贤。"是皆以孔墨并举，是诸子之名可并举之证也。综前之说，则九流之所由分部，非判若鸿沟，考其授受之渊源，实出于一。知其出于一，则所以出于老氏之由，既不悖矣。

虽然，犹不能无疑于章学诚之《文史通义·诗教》也。其言曰："战国之文，其源皆出于六艺，何谓也？曰：道体无所不该，六艺足以尽之。诸子之为书，其持之有故，而言之成理者，必有得于道体之一端，而后乃能恣肆其说，以成一家之言也。所谓一端者，无非六艺之所该，故推之阴皆得其所本，非谓诸子果能服六艺之教，而出辞必衷于是也。老子说本阴阳，庄列寓言假象，易教也；邹衍侈言天地，关尹推衍五行，书教也；管商法制，义存政典，礼教也；申韩刑名，旨归赏罚，春秋教也。其他杨墨尹文之言，苏张孙武之术，辨其源委，挹其旨趣，九流之所分部，七录之所叙论，皆于物曲人官，得其一致，而不自知为六典之遗也。"案六艺为太史中秘书，老子所传，为诸家所周闻亦宜，借外论之，不复繁言。

（其一）经名由于道家。江山渊说，见《读子卮言》第七章。
（其二）经书传自老氏。章太炎说，见《检论·订孔篇》。

准此，则六艺自老氏而始传，揆之上古学术授受之道，且知其多凭于口耳也。即周秦诸子之学，其出于六艺者，为出于老聃明矣，抑不徒周秦诸子也。自时厥后，何莫非老氏之绪余。汉景帝尊黄帝、老子，始立道学，敕令朝野悉讽诵焉。当汉之世，治黄老之学者，史之所载，不可缕数。司马谈习道论于黄子，杨雄亦从游于严遵、汲黯、郑当时，莫不以老子言吏治。刘申叔且谓汉儒之说，袭老氏有生于无之说，是汉儒之学出于老氏，非无征也。其次魏晋之时，好言老庄者，有何进、董遇、嵇康、钟会、王弼、虞翻、王济、裴楷、王衍、阮籍、阮修、阮放、向秀、谢鲲、庾子嵩、郭象、陆云、刘柳、庾亮、石秀、韩伯、殷浩、李充等，殷仲堪至谓三日不读《道德经》便觉舌本间强，是魏晋之学，出于老氏，非无征也。其次五代，治老子之学者，于宋，则有沈演之、周续之、沈道庆。于南齐，则有张蝍、周颙、祖冲之、顾欢、宗测、杜京产、徐伯珍。于梁，则有张充、刘儒、江絃、伏曼容、贺玚、严植之、沈峻、刘昭、庾诜、庾承先，而《颜氏家训》至云，强梁世，庄老周易，总谓三玄。武皇、简文躬自讲论，周宏正业大猷，化行都邑，学徒千余，实为盛美。元年在江荆间，复所爱惜，召置诸生，亲为教授，废寝忘食，以夜继朝，盖纪实也。于陈，则有马枢、周宏正、徐陵、全绂、陆瑜，而张枢于温文殿讲老子。于北魏，有程骏、刑峦，而道武帝召诸王及朝臣亲为说老子。于北齐，高祖令杜弼上老子《道德经》注，又徐之才造太子詹事汝南周舍宅听老子，时尚亦可知。于北周，有陆腾、卢光，武帝亦御大德殿，集百僚讨论老子是五代之学，出于老氏，非无征也。其次李唐，高祖武亿八年十日，幸终南山，谒老子祠；高宗仪凤三年，诏自今以《道德经》为上经，贡举人皆须兼通。玄宗开元元年，诏中书令张说，举能治老子者；七年，御注《老子道德经》，诏天下藏之；二十年，置崇文学人之习《道德经》举明经例举送；二十一年，制令每年贡举人加老子策；二十三年，御书《道德经》，刊勒于西京及天下诸州，皆立石台；二十九年，崇玄学置生徒，令习《老子》。天宝元年，置元元庙，令崇文习《道德经》。夫上有好焉，下有甚焉，是李唐之学，出自老氏，非无征也。其次赵宋，萧山毛奇龄《辨道学》文曰："北宋陈抟，以华山道士，与种放、李溉辈，张大其学，竟搜道书《无极尊经》及张角《九宫》，倡太极河洛诸教，作《道学纲宗》，而周敦颐、邵雍、程颢兄弟师之。至南宋朱熹，直丐史官洪迈为陈抟作一名臣大传。而周程诸子，则又倡道学总传于宋史。凡南宋诸儒，皆以得附希夷道学为幸，如朱氏《寄陆子静书》云：'熹衰病益深，幸叨祠禄，遂为希夷直下孙，良以自庆。'又《答吕子约书》云：'熹再叨祠，道为希夷法眷，冒荣之多，不胜惭惧。'是道学本道家学，西汉始之，历代因之，至华山而张大之，而宋人则又死心塌地以依归之。"《西河合集》卷一百。是宋学出于老氏，非无征也，自宋而下，至于乾嘉，考据之学兴，于是周秦诸子，摭拾不讳，诸儒常通老子之言以治经说。夫至则挽今，而老子之学，又随时变化矣。如严复评点《老子》有所谓安自繇，平平等，太合群之说，且曰：黄老之道，民之国之所用，故能长而不宰，无为而无不为，此以老子托民主共和之说也。又如沈尹默之《学术文录叙目》，其意以为老子排斥礼乐，废弃仁义，阮籍、鲍警、陶潜诸人继起，而发挥其旨，倡无君之说，此以《老子》托社会主义无政主义之说也。已矣乎！谓今日之学，为自老氏来可也。夫使上下数千年，皆老氏之绪余，而老氏为谋攘权来，则九流十家，皆为乱具。凡诸学说，等之迷药，亦既轩溪呈露，有以处之矣。夫今世之惑者，为不知学术之暗慕；其不知学术之暗慕者，为不能溯学术之渊源。吾亦欲以此儆悟天下，使知学术所起，为与机心俱也。

## 附录：太极图辨诬及太极新图说（节选）[*]

### （一）太极图辩诬　原名《太极新图说楔子》

《新潮》第一卷第四号，康君作的《太极图与Phallicism》说，"太极图"是一种Phallic emblem，而"太极图"崇拜，就是我国古代的Phallic worship；并且对那些研究"太极图"的下了切实教训，劝他不必寻那想从糟粕里嚼出油来的生涯。像某君这样勇于疑古，我无论如何，总是爱他敬他，为什么爱他敬他呢？因他有怀疑的精神。至于那篇所说的话，我却不敢赞同，因他有很多的错误。

第一，是把到道士派的"太极图"观，来批评"太极图"。甚么《参同契》《指玄篇》《龙虎篇》《吕纯阳全集》……一类的书，和"太极图"风马牛不相及的，也说是有密切的关系。敢问周濂溪的《太极图说》，哪一句说出"修炼""符箓"的话来？看来没有，没有就不该把那极幼稚，极无价值，极与他不相干的话，来图赖他。

第二，是误解了"太极图"。我们研究"太极图"的，当然根据于周子的《太极图说》，甚么"五行"附会"五脏""太极"附会"丹田"的话，真是闻所未闻。《洪范》初一曰"五行"，是指"水火木金土"而

---

[*] 本部分原载于《新中国》1919年第1卷第3期，本次整理以此为底本。发表本文时，署名为"闽侯朱谦之"。本文后半部分《太极新图说》，后收入《古学卮言》一书（上海泰东图书局1922年11月再版）。兹仅录《太极图辨诬》一节，《太极新图说》一节从略。——编者

言,《太极图说》也明明说"阳变阴合,而生水火木金土",恐怕"五行"附会"五脏"是伪造罢!若论"太极",本来只是一个"理"字。"一"字、"中"字,也还讲得过,说到甚么"丹田",开口就不妥了。

诸君听着!一部《周易》到了魏伯阳手中,弄成了参同契;一部《道德经》,到了张道陵,就是一大篇的玄牝法。现在有人把"太极图"看作 Phallic emblem,见智见仁,各如其分,我尚有甚么话可讲,Kant 说得好:"病黄瘟的人,触目所见都成黄色。"今将《汉书·艺文志》所载的房中家,唤起来问他,安知他不将共和政体,说是 Sympathetic magic 呢!

我是没研究过国学的,自然不能分别出甚么粹不粹,但据我的意见,前人已发的学说,安知不是将来新学说的策源吗?我们所不会读的书,安知不就是最好最妙的道理吗? Huxley《天演论》,讲到学派时候,有一段很忠实的话说道:"昔者额拉潭思著论,精旨微言,号为难读;晚近学者,乃取其残缺熟考而精思之,乃悟今兹所言,虽益精益密,然大体所存,固已为古人所先获。"(严译《本论》第十一)这样看来,"太极图"虽然难懂,我偏要把他考察一下才好;他虽然神秘,却不因他的神秘而神秘之。何况"太极图"自周濂溪以至于刘少少,研究者原是很多,所发明的哲理,却也不少。就是糟粕,也要废物利用,何况"太极图"并不是糟粕,把他附会 Phallicism 的,那才是糟粕哩!

现在所亟当辨明的,不外二事:(1)"太极图"不是一种 Phallic emblem,(2)"太极图"有很好的哲理,不可不极力研究。(1)是消极的论证,(2)是积极的论证。要是我说的是,那某君的《太极图与 Phallicism》的著作非了。

(甲)"太极图"不是一种 Phallic emblem

什么是 Phallicism 呢?简直说来,实际学派的人本主义 Humanism,

都可归纳于 Phallicism 之内的。因为 Phallicism 的起因，即由于求生的观念；因求生的缘故，所以把能生的东西，加以崇拜，所以佛说的一切众生，就是罪恶，所以我说活在世上的人，不快快的死去，这就是 Phallicism 了。晓得此义，谁不是 Phallicism，谁能够说谁是 Phallicism 呢！

即因人人免不了于此，所以人人有了 Phallicism 的意象，受了外界一触动，就不知不觉间，以为外面的东西，这是又 Phallic emblem，那又是 Sympathetic magic。——这是心理学所可解释的——所以古代的先民，把出虹的事，当作日雨交感的征象，一时春机发动，就未免以人法天。就是某君说"太极图"是一种 Phallic emblem，也无非一时的感想，若论这等感想，误谬不待言——误认感觉之错误，作外界之事实，在论理学上叫做观察之谬误，甚么偶然性的误谬，论证不当的误谬，虚伪原因的误谬，此皆兼而有之——不特《河图稽耀钩》说的"填星散为……虹蜺主内淫"是误谬的，就是说"太极图"是 Phallic emblem，而"太极图"崇拜是 Phallic worship 的话，恐怕也是同件的不逻辑。

唉！"太极图"是何等一件东西，从来不曾与 Phallic emblem 相提并论的，现在却发生了"太极图"是不是一种 Phallic emblem 的问题，真是可笑已极。但是有人因自己的无明不觉心动，作一篇的大文章，来证明这个，我也忍不住不开口了！他说：

> 我们就"太极图"的画意儿，自身上的观察，不外两解：
> （1）雌雄兼体——天地未分时混沌之象；
> （2）二气交感——无极之真，二五之精，妙合"未"凝之象。
> 就前义说，Phallicism 的表征之中，本有 Androgynous 的一种；就后义说，正足以表示他的 Sympathetic magic 的心象——

总之不出 Phallic worship 的神秘意义，所以我确断"太极图"是一种 Phallic emblem，而"太极图"崇拜，就是我国古代的 Phallicism。

案所谓（1）雌雄兼体，本来没甚奇怪，我们不是有一对手吗？把左边的手与右边的手叉起来，这就是所许阴阳兼体，何曾是一件大惊小怪的事。汝说他是 Phallicism 中的 Androgynous，那是出于汝惊异的本能罢了！明白说罢，"无极而太极"就好像两边手，将乂而未乂的时候，未乂的时候，有乂的可能。就未乂的时候言，叫做"无极"；就乂的时候言，叫做"太极"；乂了又把两边手搬开，那就是"分阴分阳，两仪立焉"的时候了。这样譬喻，很够将"太极图"的精蕴写出，何必悬想到 Phallicism 中的 Androgynous 呢？第（2）更不成问题，二气交感的事情，要都算作 Sympathetic magic，那理化先生们的试验生活，真是难以为情，就如风霜雨露，也何等秽亵？朱子说得好："太极之有动静，是天命之流行也。"今将天命之流行，改作 Sympathetic magic 的想象，那又是出诸说者的惊异本能罢了！由此看来，"太极图"自身上不是 Phallic emblem，推之"太极图"崇拜，也不算得 Phallicism。又况并没有甚么人崇拜"太极图"作宗教的——有研究"太极图"的，没有崇拜"太极图"的——岂不是无的而放矢吗？

### （乙）"太极图"有很好的哲理不可不极力研究

劈口就要问道理学是不是哲学呢？我想列位也不至靦颜答道：理学不是哲学。或是尚怪我不应有此疑问，要是懂得因明的，还要加我以"相符极成"的误谬的罪名。可知理学是哲学，是无可疑的（宋儒的理学、佛氏的义学、西方的哲学，原是异名同实）。更问一句，理学究竟从何起点呢？那自然是由于周濂溪的《太极图说》，《太极

图说》本来根据于"太极图"的,那"太极图"之为哲学,有甚么可疑。但是来了一人,偏敢疑所不当疑,他说:

（1）凡是一种哲理,必须要备具明白的解说,分析的思想,条贯的理论,"太极图"在这三样之中,一无所有,所以根本不能认为哲理;就说他含有哲学在骨子里,他含在骨子里的哲理,至多不过是一种"暧昧的二元论"。Vague dualism"暧昧的二元论",在哲学上,也还是没有位置。

（2）"太极图"基于神秘的观念而作成,与现在的科学思想,根本冲突,所以不能成为研究的问题。

要答应这一席话,我先要自问自道:(A)"太极图"有明白的解说,分析的思想,条贯的理论吗?（B）没有这三种条件,可得认为哲学么?（C）"太极图"是不是"暧昧二元论"?（D）凡基于神秘的观念而作成的,有没有研究的价值?（E）凡与现在的科学根本冲突的,能否成为研究的问题?

自我看来,"太极图"有图可稽,有图可说解,有图说的许多注疏,可资参证,这是他的明白的解说了。图中"太极"的图,异于"阴阳"的图,"阴阳"的图,异于"五行"的图,这是他的分析的思想了。"无极"而"太极","太极"而"阴阳","阴阳"而"五行",这样有条不紊,就是他的条贯的理论了。

第二,如宗教哲学,很多没有这三种条件的,也不能不说他是一种哲学。且普通哲学教科书,分"形而上学""认识论"二部,形而上学就很多没有这三种条件的,难道也不认他做哲理吗?

第三,暧昧的二元论,大意说:灵魂和肉体是截然二物,一人活的时候,就同处共在,相依为用;死的时候,灵魂脱肉体而去,这与

"太极图"有甚么干涉呢？且"太极图"内，"阴阳"上头，还有"太极"。阴阳固然二元，太极难道不是一元？又况周子的《太极图说》明明说"阴阳一太极也"，朱子也说"所以为阴阳者，则又无适而非太极之本然也，夫岂有亏欠间隔哉"，这分明是具体一元论。Concrete monism（具体一元论，虽不说为二元论之变形，然而总是一元论）说他二元，已经不妥，何况更加"暧昧"二字。就阴阳言是具体一元论，就太极言，还是抽象一元论，Abstract monism 偌样好的"太极图"，何至在哲学上没有位置。

第四，凡是基于神秘的观念而作成的，总有它的可以神秘的地方、不可思议的地方。这个地方，有很多的学理，可惜我们不长进，不极力研究去，或是学识不足，不能够把他发表出来。哎！无数有名望的发明家，何一不从神秘的地方，不可思议的地方，昂起首来，所以凡神秘的，越要研究，"太极图"虽然有些神秘，难道就不值得研究吗？

第五，据实际主义（Pragmatism）的原理论，世间的道理，迁流转变，本无一定的，所以现今的科学思想，说不定将来都要废弃——至少准废了一大半——吾们要是虚心学者，一定不迷信科学万能，要是把科学作宗教信仰，愿永远作他们的奴隶，那也何异于 Phallicism 呢？所以凡与现今的科学思想冲突的，越要研究，越不甘休。

说到此，再总括几句，由（第一）（第二）（第三）的推论，所以前面的（1）不成问题了；由第四第五的推论，所以前面的（2）不成问题，归纳起来，所以某君的"太极图非哲理论"说不对了。由此反证起来，"太极图"真是一种哲理，所以我说"太极图"是哲理，"太极图"决实是一种哲理。

有人对我说"太极图"是一种哲理，也说得很中听，但汝有什么凭据，敢说"太极图"的哲理是很好的哲理呢？又从甚么地方，看出

"太极图"有很好的哲理，而且不可不极力研究呢？善哉问！我率性尽量说出，我自半年以来，对于"太极图"很有研究，我渐渐觉得周子的《太极图说》也是乱七八糟的，而且甚么"阴阳""五行"，都说得玄之又玄，真令人"临图涕泣，不知所云"了。以后我立定主意，把邵康节心为太极的话，细心推勘，更参考了西洋哲学和印度哲学，始觉"太极图"是很有意思的。因此于二月二十日，作了一篇论文，命名《太极新图说》，内中说"太极图"的哲理，有怎么样好呢？屈指以计，可得数端：

（1）"太极图"是一贯的哲学，空前绝后，得未曾有；

（2）"太极图"是学说修罗场中的结晶名；

（3）"太极图"兼入世出世两方面的学问；

（4）"太极图"中的哲理，很多是从前学者所未曾看破的；

（5）"太极图"是可解而非不可解，抑且人人所共解。

写下五条，不觉呵呵大笑！笑甚么？笑何物书生，大言不惭如此。虽然，吾难道凭空捏造？这样大吹大擂的话呀！列为不信，且看《太极新图说》分解何如。

（未完）

## （二）太极新图说（略）

# 大同共产主义

本书于1927年7月由上海泰东图书局初版发行。2002年收入福建本第一卷。本次整理,以泰东图书局1927年版为底本,以福建本为校本。

——编者

# 序

我们因不忍看现社会的不安宁不幸福，宁愿从几千年已经开掘的东西中，选出最有价值的"大同主义"，做我们政治宣传的目标。我们以为"大同主义"，是我们中国知识线上向前的动向，只有"大同主义"能够给我们社会运动以一道新光！我们相信：我们的中国，是不能够从布尔扎维克主义或狭义的国家主义里得救的，他们对于中国传统的政治思想是外行，他们的论潮，都是反文化的民族性的；并且用他们不彻底的办法，也决乎不会实现我们理想的平和欢乐的世界！

我们的思想，有一个特色，就是"历史的基础"。我们不但从历史哲学上证明世界是力向着光明底前途走，我们还要从我们文化史里面，看出我们民族精神的伟大。我们对于传统的政治思想知道得愈详愈切，那我们对于"大同主义"的信仰，也愈挚愈坚。我们应该有胆量承认我们民族文化的光荣，就在这里。让我们为人道，为真理，先把大同社会建设起来，这就是我们的民族文化运动。

朱谦之

一九二七，一月一日，西湖

# 目　录

　　本书宣传中国政治之传统精神，以人性为基础，以大同为门户，以美的社会组织为匡廓，以礼乐为妙用，以游艺为依归，意在拨乱反正，以跻斯世于永远太平而止。

第一章　释大同主义 ................................................ 461

第二章　大同主义的人性基础 ................................ 466

第三章　大同主义的社会组织 ................................ 471

第四章　大同主义的政治组织 ................................ 486

第五章　大同主义的经济组织 ................................ 525

附　录　大同共产主义的孙中山 ............................ 538

# 第一章　释大同主义

我们宣传中国政治的传统精神，就是"大同主义"。这种主义的理想，现在还保存在《礼记·礼运》里。但今本《礼运》，分明有"大同""小康"之别，这又实在可疑。如果不是有残阙错乱，那就不能不疑到本文的价值了。最早如吕东莱、郑渔仲、朱晦庵、黄叔旸都已发过这个疑问，到陈澔《礼记集说》（卷四），就简直不客气决定"大同小康之说，非夫子之言"，又引石渠王氏说："以五帝之世为大同，以禹、汤、文、武、成王、周公为小康，有老氏意。"清代学者抱同样论潮的更多，如朱轼说："大同之说，创自老庄。"陆奎勋说："首章以五帝为大同，三王为小康，盖缘汉初崇尚黄老，故戴氏附会为圣言。"最痛快的是姚际恒的《礼经通论》，他说："此周秦间子书，老庄之徒所撰，《礼运》乃其书中之篇名也，后儒寡识，第以篇名言礼，故采之。"又说："以老庄解此文者，郑氏于'兵由此起'下曰：'老子曰：法令滋章，盗贼多有。'于'是谓小康'下曰：'大道之人，以礼于忠信为薄。'陈用之曰：'庄子述伯成子高对禹之辞，尧治天下，不赏而民劝，不罚而民畏，今子赏而民且不仁，德自此衰，刑自此立，大同小康之辨也。'观郑、陈之解，不烦更驳矣。"参考杭世骏《续礼记集说》卷三十九至卷四十二。近来吴又陵先生因之，也有儒家大同之义本于老子说。《吴虞文录》卷下。梁漱溟先生更觉得这一篇话看着刺眼，觉得大不对。《东西文化及其哲学》，页一三五。平心说起来，这篇要分别什么大同小康，实在自相矛盾，康长素一般人根据于此以立论的，更可谓毫无价值；并且将大同主义的根本精神，丧失干净了！但是因此我们就否认《礼运》大同，也实在过于武断，我们在没有做过考证的工夫以前，也实在用不着这样武断！好！现在我就把大同一节，用校勘的方法，把他和《孔子家语·礼运第三十二》卷七。长作一个对照表，看那些是《礼运》的本文？那些是错简？那些是后来人加增上去的？

《孔子家语·礼运第三十二》：

> 孔子曰：昔大道之行，与三代之英，吾未之逮而有记焉。大道之行，天下为公，选贤与能，讲信修睦。故人不独亲其亲，不独子其子。老有所终，壮有所用，矜寡孤疾皆有所养。货恶其弃于地，不必藏于己。力恶其不出于身，不必为人。是以奸谋闭而弗兴，盗窃乱贼不作，故外户而不闭，谓之大同。今大道既隐，天下为家，各亲其亲，各子其子，货则为己，力则为人。大人世及以为常，城郭沟池以为固。禹、汤、文、武、成王、周公由此而选，未有不谨于礼。礼之所兴，与天地并，如有不由礼而在位者，则以为殃。

《礼记》孔本《礼运》第九：

> 孔子曰：大道之行也，与三代之英，丘未之逮也，而有志焉。大道之行也，天下为公，选贤与能，讲信修睦。故人不独亲其亲，不独子其子。使老有所终，壮有所用，幼有所长，矜寡孤独废疾者，皆有所养。男有分，女有归。货恶其弃于地也，不必藏于己。力恶其不出于身也，不必为己。是故谋闭而不兴，盗窃乱贼而不作，故外户而不闭，是谓大同。今大道既隐，天下为

家,各亲其亲,各子其子,货力为己。大人世及以为礼,城郭沟池以为固,礼义以为纪。以正君臣,以笃父子,以睦兄弟,以和夫妇,以设制度,以立田里,以贤勇知,以功为己。故谋用是作而兵由此起。禹、汤、文、武、成王、周公由此其选也,此六君子者未有不谨于礼者也。以著其义,以考其信,著有过,刑仁讲让,示民有常,如有不由此者,在执者去众以为殃,是谓小康。

把这两段比看一下,就知道《家语》无"小康"两个字,那么大同小康的分别,却从何来?《家语》没有"礼义以为纪"至"兵由此起"四十七字,和"以著其义"至"是谓小康"三十七字,这分明是后人添进来的!《家语》有"礼之所兴"以下二十一字,这分明是脱出去的!又如《家语》文:"货恶其不出于身,不必为人。"王肃注道:"言力恶其不出于身,不为德惠也。"这个意思很好,《礼记》改作"不必为己"说虽可通,却把无所为而为的精神失掉了。并且就《礼记》本来看,今文也有错简,如据郑注孔疏,则"谋用是作"十字,当在"货力为己"下。这种比较的研究法,在清代《日讲礼记解义》(卷二十四)、《礼记义疏》(卷三十),已发其端,姜兆锡的《礼记章句》、任启运的《礼记章句》(卷九之二)、杭世骏的《续礼记集说》(卷三十九案语),发挥得更为透澈。他们都主张把《家语》来参定原文,根本取消"小康"的说法。《礼记解义》说:"《家语》义理甚优,此记似以礼于忠信为薄,恐是汉人傅会。"《礼记义疏》说:"篇首小康之说,乃老氏礼起于忠信之衰,道德之薄之意,与通篇殊不相应,考之《家语》皆无之;惟有礼之所生与天地并,不由礼而在位则以为殃句,与下言偃如此乎礼之急,紧相接,则此为小戴所搀入,窃老庄之说以为高,而不知其谬也。辨此一节之缪,则通篇释然无疵。"又说:"昔王子雍谓《礼记》所述孔子之言，皆《家语》文，后人见其已见《礼记》，遂于《家语》除其本文，而亦有以己意增改者。今考《家语》无谋作兵起等语，则为后人窜入无疑。……记者见本文有大同字，增小康字作对，殊失圣人本旨，又改去与天地并句，与通篇全不照管，此记者增改之缪也。"姜兆锡说："小康谓不如大同之世，《家语》无此句。"任启运说："通篇文势，前后呼吸，'是谓大顺'才与'是谓大同'相应，《家语》原文可据也。记者不解，忽窜入'是谓小康'一句，致前后全不相应，故愚谓删此四字即得。"杭世骏也说："末后增小康一句，其病滋多。"可见小康一句，应无存在的价值，这在近代学者，早已有此定论。乃近人康长素全不问《礼运》原文是否可靠，还要分别什么大同小康，一面把大同一段认为孔子理想的社会制度；一面又甘心受古代作伪之人的欺骗，拿小康一段，以完成他极右的复辟派的论潮。他知道中国二千年来，凡汉唐宋明总总都是小康之世，却不知道二千年来腐儒所根据的"小康"之道，根本就是作伪欺人，就是假冒孔子名义杜撰出来的！他既不能看破小康的伪，也自不能认识大同的真，试看他《大同书·甲乙部》夹七夹八说什么"入世界观众苦"，便知道他的浅薄无聊，那里算得圣人之道？

我们意思，小康算不得《礼运》的思想，说大道废弃，然后礼兴，我们翻遍十三经也没见同样的论潮。依照《礼运》的本义，应该大道之行，礼义沛然，这才是大同的真气象！所以说："讲信修睦，尚辞让，去争斗，舍礼何以治之？"可见大同就会没有礼是不行的。即不幸当平和的社会破裂以后，尚有禹、汤、文、武、周公为三代的英选，能够在纷乱当中，寓大同的思想，弦歌揖，让以风化天下，这正是孔子所"有志未逮"的，何尝有轻视六君子的意思？至于疑到大同之说，本于老子，则请睁开眼睛，看看老子有没有这种"选贤与能"的思想？《老子》三章说"不尚贤使民不争"，十九章说"绝圣弃智"，还不是分明两相反的？我们再把大同一大段和老子八十章比较一下，如果"民至老死不相往来"，还用得着"讲信修睦"？"使有什百之器而不用"，那末"货弃于地"岂不是最好的事情？老子的社会，要"使民无知无欲"（二章），是一种无为的政治；大同的社会，要使"老有所终，壮有所用"，是一种有为的政治。这个分别很大，却为什么许多人都不曾觉得？现在既经指出来，便可毫无疑义，我们大同主义的信徒！让我们坚信我们传统的政治精神——大同主义！

# 第二章　大同主义的人性基础

"大同"是什么？郑康成注："同犹和也，平也。"孔颖达疏："率土皆然，故曰大同。"《日讲礼记解义》卷二十四。道："大同，天下如一也。"任启运《礼记章句》卷九之二。道："举天下犹一家，中国犹一人，故曰大同也。"可见大同的生活，正是欢天喜地的平和生活；大同的社会，正是一切平等的全人类的社会。但我们不要忘记了，这个最有望而愉快的理想世界，是基础于人类的本性上面的。所以《礼运》说：

> 故圣人耐耐、能，同。以天下为一家，以中国为一人者，非意之也，必知其"情"，辟于其义，明于其利，达于其患，然后能为之。

宋蒋君实注道："天下之大本，在于人情离合，而众寡远近不与焉。情之所合，则惟天下之异而归之同，情之所离，则天下之势，不可得而强一矣。今夫天下一家，中国一人，此岂臆度料想，姑为是言哉！惟知天下之情，是以开辟天下之大义，兴利销患而人心一也；惟不知天下之情，是以失天下之义，背利纵欲，而人心离也。"卫湜《礼记集说》卷五十四引。明徐师曾注道："天下非一家而能以为一家，若家人父子然；中国非一人而能以为一人，若腹心手足然；此岂私意臆度所能为哉！盖天下中国之离合，系乎人情，故必先知其情。"杭世骏《续礼记集说》卷三十九引。原来人一生下来，都是有"真情"的，我们的政治原理，就是站在这一个观点上，引导人们来发挥本来的美性——情——使他扩充发达，使自然趋向于大同和四海皆兄弟的原理上面。但是我们要怎样才知道这个"情"呢？《礼运》说：

何谓人情？喜、怒、哀、惧、爱、恶、欲、七者，弗学而能。

我们要知道"情"，必先加一番考究的工夫，如这里所说七情，虽有七个条目，综合起来，却只有欲恶两个心理要素。如心有所欲然，后有喜爱，心有所恶，然后有怒哀惧，所以说："欲恶者，心之大端也。"原文。单举欲恶，便可以包括人情。欲恶又称好恶，我们传统的政治心理学说，就是完全根据于这好恶上面。明王龙溪说得好："大学之道，在明明德，而其功正在亲民上用。亲者，万物一体之谓，其几不出于好恶两端。民好好之，民恶恶之。"《全集》卷十二《与吴中淮书》。又说："《大学》之书，乃千圣心脉，彻首彻尾，彻体彻用，只好恶两字尽之。……天地万物本吾一体……故自意身心以至国家天下，皆以好恶发之。"卷十一《答孟会源》。又说："自诚意以至于天下，不出好恶两端，是故如恶恶臭，如好好色，而毋自欺之诚之也。好恶无所作，心之正也；无作则无辟矣，身之修也；好恶同于人而无所拂，家齐国治而天下平也。其施普于天下，而其机原于一念之微。"卷十《答吴悟斋》。清凌廷堪也有很精透的话道："人之性受于天，目能视则为色，耳能听则为声，口能食则为味，而好恶实基于此。……《大学》言好恶，《中庸》申之以喜怒哀乐，然则性者，好恶二端而已。《大学》言诚意在好恶，正心在好恶，修身齐家在好恶，治国平天下亦在于好恶也，终于拂人之性，然则人性初不外乎好恶也。《大学》性字，只此一见，即好恶也。"《清经解》卷七百九十七《校礼堂集》《好恶说》。不但《大学》《中庸》如此，我们试拿《乐记》一篇来看，如说："人生而静,天之性也,感于物而动,性之欲也。物至知知,然后好恶形焉。"焦循《礼记补疏》解这一段最好:"人欲即人情,与世相通,全是此情,有己之欲,而不通乎人之欲,是为穷人欲。穷人欲犹云不通人情。圣人通天下之志,正赖以己之欲不欲,絜矩乎人之欲不欲,所谓反躬也。人生而静,首出人字,明其异乎禽兽者,未感于物也。性己具于中,是天赋之也,感于物而有好恶,此欲也,即出于性。欲即好恶也。惟人知知,乃有好恶,有好恶乃有欲,有欲乃能反躬,故人之性善。反躬则人之所好好之,人之所恶恶之,从心所欲不逾矩也。"《清经解》卷一千一百五十。总上所述,可见《礼运》以好恶两端,来解释人性,实和《大学》《中庸》《乐记》都很相合。好恶只是一个真情,所以在大同学说实行之下的生活,是一种"真情生活",如人有饮食男女的大欲,则因其天机之动,天籁之发,而教之以礼乐。所谓:"志之所至,诗亦至焉;诗之所至,礼亦至焉;礼之所至,乐亦至焉。"《孔子闲居》。本文所谓"玩其所乐,民之治也",这种最谐和最幸福的政治生活,我可以说都是从人们活泼流转的"真情",凝聚融结出来的。

我们大同主义者,心目中并没有一个统治者的存在,因为统治者是反乎人性的。《论语·子路篇》:"今之从政者何如?子曰:噫!斗筲之人,何足算也!"斗筲,以今语释之,即饭桶是也。可见现在在政治上统治的人,都算不得"为政"的人!《为政篇》:"或谓孔子曰:子奚不为政?子曰:书云:'孝乎惟孝,友于兄弟,施于有政。'是以为政,奚其为为政?"又《礼记·仲尼燕居篇》:"子张问政,子曰君子明乎礼乐,举而错之而已。"由我们的意思,政治的行为,不过如此意义,不过极端发挥人们的真情罢了。极端发挥真情的人们,他满腔子都是恻隐之心,所以一面极端自爱,把个人看作天下之大本。《论语·颜渊篇》:"季康子问政于孔子,孔子对曰:政者正也,子帅以正,孰敢不正?"《中庸》说:"君子笃恭而天下平。"孟子说:"君子之守,修其身而天下平。"都是从这个根本思想出来的。一面极端爱人,《礼记·哀公问》记孔子对哀公的话:"古之为政,爱人为大。"爱人便是为政,除了"爱"这一字以外,实在没有什么政治可言。所以我们理想的政治,是顺人们的自然趋势,使万人都能快活安乐的。阮元《释顺篇》说得最好:"圣人治天下万世,不别立法术,但以天下人情顺逆,叙而行之而已。故孔子但曰:至德要道,以顺天下,顺字为圣经最要之字。""不曰治天下,不曰平天下,但曰顺天下,顺之时义大矣哉!"《揅经堂集》。因为大同政治的理想,是在顺天下,所以用不着叫别的力量来支配人们。《论语·为政篇》:"子曰:为政以德,譬如北辰,居其所而众星共之。"郭象《论语体略》注道:"万物皆得性谓之德,夫为政者奚事哉?得万物之性,故云德而已矣。得其性则归之,失其性则违之。"皇侃《义疏》引。既然尊重本性,便对于反人性的统治制度,不消说是要反对他。所以《为政篇》:"子曰:导之以政,齐之以刑,民免谓思脱避。而无耻;导之以德,齐之以礼,有耻且格。"这里简直斥现在所说的政治,不过引导人们没有廉耻罢了。郭象《论语体略》道:"政者立常制以正民者也,刑者兴法辟以割物者也。制有常则有矫,法辟兴则可避;可避则违情而苟免,可矫则去性而从制。从制外正而心内未服,人怀苟免,则无耻于物,其于化不已薄乎!故曰民免而无耻也。德者得其性者也,礼者体其情者也,情有可耻而性有所本,得其性则本至,体其情则知至。知耻则无刑而自齐,本至则无制而自正,是以导之以德,齐之以体,有耻且格。"又《论语》:"子曰:民可使由之,不可使知之。"《皇侃义疏》引《论语张氏注》晋张凭撰。道:"为政以德,则各得其性,天下日用而不知,故曰可使由之。若为政以刑,则防民之为奸,民知有防而为奸弥巧,故曰不可使知之。言为政当以德,民由之而已,不可用刑，民知其术也。"由上所述，可见《论语》的政治学说，也是根据于人性的基础上面，和《礼运》全然相合。《礼运》说："人情者圣王之田也。"又说："人情以为田，故人以为奥也。"《日讲礼记解义》卷三十五。道："圣人之治天下也，人情以为田，亦异夫率法而强之者矣。"可见政治的最高理想，实在只有人情，没有法律；只有极和顺优美的礼乐，并没有强权阶级的存在。总而言之，这就是澈底信任天下人的自由组织。

我们相信人类的行为，本都是从真情迸透出来，都是好的，没有坏的。孟子说过："乃若其情，则可以为善矣，乃所谓善也。"我们大同政治的原理，就在乎顺导人们这个本来的真情，不使失掉。那些忿欲的人们，难道是天生坏的？只不过好恶上略过些子。我们不能教化他，变他污染的习惯，这是我们智识线上人们的责任，难道还忍拿来责备他们？忿疾他们？并且我们知道现社会紊乱的最后原因，在大家好恶不平，好恶不平由于大家不能快活安乐，不能享受精神的幸福。只要我们能够为人道努力，从人性的基础上，使万人都能快活安乐，都能享受精神的幸福，那末好恶自然会平；好恶平就自然轻快脱洒，还他本来的真情。这就是我们所想创造的完全实现人类善性的大同社会。

# 第三章　大同主义的社会组织

## 一

我们大同主义是一种组织，这个组织的特质，是超国家的。我们相信人类依共同生活团体的扩大，必至有超越国民国家以上的全人类的组织，《礼运》所谓"天下为公"，就是我们理想的最高团体。在这最高团体之下，天下如一，本没有什么国界种界，但并不是没有组织，我们是极端承认组织的好处的。如我们中国，就是大同组织的一个单位，所以说"天下本一家，中国本一人"。到了这个时候，世界是我们广大平和的家庭，我们中国只算家庭上的一分子。全人类的组织，好似一个绝大的新丰里，大家欢欣鼓舞，生趣盎然，这是何等一个平均，谐和的艺术组织法！我可以说这个艺术组织法，就是我们大同主义的根本思想。我们中华是以艺术立国的，所以教育是艺术的教育，陈旸《乐书》卷八曰："夔教胄子，必始于乐，孔子语乐之序，则成于乐，述志道之序，则终于游艺，岂非乐与艺固学者之终始欤。"又卷四十曰："古者教人之法，未尝不始终以乐。文王世子曰：三王之教世子，必以礼乐。孔子曰：成于乐。则乐者固教之始终欤。"人生是艺术的人生，《论语宪问篇》曰："冉求之艺，文之以礼乐，亦可以成人矣。"科学是艺术的科学，《史记·律书》曰："制事立法，物度轨则，壹禀于六律，六律为万事根本焉。"《索隐》曰："夫推历生律，制器，规圜短方，权重衡平，准绳嘉量，探赜索隐，钩深致远，莫不用焉，是万事之根本也。"政治也是艺术的政治，《周礼·春官·大司乐》以六律六同五声八音六舞，大合乐以和邦国，以谐万民。《地官》曰："司徒以乐礼教和，则民不乖。"《礼记·乐记》曰："声音之道，与政通。"又曰："审乐以知政，而治道备矣。"生产也是艺术的生产，《易系辞》曰："以制器者尚其象，成①象之谓乾。《汉上易》云：乾为美。这种纯粹艺术本位的灿烂的文化，我们很可以看出大同主义的艺术的社会组织法，和国家主义的国家组织法，是怎样不同的。

我们数千年来贤哲的企图，想把社会基础于"艺术"之上，孔家常常礼乐并列，这礼乐就是艺术国唯一的建国方针。《礼运》一大段告诉我们：大道由礼义而行，所以载子游问礼的话，一层紧似一层，"如此乎礼之急也？""夫子之极言礼也，可得而闻与？"这个"礼"，就是大同主义所主张的"艺术法"。子游曾给他下个定义道：

> 人喜则斯陶，陶斯咏，咏斯犹，犹斯舞；愠斯戚，戚斯叹，叹斯辟，辟斯踊矣。品节斯斯之为礼。（《檀弓》）

可见艺术法是专门作用于情感中的，并不是为着要节制人情，倒是使人情都一一流露出来，做到生活的恰好。现在把《礼运》讲礼的话来看，如：

> 夫礼先王以承天之道，以治人之情。
> 何谓人情？喜怒哀惧爱恶欲七者弗学而能。……故圣人所治七情，舍礼何以治之？
> 礼义以为器，人情以为田。

---

① "成"，原作"盛"，误，据《周易·系辞上》通行本改。——编者

礼义也者，人之大端也。……所以达天道，顺人情之大窦也。故唯圣人为知礼之不可以已也。

圣人修义之柄，礼之序，以治人情。故人情者圣王之田也。修义以耕之。

故礼之不同也，不丰也，不杀也，所以持情而合危也。

把礼看作情感的表现，这在后来学者，都没有异议。如郑樵《六经奥论》卷五云："礼本于人情，情生而礼随之。"又云："何谓礼？本情而已。"程子曰："礼之本出于民之情，圣人因而导之耳。"但我们要注意的，礼是所以制中的，人心之礼，本周流无不偏，当其从真情里表见出来，都是恰好，便都有艺术的意味。详说起来，是有三端：一、充实之美。如《礼记·礼器》云："君子之于礼也，有所竭情尽慎，致其敬而诚若；有美而文，而诚若。"二、均衡之美。如程子说："天下无一物无体乐，且置两只椅子，才不正便乖，乖便失和"，即是此意。三、谐和之美。《论语》有子曰"礼之用，和为贵，先王之道斯为美"，和便是乐底意思。所以《孔子闲居篇》云："志之所至，诗亦至焉；诗之所至，礼亦至焉；礼之所至，乐亦至焉。"知道礼是有这几个美的作用，便直截了当，称他做"艺术法"实在很相当的。这"艺术法"实在是我们"艺术国"里的灵魂，《礼记·仲尼燕居篇》："子曰：治国而无礼，譬犹瞽之无相与，伥伥乎其何之！譬如终夜有求于幽室之中，非烛何见；若无礼则手足无所措，耳目无所加，揖让无所制。"又《论语·里仁篇》说："能以礼让，为国乎何有，不能以礼让为国，如礼何？"又《礼记·哀公问篇》："古之为政，爱人为大，所以治；爱人礼为大，所以治……故为政先乎礼，礼其政之本欤。"艺术法的好处，在能涵养人们内心的真情，使他自然的诚于中，形于外，自然的能保持一种谐和的谦让的生活态度。因此我们大同社会制礼的旨趣，也非常看重这点。

《系辞传》"履以和行,谦以制礼",陆九渊解道:"履以和行,行有不和,以不由礼故也;能由礼则和矣。谦以制礼,自尊大则不能由礼,卑以自牧,乃能自节制以礼。"我们的大同社会,凡名位愈高的,愈能自爱自晦,自爱所以被人尊敬,自晦所以格外光显。若稍有丝毫自尊自耀,要拣取高底作,便要被人看作不中礼的了,不中礼的,自身尚不能立,怎么能够节文人类相互的情感?反一面说,那深通艺术法的旨趣的人,能够浑身而复于礼,如《论语》所谓"一日克己复礼,天下归仁焉"。浑身放下,视听言动,都能信任艺术的法则,这么一来,自然能够情顺万物,以谐和的艺术法,来移风易俗了。《周礼·春官》"三曰礼典,以和邦国,以谐万民",王昭禹《周礼详解》卷一。注道:"不乖之谓和,合而和之谓之谐,礼典颁之于邦国,灿然有文以相接,欢然有恩以相爱,则不乖而和矣,故曰以和邦国。施之于万民,则非特和之,又合而谐之,故曰以谐万民。"我们可以说,我们大同制度的特质,就是认定人性根柢的谐和的管理,艺术的管理。

## 二

艺术的管理,要使人喜怒哀乐,都自然随感而应,无不恰好,那末乐的作用,比礼的作用还要重要得多。我们中华从来是把礼乐两件,看作政治的根本,互相关系似的。如《乐记》说:"先王之制礼乐也,非以极口腹耳目之欲也,将以教民平好恶而反人道之正也。"《汉书·礼乐志》说:"六经之道同归,礼乐之用为急。"《大学衍义补》云:"易以道礼乐之原,书以道礼乐之实,诗以道礼乐之志,春秋以道礼乐之分,是则六经为治道之本原,而礼乐又为六经之要道。"欧阳修说:"三代而上,治出于一,而礼乐达于天下;三代而下,治出于二,而礼乐为虚名。"都是把礼乐相提并举,看作治道的本原的。却是礼乐也自有个区别处，如《乐记》说："礼节民心，乐和民心"；"乐者为同，礼者为异"；"乐由中出，礼自外作"；"乐也者动于内者也，礼也者动于外者也"。类此的话，可见礼是外面行为的一种节奏，《儒行》云："礼节者，仁之貌也。"乐便是内心生活的一种和谐。但礼乐并不是判然二物，不相干涉的，实在说起来，乐中有礼，礼中有乐；分开说则礼是包括在乐里面的，所谓外面行为的节奏，也不外乎内心和谐的一种表见。我们大同主义的目标，是要做到社会上男男女女没有斯须不和不乐的地步，则礼乐两件，都是极重要的。所以说："乐至则无怨，礼至则不争，揖让而治天下者，礼乐之谓也。"又说："大人举礼乐，则天地将为昭焉。"（《乐记》）然而艺术的管理上，乐实为更切近于情感的，所以《礼运》说"以乐为御"，陈旸《乐书》卷四。云："以乐为御，则无作而非乐也，礼何与焉。"因此所以大同社会，要寓礼于乐，而主张一种欢天喜地的"音乐的政治"。什么是音乐的政治？如我们大同主义的元祖——子游——的一段故事。《论语·阳货篇》云："子之武城，闻弦歌之声，夫子莞尔而笑曰：割鸡焉用牛刀？子游对曰：昔也，偃也闻诸夫子曰：君子学道则爱人，小人学道则易使也。子曰：二三子，偃之言是也，前言戏之耳！"按这章只说弦歌，弦歌就是乐，武城虽然很小的地方，还可以实现音乐的政治。我们再看《尚书·舜典》舜命夔典乐的一段话："诗言志，歌永言，声依永，律和声，八音克谐，无相夺伦，神人以和。"《益稷谟》："予欲闻五声八音，在治忽。"《国语·周语下》："政象乐，乐从和，和从平。"可见孔家认古代的传统政治，都只是音乐的政治。因音乐的感化力，入人最深，能够使人动荡鼓舞，流通精神，用声音来养人的耳目，用舞蹈来养人的血脉，所以和平人们的善心，洗却人们的邪念，意思是很明显的。《乐记》说音乐政治的原理道："凡音者，生人心者也，情动于中，故形于声，声成文谓之音。是故治世之音安以乐，其政和；乱世之音怨以怒，其政乖；亡国之音哀以思，其民困。声音之道，与政通矣。"李光地《古乐经传》卷二注云："盖政治者，所以同民之心，而和其声音也。"又说："审声以知音，审音以知乐，审乐以知政，而治道备矣。"又说："先王之为乐也，以法治也。"又说："夫民有血气心知之性，而无哀乐喜怒之常。应感起物而动，然后心术行焉。是故志微噍杀之音作，而民思忧；啴谐慢易繁文简节之音作，而民康乐；粗厉猛起奋末广贲之音作，而民刚毅；廉直劲正庄诚之音作，而民肃敬；宽裕肉好顺成和动之音作，而民慈爱；流辟邪散狄成涤滥之音作，而民淫乱。是故先王本之情性，稽其度数，制之礼义，合生气之和，道五常之行，使之阳而不散，阴而不密，刚气不怒，柔气不慑，四畅交于中，而发作于外，皆安其位而不相夺也。"又说："乐行而伦清，耳目聪明，血气和平，移风易俗，天下皆宁。"又说："修身及家，平均天下，此古乐之发也。"可见音乐的功效，能够移风易俗，使社会的男男女女，都情意安舒，而实现了太平的世界。《周礼·春官》："大司乐掌成均之法，成其行之亏，均其习之偏。以治建国之学政……以六律六同五声八音六舞，大合乐以致鬼神示，以和邦国，以谐万民，以安宾客，以说远人，以作动物。"又说："凡建国，禁其淫声过声，凶声、慢声。"可见大同主义的建国方针，不过以和谐的音乐，来创造一切，感动一切。《地官》："大司徒以乐礼教和，则民不乖……以六乐防万民之情，而教之和。"陈旸《乐书》卷三十七云："发而皆中节谓之和，而乐所以道之。"《公羊传》隐公五年何休注："凡人之从上教也，皆始于音。音正则行正，故闻宫声则使人温雅而广大，闻商声则使人方正而好义，闻角声则使人恻隐而好仁，闻征声则使人整齐而好礼，闻羽声则使人乐养而好施，所以感荡血脉，流通精神，存宁正性。"这种传统的音乐政治的理想，虽然以后讲政治的人们，很少知道他的精意，然如汉之刘向，唐之裴耀卿，宋之田锡，明之朱载堉，参看《乐律全书》卷十六《论礼乐二者不可偏废》上。都很相信这个原理。我可以更进一层来说：我们大同制度的特质，不但是艺术的管理，而且是音乐的管理——原始的艺术的管理。

三

我们的社会组织，是以基于艺能的组织，做社会组织的中心的。这种组织，是从人性的基础上，而谓一切产业，都是艺术，一切人都是艺术家，用句简括的话来说，就是"分艺联群"四个大字。什么是分艺？《礼运》说得好："义者艺之分，仁之节也，协于艺讲于仁。"又说："协于分艺。"郑康成注"艺犹才也"；张子注"艺业也，谓事业也"；方悫注"艺有能否，各随力而施之，乃协之"。这就可见大同的社会，是根据"分艺论"出来的社会，是依据艺术的分工，而表现为各种不同的"艺能团体"。这些"艺能团体"，在互相扶助底名义底下，分任他们的艺术事业。《周礼》并言道艺的地方很多；如《天官》云"会其什伍，而教之道艺"；《地官》云"州长考其德行道艺而劝之"，"党正书其德行道艺"，"乡大夫考其德行，察其道艺，三年则大比，考其德行道艺而兴其贤者能者"，"司谏强之道艺，巡问而观察之"。案王引之注，道艺即是艺术。王引之云：道者，术也。韦昭《吴语》注：道，术也。道艺即术艺。《列子·周穆王篇》：鲁之君子，多术艺是也。道训为术，艺亦是术。故以道艺连文，道即艺也。在大同社会的成年男女，例须以若干年受艺术教育，这艺术教育，就是预备以后从事艺术的事业的。《学记》说："不兴其艺，不能兴学。"《少仪》说："问道艺，曰：子习于某乎？子善于某乎？"《大戴礼》说："古者八岁而就外舍，学小艺焉，束发而就大学，学大艺焉。"《论语·述而》说得更好："依于仁，游于艺。"程石开注道："游者终身涵泳于艺中，如鱼之在水，而不可斯须离也。"劳动到了这个时候，已纯为表现艺术的事业，已成了一种创造的愉快，是人人都应该享受的。所以《礼运》说："力恶其不出于身也，不必为人。"王肃注道："言力恶其不出于身，不为德惠也。"人们的自由劳动，都是无所为而为，并且都是建设于艺术上的分工制度上面，大家欢欣鼓舞，各尽所能，这是何等地一个理想中最愉快最优美的社会！

复次，"联群"的观念，在《周礼》中很明白表示出来。如《地官》"联兄弟，郑注：兄弟，昏姻嫁娶也。《公羊》僖二十五年何注云：宋鲁之间，名结婚姻为兄弟。联师儒，孙诒让《周礼正义》卷三，俞樾曰：师者，其人有贤德者也。儒者，其人有伎术者也。《说文·人部》：儒，术士之称。是古称术士为儒，凡有一术可称，皆名之曰儒。儒以道得民，谓以道术得民也。案俞说得之而未尽也。此经之师儒，师则泛指四民之有德行才艺，足以教人者而言。上者国学乡遂州党诸小学，以逮里巷家塾之师，固为师而兼儒，下者如嫔妇有女师，巫医农亦皆有师，盖齐民曲艺，咸有传授，则亦各有师弟之分。联朋友"，江永曰：友以任得民，德行道艺相劝，吉相庆，凶相恤，缓急相急，有无相通是也。而同井合耦，耕作亦其一。孙诒让云：朋友盖通乎四民言之，以其各有相保，任之义，故云以任得民。又说"凡小事皆有联"，把联群的观念，用得极其广泛。宋叶时《礼经会元》卷一"释六联"一条。说得最好："周人联事之意，其在乡也，则比闾族党州县之有联；其在遂也，则邻里酇鄙县都之有联。可徒之安民，则曰联兄弟，联师儒，联朋友。族师之登民，则十人为联，十家为联，八闾为联。至于司关之官，亦掌国货之节，以联门市，是无往而不为联也。"又说："惟联而后骨理相凑，脉络相通，而合天下为一家之气象可见矣。"我们的大同社会，就是完全代表这种"分艺联群"的原理。《易·文言传》说得好，"嘉会足以合礼"；《朱子语类》云："嘉美也，会是集齐底意思，许多嘉美，一时斗凑到此，故谓之嘉会。"又说："所会皆美，所以能合于礼也。"我们大同的社会组织,正好借用"嘉会"——"美的社会",这个名称,来表示我们的"艺能团体"。依我们理想,将来人人都成了广义的艺术家,而一切的生活,都以艺术的价值为标准,大家都快快活活的从事一种自己认为最有兴趣的艺术事业,并且没一人不是有非常的艺术的本领的。即在艺人与艺人之间,以共通目的而集合的团体,也都是以艺术的事业为分别,例如种田的农人,有农人的"艺团",农业是一种艺术,查《古今图书集成·博物汇编》,农部圃部和画部,是一样列在《艺术典》的。手艺人有手艺人的"艺团",建筑家有建筑家的"艺团",这各种不同的艺能团体,一面在共同的感情关系上互相扶助,一面因艺术上分工的结果,也自然是有编制的,有责任的依归的,不过管理他们底艺术事业的,是以人才之合于该艺能为标准罢了。这种艺能团体,在中国是含有一浓厚的宗教基础,与一宗教格式的,这就是所谓祀社。《周礼·地官》"州长正月之吉,各属其州之民而读法以考其德行道艺;若以岁时祭祀州社,则属其民而读法亦如之",这就是很明显的艺能组织。到了宋代,祀社很是发达。吴自牧《梦梁录》云:"诸寨建立圣殿,俱有社会,诸行亦有献供之社,诸行市户俱有社会,迎献不一。如七宝行献七宝玩具为社,又有锦缩社,青果行,献时果,鱼货活行以异样龟鱼呈献等社。"元代的农社,在艺能组织之中,格外是很完善的一个雏形。《元典章·户部》九立社:"诸县所属村疃,凡五十家立为一社,不以是何诸色人等,并行立社,会社众推举年高通晓农事有兼丁者,立为社长。如一村五十家以上,只为一社,增至百家者,另设社长一员。如不及五十家者,与附近附村相并为一社。若地远人稀,不能相并者,斟酌各处地面,各村自为一社者听。或三四村五村并为一社,仍于适中村内选立社长。专一教劝本社之人。"又:"社内遇有病患凶丧之家,不能种时者,令社众各备粮饭器具,并力耕种,锄治牧刈,其养蚕者亦如之。一社之中,灾病多者,两社并锄。"明代的里社,仍寓法讲约之意。《明会典·礼社》云:"祭毕就行会饮会中,先令一人读抑强扶弱之誓。其词曰：凡我同里之人，各遵守礼法，毋恃力凌弱，或贫无可瞻，周给其家。其婚姻丧葬有乏，随力相助。如不从众，及犯奸盗诈伪一切非为之人，并不许入会。读誓词毕，长幼以次就坐，征欢而退。"直到现在，我们还可以说艺能的组织，在中华社会的潜势力，还没有间断过来呢！顾炎武《日知录卷》二十二云："今日人情相与，惟年社乡宗四者而已。除却四者，便窅然丧其天下焉。"自然，我们理想的联艺的组织，实在要比过去的进步许多，我们的社会，要包罗所有的艺能团体，而组织一个绝大的"艺术国"，这个"艺术国"就是以所有的"艺团"做组织的基础的，并且，在这有条理有系统的艺能组织当中，音乐的团体，算是一切艺团所公认为最有艺术本领的中心组织。

## 四

我们的社会组织，是有系统的，有秩序的。这种组织，是完全基础于艺能的分区制度之下，将土地按着艺术的分工，区划为各个部分。孟子说过："仁政必自经界始"，可见分区制度，正是实现唯情政治的切要方法了。可是这个制度，有三个特点，是不可不注意的。第一是方形系统，如《汉书·地理志》说"黄帝方制万里，画野分州"；孟子说："方里而井，井九百亩。"颜习斋《存治篇》云："以今里推之，方里之地，合该十二万九千六百步。周之九百亩，当今五百四十亩。每区六十亩，内公外私。若田饶处，除公田内六亩给八家为场圃卢舍，田窄给三亩为窝铺，其地亦可桑。又通各井两端，为田车之路。宜纵者纵，宜横者横，随邑人出入之便。"《周礼》每篇开头，便是"辨方正位，体国经野"。体犹分也，经谓为之里数。郑司农云："营国方九里，九经九纬，左祖右社，面朝后市，野则九夫为井，四井为邑之属是也。"又小司徒经土地而井牧田野的次序，是："九夫为井，四井为邑，四邑为丘，四丘为甸，四甸为县，四县为都。"郑注：

"此谓造都鄙也。"可见无论都市或乡村，都是方本位的。这种方本位的分区制，不但便于公平分配，而且有整齐平均调和之妙，《夏官》"形方氏掌制邦国之地域，而正其封疆，无有华离之地"，不是很好的证明吗？第二是以艺能为单位的，最明显如《管子·小匡篇》所说："制国以为二十一乡，商工之乡六，士农之乡十五。……士农工商四民者，国之石民也，四者国之本，犹柱之石也，故曰石也。不可使难处，杂处则其言哤，其事乱。哤，乱也。是故圣王之处士必于间燕，处农必就田野，处工必就官府，处商必就市井。"把四民分作四个地域，这是最便于艺能的自治组织的。但在《周礼》，则似乎没有这样严格的区分，它在都市方面，要分行政区（朝）和市易区（市），在乡村方面分教育区（乡）和工艺区（遂），这种分区制的基本组织，也是以艺能为主，不过比较的有伸缩的余地罢了。宋陈祥《道体书》卷二十四云："乡以礼义为主，故乡大夫待之以教法。遂以功事为主，故遂大夫齐之以政令。乡学谓之庠，庠者养也，所以养人材。涂学谓之序，序者射也，所以教艺事。乡稽乡器，遂稽稼器。乡三年大比，则考其德行道艺而兴贤者能者，遂三岁大比，则兴甿，明其有功者，属其地治者，凡此乡遂之辨也。"第三是以树木为村界的，《地官·大司徒》云："以天下土地之图周知九州岛之地域，广轮之数，辨其山林川泽丘陵坟衍原隰之名物，而辨其邦国都鄙之数，制其畿疆而沟封之，设其社稷之壝，而树之田主，各以其野之所宜木，遂以名其社与其野。"木谓若松柏栗也。若以松为社者，则名松社之野，以别方面。如栽种杏花为界的，则名杏花村；以桃花为界的，则名桃花村；这种艺术的分界法，比"城郭沟池"，不知优美得许多了。

## 五

我们大同社会，不但要实行艺能的分区制，就是我们的选举团，也是要以艺术事业作单位，这就是所谓"艺能的选举制"了。徐干《中论·艺纪篇》说："圣人因智以造艺，因艺以立事。"这种"因艺立事"的选举制度，实在是我们艺术国里的一大乌托邦。在这种选举制度之下，一切艺人都有选举的希望，并且由艺能组织中所选出的代表一定是个才能卓绝道德笃实的人，一定他的艺术，在同伴中是有很高的美的评价的。《礼运》开头便说"选贤与能"，王引之曰："选贤与能之与，当作举。《大戴礼·王言篇》选贤举能是也。举与，古字通。"《周礼·天官》"四曰使能"，注：能，多才艺者。《礼记大传》"四曰使能"，疏：使能，谓有道艺亦禄之，使各当其职。叶时《礼经会元》《选举篇》。云："所谓贤能者，曰德行道艺而已。"这句话不异给各书下一个注脚。实在我们社会以艺术为单位所选出的代表，必为贤能的代表，艺术事业的代表，这种代表的选举法，完全从艺团自选。在地方方面，则以乡为选举的起点，这是根据《周礼·地官》乡举里选的遗法的。叶时《礼经会元·选举篇》告诉我们："论成周选举之法，孰不知乡举里选之为公；三年大比之法，孰不知德行道艺之为重。……且以乡大夫宾兴之制视之，三年大比则合六乡之民，而考其德行道艺，有德行者为贤，则兴其贤；有道艺者为能，则兴其能。……所谓贤能者，曰德行道艺而已。六乡之民，果何修而臻此？盖自乡大夫以正月颁法教民之时，而其考察者即德行道艺也。党正以正岁属民读法之时，而所书者亦德行道艺也。族师所书，虽曰孝友睦姻有学，闾胥所书，虽曰敬敏任恤，无非德行道艺中物。特于二十五家之闾，百家之族，凡有一行一艺皆书之，而未遽责其德行道艺之全备尔。"可见这种地方选举法，是以艺术为本位的。不但如此，这种选举还有一个好处，就是所选出的，都是一乡所公认为最有艺术本领的人们，所以接着说："谓使民兴贤，是民自知其贤而兴之矣，出而使为之事，则民岂有不服者哉？使民兴能，是民自知其能而兴之矣，出而使治其事，则事岂有不理者哉？贤能之兴，皆出于民，此乡举里选所以为公也。以所兴之人，而还以治之，必能趋事赴功，而与民相劝助，故入而在官府治事者此人也，出而在比闾为长者此人也，则是在官临民也，孰非德行道艺之人哉！"这话真是！实在这种选举法，一方面使有艺能的作社会的中心人物，一方面又实收社会事业自主自治的好处。并且在这个艺能的选举制下，还可看出礼义之邦的一个特点，《周礼·地官》："乡大夫考其德行道艺而兴贤者能者，乡老及乡大夫帅其吏与众寡，以礼礼宾之。"在选举之后，乡老们以极隆重的乡饮酒礼，礼贤下士，这样德让的精神，也决不是现在从事选举竞争的人，所梦想得到的。《周礼订义》引郑锷注："三岁宾兴之时，彼贤彼能，我从而宾之，我贤我能，彼亦宾乎我。"这是何等的平等的优美的选举制度，怪不得孔子要说"吾观于乡而知王道之易易也"乡饮酒义。了。

但艺能选举有乡村的一面，也有都市的一面，固然理想的社会，必定是市乡合一制，这在《周礼》里也有可考。奚元玠《周礼客难》云："周制二百里内，乡遂之地，未尝不有县村。二百里外，都鄙之地，未尝不为乡遂。曰近郊远郊各居五十里，可以为四十里之都者十二，与小司徒井邑邱甸县都之文合，此以知乡遂之地有县都也。大司徒正月施教法于邦国都鄙，使之各以教其所治民，下即继之日令五家为比云云，此以知都鄙之地有乡遂也。"不过两者之间，都市似乎艺术事业，格外发达，所以在艺能的选举制下，都市应占更重要的地位，这也是决无可疑的。魏原《默觚下》治篇九云："圣王求士，与士之求道，固不于野而于城邑也。城中曰都，人萃则气萃，气萃斯材薮焉。野外曰鄙，人涣则气涣，气涣斯人材少焉。……山林之气虽清，而礼乐不至，师友无资，都邑学未成之士，而即入山中，则去昭旷而就封部矣。……乌有舍国士天下士，而友一乡一闾之士者乎？乌有舍国士天下士，而求一乡一闾之士者乎？"因此我们主张都市的选举，和乡村标准不必全同，都市应以各工艺场各艺团为选举单位，其代表的比例上，也应占优胜的地位。

我们知道《礼记·王制》的选举法,正是以艺术的事业为主,《王制》命卿论秀士,陈注:"刘氏曰:论者述其德行道艺,而保举之也。"但他却显然分作两个不同的途径,有由乡学选出来的,乡大夫掌之;有由国学选出来的,大乐正掌之。可见艺能的选举制,都市与乡村不同,乡村可以递推而至于都市。如乡的联艺的大会,可以委选代表若干人出席于县,县的联艺大会,可以委选代表出席于市。乡艺会,专管乡的艺术的管理。县艺会,专管县的艺术的管理。就中只有全国联艺代表会,算做艺术国的中心管理,机关一方面由都市中各工艺场各艺团直接选派代表,一方面由乡再次选举选派的代表组织而成。于是而都市的和乡村的艺人的意志,很巧妙地为联艺代表会所代表。这种联艺代表会的组织,最好是采两院制,一是代表德行的(选贤),叫做上艺院,一是代表工艺的(举能),叫做下艺院。《乐记》云:"德成而上,艺成而下,是故先王有上有下,然后可以有制于天下也。"这艺院因讨论重要事务,开连席会议的时候,就叫做联艺代表会。代表会是艺术国的锁钥石,是艺人意志的最高表示,所以凡一切艺术法,均须得该会同意,才能算是成立,不过须经艺人执行复决的手续。艺人对于专门的艺术法,也都可有创制权罢了。但代表会还有一个重大事业,就是于第一次会议时,要选出一个独立的分职的委员会式的联艺行政部,以三百六十人为限,是要对联艺代表会负责任的。联艺行政部又因艺术的分工,选出十二委员,以组织各种机关——事务院、教育院、音乐院、平和院、礼制院、工艺院——每院二人,一正一副,任期和代表会都规定三年,但可以继续被举。就中以音乐院的委员,算做委员会的主席,居最高的地位,并接受仪式上最高的荣典。其余艺术行政部的一切会员,亦各就专长,分任各院的职务。每院六十人,院主席均有出席于代表会,并可在他职务范围以内,提出一种专门议案之权。这么一来,大家才能兴致勃然,各尽其与天性相近的政治行为,会事务的事务,会教育的教育,大家互相联结着,鼓舞着,来负担建设的事情,还怕理想的艺术国,不会完全实现吗?那时再拿中华艺术国做基础,和世界的各艺术国,再次联合,因而实现了艺术的世界。艺术的世界,就是联合全地球上的艺人,成为一个平和与安全的"大同世界"。

# 第四章　大同主义的政治组织

　　大同主义的政治组织，是完全依据于《周礼》一书的。《周礼》十一处言"周"，郑玄注："周，犹遍也。"《礼记仲尼燕居》云："吾语女礼，使女以礼，周流无不遍也。"可见《周礼》本为周遍大同的书，和《礼运》是互相发明。近人以《周礼》为古文学，《礼运》为今文学，此殊不确。案毛奇龄《周礼问》云："尝读《大戴记·朝事》一篇，其中所载大宗伯典命典瑞大行人职人方射人诸职，全是《周礼》原文，所差不过一二字。《内则》一篇，亦有凡食视春时，凡和春多酸，及牛宜稌羊宜黍一十四句，又有春行羔豚膳膏腥及牛夜鸣则庮十句，与《周礼》文全同，所差不过一二字间。"又今文家如庄存与独重《周官》，著《周官记》五卷，《周官说》五卷，有味经斋遗书本。庄绶甲著《周官礼郑氏注笺》十卷。廖平著《周礼新义凡例》一卷，《周礼订本略注》一卷，有四川成都存古书局刊本。至谓《周礼》为百世以后俟圣人之书，可见《周礼》亦今文家所兼治。《礼运》所讲是大同主义的通论，《周礼》则对于政治组织，有许多条贯，遍布精密，直到现在，还没有完全实现过的。虽然今本的《周礼》，给汉人乱以伪句，算不得"先秦之旧"，俞庭椿《周礼复古编》云："六官大抵皆紊乱统记，非先秦之旧。"却是太平博大的气象，仍不失为一部致太平的书。所可惜者，就是这一部致太平的书，本来是"委员会式"的组织，却给后世误会作"官僚式"的组织。如历代的六部，何尝不仿《周礼》的六官，但那一回能脱却官僚政治的臭味？其实官僚政治，和中国传统的政治理想，是根本不相容的。《仪礼·士冠记》云："以官爵人，德之杀也，古者生无爵，死无谥。"所以《周礼》的六职，本只有治事的能力，没有治人的权力。无奈不善用《周礼》的人，对于这一点，拢统读过，不加精析，如汉之王莽，宋之王安石，都是不懂《周礼》法度，而妄用治人的权力的。"数十百官吏，结罔罗，置陷阱，于山泽之中，民生其间，真一步不可行，一物无所有"，万斯大《周官辨非》山虞条。这不是不善用《周礼》的罪过吗？程子说得好："有《关雎》《麟趾》之意，然后可以行《周官》之法度。"朱子说："须是自闺门衽席之微，积累到薰蒸洋溢，天下无一民一物不被其化，然后可行《周官》之法度。"我们现在虽然承认周礼的良法美意，可以尽量采用，却有许多残阙错乱的地方，则认为绝不必要。如《周礼》以冢宰统百官，这实在是个大疑问，江永《周礼疑义举要》卷一，引诗冢宰，非复统百官均四海之职。夏官，秋官，可疑之点更多，陈仁锡曰："以《周官》全经言之，洵有可疑者。墨罪五百，劓罪五百，刖罪五百，太平之世，残形刻肤，赭衣非履，交臂历指，而塞路，疑一也。又《夏官》脱文颇多。郑注小司马云：此下字脱灭札烂，文阙，汉兴求之不得，遂无识其数者。"现在不消说，都要根本取消他。至于万斯大《周官辨非》所攻击的五十余条，有的是出于误会（如媒氏一条），有的实在"官冗赋重"的官僚政治，和我们的理想，绝不相合。所以大同主义的政治理想，虽本于《周礼》，实在却比《周礼》还要高明许多，进步许多，这一点是和从前误用《周礼》大不相同的！

我们理想的政治组织，是一种"委员会式"的组织，由下各种机关组成之。

（一）事务院

（二）教育院

（三）音乐院

（四）平和院

（五）礼制院

（六）工艺院

这六院的组织，和《周礼》的六官相当，也是以义类相从的。事务院与天官大宰相同。天官六十属，所管理的不过宫室（宫正，宫伯）、饮食（自膳夫至腊人）、医药（自医师至兽医）、酒肴（自酒正至宫人）、旅行（掌舍至掌次）、府藏（自大府至外府）、会计（自司会至掌皮）、妇人（自内宰至典妇功）、衣服（自典丝至夏采）等，我们事务院的职务，也正是如此。我们要应用科学的方法，来指挥分配一切建筑、交通、卫生、保藏，各种事务。次言教育院，与地官大司徒相当。舜命契："汝作司徒，敬赋五教在宽"；孟子云："使契为司徒，教以人伦"；《王制》云："司徒修六理，以节民性，明七教以兴民德"；《周官》云："司徒掌邦教，敷五典，扰万民"；可见地官本是专管教育的。司徒不掌财赋，辨见宋俞庭椿《周礼复古编》司徒一条。而乡大夫、州长、党正的艺术教育，尤与我们的理想吻合。次言音乐院，与春官大司乐相当。大司乐的职分，比宗伯还要重要，如陈旸所说，"生为乐职之长，而教于成均；死为乐祖，而祭于瞽宗"；《乐书》卷三十九。在礼式上，可算是最高的了。至如乐官之属，自乐师以下，乐师、大胥、小胥、大师、小师、瞽蒙、眡瞭、典同、磬师、钟师、笙师、镈师、韎师、旄人、钥师、钥章、鞮鞻氏、典庸器、司干等合二十人。或掌诗歌，或教舞蹈，或掌乐器，这在我们的音乐院里，也是应该照样编制起来的。次言平和院，与夏官大司马相当。大司马言政而不言兵，叶时《礼经会元》卷四云："大司马掌邦政，见兵非先王所乐用，不得已而用兵，则有征而无战，未尝示民以用武也。"如职方氏、土方氏、怀方氏、形方氏、和川师、邍师之属，也都是折冲尊俎的和平外交家。我们现在即推广这个意思，而有平和军的组织。次言礼制院，与秋官大司寇相当。大司寇不言刑而言禁，《周礼集说》卷八云："司寇掌刑，不言刑而言禁者，盖治于已然，不若沮于未然。"而司仪、大行人、小行人、行夫、掌客、掌讶、掌交之属,都是专管礼制的。所以依照我们的主张,应该把地官中的司谏、司救、调人和春官中的宗伯,合此司仪、行人等职,重新结合为礼制院,这就是我们的理想了。次言工艺院,和《冬官·考工记》相当。但是讲到考工记,不免要有许多事论,如主张冬官不亡的一派——俞庭椿的《周礼复古编》——反对考工为六官之一。他的理想是:"如以一工为一官,如今考工所载,则司空者,乃一大匠梓人之类耳!"因他没有看出工艺制度在《周礼》里的重要,所以对于攻木、攻金、攻皮、设色、刮摩、抟埴的艺人不知道他的价值,这是不足责的。但他也有一个贡献,如说:"九职任民,此虽载在天官,其实则司空事也。任者事也,所以任其力也,曰农、曰圃、曰虞、曰薮、曰工、曰商、曰嫔、曰臣妾、曰闲民,九者民之各有其职者也。《王制》所谓使民兴事任力,无旷土,无游民,食节事时,乐时乐事,劝功者此皆其凡也。惟司空实掌之。"这话却是很对!就是把地官内遂人、稻人、山虞、林衡、囿人、场人、均归入冬官,亦极含至理。我们的意思,是认《考工记》为冬官的遗意,是没有可否认的理由的。不过在《考工记》以外,见于经传的,还有大司空、小司空、匠师、梓师、豕人、啬夫、司里、水师、玉人、雕氏、漆氏、陶正、污人、舟牧、输人、车人、刍人等职,见江永《周礼疑义举要》卷六。都应该尽量补入。于是依照我们的意思,《周礼》的六官,可以重新厘定一过,订正的结果,一定和我们理想的政治组织,差不了许多。但这不是这里的事,暂好从略。我们最要紧的,还在超过《周礼》的范围,来谈我们理想的"六院制"。

## (一)事务院

这一院的委员,须以专长于数学或统计学者充之。在这一院里,纯粹为科学家所组织,只有科学家才能担任这院里的事情。他们应用

"科学的管理法",在社会生活的纷乱当中,找出一些美的秩序来,把"清楚""明白"的眼光,来管理事务,支配事务,饮食起居及人生所需要的各种问题,处处料理得当,处处讲求清洁卫生,使事务院在艺术国里,成了爱与美的媒介。他应办的院务是:(1)美的衣食住;(2)邮政电报水道煤气以及电气铁路等事业;(3)保管公共场所如公园,食堂,浴室,医院,墓地等等;(4)设市易所,以所有生产品,平均分配之于社会。现在先从饮食讲起,《礼记》:"夫礼之始,始诸饮食。"在现代社会,饮食是全不讲究卫生的,但到这个时候,烹调术都成了科学的研究,自然做到如《论语·乡党》所说的"食不厌精,脍不厌细,食饐而餲,鱼馁而肉败不食,色恶不食,臭恶不食,失饪不食,不时不食"的地步。我们再看《周礼·天官》膳夫、庖人、烹人、腊人等职,都是何等地讲究卫生,我们的公共食堂,更不要说是要千珍百味,以丰满人间的饮食,为社会公共享受的了。并且《周礼》"以乐侑食"的制度,在我们公共的食堂,更可以适用。王昭禹《周礼详解》卷四。注云:"盖人之养也,心先乐而后气体从之,食饮膳羞以奉气体也,侑彻以乐,则所以和志而助气体之养矣。"这种"乐食法",是很可以造就平和的心理的!再讲到食物的供给,也是按着各人的生理要求,是要极其充足的。《周礼·地官》"司稼掌均万民之食";"廪人掌九谷之数,以待国之匪颁。郑注:匪,读为分。凡万民之食,食者人四鬴上也;人三鬴中也。人二鬴下。郑注:此皆谓一月食米也。六斗四升曰鬴。若食不能人二鬴,则令邦移民就谷"。每人至少一月有十二斗八升的食米,还有什么不满足呢!至于老年的人们,尤特别有他的好食品。如《王制》所说:"五十异粮,《陈志》:粮,粮也。异者精粗,与少者殊也。六十宿肉,谓恒隔日备之,不使求而不得也。七十二膳,膳食之善者,每有副贰,不使阙乏也。八十常珍,常珍当食皆珍也。九十饮食不离寝,饮从于游可也。"不离寝,言寝处之所,恒有庋阁之饮食也。善美之膳,水浆之饮,随其常游之处,而为之备具可也。这又是何等美的养老制度。次言衣服,如《礼记·深衣》云"古者深衣盖有制度,以应规矩绳权衡,短毋见肤,长毋被土",是很适中很华美的。孔子称"禹致美乎黻冕",《书》称:"舜曰:予欲观古人之象,作服;日、月、星、辰、山、龙、华虫,作绘;宗彝、藻、火、粉米、黼、黻、绨、绣"。这些珍贵的章服,也应该大家穿的。所以《周礼·地官·大司徒》"六曰同衣服",《论语·公冶长篇》子路说:"愿车马,衣轻裘,与朋友共,敝之而无憾。"这种旧礼教极盛时代的思想,在现代人听之,怕要吃一大惊。至于幕帷供帐之属,这在《周礼》也是由公共供给,好比现在下雨时,每人都要撑把雨伞,但在这时,有幕人供给一种天蓬,每逢下雨的时候,便把他摊开,这真再讲公益也没有了。次言居住,《王制》:"凡居民量地以制邑,度地以居民,地邑民居,必参相得也。无旷土,无游民。"可见居住也是有编制的。在市政方面,如《周礼·地官》所说"司市以次叙分地而经市";贾氏云:"经界其市,使各有处所,不相杂乱。"把都市的组织,分作行政区、工业区和住宅区各个部分,并且"面朝后市",《考工记》。使都市变为一个和谐的理想的系统组织,这都是我们事务院所应该计划的。不但如此,都市面积,也是依照人口为比例,《考工记》说"市朝一夫",可见人口一人,必须若干的都市地域,在这些地域内,到处绿树婆娑,茂林荫翳,有秀美的公园,宏壮的家屋,利用电气,引温泉,导冷水,使社会人人都得享受自由幸福。并且事务的整理,也是极端地利用近代科学,凡一切不愉快的微琐工作,都可以由机器代之。如"一个洗濯机,在数分钟内,能够洗净数百个碟锅;中央暖气管节省搬运煤炭的事务;一个真空扫除机,打扫住宅的灰尘";就是每个住屋的设备,也是极其富丽,那个繁华,实不是从前所能梦想得到的。讲到公家地方,更不消说了。我们的社会,不但使人有饭吃,有衣穿,有房子住，还且筹设各种公共食堂、公共浴室、公共医院、公共墓地等，使人们都能充分享受精神的幸福。现在试把《周礼》做个旁证。《周礼·天官》"医师，凡邦之有疾病者，有疕疡者造焉，则使医分而治之"；"疾医，凡民之有疾病者，分而治之，死终则各书其所以，而入于医师"，这不是有公共医院？又《春官》"冢人掌公墓之地"；"墓大夫掌凡邦墓之地域为之图，令国民族葬而掌其禁令，正其位，掌其度数，使皆有私地域"。案孙诒让《周礼正义》卷四十一。云："古者葬地皆官授之，故《王制》云：墓地不请，孔疏云：冢墓之地，公家所给。王安石《周官新义》卷八。更说得好："墓大夫凡邦墓地域，禁令度数皆掌焉，帅其属巡墓，厉而居其中之室以守之。则与后世人自求地，家自置守，富则僭而不忌，贫则无所归葬，掘墓盗尸斩木之狱不绝于有司，其为利害烦省异矣。"可见公墓制度，也是有所本的。《礼运》说："使老有所终，幼有所长，矜寡孤独废疾者，皆有所养。"于是年老的有公共养老院，年幼的有儿童公育院，有残疾的入聋盲哑院。《王制》"喑聋跛躄断者侏儒，百工各以其器食之"，这不是有残疾的，由社会公养的意思吗？复次，邮政、电报、自来水管、煤气、电灯、煤气灯、中央暖气管，以及铁路等事业，也是由公家供给。我们大同社会的交通，应如蜘蛛巢网一般，极其便利，用火车轮船飞机，当作交通转运的利器，最敏捷灵敏的还算飞机，火车轮船在将来也许不大适用。我们知道用飞机去运邮件，为事颇早，一九一一年徐伯林公司开始用飞船载运旅客或游客，一九一九年伦敦巴黎间实行了商业航空。直到现在，飞机已变成安稳交通利器，所以我们的事务院，要专注意去发达这种事情。用飞机飞船代替了火车轮船，这是决无可疑的。

但事务院还有一个最重要的事情，就是于都市中，到处设立公共的市易所。这市易所的职员，大多数都是以女子充之。因为女子最善管理这些市易的事情,所以《周礼》内宰"凡建国、佐后立市,正其肆,陈其货贿,出其度量",这分明是认市易的事,应由女子担任。《礼库》因不明此理,说什么:"今内宰却佐后立市,市井之令,出于房闼之中,此渐不可长,而况宫中之秘密,却与市井之事,其意果安在?"他全不知道《周礼》尊重女子的意思。古代一夫一妇受田百亩,可见男女都是生产者,怎么女子不可担任社会间一切的市易事情呢?我们的社会,既然男男女女都要各尽所能,所以万物也应该归万人所有,所以《礼运》说"货恶其弃于地,不必藏于己";朱彬《礼记训纂》卷九。注得好:"《正义》货谓财货也,既天下共之,不独藏府库。但若弃掷山林,则无所资用,故各收而藏之,非是藏之为己有,乏者便与也。"我们知道《周礼》藏财货的公共栈房,自郊野县都以至畿外,随处皆有。天官有大府、王府、内府、外府等职:"大府掌九贡九赋九功之贰,以受其贷贿之入,颁其货于受藏之府,颁其贿于受用之府。——凡万民之贡,以充府库……凡邦之赋用取具焉。""玉府掌凡良货贿之藏。""内府掌受九贡九赋之货贿良兵良器,以待邦之大用。""外府掌邦布之出入,以共百物,而待邦之用。"这种制度,和我们的理想差不多。我们的大同社会,没有买卖的店铺,只有公共的市易所;没有私人的府库,只有公共的货栈。在每一条街上,都有这么一个货栈与市易所,我们要用什么货物,只要在本处栈里都可以领到。只有几种紧要珍玩之物,存在总栈,我们要时,总栈就照单发货。我们的交易,也用不着什么钱币,我们有的是艺值证,《周礼·地官》"司市凡通货贿,以玺节出入之";"掌节,货贿用玺节"。我们用艺值证,就是不用钱币而用玺节的意思。只要每人从市易所,以货物交换证书,把证书付与公栈一看,就能照证取得所值的东西,这就是事务院关于分配生产的办法。至于艺值证怎样估定?分配怎样公平?那全由礼制院去定,这里不过按照执行罢了。

## （二）教育院

　　这个院务，是在实施广义的艺术教育，使人人能够享受美的欢乐，人人能够有美的艺能。荡荡休休，使人们"优而柔之，餍而饫之，如江河之浸，膏泽之润"；涣然冰释，群趣爱美一途，这就是我们对教育方针的意见了。我们教育院应办的院务是：（1）艺能教育；（2）性美育；（3）管理文化机关，如科学馆、博物馆、历史馆、图书馆等。我们认广义的艺术教育，实为大同世界的原则，自音乐、文学以及百般的美术工艺，都是我们教育院所奖励的。我们社会无论何人，都要受一种艺术的训练，我们社会的幸福与光荣，也全在乎这有训练的艺人身上。《学记》说过："不学操缦，不能安弦；不学博依，不能安诗；不学杂服，不能安礼；不兴其艺，不能乐学。君子之于学也，藏焉修焉，息焉游焉。"可见我们教育，是一种愉快的艺术教育，是没有一点束缚人性的。如果把现在的学校叫做苦学，那末我们艺术国的教育就是乐学了。如果把现在所读的教书叫做苦书，那末我们艺术国的书籍，就是乐书了。这种乐书乐学，不是别的，就是孔家所提倡的六艺。六艺就是六种不同的"艺术教育"。《周礼·天官》"儒以道得民"，马氏注"道六艺"，《太平御览》卷七百四十四。王安石注："儒以道艺教人者也。"《周官新义》卷一。《地官》："大司徒以乡三物教万民而宾兴之，一曰六德，知仁圣义中和。二曰六行，孝友睦姻任恤。三曰六艺，礼乐射御书数。"这里六德六行，都包括在六艺中的。李塨《圣经学规纂》卷二云："塨谓六德六行，实事皆在六艺。以乐德教国子，中和祇庸孝友，及《文王世子篇》乐以修内，以礼修外之言观之，益信。"又龚元玠《周礼客难》亦云："大司乐六德，此兼乡三物之六德六行而为言。今按《春官·大司乐》云，以乐德教国子，中和祇庸孝友，说中和与六德同，说孝友与六行同。可见六德六行，是完全包括在六艺中的。"又"保氏养国子以道，乃教之六艺"。那末我们为简单说明起见，可以直截了当说：我们的教育制度,就是六艺,就是六艺的艺术教育。所以孔门弟子,如某长礼乐,某达某艺,一共"身通六艺者七十二人"。《史记·孔子世家》:"太史公曰:中国言六艺者,折中于夫子。"六艺非六经,李塨《学规纂》卷二云:"六经则古人载列道艺之籍,教行道艺之词耳。非单称书册,即为道艺也。乃汉人亦以六艺名之,殊为货乱。"现在把他分析起来,六艺就是(1)礼制教育(礼)、(2)音乐教育(乐)、(3)武艺教育(射)、(4)工艺教育(御)、(5)师范教育(书)、(6)科学教育(数),总括起来却都是广义的艺术教育。这种艺术教育,就是中华教育的传统精神;就是我们社会的"艺能选举制",也是以专长六艺的天才者,依次选举出来的。如长于礼的,可被选为礼制院委员;长于乐的,可被选为音乐院委员;长于射的,可被选为平和院的委员;长于御的,可被选为工艺院委员;御字从来解作五御之节,却不知《考工记》分明说过:"周人上与,故一器而工聚为者车为多。"这里把御字来代表工艺的教育,即本此意。长于书的,可被选为教育院委员;书字从来解作六书之品数,却不知《周礼·地官》大司徒之职,掌建邦之土地之图,这个书,就是指图书而言。长于数的,可被选为事务院委员。因为先有了六艺的教育做基础,所以造就的都是艺能卓绝的人材。原来中华教育,从周公孔子以来,都是不看重读书而看重学习一种艺能的。颜习斋《存学编》说:"周公之法,春秋教以礼乐,冬夏教以诗书,岂可全不读书,但古人是读之以为学。如读琴谱以学琴,读礼经以学礼,博学之文,是六府六德六行六艺之事也。"卷一。《论语》载孔门教育的宗旨,未尝及于翻读,如云"学而时习之",这就是春诵夏弦,秋学礼冬学书的意思。又云"博学于文",也不过于诗书礼乐射御书数之文,一一讲习。李塨《学规纂》卷一。云:"博学于文所指广,兵农礼乐射御书数水火工虞之事,皆可学也。"可见我们大同主义的教育,就是艺能教育。《周礼》言道艺,又言学艺,(《地官》十曰学艺,郑司农注:学艺谓学道艺。)《礼记·少仪》："问道艺，曰：子习于某乎？子善于某乎？"《文王世子》云："曲艺皆誓之以待。"《论语·子罕篇》："牢曰：子云，吾不试故艺。"《史记集解》引郑玄曰："言孔子自云我不见用，故多技艺也。"李塨云："教世子必时者，一以分时，使艺与之宜；一以分艺，使业有所专。"《圣经学规纂》卷二。因为我们教育的目的，只在使人人有美的艺能，于是就其艺能以参加社会事业，这自不是那消耗岁月去"袖手高坐，徒事诵读"的知识阶级，所可以企及的了。

现在的社会，生涯纯为机械的动作，做了一个劳工的工人，就是那纯粹艺术，给人类一切的那些高尚的快乐，他们都不能享。但在我们社会，最初的儿童教育，即受纯粹艺术的训练，如诗歌、音乐、跳舞尤其注意。《内则》说："十有三年，学乐、诵诗、舞勺，十五成童舞象，二十而冠，始学礼，舞大夏。"陈旸《乐书》卷六曰："乐以声音为始，以舞为成。教人必期成人而后已，此所以必先舞也。夔教胄子，大司乐教国子，皆先乐者，仁言不如仁声之入人深故也。始学者必由乐以立乎礼。"《周礼》乐师"掌国学之政以教国子小舞"，郑注谓以年幼少时教之舞。这种铿锵鼓舞的儿童教育，实在把儿童快乐可喜的时代，充分地表现出来了。明李之藻《頖宫礼乐疏》卷八。说得最好："嗟乎！先王之教，所以必从事于舞者何也？人生而成童，血气筋骨，渐以充实而愤盈，其嬉笑跳跃动于手足舞蹈之间，如熊经鹤舞狮玃猿腾，机自有所不容遏。禁之郁，纵之荡，圣人因而导之曰：来！吾教尔舞！进而示之以盘蹙顾盼之容，束之以俯仰进退之节，而又钟鼓悦其耳，羽旄快其目，而习之者亦相率而以为便，不自知其困于节，范于正，而幼志之潜消也。故曰：听雅颂之声，志意得广焉。执其干戚，习其俯仰诎信，容貌得庄焉。行其缀兆，要其节奏，行列得正焉，进退得齐焉。古者之教，洒扫应对以禁傲，诗书羽籥以舞和，若夫动而有节，则莫舞若矣。固以动阳气导万物，其于成就人才则尤亲切焉。由小学之书而进之以瞽宗之礼乐,由瞽宗之礼乐,而成之以东序之舞,则圣人之教可想也。"这一段话,把我们儿童教育宗旨,都完全说尽,用不着再讲什么了。成年后的教育,是以音乐为主,如《王制》所说:"乐正崇四术,立四教,顺先王诗书礼乐以造士,春秋教以礼乐,冬夏教以诗书。"李光地《古乐经传》卷五云:"诗书礼乐,即四术四教也。春秋寒燠之中,宜于歌舞,冬夏寒暑之极,可以吟诵而已。"《文王世子》说:"春诵夏弦。"注:诵谓歌乐也,弦谓以丝播诗。《周礼·春官》:"大司乐以乐德教国子,中和祗庸孝友。以乐语教国子,兴道讽诵言语。以乐舞教国子,舞云门大卷大咸大䪡大夏大护大武。"这种音乐教育,在清代如俞正燮《癸巳存稿》卷四云:"虞命教胄子,止属典乐。周成均之教,大司成、小司成、乐胥,皆主乐,《周官》大司乐、乐师、大胥、小胥,皆主学。……子路曰:何必读书,然后为学?古人背文为诵,冬读书,为春诵夏弦地,亦读乐书。周语召穆公云:瞍赋矇诵,瞽史教诲。《檀弓》云:大功废学,大功诵。……通检三代以上书,乐之外无所谓学。《内则》学义亦止如此。汉人所作《王制》《学记》,亦止如此。"龚元玠《周礼客难》云:"成均之法,以大司乐掌之何也?曰:古者师之教,弟子之学,惟乐之功用最神。故师保二氏所养,大比所宾,邦国所贡,必受学于大司乐。其所以优游涵养,鼓舞动荡,深入人心,有非人力所能兴者矣。舜教胄子以夔,周教国子大司成,其揆一也。西汉博士隶太常,有成周遗意。而先王之乐已亡,后世更分大司成太常为二职,学与乐全不相关,教学遂俱不如古,此又古今学政人材升降一大限也。"都早已看出,所以我这里只须就乐德乐语乐舞言之。现在先讲乐德。原来我们中华的道德观念,如所谓六德六行,都是从艺术出来的。唐荆川说"古圣贤教人,虽一曲艺,未尝不与心学相通";《与裘剡溪书》。又说:"六艺之学,皆所以寄精神心术之妙,非特以资实用而已。"《与顾箬溪书》。说到音乐,更有他特有的道德生命,就是谐和。朱子说过:"夔教胄子只用乐,大司徒之职也是用乐。盖人朝夕从事于此物,得心长在这上面,盖为乐有节奏,乐他底急也不得,慢也不得,久之都换他一副当情性。"因为乐的作用,在刚柔疾徐之间,很能够养人心的谐和,所谓中和祇庸孝友,都只是谐和中事,都只是音乐性的充分发达。如舜命夔典乐教胄子,"直而温,宽而栗,刚而无虐,简而无傲",如暴慢粗鄙,邪秽渣滓,有一毫没有融化,都算不得乐德,这不是以音乐教育为道德教育的一个例吗?次言乐语。古代发泄情感,全用诗乐,诗三百篇都是可歌可诵可舞可弦的乐章。《荀子·劝学篇》云:"诗者,中声之所止也。"郑玄曰:"诗弦歌讽论之之声。"孔颖达曰:"诗是乐歌。"又曰:"诗是乐章。"杨士勋曰:"诗者,乐章也。"郑樵《通志》卷四十九云:"诗为声也,不为文也,凡律其辞则谓之诗声,其诗则谓之歌。作诗未有不歌者也。乐者,乐章也。"又《六经异论》卷三云:"诗三百篇皆可歌可诵可舞可弦,大师世守其业,以教国子,自成童至既冠,皆往习焉。诵之则习其文,歌之则识其声,舞之则见其容,弦之则寓其意。"刘濂《乐经文义》曰:"三百篇者,乐经也。"朱载堉《律吕精义》卷十七云:"乐经者何,诗经是也。"朱载堉《律吕精义》卷十八。说得好:"孔门礼乐之教,自兴于诗始。"《论语》曰:"取瑟而歌。"又曰:"子于是日哭则不歌,其非病非哭之日,盖无日不弦不歌。"由是观之,弦歌乃素日常事,所谓不可斯须去身信矣。至若子游、子路、曾晳之强,皆以弦咏相尚。伯鱼未学《周南》《召南》,则以面墙之喻规之,其谆谆诱以诗乐而无间也。诗乐就是乐语,我们要使大同社会充满歌咏欢乐的声音,必须从诗乐教育下手。《乐记》说"乐终可以语,可以道古";又说:"弦歌诗颂,此之谓德音,德音之谓乐。"能够使全社会的言语,都和八音一样和谐,全社会的人们,都用乐语互相感发,便到处都是诗,到处都是乐了。次言乐舞。陈旸《乐书》卷四十注:"大司乐之教国子,始于乐德,本之情性也。中于乐语,发之声音也。终于乐舞,形之动静也。"我们的音乐教育,是生机活泼的教育,既有钟磬管弦的声音,则必有手舞足蹈的仪容。朱载堉说得好《律吕精义》卷十九。:"咏歌之不足，不知手之舞之足之蹈之，盖乐心内发，感物而动，不觉手足自运，欢之至也，此舞之所由起也。……有乐而无舞，似瞽者知音而不能见；有舞而无乐，如痖者会意而不能言；乐舞分节谓之中和，致中和，天地位焉，万物育焉。必使观者听者，感发其善心，惩创其逸志，而各得其性情之正。至于不取雏禽，不杀孕兽，是以胎生者不殰，卵生者不殈。夫然后凤凰①来仪，而百兽率舞，斯则学之效也。"我们大同社会的同胞们，没有一个不能舞的，幼而未尝不学舞，长而未尝不起舞，这种舞蹈的教育，使人们都如腾空飞鸟一样的快活！

我们的教育院，不但教人以美的艺能，还要教人以互相亲爱。我们以为爱的发端，是发生于男女之间，所以我们爱的教育，特别注意广义的性教育。我们试看孔家对于性教育，是抱怎样态度？李觏说孔子"于《诗》则道男女之时，容貌之美，悲感念望，以见一国之风，其顺人也至矣"。《原文篇》。《礼运》更是一开口便说"饮食男女，人之大欲存焉"；《中庸》更分明地以夫妇为仁之本，如说："君子之道，造端乎夫妇，及其至也，察乎天地。"这和《周易·序卦传》里"有男女然后有夫妇，有夫妇然后有父子"焦循《易章句》云：父子上下礼义皆本于夫妇。一样地知道男女是爱的起点。因此我们的教育，也实实在在要企望一男一女的爱，所以关于恋爱所必须的虔诚和清洁，在教育期间，都应该有一个准备。恋爱！在我们的社会里，是一种公开的神圣的事情。我们教育院认恋爱是人生一桩大事，如《韩诗外传》就有一大段关于性的发达的研究，这都应该讲授给青年的男女们使他知道。到了那青年男女情资一开，我们教育院还可以为他们或伊们介绍性趣艺能相同的人，使他成为情人或夫妇。《周礼·地官》"遂人以乐昏扰甿"；郑康成注："乐昏劝其昏姻，如媒氏会男女，扰顺

---

① "凰"，原作"凤"，误，据《律吕成书》四库本改。——编者

也。"又《地官》"媒氏掌万民之判,凡男女自成名以上,皆书年日名焉。令男三十而娶,女二十而嫁,凡娶判妻入子者皆书之"。媒氏是掌男女婚姻的官,他知道性爱的成熟,和年龄是很有关系的。贾疏引《圣证论》王肃曰:周官之令,男三十而娶,女二十而嫁,谓男女之限,嫁娶不过此也。《家语》孔子说:"男子二十而冠,有为人父之端,女子十五许嫁,有适人之道,于此以往,则自昏矣。"《仪礼·士昏礼》贾公彦注:"昏礼据士身自昏。"可见爱的成年的自由恋爱自由结婚,元是天经地义。《周易·家人卦》说"王假有家,交相爱也",如没有双方的恋爱,还成什么家呢?不但如此,我们的教育家,还要于一定时日,大会合青年男女,为之择配,所以《媒氏》:"中春之月,令会男女,于是时也,奔者不禁。"又说:"司男女之无夫家者而会之。"这段文在历来学者是一大争论,郑注"重天时,权许之也"。《谷梁》文十二年范注引谯周云:"奔者不待礼聘,因媒请嫁而已矣。"《玉烛宝典》引董勋问礼俗云:"《周礼》仲春奔者不禁,谓不备礼而行,非谓淫泆。"惠士奇《礼说》清《经解》卷二百一十七。云:"媒氏会男女,即《管子》掌媒之合独;所谓合独者,凡国都皆有掌媒取鳏寡而和之,予田宅而家室之。"近人谓男女二月,群聚歌舞,自相择配,心许目成,即谐好合,但无论如何,总可见得我们教育院尊重自由恋爱自由选择的一点意思。并且在青年的男女自动的得到称心情热的伴侣以后,那关于恋爱的道德,也应讲给两方知道。唐甄《潜书·内伦篇》:"《诗》曰:鸳鸯在梁,戢其左翼。郑氏曰:鸟之雌雄不可别者,以翼知之,右掩左雄,左掩右雌,阴阳相下之义也。夫妇亦相下以成家也。孔氏曰:《易》之《咸》为夫妇之道,其象曰:止而说,男下女,以证夫妇相下之道。"要我们的社会,变成功爱与美的社会,自然不能不要男女互相协助,将拘囚的、狭隘的、自私自利的偏见和性癖,都在爱人的面前牺牲了。并且我们为要保持男女真情之纯洁,还要极力提倡两方的贞操。俞正燮说得好："妇无二适之文，男亦无再娶之仪，自礼意不明，苛求妇人遂为偏教。古礼夫妇合体，同尊卑，古言终身不改，身则男女同也。"《癸巳类稿》卷十三。我们大同社会的男女，都是极其神圣的，单一的，永续的，既没有什么出妇，也没有什么出夫。见《癸巳存稿》卷十四"出夫"一条。"黾勉同心，不宜有怒"，既然以恋爱而结合，则倘若有破坏恋爱的事情，须尽一切去努力回复，无论拿什么理由，也不要和其他一人离异，这才是大同社会的好女子，好男儿！至于胎教和看护幼儿的方法，这在我们教育家更有"胎教院""婴儿院"和"避孕院"等的设备。这种设备，都是专为制造美好的世界公民的。

## （三）音乐院

这个院务，以提倡艺术的信仰与道德为主旨。要有许多最壮丽最适中的建筑，以为群众集合歌舞之场，选举任命人才之所。这一部的委员，应选一个多材多艺参赞化育的大哲学家，做我们艺术国的表率，情感的指导师。他的院务是：（1）宣传泛神的宗教；（2）制定乐歌，为社会舆论的机关；（3）提倡艺术的道德；（4）调剂各院，为大同社会的中心。原来我们艺术国的信仰，便是"泛神的宗教"，泛神宗教便是爱与美的宗教。《史记·律书》有一段说得最好："神生于无形，成于有形，然后数形而成声，故曰：神使气，气就形，形理如类有可类，或未形而未类，或同形而同类，类而可班，类而可识，圣人知天地识之别。故从有以至未有，以得理若气，微若声。然圣人因神而存之，虽妙必效情。核其华，道者明矣，非有圣心以乘聪明，孰能存天地之神。而成形之情哉？神者物受之而不能知，及其去来，《考证》云："按及字，衍文。言物受之而不能知其去来也。何以不能知？以知者神知之，神不知神，犹日不见日，眼不见眼也。虽然神无去来，受者物而神者物物，则本无去来,无知而无不知也。"故圣人畏而欲存之,唯欲存之,神之亦存。《正义曰》:"言圣人畏神妙之理难识,而欲常存之,故其神亦存也。"其欲存之者,故莫不贵焉。"《正义》曰:"言平凡之人,欲得精神存者,故亦莫如贵神之妙焉。"这一段话,是告诉我们宇宙即神的真情的歌声,我们只凭真诚恻怛的一点情,便自能感神的所在。既感得神的所在,于是神就存在了。原来神的存在只是感,只有表情最自然最美的声音,才能引人复归于神。《尚书·舜典》云:"诗言志,歌永言,声依永,律和声,八音克谐,无相夺伦,神人以和。"《益稷谟》云:"戛击鸣球,搏拊琴瑟以咏,祖考来格,虞宾在位,群后德让。下管鼗鼓,合止柷敔,笙镛以间,鸟兽跄跄,箫韶九成,凤凰来仪。"可见音乐的功效,不独感动神明,甚至于鸟兽无知,尚且相率跄跄而舞。《周易》:"雷出地奋,豫先王以作乐崇德,殷荐之上帝,以配祖考。"《周礼·春官》:"大司乐以六律六同五声八音六舞,大合乐以致鬼神示,以和邦国,以谐万民,以安宾客,以说远人,以作动物。乃分乐而序之,以祭以享以祀。乃奏黄钟,歌大吕,舞云门,以祀天神。乃奏太簇,歌应钟,舞咸池,以祭地示。乃奏姑洗,歌南吕,舞大磬,以祀四望。乃奏蕤宾,歌函钟,舞大夏,以祭山川。乃奏夷则,歌小吕,舞大护,以享先妣。乃奏无射,歌夹钟,舞大武,以享先祖。……凡六变者,一变而致羽物及川泽之示,再变而致赢物及山林之示,三变而致鳞物及丘陵之示,四变而致毛物及坟衍之示,五变而致介物及土示,六变而致象物及天神。"最明显的是:"若乐六变,则天神皆降,可得而礼矣。若乐八变,则地示皆出,可得而礼矣。若乐九变,则人鬼可得而礼矣。"由上面的话,可见古代的音乐,是拿来祭天神地示人鬼用的,本来就带有极浓厚的泛神色彩。《周礼集说》卷五,四库本页十八,不著撰人名氏。解道:"夫乐天地之和也,以天地之和,寓诸器,形诸文。以是而祭天,则天神可使降;以是而祭地,则地示可使出;以是而祭宗庙，则人鬼可礼。吾岂闻其声见其形哉？得于想象如在其上，如在其左右，然是礼行焉，易慢之心不起，鄙诈之心不作，而鬼神享之矣。所谓一变致羽物之类，亦言其可以感动，凡是血气之类，无不应，犹其言百兽率舞，鸟兽跄跄，鹊巢可俯而窥之耳。"只有音乐可以存养感神的心理，只有音乐可以和神交通，因为神本来只在若即若离之间，是有圆融不测之妙，而音乐感通的妙用，却在乎"鼓之舞之以尽神"。(《系辞》) 如"瓠巴鼓瑟而游鱼出听，伯牙鼓琴而六马仰秣"。知道至乐可以感通天地，便可以证明泛神宗教和音乐的关系了。

我们音乐院既从事于泛神宗教的宣传，便自应每年举行祀神的一种宗教大会，在这大会并有规定的乐歌舞蹈，以助兴趣而动情好。《周颂·思文篇》"无此疆尔界，陈常于时夏"，姚际恒注："谓郊祀每岁常行，时是，夏大，为陈此常行之礼，于是大之乐歌也。"从前的宗教，都只表明各民族的差别来，都有特别的教旨，就有泛神的宗教，是没有一切界限的；就有泛神的宗教，是一切审美的艺术的本原，所以祀神的典礼，也是以宗教式的音乐，舞蹈为主。在举行典礼的那一天，全社会都应休息，不论男的女的，都应该尽量快活。案《礼记·杂记》下云："子贡观于蜡，孔子曰：赐也乐乎？对曰：一国之人皆若狂，赐未知其乐也。子曰：百日之蜡，一日之泽，非尔所知也。张而不弛，文武弗能也；弛而弗张，文王弗为也；一张一弛，文武之道也。"孔子是很看重这个宗教节的，他分明承认这一日里应该举国若狂，全社会的男男女女，都饮酒燕乐，互相交爵，《坊记》云：子曰：礼非祭男女不交爵，胡宏全不知礼义，攻《周礼》云：王媰同姓，诸侯后出杂献，其为男女之别安在？真是放任快活，到了极点。并且在我们的大会里，一面唱歌，一面狂舞，《閟宫》云"万舞洋洋"，《商颂》云"万舞有奕"，《小雅》云"坎坎鼓我，蹲蹲舞我"，《宾筵》之诗云"乱我笾豆，屡舞僛僛；侧弁之俄，屡舞傞傞"。这种狂舞痛舞，确是平民的一种娱乐。《乐记》里说："其治民劳者，其舞行缀远；其治民逸者，其舞行缀短。故观其舞，知其德。"行缀是舞蹈者行列的数目，我们在这一天里，因民之劳逸，可以作我们大同政治的评价。此外我们的音乐院，每年还要定时日开养老大会，这一天将通国的老翁与老妪，择其年龄最老的，加以尊严的崇拜。并且这一天，通国的行政人员，都可以尽情地得国老的指教。《文王世子》说："凡大合乐必遂养老，始之养也，适东序，释奠于先老，遂设三老五更，群老之席位焉。蔡邕云；'更当为叟，三老三人，五更五人。'适馈省醴，养老之珍具，遂发味焉，退修之以孝养也。"《乐记》说："食三老五更于大学，天子袒而割牲，执酱而馈，执爵而酳，冕而总干。"总之，这一天通国的人都要痛饮大醉一场，以为老人们祝福。有的掌割烹，《周礼·天官·外饔》："邦飨耆老孤子，则掌其割烹之事。"有的献齿杖，《秋官·伊耆氏》："共齿杖。"有的献珍食，《夏官·罗氏》："中春罗春鸟，献鸠，以养国老。"有的共酒，《天官·酒正》："凡飨耆老，皆共其酒，无酳数。"有的共食，《稾人》："若飨耆老，共其食。"最有趣的，就是音乐院的委员，也学老莱子著斑斓之衣，舞他一场。这真《礼运》所说"故人不独亲其亲，不独子其子"，这一天的娱乐，不异是大同主义的超家族精神的表现了。

实在我们音乐院，不但是信仰的中心，也是道德的中心。《周礼》"大司乐以乐德教国子，中和祗庸孝友"，"大师教六诗，以六德为之本"，"瞽蒙掌九德六诗之歌"。《乐记》云："乐者，所以象德也。"周濂溪说中国音乐的特性是："乐声淡而不伤，和而不淫，入于耳，感于心，莫不淡且和焉。淡则欲心平，和则躁心释。"所以乐教的好处，在能宣畅道德，使人们因音乐的妙用，悟到谐和静定友爱的真理，以四海为兄弟《乐记》云："四海之内，合敬同爱。"《论语》："孔子云：孝乎，惟孝，友于兄弟，施于有政。"此即孝友二字之真诂。这就是中国音乐提倡中声的好处了。《国语周语》下伶州鸠道:"古之神瞽,考中声而量之以制。"谓合中和之声,而量度之,以制乐也。《左传》昭元年秦医和道:"先王之乐,所以节百事也,故有五节,五声之节。迟速本末以相及,中声以降。五降之后,不容弹矣。于是有烦手淫声,慆堙心耳,乃忘中和,君子弗听也。"《说苑·修文篇》孔子说:"先王之制音也,奏中声,为中节,流入于南,不归于北。"《吕氏春秋·适音篇》说:"太巨太清,太小太浊,皆非适也。何谓适?衷音之适也。何谓衷?大不出钧,重不过石,小大经重之衷也。黄钟之宫,音之本也,清浊之衷也。"把谐和的中声,看作乐的根本,这种思想,从古代以至近代,如宋陈旸,《乐书》卷一百五十一。朱子、蔡元定;《律吕新书》。明李之藻,《类宫礼乐疏》卷七。朱载堉,《律吕精义》。葛中选;《泰律》卷六中声分。清应撝谦,《古乐书》十二。李光地,《古乐经传》卷四。乾隆,《律吕正义后编》卷一百十八中声。江永,《律吕阐微》卷七。胡彦升,《乐律表微》卷三。徐养源,《律吕臆说相生说上》。程瑶田,《琴音记续编》。方成培,《词尘》卷三论中声。陈澧,《声律通考》卷九。虽然他们对于中声的解释不同,却都认音乐为谐和的性质,拿来美教化移风俗的。因为所咏的是中声,所道的是中德,自非心气和平不能合律,心气和平就是静,李之藻《类宫礼乐疏》说得好:"五方之歌固殊,六律之用则一,无他缪巧,一本静定之功。倘于学问无关,后夔讵以教胄;若无中和之养,辄谓可交神明?是《周官》九变之说真诞,而仪舞允谐,圣人亦欺我耳!"陈旸《乐书》卷一百五十二。也说:"歌之所宜,《颂》则宽而静大,《大雅》则广大而静,《风》则正直而静,盖歌以声为主,声以静为本。此歌《风》《雅》《颂》皆本于静也。《记》不云乎:声容静。"郝懿行《礼记笺》卷十九。也说:"《风》《雅》《颂》三以静言者,静安也,乐由中出本静。又诗本性情,须具安恬之性者,乃能领会其义也。"知道中国的音乐,是一种谐和静定的"德音",就知道我们大同社会的道德，也就是音乐的道德。我们音乐院借音乐的暗示，来开发人们的性情，《周礼》大司乐"凡建国禁其淫声，过声，凶声，慢声"；《论语》颜渊问为邦，孔子告之以"放郑声"，按郑声，非郑国之音。王夫之《四书稗疏》云："雅正也，郑邪也。医书以病声之不正者为郑声，么哇嚅呢，而不可止者也。"其非以郑国，言之明矣。郑声就是不谐和的音乐，很容易使人陷于偏激的。但在我们却要由谐和态度的音乐，使人情感调和得中，所以能够"乐而不淫，哀而不伤"（《论语·八佾》），于是而人们的内心生活，更能够温柔敦厚了！于是而人们到了那没有斯须不和不乐的地步了！

我们音乐院不但是道德的中心，也是社会舆论的中心。现在社会舆论的机关是新闻纸，将来的舆论，是民众的诗歌，诗歌比新闻纸，自然格外能表示情感些。并且这时民众的诗歌，都是可以歌唱的，都是可以"各言其心之所之"的。我们音乐院的职务，就是搜集这些民歌，拿来定行政的方针，那最好的，还要拿来演奏咧！《王制》"命大师陈诗以观民风"；章黄《图书编》乐诗总论云："先王之世，乐官以诗为职。方其坐明堂而端委以临天下也，必命乐官以诗察政治，考人材之得失，故曰工以纳言，时而飏之。"又曰："闻六律五声八音在治忽，以出纳五言。其出而省方巡狩以朝诸侯也，亦必命太师陈诗以观民风。民风者，田夫野妇之所自歌咏闾里而为言者也。而天子犹命之乐官，以播之金石丝竹之间。由此观之，可见当世自王公大人，凡至中林免置之士，无一人之不能言而为之诗，而其诗也，由朝廷宗庙以至国都里巷之间，无一言之不奏于乐官而为之乐。"《汉书·食货志》云："春秋之月，群居者将散，行人振木铎于路以采诗，师古云：'采诗，采取怨刺之诗也。'献之大师，比其音律①。"师古曰："大师掌音律之官，教六诗以六律为之音者，比谓次之也。"我们理想的大同社会，人人都能够赋

---

① "律"，原作"闻"，误，据《汉书》原文改。——编者

诗见志，吟咏性情，更不在话下。这时只要情感有所感触，便发泄为歌咏之声，很快地将这种声音，被之管弦，以流行于天下。如"男女有所怨恨，相从而歌，饥者歌其食，劳者歌其事"（《公羊春秋》定十五年何休注），或陈情欲，《韩诗外传》云："精气圆溢，而后伤时不可过也，不见道端，乃陈情欲，欲以歌道义，《诗》曰：'静女其姝，俟我乎城隅。爱而不见，搔首踟蹰。''瞻彼日月，悠悠我思。道之云远，曷云能来？'急时辞也。是故称之曰月也。"或作颂声，《公羊传》宣十五年，什一行而颂声作。何休注：颂声者，太平歌颂之声。或籥，幽章，吹幽诗，幽雅，幽颂。或管，礼下管象，下管，新官。或箫，《国语》叔孙穆子聘晋，晋伶箫咏《鹿鸣》之三或鼓。《文王世子》云胥鼓南总之，这时代的社会舆论都可以随意在诗歌里表现出来，到处都是弦歌之声，便到处都是舆论的所在。"幸有弦歌曲，可以喻中怀。"凡厥舍生，情本一贯，那怕歌咏所及，不会互相感发呢？将来音乐院的每日新闻，也不过把这些人心自然的声诗采集起来，制成五线谱，好给人兴发想象，如《史记·孔子世家》"三百五篇，孔子皆弦歌之，以求合韶武雅颂之音"；《荀子》云"大师审诗商"，谓审察诗中若有商音，则避之。这都是以诗歌来同民之心而和其声音的。这么一来，诗歌成了民众表情达意的工具。我们的音乐政治，就是站在这歌咏欢乐的兴论政治的上面。

音乐院无论在那个时候都是民众的机关，如选举时候，在乡村方面由音乐分院执行，在国都方面，则由音乐总院执行。《礼记·王制》选举的方法，国学则掌于大乐正，注大乐正即《周官》大司乐，可见选举方法，也如和合乐声一般，都是音乐院的职掌。并且在选举时，还要演奏一种和气正声，来感动选举者的人格。《乐记》云："正声感人而顺气应之，顺气成象而和乐兴焉，倡和有应，回邪曲直各从其分，而万物之理，各以类相动也。"真正的选举，实在和音乐的道理相合，和以召和，便人自无争，选举人听之莫不欣喜欢爱，于是选出来的自然都是德艺兼长的人了。不但如此，音乐院还有调剂各院为六院之连锁之妙，因为音乐院是大同社会的中心，运无为之化，在艺术国里人民全体一致尊敬这个职位，所以礼式上应受最高的荣典。《周礼·春官》大司乐生为乐职之长，"死则以为乐祖，祭于瞽宗"。瞽宗就是一种纪念庙，音乐院是由现象世界而引以到达本体世界之最高机关，他是艺术国里的灵魂，所以值得永远存留于我们的心脑，做我们长时间的纪念。

## （四）平和院

我们以情爱为基础的社会里，人类都是同胞，都是和平的分子。《国语·周语》下云："声应相保曰和，细大不逾曰平。"平和院的宗旨，就是要使全人类都充满着和平的声音，互相扶助，绝对不用战争。我们反对暴力，我们的目的，宁愿为和平而死，不愿为暴力而生，所以平和院的组织，就是本于这种平和主义的精神，是以绝对希求世界弭兵为宗旨的。这个院务是：（1）平和军的组织；（2）武艺的训练；（3）平和的外交家；（4）毁兵器，禁杀戮。依我们的意思，过去军队的组织，实可分为三时期，第一期为奴隶的军队；第二期为职业的军队；第三期为国民的军队；但现在已到了第四期"平和的军队"的时代了。我们的"平和军"的组织，完全是基于全人类极深的真情冲动，完全是一种非战的同盟。我们要联合科学家与人道主义者，应用科学，专门守御，只要世界有战事发生，我们都要"披发缨冠，而往救之"，可见平和军完全是为毁灭世界军备之残酷而战，为真理而战，和从前的军队是绝对不同的。我们相信无论在何环境下，平和总是对的，战争总是罪恶的，无论是国家战争，国际战争，或殖民战争，我们都绝对否认他。我们的意思，以为只有平和可以达到大同的社会，"平和"非他，即不用造作，不用战争，世界本无敌人，何用造作？本无敌人，何用战争？生命如无间断，便都是稳静平和的状态，所以"战争"生于生命间断时候，而暴力的手段，在我们的社会，自然都不必要的了。所以我们的平和院，虽号召民众，从事平和军的组织，用"爱"来感动一切，战胜一切，但无论怎样，逢着了迫害，总不肯取消我们"平和"的信念。自然这种积极的平和组织，以对付暴力，其所需要的勇气与训练，比较从前的军队，还要重大许多。我们的军队，有一个绝大的"无形力"，能够使抱暴力主义的人们失望落胆，这个"无形力"，就在我们有威武不能屈的平和思想。平和思想，就是我们中国传统的军事精神，我们中华的思想家，彻首彻尾，都是非战论者。如《老子》俭武章云："以道佐人主者，不以兵强天下，其事好还。"又云："兵者不祥之器，物或恶之，故有道者不处。"甚至以战名家如孙子《作战篇》要人"尽知用兵之害"，《谋攻篇》以"不战而屈人之兵，为善之善"。《尉缭子·武议篇》也说："兵者凶器也，争者危道也，事必有本，故王者代暴乱，本仁义焉。战国则以立威，抗敌相图而不能废兵者。"兵家之言如此，可见民族根性，是如何主张和平，反对战争的了。儒家更是很明显反对战争的。《论语·卫灵公篇》："卫灵公问陈于孔子，孔子对曰：俎豆之事，则尝闻之矣；军旅之事，未之学也。"又说："远人不服，则修文德以来之。"孟子对齐宣王说："仲尼之徒，无道桓文之事者。"董仲舒说："仲尼之门，五尺童子，羞称五霸。"孟子也说："争地以战，杀人盈野；争城以战，杀人盈城，此所谓率土地而食人肉，罪不容于死。"《离娄下》。"有人曰：我善为陈，我善为战，大罪也。"《尽心下》。所以我们大同主义者，应高揭非攻寝兵的鲜明旗帜，以完成孔孟"春秋无义战"的理想。但是我们要用怎样的方法去作实力的宣传呢？在这里我特别要提出墨子的防御方略。墨子是受过孔门非攻思想的影响的，《淮南·要略》云："墨子学儒者之业"，受孔子之术可证。所以每次听见有人要攻国，他都要出力阻止，如齐欲攻鲁，墨子见项子牛和齐王，说而罢之。楚欲攻郑，墨子见楚国的执政鲁阳文君说而罢之。《公输篇》记公输般在楚，为楚王造高云梯，要来攻宋，墨子听见，赶紧从鲁动身，裂裳裹足，日夜不休，十日十夜，而至于郢，劝公输般不要攻宋。这一段故事，实在就是我们"平和军"的先声。现在即将他抄录起来，做我们的模范。

墨子见王曰："闻大王举兵将攻宋，计必得宋乃攻之乎，亡其不得宋且不义，犹攻之乎？"王曰："必不得宋，且有不义，则曷为攻之？"墨子曰："甚善，臣以为宋必不可得。"王曰："公输般，天下之巧工也，已为攻宋之械矣。"墨子曰："令公输般攻，臣请守之。"于是见①公输般。墨子般带为城，以牒为械，公输般九设攻城之机变，墨子九距之。公输般之攻械尽，墨子义守圉有余。公输般诎而曰："吾知所以距子矣，吾不言。"墨子亦曰："吾知子之所以距我矣，吾不言。"楚王问其故，墨子曰："公输子之意，不过欲杀臣。杀臣，宋莫能守，乃可攻也。然臣之弟子禽滑厘等三百人，已持臣守圉之器，在宋城上，而待楚寇矣。虽杀臣，不能绝也。"楚王曰："善哉！吾请无攻宋矣。"

这种牺牲的精神，同情的守御，爱平和的天性，实在是我们中国民族的美质，从墨子的故事里，完全表现出来了。我们平和军的组织，也是以积极守御为平和主义的后盾。我们要聚集许多专门的科学家，造为各种守御的利器，不问国界种界，只当有战事发生，便要为人道，为真理，出来为弱者守御。一面用飞机在天空里散布和平的传单，并且时常排队游街，击鼓鸣笛，运动各处平民，一致的从事和平运动。

---

① "于是"下原脱"见"字，据《墨子》通行本补。——编者

我们平和院的最大计划,是在实行传统的"和平的革命",我可以大胆地说,这就是我们为万世开太平的最方便的方法。我们时常听见儒者称道汤武的革命,是"顺乎天而应乎人",究竟汤武的革命,是怎样一回事呢?《礼记外传》云"武王以万人同灭商,故谓舞为万";《孔子家语》"武王承命兴师,渡孟津,前歌后舞";《公羊春秋》宣八年:"万者何?干舞也,何休注:干谓楯也,能为人扞难,而不使害人。"可见这种平和军的组织,只是一个音乐队,一个跳舞团,已尽可完成和平革命的事业。我们大同社会为和强力决战的原故,应该有真的平和之全部的活动表现,于是平和军出发于枪林弹雨之中,传播一种平和的声音,仗着音乐的感化力,不怕不能化狠戾而为和平的。《周礼·春官》"大师执同律以听军声,而诏吉凶";《史记·律书》云:"六律为万事根本焉,其于兵械尤所重,《考证》云:按械字为戒字之讹。故云望敌知吉凶,闻声效胜负,百王不易之道也。武王伐纣,吹律听声。"惠栋《礼说》《经解》卷一百二十。道:"武王伐纣,吹律听声,故名其乐曰《武宿夜》,言武王宿商郊,士卒皆欢娱,夜半持律管至敌垒大呼,有声来应。"要懂得吹律听声的意思,须先明了《国语》《周语下》。"声以和乐,律以平声"的原来说法。如果吹律的结果,所咏的都是和平的声音,便自然众心成城,众口铄金,不怕对方的兵械,不会尽行销毁。你看《礼记·乐记》所说:"女独未闻牧野之语乎?……济河而西,马散之华山之阳,而弗复乘;牛散之桃林之野,而弗复服;车甲衅而藏之府库,而弗复用。倒载干戈,包之以虎皮;将帅之士使为诸侯,名之曰建櫜者,言所以櫜弓矢而不用者,将率之士力也。然后天下知《武王》之不复用兵也。散军而郊射,左射《狸首》,右射《驺虞》,而贯革之射息也。裨冕搢笏,而虎贲之士说剑也。"《家语·辩乐解》作"脱剑"。可见平和军所到,只是以音乐代兵械,只是以音乐的迫人性,作鼓勇制胜的方略。《乐记》说过:"乐终而德尊，君子以好善，小人以听过。"郝懿行《郑氏礼记笺》卷十九。注云："小人听之有以形其丑，则自知其过而必改，故曰以听过也。"我们不信人心有感罢了，我们既相信人类都是好的，便自然能够以和平的德音，感发人们的美性，使人们自然革恶归善，流邪改正，那还用得着战争吗？还用得着别的武器吗？

平和院的第一职务在组织"平和军"，第二职务则在平时武艺的训练。这在古代，就是射礼。《论语·八佾》孔子说："君子无所争，必也射乎！揖让而升，下而饮，其争也君子。"假使平时没有这"勇而有礼"的训练，又怎够在枪林弹雨之中，个个都愿意为平和主义的牺牲呢？真的，我们"胜残去杀"的平和军，他们的热诚勇敢，都是从平时乡射里训练出来的。敖继公云"乡射者，士与其乡之士大夫会聚于学宫，饮酒而习射也"；陈祥道《礼书》总论乡射云："使人泯争心于揖逊之间，奋武事于燕陈之际。"我们试看《周礼·地官》，就更明白了。《周礼》："乡老及乡大夫，退而以乡射之礼五物询众庶，一曰和，二曰容，三曰主皮，四曰和容，五曰兴舞。"惠栋《礼说》地官一。注道："一曰和志，其志和也。二曰和容，其容和也。三曰主皮，志和容和，能中质也。四曰和颂，其声和也。五曰兴舞，其节和也。"可见平和军的训练，是以平和为主。在大同社会里人人都是平和军的一分子，人人都要受平和的训练，假使没有训练得好，便有大典礼时，不许参加。如《礼记·射义》试贡士于射宫："其容体比于礼，其节比于乐，而中多者得与于。祭，其容体不比于礼，其节不比于乐，而中少者，不得与族。"这是何等地劝勉人的武艺的精神！并且在行射礼之前，或先行燕礼，或先行乡饮酒礼，这又是何等地郑重其事！射时钟师奏乐，或奏《驺虞》，或奏《狸首》，或奏《采蘩》《采蘋》，以"既和且平"的乐声，使听者不能不兴起感动。于是发扬蹈厉，声韵慷慨，或为弓矢舞；阮元《揅经堂集·释颂篇》云："《狸首》《采蘩》《采苹》,皆以弓矢舞。"或为兔置舞朱载堉云:"武舞,为干城腹心发扬蹈厉之状,乐奏《周南兔罝》之诗。"或为野舞《周礼》舞师教野舞。《周礼·夏官》"司兵授舞者兵";《虞书》说:"舞干羽于两阶,七旬有苗格。"如是之舞,才是平和军的舞蹈法!李刚主在《瘳忘编》页七。说得最好:"昔阴康氏患人多重腿,乃制舞仪,教人利导其关节而民和。后世知舞意者盖鲜,而知武舞之意者更鲜矣。其意在使人日习武而不弛,在使人日习武而不觉,更使人日渐日摩,视之如手足饮食,舍是则筋骨纵张,气血溃败而不可生也。故《周礼》舞师教野舞,《乐记》云:天子夹振之而驷伐。又曰:冕而总干,是上自天子,下逮庶人,未有不习舞者矣。后世失武舞之法,而武艺技击别为一事,儒者披甲胄而色赤,持戈矛而惭汗,以致天下皆如痿夫尪人,幼妇矫女,可胜叹哉!"刚主的话是对的,我们大同社会,人人都要强健勇敢,人人都要"勇而有礼",但这种勇气,却是从武舞里学出来的。古代射仪在将来虽不大重要,我们也可任意改作长途赛跑,野外露宿,或短艇竞漕,或射击竞马。总而言之,平和军的训练,无往而不要表见其平和尚武的精神!

  平和院里有许多平和的外交家,这种外交家,是以天下为一家,中国为一人,是抱着"四海同胞主义",而以世界永远平和为理想的。他们在平时则联合各处民众,宣传和平主义;"上说下教,强聒不舍",即不幸当有战事的时候,也要不失本色,不辞劳瘁,不避艰难,不畏强御的,仗着三寸不烂之舌,努力做平和的运动。中国古代这种人才很多,如《左传》襄公二十七年,"宋向戌以弭兵相号召"。尚有如公孙龙子,郑玄以为子石,孔子弟子。《吕氏春秋》曾记他劝燕昭王偃兵,《审应览》七。又与赵惠王论偃兵。《审应览》一。《庄子·天下篇》述宋钘、尹文一派的学风是:"作为华山之冠以自表,华山上下均平。……以聏合欢,以调海内。聏和万物,合则欢矣。……见侮不辱,救民之斗，禁攻寝兵，求世之战，防禁攻伐，止息干戈，意在调和，不许战斗。假令欺侮，不以为辱，意在救世，所以然也。以此周行天下，上说下教，虽天下不取，强聒而不舍者也。"丽调之理然也。我们平和的外交家，也须有这一段义勇的精神，才可以算得称职。《周礼·夏官》："怀方氏掌来远方之民，治其委积，馆舍饮食"；"合方氏掌达天下之道路，通其财利，同其数器，壹其度量，除其怨恶，怨恶，邦国相侵虐。同其好善"。这样的外交家，何等平和而慈爱，自不是现在空言"国际亲善"的，所可以假托的了。不但如此，我们平和院为要实行根本废兵，还要尽罢兵工厂，战舰改为游历舰，一切城塞险要堡塞炮台，也一概改为农工场。又如兵器弹药及军用器材的制造，也都看作鸦片毒药一般，尽行销毁，拿他铸为人道主义者的铜像，或农工器具等。并且这时平和主义既告胜利，便无人能有消灭他人生命的权利。自然也没有杀戮的事。所以在《周礼·秋官》就有"禁杀戮"一职，郑氏云："禁杀戮者，禁民不得相杀戮。"我们大同社会，使人人都能自由生活于日光之下，社会间人都无罪可罚，于是"兵革不试，五刑不用"。拿现代的话来说，就是"一切牢狱要塞，断绝人迹，不要断头产和手枪火炮等的时候来到了"。

### （五）礼制院

我们大同社会是主张施设"艺术法"来改造社会的。我们以为一切人为的，由强力而统驭抑制人生的法律，实绝不必要；我们现在要完全以礼制代法律，使人们真诚恻怛的情，一一流露出来，把他定为艺术法，这就是我们任德不用刑的意思。这个院的职务是：（1）户口调查，与预算决算的编制；（2）名誉奖励；（3）调解社会的纷争；（4）制定艺术法典。我们大同社会的生产分配，都按着"艺术法"将社会一切事情，均平得整齐，调和得周到，他第一桩的大事，就是户口的调查。因其户口的多少，年龄的长幼，定以一种良好的预算制度。《周礼·地官·媒氏》："自男女成名以上，皆书年月。"东莱吕氏曰："按《周官·媒氏》男女自成名以上，皆书年月日时焉。成名，子生三月，父名之也。《内则》子生三月之末，男角女羁，以见于父，父名之，宰书曰某年某月某日生，而藏之。宰告闾史，闾史书为二，其一藏诸闾，其一献诸州史，州史献诸州伯，州伯命藏之州府，其制详密如此。战国以来，此制废坏久矣，不复重民之生也。秦始皇复令男子书年，其制及男而不及女，特恐民之避征役耳，岂有三代重民之意哉。"《秋官》："司民掌登万民之数，自生齿以上皆书于版，辨其国中与其都鄙及其郊野，异其男女，岁登下其死生。及三年大比，以万民之数诏司寇。"又《小司寇》："及大比登民数，自生齿以上，登于天府，内史司会冢宰贰之，以制国用。"可见户口的调查，是大同社会里顶重要的一桩大事。徐幹《中论·民数篇》说得好："民数者，庶事之所自出也，莫不取正焉。以分田里，以令贡赋，以造器用，以制禄食。"我们礼制院即按着户口众寡的数目，制为各种证书，使"老有所终，壮有所用，幼有所长"。如老者给养老证，壮者给艺值证，幼者给教育证，有这种证书的，都能够在公共货栈里取用生活上及享乐上需要的东西。最重要的，是"壮有所用"，李觏《周礼致太平论》《国用三盱江集》卷六。说："天之生民未有无能者也，能其事而后可以食，无事而食，是众之殃政之害也。故圣人制天下之民，各从其能以服于事。……人各有事，事各有功，以兴财征，以济经用，无惰而自安，无贼于粮食。"这不是充分证明"不做工不配吃饭"的一句话吗？至于每人应该按着年龄做多少工，这也是有个定制的。《王制》说："凡使民任老者之事，食壮者之食。"民虽少壮，但贵以老者之功程，而食壮者之食。《周礼·天官》"医师岁终则稽其医事，以制其食；十全为上，十失一次之，十失二次之，十失三次之，十失四为下"。这都是制定公平分配的标准。这种分配法,好比权衡一般,是照各人的艺能力量,测定收入的多少,是没有丝毫的私意的。复次,礼制院还要以崇高的名誉,优美的仪容,来鼓励民众的德行道艺。如《周礼·天官》云:"以其艺为之贵贱之等。"《书大传》云:"民能敬长怜孤,取舍好让,举事力者,然后得乘饰车,骈马,衣文锦。"这些在社会上有特别贡献,或在工艺上有所尽力的,我们都要特别奖励他,尊敬他。反之,那游手好闲的人们,也有一个惩罚的办法,《礼记·玉藻》云"惰游之冠,并缓五寸";《周礼·地官》云:"凡庶民不畜者祭无牲,不耕者祭无盛,不树者无椁,不蚕者不帛,不绩者不衰。"这时没有钱财的等级,只有名誉的等级;没有刑罚的观念,只有耻辱的观念。于是奖励名誉的结果,便一切事业都容易举行,事业举行就礼乐兴盛,礼乐兴盛就人人快活幸福,和《论语子·子路篇》所谓"名不正则言不顺,言不顺则事不行,事不行则礼乐不兴,礼乐不兴则民无所措其手足",这不是刚刚相反的吗?不但如此,我们还要把这个意思应用在绘画上面,来感动观众,如"有虞氏之时,画衣冠,异章服以为僇,而民不犯",《史记·孝文本纪》除肉刑诏。这就是应用名誉赏罚的最好效果了。

礼制院的最大任务之一,就是调解社会的纷争。《周礼》关于这类的任务是很多的。如《地官》"司谏掌纠万民之德而劝之,朋友正其行而强之道艺";"司救掌万民之衺恶过失而诛让之,郑注:诛,责也。以礼防禁而救之"。最重要的就是调人,"掌司万民之难而谐和之,难相与为仇雠,谐犹调也。凡过而杀伤者,以民成之,以乡里之民共和解之。鸟兽亦如之。凡和难父之仇辟诸海外,兄弟之仇辟诸千里之外,从父兄弟之仇不同国;……弗辟则与之瑞节而以节之,凡杀人有反杀者,使邦国交仇之"。《春官》"典瑞,谷圭以和难"。这是何等保护人道,和调解纷争的意思。宋叶时《礼经会元》卷三说得好:"周人设官,谓之和难,调人一职,而继于司谏司救之后,正以讲解其难而开导其和，使之不得胥戕胥虐，其调伏人心，涵养风俗亦厚矣。故调人曰：掌司万民之难，而谐和之，官名曰调，民难曰谐，其意明甚，儒者尚何疑乎！"真的，我们的大同社会，没有警察，没有法官，只有满街的"调人"，拿着一种谷圭，到处给人排难解纷。还有《秋官》"衔枚氏掌司嚚，禁叫呼欺鸣于国中者"；"行夫掌邦国传递之小事，媺恶而无礼者"。还有司仪一职，常常在街上纠正行人仪容辞令揖让的礼节，但也只有劝解，没有押收。如是则礼制院的人员，便代替了现在警察的职务。依我们意思，世间根本没有坏人，他们犯礼的原因，由于一时不自知罢了，不然就应该从犯礼者底肉体的及心理的状态上去求。如果是他脑髓底病的状态，如现在犯罪人类学所证明的，那自应该送公共医院里用手术把他医好，仗着我们社会医术的精明，不怕不医好他，使他和常人一样勤勉守礼的。总之，我们主张犯礼的应该救治，不应该惩罚。救治的方法，就是将现在的病院制度完全应用，再加上一种微妙的音乐去感化他。即不幸顽梗到了极点，我们也还有一种迁民之法，《周礼集说》卷首引郑景望云："古之化民，纯任德教，于是有迁民之法。夫其迁之也，盖别其顽弗友之民，而即之礼义之邦，熏之以教化已成之俗，而变其朋类污染之习，使枉者终以直，恶者卒以善，以并生天地之间，是圣人之心也。"这种迁民的办法，正是所以感发人们的善性的！

我们礼制院还要制定许多艺术法典，这种艺术法典，和过去的体典，如《仪礼》所载的士冠礼、士昏礼、士相见礼、乡饮酒礼、乡射礼等很不相同。因为古礼不适用于现代，已是一种决无可疑的事实。所以我们所取于古礼的，不过那"无声之乐，无体之礼，无服之丧"《孔子闲居》。的礼意，长乐陈氏曰："夫有声之乐，有体之礼，有服之丧文也；无声之乐，无体之礼，无服之丧情也。有其文未必尽其情，有其情无所事乎文，此三无之所以为天下贵也。"不是什么繁文的礼节，繁文的礼节。

好比"铺几筵,升降酌,献酬酢",是无关重要的,是应该随时变动的。《系辞》说得好,"观其会通,以行其典礼";《乐记》说"三王异世,不相袭礼";焦循《礼记补疏》序《清经解》一千一百五十六。有最直截的话道:"《礼记》之言曰:礼以时为大,此一言也,以蔽千万世制礼之法可矣。"我们礼制院知道一时代有一时代的典章度数,一时代有一时代的艺术的法则,因此我们所制定的艺术法,都是最合时代思潮,而为一种表情的工具。如衣食住有衣食住的艺术法,娱乐有娱乐的艺术法,婚姻有婚姻的艺术法。总之,凡一切人生切要的问题,处处都要酌量人情,以美的艺术法为依归,如《祭统》所说"燕处则听雅颂之音,行步则有环佩之声,升车则有鸾和之音";《少仪》说:"言语之美,穆穆皇皇;朝廷之美,济济翔翔;祭祀之美,齐齐皇皇;车马之美,匪匪翼翼;鸾和之美,肃肃雍雍。"把全部的人生,都涵泳于艺术的环境当中,真是何等滋味!现在即把婚丧的礼为例。如丧礼,我们主张的不是表面上的虚文,是心理上的情感,所以对于那般虚伪的假哭,应该绝对废止。《檀弓》孔子恶野哭者,明戴冠《礼记集说辨疑》云:野谓鄙而无节文。《论语·微子篇》"子游曰:丧致其哀而止"。《礼记》载"孔子之卫,遇旧馆人之丧,入而哭之哀。出,使子贡说骖而赙之,子贡曰:于门人之丧,未有所说骖,说骖于旧馆,毋乃已重乎?夫子曰:予乡者入而哭之,遇于一哀而出涕,予恶夫涕之无从也!小子行之"。你看孔子的行事,何尝和当时的礼制相合,但何尝不合于自然的法则。由自然法则看起来,丧礼也只有横的关系,并没有纵的关系,所以古代儒者主张父母和妻子一样是三年之丧,依《墨子·非儒篇下》说:"儒者曰:丧父母,三年,伯父、叔父、弟兄、庶子、其戚族人五月。若以亲疏为岁月之数,则亲者多而疏者少矣,是妻后子与父同也。若以尊卑为岁月数,则是尊其妻子与父母同,而亲伯父宗兄而卑子也。"这一段是反对派的话,一定可靠。次言昏礼。

《墨子·非儒篇》也是很反对的，他说："取妻身迎，衹端为仆，秉辔授绥，如迎严亲，昏礼威仪，如承祭祀。颠覆上下，悖逆父母，下则妻子，妻子上侵事亲，可谓孝乎？"因为墨子主张纵的关系，所以重孝（按《淮南要略》云"墨子背周道而用夏政"，是故欲明孝经首章之义，必观墨子。又《汉书·艺文志》云："以孝视天下，是以尚同；宗祀严父，是以尚鬼。"章太炎先生因之有《孝经本夏法说》，见《文录》一，页五至七），但在我们意思，则孝也是包括在爱里面的。所以一男一女的爱，实在是艺术法的根本。《礼记·哀公问》告诉我们："古之为政，爱人为大，所以治；爱人，礼为大，所以治。礼敬为大，敬之至矣，大昏为大。"李光坡《礼记述注》卷二十二云："《易》曰：有夫妇然后有父子，故先后之序如此。三者之正，一以夫妇为之本，故后言大昏为大也。"任启运《礼记章句》十卷《内则》为首云："今先夫妇者，《易》曰：有夫妇然后有父子，本篇亦曰礼始于谨夫妇也。"但怎么样才是真正的婚礼呢？依我们意思，男女恋爱要极端的自由，但也实需要一个艺术的法则，不过这个法则，是全然时间性的，却不是空间的方式罢了。我以为婚姻的法则是：（A）神圣，归妹天地之大义也，天地不交而万物不兴，归妹人之终始也。见《归妹卦》。（B）单一，天地絪缊，万物化醇，男女构精，万物化生。《易》曰：三人行则损一人，一人行则得其友，言致一也。见《系辞传》。（C）永续。夫妇之道不可不久也，故受之以恒，恒者久也。见《序卦传》。这么一来，男女恋爱的结果，自然是悠久而且灵化了。

## （六）工艺院

我们理想的大同社会，人人都是工艺家，万人都要劳动，于是劳动成了快乐的东西，工艺院成了我们创造快乐的公共机关。这个院的职务，在兴事造业，使社会富裕起来，有的"审曲面执以饬五材，以辨民器，谓之百工"；有的"饬力以长地财，谓之农夫"；有的"治丝麻以成之，谓之妇功"。(《周礼·考工记》)这院就是实行这些工艺队之民治的组织与自治的。他的院务是：(1)管理矿山土地及一切生产要件；(2)制造潜运器械并工程事业；(3)农业；(4)手工业。《周礼·考工记》"国有六职，百工与民一焉"，可见这联事合志的工艺制度，是怎样被人尊重。但工艺院的职事，却不止考工一件，他实在远有更重大的职务，即在管理生产的机关。这层，只有宋俞廷椿的《周礼复古编》知道最详。他说："司空，古官也，舜以水土命禹，而共工则咨垂，然则司空之官实重。……《周官》之书曰：掌邦土，居四民，时地利；大宰之职，六曰事典，以富邦国，以养万民，以生百物。礼经《王制》则尤详焉，曰：司空执度，度地居民，山川沮泽，时四时，量地远近，兴事任力，凡使民任老者之事，食壮者之食。凡居民材，必因天地，寒暖燥湿，广谷大川异制，民生其间异俗。又曰：凡居民量地以制邑，度地以居民，地邑民居，必参相得也。无旷土，无游民，食节事时，民咸安其居，乐事劝功。……凡此皆著见于经，粲然可据者也。后八徒以司徒之为地官，土地之事，地官之类也，故司空之属皆泊乎其中。盖自大司徒之职，已皆讹误，大半皆司空事也。"又说："凡力役地征，一皆归之于司空，然后可以复经之旧。"俞氏认邦土之任，完全属于司空，实在很有见解，元吴澄《三礼序录》、明章潢《图书编》工曹总叙，均有同样的论潮。我们的社会，凡一切生产机关，都应该归于社会公有，工艺院即从工艺队选举组织出来的，当然一切关于土地矿山工厂机器及一切生产要件，都应该看作社会全体的所有归他管理。这么一来，便能完全脱离地主和资本家的羁绊，以谋人类经济的根本平和。次言建筑及一切工程事业，也全归工艺院去办理。《书经蔡传》云"冬官卿主国空土，以居士农工商四民，顺天时以兴地利"；《考工记》云"匠人建国"，"匠人营国"；郑注：

"司空掌营城郭,建都邑,立社稷宗庙,造宫室。"自然我们的大同社会,自音乐馆剧场博物院屋宇以及一切工程的事业,都要照各种建筑上最新的形式建筑,从建筑上具体的表现一种特殊的美,这就是"媺宫室"《地官》一曰媺宫室,钱大昕曰:媺,古美字。的说法了。不但如此,工艺院还要发明制造各种新的器械,所谓"知者创物,巧者述之,百工之事,皆圣人之作也。烁金以为刃,凝土以为器,作车以行陆,作舟以行水,此皆圣人之所作也"。(《考工记》)我们工艺的目的就是创造的目的,所以对于能够制造器具和发明物品的,都认为有圣人的资格。试看《系辞》历举诸卦,如庖牺氏作结绳而为罔罟;神农氏斫木为耜,揉木为耒;黄帝尧舜刳木为舟,剡木为楫;又断木为杵,掘地为臼。可见我们古代的种种器物,都是圣人制造出来的。所以说"备物致用,立成器以为利,莫大乎圣人"(《系辞》);到了"利用出入,民咸用之"的时候,便神乎其神了。我们看古代这样看重制造的精神,便知我们工艺院应该怎样要有所贡献,怎样才能努力把中华工艺的传统精神,发挥光大起来。《考工记》说:"粤之无镈也,非无钟也,夫人而能为镈也。燕之无函也,非无函也,夫人而能为函也。秦之无庐也,非无庐也,夫人而能为庐也。胡之无弓车也,非无弓车也,夫人而能为弓车也。"我们理想工艺的发达,就是要做到人人都能制造器具,人人都是生产家的地步。《周官义疏》卷二说得好:"九职任民,生之为之之道,细大无遗,货恶其弃于地,力恶其不出于身,如是以保之,是以货有不匮之原,人无游惰之习也。"这么一来,还怕社会不会生产充裕起来吗?至于我们大同社会所造的器具,其"材美工巧",《考工记》。更是不消说的。大概这时的艺能,可分三种,一机器工业,二手工业,三农业,却都是以美为本位的。如机器工业有量的美,速度的美,我们社会应有大规模的工场组织,去发展这种生产事业。不过现在的机器,在那时必须改良,新的机械变成功一种很美的艺术,机器运转的声音,一变而为和谐婉脆的音乐节奏,机器工业须到了这个地步,则所制造出来的物品,也是很美丽的物品了。但是机器虽有他特殊的美点,但也只可以代替我们劳动的辛苦,却不能代替人们劳动的愉快,所以一切愉快的手工业,在我们工艺院里,为着本质上的美,是要格外提倡他的。因为我们大同社会生产者和消费者提高美感标准,对于一切制品受美的评价的支配,所以我们的手工业,也自格外精良,格外美丽。《考工记》所列攻木之工七,攻金之工六,攻皮之工五,设色之工五,刮摩之工搏埴之工二,和元《经世大典》所列丝枲之工,毡罽之工,书塑之工,大抵都是美的手艺。而"百技效能,各有其属";元《经世大典》工曹总叙。在各种"艺能组织"之下,也都能各自发展创造的天才。最妙的就是在一个艺能组织中,大家互相知道,拿不出恶劣的货物,所以这时生产品,必须经大家公认为优美和谐的东西,才可以拿得出来。《礼记·王制》云:"用器不中度,不粥于市;布帛精粗不中数,广狭不中量,不粥于市。"《考工记》云:"凡陶旊之事,王昭禹曰:"凡陶旊之事,谓陶人旊人所作之器。"髻垦薛暴不入市。"郑锷注道:"陶旊之事,刚则瓠,柔则坏,以其失刚柔之节。故器之或过乎坚,或不及乎坚,而其病则瓠则坏,皆不可用也。用器不中度不入于市,髻而刖者则有欹斜之病,垦而伤者则有毁顿之病,与夫薛而破裂暴而坟起者,皆不得以入市,则工人用器,不敢以苟简而罔利也。"陶工如此,所以后世"陶成雅器,有素肌玉骨之象",明宋应星《陶埏说》。至今英文 China 之义,等于 Porcelain(瓷器),可见这种美的工艺的真价值了。又如铜器,试看周鼎商彝,便见二千余年前良工的手迹,如紫琅冯氏《金石索》《金索》《西清古鉴》《西清续鉴》《广仓学窘丛书乙类》第二集,及宋吕大临《考古图》《续考古图》,王黼等《宣和博古图》等书,均可参看。再读明《宣德鼎彝谱》一书,八卷明宣德中礼部尚书吕震等奉敕编次的。更可见铸造工程的伟大,在世界工艺史上,也是得未曾有的了。至如琢玉,参明张应文《清秘藏》卷上,曹昭《格古要论》卷二《珍宝论》。雕漆,《格古要论》卷三古漆器类。这些都是中国美术工艺的重镇,我们工艺院不消说都要极力提倡他的。复次,农业,这是解决生命问题的方法,在我们要求人的生活安适,平和幸福的大同社会,更非大规模从事发展运动不可。张横渠说过:"大道之行,穷乏皆有养者,盖民足固自如此。菽粟如水火,民焉有不仁者哉!"现在社会最大的病根,即在有许多人"不为而尚乎食",贾思勰的《齐民要术》序最痛恨的,是"不为而尚乎食"。我们为社会的分工计,固然不必使人人从事农业,但农业在我们社会的重要,却实在无可比拟。所以我们工艺院为要稳固一切生产尖塔的基础,便不能不提倡"中国农业复兴",使社会大多数的青年男女,"到田间去!"这就是我们大同社会最切要的经济计划。

由上六院的组织,都是从传统的政治学说脱胎出来的。我们可以说过去的政治组织,都只是"富贵役贫,豪杰兼众"的政治,都只是"人自为礼,家自为俗"(王安石《周官新义》卷一语)的政治。但我们大同主义的政治组织可不然了。我们的政治完全是艺术家的政治,也就是工人的政治。郑宗颜《考工记解》说:"百官谓之百工,以其如之故也,当其分职率属则谓之百官,当其兴事造业,则谓之百工。"因为这种政治组织之下,社会个个都是工人。艺术行政部的十二委员,也就是艺术工人的代表,而统属之于音乐的谐和性之下,所以又叫做"音乐的政治"。音乐的政治是一种纯太平的政治,不但没有"专权"的毛病,而且"有《关雎》《麟趾》之意"!

但这里要注意的,六院都不过艺术行政部的分工,在必要的时候,还应该联合起来,开一联艺行政会以解决我们社会的根本问题。于是在《周礼》就有"以官府之六联合邦治"的一个办法。郑众注:"官联谓国有大事,一官不能独共,则六官共举之,联事通职相佐明也。"贾公彦注:"六事皆联事通职,然后邦治得会合。"一方面六院相联办事,一方面又逐院属中各相联属,自相和睦,这便是"礼让为国"的意思。如果照这个政治组织做去只要二十年,五十年最多不过百年,我们所理想的"大同世界",不怕他不会完全实现。那时包管天下太平,干戈永息。这就是礼运所谓"奸谋闭而弗兴,盗窃乱贼不作,故外户而不闭";孔疏:"扉从外阖,既无盗窃乱贼。则户无所捍拒,故从外而闭也。"就是我们理想的"天不爱其道,地不爱其实,人不爱其情……其余鸟兽之卵,皆可俯而窥也"《礼运》。的平和欢乐的世界!

# 第五章 大同主义的经济组织

## 一

我们的大同社会,是纯太平的境界,但什么才叫做纯太平呢?《周生子要论》《隋志》儒家类,有玉函山房辑佚书本。说:"天下所以平者,政平也;政所以平者,人平也;人所以平者,心平也;心所以平者,衡平也;衡所以平者,铢两平也;铢两所以平者,毫厘平也。无所不均也,无所不平也,谓之太平。"实在我们传统的社会思想,就是这种"无所不均,无所不平"的太平世界。《中庸》说:"天下国家可均也。"《乐记》说:"平均天下。"所以我们不要求政治上的均平,政治上的均平,如吕东莱云:"冢宰均邦国者,是使若贵若贱,若小若大,各得其平尔。古之称宰相者,多以平为主,若商则谓之阿衡,阿衡平之之谓也。不过欲平天下之所不平者尔。使四海之内,耕者耕,织者织,士农工贾,鳏寡孤独,事事物物咸适其宜,是宰相均平天下之道,均之一字,是宰相之大纲。"还且要求经济上的均平,经济上均平,如叶时《礼经会元》卷一云:"太宰以九式节财必曰均,小宰执九式以节财用,司会掌九式以节财用,皆曰均。盖均则中,不均则或过不及,且《周官》立法秩序必曰均,力政必曰均,贡赋必曰均,一制一度,无所往而不为均也。太宰掌均邦国,而曰秉国之均者也。岂于财用,而可不均乎?"这种经济上的均平,我们叫他做"均产主义",王源《平书》卷十一云:"均也者,均上下,均贫富,均有无,均出入也。"孔子曰："不患寡而患不均，不患贫而患不安，故均无贫，和无寡，安无倾。"(《论语·季氏篇》)董仲舒《春秋繁露·调均篇》云："孔子曰：不患寡而患不均，故有所积重，则有所空虚矣。大富则骄，大贫则忧，忧则为盗，骄则为暴，此众人之情也。圣者则于众人之情，见乱之所从生，故其制人道而差上下也，使富者足以示贵而不至于骄，贫者足以养生而不足于忧。以此为度而调均之，是以财不匮，而上下相安。"我们在经济方面，一面主张生产当为社会公同经营，而当置于一艺术管理之制度下，一面主张社会的收入，应该平均分配于社会全体。不过这种分配，是要照各人的艺能力量，以测定收入的多少，好比权衡一般，物轻则衡抵，物重则衡重。各人的艺能力量，无论如何不能相同，那么我们分配的方法，也只能依照艺术的法则，"各尽所能，各取所值"。但也有个定制，就是使艺能最薄弱的人，也能保持生存的权利，生活资料是很富裕的，那艺能最高的人，则在生活资料以外，还可以享受艺术上特种的娱乐，但也只能以各人劳动的结果拿来供自己的享用为限。并且这时金钱早已废止，礼制院检查艺能的结果，在艺值证上写明某人的艺能在艺术上值得几多，至于各人怎样使用其艺值证，或以其收入兑换那件东西，乃是各人自由支配的。但这上面所说的，还不过均产的分配制的一部分，而均产主义最重要的策略，第一件是在平均土地。按《周礼·地官》"小司徒乃均土地，以稽其人民，而周知其数"；贾氏注："均上地下地等，使得均平，故曰均土地。既给土地，则据土地，计考其人民，可任不可任之事，而周遍知其数。"又"均人掌均地政，均地守，均地职，均人民牛马车辇之力政"；黄氏注道："均人掌均力政，自国中推行之天下也。《周礼》地职，必联地守山川林泽丘陵坟衍原隰五地，其政本通，因其地之多寡嫩恶而均之，必使一夫所受皆足以食其一家，不使有余不足相悬绝。是故地政均则地守地职可均矣，民之作业必使皆得自尽其力，而后任公家之事,为之程等。"又"遂人以岁时稽其人民,而授之田野"。把社会公有的田地,很公平地还归社会公共享用,于是农之生九谷,圃之毓草木,虞之作山泽之林,薮之养蓄鸟兽,凡有劳动能力的人,都可以平均享受社会公地的一部分,以从事社会的生产事业。《公羊传》宣公十五年何休注云:"司空讲别田之高下善恶分为三品,上田一岁一垦,中田二岁一垦,下田三岁一垦,肥饶不得独乐,硗埆不得独苦,故三代一换土易居,财均力平,是谓均民力。"这"财均力平"四个字,就是均产主义的根本思想。

## 二

均产主义应用在乡村方面,就是一种"井田制度"。这种制度的理想,相传始于黄帝,源流大概是很远的。《通典·乡党篇》:"昔黄帝始经土设井,以塞争端,立步制亩以防不足,使八家为井,井开四道而分八宅,凿井于中。一则不泄地气,二则无费一家,三则同风俗,四则齐巧拙,五则通财货,六则存亡更守,七则出入相同,八则嫁娶相娱,九则有无相贷,十则疾病相救,是以性情可得而亲,生产可得而均。均则欺陵之路塞,亲则斗讼之心弭。"这种土地公有制,虽不必照后人所说的那样整齐,却也断不至完全杜撰,就使是后人托古改制的学说,仍不失为中国经济思想的大乌托邦。并且依照《周礼》《孟子》《王制》《韩诗外传》《谷梁传》何休《公羊解诂》和《汉书·食货志》等书所说,这种乌托邦,也不是决不会实现的。孟子说:"夫仁政必自经界始,经界不正,井地不均,谷禄不平,是故暴君污吏必慢其经界。经界既正,分田制禄,可坐而享也。"他的理想是:"死徙无出乡,乡里同井,出入相友,守望相助,疾病相扶持,则百姓亲睦。方里而井,井九百亩,其中为公田,八家皆私百亩,同养公田。"《汉书·食货志》引此云："民是以和睦而教化齐,同力役,生产可得而平也。"这种均产的计划,虽很不清楚,很不完全,但在《穀梁传》说得就稍为详细一点,如云:"古者三百步为里,名曰井田,井田者九百亩,公田居一,私田稼不善则非吏,公田稼不善则非民。……古者公田为居,井竈葱非尽取焉。"何休《公羊解诂》宣十五年。更衍其意以构成理想的互助社会,他说:"民以食为本也,夫饥寒并至,虽尧舜躬化不能使野无寇盗;贫富兼并,虽陶皋制法不能使强不凌弱。是故圣人制井田之法,而口分之,一夫一妇,受田百亩……五口为一家,公田十亩……庐舍二亩半。凡为田一顷十二亩半,八家而九顷,共为一井,故曰井田,庐舍在内。……还庐舍,种桑荻杂菜,畜五母鸡两母豕,瓜果种疆畔,女工蚕织,老者得衣帛焉,得食肉焉,死者得葬焉。……田作之时,春,父老及里正旦开门坐塾上。晏出后时者不得出,暮不持樵者不得入。五谷毕入,民皆居之,里正趋缉绩,男女同巷,相从夜绩,至于夜中。故女功一月得四十五日作,从十月尽正月止,男女有所怨恨,相从而歌,饥者歌其食,劳者歌其事。男年六十,女年五十,无子者官衣食之,使之民间求诗。……十月事讫,父老教于校室,八岁者学小学,十五者学大学,其有秀者移于乡学,乡学之秀者移于庠,庠之秀者移于国家。……三年耕余一年之畜,九年耕余三年之积,三十年耕有十年之储,虽遇唐尧之水,殷汤之旱,民无近忧,四海之内莫不乐其业,故曰颂声作矣。"这一大段话,虽和我们大同社会的理想不能完全相符,然而一种平和社会的景象,却正该如此。那时社会有"千斯仓万斯箱"的食品,还怕人们的享受,有穷尽的时候吗?至于分田的年限,如《汉书·食货志》所说是:"民年二十受田,六十归田,七十以上,上所养也;十岁以下,上所长也;十一以上,上所强也。"师古曰:"勉强劝之,令习事也。"这种劳动的年限,在现代完全科学耕种的时候却不必这样长久,只须每人一生从二十五岁至五十岁,每天做四小时的工作,也就很够用了。我们的意思,以为土地的公有制度务必实行,《周礼》大司徒"分地职,奠地守,制地贡,而颁职事";小司徒"经大地而井牧其田野"。这种办法,实在最公平不过的。既然土地是社会公有的东西,则凡能应用土地以从事生产的,都算得是一种"地职",都应该平均分配他山林薮泽的地方,这种土地的均产制度,实在是我们大同经济的根本思想。后汉仲长统《昌言·损益篇》,他是最初提倡井田制的复兴的,他说:"井田之变,豪人货殖,馆舍布于周郡,田亩连于方国。身无半通青纶之命,而窃三辰龙章之服;不为编户一伍之长,而有千室名邑之役;荣乐过于封君,势力侔于守令,财赂自营,犯法不坐,刺客死士为之投命。至使弱力少智之子,被穿帷破,寄死不敛,冤枉穷困,不敢自理。……盖分田无限,使之然也。今欲张太平之纪纲,立至化之基趾,齐民财之丰寡,正风俗之奢俭,非井田实莫由也。此变有所败,而宜复者也。"此后主张井田复兴论的,都以井田为致太平的政策,如《礼经会元》卷二井田云:"《周礼》致太平之书,井田,太平之纲纪也。不井田,则不可以行周公之道。"然实际拿来提倡最有力的,却只有清初的颜李学派。颜元《存治编》开头便主张井田应斟酌复之,他的理由是:"天地间田,宜天地间人共享之,若顺彼富民之心,即尽万人之产而给一人所不厌也,王道之顺人情,固如是乎?况一人而数十百顷,或数十百人而不一顷,为父母者使一子富而诸子贫可乎?又或者谓画田生乱,无论至公服人,情自辑也。……搜先儒之格议,异当代之人谋,加严乎经界之际,垂意于厘成之时,意斯时也,孟子所谓百姓亲睦,咸于此征焉。游顽有归,而土爱心臧,不安本分者无之,为盗贼者无之。"《井田篇》。他还和他的朋友王源、李塨们,各自提出许多收田的政策,以为公有基础。这些政策且载于《平书订》卷七制田。一书内,很有许多尚可采用的。如王源所说:"明告天下以制民恒产之意,谓民之不得其养者,以无立锥之地,所以无立锥之地者,以豪强之兼并,今立之法:有田者必自耕,毋募人以代耕,自耕者为农,无得更为士为商为工。士士矣,商商矣,工工矣,不为农,不为农则无田,士商工且无田,况官乎?官无大小皆不可以有田,惟农为有田耳。"这种办法,在现在情形看来,或者也是一种过渡分工的好办法。

## 三

均产主义应用在都市方面,也是主张公平的分配的。《周书·大聚解》云:"市有五均,且暮如一。"孔晁注:"均,平也,言早暮一价。"汉河间献王著《乐元语》,因之有五均之说,他道:"立五均则市无二贾,四民常均,强者不得困弱,富者不得要贫,则公家有余,恩及小民矣。"《汉书·食货志》注:臣瓒引邓展曰;《乐元语》,河间献王所传,道五均事。今按《乐元语》有玉函山房辑佚书本。但五均究竟是什么?因为《乐元语》一书早已失传,我们只好就《汉书·食货志》所说来看,却都是"均众庶,抑并兼"的大同经济政策。固然大同社会的完全实现,要做到"市无二贾",由社会公平分配土地以设立社会工场,因而废止资本私有制和私的卖买制。但在过渡期中,为扑灭私的工场计,就《食货志》的五均制,是不妨选择采用的。依《食货志》是:

1. 平市 "诸司市常以四时中(仲)月实定所掌,为物上中下之贾(价),各自用为市平,毋拘它所。"这就是《周礼·地官》"司市以陈肆辨物而平市,以量度成贾而征价"和"质人同其度量,壹其淳制""质师办其物而均平之,展其成而奠其贾,然后令市"的说法。陈肆办法,是使上中下的货物各有一种固定的公平的价格。王昭禹注道:"量以量多少,度以度长短,长短既以度量而平之,则物价之高下既定然，后可以召续。"这种平均物价，实在是救济贫穷的最好政策。

2. 敛 "众民卖买五谷布帛丝绵之物，周于民用而不雠（售）者，均官有，以考检厥实，用以本贾取之，毋令折钱。"这就是司市"以泉府同货而敛赊"和泉府"敛市之不售，与货之滞于民用者，则以其贾买之；物楬而书之，以待不时而买者，买者各从其抵"的办法。郑玄注："同，共也。"王昭禹注："敛之则民无贱之患，赊予之则民无贵买之患，如此则盈虚有无，通乎上下，岂非与民同其货乎？"所以同货就是均产社会的一个表征。

3. 防贵庚 "万物邛贵，过平一钱，则以平贾卖与民，其贾氐贱减平者，听民自相与市，师古曰：贵即为邛贱则为氐。以防贵庚者。"师古曰：庚积也，以防民积物得贵也。这就是司市"以政令禁物靡而均市"和贾师"凡天患，禁贵价者，使有恒贾"的办法。这么一来，便无论何人不能积货居奇，而投机交易的弊病，也完全可避免了。

4. 赊 "民欲祭祀丧纪而无用者，钱府以所入工商之贡但赊之。师古曰：但空也，徒也，言空赊之，不取息利也。祭祀毋过旬日，丧纪毋过三月。"这段就是根据泉府的原文，在一般平民呼号乞贷没有办法的时候，能够供给他的需要，又不取他的利息，这是社会的义务，应该如此。

5. 货 "民或乏绝，欲贷以治产业者，均受之。除其费，师古曰：除其费，谓衣食之费，已用者也。计所得受息，毋过岁什一。"这就是泉府"凡民之贷者，与某有司辨而授之，以国服为之息"的办法。不过"以国服为之息"一句，先后郑郑司农、郑玄。都有误解，尤以郑玄的解释，为后来莫大的祸根。却不知国服的服，是为公家服务的服，是以力不以钱的。这层明王应电解得最透彻，他说："以国服为之息，盖力者民之所自有，而无待于外，事者上之所不能无，而心欲假之于民者，故贷之而使服国事。下之用物者，若食其力，上之与物者，若假之。……古者货恶其弃于地也，不必藏于己，于后而有借，孔子曰：有马者借人乘之。借而收息，乃周衰已后事，注疏一差，荆舒因执之以殃民。"可见以后傅会泉府来讲国家资本主义的人，都是失掉了泉府的本意！

　　但上面所说"五均制"，也不过到大同社会的一种经济政策罢了。这种政策的实施，须靠社会自身的美的组织，政府是靠不住的。政府是代表权力的机关，如五均之制，由他办理，结果必为王莽为王安石，"内帑出钱数百万，以为资本，以压富商之利"，这也不过为"利"这一个字罢了。宋马端临似乎很看到这层，所以说："后世曰均输，曰市易，曰和买，皆以泉府借口者也。然泉府所以便民，初未尝有征利富国之思，今古意浸失，其市物也，亦诱曰摧富贾居货待贾之谋；及其久也，则官自效商贾之为，而指为富国之术矣。"《文献通考·论市籴》。我们大同主义对于这种附会泉府来实行国家资本主义的，当然在排斥之列。我们是以天下为一家的，计赢受息的办法，应该绝对废止，而提倡一种"均有无，均出入"的制度。因为人生世间无论那一个都有需要货物的必要，那就无论何人都有应受社会互相协助的时候。所以我们理想的泉府，就是"公共市易所"，不可不由社会自身组织，凡社会各人之交换货物，都要经这个公共市易所，而后再适应各人欲望的需要，公平分配起来，这就自然资本制度要应手倒下来了。并且我们公共市易所里，也是只用证书不用钱币的，有钱币便有赃物，如《宋史·食货志》王安石主张"出内帑钱帛，置市易务于京师"，既然抛不了钱币，结果安得不锱铢聚敛？安得不祸国殃民？其实在《周礼》里何尝有钱币的观念？如《司市》云："凡通货贿，以玺节出入之；国凶荒札丧，则市无征谓无正供。而作布。"《掌节》云："货贿用玺节。"可见布币原为救荒而设，而当太平年代，货物出入只要有一种玺节就够了,更不用说钱币还在布币以后,更在废止之列。布币还是以布帛为俯仰,钱币则简直是无用的赃物!所以汉章帝时谷帛价重,便有人主张封钱无用,令天下一概以布帛为租。魏明帝时废钱用谷,又桓玄也要废钱。可见我们传统的经济思想,都是主张废尽这个赃物的。黄宗羲《明夷待访录·财计一》。说:"欲天下安富,必废金银","吾以为非废金银不可"。李刚主说得最痛快:"民以金刀为用,则商贾得操其奇赢,以至沾泥涂足者,无升斗之储,而逐末者千仓万箱,坐牟厚利。及至凶灾匮乏,又出所得之要,高其价值,以制农民之缓急,此天下之最不平者也。"《瘳忘编》,页十二。又说:"官吏之俸,皆以银,此银可卷怀而藏,键笥而积也,而贪官污吏比比矣。若出入皆以粟布,能贮邱山以取败耶?"《平书订》卷十。真的万恶的金银!我们的大同社会应该绝对废止它!我们要主张用艺值证来代替金银制度,如果艺值证能够实行,不但便利得很,而且官僚资本家盗贼都可以一概没有了。我们的办法,就是首先提倡与社会一般以艺能,由社会于适当地点,建筑社会工场,这社会工场的生产品即可直接贡献于公共市易所,以交换与艺能相当的"艺值券"。如《周礼·闾师》:"凡任民,任农以耕作,贡九谷;任圃以树事,贡草木;任工以饬材事,贡器物;任牧以畜事,贡鸟兽;任嫔以女事,贡布帛;任衡以山事,贡其物;任虞以泽物,贡其物。"这种"制其贡各以其所有"的办法,就是使人们"各尽所能各取所值"的均产方法。于是各人把自己由劳力生产出来的东西,拿来交换艺值证,艺值证上写明号码,并照像,使旁人不得移用。但在老幼不能劳动的人,则有教育证养老证等,使虽不能从事生产,却依然能够各应其需要而消费。于是把这些证书向各处公共货栈里自由使用,购买与其艺能或年龄相当的东西,这就是《礼运》"使老有所终,壮有所用,幼有所长"的经济政策。但这时如公共货栈存货堆积太多,怎么办呢?《周礼》又告诉我们:"泉府,凡国事之财用取具焉,岁终则会其出入,而纳其余。"泉府在供给全社会的需要以外,如有余剩,则纳之于遗人。遗人在各处设立公共贮藏所,如"路室有委,候馆有积",而这委积的东西,却是很有用处的。故说:"遗人掌邦之委积,以待施惠,乡里之委积,以恤民之艰厄;门关之委积,以养老孤;郊里之委积,以待宾客;野鄙之委积,以待羁旅;县都之委积,以待凶荒。凡委积之事,巡而比之,以时颁之。"这么一来,便"矜寡孤独,皆有所养",岂不是完全实现了大同的社会吗?

大同社会里无论农工,每人都是从事愉快的艺术的劳动,因此财富成了艺术的创造品,恰如音乐的原理相通。《国语·周语下》云"乐以殖财",韦昭注"古者以乐省土风,而纪农事",又说:"夫有和平之声,则有蕃殖之财。"这种音乐的生产计划,是要使生产者从事劳动艺术,却又不至过于消耗。因为"用物过度妨于财,正害财匮妨于乐",《周语下》。我们快乐的劳动,劳动的时间既不甚多,剩下的又可以尽量地享受精神生活的幸福。如平时则有公共图书馆、公共娱乐场等自由享用,有病入公共养病院,年老入公共养老院,死则有公共墓地,即生育儿童,也由社会公养,这时人们当然没有储蓄金银的观念,艺值证更是天然不能储蓄的!但有人要问,那一切最苦的劳动,有谁肯出来担任呢?我以为这是不成问题的,将来即是沟道的建筑,厕所的设备,都要含有医学的及艺术的精神,将来一切辛苦的事,总是尽量应用机械,那"以时堋馆宫室"的圬人(《左传》),都由机械去做,还怕社会中人不会各尽所能吗?

四

我们知道要使大同的理想完全实现,第一桩事就在先使社会富裕起来。《易·系辞下》云："何以聚人？曰财。"《古论语》河间献王书引。云："子贡问为政，孔子曰：富之，既富乃教之也。"我们再看古代的经济思想，如《吕氏春秋》引《神农书》云："士有当年而不耕者，则天下或受其饥；女有当年而不绩，则天下或受其寒矣。"唐甄《潜书》《宗孟篇》。说："尧舜之治无他，耕耨是也，桑蚕是也，鸡豚狗彘是也。"可见传统的经济制度，是以社会人人都能从事生产事业为理想的。孔子说生产的计划是："生之者众，食之者寡，为之者疾，用之者舒，则财恒足矣。"《大学》。这十六字不但是对农业说的，实则一切生产原理，都可以包括在内。自然不劳而食的人们，在我们社会里是不能存在的。我们的社会，每个男男女女都各尽所能，财富还怕不会充足吗？依据《礼运》"货恶其弃于地，不必藏于己，力恶其不出于身，不必为人"；便知这种社会里，生产怎样地发达，用力怎样地不惮劬劳。我们再根据《周礼》大司徒遂人两职，便知道这时地无遗利，人无遗力的情形。李觏《周礼致太平论》国用四，《盱江集》卷六。说得好："言井田之善者，皆以均则无贫各自足也，此知其一未知其二。必也人无遗力，地无遗利，一手一足无不耕，一步一晦无不稼。余夫致仕者仕者庶人在官者畜牧者之家皆受田，则是人无不耕，无不耕则力岂有遗哉！一易，再易，莱皆颁之，则是地无不稼，无不稼则利岂有遗哉！"李塨《拟太平策》卷二。更直截了当地，主张对不劳而食的人们，以一种必要的处置，他说："天下有一无事之民则一民废，无一无事之民则天下治，今士人玩愒觞咏，或博奕嬉戏；里井之民，闲处旷游，群饮聚谈；非勤学，非力农，非工商力作，皆游惰也。责之不变，士宜如明太祖筑逍遥楼令为其玩，而断其食，哀毁求改，诚者释之。"这种过分的惩罚，在我们社会似还可以不必，然天地间人"生存一日，当为生民办事一日"，这却是真理，那末我们对于不游惰的人们，自不能不有一种奖励的办法。因此我们同时主张社会应依各人勤劳的美的比例,与以相当报酬。《中庸》很明显地说:"日省月试,既廪称事,所以劝百工也。"郑康成注:"时使使之以时,日省月试,考校其成功也。既读为饩,饩廪稍食也,槀人职曰:乘其事,考其弓弩,以下上其食。"这种勤劳的估价,是完全从艺术的观点出发的。《天官》宫正"几其出入,均其稍食";郑注:"几呵其衣服,持操,及疏数者,稍贪禄廪。"内宰"均其稍食,施其功事"。这种生产的美策,很可以鼓励人的天性,使他努力工作,把自己勤劳的结果,拿来自己享用。

最后,我们社会生产的额数,也是有个通盘统计的。现在的生产,谷物过多的时候,儿童反有嗷嗷待哺,李塨《瘳忘编》常引"丰年病农"的谚语,以证那时生产界如何的不公平,如何的不经济;但在我们社会,便决无这种流弊。我们的生产是很有秩序的,有组织的,关于"艺能组织"的话,且不说他,最明显的就是我们以消费额为生产标准的主张。我们意思,要先预算若干年内的消费额然后统一生产力,以适应这个需要;使生产和消费平均,不致弄成生产额过多过少的毛病,这就是《周礼》"理财"的根本方法。案《周礼》是一部理财的书,他的理财,可用叶时《礼经会元》所说几句话来包括,就是:"周人理财之道,非见于理财之日,而见于出纳之际;非见于颁财之顷,而见于会计之时。"卷二《财计》。如太宰"以九式均节财用,一曰祭祀之式,二曰宾客之式,三曰丧荒之式,四曰羞服之式,五曰工事之式,六曰币帛之式,七曰刍秣之式,八曰匪颁之式,九曰好用之式"。又司会"以九式之法,均节邦之财用,掌国之官府郊野县都之百物财用,而听其会计,以参互考日成,以月要考月成,以岁会考岁成"。尚有职内、职岁、职币等职务,都是拿消费的式法,来做我们社会生产的标准的,这就是我们有组织的有系统的均产主义,对于生产计划的一种特长。《汉书·食货志》单道这有组织有计划的生产好处是："三年耕则余一年之畜，衣食足而知荣辱，廉让生而争讼息。故三载考绩，师古曰："绩，功也，言三年一考其绩也。"孔子曰：苟有用我者，用我说。期月而已，三年有成，成此功也。三考黜陟，余三年食，进业曰登，进上农工诸事业，名曰登。再登曰平，余六年食，三登曰'泰平'，二十七岁遗九年食，然后至德流洽，礼乐成焉。"在这种生产计划之下，能够"使有菽粟如水火"，《孟子·尽心下》。自然"奸谋闭而弗兴，盗窃乱贼不作"，所谓纯太平的景象，如是如是。

一九二七，一月一日，西湖

# 附录　大同共产主义的孙中山

## 一

"中国没有的东西是科学，不是政治哲学，至于讲到政治哲学的真谛，欧洲还要求之于中国。"（页九五）"中国古时有很好的政治哲学。我们以为欧美的国家，近来很进步，但是说到他们的新文化，还不如我们政治哲学的完全。中国有一段最有系统的政治哲学……无论外国甚么政治哲学家，都没有见到，都没有说出，这就是我们政治哲学的智识中独有的宝贝，是应该要保存的。"（页一二八）这些话是我们革命的先驱者——孙中山先生在《民族主义》里时常反复说的。但什么是我们政治哲学的根本动向呢？用一句简单的话来包括，就是"大同共产主义"。虽然中山先生一生的努力，只提倡三民主义，对于大同主义觉着未免过早，但在这一派的学者中。很多都已知道："三民主义之终结的目的，在以全人类之共同努力，建设新共产社会，完成真正民有民治民享的大同主义，就是要造成'均无贫，和无寡，安无倾'的世界。"（见戴季陶《孙文主义之哲学的基础》，页六六）可见中山先生在根底上，却是一个大同共产主义者。再把他的全部著作来看，更可知先生倾向大同的意思。如云："人类进化之目的为何？即孔子所谓大道之行也，天下为公。"（《建国方略》，页五一）"化彼族竞争之性，而达我大同之治。"（同上，页一二四）又说："吾人生在恶浊世界中，欲打破此旧世界，铲除一切烦恼，以求新世界之出现，则必有高尚理想以为之先。在吾国数千年前，孔子有言曰：'大道之行也，天下为公。'如此则人人不独亲其亲，人人不独子其子，是谓大同世界。大同世界即所谓天下为公，要使老者有所养，壮者有所用，幼者有所教，孔子之理想世界，真能实现，然后不见可欲则民不争，甲兵亦可以不用矣。"（《军人精神教育》第五课）"至于此时，幼者有所教，壮者有所用，老者有所养，孔子之理想的大同世界真能实现，造成庄严华丽之新中华民国，且将驾欧美而上之。"（同上）《三民主义》里讲大同共产的话更多了。《民族主义》最后一讲，竟归结到："用固有的道德和平做基础，去统一世界，成一个大同之治，这便是我们四万万人的大责任。"（页一四一）《民权主义》里说："孔子说'大道之行也，天下为公'，便是主张民权的大同世界。"（页一六）民生主义里更下一个定义道："民生主义，就是社会主义，又名共产主义，即是大同主义。"（页一）又说："三民主义的意思，就是民有民治民享，这个民有民治民享的意思，就是国家是人民所共有，政治是人民所共管，利益是人民所共享，照这样的说法，人民对于国家不只是共产，甚么事都是可以共的。人民对于国家要什么事都是可以共，才是真正达到民生主义的目的，此就是孔子所希望之大同世界。"（页七八）由上所说，可见中山先生实在是中国政治哲学的传统者，大同共产主义的发明家，他三十余年的革命事业，最初的动因，最后的目的，都是在于发扬光大中国的政治哲学——就是大同共产主义。

## 二

实在，中山先生是一个共产主义者，（季诺维埃夫说中山不是共产主义者，我是不服气的。）是认共产主义为最高的理想，来解决社会问题的。所以说："共产主义是民生的理想，民生主义是共产的实行。"（《民生主义》，页五二）"我们对于共产主义不但不能说是和民生主义相冲突，并且是一个好朋友，主张民生主义的人，应该要细心去研究的。"（页六三）但我们在这里要知道中山先生的共产主义，实在就是大同共产主义，却不是一九一七年俄国十月革命以后的共产主义，十月革命实现了无产阶级专政的局面，这在俄国革命的实际的历程中，自有很大的历史意义，但在中国便用不着。（页七五）这不但是就中国目前的状况，仔细考量，觉着如此，就是马克思主义者的学说，也有许多不充分的地方。所以中山先生在《民生主义》对马克思在社会主义上的功绩，虽赞美不置，说他："所著的书，和所发明的学说，可说是集几千年来人类思想的大成。"（页一四）但是社会主义到了马克思，难道就算止境了吗？不！决不！"马克思发明物质是历史的重心，经过欧战后几年的试验以来，便有许多人说是不对"（页二〇）；因此中山先生便特别提出他的"民生史观"——就是广义的"生物史观"——来代替马克思的"唯物史观"。依中山先生的意思，马克思的唯物主义并没有发明社会进化的定律。"历史的重心是民生，不是物质。"这个贡献，实在是很伟大的。复次，马克思主张阶级战争，中山先生则以为阶级战争只是社会当进化的时候所发生的一种病症："马克思研究社会问题所有的心得，只见到社会进化的毛病，没有见到会进化的原理，所以马克思只可说是一个社会病理家，不能说是一个社会生理家。"（页二八）然则什么才是社会进化的原因呢？社会生理家的中山先生，告诉我们："古今一切人类之所以要努力，就是因为要求生存，人类因为要有不间断的生存，所以人类才有不停的进化。所以社会进化的定律是人类求生存。人类求生存，才是社会进化的原因；阶级战争不是社会进化的原因。"（页二八）这种生物史观的见解，和我的历史哲学最相符合，并且比马克思的学说，不知进步得许多了。知道中山先生不是马克思主义者,便知道中山先生的共产主义,和马克思派的共产主义不同。然则中山先生心目中的共产主义是什么呢?在这里我们最好是把他自己的话来作答案,他说:"俄国所行的,其实不是纯粹共产主义,是马克思主义,马克思主义不是真共产主义,蒲鲁东巴古宁所主张的,才是真共产主义。"(《民族主义》,页九四)又说:"民生主义就是共产主义,这种共产主义的制度,并不是马克思才发明出来的,当原始人类发生的时候,便有这种制度,便行实行共产。"(《民生主义》,页六四)晓得中山先生的共产思想,是倾向于蒲鲁东巴古宁的共产主义,便知道中山先生是一个纯粹的大同共产主义者!

## 三

大同共产主义是有组织有计划的政治哲学,是我们政治哲学的智识中独有的宝贝,是有蒲鲁东巴古宁共产主义的好处,而没有他的坏处的。虽然俄国布哈林先生在《共产党底计划》一书里(页一六——一九)很排斥蒲鲁东巴古宁一派,说他怎样地没有组织,没有秩序,但把那同样的话来批评我们的"大同共产主义",就全然不对。因为大同共产主义是中国政治的传统精神,是极端承认有计划有组织的好处的。在经济的领域之内,也是要确立生产和分配底严密一致的计算和管理的。中山先生对于民生主义定了两个办法,第一个是平均地权,第二个是节制资本,这两个办法,实在就是实行大同共产主义的基础。并且"我们所主张的共产,是共将来,不是共现在,这种将来的共产,是很公道的"(页六九)。如从前颜习斋、李刚主、王昆绳都曾提出土地公有的政策,这些政策具载于李刚主《平书订》(卷七制田)一书内,但都是不容易实行的,如王昆绳所说:"明告天下以制民恒产之意,谓民之不得其养者,以无立锥之地,所以无立锥之地者,以豪强之兼并。今立之法,有田者必自耕,毋募人以代耕,自耕者为农,无得更为士为商为工。士士矣,商商矣,工工矣,不为农,不为农则无田,士商工且无田,况官乎?官无大小,皆不可以有田,惟农为有田耳。"这种办法,说得很好听,却是一步也不能行。只有中山先生所主张的平均地权,很简单很容易的,从地价税着手,积渐的实行土地公有。这实在是中国二千年来许多共产主义者所没有想到的。所以中山先生很不客气地说:"我们所主张的平均地权,才是民生主义,这种民生主义,就是共产主义。"(页六九)这种共产主义,我们在《礼运》《周礼》、何休《公羊解诂》和《汉书·食货志》等书,都可以寻出许多痕迹。但在从前所认为乌托邦的,现在因中山先生的提倡,却有实现的可能了。复次,节制资本,也是中国二千年来中绝的政治观念,如汉刘德著《乐元语》主"五均"之说道:"立五均则市无二价,四民常均,强者不得困弱,富者不得要贫。"虽然《乐元语》一书早已失传(只有《玉函山房辑佚书》本),我们只就《汉书·食货志》和《周礼·司市·泉府》各节来看,也可见这种"均众庶,抑兼并"的大同共产政策,也正是中山先生所要发挥光大的。总而言之,我们要认清中山先生的共产主义,是立脚在中国政治哲学的系统上,是要把三民主义来达到大同共产的社会的。

我是大同共产主义者,对于中山先生许多有益的见解,应该在这里特别感谢,并且在我们大同共产主义的发展史,和中国政治哲学史上,都应该永远牢记着我们所崇敬伟大的孙中山先生。

一九二七,三,十日

中山大学哲学系 主编

# 朱谦之全集
## 卷二

## 政治哲学
（二）

一个唯情论者的宇宙观及人生观
无元哲学
周易哲学
文章辑录

# 本卷册二目录

一个唯情论者的宇宙观及人生观 ................................................. 1

# 无元哲学 ................................................. 95

# 周易哲学 ................................................. 185

# 文章辑录 ................................................. 277
  自由恋爱主义 ................................................. 279
  反抗考试的宣言 ................................................. 284
  破坏与感情冲动 ................................................. 285
  新生活的意义 ................................................. 287
  劳动节的教训 ................................................. 293
  劳动节的祝词 ................................................. 295
  无政府革命的意义 ................................................. 298
  虚无主义与老子 ................................................. 301
  政客 ................................................. 319
  唯情哲学发端 ................................................. 321
  系统哲学导言 ................................................. 332

自由劳动神圣 .................................................. 341

热情战胜一切 .................................................. 343

第三次自由讲学运动 .......................................... 344

三民主义解释史 ............................................... 348

关于文化遗产问题
　　——批判胡适与梁漱溟 ............................. 356

关于"百家争鸣" ............................................. 411

"大同书"十卷 ............................................... 413

无政府主义批判
　　——"五四"四十周年纪念 ......................... 417

关于孔子的大同思想 ........................................ 442

关于继承哲学遗产的问题 .................................. 445

罗斯福之当选与其政策 ..................〔日〕大山卯次郎 448

# 一个唯情论者的宇宙观及人生观

本书于1926年7月由上海泰东图书局初版发行，1928年3月发行第3版。1989年，上海书店据泰东图书局1928年版影印，收入"民国丛书"第一编第三册。2002年收入福建本第一卷。本次整理，以泰东图书局1928年版为底本，以福建本为校本，同时参以中山大学哲学系藏朱谦之先生"自存本"所作校批文字。

——编者

# 目　录

## 第一讲　导言上 ... 5
　什么是真理？ ... 5
　怎样求真理？ ... 13

## 第二讲　导言下 ... 17
　东西文化一元论 ... 17
　印度西洋中国三方哲学的正统派 ... 19
　正统哲学的体系 ... 21
　孔家哲学的三时期 ... 22
　总结上文 ... 25

## 第三讲　宇宙观上 ... 26
　不可思议论之批评 ... 27
　我研究这问题的经过 ... 29
　评反情论者的宇宙观 ... 33

## 第四讲　宇宙观下 ... 41

## 第五讲　人生观上 ... 44
　真我的意义 ... 46
　人性论 ... 50

## 第六讲　人生观下 ... 53
　生活之乐 ... 53
　为什么有恶呢？ ... 55

复情 .................................................. 56
　　自我与牺牲 .......................................... 58
　　行为中之实现 ....................................... 59
**第七讲　恋爱观上** ........................................ 61
**第八讲　恋爱观下** ........................................ 68
**第九讲　政治哲学** ........................................ 75
**第十讲　经济理想** ........................................ 80

**附录　孔门的泛神思想史料** ............................ 83

# 第一讲　导言上

这次演讲是完全以我真情认识的真理为依归的。晓得怎样探求真理，就晓得怎样去做我的生活。

## 什么是真理？

现在社会人生的不统一全由于信仰没有标准，你立一个真理，我立一个真理，其结果真理成为"此处与此时"（here and now）的问题，是非日变，而人生也好像没有着落似的了。在这个思想界纷乱的时候，我实不能不归罪于一般学者，固然学者能够把思想来引导生活，但他也能把人的生活引到坏处去。学者常因个人偏狭之见，而倡为怪说，或有意立异，本着好奇心而创立一哲学系统，这是常有的事。却不知宇宙的真理，是宇宙间公共的，是至公无私的，谁也不能占有，谁也不应私立门户。如果你要私立门户，把学说作一种智慧品，灌注于人们脑中，那末你这个思想家，尽管说得如何动人，煞是好听，我都只能认你侮辱人的人格，是个精神的掠夺者罢了！

我们不讲真理则罢，要讲真理便不可不除去有"我"之私。我常觉着有成见的人最难说话，因为他私心太重，无法转移。你看在学者中，私的人总是把宇宙看作个人的，公的人则把宇宙看作大家的；私的人要把我来统辖宇宙，公的人则把我放在天地间公共地步，和天地万物一般看；又私的人以为一个人有一宇宙，各各不相知，公的人则老实肯定有个弥沦万物无限的宇宙。这层极关重要,公私的分别,便是以后学派分歧的原因,既然一个人有一个宇宙,则你的宇宙不是我的宇宙,推之你的真理也不是我的真理了。因为在宇宙观上,那单独的自我对于普遍的自我——宇宙——缺乏调和,所以在真理上,也自无是非善恶的客观标准。诸君!难道是非善恶就真个没有客观标准吗?都只为学者以私意自为障碍,所以不能廓然贯通,对于全般的真理,自不能认识他。我打一个譬喻,真正学者的智慧,如烛一般,四方上下无所不照,而私的则如灯,只有一面光,不能够遍照十方。我也不是说这般私的,全无所见,但说他所见大小,只见自己的自我宇宙,却不知自我宇宙是和"万有"有关系的,所以我们必须找寻两者共同的中间物,就是普遍的宇宙,倘若不知这普遍的宇宙,则我和宇宙为二,而我之所以为自我宇宙的,也算没有真知灼见了!换一面说,在真理上只知我的真理,却不知我的真理即宇宙万有之真理,则这种真理的认识,也是极靠不住的了,只成为个人的意见罢了。

原来真理之所以成为真理,因他有客观性的,必要是通人类全体普泛的标准,这才算真理。我们不可不以普遍的为真理,却不可仅仅以个人纵欲的私见,或个人的快乐为标准。但在这里,我也不完全否认"主观",因为真正的主观,是存在于自我的底子的"情",无论何人,都有这一点"情",这点"情"是个人的真正主观,同时和普遍的主观相符合。我认为对的,则无论何人都也认为对的,却没有一个人觉着不很对的。这么一来,则我的真理便是你的真理了,你的真理便是一切人的真理了。尽管人们性质有许多不同,而在不同当中,总可找着一个同的地方,就是能够判别是非的"真情",就是能够发见一切人类共通的真理,有了个共通的真理,而后人们才好一处过活。不然这里一个是非,那里一个是非,这里一个宇宙,那里一个宇宙,人们信仰的不统一,又那里能望社会人生的统一呢?

于此，我不妨把真理的性质，穷原究委的详说一番。我上面说真理是至公无私的，是有客观性的，这都是就真理的本身来说，不是因人和地和时而不同的"真理的表示"，乃真理之本身。无论如何的民族，如何的个人，如何的伦理思想，其间必含有真合于普遍真理的做他底子。虽然表示出来，各有各的不同，这地方用这形式表示，那地方用那形式表示，在一个人当中，一任真理，对父便为孝，对兄便为悌，对孩子入井，就发为恻隐之心，这许多不同的"真理的表示"是时时刻刻变动，跟着时代的变动而变动，在某时代为真理，于次时代就是误谬；又随地位的变动而变动，把待父的礼来待敌人，就是误谬。可见真理是变的，这句话确是不差，然须知变者形式，而不变的是其内容。尽管我一天当中，酬酢应对，于一个人一个样子，然我的"情"是不会变的，我对于这人情厚些就厚些，情薄些就薄些，会恻隐时就恻隐，会羞恶时便羞恶，表面好似是转变无常，其实在我方面，只是一个情，而自然有这些分别，须知这个"情"便就是真理的本身了。真理非他，就是这酬酢万变的一点"情"，虽然因地不同而变他形式，又于时间经过当中，常现一种转变之相，然真理的自身，则只有一个而已，而哲学者的职务，就是要发现这唯一的真理。

平常人因看不到这一而变化、变化而一的真理，只从外的着眼点去观察，自然所见真理都是变的，都是多样性的。因此实验主义家遂把真理看作一种工具，他说真理并不是天上掉下来的，也不是人胎里带来的，真理原来是人造的，是为了人造的，是人造出来供人用的，似此把真理看作人造东西，我以为是根本错误了。如果真理是人造的，如何成为公认的真理？帆船太慢了，你可以换上一只汽船，摆渡的船破了，可以再造一个，但假使不给你以天赋的智慧，则你又怎样办呢？你能造出许多东西，也能创造你自身的生命和智慧吗？须知只有你自身的生命和智慧，才是真理本身。有了他才能表示出许多真理，时间变了，地方变了，你表示真理的样子也变了，但你所以能表示真理的一点"情"，却永远不变。又如实验主义家，高谈致用，以为真理就是工具，万一发生他种事实，从前的观念不适用了，他就不是真理了，我们就该去找别的真理来代他了。其实所谓用，都只能在一个时候，一个地方，摆过渡，做过媒，若我们所谓用，才是真正全体大用。尽管从前在社会很有用的一种真理，现在变成废话了，而我们所以能表示真理的能力，还永远有用，而且用之不穷。我以为唯有这用之不穷的真理，才可给他们以真理的美名，若实验主义所谓真理，都只见一片段而已。他固不能无见，如我们说真理是有普通性的，而实验家说真理是于一个时代一个地方有普通性的。我们说真理是永远有用的，而实验家说真理是于一个时代一个地方有用处的。可见实验家任他怎样否认全般的真理，而其究仍不出于全般真理的一部分，不过所见太小罢了。为什么所见便如此之小呢？原来实验主义家把真理看作人的一种工具，真理和我手里这张纸，这条粉笔，这块黑板，是一样的东西，都是我们的工具。既然把真理看作一种工具，就无异乎把真理认为一种东西，凡是东西都是有成有毁的，这张纸，这条粉笔，这块黑板，都是"此处此时"的，所以真理也是"此处此时"的；这张纸，这条粉笔，这块黑板都是有成有毁的，所以真理也时刻换新的。虽然，凡表示出来的真理，都是永远在变化中，然尽管表示样子千变万化，而真理是不会变的，尽管这张纸，这条粉笔，这块黑板有成有毁，而这一成一坏的大道理，则从古至今，没有间断。换句话说，真理不是一种工具，却是造工具的一番道理；也不是东西，是东西之"所以然"；若仅仅以真理作一种东西看，自只能限于一时一地，而没有普遍性，反之，把真理作道理的本身看，则无古无今都有他存在的地位了。

但在一般守旧学者，拿真理做最后目的的生涯而主张"不变"

的，这在我们也是极力否认。他道：真理是绝对不变他，如"变"的真理，只得叫做伪真理，何以故？变没有自性和自相故。当一件物变作一件物的时候，未变之先没有变，既变之后也没有变，即在变时，涉思及变，变早已飞腾了，可见已变没有变，未变没有变，除了已变未变，变时也没有变，这不是没有自相的吗？复次，变都有其他的原因，所以变，是要适应环境，可见变都是从因缘生，从缘而有，既从因缘生，就可见其没有自性了。为什么没有自相呢？由他们意思，不变是体，变是用，用没有体，因体以为体，所以除却不变的相，便没有变的自相可说，而变的相，就是相宋所谓"依他起自相"，"而实没有自相"，既然无性无相，而犹叫做真理，不是戏论而何？这番话好似很有理，其实是错了！我们说真理不变，是说这道理不变，所以体用合一，却不是有个不变的本体在。若此守旧学者的意见，则明明又把不变的真理看作一个东西，所以要分别体用，以不变为体，变为用，变是从不变中坠落出来的，所以变不是真理，真理是绝对的。老实说，这真理绝对的话是不错的，却给他们弄错了！若使真理不变而有一不变的本体在，则本体也等于一物，怎能够做万物根柢？又况有这一个不变，便自然有变的一义发生，变和不变成为相对的，体用分开。你纵能否认变的价值，却不能取消变的实在，你可以说不变是真理，但你不能不于真理外更立个非真理，和真理对立，既然有非真理和真理对立，那也是普遍的真理吗？既然不是普遍的真理，那也算不变的真理吗？非不变的就是变了。你可由此而证明真理的不变，我也可由此而证明真理是变，你可由此说变非真理，我亦可由此而言不变非真理。因为真理既成唯物的，则在这物上，自有两种相对的说法，而因此遂成两相对的学派，其实真理何尝是一个东西呢？真理只是体用合一，谁分别出那是体那是用呢？不然的话，硬把真理作一物看，硬把体用分作两截看，在趋新的人则说真理是变的，只有用没有体；

在守旧的则说真理是不变的，只有体，没有用；他们针锋相对，各自以为看见真理，其实他们何曾看见完全的真理呢？如看到完全的真理，则知一方面他是本质，他方面他是表示——自始至终，就是永远的新，也是永远的旧，在真理中自有这两方面，两者同时在一起，是不矛盾的。因此所以说不变非真理，固然不可，说变不是真理尤其不可，把真理看作一张纸一条粉笔固然不对，将真理看作瞑目跌跏恍然大悟以后的产物，也非常的不合。我可以告诉大家罢！真理不是像许多东西中一个可以明白区分的啊！所以获得真理的人，并不是获得什么。反之，把真理看作东西，任他心目中以为这个东西是变的，或不变的，其实他们都只是要贪求分外的东西，但怎么能够呢？

真理是什么？我简单的答案："真理是无形而有理。"物虽无而理则有，理虽有而物则无，知道真理不是一件物，而实为万物的大根柢，只是一片情理，彻上彻下，万古完全，这才是知道真理，那些把真理作一物看的，也算知道真理吗？我敢大胆告诉大家，真理纯以这点"情"言，所以体用合一，体也是这点"情"，用也是这点"情"，只有这一点"情"是真理，除此以外，更没有什么真理，但除这一点"情"外，也实在空无所有，所以世间万有莫不是真理，没有一个而外于真理者，即真理而万有即在其中，即万有而真理便无所不在，如没有这天地，已先有这天地的道理，到有了天地，而这理即在天地当中。这是十分显明的，无论何物都不能离却真理，无论什么时候、什么地方都是被这真理充塞住。这么一来，就可见真理本无在无不在，是和宇宙的生命相符合的了。

但真理和实在的符合，都不是一部分的——体的部分或用的部分——而是全体大用的。简直说真理和实在，根本只是一个。这方面叫做真理，那方面叫做实在，所以合于真理的，一定是实在的，凡实在的一定是真理的，如果不是真理，则他本身先不能存在，其存在只是假的了。如恶这个东西，自然算不得真理了，而一究恶的本身，便是不能存在，我们要去恶，也只是去其所本无，就是把那本不存在的东西，自然归于灭亡。反面来看，则在能够真个存在的现在一切道理——即任何革命都不被破坏了的真理——我们也不能不承认这种真理的意义与价值了。从前黑格儿（Hegel）的哲学说"现实的就是合理的"，许多人都认他是保守极了。固然，如果现在的是指直接现存的制度而言，则这句话无异乎为旧制度旧风俗辩护，无异乎说真理的形式是不变的，自然毫无意义，但若使他是指着真理本身而言，那我就可老实告诉大家，实在如此。何以见得呢？尽管极澈底的革命家，他批评一切，怀疑一切，但他心目中无论如何，总有一种真理观。一个虚无主义者自以为他是不屈服于何等的真理，除破坏外，没有什么，其实他不相信真理，而他主唱的虚无主义，便是真理，他破坏一切，但破坏主义不就是他的真理吗？可见自古至今真理在长途进化当中，虽遭人破坏，是没要紧的，真理总是现在的，总是实在的。我为什么说这张纸这条粉笔这块黑板，只是真理的一部分呢？因为这张纸这条粉笔这块黑板其存在的时间极短，时间过了，这些东西也变成废物了，可见这些东西，其所以只成为真理的片段者，即因其实在性，只有片段。这时存在，便可以在这时叫做真理，这时不存在，他便不是真理了。换一面来，我说的绝对真理，他是有实在的确实性的，永远存在所以永远是真理，所以说存在的便是真理了。

所谓实在，就是如实的存在，是一种永古不变的天经地义。诸君听我这话，也许吃惊不少，以为依据实验学派所诠，真理都是时刻变易的，那里有什么天经地义，岂不是欺人吗？诸君当知，君所见的真理实在错了！其实只是一种"假说"，而没有到真理深处，如果诸君说真理无定随时变易，则这无定的真理观，也不能不水逝云卷风驰电掣而去，而变为恰相反的有定的真理观了。如果诸君是个实验主义者，则我也可告诉你，实验主义固然是最近五十年来的真理了，然而穷溯五十年前的真理，已不适于今；即知现在所谓真理，必不是他日之所谓真理；好比前此之所谓真理，并不是现在之所谓真理。可见实验主义其自身即非永久的真理，自不能避免人家的诘问了。这么一来，便可见凡抱一地一时的真理观的，其自身的真理论，亦只能在一时有用，一时存在。若我们要在根本上着想而求普遍的真理的，便不以此为究竟，更不肯以此一时存在的认为真理，而否认一切的真理了。即因他们所谓真理，都是一时一地最方便的"假设"，所以我说他是假设的真理，而这假设的真理，自然和真正的真理大不相同，你看胡适之先生的话便明白！（见《文存》，页七七）

  实验主义绝不承认我们所谓"真理"就是永久不变的天理，他只承认一切"真理"都是应用的假设，假设的真不真，全靠他能不能发生他所应该发生的效果，这是"科学试验室的态度"。

  既然以"假设"为真理，则凡所谓真理者，都是学问，因为这个"假设"都不过我们假定他是存在，其实他能够存在吗？还是个问题。我们要求绝对真理的，一定不以这假设的为真理，如果以假设的为真理，而否认我们求绝对真理的；那末我们只得说他的真理论，即是反对真理，使脱不出一时或一地的眼光，用极不逻辑的方法，使人求真的态度无形消灭罢了。

  因为假设不是永久存在，所以不是永久的普遍的真理。若求永久的普遍的真理，则不可不更进一层，求真理和实在的符合。换句话说，就是求真理的永久存在性，即求真理本身。会得真理本身时，则上看下看内看外看都是实在了！也都是真理了！这真理在宇宙间，并没有一些隐遁，天地之所以天地者，即顺这真理而发生，乃至万物万事,也共由于这理而莫能避。这么一来,真理便是天地万物的大根柢了!便无在无不在了!我可以再郑重地告诉大家,真理就是实在并不是实在的摹本,譬如真理是一个东西,那末我闭了眼睛想象这种东西的模样,那还可说是一种摹本,但是真理不是一个东西,只是无形而有此理,那末摹的是什么呢?旧派哲学家不知真理和实在根本只是一个,而承认两者为摹本的符合,所以被实验主义所反驳,如果知道真理就是实在,实在就是真理,则真理本身即是实理,根据于真理的话,都是实话,既没有那样悬虚的摹本说法,而且反证这种真理比实验家所说的更为靠实。宇宙间只有这靠实的是真理,一切虚无寂灭茫茫冥冥如风如影的都不是真理。

## 怎样求真理?

晓得真理和实在非二,则尽宇宙是一实在(即生活),即全宇宙是一真理,所以宇宙内事千变万化,都是自然天理流行,是可以随时随处体认得的,有些主观的观念论者(Subjective Idealism,如Berkeley、王阳明皆是)不认此说,以为心外无理,心外无事,一切物理,都只是吾心的观念,外吾心而求物理,不得不谓支离了。却不知天地古今宇宙内,只同此一个真理,即同此一个心。虽就主观方面说,常下具足,在万殊的差别里,浑然具足,而无欠无余了。而就全生活(宇宙自我)上总说,真理是无往而不在,怎能分得内外,说内的是心,外的不是心呢?可见心体广大,尽宇宙万有,都不能外,我们不要指腔子里以为心,须知上看下看内看外看,充塞宇宙都是理,即是心也。《大学》告诉我们"致知在格物",是说探求真理的实下手处,在于格知物是什么,是从体物来的。而明代的孔家如王阳明,简直抛了格物一段工夫,训格为正,训物为念头之发,格物就是正念头,这么一来,格知的"物",便不是"物",而所谓致知的"知",也只是超出我们意识中现象世界而悬空的一个本体罢了。须知本体不是别的,就是宇宙万物的内的生活,故此格物两字,应该还其为物字,把他改为何字,都是不好,而我们见本体,也只是就实物当中而穷到极处,识得他破,这就是"致知",就知得我底本体了。由此可见,孔家探求真理的方法,和释氏虚空寂照的圆觉不同,是兼知行、合内外的。人们如果不解这种方法,而要在意识的想象上建立一个本体,那末这个本体,只算一种臆谈,只算作弄精神罢了。于此我可以指出这不格物的致知方法,是有三大缺点:(其一)这本体只是离开现实而施设的虚玄的新境界,和现证的本体绝不相干,而成为二元的色彩。大概当政治社会纷扰的时候,有些人因不愿受现实管束,自然有这理想发生,如现实是有的,就以为本体"无",现实是不安静的,就以为本体"静",所以这种本体观,实是厌弃现实的倾向,是一种不格物的致知,结果定要走上虚无寂灭的路,要把宇宙的存在物,都一概消灭他,而成为一种还灭论,如印度诸外道及虚无主义皆是。(其二)因为这个本体,只是个虚妄之见。如妄者随语生解,其实并没有这回事,不过揣摩想象而已。大概一般顶聪明的人,总爱自豪他的孤立,自矜他是离开了万物,超越一切,为宇宙主,所以这种本体观,其特点即把我看得比宇宙还大,我不是宇宙的产物,宇宙是我的产物。这话善看原没有错,但其流弊却至杨慈湖的镜中影象之见,慈湖作《照融记》曰:"心之精神之谓圣,此心虚明无体,洞照如鉴,万物毕见其中,而无藏无作。"又曰:"仁人心也,人心澄然清明如鉴,万象毕照而不动焉。"又曰:"浑浑融融如万象毕见于水鉴之中,夫是之谓仁,又谓之道。"这等话何等洒脱可喜,然于本体则茫然无据,何则?在浑然一流当中,我和宇宙万物一体,是指性质而言,而慈湖则就性量为言,以为见本体时,则洞然天地人物都在我性量之中,而我可以范围天地。这么一来,我大而天地小,我无限而天地有限,本欲一贯,反打成两截。张横渠先生说得好:"若谓万象为太虚中所见,则物与虚不相资,形自形,性自性。"罗整庵先生更直截痛快地驳道:"镜中之象与镜不相属,提不起,按不下,收不拢,放不开,安得谓之一贯?"可见由虚玄妄想的本体,只是作弄精神,分明禅学了。(其三)如司马温公之说格物致知,以为"格犹扞也,御也,将扞御外物而后知至道也"。这话是格物的致知了,其实和不格物的致知一个样子。因为他讲格(扞)物,就是不格(至)物,所以朱子曾驳他道:"天生蒸民,有物有则,则物之与道固未始相离也,今曰御外物而后可以知至道,则是绝父子而后可知孝慈,是安有此理哉?若曰所谓外物者,不善之诱耳,则夫外物之诱人,莫甚于饮食男女之欲,然推其本,则固亦莫非人之所当有而不能无者也……今不即物以穷其原,而徒恶物之诱于己,乃欲一切扞而去之,则必闭口枵腹然后可以得饮食之正,绝灭种类然后可以全夫妇之别也。"这话很可救蔑视外物之失,更不须我多说了!总而言之,格物在致知不可分作两事,所以我们求真理的,应该大着心胸,广求宇宙间公共的真理,而反之于身才好。不然只凭主观所得,即便自以为真理,安知所谓真理,没有不好的夹杂在里面呢?并且那样去求真理,也未免太窄狭孤单,自把浩浩无穷的真理,结成一大块的私意了。

由上可见,真理是与宇宙生活的全领域同其行动,随心随意随动静随身随家,到处都是人们求真理的目的。而真理之为真理,其最不可缺的,就是宇宙性(世界性)了。所以在真理中生活的人,都有"宇宙内事,乃己分内事,己分内事,乃宇宙内事"的气概。孟子说:"口之于味也,有同嗜焉;耳之于声也,有同听焉;目之于色也,有同美焉;至于心独无同然乎?心之所同然者何也,谓理也,义也,圣人先得我心之所同然耳。"这分明告诉我们真理是有普遍性的了,陆象山更说得好："宇宙便是吾心，吾心即是宇宙，东海有圣人出焉，此心同，此理同也；西海有圣人出焉，此心同，此理同也；南海北海有圣人出焉，此心同，此理同也；千百世之上，至千百世之下，有圣人出焉，此心此理亦莫不同也。"晓得上下四方之宇，古今往来之宙，宇宙间只是一个真理，只同这一个心，而后我的宇宙观人生观才好讲。回首一看国内学者对于人生的观察，也见得误谬百出了。如张君劢氏所说（见《科学与人生观》，一至十三）：

> 孔子之行健与老子之无为，其所见异焉；孟子之性善与荀子之性恶，其所见异焉；杨朱之为我与墨子之兼爱，其所见异焉。……凡此诸家之言是非各执，绝不能施以一种试验，以证甲之是与乙之非，何也，以其为人生观也，以其为主观的故也。

这么一说，就是非善恶都没有客观标准，我们也不要讲什么真理了。又说：

> 若夫人生观，或为叔本华、哈德门的悲观主义，或为兰勃尼孳、里智尔之乐观主义，或为孔子之修身齐家主义，或为释迦之出世主义，或为孔孟之亲疏远近等级分明，或墨子、耶稣之泛爱。若此者……皆其自身良心之所命起而主张之，以为天下后世表率，故曰直觉的也。

我不知道张氏所谓良心，是指什么。若王阳明先生所谓良知，则决不这样容易说的。所谓"良知之在人心，亘万古塞宇宙而不无同"，那有这许多不同的良心呢？我举这个例，不过表明现在学者还是偏见中转，放着普遍的真理不管，所以颠倒错乱，开口便错了。

# 第二讲　导言下

## 东西文化一元论

我们再去看近来研究东西文化问题的,如梁漱溟先生的《东西文化及其哲学》,也是一样地犯着不看普遍的真理的毛病。本来全宇宙是一整个,所以东方西方,同是这个心,同是走一条路,也只有这一条路可走。但梁先生由分析的眼光看去,便不同了!他说:

> 西方文化是以意欲向前要求,为其根本精神的。
> 中国文化是以意欲自为调和持中,为其根本精神的。
> 印度文化是以意欲反身向后要求,为其根本精神的。

似此把意欲来讲生活的样法,很不对!生活只是真情之流,是超过意欲的一种至纯粹的动。这一动便是生命的路,也就是东方西方唯一的路了。在这里我们很容易发现梁先生的错处,是由分析下手而没有分析得到家。如西方文化,就稍近一点说,就有大陆派(德法)和英美派之分。英美派好以外释内,大陆派好以内释外,难道如大陆派也是"以意欲向前要求为其根本精神"解释他吗?如叔本华、哈德门或者倒可以说以意欲反身向后要求为根本精神了。并且追溯西洋哲学的本原,就不可不注意希腊哲学。即 Socrates、Plato、Aristotle 的传统派，如 Socrates 注重人生、Aristotle 之主张中庸、Plato 派之泛神思想，何尝不可说是中国人的态度。并且在西洋文化当中，也自有希腊希伯来两大派，如果把希腊说是动的文明，那末希伯来文明，不又是静的？那末和东方文明又有怎样分别呢？所以梁先生以功利主义代表西洋思想，实是不很对的。（原书一百五十七页，西洋思想竟不妨以功利主义将他代表了。）复次，就中国文化来说——即以孔家来说，最初有孟子和荀子之分，孟主内而荀主外；以后又有朱陆之争，陆偏于内观，朱偏于经验；即王阳明当时，也有湛甘泉和罗整庵两派和他驳难，并且一路上还有陈同甫、叶水心（即永嘉一派）、李觏、顾亭林、惠栋、戴东原、顾习斋、李刚主，他们都自以为得孔孟真传，但依梁先生看起来，这些主张知识的，外观的，岂不应该都归入西洋态度的吗？何况孔家以外还有许多异端，兼爱之墨学，为我之杨学，虽在中国还没有多大影响，但如老庄一派，一方面极端禁欲思想，一方面有可惊的肉欲耽溺生活，这种思想，支配中国学者，也不知势力多大，难道也可以"意欲自为调和持中，为根本精神"解释他吗？所以梁先生说中国文化一段，很是疑问。至于说印度文化是以意欲向后要求为其根本精神，这层更是不能赞同了。印度古称婆罗门国，所以印度思想，应该以婆罗门做代表。佛教在印度不过风行一时，后即衰歇。把印度各宗派来论，婆罗门好比中国的孔家一样，我们为什么不把他来代表印度思想呢？并且异派当中的顺世外道，尚唯物，排神秘，依梁先生说，也自然是一种西方文化态度。复次，即如梁先生说把佛家代表印度，那末佛家当中，也有小乘大乘之分，小乘主寂灭，大乘便不如此。在印度中对于这层，也有许多诤论。而如大乘中之《华严经》则更完全不是那样意味。（佛法中本应以《华严》为正宗。）即就唯识来论，在昔日即与三论并行，也不能完全把唯识宗代表印度。所以梁先生以佛代表印度我也不赞同，以唯识代表佛家更无有是处。

## 印度西洋中国三方哲学的正统派

依我意思，要分别东西文化的根本不同，是很难的。如果要分析也要分析到底。如就中国文化当中，孔家是走第二条路的，老子是走第三条路的，墨子是走第一条路的。就西洋文化当中，英美派是走第一条路的。希伯来派是走第三条路的，正统派多走第二条路的。又如印度婆罗门是走第二条路的，佛家是走第三条路，顺世外道是走第一条路的。这么一分，才觉眉目清楚。于是再由批评的方法，问那个是真理，那个不是真理？那一条路走得通，那一条路不可走。

因为生命只有一个。真理只有一个。所以凡走上生命的路的学说，通是对的，那不走上生命的坦坦大道的，至少都有些偏见。就东方西方的文化当中，自都不免有人走偏见的路的学者，或者有他偏见地方，也自有他独到的地方。但我们要求绝对普遍的真理的人，此刻不能不暂从割爱，从许多不同的思想当中，要求共通的真理，那末就只有以"真理"——生活之本身——为依据，而承认那走上生命之本来调和的第二路子上的，算真个"真理"了。由是回看一看，则西方文化走上生命路子上的，有希腊的正统派，如 Plato、Aristotle……大陆之 Kant、Hegel 以至现代之 Bergson、Eucken 都是。在希伯来思想当中，则以基督教为代表。因为基督教也是主张以爱为生命，把人类互相的关系，看作兄弟一般的。Plato 的论潮，承认爱和美，以后新柏拉图派更是完全发挥这种精神。Socrates 注意人生之研究，Plato 和 Aristotle 对于政治都有所贡献。以后大陆派 Kant、Fichte、Schelling、Hegel 以至 Spinoza、Leibniz 或是特别泛神论，或是普遍泛神论，（前者注重世界特别之属性，后者以世界和神为一，）究之都是主张泛神主义，以至现代法国 Bergson 的生命哲学、德国 Eucken 的精神生活哲学，都是有这种倾向。基督教方面则在中世纪时，已带泛神色彩。我们读《约翰》一书明明地说上帝就是爱，并且说"从来没有人看见上帝，我们若彼此相爱，上帝就住在我们里头"，这种爱中识神的思想，就是泛神主义的精神所在。至于最近代的基督教，完全是一种现世主义，主张性善，主张自由意志，更不待论了。这是西方文化的正统派。

　　至于印度，则以婆罗门为代表。婆罗门的《大经典》说"在宇宙活动里，显示他自身的神""独有在生命中，你愿活一百年"，这难道可以静的精神解释他？又如婆罗门的先哲诗人所唱的："宇宙由爱而生，被爱所维持，向着爱转动，而入于爱。"似此赞美宇宙生命不置，难道也可以意欲向后要求来解释他吗？所以塔果尔他是一个新婆罗门教徒，在他《人生之实现》极端反对人们对于印度思想的误解，即根据印度经典而阐扬"生命的宗教"，不但对于婆罗门得一个正确的解释，就是对于释迦所说"涅槃"，也加以解说，以为"释迦所指出的路，不但是自我克制，并且是爱的扩大"。（这句话自然还有可思量处，依照《华严经》是如此，旁的宗派便不然了。）由此可见，梁先生把印度思想看作"无生"，实在大误。不但印度人不是真个主张"无生"，并且赞美生的文字，如对于性爱，比别的地方要看得神圣些，尊重些。性的行动，在印度是有一种宗教的意义，而性的生活、内容，在印度恋爱的文字中，是以一种最郑重的精神解说的。关于这层，请大家看 Carpenter 的《爱的成年》第一章所引《吠佗》圣典的一般教训，说一个男子和一个女人睡觉时，向自然造化诸神祈祷的话，便可知道。作者并说这般文字及到英文《吠佗》圣典译本，这个地方只把梵文的原文照抄就算完了。那德文的译本，在这个地方，更加了一句注解道，"不可译，不可译"。可见在西方人都不敢译出来的，关于情爱的文字，竟发现于印度的经典当中，那末印度人之看重生命，而非主张"无生"，也可看得了。

　　复次，就中国哲学的情势论，把孔子来代表文化，是一点也没有错。不过孔子思想也有个来历，大概即本于古代相传的泛神思想而来。《吕氏春秋·圜道篇》引黄帝曰："帝无常处也，有处者乃无处也。"可见先代必有这种泛神思想，到孔子而后发挥光大。孔子主张爱人，注重人生哲学这谁也知道的了。不过在这里，梁先生也有和我不同地方，即梁氏所谓孔子是阳明一派眼中的孔子，而非孔子之全体，这点且留在以后去批评他。

## 正统哲学的体系

　　上面既举出西洋印度中国三方的正统派，现在还要接着问正统派是什么，以何因缘名正统派？我简单的答案："正统派是讲生命的真理的。申言之，正统派的哲学是以绝对的真理为依归。而真理之各方面无不讲到。"这自和只讲一面的非正统派不同了。例如庄子"蔽于天而不知人"，只讲宇宙，不讲人生，这就不是正统派的态度。

　　所以正统派的思想，是不可不有系统的。生活有多方面，如宇宙生活、人的生活、社会生活，而他解决生活问题的方法也有多方面——形而上学、人生哲学、政治哲学——而从根本上看起来，生活又有个内在的统一，所以正统派之真理纵有多方面，而其思想的根本观念，只有一个，如孔子所谓"一以贯之"，就是正统派的态度，所以正统派不可不为一贯的。又非正统派多在正统派之先，做破坏的工夫，如孔子之前有老子，苏格拉底之前有诡辩学派，正统派则常于其后救正绝对破坏思想，而有一种建设的企图。似此建设的系统的统一的哲学组织，正是正统派的一种特色。所以他的哲学系统是这样：宇宙观——人生观——社会政治哲学。

大概最先研究"宇宙的本体"是什么，完全是形而上学的动机。既然解决宇宙观了，然后从那一种宇宙观而应用到人生上面，譬如康德有他的纯理性说，就有他在人生哲学上的"良心之绝对命令"说；又如叔本华在宇宙观上主张意欲，在人生观上就非常轻视恋爱；如我主张宇宙生命——就是"真情之流"，在人生哲学上就主张"复情"，这都是好例。俟人生观解决了，然后再来讲政治、社会问题，如在人生观上主张性善的孟子，在政治上一定主张放任，看重民权，在人生观上主张性恶的荀子，在政治上一定近于干涉，所以宇宙，人生，社会，这三大问题的解决，是有互相关系的。不过有些哲学家用主观方法去解决这问题，他那个人建立的体系，和真正生活的体系不相符合罢了。

## 孔家哲学的三时期

讲到孔家的正统哲学的体系，本甚明白，不过梁先生最近在北大讲"孔家哲学史"，谓欧洲在希腊的时候，一般人的眼光都向外看，以是对于宇宙万物发生种种问题，所以他们在古代能发明天文数学等种种科学，都是看外面之世界，持静观的态度之结果，其实在中国《易·系辞》所载："包羲氏之王天下也，仰则观象于天，俯则观法于地，观鸟兽之文与地之宜，近取诸身，远取诸物，于是始作八卦，以通神明之德，以类万物之情。"似此仰观俯察，上看下看，内看外看，何尝不是对于宇宙万物发生种种问题，何尝不是喜欢寻讨对面的问题呢？梁先生因不知此，以为中国和西洋走两种相反的方向，各沿着路走。然则中国的问题是如何？"他不是向外看，是注意在生活之本身讲的是变化，是生活。"却不知大宇长宙正是生活之本身，因为生活是没有内外的，不但身内这腔子是"变化"，是"心"，全宇宙都是

"变化"，都是"心"也。所以伏羲仰观俯察重在变化，而希腊哲学家，最初如 Thales 之水、Anaximander 之 Apeiron（无穷）、Heraclitus 之变化（火）以是为宇宙本体，这不也是明明认生活之本身是变化的吗？并且中国的科学虽没发达，而《系辞》所载，黄帝尧舜作舟车，作臼析，作衣裳，作宫室，作书契，都是由研究自然现象而得的结果，经典具在，不能讳言也。即以态度言之，中国，印度，西洋，最初形而上学的起原，也都是由于对于宇宙的惊奇产生的，既是惊奇就都是情感的。若要分别那是理智，那是直觉反扞隔不通。总之，这生命只一整个，所以问题根本也只有一个，研究问题的方法，也只有一个。若谓中国人讲的是"生活的学问"，西洋人讲的不是"生活的学问"，那末无异说"生活"有外了，或说宇宙间有不是生活的学问了！

要在生活中找真孔子，这句话是不错的。因为孔学不过这番道理——平铺在宇宙间的真理。因为这个生命存在，所以这个真理存在，因为这个真理存在天壤间，所以为方便起见，我们在中国不妨把他来代表生活派的哲学，拿来讲一讲。不过也要我们知道，这套"生命哲学"，也是有个自然的统系条理，有了形而上学的方法，才能解决人生问题，如果不懂得孔家的形而上学，而只讲人生问题一方面，也是很有弊病的。所以我们对于只讲人生不讲形而上学的人们，认他不懂得孔家的真面目。依照生活之系统，孔家应分讲如下：一是形而上学，二是谈人生问题（人性问题恋爱问题），三是谈社会问题（政治问题经济问题）。并且依据我的看法，生活在长途当中，是进化的，孔家在他发展的过程中，也有进化的痕迹可寻。因为这生活最出一动是完全，本来具足，然一面是完全，一面又是进化。所以最初孔家好比是生命这一动，这一动是人人俱有的本心，无古无今都是这样，这是孔家思想不变的方面。而就他方面看起来，研究孔家思想其实就是研究心的生活，心的生活是时刻变化的，所以在进化的长途中，决不能不变为各异的色彩,而这种各异色彩,均呈露一种时代"进化"的样法。如最初中国生命派的代表——孔子——他的学说,实含有至广至大之精神,譬如天地之无不持载,无不覆帱,可以就是最完全的"心的生活"。七十子便各得其一端,没有那样完备,如德行之颜渊,文学之子夏,政事之冉有季路,都是各有他的好处,因分门研究的缘故,可算一个进步了。至于子思、孟子稍变而为内观自证的研究,生活更觉切实。汉儒传经似乎无甚发明,然如清代陈南甫之《汉儒通义》所列,也可以见其于性理命亦有所发明处,不能谓其绝不相干,特未免太持客观的态度耳。一直到宋人手里,如周濂溪对于宇宙人生均有所发明(《通书》讲人生,《太极图》讲宇宙),然皆引而未发,遂成两大学派,一如张横渠、程伊川、朱子之讲宇宙变化,一如程明道、陆象山之讲人生,他们又比周濂溪更为精密的了。明儒陈白沙、湛甘泉于朱学算一大进步,王阳明则比象山更进一层,龙溪双江两派又比阳明更精密些,心性之说到此无以加矣。就中东林学派(如顾宪成、钱一本)为明儒作一结束,而实开清儒关于实际政治的端倪,颜习斋、李刚主专主实用,顾亭林及后朴学一派均实事求是排斥玄想,此时把孔家思想来讲方法,实用方面不能谓无进步。即心性方面如惠栋之《周易述》、戴震之《孟子字义疏证》,均有新发见处,于是有所谓今古文之争,似乎无关。然康长素、章太炎实于是出,长素之《大同书》《礼运注》,发挥大同小康、三世三统之旨,而孔家思想遂能在政治思想史上占一极大位置,其徒梁启超近著《先秦政治思想史》,尤能发挥此旨。(特梁氏思想什错漫羡而无所指归,所以这书还有许多可批评的。)由此可见,照孔家思想的进化,也是有这样个的系统的:

宇宙观(宋儒)——人生观(明儒)——政治哲学(清儒)——现在呢?我以为正是孔家思想的"综合时代"。换句话说,就是把前哲的宇宙观，人生观，社会观融合为一，而成全生命的哲学的时代了。这不是一大进化吗？

## 总结上文

最后，我敢告诉大家，孔家讲的就是生命进化的大道理，而孔家本身也就是随时进化的产物，我这次讲题"一个唯情论者的宇宙观及人生观"，说的完全是我真情认识的真理，而这种真理，同时就是中国生命派的普遍真理——就是孔家的真理。如果大家不愿意这个题目，要改一个唯情论者为任何题目，如孔子，都可以。因为孔子就是唯情论者，一个唯情论就是我，我和孔子在这生命的一条路上，是有一样的价值的。还有一层，"一个"就是"完全"，我永远相信我真情认识的宇宙观及人生观，也就是人们真正的宇宙观及人生观了。

# 第三讲　宇宙观上

要讲宇宙问题，那末第一件要解决的，就是宇宙本体问题是否值得研究？西方哲学的始祖 Thales 最初就来究问宇宙本体，什么本体如何如何，是一是二是物质是精神，这些形而上的问题，在西方不知闹了几千年，还没解决，因此最近如美国的实验主义家詹姆士杜威遂倡不要人研究形而上学的问题；而在德国方面之欧根，法国方面之柏格森，则一个由生命之流动的观念，讲形而上学，一个则主张精神生活之独立——都是想替形而上开一条道路。至于中国则《系辞》一书完全讲形而上学，宋儒开山老祖的周濂溪《太极图说》、张横渠之《正蒙》是讲形而上学的，这我们都已知道的了。就是近代汉学家，其最初一部书是惠栋的《周易述》，这本书批评宋儒讲理的不对，稍稍提出"情"字，也是要讲形而上学的。直到现在汉学的末流，才主张抛开这些不讲——如胡适之——即在讲王学一派，如梁漱溟，虽也注意及此，但他自己说"对于孔家玄学的方法，可以理会一点，但怎样可以得着一种方法去讲玄学而证实他们说话的当不当呢？实无办法"。所以梁先生在北大讲孔家哲学史时也将形而上学问题暂从略不讲，可见中国现在哲学界，也是对于形而上学可讲不可讲发生了问题。依我意思，形而上学是应该讲他的，要明此，不可不对于主张不讲形而上学的斯宾塞（Spencer）和实验主义下一批评。

## 不可思议论之批评

斯宾塞倡不可思议论，说宇宙的本原，不是人智所能知道的，学者所研究，不过现象而已。又说哲学的职务，在于综合群学，至伏于现象后的真如，我们终不可得而知，原他意思大概是不满于高谈玄理，而发这种论潮，然当斯宾塞倡不可思议论的时候，Sidgwick于所著书，就要问斯氏何从而知道他是不可思议？又说无论可思议与否，我们终不成置他而不思议，这话很是。不可思议是由可思议而不思议他的，当我涉想到不可思议时候，不但表示不可思议的意思，同时也解作可思议的反面。再进而言，不可思议是从思议处而不思议罢了，所以不思议有思议的可能，因为万物本原的不可思议而不思议他，就无异乎思议万物的不可思议了，这分明又是一思议，怎可说是不可思议的呢？知道不可思议就是思议，那末一定不因其不可思议而置之而不思议了。并且本原问题本是我们所不免的思议而不能不思议的，所以欧根说得好：

> 世多有谓无形而上学，亦可求真理者，故实证派视知识为事物关系之纪录而已，限制而已，谓其本原为不可思议，知行合一派则以知识为求利之具，然吾人所以不得不求超脱此限制者，非必欲建立形而上学而执着也，天赋之精神，迫之使然也。观于吾人能知己身与四周事物关系，识其为全体，且知关系之为关系，可知吾人实非仅从事于事物关系中之一矣，吾人一旦认可思议界之外，有不可思议界在，立自觉其皮相，而不满之情，油然生矣。思想之制限犹可忍，人生之制限不可堪也，谓万物之本原为不可思议，吾人虽研精覃思，终为徒劳，是非钩深索阮之君子

所能承也。孔德尝尽心力以求新思想，穆勒斯宾塞后皆痛恨已说之不完，斯数子者其天赋之本性自求超脱己之学说，岂偶然哉！黑格儿曰："君子而不解形而上学，犹伽蓝壮丽而无佛也。"故微形而上学，则人生必日益坠落也。

我想如实验主义不讲形而上学的态度，也许就是日益坠落的表征吗？分明是再重大不过的问题，而以不了了之，这本无此根据，由此乃欲制限人生，使不向这问题着想，这不是由怀疑而武断而何？若怀疑而不武断，对这问题，精密研究一下，就必有所觉悟了。所以柏格森对于实验主义，就颇有微辞，他说：

> 此曹遭此难题，乃远其初志，发为怪论曰：吾人之所探究者，非真如也，其现象而已，万物之本原，永非吾人所可得而知也，吾人唯徘徊于其关系之中耳，绝对者不可跻之境也，吾人盖不得不裹足于斯不可思议之前矣。往者颂智灵为万能，今又何贬之之甚耶？使生物之智灵果为一物体与其物境之互相作用所范成，则又安有不知其所从出者之理乎？吾又安有全生息于虚无冥漠中之理乎？吾人之智慧，既专供运用，复常受所觉者之印象，是即与绝对相接触矣。

由此看来，不可思议论之无当，也可见得了。而且宇宙问题，本是我们自己的问题，如果我们而不自加思议，敢问替我思议的谁呢？并且哲学家所司何事，不是要穷理而致知吗？现在既自己愿居于无知之列，也就罢了。而复持不可思议论约束后来的人，都不去研究形而上学把，似是而非的解决法，限制人们活泼泼的思想，使不向宇宙问题着想，这自不是哲学的态度了。

## 我研究这问题的经过

我呢，自幼就有这个宇宙问题的，在十五岁时著了一本《中国上古史》，就觉得有人类而后有历史，有世界而后有人类，但人类是从那儿来的？世界又是那儿来的？这都是我那时的问题，只因学力不足，所以只探用康德的火云星说来解决。以后在北京大学肄业，就很爱看老子《道德经》和《周易》一类的书；这时还是在法预科，但已知道世间有所谓哲学了，因此巴不得预科毕业，就自愿改入哲学系去，在没入哲学系前，已做了许多关于形而上学论文，如《太极新图说》，当做这文时，好几夜都没有睡，心里总在玄想宇宙本体是什么？怎样由本体变起宇宙？这篇做好，我当时喜极了，以为一切问题都解决了，对朋友说"我现在可以死了"。虽然这篇现在看起来，很多是胡思乱想，但我当时研究形而上学的态度，确是如此，虽然人家对此一点也不发生问题的，但我如不将这问题解决了，就不能过活。所以那时如傅斯年、胡适之一些人尽管他在《新青年新潮》怎样排斥玄学，我都不为所动，还是研究下去。刚好那时杜威到中国来，我虽没甚明了实验主义；却已惹起了"为真理而战"的决心了，即草下一篇论文名《评实验主义》登在《新中国》上，这篇现在看起来，很多误会之处，但我那拥护形而上学的迫切情形，又确是如此。接着我就在哲学系肄业，对于形而上学问题，自格外兴趣浓厚，并且由研究的结果，以为"情"——"无"就是本体，因此主张革命，主张直觉，想此理想的真情本体实现，这种思想，大概支配了我好几年，因之想自杀、出家，都无非要达到宇宙本体的一种企图。诸君！也许说我这时有些疯了！须知这种疯子的态度，才是认真，才是哲学家的态度啊！当时我还没有认识梁漱溟先生，后由友人叶麈君听到他批评我讲的直觉是非量的话，不久漱冥亲来找我，常谈到哲学方法问题，并相约为小孩子般的朋友，以后我因提倡革命入狱，在那里读《周易》，仍念念不忘玄学。漱冥思想也变了，当他《东西文化及其哲学》出版，我实受极大的影响，这时我的本体论，完全折入生命一路，认"情"是本有，不是"无"——，对于漱冥所主张的"无表示"是中国根本思想，反甚反对，并且他所说的三条路，尤不敢赞同。所以当我和漱冥共学时，他们爱讲人生，我讲宇宙，总是捍隔不入，尤其是以我的泛神思想，被讥迷妄。但是我呀，却于这时确立了一个新宇宙观了，从"虚无"里而回转到"这世界"了。于是我研究形而上学——宇宙本体问题，乃告一大结束，这就是《周易哲学》所由产出。现在呢，我敢大胆告诉人家，本体不是别的，就是现前原有的宇宙之生命，就是人人不学而能不虑而知的一点"真情"，我敢说这"情"字，就是宇宙的根本原理了。

须知这个本体——情——不是容易说的，我是经过千难万苦才发现他的意义的。从前虽拈出此字，但因方法不对，所以认"无"作"情"看，而主张虚无主义。这次讲演，很想批判从前的方法如何不对，并提出对的方法来，以免大家再走我同一样的错路去。大概我的根本错误，在不根据生命的事实而来，所以推演辨证的结果，不能不认"无"为"情"，我在《现代思潮批评》页一五〇说：

> 宇宙是由于流动不息的精神结合而成，所以求精神作用的基础，便是求宇宙本体的唯一方法，据心理学所研究，"智""情""意"是精神作用的基础，萧本华又证明了"智"是"意"的派生，但所谓"意"实还有"情"的作用存在，原原本本由"意志"到"无意志"的境界，再到"情"的境界，就可证明"情"是精神的最后"本体"了，所以我说"情"便是本体，便是"无之又无"的"无"。

似此由分析的方法,求"情",须知那最初的分析一步就不是"情"了。所以要问宇宙的本体,当下就是本体了,要问宇宙的本原,当下就是本原了。若如前从心理状态以内发现的,在分析的着眼点上,把整个的心割成七零八碎,以为那不可分析的心,就是本体了。却不知依分析求得的东西,只是割据心的变现行相的一片一段,并不是本体,却正是本体所否定的。因为本体是永不间断,所以不可分析,并且生命是活动的,如何可作静体来分析呢?只因从前没有看到这层,所以一面把不可分析的情,认为"本体",一面把可分析的宇宙,认为"现象",因此主张破坏宇宙,以后归于本体—情,其实从头显尾,就没有认识——整个的心——真生命,这是我从前以分析认识本体的一大错误。

复次,我这时又喜欢用辨证的方法,来讲本体,以为有和无都是相对的名词,有"有"即有"无",有"无"即有"有",所以有无都是相对的,由是不能不推到超越有无的"无之又无"的"无"了。即在这"无之又无"的"无"上,讲什么"当下便是"呀!"直觉"呀!"无善无恶"呀!自以为这个境界是了不得。——傍人不知,只有自己知得,并且傍人开口,以为他们一开口就错了,就不是"本体"的境界了,就坠落在"现象"中了。至于自己说到"本体"时,总要再三申明,我现在说一句话不算一句话,言语道断,心行路绝,将四方八面路头,一齐塞住,那时候默而识之,便是本体—情了。现在看起来,真是大谬不然。由辨证所得的,仍不出于辨证的境界,决不是真实的境界,如以为有善恶相对,必推到"无善无恶"而后快,则所推得的,仍不过"无善恶"的境界,决不是"善"的境界。并且这"无善恶"的境界,还是和"有善恶"的境界相对,怎算得绝对呢?所以尽管如何辨证,而最初的辨证一步就不是情了,并且我们求真理的,应该说一句要算一句话,虽然"言不尽意",但我们仍不能不由言去会意，如果遮拨言诠，只凭个人的主观去"直觉"，区分如许空间如许时间，是"言说境界"，又于范围外判立一个"非言说境界"，于是"非言说境界"和"言说境界"分作两截，一切言说都无标准，这岂不全错了么？所以由辨证来认识本体，这是我从前第二个错误所在。

并且那时的我，主张明心见性，极端反对"感觉"，以为感觉除了接触有感官的状况以外，无从知道，而形而上学的对象，又超过寻常的认识，所以要知道事物的实相，不可不超过感觉。因此否认科学，否认科学与形而上学之结合的统一，连柏格森都受我的评判。现在看起来，这正是我从前"不格物的致知"的毛病了。固然我们讲格物，不必像朱子所说"今日格一物，明日格一物"那样完全客观的态度，但我们却要先在物上理会，才有个商量处，因为宇宙万物凡耳目所接触的部分，都是本体派生的模型。所以我们认识方法，如果只在外面末上做工夫，则所谓知，总不免于不完全的毛病，反之，直接默识物的本体——由感觉直追到事物的根极，于是置身当中，把能觉的我加在所觉当中，不在外边转，而且不藉力于反析，而全赖于直觉，不仅以知道外面的轮廓就够了，还要绝对的默识本体，所以这种方法，虽从感觉下手，而所得境界不以感觉为止。这既不至于玩物丧志，也不至如前专走上顿悟虚玄一路了。由此可见，我从前极力否认感觉一段工夫，也是第三个的错误。

这三个求本体的方法，都失败了。那末我们应该以什么方法为依据呢？这就是"直觉"了。你看天空海阔，月白风清，鸢飞鱼跃，充塞这个宇宙内，无非本体，如果人们能够在大自然中默默体会，从感性生出的斯歌，斯咏，斯啸，斯舞，无时不听凭直觉，即无时不是本体，无时不与天地同流了。（宇宙万有，决不是理智得来，只能永远缄默去证会的。）从前程明道教人观天地生物气象，陈白沙教人随处体认天理，都是这个意思。(周茂叔窗前草不除，因为他看草木的心，就是自家的心,)《易经》里告诉我们："观其所感而天地万物之情可见矣。""观其所恒，而天地万物之情可见矣。""观其所聚，而天地万物之情可见矣。"所谓认识，都是就宇宙万物之际观之。罗整庵《困知记》说得最好："格物之格，是通彻无间之意，盖工夫至到，则通彻无间，则物则我，我即物，浑然一致"，"心之穷物有尽，由穷之而未至尔，物格则无尽矣，无尽即无不尽，夫是之谓尽心，心尽则与天为一矣"。可见这种格物方法，是凡认识的对象都是。会得时物即我，我即物，滚作一片，都无分别，真陈白沙先生所谓"往古来今四方上下都一齐穿纽，一齐收拾，随处无不是这个充塞，色色[①]信他本来"。这不就是见本体吗？

## 评反情论者的宇宙观

但在这里，有不可不辨者，即我们认识本体，即是直接默识生命。所以都是净观的，把他和佛家比较一下，就可见大大不同。佛家有"止观"方法。他的观是不净观（1）观身不净，（2）观受是苦，（3）观身无常，（4）观法无我。这种观察，完全是分析的，纯静观的，是我从旁观的态度观我的一种方法，自然是太冷酷无情，把"情"都沉下寂无了。由这种方法所发生的特殊的宇宙观，自以为宇宙是罪恶充满的，人是贪嗔痴的。完全不在好的方面看，而只在不好的方面看，却不知他生出这"生命"不好的念头，原是他多了一个心，生命没有不好，却是他自家心不好也。好比一个母亲爱他的儿子时，一定不会想到儿子有什么不好，可见在情感上过活的人，如果

---

[①] "色"，原作"是"，误，据《陈白沙集》四库本改。——编者

安于情感生活，断不会有什么"不净观"发生，推"不净观"所由发生，都是由于厌恶当下而有所要求——无论所要求的，是一种物质，或是虚无，物质固是绝对没有，空无也是一句话罢了——把自己和"当下"分开，于是由静观方法，把活动流行的"当下"，分析之又分析也。却不知活动是不可分析的，只有在活动里才能感着活动之美味无穷，若一分析便都只感着凄凉则有之，而"生命之美"却不知何处去矣。所以把佛家的不净观和孔家的"净观"较一下，便可见运用理智的和运用直觉的大不同。（1）孔家言观其所感，而天下万物之情可见，即是观受是乐。（2）观其所恒而天地万物之情可见，即观生命永久流行——观身有常。（3）观其所聚而天下万物之情可见，即观法实有而《观》卦言观有光明灿烂之意，《易系》告诉我们："知变化之道者，其知神之所为乎。"观成象于天，成形于地，便是神之所为，这不是明明白白的观身是净的吗？由此我们便可知道，生和无生的认识法截然不同，一个净观，一个不净观，不净观所以以梦幻譬宇宙人生之妄，而主张"还灭"，净观所以尊重生命的真理以为人生适得存在的。这个关头极重要。现在许多青年们，本想解决人生问题，只为错了一会，就要被这种思想引去，一生过那烦闷、悲哀的生活，而自以为大解脱；或者到来帮助佛教徒，来反对恋爱和艺术的人的生活，这真是天下最伤心事，也莫过于此了。所以这次在讲唯情的宇宙观之先，依我意思，须先对于这反情论者的宇宙观批评一下，才好讲正面的意思，并且这个关系极大，不由我不出来说话了。

（一）空观。这派论者以为宇宙当下寂无，是无所有不可得的。他说宇宙万物都是以"有"为生，而有生于无，虽现在宛然有，而常毕竟无，这个"无"，是无始终的，无生灭的，是不堕在见解计较中的，把他和有相比，不可说是有不是有，也不可说是无不是无，然又无障无碍，浑然和万物同一体，即此一切万物，都是"无"了，"无"

在万物中挺然露现了。但这个"无"是不可说不可说的,得"无所得"如何可说?超寻思境如何可说?若可说的都是戏论,只要人们亲切分明,能够超出一切,就当体即是虚无本相,乃至一微尘都是虚无本相,于是所有山河大地,就立时给他打碎了,都沉下寂无了。他论宇宙现象,以为都不是外边有的东西,只当自家妄心起的时候,才割划许多物来,其实物本无物,如妄心灭时,就物质亦不可得,更没有什么大小远近,以及动静状态可见了。这么一说,可见物的观念,是从杜撰来的,不但没是(有)物这个东西,即物的观念(心)尚且没有。而且就物论物,可见物是没有自己体性的,因为物的存在,完全属于因缘,因因缘而有的物,实即不是物,如水。我们知道是轻养二气和合所成,即知轻养二气和合为因,冷缩为缘,而后为水,如是即知轻养二气和合之前,并没有水,如其先有,则不待因缘,已先见水;如其先无,则虽假借轻养和合之因,冷缩之缘,亦不得水,而见因缘和合生水者,实即无水。——如是一一推求,可见一切事物,无一不从因缘生,即无一可说是实有,所以物不是物,我们看见一个东西,等于不看一个东西,说一句话等于不说一句话,这才是真正的觉悟。因为没有一个东西可就是自己如此,所以都无自性。换句话说,自性本无——就是无所有不可得的"无",这么一来,可见"物"这个东西,即因无常所以无,由"无"所以物物全真,物物都是无所有不可得的。懂得这没自性意,则这现前的一切物——就是本来寂静,自性寂槃的"无"了。就无生无灭,无所从来,也没有去处去了,也是生而不生了。不但如此,这个"生"亦了不可得,若谓"生"是有生,就要问这"生"是未生而生?或已生而生?未生没有体,决不能生,已生就已生了,那里更生起?就是离却已生未生,拿生时来说,生时倏忽灭尽,总没有生性可得,可见这个茫茫宇宙,成也何曾成,坏也何曾坏,而眼见的生生灭灭,有有无无,都只是痴人妄自计度,若由明眼人看起来，这个东西，本来如此，动也不一动，（物性空故不动，非以各性住为不动，）没有一个不是空寂，没有一个东西，不是凝然常住，这就是空宗一派的宇宙观。

把空宗的道理，应用在个人主观方面，可云是绝对的解脱，绝对的超绝了，只是人生的事实，决不如此。因为人生是在活动中找着自己的，是要求一种调和的，那种绝对空寂的境界，分明是一不调和，是一个主观论者，在自肆的酒里薰醉，没有听见生命在外面的呼声罢了。如果能感到生命的呼声，便不至于把外面世界，认作静体来分析，须知宇宙万有，原自不可分析，你去分析他的时候，便即使自己的分析心生的时候也。这话不要容易看去，须知一个以分析眼光看世间，则充天塞地无非间断，以信仰看世间则照天彻地，无非"真情之流"。《中庸》所说："诚者物之终始，不诚无物。"都只为空论者没有把真实的信仰心来看物，所以宇宙万有都沉下寂无。分明跃然可指的平铺在大宇长宙之间，但他还假装不看见呢。欧洲中世教会，有以现世之快乐为魔，所以有的旅行瑞士，因为山水的美而不敢仰视的，可见无论如何的空论者，对于有情世界，不起欣求，而他的本能潜伏着总是要求一调和也。我批评到此，已不愿再批评了，因为在学理方面，他那似是而非的论潮，很容易把人迷住，如以王阳明先生那样地魄力，都不免说，佛家说到无，圣人不能于无字再加些，他更何言。所以这里批评注重在"情感"方面，以为如空论者他的"心"先冷了，所以宇宙观成为冷冰冰地，一点没有春意。因为他眼见得一切都是"无所有不可得了"，便切身的父母和情人，也是无所有不可得了，并且这种人分明因为自己失望而晕倒于这种绝对的沉醉出神中，我对这种人只有心怀不忍，觉着这件论者，他的情感实在太受伤了。

（二）虚无论者的宇宙观。这派的根本观念，是说凡有都是从无出来，本体一向虚无，而能从无生有，如老子说"有物混成，先天地生","天下万物生于有,有生于无","道生一,一生二,二生三,三生万物",这都是以本体为"无",以为无就是宇宙间一切现象的本源,而且是宇宙一切现象的究竟。可怪中国这种思想最发达,老庄道家一派不待说了,即讲《易经》的人也有许多这样傅会,如《易》言"生生之谓易",分明是讲生命之生生不已,而刘巘《周易义》曰:"自无出有曰生。"又《周易兼义》何氏云:"《系辞》分为上下二篇者,上篇明无,故曰易有太极,太极即无;下篇明从无入有,故云知几其神。"似此一类的话甚多,举都不胜举,我只简单说一句话,这种宇宙观完全是运用理知方法错误的结果,他们心目中就以为宇宙有个起头处。所以由辨证的结果,有"有"即有"无",所以"有无"不是本体,而推到"无",如《淮南子》所谓"有始者,有未始有有始者,有未始有未有有始者"……从现实世界一直追到现实世界的根极,便是"无之又无"的境界,以为本体。却不知本体当下便是,超开当下而求本体,都是胡思乱想也。绝对之为绝对,即在其无始无终,生生不息。所谓"活泼泼地",就天地万物万事上触处便见。若使有个起头处,便自有个终歇处,而察宇宙情状,则永远绵延永远变化,白天过了又是黑夜,黑夜过了又是白天,知道生命本没个间断时节,怎好以有和"无"分析他呢?并且有和有相对的"无",则无也不是绝对。这派中人以"无"为如何如何之完善,要人能归于"无"——他说的"自然",则试问由这完善的"无",何以会和出这相对的有呢?因为这派中人,原不知"绝对即在相对当中",根本还没有认清相对是什么,(他们心目中的相对界是物质,和绝对对立的,)又怎能知道"绝对"呢?

由这派所发生的错误,影响太大了。如以为宇宙是自无而有,那末自不能不自有而"无",因为"有"和"无"虽是相反的东西,而有互相连结的倾向,"有"了不能够不"无","无"了不能够不

"有"。换句话说，就是当"无"的时候，要向着"有"的方面走，当"有"的时候，却要向着"无"的方面跑，于是而成立他的"虚无还灭"论，想破坏现实，到达本体——"无"，这种思想，实在太危险了。因为他没有明白万有在流动变化之中，是永远向无限的方面生化，刻刻增大，刻刻创新，是永没有间断时节的啊！所谓"无"就是指间断时的距离之感而言，而生命真相则时时刻刻在体现永远欢喜的无限生命，永无间断，所以决没有"无"这个东西。复次，所谓"无"，也只是自相矛盾的观念，所以柏格森在《创造的进化》一书，就力攻有生于无之说，以为都是有的变相。所以说："我们不有知觉，决不能想像所谓无，就是知觉薄弱到最底限度，但一有知觉，就有所活动，有此思想，那就是有了。"又说："无只是失望的名词，因人们求一物的时候，而忽见非此物，于是起失望之心，而有'无'发生。"知道"无"字并不是生命真相，生命是本有的，自己如此的，那末虚无还灭论，就打破了。还有一种思想，也是由自无而有的宇宙观引申下来的，就是一种"玩世主义"。最好是把吴稚晖先生《一个新信仰的宇宙观及人生观》所说作例。他自名他的宇宙观曰"漆黑一团的宇宙观"，其实倒是刚才说的"自无而有的宇宙观"了。他说：

> 这漆黑一团的名词，才叫干脆，因为我要把无始之始，非有非非有，听不到，看不到，闻不出，摸不着，混沌得着实可笑，不能拿言语形容的怪物，说出甚不容易，希望"漆黑一团"常做"非有非非有"的代名词，若听的人竟把漆黑两字真当着石炭，当着木炭当着烟煤当着墨汁看待，那就糟了。

他说宇宙的来原是"漆黑一团"破裂了，变起大千宇宙，所以这个大千世界，好像"活动影戏"一般，因此对于生命的解释是：

生者演之谓也，如是云尔。生的时节，就是锣鼓登场清歌妙舞使枪弄棒的时节。未出娘胎是在后台，已进棺木是回老家。当着他或她或是未生，或是已经失了生，就叫做择吉开场，暂时停演。

似这种宇宙观，走那好的方面，如吴稚晖先生不妨由此去提倡科学，（因这种宇宙观，一方面认识一个本体，一方面认识一个物质。如中国老庄一派，皆以"有"作物质看，如神仙家之炼丹术等均可注意，）走那坏的方面，也不妨逢场作戏，纵欲过此一生去也，所以这种宇宙观也是极其危险。因为走这条路的人，容易把"情感"弄成薄弱，如庄子当他的妻死的时候，鼓瑟而歌，人问他为什么这样无情理，他答得好：察其始而本无生，不徒无生而本无气，气变而成形，形又变而之死，这有什么可悲痛的事。大概这种思想的根本错处，在不认生命是真实夭妄的，即没有对于生命发生深信仰。所以以生为假借，为尘垢，虽也任生，但总不免用欲望的世界看生，既以欲望看生，就不能不走上一方面极其高超，一方面极其放纵的一条路来了。所以我对于这种宇宙观也是极力反对他。

还有连带要说的几句话，有人以为中国的形而上学，根本地方是"无表示"这种思想，也实在大错，我们心目中代表中国道理的是"生"，是"绝对的表示"，决不是无表示。有表示所以天地变化草木蕃，无表示所以天地闭贤人隐，这个关系极重要。并且有生命就有表示，若要无表示便不能不仍归到"无生"的路上去，所以主张无"表示"的人，讲宇宙来原，仍不能出于"自无而有"的宇宙观的范围，结果仍要走上"无生"（即如梁漱溟先生的三期重现说）了。吴稚晖先生形容梁先生三条路最有趣。他说：

在无始之始，有一个混沌得着实可笑，不能拿言语来形容的怪物，住在无何有之乡，自己对自己说道：闷死我也。这样的听不到，看不见，闻不出，摸不着，长日如此，成年如此，永远如此，岂不闷死人吗？说时迟，那时快，自己不知不觉便破裂了。顷刻变起了大千宇宙，换言之，便是说兆兆兆兆的我之成为星辰日月山川草木鸟兽昆虫鱼鳖……

如星辰日月山川草木、鸟兽昆虫鱼鳖都是表示，而那混沌得着实可笑，听不到看不见闻不出摸不着的可就是"无表示"了。若以"无表示"为宇宙本体，和有表示分开，结果仍不能不厌恶表示，而想回"无表示"的娘家去了。所以结果，想入生命路子，仍不能不倒走反生命的路子去。

我呢，是以绝对信仰的态度承认生命原理的。以为"这世界"已经悠久而灵化了。自始是由"哲学的诗人"的热情信仰而产生的，如果一天没有"信仰"，便一天没有"这世界"了。所以信仰就是生活，即刻有信仰，便即刻有生活，因为信仰"这世界"，能够使生活可能，而且到处都能引导我们到真情的路，给我们以安息和快活，只有信仰给我们以真安慰，那疑惑的人呀，用分析或辨证的方法，去观察世界，就好像海中的波浪，被风吹动翻腾，这有什么好处呢？

我是真正的真正的"现世主义者"，很相信存在于这世界一切，都是"真情之流"，浩然淬然，一个个的表示都是活泼泼地，都是圆转流通的。何等快活！美哉乎新宇宙！美哉乎新人生！美哉乎新艺术新科学！举凡太阳的光，月亮的光，一切存在的光，都能给我以新生命的欢喜。我愿意每日在宇宙大神前高唱"这世界"的赞美歌啊！但说来话长，下次再讲。

## 第四讲　宇宙观下

我讲宇宙本体，就是生命本身，和一切虚无寂灭茫茫冥冥空论者不同，是完全有表示的，并不是超出我有情中的现象世界，即此有情中的现象世界便是——当下便是。但如果误会我讲的现在世界是"物质世界"，那就是顶大的误会了。因为"物质"这个东西，本来没有，执有物质，和执一个"无"，是一样的妄执，一样地把真理看成一个东西了。其实上看下看内看外看，都只有生活而已，变化而已。柏格森告诉我们，科学所分析的"物"本和生命之流浑融为一，由直觉看起来，没有物质这个东西。罗素也从数理上告诉我们，只有事情相续，没有物质的存在。① 似此两相反的学派，都能证明物质非有。并且自从科学上把质和力的区别，根本取消以后，就在讲科学的人们，也知道物质不是死的，是活的，不是静的，是动的，例如椅子，就是由于无数的力，在那里动，在那里放射。可见常人所认作固定的"物质"，无论如何，是没有实际的存在的了。然则物质非有，充塞宇宙间，又是什么呢？我的答案，就是"意象"，我们所直接感觉的，都不过"意象"的总合而已。好比"花""鸟"，不过一个名词，所代表的是某一种"意象"之总合。如我们看花时只见花的美色（图画世界），采花时只闻着花的香味，听花时只感着花的声音（音乐世界），分开看则于每一极短时间内，感着"花"的某一种"美的意象"，整

---

① "物质的存在"五字，乃据朱谦之"自存本"校批文字补。——编者

个来看，则一活动不可分的花的生命之流而已。并且我们对于"花"，每次的体认，都感到新的，常人以为这一个花，从昨天到今天到明天，其实是一时一个花，一时一个花，从分开看，只有许多"花"的"美的相续"，这是最亲切不过的感觉。但是我们看花，并不以此为止境，还要"以神遇而不以目视"，这么一来遂把看花的我，完全和花的生命相合，于是乎看花的我，深入"花"的内面，而终于不可说之美，这时不但得到花的"美的意象"，并且会得"花"的兴趣感情，这就是"直觉"了。所以"直觉"方法的好处，在能撤毁物和我之间的障壁，而由一种同情，把捉物的内部生命，这自比感觉，更进一层了。然我讲直觉，却不是如一般空论者不以感觉为依据，却正是从活的感觉涌现出来的，这点不可不注意。因为感觉所见的，是宇宙万有不断的美的意象，一瞬间一瞬间如此的显现消灭；有时看见这一部分，有时看见那一部分，这都是铢积寸累的，却不是无数可数无量的，是多的相续的，却不是一而变化的，这种方法，还未深入内边。到直觉从一上去贯，把物里边的区别都破了，其境界才一言难尽，一瞬间一瞬间都通彻无间了。朱子《大学补传》说得好：

　　凡天下之物，莫不因其已知之理而益穷之，以求至于其极。（此语自有病）至于用力之久而一旦豁然贯通焉，则众物之表里精粗无不到，而吾心之全体大用无不明矣。此谓物格，此谓知之至也。

由此可见，感觉功深力到，便豁然贯通，这时物即我，我即物，滚作一片都没有分别，没有穷尽，真陈白沙所谓"往古来今四方上下，都一齐穿纽，一齐收拾"，还不就是见本体吗？所以要见本体就不可不作一段格物工夫，你看《系辞》说的：

## 第四讲 宇宙观下

> 古者包牺氏之王天下也，仰则观象于天，俯则察法于地，观鸟兽之文与地之宜，近取诸身，远取诸物，于是始作八卦，以通神明之德，以类万物之情。

这仰观俯察，近取诸身，远取诸物，就是伏羲的格物了。大概中国古代哲人在大自然现象之前，从容潜玩，以直探到处皆有的本体，结果知道本体不是别的，就是这到处皆有的"情"，一切山川草木都是情的化身——由神的真情而流出的。这种泛神思想，至神农氏，以天乐喻他，所谓"听之不闻其声，视之不见其形，充满宇宙，包裹六极"，《吕氏春秋·圜道》引《黄帝书》曰："帝无常处也，有处者乃无处也。"这话很值得注意。至于《周易》，更是发挥这套唯情哲学和泛神的思想了。要知其详，请自参考我著的《周易哲学》上册，差不多我讲的宇宙观，都在那里说过，最重要的是：

宇宙生命——真情之流（页二九—四九）
流行的进化——（页四九—六八）
泛神的宗教——（页六九—八四）
美及世界——（页八五—九七）

（就中尤以泛神思想是我特别提出来讲的，现在把孔家一派关于①这种思想，附录在书的后面。）

---

① "关于"，原作"闵子"，误，据朱谦之"自存本"校批文字改。——编者

# 第五讲　人生观上

什么叫做人？难道就是两手两脚的动物，就算一个人吗？须知人之所为人，是以"情"为其根本内容的。所谓人生的意义，就是为有这点"情"而有意义。如果有人的形状而没有人的"情"，就所有一切活动，都成为机械的，一身浑是一包脓血裹一大块骨头，还有什么存在价值，倒不如大家自杀好了。在近代欧洲因为物质文明发达的结果，生活都变成机械的，人工的，这种把人看作只是"两手两脚的动物"的很多，既然人只是一种物，自然有那走上极端的纵欲主义和个人主义，或是反面的虚无主义，这些都无非把人看作非人。本来是一个活泼泼的生命，给这么一说，就变成麻木不仁了，一点也没有生趣了，有的困惫倦怠烦闷以至自杀，有的只求片刻的享乐，以满足兽欲。人啊！在现代的人，情感都已斫丧了的人，他虽有活到几十年还不算做了一天的人啊！在这时高呼"人生"的价值，提高人生的意义的，我以为只是生命论者的一条路了。他告诉我们，人不是别的，就是这一点"情"——他叫做仁。所以给人生下一定义道：

仁者人也。(《中庸》)

又孟子说：

仁也者，人也。

又刘熙《释名》：

> 人仁也，仁生物也，故《易》曰：立人之道，曰仁与义。

似此把"仁"来讲明"人"是什么，人生就好似加了千斤力量的了。本来一身浑是这点"情"，所以若无渣滓，便与天地同体，善感善应，如阳明先生①所说见孺子将入井，必有怵惕恻隐之心，是仁与孺子一体；孺子犹是同类，见鸟兽之哀鸣觳觫，必有不忍之心，是其仁与鸟兽一体；鸟兽犹有知觉者也，见草木之摧残，必有怜恤之心，是其仁犹与草木一体；草木犹有生意者也，见瓦石之毁坏，必有顾惜之心，是仁与瓦石一体。可见人之所为人，就在有这点随感应随的"情"存在，"情"之所在便是人生的意义所在，一刻没有情，便一刻不是人了，但人是不会一刻没有情的，虽然偏蔽之极，而这天殖灵根，自然灵昭不昧。由此可见，人们身体虽小，而这点"情"是与天地浑合的。

我上次讲宇宙观，以为充塞宇宙，只是"真情之流"，现在告诉人家，反身认识人生，也只是这一点"真情"罢了。可见天人本无二，所谓天地人物原来只是一个身体，一个真情，同了便是一个，异了便是万类，如庄子说："眇乎小哉，以属诸人，謷乎大哉，独游于天。"又说："天道之与人道也相远矣。"似此分明天人为二，把天看得太大了，把人看得太小了。其实人之所与天地同者，全在此"情"，圣人指点仁体，每说"仁者人也"，又说"君子之道本诸身，征诸庶民"，正说我是个人，大家也是个人，我是这点"情"，大家也是这点"情"，说宇宙只是一个"真情之流"，所以"情"就是宇宙的本体，生人的命脉，从这些子结聚方成人，故人生来便会爱敬，"恻怛慈爱之真，盎然溢于一腔，诚感诚应之妙，沛然达诸天下"。

---

① "生"，原作"先"，误，据上下文改。——编者

这么一来，就通天地万有而为一人，所谓"仁者以天地万物为一体"，如是如是。

但大家也不要误会我是反对人的形体的，我不过救正对于人体的看法以为太凝滞了。若无凝滞，便即此七尺之躯，天地万物皆其一体，浑浑融融，活泼泼地，所以形体之美，我是决其不反对的，所谓"仁义礼智根于心，其生色也，睟然见于面，盎于背，施于四体，四体不言而喻"。这种人体美，善看直有与天地万物上下同流各得其所之妙，即《易》所谓"显诸仁也"。不过说到做①人的功夫最大，我们不可不先②判别出个"真我"和"假我"罢了。

## 真我的意义

《说文》："我，施身自谓也。"段玉裁注："谓用己厕于众中而自务则为我也。"这个我是分别的我，所谓小我，却不是真我，若干范围形体之内，执着这血肉累然的东西，以为这就是我，这便是我，那何异把天地一般大的我，自己看得小了。如杨朱拔一毛而利天下不为也，这种自私自利的个人主义，一切闲事不管，只管将自己弄到最强最乐的地位。他的错处，就是没有认清自己是一个人，人不能和人分离而单独存在的，似此"我的就是我的"态度，他的生活，无论怎样自认快乐，其实埋伏着极大的孤寂的悲哀，因为他们在"主我狂"里，已经没有生命与生命的调和了。

还有一种也一样地不认识真我的，就是完全主观的唯心论者，他把我看得太大了，以为我能"生天生地"；在中国陆王末流就有这样，今举杨慈湖之说作证。如《易传》说：

---

① "说到做"，原作"我们"，据朱谦之"自存本"校批文字改。——编者
② "先"字原脱，据朱谦之"自存本"校批文字补。——编者

> 其心通者，洞见天地人物尽在吾性量之中，而天地人物之变化，皆吾性之变化。
>
> 于是而觉焉，则天在我矣，云之所以行者我也，雨之所以施者我也，而人不自知。
>
> 天者吾性中之象，地者吾性中之形，故曰在天成象，在地成形，皆我之所为也。

似此把我看得比宇宙还大，以为宇宙都是我之所为，我可以范围天地，是以天地为有限量，而我为无限量，本欲其一，反成两个东西，所以罗整庵驳他"藐然数尺之躯，乃欲私造化以为己物"。宇宙间只是"情"，但这"情"是宇宙间公共的，怎能将发育万物都归于"我"，岂不是夸大狂吗？并且这种思想，和前面的"为我"，是一样地用分析方法看我的。一个是于全体中分析一个我，一个是超越全体——宇宙而施设一个我，两者所谓我，虽自己以为是绝对的，但分明是相对的，把我和宇宙分开结果必以为宇宙由我而生，也由我而灭，岂不是造谣吗？

我以为我和宇宙是平等平等，所以吾心即是宇宙，宇宙即是吾心，是没有谁大谁小的。而所谓真我是什么，就是一片真情浑在其内，换句话说，就是把最普遍的公共的"情"为我，不以分别为我。所以真我，也可以说是"无我"，虽然"万物皆备于我"，然而有我则私。明儒尤西川说得好："仁者以天地万物为一体，无我也；以天地万物为一体，真我也。"真我就是无我，如果我们不舍却那狭隘的、空虚的、执着的小我，便真我也不得到，我们只好一生囚在小我的范围内，过那悲苦愁闷、凄凉的生活罢了。所以在这里，人们要认识真我，便不可不解放小我。《论语》孔子对颜渊说：

克己复礼为仁，一日克己复礼，天下归仁焉。

这就是告诉我们要求真人生，便不可不牺牲"小我"。所以①克己就是无我，无我就浑然天下一体了。所以说"天下归仁"，归仁即是所以复吾浑然天地万物一体的"真情之流"，这时真我涌现，自然是如孟子所说"所过者化，所存者神，上下与天地同流"的境界了。

因为主张自我解放，所以看重化字。《中庸》说"至诚为能化"；孟子说"大而化之"；《易经》说"德博而化"。大而未化，未能有其大，化而后能有其大，所以慈湖的"唯我独尊"的态度，大则大矣，而未免于不化，所以倒小了。反之，真正的人生，是大而化之，换句话说，就是时时刻刻的抛弃我们的小自我，由这无限的抛弃，才能发见"真我"，而这种抛弃，却不是厌弃，是完全发于爱的，完全出于至诚的一点"情"。

由上可见，孔家所谓"仁"就是冻解冰释的人生，自我解放了的人生，仁即是人生，人生即是这点"仁"。《论语》问管仲曰"人也"，阮元《论仁篇》以为此直以人也为仁也。孟子曰：仁也者人也，谓仁之是即人之也。晓得孔家言仁即是人生，而后孔家才好讲。（阮元说：这仁训为人，本周秦以来相传的故训，东汉以末犹人人皆知，并无异说，这更可见了。）所说克己复礼为仁，其实就是无私心而合于天理，才算得一个人。但如何是无私心而合于天理？那就不能不归到尔我亲爱一层了。因为宇宙间无独必有偶，有偶则相亲爱，所以单是一个人不成其为仁，即因有二元性的存在，而后见仁。没有这个个自己，仁是什么？（所以说为仁由己）。只有这个个自己，仁又如何可成？所以仁之为仁，是在互相关系中才可看得的。许慎《说文解

---

① "所以"，原作"其"，据朱谦之"自存本"校批文字改。——编者

字》:"仁,亲也,从人二。"《中庸》:"仁者,人也。"郑玄注:"人也,读如相人偶之人……是古所谓人偶。犹言尔我亲爱之辞。"(见阮元《论语论人篇》)所以仁字完全在相人偶那"爱"上求之。《系辞》说"安土敦乎仁故能爱",周子《通书》"爱曰仁",《论语》"泛爱众而亲仁",韩退之说:"博爱之谓仁。"《论语》樊迟问仁,子曰"爱人",可见仁字即是爱。即如近人梁漱溟先生引《论语》上宰我问三年丧似太久,孔子对他讲:"食夫稻,衣夫锦,于汝安乎?"他说:"安。"孔子就说:"汝安则为之。君子之居丧,食旨不甘,闻乐不乐,居处不安,故不为也。汝安则为之。"宰我出去,孔子就叹息道:"予之不仁也。"因此梁先生就说"仁",就完全要在那"安"字上求之,却忘记了孔子在说"予之不仁也"下面,还说几句话:"子生三年,然后免于父母之怀,夫三年之丧,天下之通丧也,子也有三年之'爱'予其父母乎?"可见这安不安又是在那"爱"上看出来。梁先生把仁看作一种内心生活,这固亦无从非议,(因为仁是没有内外生活可分,)但忘了仁是从人与人相偶而来,结果末流必且以仁为不资于外求,以仁得绝对,不知绝对在相对当中,胸中常存一个仁不能忘舍,甚至于饮食男女人所不免的,"相人偶"生活都当作欲望排斥,这岂不是欲仁而反不仁了吗?依我意思不然。

说"仁"是内的生活也好,但这种内的生活,须要充扩得去,所以孟子以恻隐之心为仁之端,又说"仁之实,事亲是也",可见充此心才是仁,若舍相人偶而专言"仁",以为认得仁体,便一了百当,则是言仁反以害仁,欲生而生意倒被摧残了。

所以我讲仁,决定他是活的不是死的。活的所以能感觉人的痛痒,当下他便随感而应,如遇赤子入井,自知怵惕;遇堂下之牛,自知觳觫;无往而不是活的,即无往而不是仁的实现。感在那里,即我在那里,仁在那里,所以在家仁家,在天下仁天下,如有一物不活,便是我的仁有未尽处,而我之为我,更是如此。生机活泼真情洋溢时,是人的生活,麻痹不知痛痒时,便不是人的生活,这么一说,仁是极容易晓的了。

孔家因有重真人的生活,所以对于非人生活以为不值得过的。在必要时候,宁愿把自己的身命牺牲了,去保存人的生活。所以说"志士仁人无求生以害仁,有杀身以成仁"。又《论语》称殷有三仁。会得这杀身成仁四字,便知道孔家理想的人生,一方面是小我的极端放弃,一方面是真人生的极端实现的了。

## 人性论

因为人之所以为人,是活动有生意的,所以能随感而应,见宇宙内飞潜动植,纤细毫末的东西,见其得所就油然而喜,和自家得所一般,见其失所,就罔然而戚,和自家失所一般,这满腔子恻怛之心,就是人生的本能,断不能说是后天的,是不靠经验,不用学习的。孟子说:"孩提之童,无不知爱其亲也。""今人乍见孺子将入于井,皆有怵惕恻隐之心,非所以内交于孺子之父母也,非所以要誉于乡党朋友也,非恶其声而然也。"这几句话就是说"恻隐之心"——仁是人固有的天性。

从前论性的人,甚多,但越说越胡涂了。宋儒分性与情为二,以为性善情恶,却不知情即是性,(宋儒言性生情,又曰心统性情,非是。)到了明儒,多所救正,如刘蕺山先生说:"孟子曰:乃若其情则可以为善矣。……何言乎情之善也,孟子言这恻隐心就是仁,何善如之,仁义礼智皆生而有之所谓性也,乃所以为善也,指情言性非因情见性也。……从之解者曰因所发之情,而见所存之性,因所情之善,而见所性之善,岂不毫里而千里乎?"又曰:"古人言情者曰:利贞者，性情也，即性言情，六爻发挥旁通情也，乃若其情，无情者不得尽其辞，如得其情，皆指情蕴情实而言即情即性也，并未尝以已发为情与性对也，乃若其情者，恻隐羞恶辞让是非之心是也，孟子言这恻隐心就是仁，非因恻隐之发而见所存之仁也。"似此即情言性，自然是阳明学派的好处了，但阳明学者却未必人人都像蕺山这样平实，而有所谓"无善无恶"之说，则未免太误人了。据他们意思，性之本体原是无善无恶，却不知善是性之本色，若无善无恶当下便成空见了。所以东林学派就很攻击"无善无恶之说"，以为善才是性。今举顾泾阳先生之说为证：

> 近世喜言无善无恶，就而即其旨，则曰所谓无善，非真无善也，只是不著于善耳。予窃以为善即是心之本色，说怎著不著，如明是目之本色，还说得个不着于明否？聪是耳之本色，还说得个不著于聪否？……昔阳明遭宁藩之变，日夕念其亲不置，门人问曰得无著相？阳明曰：此相如何不著？斯言足以破之矣。

原来人之一生，就是为着这一点"情"，这一点"情"就是真人生，即在我的灵魂，纯粹是一种本然存在，所以唤作"性"，至善无恶所以首唤作"善"，这个"善"生来便有，不是生后始发此窍也，不然既不是学虑，试问这点"情"从何处交割得来？所谓"性善"，不过如此意思。会得这个，然后知这一点"情"即是孟子所谓性，原不过如口之于味，目之于色，耳之于声，鼻之于臭，四肢于安逸。而这点"情"又自然能扩而充之，戴东原说得好："如已知怀生而畏死，故怵惕于孺子之危，恻隐于孺子之死，使无怀生畏死的心，他动也不动一动了，又安有怵惕恻隐的心？"推之羞恶辞让是非不过如是，要是饮食男女同感于物而动的全然无有，那末既已无对，又安有所谓羞恶？所谓辞让？所谓是非？所以我讲人性，决不离开这点"情"而言，而这点"情"，也决离不能开"相人偶"的生活而有。所以《易经》讲性，最好的一段是：

> 一阴一阳之谓道，继之者善也，成之者性也。

这分明告诉我们以宇宙原理是有二元性的存在，一阴一阳的"调和"，便是道；继继承承都是这个"调和"，便是善；成就这个"调和"，便是性。所以性无体只是以调和为体，是以爱为体。倘以为"性"是一个特别的东西，那就完全错了。须知孔家言性，即是情，即这流行之体，所以张横渠说得好，"吾儒以参为性"，必错伍错综，然后见性，所谓最善的人没有别的，就是这点"情"最发达的人；所谓恶人也没有别的，只是这点"情"最低限度的人。然无论如何，这点"情"总是有的，所以虽然蔽锢之深，依然有时发见。这么一来，便知人性固自好的，只有时遮蔽不通，便生出不善来，然一扩充，便即"自我解放"而复归本来的"情"了。所以说性本善，人人都可以为尧舜，不过平常人既然受了浊气间隔，就不可不有扩充，不可不有行为有"活动"，活动不已，便自然"四端充之，足保四海"，不断努力，不断向上，不断更新，便自然如《易经》所谓：

> 成性存存，道义之门。

成性就是见成底性，这性元自好了，只要你不断的活动，不断的扩充，存之又存，便自然通体流行，这时活泼流转，不但情善而且形善，所谓"形色天性也"。以真情的眼光看，通身遍体玲珑，何等洒脱！何等轻快！

# 第六讲　人生观下

## 生活之乐

能够处处尽性，把这一点"情"灌植他，扩充他，使达于最高限度，便无往而不爱，便无往而不乐了。所以说：

> 安土敦乎仁，故能爱。

惟不安于所在的地方，就一室之内，不胜异意，我既嫌你，你又嫌我，怎样能够安于仁而相亲爱呢？若安土的，看得处处都好，人人都好，就无往不爱，无往而不乐了。所谓"仁者安仁"，便是说只有真情人才能安于情的生活，以情为乐，"老者安之，少者怀之，朋友信之"，见得人人皆好，安得有忧？安得不乐？（仁者不忧）原来孔子教人千言万语，都不过要人懂得这点"情"，即懂得这点乐。不过孔子的态度，非常分明，他所谓乐，虽不是相对的乐，而亦不外于相对的乐，虽不是系于物的，却也不外于物。所以《论语》的第一章，孔子开腔，便说学而时习之，不亦悦乎？悦是如目本悦色，耳本悦声，人本悦学也。其下又说有朋自远方来，不亦乐乎。可见学不离乐，乐不离朋，朋来则遂其一体之心。孔家第一宗旨是在相对中找出一个绝对，这个绝对就是乐，这点不可不注意。所谓仁者浑然与物同体,这"浑然"便是仁,便是乐也。可见乐是从"真情之流"生出来,是在永远的拥抱之中,换句话说,即是生命对于生命的和谐,如果使内在的生命不动,不去与外面的生命相应和,那末这真是烦恼的原因了。所以"君子坦荡荡,小人长戚戚",一个是处处觉得人人都好,所以做了君子;一个是处处觉得人人不好,所以做了一个小人。小人没有别的,只为他生命不动,所以得不到和合的快乐。和合的快乐,才是快乐的快乐,既不系情于我,也不系情于物,无往而不自得,即无往而不忘我,无往而不是销魂大悦了。所以叶公问孔子于子路,子路不对,而孔子曰:"汝奚不曰:其为人也,发愤忘食,乐以忘忧,不知老之将至云尔。"这就可见孔子以全部的精神,倾倒于一切,所以也不知老之将至了。但有人驳我孔之蔬饮、颜之箪瓢、点之春风沂咏,都不是倾欹于外,如何却教人倾倒于一切以求乐呢?不知我所谓乐,即是以情为乐,系情于物固然不可,安于情的生活有什么不可呢?所以孔颜之乐,乐道也,能够"无我"就自然仰不愧,俯不怍,心广体胖,其乐可知。若曾点之乐,"莫春,春服既成,冠者五六人,童子六七人,浴乎沂,风乎舞雩,咏而归",这分明真情洋溢,胸次悠然,直有与天地万物上下同流各得其所之妙,这时本与天地相为流通,安得而不乐呢?

但是孔子也是一个人,我们不要以为孔子没有一刻是他心里不高兴的时候,你看孔经里许多"夫子喟然叹曰"就可见了。所以孔子也是有忧的,忧国忧民都在内,不能说是私欲。我记得《诚斋易传》说"天地鼓万物而不忧",他注道,天地无忧,圣人则有忧之甚,天地无忧有圣人当其忧,所以圣人则有忧之甚。不过这种忧,完全是一个不忍之心,所以学之不讲是吾忧也,作《易》者,其有忧患乎。由此可见,孔家生活决不是无忧,也许他的忧比常人还要来得重些,但他有忧而后始乐,好比孔子哭颜渊至恸,恸而后心里才能痛快,痛快就自然乐了。再明白告诉大家，孔子终身受用的实学，全在"愤乐相生"四个字，人心本自乐，本与天地相为流通，但才有一些我见，便搅此和畅之体，便不能乐了。所以学者要一回发愤，一回寻乐，发愤只是去其隔碍，使邪秽尽涤，渣滓尽融以复其"乐"的本体，这是就个人方面来说。推之天下国家，如当危急时候，这时我们正应该一本真情出来，甚至于杀身成仁都可以，我们不要说什么忧国忧民都是私欲，须知忧国忧民而至于杀身成仁，也只是要复我自然之和畅，求我本心的快活罢了。

最后我特引罗近溪的话作这次讲演的结束：

> 问孔颜乐处，罗子曰所谓乐者，窃意只是快活而已，岂快活之外复有所谓乐哉？生意活泼，了无滞碍，即是圣贤之所谓乐，却是圣贤之所谓仁。盖此仁字，其本源根柢于天地之大德，其脉络分明于品汇之心元，故赤子初生，孩而弄之，则欣笑而不休，乳而育之，则欢爱无尽，盖人之出世本由造物之生机，故人之为生自有天然之乐趣，故曰仁者人也。

## 为什么有恶呢？

人们都是好的，但为什么有恶呢？这就是顶大的问题了。依我意思，宇宙这一动"四时行焉，百物生焉"，无非善之流行，所以说"继之者善也"，继是接续绵延不息，言永恒无息的生命，都是善，可见并没有恶这东西了。所谓恶，没有别的，只是生命才停滞些子，静化些子，在不绝活动当中才有一毫倚着，便是恶，然恶也不过善才小了些子便是。然才小了些子，便自然知得，便自然复过来，无时不复，即无时不善，才剥便复，所以才知善小便自扩大了，便复归生命之流了，所以说"复以自知"。可见本体活泼泼地，在一流中，善是没有间断的，在世间毕竟无不善的东西，若使有不善，我们就要发个疑问：真情的世界，为什么会有恶呢？若使有恶，恶岂不将世间生意都消融尽了吗？但存在的一切，已证明不是如此。

我以为恶只是一个消极的名词，我们如没有善的根据，决不能想像所谓"恶"者，所以把恶的观念，和善的观念相对立，实是似而非的思想，所谓恶，其实不过善的最小限度。推原恶所由发生的原因有二：

1. 由于失中　如偏于刚，就成刚恶，偏于柔，就成柔恶，其实刚柔都只是善，过不及便如此。

2. 由于不动　人本来和天地一般大，但他自小了，将自我作为生活最后目的。

我以为这就是"恶"发生的原因了。然察其始本来无恶，不过才着意些子便如此，由此我们得到一个结论：善是生生不息的，才着意些子便不是。换句话说，人们本都是好的，但一着意些子便不好了。然这不好，却不是本来面目，是由于"无智"，因为无智，所以把自己拘囚起来，有的把他拘囚在"物"里，有的把他拘囚在"空"里，有的拘囚于"刚"面，有的拘囚于"柔"面，总之，皆不过障碍"仁体"，使不能活动自如而已。而总结一句话，恶之根本起源，由于"有我"。才有我便于生命上施行无限的分划，以致真情沉下，不能够和外面生命的□声相呼应了。

## 复　情

由此可见，世间根本没有坏人，他们一时不自知罢了，才自知便接续了，便扩充了。所以《周易》说"复见天地之心"，人之心无时不动，所以动处为真情之流，才自知不动便是动了，所以复之初阳方动，便说"见天地之心"，便自从自我里拔身出来，而与天地同流也。由此可见人们根本是不能不善，天地之心永远是消灭不了的，所以一念萌动，即得本心，才动即觉，才觉即化，无往不复，即无往不是天地不心了。

孔家的根本原理，告诉我们，天人本无间隔，而人以私意自为障碍，所以他教我们的，千言万语，也都只是要人们随感而应，一切都听任真情。所以在《周易》里一爻便是一动，而《系辞》说："六爻发挥，旁通情也。"如乾之六爻，或潜或见或跃或飞，这都是自然一任真情，所以其所应无不自然和天地相旁通也。须知人们因为形骸耳目口鼻四肢，不能一任真情，所以才有所间隔，非特人我天地不相流通，就一身言，生机也不贯澈了。反之，若能一切听任真情，看时便看，目也流通了，听时更听，耳也流通了，说时便说，口也流通了；动时去动，四肢也都流通了，耳、目、口、鼻、四肢都能流通无碍，就人的一身无不是生机之所贯澈，安得不和天地万物浑然一体呢？

反一面说，如果不能一任真情，便迟钝了，便是"伪"了。所以《周易》说"设卦以尽情伪"，以"伪"和情对举，又说"吉凶以情迁"，"情伪相感而利害生"。《正义》曰："情谓实情，伪谓虚伪。"不能一任真情而以我意去安排私索，这便是虚"伪"，虚伪即是有"我"，所以和真情不相似，"情"是自然的，伪是造作的，"情"是优美和乐的，"伪"是溃裂横决的，所以一任真情，自要得中，自能使物性和谐各得其利，所谓"自天佑之，吉无不利"也。反之，若是打量计算着走，便是有"我"，便自有闷的意思在，圣人的意思，也不外喊着要人逢凶化吉，跳出自我的臼臼，自我之蔽一去，就自然廓然大公，复归于"真情之流"了。

## 自我与牺牲

　　这么一来，可见一切学问工夫，其辨都只在"有我""无我"之间，有我所以和别的东西隔离，无我所以充满着从无量"情流"跳出来的一种不能言的快乐。有我所以开眼便错，纷纷扰扰全然做主不得，无我便万感万应，日间有多少快活在。所以我们用功方法只在"无我"，浑身放下视听言动都且信任真情，自然而然有个商量处，反之如宋人讲学多律以苦身，缚体如尸如斋，言貌如土木人，不得动摇，却不知天机本是圆活，若矜持把捉过甚，反变成沈滞执泥，便有"我"了。又如明人多栖身虚寂，要从静中养出端倪来。或是念念把持，在心识之炯然处去求，这种方法，也未免自私自利，愈操持愈没有冰解冻释处了。我的意思不然，以为一切工夫，都在"无我"上求之，才有牺牲自我的意思，便渣滓融化而不胜其大。若在平日情感受过伤的人，更是放开自我，才有凑泊，能够一任自然，没有些子积滞，便自然是"真情之流"了。

　　但我讲"无我"，却不要误会是走逆的一条路的。须知现身的我，本就是"真我"，只当有所著时便小了。所以"假我"是"真我"之消极状态，我说"无我"，就是把这"假我"全然撤去，好比洪炉点雪一般，牺牲了"假我"，而后生命——真我——便接续了。所以牺牲"假我"，是有扩充"真我"的意义，所以"无我"，并不是于生命的流行逆而销之，却正是于生命的流行顺而达之，这点不可不注意。如孟子言四端人所固有，又言扩而充之，只要扩充就没有间断了。扩充得去，自然如心做去，自然"己所不欲，勿施于人"，似此消极的牺牲自我，就是积极的扩充真我非二。我最爱孔子的一句话，

"有一言而可以终身行之乎？"子曰："其恕乎！"恕就是如心做去，也就是推己度人，也就是自我的牺牲（又"仲弓问仁，子曰……己所不欲，勿施于人"，可证），这种牺牲并非由厌弃而后发生的，完全自发于"真情"的。所以为孔子一生求仁工夫全付在此，所以说"仁者先难而后获"，又说"民之于仁也甚于水火，水火吾见蹈而死者矣，未见蹈仁而死者也"，牺牲时先有无数的艰难，而后才能获得仁体，而后才算真个一个人，这也是告诉我们求仁得仁的意思。孔子终生唯一的事，就是"复情"，所以栖栖皇皇，席不暇暖。所谓自西自东，自南自北，匍匐以救之，他这种自我牺牲的精神，我们不要轻易看过他，我以为唯有这样，才算一个人，才算尽人道了。

## 行为中之实现

因为人生就是这一点"情"，时时这一点情，即时时在那里动，时时在那里动，即是时时与天地同流，会得这个，就是学问的大头脑了。上面说过，工夫只在"扩充"，扩充是要有行为，去障碍以复本体，所以讲到学问，也只有一个"动"字了。《易》言"复见天地之心"，又说"复而后无妄"，才静便动，才动便复，才复便自然真实无妄。原来一部《易经》的精义，全不过教人一本真情地动，所以说"终日乾乾，行事也"，"终日乾乾，反复道也"，"终日乾乾，与时偕行"，又说"无往不复，天地际也"。（又如《论语》"为而不厌"，孟子"必有事焉"，类此的话甚多。）这都正是告诉我们在日用应酬间做工夫。我们没有一时一处而非事，就也没有一时一处而非情，没有一时一处而非情，就也没有一时一处而不可实现真人生，所以古人说着衣吃饭，即是学问，能够将着衣吃饭的"事"，和这点"情"打成一片，这就算完成一生，便没有许多事了。

从前学者，谈到学问，便抱一种"唯静主义"，以为必须交游息绝，山中静坐个数年，所以遇事便苦搅扰，要想做圣人，结果反成了个自私自利的人，和"人"相距千里万里了。我现在告诉大家，除却事情，没有学问，能够"事""情"合一，即是我的行为和我的生命合一，就自朝至暮，都是真人生的态度了。真人生态度没有别的，只是发愤忘食，努力做"人"，只是不停歇不呆坐着的全身全灵的"动"，生命的动，所以说"仁者必有勇""力行近乎仁"。能够随事努力精进，便自然生趣盎然，越努力越发能体验自己的一点"情"，越牺牲小我，越发和天地相似了。所以说：

天行健，君子以自强不息。

美哉乎！永远自强不息的人生！我无论怎样地方，都要唱赞美人生底赞美歌了。

# 第七讲　恋爱观上

浩浩者水，育育者鱼，未有室家，而召我安居？

这首古代相传的《白水》的诗，就可见人们在恋爱没有着落时，生活是不会安定的了。因为人生在这现世之中，他的真情是要求"调和"，是要求一个和自己心爱的他或她，所以生命派的论者，极力主张恋爱是人生第一大事，对于一般反对恋爱的人们，认为生命之敌。须知蔑视恋爱的即是冒渎人生，我们生命的使徒啊！为着抚爱人生热爱人生故，不能不反对他。如最近张君劢先生在清华学校讲《人生观》，他说：

所谓男女之爱者：方今国内，人人争言男女平等，恋爱自由，此对于旧家庭制度之反抗，无可免者也……然我以为一人与其自身以外相接触，不论其所接触者为物为人，要之不免于占有冲动存乎其间，此之谓私，既已言私，则其非为高尚神圣可知。故孟子以男女与饮食并列，诚得其当也。而今之西洋文学，十书中无一书能出男女恋爱之外者，与我国戏剧中，十有七八不以男女恋爱为内容者，正相反对者也。男女恋爱应否作为人生第一大事，抑更有大于男女恋爱者，此不可不注意者也。

这真是"什么话"了。依君劢先生说："一人与其自身以外相接触,不论其所接触者为物为人,要之不免于占有冲动存乎其间。"这或者为我主义的人生观如此,若乎真正的人的生活,是全在自我解放,全在有全灵魂的、真挚的、灵的交感与拥抱,有的是"仁",没有的才是"私",君劢是一个提倡"新宋学"的人,难道对于"相人偶"的仁的生活,也反对他吗?《礼记》说:"饮食男女,人之大欲存焉。"孟子说:"人少则慕父母,知好色则慕少艾。"又说:"食色,性也。"这都是很明白地承认男女性爱是出于本性自然性,这分明给我们以要求恋爱的权利。算了罢!人生是不能以他或她自身为终点或目的的,无论你是如何极端的一个人生叛逆者,也不能不认这回事实,无论你怎样用九牛二虎之力,也不能阻住人们各自的身心,都捧出来献给恋人的精神,因为人生终是为"恋爱"而生,终是要寻找两性的圣洁啊!

但是我不怪君劢先生,只怪的宋明儒者对于孔家的中心思想——恋爱——没有提出来讲,因为宋明儒者他受了佛学影响,变成一个Misogynist(厌恶女性者),所以影响到提倡"新宋学"的君劢先生,也反对恋爱起来了。在这一点,我对于宋明儒,都有些革命的意思,这种革命,好比从前路德革除了禁食主义和独身主义,使这世界,由此得了许多庄严马里亚图像一样。依我意思,孔孟都是极端主张恋爱神圣的人,所以《国风》一大部分都是描写两性的自由恋爱,朱晦庵先生却加他们一些"淫奔"的罪了。到了明代阳明先生应该有改革才好,但是阳明先生自己却是一个多妻主义者,弄到妻妾间常起争端,身后一个儿子,几乎遭了毒手,这段事见《王心斋先生集》里的几封信,你道可痛不可痛?只有近代如俞理初先生才稍稍代女子讲话,提出为嫉妒排他的爱,蔡子民先生著《中国伦理学史》时,特别把他提出来,这总算一个顶大的进化了。但康有为的《大同书》主张"无家族,男女同栖,不得逾一年,届期须易人",这分明又是多妻倾向的自欺欺人语,如果男女关系一年一换,还有什么爱情的结合呢?那末男女之爱岂不完全只有性欲吗?所以有了康有为的变形的多妻主义,就自然有君劢的反对恋爱,有了君劢之反对恋爱,就自然惹起吴稚晖先生的"生小孩人生观",把"生小孩"和"爱情"扯作一谈,说什么"大同之世乃一什交之世"。总而言之,他们的恋爱观,全然不是对于恋爱讲恋爱,都只是对于旧时代的恋爱观生出一种的反动思想,若乎要求真正的恋爱观,仍不能不走上人生的正道而以生命的哲学为依据,只有这种的恋爱观是光明正大的,一面绝对肯定恋爱的神圣,认轻蔑恋爱的人是人生之敌(如张君劢先生),一面以哲学及"诗"的心境说恋爱,反对那"玩世主义者"把恋爱看作野兽的喜剧(如吴稚晖先生)。换句话说,他是抱"恋爱至上主义"的。

如果恋爱是可耻的,那末无论如何,人生是可耻的了。明儒曹月川著《夜行烛》,就早看破了这点,所以对于反对恋爱的佛老,痛加批评,他说:

> 《易》曰天地感而万物化生,佛老以不夫妇为清净,则大地不如佛老之清净矣。然使天地如佛老之清净,则阳自阳而阴自阴,上下萧然常如隆寒之时矣,万物何自而生哉?万物不生则吾族固无矣,彼佛老之徒亦能自有乎?……又如自今而后男皆如佛老之清净而不求其室,女皆如佛老之清净而不求其家,则百年之下,生民之类,有耶?无耶?《传》曰:"有天地然后有万物,有万物然后有男女,有男女然后有夫妇……"《中庸》曰:"君子之道,造端乎夫妇。及其至也,察乎天地。"而佛老只是一个不夫妇,把天地之理殄灭尽矣。

这话驳得顶痛快!我可以说生命派和反生命派的根本论点,就是一个主张"恋爱",一个不主张"恋爱",一个说男女生活是圣洁的,一个说男女生活是不圣洁的,有这些不同罢了。因看这是圣洁的,所以愿意在爱和温柔低头,而主张"唯情主义",反之,以为这是不圣洁的,所以宁愿孤寂,而主张"个人主义",再明白些,就是一个过的是"仁的生活""动的生活",一个是"不仁的生活""静的生活"。孔家是主张人生的,自然极力否认不仁的生活,以为是自私自利的了。

由我们看起来,一切东西对于圣洁的人,总是圣洁的,即如性的生活,本来也是清净,只你自家的心不清净,便真个不清净了。所以我常说讲佛老或是静坐法的人们,心里根本伏着一个不洁的念头。宋明好些学者受了这种暗示,自然对于女子也看轻起来了,以为女子不过为繁殖种属而存在,没有什么价值。这个关系中国的旧制度极大,我们如果看轻"恋爱",就请慢谈什么生命哲学,什么天理流行,如果我们没有认清孔家的恋爱观,那末更不可提倡他了。

以下我请分段将孔家的恋爱观讲一讲。

在未讲明之先,我们须先知道恋爱观念在孔家思想中占何等位置,《系辞》里分明说:"乾道成男,坤道成女。"除了男女,还有什么生命哲学可讲,所以恋爱观是我提倡"新孔教"第一件大事情。旧派言君臣,言父子,是纵的关系,其实在《周易》里只是一阴一阳,乾坤象天地,咸恒明男女,《序卦》更明明的说:"有男女然后有夫妇,有夫妇然后有父子。"《中庸》也说:"君子之道,造端乎夫妇。及其至也,察乎天地。"可见男女是爱的起源,也是爱的焦点,如果没有这个发端地方,而空谈爱人,都是要不得的。所以孟子说:"老而无妻曰鳏,老而无夫曰寡,老而无子曰独,幼而无父曰孤,天下之穷民而无告者,文王发政施仁,必先斯四者。"如果人们有一个失恋,都为圣人所不忍,所以说:"丈夫生而愿为之有室,女子生而愿为之有家。"孔家看男女之爱，何等重要。(所谓"男女居室，人之大伦"。)这种态度，分明和佛家之轻视女子不同，所以在佛家说法，女子是污秽的，而在孔家看起来，真情实实在在企望一男一女的爱。换句话说，一男一女的爱，元是"真情"的命令，神的命令，所以关于恋爱所必须的虔诚和清洁，在孔家已经有一种宗教的意义了。(如《韩诗外传》就有段写性的生活和他各种变化顶细微的节目，和印度的吠陀圣典一样。)因为尊重恋爱，所以主张男女平等，"妻者齐也"这句话谁也听过了。不但孔家如此，在古代就有"妻长而夫拜之"的礼制，你看"营荡为齐司寇，太公问以治国之要，对曰任仁义而已。仁义奈何？曰爱人尊老而已。爱人尊老奈何？曰爱人者有子不食其力，尊老者妻长而夫拜之。太公以为乱齐，遂诛营荡"。元来营荡说的，正是生命论者的"真情政治"，所以夫可以拜妻，有子不食其力，这可说是孔家的态度。到了太公，已经倾向于法的统治制度，所以主张男尊女卑，父母对于子女，有生杀的权力，(我始终认《礼记》的一部分，是汉儒受了法家思想增入的，如《礼记·郊特牲》曰妇人从人者也，幼从父兄，嫁从夫，夫死从子，郑注从谓顺其教令，这就不是孔家的态度了。又如班昭的《女诫》，也是受的法家影响，不能讳言。)于是"父权家庭"成立，而孔家提倡的"妻子好合，如鼓瑟琴"的小家庭完全被破坏了。于是一般人把法家孔家混同起来乱讲一气，而攻击孔家的人们，也全然集矢于此，这自然是顶大的误会的了。其实孔家对于家庭，完全不是反对的人们那样讲法，他以为家庭是自然的机能团体，所以可保存，但信种团体，是完全以"爱"为结合的原动力的，所以《周易·家人卦》说家庭的起源是：

　　王假有家，交相爱也。

如那不相爱的礼法家庭,定说什么"父母之命,媒妁之言",自不是孔家所能承认的了。依我看起来,孔家断没有主张父母能随便拿一个妻给他的儿子,或拿一个夫给他的女儿的道理,就是孟子也分明先肯定"父母之心,人皆有之",而后接着说"不待父母之命,媒妁之言,钻穴隙相窥,逾墙相从,则父母国人皆贱之",这是婚姻公开的意思,是人格的问题,不是制度一定如此。如果做父母的有爱子的心,便和他商量是应该的,如果做父母的没有父母心,便如"舜不告而娶",也没有什么不合礼。这层孟子也已说过的了,现在再看《韩诗外传》一段更可明白:

> 孔子遭齐程本之于郊,倾盖而语终日。有间,顾子路曰:束帛一以赠先生。子路不对,有间,又顾曰:由,束帛一以赠先生。子路屑然而对曰:昔者由也,闻诸夫子,士不中道而见,女无媒而嫁,君子不行也。子曰:由,《诗》不云乎?野有蔓草,零露溥兮。有美一人,清扬婉兮。邂逅相遇,适我愿兮。今程子贤士也,于是不赠,终身不之见也。

我以为这就是孔子尊重自由恋爱的铁证。你看《周礼·地官》:"仲春之月,令会男女,于是时也,奔者不禁。"这段文在历来学者是一大争论,(不禁句,郑注云:重天时,权许之也。杜台卿《玉烛宝典》引董勋问礼俗曰:《周礼》仲春奔者不禁,谓不备礼而行,非谓淫之失。吴士奇谓婚氏会男女即管子掌婚之"合独",取鳏寡而和合之。近人乃谓男女二月群聚歌舞,自相择配,心许目成,即谐好合。)然无论如何,总可见得尊重自由恋爱自由选择的一点意思。我上面说过,人们是要求调和,要来和自己心爱的他或她的,所以时候到了,便自然男女相与咏歌,各言其情,这难道也是人为法所能禁止的吗?

所以《诗经》开头第一章就是"关关雎鸠，在河之洲。窈窕淑女，君子好逑"，"参差荇菜，左右流之。窈窕淑女，寤寐求之。求之不得，寤寐思服。悠哉悠哉，辗转反侧"。这分明是一首思慕女子的诗，乃至辗转反侧，不能自已，这是何等的真情，何等地性爱本然之美？不过这种性爱的成熟，和年龄是有关系的，所以在孔家对早婚也是不能赞同。《韩诗外传》说得好：

>……不肖者精化始具，而生气感动，触情纵欲，反施化，言以年寿亟夭而性不长也。《诗》曰："乃如之今，怀婚姻也。大无信兮，不知命也。"贤者不然，精气阗溢，而后伤时不可过也。不见道端，乃陈情欲，欲以歌道义。《诗》曰："静女其姝，俟我乎城隅。爱而不见，搔首踟蹰。""瞻彼日月，悠悠我思。道之云远，曷云能来？"急时辞也，是故称之日月也。

似此抒情写悃，那一个有父母之心的，注意及此？所以倒不如似柏拉图的《理想国》"大会合青年男女为之择配，并有规定之祭神唱歌，以助兴趣而动情好"，那样自由恋爱、自由选择的精神，倒使男女自动的得到称心情热的伴侣。所以在这里，生命论者是有以自由恋爱为人生最高之价值的确定的意思。（究竟如柏拉图和《周礼·地官》的话是否可行，那又是一个问题了。）

以下请再进讲孔家恋爱之原理。

# 第八讲　恋爱观下

原来孔家讲男女恋爱也是从他的宇宙观引伸出来的。宇宙本体——真情之流，根本活泼泼地，时时增长，时时发用流行，就天地万物上触处便见，现在把他范围缩小，专以阐明男女的爱，也是一个道理。因为男女的爱，也是"情不容已的"。须知宇宙本体没有别的，在这方面说，便一男一女的爱便是，而这一男一女在"爱"里，又不是真有两个。关于这层，下边再讲。现在先把宇宙的根本原理"情"的本质，分作三端来讲：

（a）神秘　爱是不靠观念和符号来表示的，不是自己极力抛弃底那知识，爱情之国是不会到来，所以这是神秘的。

（b）不可分　在圆满的"情爱"里，是绝对无二，是合为一体的，所以整个的不可分析。

（c）绵延　爱根本只是一动，这一动便永远的绵延，没有一刻间断。

晓得爱是以（a）神秘的、（b）不可分的、（c）绵延的为其特征，便可以更进一层，从他的关系上着想，来说明"情"的二元基础了。原来永远不息的"爱"当中，是无独必有对的，所以有一男便有一女，有一女便有一男，《系辞》所谓"乾道成男，坤道成女"，《穀梁传》所谓"独阳不生，独阴不生"，这都不是偶然的，是自己如此的，固然"爱"是绵延的，没有部分的，然而表示出来，则有这一男一女为绝对的"爱"的两意味而存在。人们呀！你看贯澈古今，绵亘天地，何不是这个样子？何一的爱不是成立于这关系上，这真煞是怪事，使人不能不惊奇于宇宙的神秘了。

在"爱"里，一方面是"我"，一方面又是"非我"，单有这个我，还成什么"爱"呢？所以爱是要永永的和"非我"融合为一，这"我"和"非我"的融合，就成为一个"爱"字，所以说到"爱"，就是我了，就是非我了；也没有我了，也没有非我了；我就是非我了，非我就是我了。本来二元性的，现在是一元的存在了；本来两相对的意味，现在是浑一的"真情之流"了。

可见爱是二元的，也是一元的，是相对的，也是绝对的，用最好的话来说明他，就是"绝对在相对中"，就是"调和"。这个调和极重要，调和就有生趣，不调和便悲观厌世起来了。爱情的中心意义，就在时时是两性的关系，时时是一个调和。人们自有生以来，便有这异性的自然要求，所以时时刻刻不能没有爱，当他没有得到终身伴侣，他总不能休息。换句话说，就是不调和，由不调和所形成的生活，一个是逃空，如佛家者流，在人间世上没有可爱，便要爱"无所爱"，在人间世上没有可得，便要得"无所得"。其他种种的虚无主义者，也都是生活不调和，所以根本取消生活，而倡他的反爱哲学的了。复次，便是着有这派中人既没有出世的精神，一面又为本能的情热所苦，所以一味烂熳颓放，如 Geothe、Shelley 就是好例。总而言之，这两种生活，都不过证明他是爱没有着落罢了。生命论者因看到这层，所以极力提倡男女的爱，须要"身心结合一体"，才算极致。两心交感，两情融合，这么一来，就全身全灵都简直和宇宙的元气精力同化而去了。

由上可见，爱就是永久的调和，在这永远实现永远陶醉的调和当中，当然是没有一定样子，断不能把任何的话来范围他。然我们为说明上的需要，也不妨在二元的流动之中，找他自然的定则，因为爱在自己发展的活动中，也实需要这个定则，不过这个定则，是全然时间性的，却不是空间的方式罢了。我以为爱情的定则是：

（a）神圣，

（b）单一，

（c）永续。

因为爱情是神圣的，所以男女恋爱有极端自由，而又要极端的慎重其事。《爱的成年》说得好："人类社会的将来，男女两性关系仍要把不洁的感情脱去了，归复到宗教神圣感情的原状，这是毫无容疑的趋势，在这时代的人，方才算是支配自己生命的自由人，可以夸他的生活的神圣。"这话很对，在孔家就有这种理想，所以说：

归妹，天地之大义也，天地不交则万物不兴，归妹，人之终始也。（《易·归妹卦》）

把男女的爱，看做神圣的，更神圣的，这是孔家的特色。才涉私邪，便和爱情相反，而只成为"纵欲"了。在这里，实在一些容不得放纵，神感神应，才是爱情。如果不能把爱情提高到这个地步，而只把男女作成了个色欲目的物，那不但不是爱，却正是爱情的仇敌。《穀梁传》所谓"仇敌之人，非谓以接婚姻也"，不是和《周易》常说的匪寇婚媾，恰成两相对的吗？我最爱《诗经·行露》一首：

厌浥行露，岂不夙夜，谓行多露。

谁谓雀无角，何以穿我屋？谁能女无家，何以速我狱？虽速我狱，室家不足。

谁谓鼠无牙，何以穿我墉？谁谓女无家，何以速我讼？虽速我讼，亦不女从。

有这种"虽速我讼，亦不女从"，那神圣不可侵犯的拒婚精神，才可以谈恋爱自由。反之，若孟子所谓"钻穴隙相窥，逾墙相从"，那也算恋爱自由吗？只不过如《易经·观卦》说的"窥观，女贞，亦可丑也"罢了。

复次，爱情是单一的，男女之间要永远的专一，永远的热烈，这在正面是一种"爱力"。而由负面看起来，便有一种抵抗力，就是说不许在一男一女的性的关系上，有第三者参入，所以说："二女同居，其志不相得。"（见《革卦》《暌卦》）如有第三者，便真正的家庭就被破坏了。因此所以孔家极力提倡一夫一妻制，一个男的只许爱一个女的，一个女的只许爱一个男的，《系辞》说得好：

天地絪缊，万物化醇，男女构精万物化生。《易》曰三人行则损一人，一人行则得其友，言致一也。

朱子《语录》解道：

致一专也，若不专一则各相离，天地男女都是两个方得专一，三人行减了一[①]人，则是两个，一人行得其友，成两个，便专一。

（又李钧简的《周易引经通释》的案语道：案夫子玩辞，见损有少男少女之象，又看出致一之道，此本爻言外之意。）

因为一男一女是单一的，更单一的，所以才有友道可言，所谓"窈窕淑女，琴瑟友之"，得其友而以男女明之，这可见孔家不但主张

---

[①] "一"，据朱谦之"自存本"校批文字补。——编者

单一,而且主张平等的了。他最痛心的,是男不如女的单一,所谓:

> 女也不爽,士贰其行;士也罔极,二三其德。

这难道也是那一妻数妾的人们所能够假冒的吗?因再看《出其东门》的一首诗:

> 出其东门,有女如云。虽则如云,匪我思存。缟衣綦巾,聊乐我员。
> 出其闉阇,有女如荼。虽则如荼,匪我思且。缟衣茹藘,聊可与娱。

如果不能这样单一,也不要谈什么恋爱自由了。(我很疑惑奸字,从三女,最初就是用在多妻者的身上。)最后,爱情是永续的,因为两性恋爱是有时间性的,有时间的不可入性的,所以自由恋爱的结果,必且悠久而且灵化了。所以《礼记》说"壹与之齐,终身不改"。《诗·女曰鸡鸣篇》"宜言饮酒,与子偕老",都是这个意思。说得最痛快的,就是《易经·序卦传》:

> 夫妇之道不可不久也,故受之以恒,恒者久也。

晓得恋爱的"恋"字,是有"恋恋不已"之意,而后才不致以恋爱为儿戏了。在从前的婚姻制度下,那男女间发生的恶结果,自不能免,但自我把这"神圣""单一""永续"这爱情的定则说破以后,青年男女们的恋爱,便有个着落了,不致如飞絮一般的随风飘去了。

最后我便把上面的结论,应用到人生哲学方面,并且即把这个原理原则，仿自己恋爱生活的规范，这么一来，把两性间精神与肉体的关系全然人格化了。我对于这方面的最高信条是：

（a）节欲　因为爱是神圣的，所以非全放下私欲，便都不是，时时刻刻地打破私欲，也就是时时刻刻保存些"生"的意味。所以我讲性爱，原自洁洁净净，着不得些儿私念，有毫厘丝忽在，便要打破，这种节欲工夫，能够欲淡心清，到了极处，便自然都是真情感应的了。（孟子说"不孝有三，无后为大"，和《爱的成年》说"独身生活，和那卖淫制度一样，都可以看作一种可悲的社会罪恶"是一样的意思。孔家断没有主张"不孝有三，无后为大"要人家去蓄妾的，所以《礼记·郊特牲》说"昏礼不贺人之序也"，陈注：人之序，谓相承代之次序也。换句话说，就是婚姻可由恋爱而生育，但婚姻的本义，只有恋爱，所以婚礼不贺人之序。今人利用孔家语来拥护蓄妾制度，真可痛煞！）

（b）牺牲　因为"爱"是单一的，所以在"爱"里应该抛弃自我，将拘囚的、狭隘的、自私自利的偏见和性癖，都在爱人的面前牺牲了。所谓"黾勉同心，不宜有怒"八个字，敢说就是男女恋爱的格言了。

（c）贞操　因为爱是永续的，所以我很主张男女两方的贞操，贞操是保持自己真情之纯洁，无论男的或女的，都应该如此才好。《诗·柏舟》"泛彼柏舟，在彼中河。髧彼两髦，实维我仪，之死矢靡他"，这是女子的贞操了。但《出其东门》不又是男的贞操吗？总之，贞操是神圣恋爱的拥护者，是人们的内心要求，所以我反对片面的贞操观，同时却极端承认贞操，以为懂得贞操的意义的人，才懂得人生。

由上可见，在"爱"里所能作的，就是（a）节欲、（b）牺牲、（c）贞操，而这最常最浅的行为，又实发端于最深最远的哲学。我可以郑重地说：恋爱的神圣，就在这里，请人们莫要轻易看过。人们呀！你莫要高谈什么社会改造，如果人们当中有一个多情而无所恋的人，你的改造就不能成功了。一个在"爱"里受过伤的人，他不是不知道"爱"，只是受过伤了，所以处处感着她（爱），却处处怕她。其实爱如果是真不足信的，那末这个悲惨的世界，不如早日灭亡！我说到此，实在沉痛极了！我感着一般男女青年，他们一生实在就没有过"爱"的生活，尝过一小顷爱的意味，把那爱和唯物史观混同乱讲一气，这么一来爱的真意义也埋没了！高尚纯洁的人们，遂因此耻谈爱情，把一生熏醉在独身里，在佛学里，在虚无主义里，甚至于把自杀去换爱情。这种被迫长成的不自然状态的人们，他们其实都是满腔子情爱之心，无处发泄，可怜悯的人们呀！是谁的罪恶？使你烦闷孤寂如此？请你一读《隰有苌楚》的一首诗，便自然同声一哭了。

　　隰有苌楚，猗傩其华。夭之沃沃，乐子之无家。
　　隰有苌楚，猗傩其实。夭之沃沃，乐子之无室。

# 第九讲　政治哲学

讲到生命论者的政治思想方面，差不多他们都有个所期望的一个理想世界——爱的世界。如柏拉图的《理想国》，都已听过的了，就是我们中国古代的哲人，他们也都是抱着"四海同胞主义"而以世界政治为理想的，所以在《易经》里就有群龙无首之旨，近景昌极先生做一篇《易之国家观》，刊在《史地学报》（第二期）。虽无所发明，但他也承认《易》之国家观是和宇宙观相一贯的一点。我呢，更明白宣言，我的政治系统，是"宇宙观的政治系统"。欲释本题，须分作三项：

1. 政治思想有二大别，一隶属于国家学的，一超越乎国家学的，前者是国家观的政治论，如一般政治学都是；后者是从哲学上着眼而以宇宙全体的政治为理想者，所以唤做"宇宙观的政治系统"。

2. 因为这种政治，是哲学研究的结果，所以和宇宙原理相一贯的，换句话说，先有了真正的宇宙观，才有真正的人生观，有了真正的人生观，把他应用到政治社会一方面去，便成就了这种政治哲学。

3. 这种政治是基础于宇宙的自然法则上面，他是以复归宇宙本体——"真情之流"为究竟目的，而以仿法自然法则，为其复归本体的方法。

在这种政治完全实现的时候，便是所谓"大同世界"，或唤做"宇宙民国"也可以。这种政治实现之下，是什么景象呢？我最好引《礼运·大同》为证：

> 大道之行也，天下为公，选贤与能，讲信修睦，故人不独亲其亲，不独子其子，使老有所终，壮有所用，幼有所长，鳏寡孤独废疾者，皆有所养，男有分，女有归。货恶其弃于地也，不必藏诸己，力恶其不出于身也，不必为己。是故谋闭而不兴，盗窃乱贼而不作，故外户而不闭，是谓大同。

许多人都误会我反对政治，其实我望治的心理，比谁都迫切，不过我的政治理想，是以人类的要素——真情——放在前面，对于"法的治制度"加以十分的否定罢了。依我意思，理想中最愉快，最优美最自由的生活，不得不为"无为而治"的社会，换句话说，就是"真情政治"底下的社会。所以最好的政治，不是以高级社会为政治中心，而应该使全社会的男男女女都能够因才定分循分服职。政治的目的，也不是要谋高级社会的安乐，却是要求全社会的男男女女"万人的安乐"为宗旨，而且是为着人类生活的根本精神，而要求"万人的安乐"的。因为这种政治学说实行之下的生活是一种"真情生活"——仁的生活，所以叫做"真情政治"。

我们为什么否认现实国家现实政治呢？因为现实国家其特质在"强权"，是立于以强权为绝对的理想的国家主义底下，所以反对他。其实我并不是于一切意义上，决意排斥国家存在的理由，也不完全反对秩序及组织，不过以为国家的最后目的，要在减缩强权的职务，以至于无。我们国家观的根本精神，不在"强权"而在"无强权"，有这些不同罢了。复次，我们反对现实政治，只为现实政治是立于理智为主的主义上，如所谓三权分立论，把司法者牵掣立法者，又用立法者牵掣行政者，以防范、猜疑、势力均衡作政治唯一的方针，究其实这种怀疑本位的政治，何曾给人们以自由发展人格的机会？因为不信任人格，所以政府才变成为发达强权而设的机关，对内则为法律，论其任务只是保护治人阶级，维持强力，对外则为战争制度，不管是胜是负，总是弄得百姓受束缚，负重税，真所谓"率土地而食人肉"。这一对吃人的怪物，不都是受这"怀疑本位的政治"的直接影响吗？反之，我们的政治理想，是把政治的基础，安在信仰本位上面，大家只管发展真情的自由，不要"人为法"去拘束他。这么一来，大家才能兴致勃然，各尽其与天性相近的政治行为，会教育的教育，会外交的外交，会生产的生产，大家互相连结着，鼓舞着过政治生活，还怕最好的政治，不会实现吗？再进一层说，因为我们相信人性善，所以用不着别的力量去支配他，所以不主张被动的和逼迫的政治，只主张各人自主自治，以自由个人为发端，进为地方的和职务的自由组合，由自由组合，再次联合，以次至于成为自由组织的"大同世界"，使社会的男男女女各个有自发的能力，废除现在限制个人自由的"强权政府"。

总之，我们的政治主张，和刑名法术之治大不相同，我们以为刑名法术之治，就是"命令""强制""威吓"三种所从出的地方，种种横暴不仁，灭人个性，压制人的创造力，使他变成奴隶，这很足证明"人为法的组织"是万恶之源，而应该倒转过来提倡"情的组织"——自然法的组织了。须知只有这自然法的组织底下的政府，是"好政府"，只有这自然法的组织底下的政治是"好政治"，（自然法就是孔家的"礼"，所谓道之以政，齐之以刑，民免而无耻；道之以德，齐之以礼，有耻且格。这种鲜明态度，和法家不同。）因为我们估定政治价值的标准，是"真情"，是自然法则，是把人格条件代替刑名法术的条件，所以在这种政治理想实现之下，一定大家生趣盎然，互以真形相见，各尽所能，各取所需，万物为万人所有，而实现万人的安乐生活，这是何等的一个真情洋溢的"好政治"呀！我们想想，我们要求的是保存现存社会贫富贵贱不平之怪状的法治呢？还是这种建设在真情生活的精神上的"好政治"呢？

　　但我们怎样实现这"好政治"，这却是个大问题。依我意思，好政治必为"无强权的社会"，然而"无强权的社会"只有用"无强权的方法"得到，暴力总要避免才好，不得已而出于流血革命一途，这种革命，自是"顺乎天而应乎人"了，但也须以"不嗜杀人"为条件。（革命者为爱而主张革命，即为爱而牺牲自我。）再次，现在社会上不安的情形，任何方面都感觉到，那末任何人都可以亲自起来改革社会，而且任何人都应该参加于改造事业，就是我们所痛心疾首的人们，也只是旧制度迫他到那步田地，是法的罪恶，不是人的罪恶，所以我们在"革命"以后，也应该给他悔过自新的机会。因为人性皆善，真情是萌芽而存在于任何人的精神当中的，所以我们唯情政治论者，决不肯把一部分的希望，来压倒别一部分希望，只要是"人"，只要是"好人"——真情的人——都应该许他本着真情要求，来从事于"唯情政治运动"。

　　总而言之，我们对于政治理想，不是"法治"，不是"无治"，是"真情的政治"，我们理想的生活，也不是"法的生活"，是"人的生活"。我可以郑重地说，真情政治底下的生活，是"人的生活"，关于这层，我也不用多引经据典来解说了。只就孔子所下"政"字之定义，"政者正也"，便可见得；又《礼记》记孔子对哀公的话"古之为政，爱人为大"，也包括无余，大概这个意思，发端于《周易》，而大唱于《论语》中的《为政》《宪问》《雍也》《颜渊》《卫灵公》诸篇。至于发挥这思想的，也有几本书如晋郭象的《论语体注》、李充的《论语李氏集注》、张凭的《论语张氏注》，具见《玉函山房辑佚书》中，都可参看。

　　复次，我们知道，现社会紊乱的最后原因，在大家不能快活安乐，不能享受精神的幸福，而我们理想的真情政治，就是从人类生活的根本精神上，使万人都能快活安乐，都能享受精神的幸福，不但"生存"，而且充满了"生趣"。阮元《揅经堂集·释顺》说得好："圣人治天下万世，不别立法术，但以天下人情顺逆叙而行之而已，故孔子但曰：至德要道以顺天下，顺字为圣经最要之字。""不曰治天下，不曰平天下，但曰顺天下，顺之时义大矣哉！"因为要顺天下，所以要实行人的生活，却不是乌托邦派的浑浑噩噩的社会，在这社会里生活很适中的，大家都有自然甜蜜的乐趣，一个个都是强健博学清洁而又活泼大方的潇洒人物，就是物质生活也很安适，你看孔子说"食不厌精，脍不厌细，割不正不食，鱼馁而肉败不食"，饮食何等讲究！庄子说儒者生活"儒者冠圜冠者知天时，履勾屦者知地形，缓佩玦者事至而断"，衣服又是何等华美！总而言之，这种社会"文质彬彬"，那"居简而行简，无乃太简乎"的政策家，自不是这社会中人了。

# 第十讲　经济理想

讲到生存方面，也是完全建筑在"唯情政治"的系统上，也是要求一种欢天喜地的"人的生活"。

关于这点最能影向我的，就是 William Morris 同 Kropotkin[①] 以身作则，大声疾呼，世界应速恢复所失败的"人性"，重登那至高生活的劳动，因此极力主张艺术和劳动相结合。这个思想，在克鲁泡特金的著作当中，也可以看出来了。克氏告诉我们："万人都是生产者，同时也一定都是艺术家，或为嗜好艺术者。""因为万人都要劳动，于是劳动成了快乐的东西，好比著作家和印刷工人这时合为一人，著作家自己跑到印刷局，把作品印刷出来，看一看，多么快乐呀！"可见只有心手一致的劳动是神圣的。

因为人们的自由劳动是一种创造的愉快，所以自由劳动即生命，断不是为着什么而劳动的，克氏因此首先反对：

（1）工钱制度，

（2）分工。

他说自由劳动是不能用金钱估量价值的，只有一件事可以存在，就是不要估量价值，这不能估量的自由劳动，才是劳动的真意义了。他又反对分工，以为分工的劳动家，生涯纯为机械的动作，失灭了个性的才能和发明力，一定是干燥无味，一方面是磨针的单调生活，他

---

① "Kropotkino"下原衍"Morris"，据上下文意删。——编者

一方面是文学美术的专门家,似此单调的劳动,失掉了人人爱劳动心理,也是克氏所要反对的了。

所以克氏对于劳动的积极见解,是以劳动为表现生命的意义的了。所以常这样说:

> 工作劳动是生理的必要,这个必要所以使用身体贮蓄的能力,这种必要是康健的,和生命的。

他最痛心的就是:

> 做了一个劳动的工人,就是那科学与美术给人类一切的那些高尚的快乐,他们都不能享。

所以他在《互助论》里就很羡慕中世都市的自由劳动,和那时的手工业,他很老实地说:"实在我们越知道中世都市底事,就相信劳动所得的繁盛和尊敬,从没有像自由都市繁华的时代这样甚的。"

似克氏的话,把我所要说的话都说尽了。然我却更进一层,主张人们"劳动是人们的要求,机器永不能替代他"。

因为在真情政治底下,人们的自由劳动,是一种创造的愉快,却永不是为着获得多量之生产物而劳动的,所以我在工业方面,反对大规模的组织,这正是要摆脱强迫的奴隶的"大规模之工业",而想提倡"自由劳动"的一种企图。我想劳动之乐是人人应该享受的,若把机器生产,代替劳动者心灵的愉快,在这个时候,劳动完全是物质的条件,而不是精神的条件,有何神圣可言。

人不是屈伏在唯物史观的必然法则下的一种动物啊!所以于生存里,还要充满了生趣——美的意味,诚然我们由机器可以得到进化,但这种进化,不过以加速度去制造粗劣的物品罢了。若乎真正的经济进化史则基于"人生自己向上创造之正当劳动",把美术和劳动相结合,使生产品优良,这种本质的进化,才是生命进化的真意义。

我因极端主张生存的美,所以对于那些畸形怪状的机器生产是反对,而大胆提倡"手工业主义",我想未来世界生产者和消费者提高美感标准,那时一切制品受美的评价的支配,自格外精良,格外美丽,并且都是自然的仿本。自然的种种意象都是美的,所以效法自然而成的产物,也都是美术品,那抽象的艺术,如音乐、诗歌,其风韵之高不待说了。就是造形工艺,如华屋、大厦、陶器、手工作物,一切都不是机械工业可比。这时艺术家和手工业,经济生活和宇宙生活,浑成一片,再现一种"艺术美"的世界(参看《周易哲学》第六章)。从此工艺的基础在于手工,而一切生活上问题便解决了。

这种经济思想,我叫做"唯美的功利主义"。《周易·文言传》说:"乾始能以美利利天下,不言所利大矣哉。"

十三年,三月,在济南,第一师范讲演

# 附录　孔门的泛神思想史料[①]

《系上》曰：神无方而《易》无体。又曰：阴阳不测之谓神。又曰：穷神知化，德之盛也。又曰知变化之道者，其知神之所为乎！又曰：《易》无思也，无为也，寂然不动，感而遂通天下之故，非天下之至神，其孰能与于此？又曰：惟神也，故不疾而速，不行而至。又曰：利用出入，民咸用之谓之神。又曰：鼓之舞之以尽神。

《系下》曰：于是始作八卦，以通神明之德。又曰：精义入神，以致用也。又曰：天生神物，圣人则之。又曰：知几其神乎……几者，动之微，吉之先见者也。

《孟子》曰：大而化之之谓圣，圣而不可知之之谓神。又曰：所过者化，所存者神，上下与天地同流。

孔子曰：心之精神是谓圣。（《尚书大传略说》）

子曰：鬼神之为德，其盛矣乎！视之而弗见，听之而弗闻，体物而不可遗，使天下之人斋明盛服，以承祭祀，洋洋乎如在其上，如在其左右，《诗》曰：神之格思，不可度思，矧可射思。（《中庸》）

《诗》曰：德輶如毛，毛犹有伦，上天之载，无声无臭至矣。（《中庸》）

至诚如神。（《中庸》）

子不语怪力乱神（《论语·述而》）——皇侃《义疏》引李充曰：

---

[①] "料"，原作"略"，误，据朱谦之"自存本"校批文字改。——编者

力不由理,斯怪力也,神不由正,斯乱神也,怪力乱神,有兴于邪,无益于教,故不可言也。

祭如在,祭神如神在。(《论语·八佾》)

寂然不动者,诚也,感而遂通者,神也,动而未形,有无之间者,几也。诚精故明,神应故妙,几微故幽。诚、神、几,曰圣人。(《周子通书》)

大顺大化,不见其迹,莫知其然之谓神。(《周子通书》)

动而无动,静而无静,神也。动而无动,静而无静,非不动不静也,物则不通,神妙万物。(《通书》)

《中庸》言诚便是神。(程明道)

惟神也,故不疾而速,不行而至。神无速亦无至。须如此言者,不如是不足以形容故也。(同上)

冬夏寒暑,阴阳也;所以运用变化者,神也,神无方,故易无体。若如或者别立一天,谓人不可以包天,则有方矣,是二本也。(同上)

生生之谓易,生生之用则神也。(同上)

穷神知化,化之妙者,神也。(同上)——刘蕺山曰:神更不说体,精义入神以致用也,神无方化之妙处即是,故以用言。杨开沅案:诚便是神之体,但体物不遗,故不可以体言。

气一而已,主之者神也,神亦一而已,乘气而变化,能入于有无死生之间,无方而不测者也。(邵雍《观物外篇》)

气者神之宅也,体者气之宅也。(同上)

一消一长,一阖一辟,浑浑然无迹,非天下之至神,其孰与于此。(同上)

形可分,神不可分。(同上)

因物则神,神则明矣,潜天潜地,不行而至,不为阴阳所摄者,神也。(同上)

神无所在无所不在，至人与他日通者，以其本于一也。道与一神之强名也，以神为神者至言也。（同上）

神无方而性有质。（同上）

人之神则天地之神，人之自欺，所以欺天地，可不慎哉。（同上）

利用出入之谓神，名体有无之谓圣，惟神与圣能参乎天地者也。（《渔樵问答》）

天地之道备于人，万物之道备于身，众妙之道备于神。（同上）

惟神为能变化，以其一天下之动也，人能知变化之道，其必知神之为。（《横渠易说》）

非至精至变至神不能与，故曰神而明之，存乎其人，无知者以其无不知也。若言有知，则有所不知也，惟其无知，故能竭两端，《易》所谓寂然不动，感而遂通也。无知则神矣，苟能知此，则于神为近。无知者亦以其术素备也，道前定则不穷，一故神，譬之人身，四体皆一物，故触之而无不觉，不待心使至此而后觉也。此所谓感而遂通，不行而至，不疾而速也。（同上）

天下之动，神鼓之也，神则主于动，故天下之动皆神为之也。（同上）

易所以明道，穷神则无易矣。（同上）

一物两体，气也，一故神，（两在故不测）；两故化，（推行于一）。此天之所以参也。两不立则一不可见，一不可见则两之用息。（同上）

圣人心术之运，固有不疾而速，不行而至，默而识之处，故谓之神。（同上）

阴阳不测之谓神——（大全）朱子曰阴阳不测之谓神，是总结这一段，不测是在这里又在那里，便是这一个物事走来走去，无处不在。六十四卦都说了，这又说三百八十四爻，许多变化，都只是这一个物事，周流其间。（《朱子语类》）

大率天之为德,虚而善应,其应非思虑聪明可求,故谓之神。老氏况诸谷,以此征引。太虚者,气之体。气有阴阳,屈伸相感而无穷,故神之应也无穷,其散无数,故神之应也无数,虽无穷,其实湛然,虽无数,其实一而已。(《横渠语录》)

神易虽是一事,方与体虽是一义,以其不测,故言无方,以其生生,故言无体,然则易近于化。(同上)

神不可致思,存焉可也;化不可助长,顺焉可也。(同上)

阴阳不测,其德神。(同上)

神德行者,寂然不动,冥会于万化之感,而莫知为之者也。(同上)

化之于己,须臾之化,则知须臾之顷必显一日之化,则知一日之化有殊,易:知变化之道,则知神之所为,又曰,知几其神乎。(同上)

惟神为能变化,以其一天下之动也。人能知变化之道,则必知神之为也。(同上)

一故神,譬之人身,四体皆一物,故触之而无不觉,不待心使至此而后觉也,此所谓感而遂通,不行而至,不疾而速也。物形乃有大小精粗,神则无精粗,神即神而已,不必言作用。(同上)

《易》言感而遂通者,盖语神也。(同上)

用之不穷,莫知其乡,故名之曰神。(同上)

虚静昭鉴,神之明也,无远近幽深,利用出入,神之充塞而无间也。(同上)

神而明之,存乎其人,道至有难明处而能明之,此则在人也。凡言神亦必待形然后著,不得形神何以见,神而明之,存乎其人,然则亦须待人而后能明乎神。(同上)

非神不能显诸仁,不知不能藏诸用。(同上)

神则不屈,无复回易,鼓万物而不与圣人同忧者,此直谓天也。天则无心,神故可以不诎。(同上)

变化者其神之所为乎？无象无形则神之所为隐矣。此一动一静，天地之间理之不得已焉者，其相摩相荡，非有机缄纲维而然也。（《杨氏易稿》）

变化者神之所为也，其所以变化，孰从而见之，因其成象于天，成形于地，然后变化可得而见焉。（同上）

曰通乎昼夜之道，而知神无方而易无体，圣人所以体神易者，以其通昼夜而知也，知刚柔一气之往来，则昼夜之道可知矣。（同上）

鬼神体物而不遗，盖其妙万物而无不在也。（同上）

《说卦传》曰：神也者妙万物而为言也，动万物者莫疾乎雷，挠万物者莫疾乎风，燥万物者莫熯乎火，说万物者莫说乎泽，润万物者莫润乎水，终万物始万物者莫盛乎艮。故水火相逮，雷风不相悖，山泽通气然后能变化①，既成万物也。——韩氏伯曰：于此言神者，明八卦运动变化推移，莫有使之然者。神无物妙万物而为言，则雷疾风行火炎水润，莫不自然相与为变化，故能万物既成也。吴氏澄曰：乾坤主宰万物之帝，行乎六子之中，所谓神也者，妙万物而为言者也。万物有迹可见，而神在其中无迹可见，然神不离乎物也，即万物之中而妙不可测者神也，故曰妙万物。雷之所以动，风之所以挠，火之所以燥，泽之所以说，水之所以润，艮之所以终始，皆乾坤之神也。胡氏炳文曰：去乾坤而专言六子，以见神之所为，言神则乾坤在其中矣。梁氏寅曰：神即帝也，帝者神之体，神者帝之用，故主宰万物者帝也，所以妙万物者帝之神也。蔡氏清曰：如雷专于动，风专于挠，则滞于一隅，不得谓之妙。天地则役使六子，以造化乎万物，而六子之伸缩变化，皆天地之为也。所以谓神当乾坤也，于此盖可验合一不测之义，无在无不在之意，盖神如君后，六子则六官之分职也，六官所

---

① "化"，原作"成"，误，据《周易》四库本改。——编者

施行，皆帝后所主宰，然后六职交举而治功成矣。叶氏尔瞻曰：天地功用惟一故神，非两不化，先天之六子各得其偶者，所谓两也。两者体之立也，后天之变化成万物者，所谓两格者之化也，两者之化用之行也，就此两化之合一不测处乃所谓神。

阴阳不测之谓神。——梁氏寅曰：阴阳非神也，阴阳之不测者神也，一阴一阳变化不穷，果孰使之然哉，盖神之所为也，惟神无方故易无体，无方者即不测之谓也，无体者即生生之谓也，若为有方，则非不测之神，而其生生者亦有时而穷矣。蔡氏清曰：合一不测为神，不合不谓之一，不一不为两在，不两在不为不测，合者两者之合也，神化非二物也，故曰一物两体也。

神无方而易无体。——韩氏伯曰：方体者皆系于形器者也，神则阴阳不测，易则惟变所适，不可以一方一体明。孔颖达曰：凡无方无体各有二义，一者神则不见其处所云为，是无方也，二则周游运动不常在一处，亦是无方也。无体者一是自然而变而不知变之所由，是无形体也，二则随变而往，无定在一体，亦是一体也。《朱子语类》云：神无方而易无体，神便是在阴的又忽然在阳，在阳底又忽然在阴，易便是或为阴，或为阳，交错代换，而不可以形体拘也。

知变化之道者，其知神之所为乎。——韩氏伯曰：变化之道，不为而自然，故知变化之道者，则知神之所为。苏氏轼曰：神之所为不可知，观变化而知之矣，变化之间，神无不在。龚氏焕曰：变化者神之所为，而神不离于变化。易有圣人之道四焉，以言者尚其辞，以动者尚其变，以制器者尚其象，以卜筮者尚其占。本义曰，四者皆变化之道，神之所为者也。

易无思也，无为也，寂然不动，感而遂通，非天下之至神，其孰能与于此？——孔氏颖达曰：既无思无为，故寂然不动，有感必应，万事皆通，是感而遂通天下之故也，言易理神功不测。邵子曰：无思无为者，神妙致一之地也，所谓一以贯之，圣人以此洗心退藏于密。

林氏希元曰：感而遂通天下之故，即是上文遂成天地之文，遂定天下之象，受命如向遂知来物之意，盖即上文而再訾说，以归于至神也。

李氏光地曰：遂通天下之故，即上文遂知来物，遂成天地之文，而此谓之至神者，以其皆感通于寂然不动之中，其知来物非出于思，其成文定象非出于为也。朱子曰：变化之道莫非神之所为也，故知变化之道，则知神之所为矣。易有圣人之道四焉，所谓变化之道也，观变玩占可以见其精之至矣，玩辞观象可以见其变之至矣。然非有寂然感通之神，则亦何以为精为变，而成变化之道哉，此变化之所以为神之所为也。

东坡《易传》曰：神之所为不可知也，观变化而知之尔，天下之至精至变与圣人之所以极深研几者，每以神终之，是以知变化之间，神无不在，因而知之可也，指以为神则不可。

温公《易说》曰：可测则不为神。

（朱子）问上蔡说鬼神云：道有便有，道无便无，初看此二句与有其诚则有其神，无其诚则无其神一般，而先生言上蔡之言未稳如何，曰有其诚则有其神，无其诚则无其诚，便是合有底我若诚则有之，不诚则无之，道有便有，道无便无，是合有的当有，无底当无。上蔡而今都说得粗了，合当道合有底从而有之，则有，合无底自是无了，便从而无之，今却只说道有便有，道无便无则不可。

程子曰：祖考来格者，惟至诚为有感必通。

上蔡谢氏曰：人以为神则神，以为不神则不神矣。先王祭祀鬼神则甚，曰是他意思别，三日斋，五日戒，求诸阴阳四方上下，盖是要集自家精神，所以假有庙必于萃与涣言之，如武王伐商所过名山大川致祷，山川何知，武王祷之者以此。虽然如是，以为有亦不可，以为无亦不可，这里有妙理于若有若无之间，须断置去始得。曰如此却是鹘突也。曰不是鹘，自家要有便有，自家要无便无，始得鬼得在虚空中辟塞满，触目皆是，为他是天地间妙用，祖考精神便是自家精神。

朱子曰：何故谓祖考来格？曰此以感而言，所谓来格，亦略有些神底意思，以我之精神，感彼之精神，盖谓此也。祭祀之礼，全是如此。且天子祭天地，诸侯祭山川，大夫祭五祀，皆是自家精神，抵当他过，方能感召得他来。鬼神二事，古人诚实于此处，只见得幽明一致，如在其上，如在其左右，非心知其不然，而姑为是言而设教也。问祭祀之理，还是有其诚则有其诚，神，无其诚则无其神否？曰鬼神之理，即是此心之理。

上蔡谢氏曰：动而不已其神乎，滞而有迹其鬼乎，往来不息神也，摧仆归根鬼，致生之故其鬼神，致死之故，其鬼不神。

北溪陈氏曰：范氏谓有其诚则有其神，无其诚则无其神，此说得最好。诚只是真实无妄，虽以理言，亦以心言，须是有此实理，然后致其诚敬，而副以实心，方有此神，苟无实理，虽有实心，亦不歆享。且如李氏不当祭泰山而冒祭，是无此实理矣。假饶极尽其诚敬之心，与神亦不相干，泰山之神，决不吾享。大概古人祭祀，须是有此实理相关，然后三日斋七日戒，以聚吾之精神，吾之精神既聚，则所祭者之精神亦聚，必自有来格底道理。

朱子精变神说：变化之道，莫非神之所为也，故知变化之道则知神之所为矣。易有圣人之道四焉，所谓变化之道也。观变玩占可以见其精之至矣，玩辞观象可以见其变之至矣，然非有寂然感通之神，则亦何以为精为变而成变化之道哉？此变化之道所以为神之所为也，所以极深者以其精也，所以研几者以其变也，极深研几所以不疾而速不行而至者，以其神也。……或曰至精至变皆以书言之矣，至神之妙亦以书言可乎？曰至神之妙，固无不在，详考之文意，则实亦以书言之也。所谓无思无为寂然不动云者，言在册象在画蓍在椟而变未形也。

至于玩辞观象而揲蓍以变，则感而遂通天下之故矣。推而极于天地之大，反而验诸心术之微，其一动一静循环终始之际，至神之妙亦如此而已矣。此其所以不疾而速、不行而至也与？

圣人以此斋戒，以神明其德夫《系辞》——程子语：易要玩戒索斋戒以神明其德夫。柴氏曰：斋戒以致其诚，以自神明其德，人心诚则神，神则与理无间断。

利用出入，民成用之谓之神《系辞》——（渊）问百姓日用则谓之？神曰是如此。又曰利出入者，便是人生日用都离他不得。又曰民之于易，随取而各足，易之于民，周遍而不穷，所以谓之神，所以谓之活泼泼地便是这处。(《学蒙》)

程子语：神是极妙之语。(良佐)天者理也，神者妙万物而为言者也，帝者以主宰事而名。(绚)神也者，妙万物而为言，若上竿弄瓶至斫轮，诚至不可得而知，上竿初习数尺，而后至于百尺，习化其高，矧圣人诚至之事，岂可得而知？《河南语录》

朱子语：问如雷风水火山泽自不可唤做神，曰神者，乃其所以动所以挠者心之神乎？是做范围天地而一念不逾时，经纬万方而半武不出户，岂假疾而后速，行而后至，何为其然也？心之神也。

《周易会通》卷十二：显诸仁易说，藏诸用极难说？这用字如横渠说一故神，神字用字一样。

南轩张氏曰：变者不能自变，有神以变之，化者不能自化，有神以化之，故知变化之道，疑若窥测其妙也。

杨氏万里曰：天下之理，惟疾故速，惟行故至。未有不疾而速不行而至者也，盖不如是不足以为神也。然则圣人之神果何物也？心之精也。岂惟心之能神哉？物理亦有之，铜山东倾而洛钟西应。岂惟物理哉？人气亦有之，其母啮指而其子心动。此一物之理一人之气，相应相同，有不疾而速不行而至者也，况圣人也。朱氏曰，神妙万物而为言者，物物自妙也。郑康成曰：共成万物不可得而分，故合谓之神。横渠曰：一则神两则化，妙万物者一则神也。南轩张氏曰：夫八卦各有所在也，而神则无在而无不在八卦，皆各有所为也；而神则无为而无不为，强名之曰神，即妙其万物而为言也。

梁寅《周易参义》：凡物皆有神也，而物莫大于天，则神亦莫尊于帝，故主宰万物者帝也，而所以妙万物者帝之神也。……六子之致用，皆神之所为也。然雷风山泽水火，此象也，非神也。雷之动，风之挠，火之燥，泽之说，水之润，艮之终始，此气也，亦非神也。所谓神者果何哉？盖其所以动、挠，所以燥、说，所以润，所以终始，是之谓神也。六子者各有在而神则无在无不在，六子者各有为而神则无为无不为，其妙之至不可以名，姑强名之曰神尔。

《横渠易说》：鼓天下之动者存乎神。

又曰：大抵过则不是着有，则是着无，圣人自不言有无，诸子乃以有无为说说有无，斯言之陋也，在易则惟曰神则可以兼统。

《紫岩易传》：夫天下万物一神耳，数变象显，理无逃焉。

神者何？易之神也，寂然不动，感而遂通，化育万物，无乎不在，曰神无方。

神之无思无为，寂然不动之体，感而遂通之用，初不离于精变之间，故夫精变之迹，有思有为也，精变之道，无思无为也。

夫自至精至变以极于至神，易之为易无余蕴矣。

帝与万物相终始，有神以运动乎其中。

南轩张氏曰：变者不能自变，有神以变之，化者不能自化，有神以化之，故知变化之道者，疑若窥测其妙也。

王心斋答黎洛大书曰：来书所谓动之即中，应之至神，无以加矣，是故人受天地之中以生，而动之即中，随感而应，而应之即神。先生为民父母，如保赤子，率真而行，心诚求之，当拟议则拟议，是故拟议以成其变化，又何惑之有哉。

罗近溪曰：夫神也者，妙万物而为言者也，亦超万物而为言者也。阴之与阳是曰两端……分之固阴阳互异，合之则一神所为，所以属阴者则曰阴神，属阳者则曰阳神。是神也者，浑融乎阴阳之内，交际乎身心之间，而充溢弥漫乎宇宙乾坤之外，所谓无在而无不在者也。惟圣人与之合德，故身不徒身而心以灵乎其身，心不徒心而身以妙乎其心，是谓阴阳不测，而为圣不可知之神人矣。

（完）

# 无 元 哲 学

本书于1922年10月由上海泰东图书局初版发行，列为"创造社丛书"第五种，1929年4月发行第3版。2002年收入福建本第一卷。本次整理，以泰东图书局1929年版为底本，以福建本为校本，同时参以中山大学哲学系藏朱谦之先生"自存本"所作校批文字。

——编者

# 自　序

　　这本书是我数年来做的无元哲学论文集。上篇所说，只要完一个"无"字，第一义是第一义，第二义是第二义，有和无截然分为二事。下篇便不然了，第二义即第一义，现前昭昭灵灵的即是无所有不可得的。这么一来，便把从前的无元思想走到尽处，和大乘佛法（华严宗、般若宗）很接近了。这是我思想变迁的线索如此，恐怕聪明人都是如此罢！然而我思想的前途，毕竟不到此而止。

# 目 录

## 上 篇

一 知识论 .................................................. 103
二 无名主义 ................................................ 111
三 组织论 .................................................. 122
四 无元主义与教育 .......................................... 130
五 无元主义与道德 .......................................... 141
六 无元主义与艺术 .......................................... 146

## 下 篇

一 "真生命"的实现 ......................................... 155
二 真情生活 ................................................ 159
三 直觉主义 ................................................ 163
四 "无"之真义 ............................................. 168

附录 虚无之什八首 ......................................... 180
    归去 .................................................. 180
    到虚空去 .............................................. 180

空观 .................................................. 181
宇宙和我 .............................................. 181
送庆哥 ................................................ 182
人生 .................................................. 182
反教 .................................................. 183
明夷操 ................................................ 183

上 篇

# 一　知识论

　　无元哲学是从"无知"立根，所谓当体即是，动念即乖，在寻常感觉和论理以外的形而上学方法，自然和实际逻辑与科学方法，大不相同了。因感觉除了接触于感官的状况以外，无从知道，而形而上学的对象，又超过寻常的认识，所以要知道事物的实相，不可不赖证会的方法，以游神于物的内面，而亲与其绝对无比不可言状的本体融合为一，这就是"直觉"了。因为宇宙的元始问题和究竟问题，都是不二而最初。不能用逻辑去推证其所以然，所以只能用这种直觉方法，直接把捉之。但一般科学家很反对这个，以为这样专任虚玄的道理，教人难以捉摸，如何是真正的科学？推他命意，不过要介绍那科学的实验的方法，无如科学的实验的方法实不可靠。第一：感觉所得的知识，往往跟着感官的状况而转移，那么凭之求事物的实相，怎样得了！第二：归纳所成的道理，仍含有"假设"的性质，这样知识也不过终于"或然数"，怎样可算真确的知识？由上二种理由，可知科学家要介绍科学的，实验的方法于玄学家，使持这样不中用的工具，来解决宇宙的根本原理，玄学家只得敬谢。而且科学方法，对于绝对无比的东西，没的法子去求，这正是科学方法的没奈何，而有求于"直觉"的时候，我想科学家若仅为科学方法的位置，而攻击形而上学方法，那就很失却科学"求真"的精神了。

　　我们要认识宇宙本体，就应该和科学方法脱离，而求形而上学方法的独立。何则？形而上学是超越一切形式和符号的学问，和科学所采的认识法不同。科学无论如何，总是处旁观的态度，以知得相对的皮相为已足，因他对于内面绝对的知识，未能探得分毫，而分析的研究，倒扰乱了学者陷于论理的混乱，因此所以我极力否认科学的真实，就是对于挽近直觉学者，要实现科学与形而上学之结合的统一的，也实不敢赞成。但在此要申明一句，我否认科学，便是否认虚伪知识的意思。为什么说学科方法便是虚伪的知识呢？这自然不能不把"知"的本身来批评研究一番。

原来"知"是有区别的，一种是"元知"，一种是"推知"。程子说："见闻之知，非德性之知，物交物则知之非内也，今所谓博学多能者是也。德性之知，不假闻见。"推知便是见闻之知，元知却是"不假闻见"的"直觉"，换句话说，便是"无知"的"知"了。由这"无知"的"知"，才能认识一切皆空的本体，因为这种智慧，是天生而然的，其本身仍宿于本体之内，所以能深入本体，而窥其底蕴。若推知便不然了，他是从本体进化当中堕落下来的，故有所限制，有所拘泥，因他是本体的产物，所以只能回绕于本体的轮廓，却不能认识他，又因他是本体派生的模型，只是那被物质迷困的伪知识，所以和本体相违，没有真实可言，而根据于此的科学方法，也自不算真实的知识了。

因真实的知识，即是能够证会绝对真实的本体的。所以真实的而知识，就是真实了。倘人们有这种知识，就不啻超过一切现象界，与本体胖合无间了。反之，推知因与本体相违，故是真实知识的反面，就其本身道理，也决其不能发现真实，何以故呢？其一：推知只能知道事物的关系，因他对于一切研究的方法，都只从外的着眼点观之，所以研究所得，也不过那可见的符号所能表现的部分而已，至于事物的真实，既超脱于所假借表示的关系而独立，也自不能探求他了。其二：推知只能抽绎事物关系而立为范畴，却不能穷溯这种范畴何自而生，因为推知只是一种空式，要超越其本性，决不可能，因此推知具有不能会得本体的特性，自不是求真实的知识了。其三：推知所审辨的只限于物象方面，因他纯以物质作对象，所以无论如何，终不抛却以具体物象作对象的习惯，而对于流动的行为——宇宙生命的绵延创化——尚且把捉不得，更何论那无状之状无物之象的虚无本体呢？其四：推知只限于审辨物象之重复的，因他有循因致果的积习，所以测度事象，往往把创化不息的，也看作重复的更迭；因他有机械的天性，所以对于无始终，无生灭，绵绵若存的本体，就难于证会他了。由上四大理由，就可见推知决不是真实可靠的知识，既不能和真实的本体接近，就可见不是真实的知识了。

但我为什么说这种知识就是虚伪的呢？自然许多博学多能的格物家，凭着感觉所得的幻相，也自以为是确实有根据的知识，却不知感觉是偏于一部分的，所得来只是事物的幻相。何则？感觉知识所得的应不出于哀乐、声色、臭味、是非之外，而哀乐声色臭味是非，又跟着习惯和惯习而转移，可见格物家所自以为知哀乐，知声色，知臭味，知是非的，实在是一场迷梦，但他没有自知之明，却要以迷解迷，这不是虚伪的知识是什么？再进一层，推知在无形当中，实设立了一种区别和支配的原理，他分别这个那个，使人们牢牢保守那空间性的东西，并且加以区别。因他向着空间而趋，又拘于物质方面，自然要弄出战争，强力，不好的事情来了，所以这种知识就是大乱的根源，他教人们自私，而且在自己与自己以外，造成一种人为的隔离，这不是虚伪知识的明证吗？不但如此，这种知识，确是一种赃物，可以灌来灌去，并且可以据为己有的，所以格物家常常利用这种知识，作求名誉的手段，其结果使天下"跂跂好知"各自加入于劫夺、矫诈、赚钱、储蓄一途，可知这知识发达一步，虚伪也跟着前进一步。柏格森认这种知识是生物进化中最发达之一境，由我看起来，却是最可悲观且最不幸的啊！但柏格森说："知识的目的，就是创造的目的，所以知识是能够制造器具和发明物品的，可知人有知识，才有器具的发明，现代的文明，何尝不是发明机械的结果呢？"似此把制造工具，来代知识辩护，也不为我所承认；因为文化文明就是要不得的东西，而我们的理想，是要复归于自然，思想要自然，生活要自然，那末为什么要发明机器呢？再进一层，人们的机械，固然日新月异，而人们的机械心，也不知不觉的增到可怕的地步。试看一切恶德，如贪婪，刻薄，不情，毁谤等等的增加，便可见文明和知识的真价值如是。老实说吧！我们所受于知识的恩赐，也很够了，那末为什么还要知识呢？

柏格森好似很有反知的倾向的，其实他的直觉哲学，还未曾摆脱知识的材料，依他意思，必合知识和直觉，才能够窥本体之全，所以直觉和知识可以互相协助，而哲学和科学应该融合为一。却不知真正的直觉，实和知识朝着两相反对的方面去伸张，不但不可调和，而且调和的结果，反使直觉消失了。为什么呢？直觉所证得的绝对本体，就是完全的境界，所以直觉并没有不完全的缺憾，不必和知识合拢起来，才见完全。即就哲学而言，亦实有他独立的位置，一定要把他和实验科学连合，恐怕是法兰西哲学家的通病罢！闲话休题，且说柏格森哲学，因尚徘徊于科学的歧路中，所以对于知识，生出许多误解。最奇怪的，就是认知识为天生而知关系的知识，却不知关系是后来的事，而知关系的知识，更是后来的事，怎样算是天生的知识呢？依我意思，只有本能是天生的，他是生命内部之本有的机能，所以非常与实，和杜撰的知识不同，而知识这个东西，则不过从本能分散出来，凝结下来的东西罢了。但柏格森说："本能和知识在元始时候，本是互相涵容，那时本能并不像昆虫类已发达的本能，而为较近于知识，智识也不必像脊骨类已发达的知识，而较近于本能；至于二者所以分歧的原故，则不过为贯彻物质的便利起见，而各趋一途罢了。"由此可见，柏格森把知识看作天生的知识，实因他不知本能之所以为本能,和知识之所以为知识的原故。其实在进化途中,只有本能是搭着实在的部分进行的,是能够驾驶物质的,若知识则不过进化的逆转,而受物质的支配,知道知识是顺着物质而向着空间的,就可见知识和物质是同出一源,且毕竟性质相同,知物质是由物质以外者而生,就可见知识也是由知识以外的元知派生的了。再进一层说,因为本能作用实是知识以外的元知,所以本能居第一位,知识只是附属于本能的第二段作用,把这道理,应用来说明进化,我也以为柏格森分途进化的学说是不对的。因为本能和知识,是相承相继,而为一途的二阶级,所以征之生物进化史,也是节足类动物在先,而脊骨类动物在后,由蜂蚁的本能而进于人的知识,自制作方面看,是进化,可是这种人为进化,却正是反于自然的趋势,而为元知的停滞啊!总而言之,所谓生物进化,都是空间的开拓,故愈有知识的,就愈扩张于空间,人就是极端的例了。反之愈近本能的,就愈能和生源动力合而为一,可见唯有本能是天生的元知,而知识倒是后天杜撰出来的。这个道理,本极明显,可惜柏格森一误于生物由于普遍生力分歧的学说,于是乎把本能和知识,也看作同出一源而分途进化的。这么一来,不但不知知识,而且把本能的意义,也埋没了许多,如说本能所认识的限于关切利害的一点,又说本能封于故步,仍不能自由。似这些话,实和别处所说自语相违,既然认本能的能事,是感通的直觉,直觉是超脱利害与能自内省的本能,那就可见本能是没有先见的,何曾顾忌于利害关系呢?而且本能都是真率的,坦白的,这正是自由的直接表现,何所谓故步自封,柏格森若果为争知识的地位而抑本能,那就无话可说,不然,也应该潜入本能当中,去直探本能的真价,似此以知识解释本能,是直觉哲学家所不许的啊!

因为柏格森还未绝弃知识,所以他的直觉哲学,只谓当使知识与直觉融会于一,却不敢冒险而跳出知识以外,因此所以他的直觉主义，实在还未彻底，虽然他自命是超于知识的直觉，以自别于康德的存于感觉的直觉，其实这种直觉，并不曾逆于知识的方向，所以愈其说是超于知识的直觉，不如说是和知识妥协的直觉。于是我可分三种的直觉说：第一是超于知识的直觉，第二是和知识共存的直觉，第三是存于感觉的直觉，最后一种，唯取关于感觉世界的物象，而直接认识之，故和知识走同一样的路，自然不是真直觉了。次言和知识共存的直觉，虽不涵有广袤之性，却有超于广袤之势潜存其中，虽能自内部参透实在，而所参透的，仍不过本体在绵延中进展的假像，所以这种直觉，只知本体的绵延，且和本体共绵延，却不知本体是什么。

因他和知识相反相成，所以力求超脱知识，而终不能不和知识发生关系，结果只得和知识共存，反使直觉受其影响了。何则？依照柏格森学说，知识仅为用的认识，而非体的认识，所谓用的认识，就是离开具体的东西，从他的关系上，构成个抽象的系统。由此可见，知识本有不知本体而只知作用的天性，不幸而柏格森的直觉说，竟落入这个知识上蒙蔽的圈套里，所以他所认识的，就是变，变自己在那里变，变以外没有变的本体，似此只有用没有体的哲学，只能入于绵延中，和本体作一致的直观，却不能现证这个当下便是的本体，所以柏格森的直觉说，还不过参透生命的皮相罢了。准上，可见直觉决不能和知识并存，而应该冲破知识而超过之，因此真正的直觉，是超过理解之门，故说唯有无知的知，才能深入宇宙本体，窥测生之流行，而为真的形而上学方法。

有所知就有所不知，无所知才无所不知，我讲直觉是无知而无不知——绝对的知，是和平常知识分为二事的。那些格物家本来不知直觉的好处，却目以为知，这样的强不知以为知，实在是不知，而无上的知，反在于"不知"知之，这便是超于知识的直觉了。因此超于知识的直觉、我特别叫他作"无知"的知，因他之所知，正是知识之所不知的，知识是特别能够分析，对于经验上矛盾不相容而并存的不可思议体，实假想不到，如动和静，一和多，变和不变，由推知看来，决不会兼容无碍，而由"无知"的直觉看来，却是最凡庸的道理，因为无知的知，不受三段论法限制住，不管科学和常识如何，既违反一般浅薄的知识，怪不得那些科学家反疑到直觉学者是专任虚玄的道理，教人难以捉摸了。复次，这种直觉，就是无声无臭的"独知"，除默识外没有方法可证会得，虽人人共见，却无可以告人，所谓"何思何虑"，思虑尚来不及，何况言说，言说都没有——直觉还句话都不算，更何从谈起？只是不可说不可说的便是。总而言之，我说直觉，是和理知永远分离，理知只能以关于以区别和解析的原理，供给我们，而我们所要认识的，却是全然超过那关于区别和解析的原理的东西-宇宙本体，所以真知就是"无知"，就是"无"。

　　无元学者以为"无"是本体，也唯有"无知"才能知"无"，这个"无"虚而无形，动而愈出，当其动的时候，就成永不间断的绵延，就是柏格森所谓"真的时间"了。当其静的时候，就要向空间顿时发散，而成其为分段生命了。但无论动静，动亦无，静亦无，这个超越动静的一个"无"，就是绝对的本体了，所以"无"是流行于已发的时候（动静都不过已发当中的两趋势，静是包括在已发中的）而敛藏于未发的时候。当其未发时寂然不动，那是"无"的体，已发时感而遂通，那是"无"的用。如柏格森所谓直觉，只看见已发一边事，其实绵延创化都只是一动而已，有动必有静，所以绵延创化也只是一静而已。一动一静都不是本体，故此真正的直觉，是非动非静，一方面入于作用之中，而捕捉其绵延创化的活动体，一方面又能直接更探这活动体的原始，而现证寂然不动的本在，须知这一闪的直觉，实在已腾跃于"无"当中，而圆满知无的本事，"无"是完全，是进化；一方面绵延进化，他方面便是完全，一方面他是本质，他方面他是表示——两者同时在一起,在直觉里是不矛盾的,所以一闪间的直觉就是完全了,就是进化了,即体即用了,用即是体,又非体非用了,由此可见,唯有当下便是的直觉,才能现证宇宙的真源,若挽近直觉学者柏格森,只算知"无"的本体的一部分,至于"无"的底蕴,还没的法子去求,自不是真正直觉的方法了。

但是真正"直觉"怎么样呢?禅家说得好:这张嘴只堪挂在壁上,例如啮缺问于王倪,四问而四不知,不知就是知了。所以要说直觉,是不可说不可说的,因会说的只能体会事物的关系和生命的皮相,所以全实在的认识,除直觉外没有方法表出,而直觉之为直觉,也不是言语文字所能形容出来,因直觉方法要发之为言语文字,便在那里凝固了,却不是现证得的本体了。所以"禅那才下一语,便恐一语成尘,连忙又下语扫之,扫之又恐扫尘一语复成尘,连忙又下一语扫扫尘",说话的便是错误,我又怎能把直觉方法来告诉大家呢?万不得已我只能说,直觉方法是一种无知的知,如能扫除意见,废绝思想,将四方八面路头一齐塞住,那时候默而识之,由这不可思议的感通,便见虚无的本体,常在眼前,而浑浑融融如万象毕见于水鉴之中——这便是直觉,也就是顿悟了。

由此可知,我所说的直觉,只是顿悟,只是直接承当,不假修为,再简捷也没有了。怪可怜的一般格物家,对于明心见性的方法,老不明白,一向胡叫乱喊,以为只要测测星,看看地壳,研究研究微生物,那就是真知识,似这样支离,以有限的生命,逐无穷的知识,知识尚未得到,生命已是无可奈何了。我么?因博物多能,算不得知识,而真正的知识,只要言语道断,心行路绝便得。所以"无知"是最好了,万不得已而向知的方面发展,也先要立个全般的真理,做一个标准的大前提,才懂得这个统之宗,会之元,便能万法从此流出,更没有许多事了。

## 二　无名主义

无元哲学的根本方法，一个是"无知'，一个是"无名"。本来"名"就是概念的代表，作知识的符号，所以主张"无知"的，一定连带主张"无名"，试看近代哲学的方法，便有这样倾向，从前主知学派，以为"知"是再重要不过的，一经近代主情意主义的心理学一研究，才把知识看轻了许多，就是对于代表知识的抽象名词，也以为是不正当的魔术上的东西，似这样反对知识和名字，可见和形而上名学并没有反背。所异的形而上名学对于所否定的这个那个，都要从根本上着想，所以结果是趋于极端的，彻底的，与近代哲学夹带着调和意味的，又自不同了。

无元哲学是根据于形而上名学，而尤以"无名"一个观念为最重要，因"名"的作用，一方面是包括这个那个而成全称的共相，一方面是分别这个那个，使彼此截然有分。换句话说，因有了抽象的"名"，一面使具体的事物，去做他们的牺牲，一面又建设出许多差别，以唤起不平等。所以无元学者以"名"为万恶根源，而主张废"名"。因包括这个那个而成全称的"名"，不如至大无外的"无"，而分别这个那个而成特别的"名"，也不如至小无内的"无"，无元学者因要扫除那虚伪的差别的"无"，所以自标新义，以真实的普遍的"无名"的"无"为基础，而主张"无名主义"。

我们主张"无名"，就因把"无名"的"无"看得比"名"重，以为所谓真理，所谓实在，都是"无"，"无"是整个的不可分断，却又无所不在的，而代表那真理和实在的"名"，都不过强为之名，其实真理自真理，名字自名字，宇宙的本体，断不在名字里面，所以无元学者极力提倡"无名"的"无"，以为"无名"的"无"，虽是至小无内，近于无有，而实在舒展起来是遍一切处，故无得而称，可见是至大无外了。因"无"是"无内"之小，所以是真实的，又"无"是"无外"之大，所以是普遍的。因此无元学者以"无名"的"无"的好处，反证有"名"是虚伪的，差别的，由着两种看法，将"名"根本推翻了。

第一："名"是虚伪的，不是真实的。原来真实的都是"自然"，虚伪的都是"人为"的，无元论者以"无"为宇宙的最大原理，这个"无"是独生独立，无始无终，便只是自己如此，所以是真实的。因为真实的没有什么"名"，所以我们一说那单独不变的存在，总无可以"名"之，而单独不变的存在，即隐于"无名"当中，叫他做"有"不对，叫他做"无"更不对，有无都称呼不得，所以无元学派的老子，便说"道常无名"了。总而言之，凡天下的名，其可以名的，都不是永远不变的名，而永远不变的名，本不可名，必不得已而有"名"，这"名"也是很不妥贴似的，所以老子说：

吾不知其名，字之曰道，强为之名曰大。（二十五章）

"道"非清非浊，非高非下，非去非来，非善非恶，从本已来，不曾生不曾灭，又从那里理会他的名字，又那里有什么名字，但为方便起见，不妨假设一个表记，叫做"道"。因他是周行天地万物之中，可是无所不在的，所以勉强把"大"字来形容他，其实这里"道"字"大"字两个抽象名词，都是凑成的，人造的，和道体绝不相干，只是强为之名而已。同理我说"情"就是宇宙本体，须知这"本体"字"情"字，也都不过以义言之，在不可名当中，而强为之名，但已不是自己如此那一回事了。

我因说明"强为之名"的道理，记得两段寓言，很可以取来参证：

（《无能子》）樊氏之子有美男子年三十，或披发疾走，或终日端坐不言，言则以羊为马，以山为水，凡名一物，多失其常名，其家及乡人狂之而不之罪焉。无能子亦狂之。或一日遇于蓁翳间，就而叹之……狂者曰："万物之名，亦岂自然著哉，清而上者曰天，黄而下者曰地，烛昼者曰日，烛夜者曰月，以至风云雨露烟雾霜雪，以至山岳河海草木禽兽，以至华夏夷狄帝王公侯，以至士农工商皂隶臧获，以至是非善恶邪正荣辱，皆妄作者强名之也，人久习之，不见其强名之初；故沿之而不敢移焉。昔妄作者或谓清上者曰地，黄下者曰天，烛昼曰月，烛夜曰日，今亦沿之矣。强名自人也，我亦人也，彼人何以强名，我人胡为不可哉？则冠带起居，吾得以随意取舍，万状之物，吾得随意自名，狂不狂吾且不自知，彼不知者，狂之亦宜矣"。

（徐显《稗史》）王德元之教人，必问其姓与名，其人曰某姓甲名乙，则斥曰我闻尔姓乙名甲，而诳我何欤？其人疑愕，则谓之曰："汝未生之前，岂有姓耶？且生于其家，则姓某姓，强名耳！汝执其强名者，以为真姓，非汝性也"。

由此可见，"名"和"实"本没有共通的尺度，一切的抽象名词，断不能代表原来的具体事物，所以用"名"指"实"，是指不到的。

无元论者最重的是实际的存在，所以很反对这指不到的名，关于这点，很和纪元一〇九〇年罗施西林（Roscellinus）所唱的"名论"（Nominalismus）相同，他和"实在论"争论的要点，即在个体和普遍的关系，他说普遍是什么，不过一个"名字"罢了，而真的存在，只有个体，普遍是在个体以后的"名"。可见反对"名"，就是否定普遍，所以无元学者如老子说："大丈夫处其实不居其华，故去彼取此"，因名只是虚文，没有实在性，故老子不取于代表实的原理的"彼"，而取那个体的特别的"此"。这种学说，和杨朱的无名主义，原也相差不远，所谓"此"字，只是"这个物事"，就是"实"。（参看胡适之教授著《中国哲学史》，页一七八注）杨朱说：

实无名，名无实，名者伪而已矣。（《列子·杨朱篇》）

这样极端的学说，只承认个证的事物（实），不认公共的名称，却正是从老子"名与身就亲"（四十四章）的话引出来的，可见无元学者不但主张"绝圣弃智"，要复归于"无名之朴"，而且早已认个体的事物（实）的重要，由"无名"一个观念，发生出个人主义。不过这个人主义，是绝对的，和相对的个人主义只晓得把自己弄到最强的地位的自大不同了。老子又说："名者实之宾，而悠悠者趋名不已，名固不可去，名固不可宾耶？"

因"名"不是"实"，只是由于实而代表实的，所以没有实体，可以随意自名，以至于"不见而名"（四十七章），但不可循"名"以责"实"，因虚伪的空名，来反害实际的存在。要晓得"实"之所在，"名"是可以抛弃的，就是"功成不名"（三十四章），也并没有实际的吃亏呢！

第二："名"是差别的，不是普遍的。"名"要是真有无穷大的涵盖力，把具体的事物，都包括住，更无遗漏，那也何尝不好，所恨"名"的作用，只能占得更笼统的地位，却永不是"涵盖一切"的"绝对"。因此"正名"的效果，只能阻抑具体事物的伸张，把一个空洞的名字，似"家庭""国家""社会"种种组织，"三纲五常""孝悌忠信"的烂索子，就可以将个体的特别的一类事物，又管住了。所以

"名"只是种种限制,把完全无缺的宇宙,割成七零八碎;"名"也是神通广大的魔王,将具体事物的自由,剥夺尽去。我每听那班冥顽不灵的学愿,喊着要"正名",便觉头痛,因正名是要害了"实",而名的效用,也不过"所以期累实"。试看孔二先生实行正名的方法,不外乎"定名分""辨上下""寓褒贬",就可见"名"是根本上不能存在了。若无元学者以为大的方面有"无外"的"无",小的方面有"无内"的"无"是真实的。除此之外,种种界限,种种区域的名字,都是偶像,都非废去不可。无元学者根本上不承认限制,而能限制他的,只有自己如此的"无",还个"无"是无外之大,而且无内之小,所谓一多无碍的便是。因为这"无"不是一个概念,故于一方有其遍一切处的具体性,于其他方又有其最后不可分析的具体性,而"无"就是这大的和小的具体性的综合。这种综合,实为一种不可思议的工作,于冥冥之中以行之,因此"无"就是绝对无比,能离去种种名相,永不是不平等的"因"。

  无元哲学以为求"名"的根源,使可明白"名"是差别的了。因有名生于无名,无名是天地之始,有名是万物之母,自其无名而妄生大地山河,有了大地山河,于是万物错杂,因错杂中要有分别,所以有名,分别得越精细,就名也越不可胜载了。可见"无名"的"名"是宇宙的本原,"名"就是从"无名"中生许多差别来,所以"名"和万物,是互相顺应而发展,毕竟同出一源,我可以说"名"的开展,演成万物,也可说模楷了万物,而成散立的名。总而言之,万物和名都不能离开空间性,是有分析的趋势的,因此两者实同时并生,既造成知识性的"名",又造成物质性的"物",而这种逆于自然趋势的活动,实发源于更深高的东西,就是宇宙本体——"无名"的"无",所以说"无名"是天地之始。要知道"名"的由来,就不可不冒险而越过"名"的现境之外,而求未始有"名"的"无",似这样使"名"返本归元的方法,不但能了解"名"的由来,而且使人们打破名相的束缚,而不禁赞叹"无名"的"无"了,如老子就是个无名主义的代表。他常尊重"无名之朴",这个"朴"就是不露色相的"无",当此时代,只有不断创化的绵延,而一切对待的名词,还未发生,如有了美所以有丑,有了善所以有恶,这时并无美善的名,自然丑恶的名也不能存在。因"无名之朴"只是一名不立,所以根本没有比较,又那里有万物那里有差别呢?元来差别的起源,是当着"朴"散了的时候,所以说:

> 道常无名,朴虽小,天下不敢臣,侯王若能守之,万物将自宾,天地相合以降甘露,民莫之令而自均,始制有名。(三十二章)
> 朴散则为器,圣人用之则为官长,故大制不割。(二十八章)

"朴"就是宇宙的本源,而宇宙所由发生存在的。所以太初有无无,有无名,有无无就连"绵延创化的浑一体"亦不可得;有无名就是"绵延创化"之所起,而根本不曾弛散的时候,这时空间时间的比较都没有,只是一个动。只是打成一片的混沌状态,这就叫"无名之朴"了。到了后来那"无名之朴"一旦停断,于是就弛散下来,由弛散而扩张于空间,纷纷生出分别,万物自是而"滋乳寖多"了。所以王弼说:"朴真也,真散则百行出,殊类生,若器也。"因有了分别,才散朴而为"名"(器),以应万物,于是圣人抱朴以制天下,而立官长,这时逐子忘母,纷纷然任"名"以号物,一生二,二生三,种种名相都从此发生了。王弼又说:"始制谓朴散始为官长之时也,始制官长,不可不立名分,以定尊卑,故始制有名也。"所谓"制",本有截断的意思,推名的起源,只是由于截断彼此,"流别等威",自无名而有名,即自浑一的本体,变为分散的空间,集中的绵延,变为无数的观念，所以有名到了极端，就自然而然的把"真情"全体用理知的分子分开，而生起不可逃避的冲突了。反之唯"无名"的"无"是无穷大而且无穷小的综合，无所谓一和多，无所谓大和小，根本没有理知的范畴，所以一中有多，多中有一，大中有小，小中有大，这种不可思议的体制，决不同于空间的形式，如果以为空间体制是有限的，那末，这就是无限的大制，而大制所以不割了。

《列子·天瑞篇》也说得是："虚者无贵也。"张湛注道："凡贵名之所生，必谓去彼而取此，是我而非彼，今有无两忘，万异冥一，故谓之虚，虚既虚矣，贵贱之名将何所生？"这个"虚"，便是老子所说的"无名之朴"。总而言之，"朴"就是普遍性的，"名"只是差别的，"朴"就是绝对的，"名"只是相对的，可见"名"一方面既不如涵盖一切的"朴"，一方面又要埋没了个体的事物（实），使他压服在"名"的底下。这个道理，《文子·道原篇》发挥得很透彻，今把他引在下面：

> 夫无形大，有形细；无形多，有形小；无形强，有形弱；无形实，有形虚。有形者遂事也，无形者作始也；遂事者成器也，作始者朴也。有形则有声，无形则无声；有形产于无形，故无形者有形之始也。广厚有名，有名者贵全也；俭薄无名，无名者贱轻也；殷富有名，有名者尊宠也；贫寡无名，无名者卑辱也；雄牡有名，有名者章明也；雌牝无名，无名者隐约也；有余者有名，有名者高贤也；不足者无名，无名者任下也，有功则有名，无功即无名。

由着这段的说法，我可以简直承认"名"就是差别，而且是代表占有欲的。那些高级社会总想把有广袤的据为己有，于是定下种种名词，这些名词无非帮他为非作歹，使他和人隔离罢了。所以无名的就贱轻，有名的就尊宠，无名的便卑辱，有名的便章明，"名"在现实差不多是人们的最后目的和成就，只要有"名"，就好让自己猎取优异，并且自夸高出他人之上，所以"名"就是限制，孳孳为"名"，实在就被关闭在他有限的"名"的狭窄围墙里，万世而不自悟的了。反之，无元论者都是力求那"无名"的"无"，因有了无限的绝对的"无"作基础，自不满意于有限的相对的"名"，凡事总要舍却差别的"名"，而向普遍的"无名"的"无"这面走，这么一来，就穿过绝对精神的了解门户了，就能够到达完全了！所以老子说：

> 致数与无与。（三十九章）

（《老子通》）解道：

> 今夫车一也，极分为致数，数则为辐轃，为轮，为衡，为毂，其名且百，合百成一，而后成车之名，散百而一一名之，则轮耳，辐耳，不可复称车矣。犹之合天下之道，后称道，散天下之道，无道矣。

这和公孙龙的"白马非马"说，是一个道理。因这里是注重那物体的共相，从"共相"上看出物体的差别，都非实有，所以我们不可不力求那涵盖力最大的"共相"——就是"无"，使个体的千差万别都没有了，然后因无可比较的原故，可以免去许多竞争。所以无元学派的哲学，是至公无私的，无元学者都是悲天悯人的，请举老子为证，《吕氏春秋·贵公篇》有一段逸话道：

> 荆人有遗弓者，而不肯索。曰："荆人遗之，荆人得之，又

何索焉。"孔子曰:"去其荆而可矣。"老聃之曰:"去其人而可矣",故老聃至公焉。

由此可见,无元论者是至公不过,比那讲道德说仁义的都强得多了。但我前面说过,无元论者是抱着个人主义,好似个人主义的,忽然至公起来,是不会有的事,不知这个矛盾,正是老子所以为无元学者,无元主义所以与无政府主义不同,就是形而上名学所以与其他迥异,也正在这里。因我们一面从自相上着想,而求那这个那个具体的事物,故主张个人主义,又一面从"共相"上着想,而求涵盖一切的实在事物,故有如此大公无私,把宇宙都充满了。换句话说,由"自相"上看出万物都是"异"的,所以我要力求那"异"的;又由"共相"上看出万物都是"同"的,所以我要力求那"同"的。乃者研究的结果,从"自相"上找出那"无内"的"无"是真实的;从"共相"上找出那"无外"的"无",也一样是真实的。合起来才晓得万物毕同毕异,所谓真实的,只是"无",自相就是共相,共相就是自相;无内的无就是无外的无,无外的无就是无内的无;同的就是异的,异的就是同的,这不消说是矛盾的。因是矛盾的,所以是圆融的,因是圆融的,所以是绝对的。假使诉诸直觉,就不难参悟这个渊深微妙的不可思议本体了。

"无名主义"前面已略道大概,但尚有两个重要的观念,还要提出说一说:(一)名的存在,就是万物存在的表征;(二)名是自无而有的,有的趋向是向着无的。因说明的方便起见,且把老子的学说来代表,他说:

惚兮恍兮,其中有象;恍兮惚兮,其中有物;窈兮冥兮,其中有精;其精甚真,其中有信。自古及今,其名不去,以阅众甫,吾何以知众甫之然者?以此。(二十一章)

因道体无可形容，一可形容，就坠落入于现象界而有"名"了。所以这段，确是论名的起源，和名的功用。在本"无"当中说出无中之有，这无中之有，方惚而恍，恍惚使是"名"，不是恍惚之中，更别有"名"，会得这个道理，便知"名"之所以然了。须知老子所说的象，只是"意象"，这里的"名"，只是"道"的名字，因可道的道，永远在那里变化，所以可名的"名"，也跟着道而随时变易。在这变化之中，有个自然流行的法则，就是自无而有自有而无永远的向着不知道的前途申去。"无"是无名之朴，自是"无名"的，"有"是"有名"的，所以自无而有自有而无的进化，也可以说是自无名而有名自有名而无名的变化。老子不特注意于"名"的结果，还兼重于缘起的过程，以为"名"不过意想中的产物，有了这场意想，才"惚兮恍兮"生起"名"来了。所以"名"是抽象的东西，由积渐的杜撰而成，考他成因，是有四层工夫：（一）意象——"名"本不是真有这个那个具体的内容（实），只因有这个那个的意想，遂仿佛起来。（二）意想中物——"名"所代表的这个那个，本来无一"物"，但在意想中已明明一"物"，所以前者是"无物之象"，到此便"恍兮惚兮，其中有物"了。（三）精纯的物德——既存了意想中的"物"，便要夹带到那"物"精纯的物德，好似那意想中的"物"，已是涵有那"物"的本性了。（四）信仰——由着以上曲折的方法，不知不觉间，径把从前的"意象"，直认作"实"有，以为意想的物，既存有精纯的物德，因之意想的物（名），就是实有的"物"（实），而积渐成为信仰，以为"名"是可靠极了。——由此可见，"名"只是人心造作来的，所以《荀子·正名篇》说："名无固实，约之以命实。"总括一句，"名"本是虚空的虚空，原无实际的存在，但有了万物，就有这个"名"，"名"和万物本同一的方向而进，因其同出一源，且性质相同，又可作万物的象征。所以"名"的存在，可以代表宇宙万物的存在，宇宙是要自有而无的，名也是要自有名而无名的，但就现在论，"名"还是有的，自古到今，名还是不去的。换句话说，从"无名之朴"散了以后，直到今日，还正在"名"的领域中，因有万物（众甫）的"名"，所以知有万物，我何以知万物于今是存在呢？只因万物的"名"于今是存在的。老子更进一层说：

> 名亦既有，夫亦将知止，知止可以不治。（治，本作殆，据王注校改）（三十二章）

无元学者的意思，最怕人拖泥带水，因"名"的存在，认作现实的都是合理的，所以急切中又有这番说话。以为现在虽在有"名"的领域中，但就趋向而论，却似向空投石，循着抛物线的轨道，而向"无名"的方面进行，就现有的"名"而论，虽是自古到今，依然不去，但归根及底，终不能不去的，因既有了名，就不能不走向"无名"，我们要懂得前途的止境，就该老实承认"无名主义"对于存在的一切组织，也不觉得是必要，也可以不必要了。

# 三　组织论

## ——答黄凌霜兄书

我是反对任何的组织，而主张虚无，之所以反对的理由有二：

（A）组织只是名；（B）组织只是力。

我说组织唯名，是有两种意义：其一：组织是虚伪的，不是自然的，因自然的便只是自己如此，若组织之成，无论由于自由而结合的契约，或强迫的法律，总不免是凑成的，人造的，并不是自己如此的实在了。而且组织——名——的作用，一方面是包括这个那个而成全称的共相，一方面是分别这个那个而成特别的类名，似此毁瓦画墁于大自然之中，使他因有比较的原故，生出许多竞争，唤起许多罪恶，这就可见虚伪的组织，是有应废绝的理由了。反之无组织的好处，也只是反于人为的，而回复大自然的天真。其二：组织是抽象的不是实体的。原来组织之成，必以人类之复数存在为断案。换句话说，便是用抽象的名，将个体的特别的"实"管住，而个体的特别的"实"，在于这个有涵盖力的共相以下，也不能不做他们的牺牲。我想当着现在无名主义盛行的时候，我们应该自觉，不取于代表实的共相的组织，而应该确认具体事物之实际的存在。因组织与个体，名与实，本没有共通的尺度，一切抽象的名词，断不是原来的具体事物，所以事实上仅有这个那个的事物存在。若由此而集成的共相，如家庭、国家、社会等等，都是压住实体的伸张，适成其为无意识的行动。

如无政府共产主义，虽也注重具体的"实"，同时又把这个"实"限制在组织之内，使他自由发展；不知道这相对的个人主义，是有两个弱点：其一：不确认自由，因有组织以内的自由，并不是向着绝对的自由，只是减缩不自由，至于比较的限度。所以是消极的，不是积极的；换句话说，就是改良不自由，并不确认自由。其二：不确认实在，个人因有体格的存在，所以较于由个人所集成的，比较的真实，无政府共产主义既摆不开于限制个人的组织，就是不确认实在的铁证了。由上二说，可见无政府共产主义尚未曾彻底，我们要不是认他是一颗百宝灵丹，吃了百病消散，那就应该更进一步，由组织的无政府主义，上空无所有的路上去。

但有些学者，以为反对组织，在今日文明发达，万物错集的社会，是不可能的。这亦未必然！我根据于 Metchnikoff 的新学说，不见反对组织就违反了一般的趋势，互助博爱也不是永久不可缺乏的道德；而且反对组织的学者，正是顺着潮流而现身说法，因冒危险，供牺牲，舍己济人种种的社会行为，当跟着文明进步而日益减少，以至于无。Metchnikoff 又说："据生物学的教训，凡组织愈复杂的，其个体的意识愈发达，甚至有个体不甘为团体牺牲的时候，只有劣等动物，如粘菌，管状水母等等，其个体才全然埋没于全体当中。"由此可见，由大组织而渐求具体的实在，再至于无组织，正是合于进化的自然趋势。须知自然进化是和论理家法自相一致，而无组织的学说，也是与自然界事物之实际的发展相应，所以是必然的，决不是或然的"乌托邦"。我说到此，应该申明一句，无元论者之反对组织，与无政府个人主义不同，他以为名——组织——是万恶根源，而主张废名，因包括这个那个而成全称的名，不如至大无外的"无"，而分别这个那个而成特别的名，也不如至小无内的"无"，竟"名"不如"无"，所以要实现那真实的普遍的"无"，就不能不反对那虚伪的差别的组织了。

我反对组织的第二理由，因组织只是"力"。我常说过：强权不是别的，即在组织之中，组织之有，"力"为之维系，舍力就无所谓组织，舍组织也无所谓力，力就是强权，所以我的主张，要根本废弃组织，即欲根本废弃强权。今因申论的便利，且分两面说：(a) 舍力就无所谓组织。据近代唯力学派研究的结果，知道质即是力，力即是质，所谓阿屯，只是众力合成的一小系统，舍力以外就无所谓质。由此可见，力即是一切组织的总因，无政府主义既有个自由结合的组织，叫做社会，那就不能无力，不能无力就不能无强权了。须知一切的力，都是用来支配各分子的行为，不过因程度之差，而分道德上的力与物质上的力两种，无政府主义对于拿强力迫人服从的力，虽然反对，而却承认道德方面的力。但有人引克鲁泡特金的话驳我，以为组织之成，由于契约，然契约本有两种，有自由的，是以自由允诺而结合；有强迫的，是由一部分把持，横施于他部分。大概无政府派所愿意遵守的契约，就是这第一种道德上的力，至于代表物质上的力的法律，就绝无存在的理由。不知契约与法律，原无何等分别，而精神的力与物质的力，也很难定他界线。杜威教授在《社会哲学与政治哲学》中曾说到此，也很可参看：

> 精神的力与物质的力没有分别，试举几个意见最专制野蛮的暴君，也不能全用武力，把人民个个都关在牢狱里，加上脚镣，叫他们只许这样做，不许那样做。其所以能被他压服者，还有许多是心理的作用，和精神的反应。他能叫他们恐怕，不敢不照他命令的那样做，这是心理方面的动机，而不是物质方面的关在牢狱加上脚镣等的办法，所以物质的力和精神的力很难分别。

我想无政府主义者，既想解除一切物质上的力，何以同时又承认这换汤不换药的道德上的力？推其原因，只因无政府主义还保守着有名无实的自由组织，既有组织，就不能无力，所以精神上的力，还是必要的；而个体的特别的事物，仍然要为着契约低头。唉！契约？我想不到无政府主义者一面拒绝政府法律的力，一面又把自由送给这新偶像——就是法律上的力。我的意思，以为契约与法律，本有共通的性质，那些自然法派的学者，也说法律为政府与人民的双方契约。虽然这种见解，和无政府派的契约不同，然亦可见有制裁力的契约，无论自由至何限度，都不过是"力"以下的自由，与用法律来支配个人，控制个人，只不过分量不同，从本质上看去，是没有差别的。但克鲁泡特金说："我们不见得自由协合的契约，必要借强力去施行他。我们从来没有听过那救生艇的船员，要以刑罚加诸同伴；我们也没有闻过那投寄论文给巫利先生的字典的人，因为延迟了，就要受罚；也未闻过加里疲的义勇队，要用警察队驱赶他，才肯上战场去，自由契约，是用不着强力催迫的。"（见克氏著的 Anarchist Communism: Its Basis and Principles 末段）我敢问此种自由协合之不用强力催迫，是绝对的呢？或是相对的呢？进化论告诉我们：世间一切事物，只有比较的，相对的，变迁的，没有所谓绝对的，固定的，那么，在自由组织中，也不能有绝对的自由，反一面说，便是在可能的范围以内，尚有用强力催迫的事实。由此可见，克鲁泡特金以"且然"的命题，看做"全般"的断案，根本已是差错，而自由协合的契约，有时尚须强力去施行他，也可见了。我在此敢再引罗素有多少理由的话，来证明他。依照他说："我们断不便预先断定无政府主义的社会里没有疯人，而且疯人欲杀人，也是不必疑的。那么，这种疯人，总不能仍旧任他自由了。况且疯人杀人和不疯人因一时的恶性杀人，这中间的界线很难分别。极文明的社会里，其男女也往往因妒忌而致残杀。"罗素因此决定法律应该存在，这自不免因噎废食，然亦可见自由协合的社会里，做法律原因的分子存在一天，则用强力迫人的可能，便一天也摆不脱。所以无政府主义者所想象的自由组织，在事实上，非但要借道德上的力，如劝诱，去限制个人，或竟至于用物质上的力，去施行他，也未可知。总之，无政府主义因有个组织，便不能不有链接组织的力，假使能一切组织都推翻，那就可以根本废去强权。今见不及此，自然不能无强权，而个人的自由也将没有确实的保障。所以尼采批评无政府主义道："It is childish to desire a society in which every individual would have as much freedom as another."（*Will to Power*, p. 59）今无政府共产主义尚徘徊留恋于社会组织之中，而不察者犹用尽曲折的方法，去代他辨护，不知社会组织，也只是"力"，我要是真个求自由的，应该舍却组织的圈套，而一径向虚无去。（b）舍组织即无所谓力，我很相信 Ostwald 的唯力论，将自然界里无论有机无机的一切组织，都用力包括净尽，而力之存在，实借物质以自表现，依唯物派的意见，物质和力是紧连着的，不承认非物质的力，就是我说舍组织亦无所谓力，也很受这种物理学的影响。但我于此似乎矛盾，因物力不可离的学说，与 Ostwald 的唯力论根本不同，Ostwald 发明的新学说，虽以为质即是力，力外无质，但他却不承认舍组织即无所谓力，因力是天地万物的本原，物质不过力的表现，所以力外无质，而质外有力。我同时承认这相反对的学说，虽然难者未提出这个疑问，我也不可不申明的。我的意思，以为 Ostwald 的普遍的创造一切的力，其原始的只是心，因借物质以表现，而凝结于物质之中，这叫做力。所以力外无质，质外有力，至于质外之原始的冲动，那只是心不是力，心是原始的，力是派生的，心是主观的努力，力是外物运动的原因；晓得心与力的分别，那末我们可以简直承认质外无力，对于唯物派物力不可离的学说，也大无可疑了。

由上两说，可见组织都是力，都是强权，而且但有空名，没有实体，所以宇宙间任何组织的存在，我都根本推翻，就是无政府主义所谓自由组织，我也认他是组织之一，既是组织自有组织之属性了。而且所谓自由组织，不外以自由为根据的组织；不知于组织内求自由，本无自由可言，我所求的真自由，对此似是而非的自由，如何信得住他呢？

即因个人尚无有自由，所以对于无政府个人派，如德之 Stirner、美之 Tucker，尚恨他不彻底求真，何况无政府共产派的自由组织，在学理与事实上，都说不过去，我更不能承认他了。至我说自由组织之不可能，本有三种意义：（1）自由组织只是学者的假设。卢梭所谓国家起于民约，与无政府学者说的自由组织，从意义上着想是很相同的。何则？国家的起源，在事实上原无所谓民约，就卢梭的民约论看，也未必指建国的实迹而言，不过要证他国家为不得已而设，以为其理不可不如是而已，就是我引此，也无非从理论上牵合无政府主义的自由组织，与拿强力执行而谬托于自由的国家，以见其没有分别。至于事实呢？言国家起源的，那里有"参验而必之"的学说，就是无政府主义在未实现以前，也未便决定自由组织之可能，所以自由组织说只是一种假设，也不过是一种假设罢了。（2）我于是再进一步，讨论自由组织的假设为可能不可能？但我要是劈空论他，而无所根据，其结果岂不终于"或然数"，所以我在这里采用了辨证法，以论理的有规则的辨证，以求合理的必然的结论。我说自由组织，就想到他的反面，而有不自由组织，与他对立；所以自由组织与不自由组织，因可以链接的缘故，而有彼此相通的可能，我们要是真求自由，就应该将自由组织与不自由组织连环打破。因有了自由组织便有不自由组织，可见自由组织是不自由组织的根源，而根本解决只是将组织推翻，不但将不自由组织废去，而且连带将自由组织也归于一尽，如是既将对待根本取消,组织既无而真自由活跃现出了。这些辨证,或者科学家因反对辨证法的原故,以为只是演绎而出的玄谈,而以不了了之,那末,我虽能证明自由组织之不可能,而已失立敌共许的结论,也不算数。我于是不可不另寻反证他的方法,以其矛攻其盾,再决定自由组织之不可能。按克鲁泡特金说:"人类自有社会以来,即有两种思想和行为的潮流,在里头对抗并进,一方面那大多数的平民,自己找寻人生的道路,建设应该要有的组织以维持和平,调停战争,使社会的生存不要弄糟了;和在那些要协力来做的事情之下,可以实行互助。他方面又有术士、沙门、巫觋、祈雨师、圣人、祭师之类,惨淡经营,结为秘密的社会,有时他们自相攻击起来,不久也就订立盟约,相好如初了。"(《近世科学与无政府主义》第一章)可见这些术士、沙门、巫觋等类捣乱分子,就是在于自由组织之中,也有他们存在。今敢问这些人,在自由组织中,他肯驯服,或是还惨淡经营,去革自由组织的命呢?那自然还是私自连结,去与克鲁泡特金的社会为敌,一旦他得胜利,于是发布命令,以压制前一方面的平民,而组织国家,这就可见自由组织是有不自由组织的可能性,用无政府主义者的话,已可以证明。何况自由组织和不自由组织两界线,本难定他。怎么样是自由组织?怎么样是几于自由的组织,想任何人都答不下来。总之,组织就是不自由,所以无政府主义的自由组织,已是陷于根本错误,本是不可能的。(3)绝对的自由不能存在于组织之中,此所谓绝对,只是 to be,永不是 is,须知绝对自由的到达,只是积极的向着他,而将与他合一的便是。但无政府主义只想在组织内自由发展个人,所以只能减缩不自由,至于最小的限度,不是积极的。换句话说,是与绝对的自由背道而驰,所以我说绝对自由,不能存在于组织之中,而根本反对无政府主义之自由组织,想打开他,而跳向绝对的自由去。

最后几句话，无元论者都是反对组织的。他所理想的境界，是一念不生前后际断的时候，连心的组织都没有，更何论那社会，国家的种种组织呢？虽然如此，无元主义者在革命事实上，也还承认孤独的奋斗，和自我的联合。因为孤独的个人，对于结合成的社会，比较的真实；而自我的联合，也比自由组织彻底得多。所以绝对的无组织——虚无——是无元学者的目标，而在到达这目标的过程中，却老实承认革命式的"自我联合"，但这种联合，是绝对独立，以存在于自我中的真情为根据的，所以完全没有分别，已经超越了组织的牵制，自然算不得组织了。

## 四　无元主义与教育

——与赵光涛兄书

### （一）

我对于教育这回事，实在极端否认，而主张"绝学主义"，须知这绝学主义，是由"反主知"一个观念申引来的。所以在没说到本文之先，先要表明我对于知识的新态度。

我以为凡是自然的，都是从心理上的"真情"发动起来，至于知识这个东西，简直和自然反背，他是附属于情意的第二段作用，是由本体坠落下来的东西，故此有知识的人，总是踌躇、顾忌，完全把真情埋没，去做虚伪的朋友，更那里说得上创造进化呢？即因这个原故，所以我激烈的否认知识，尤其反对主知主义的教育，为什么呢？

因为：

（一）知识与本性相远——无元学者因发现宇宙的本性，就是真情，当真情流行弛缓的时候，才有知识发生，所以知识不是宇宙的本来面目，有了知识，倒把真情的本性弄坏了。何则？知识是人类特有的存在物——不是性的全体，而性的全体，实比人性的范围大，人性也不过宇宙的性的一部分，这自然不是性了！所以论性的人，不应该就人论性，应该打破人物的界限论性；不应该把人类特有的理性为性，而应该于理性以外，找出人物共有的本性——就是真情，这么一来，就可见人物是同一个源头，天地万物只是一个性，情在宇宙间是无所不在的，故任何人物，都不能离性。而知识这个东西，非与宇宙本性相远而何？本性是真实的，和本性相违的都是非真实的，今要探求究竟，自当契合本性——情，而不真实的知识，自非打破不可了。

（二）知识是自无而有——知识是后来加增来的，并不是自己如此的，所以可以灌来灌去，可以被人占有。反之我说的"情"，是那虚无自存的自性，就是所谓本性自然性，这本性自然性是未尝生未尝死，即因不从他生，不从共生，所以和那自无而有的理性（知识）大不同，自无而有的性是假有的，本性自然性是实有的。因为是假有的，故自无而有又可自有而无，似此没有自性的性，自算不得人们的本来面目，自不是本性了。杜威教授说："因为知识是可以灌来灌去的东西，所以用蛮记的法子灌进去，又用背书和考试的法子，来看究竟灌进去了没有？来看那些被灌的儿童，是否也能像先生的样子，把装进去的东西拿出来摆摆架子？美国有一种农家，养鸡鸭出卖，卖的时候，常常把鸡鸭吃得饱饱的，可以多卖一点钱，但是鸡鸭喂饱了，便不肯再吃了。所以他们特地造一种管子，插进鸡鸭喉咙里，但把食物硬灌下去，使他们更胖更重。"的确，现在的主知教育，就是硬装物到鸡鸭肚里去的方法，即就知识本身的道理说，也只是赃物，而知识的所有者，也不过盗贼罢了。（参看前著《革命哲学》，页四九—五二）

（三）知识就是罪恶——宇宙本性是无善无恶的，这个境界，便是情。所以情是已经摆脱了一切的差别，而达于浑沦的虚无的透明的状态。即因他没有善，所以也没有不善，因他把善恶连环打破，所以无善而至善。只管任情而行，都是不会恶的。但恶是从那里来呢？原来恶是理知发展的结果，理知是有分别作用的，因他有善恶是非可言，所以永远在相对的境界，即因他有了善，所以有不善和善对立，因他脱不掉善的圈套，所以永远在相对待的不善的圈套中转，可见没有知识便罢，有了知识就有罪恶，而知识就是罪恶，也不待详证而自明了。

复次，从知识的效用上着想，也得同样的结论，因为：

（四）知识是不能创造的——实验主义家还看重知识：如杜威等尚不免有"创造的知慧"之说，似这样想从知识中发展创造的生活，我以为完全错了。因为真有创造作用的心的要素，是真情不是知识，而知识这个东西，则常引导人们去思前顾后，只见眼前的利益，没见那创新，长进，变化和更新的理想生活。所以知识常毗于保守，而那些最有知识的人，便是最保守的人。复次，创造全靠着活动才能成功，今知识是静止的，这自然和创造的性质不符，反证知识是不能创造了。

（五）知识是不进化的——本来进化就是时间的流行，今由知识去说明进化，于是所谓时间的流行，都变成有定的，必然的。因为知识的机能，止能辨别具有空间性的图式，所以只可解释固体的事实，却不足解释流体的行为——就是进化。即就知识本身说，也正是凝固和永久的东西，与那"无时而不动，无动而不变"的进化，自然背道而驰了。

（六）知识是不能发见真理的——由知识所见的真实，永远是相对的，不是绝对的；是有限的，不是无限；因知识有不完全的毛病，故凡知识所能发现的真实，都只是逼近的，或然的，假定的，不消说是算不得真实了。反一面说，绝对的真实，只能用直觉的方法发见出来，也唯有直觉的方法才对，所以在这方面看，知识简直是无所可用的工具了。

晓得知识是什么，那末，人们还要什么知识呢？还打什么知识荒呢？依我意思，有本性自然性就够了，何必知识？因为性是极自然的，至善的，用不着一些造作云为，所以我性本善，非推之使善，而教育不教育，知识不知识，这实在不成问题，只要认得在我的真情，那就自然随感而应，没有教育，没有知识，也是毫无欠缺的。这么看来，知识倒是要不得的东西，所谓主知主义的教育，也就是盗贼明抢暗夺的行为，剥没人们的本性。人们呀！当知理知的时候已经过去了！我们所可以自夸的，就在自己思想，唯有思想才能够努力实现自己的真情，方能够把自己拔出了旧窠臼，反之那些只求增加知识而没有思想的人，他们都是罪恶，他们都不过"学桶"罢了，《红楼梦》的贾宝玉叫他做"禄蠹"，禄蠹，学桶，自不是我们所愿做的了。

## （二）

因为真正的学问，是从觉悟得来，所以书本子应该看轻，知识尽可不要，我们所必需的，是自己思想，自己觉悟。也唯有这种学问，才是切身受用的学问；不然，把"中看不中吃"的知识，装进脑袋去，就使博古通今，无所不晓，究竟和真理有什么相干呢？所以我曾对瑞生哥谈过：

"读书何尝不可，然只一味泛滥，也不是归着处，就我个人的经验，总觉在学问所得的，还不如由自己觉悟来的更鞭辟近里。故书固可读，然须觉悟在先，觉悟了再去读书，那就我大而书小，我无限而书有限，书是我的工具，就使读破万卷书，也何至陷溺真情？如此才叫做我读书，不然就是书读我了。

"本来下学上达的话，只是欺人，我相信大家都是聪明人，所以我们用功的方法，自然和那些'汲汲然以读书为先务'的人不同，我们却要从大处落笔，先觉悟出自家现前元有底本体——情，然后把本体来扫荡一切，还有什么书不可以读得看得？

"老实说，读书不读书，元不要紧，因为学问是外面加添出来的东西，横竖阿猫阿狗假使稍稍用些工夫，都可以装了一脑袋的学问。我们不读书，也何尝不是和本体合德的情人，要是读书，恐怕比别人还容易得多啊！

"我很可惜那些除读书外无能事的人。白白枉费了工夫，他们虽不把读书为求名誉的手段，然沉溺在'糟粕'当中，也无有是处。我们呢？思想好了！读书还是第二段的事，因为前人的书，不过前人思想的结果。我们看古人的书，古人又看更古人的书，更古人又看最古人的书，由此反本穷原，最初的思想者看谁的书呢？可见书本子的学问，总是在外边转，无如真理之不在外边何？晓得真理只在心中，都是把存在于自我中的真情做根据的，那末我们'当下便是'只管向外驰逐做什么？"

但这里所说觉悟，请吾友千万不要以辞害意，把他看作一种头衔，我说觉悟，只是认得我，认得那永远绵延永远创化的我，即因我是时时刻刻的变，所以在这变的当中，能够时时刻刻的体认真我，这就是觉悟。可见觉悟并不是得到什么东西，如说一个人已经觉悟，也不过说这个人已认得真我罢了。把这个道理，来证明上面说的教育原理，如已觉悟的就能够我读书，未觉悟的就永远是书读我，这么一来，就可见觉悟不觉悟，实在很有分别。似那些陷溺本心去作书的奴隶的，学问"知"得越多，距离真理越远，"抛却自家无尽藏，沿门托钵效贫儿"，这难道也算做觉悟的吗？

（三）

试看现代的教育，那个不是人工的，圈套的，反自然的，阻抑人的本性自然性的？大胆一句话，除了给政治家利用去实行愚民政策外，简直没有什么！所以我本无元主义的见地，大唱"绝学无忧"，因为学问和真理背道而驰，求学合的是向外驰求，求真理的是直下见性，所以"为学日益，为道日损"，我们只须向"心"上做工夫，何必以言语文字为要，一定要把知识灌到脑袋去呢？虽然如此，我一面固然反对学问，一面却主张不学的学，也唯有不学的学，才能把学打破。何则？学都是形式的，虚伪的，所以不学的学，是要打破那形式的，虚伪的，不自然的学问，而主张任情主义，自然主义，可以说是教育上的无元主义。如老子说的：

行不言之教。（二十六章）
学不学复众人之所过，辅万物之自然而不敢为。（六十四章）

这话很可代表我见，因老子所说的学，据《新解老说》，就是："不学有学，唯学不学，绝圣弃智，在庸众视之，似是过失，而老子坦然复蹈其过而无疑，即故使不学也。老子之欲不学，岂因懒怠而为此消极哉？盖有见于宇宙万物之原则，永久常道，唯有自然，圣人以辅相万物为人类最当之天职，倘必欲以积极之有为，违抗自然之力，则为者败之，执者失之。"可知老子所说的学，就是不学，这不学的教育，实在是革命教育，也是教育革命，就是卢梭的自然主义的教育，也比我不彻底得多了。

最后几句话，因为人们所教于我的学问，无元学者所教于人的，是不要学问，所以革命就是学问。复次，平常教育都是注重知识方面，我却反过来，不要知识，只要任情而行就很够了，所以真情就是教育，合此两个根本观念，就是无元主义的教育哲学，这自然和任何的教育学说，都不相同的了。

（附记）我还有一封与袁家骅兄论教育的信，内容共七节：（1）教育存在问题；（2）教育目的底研究；（3）反对学校教育；（4）反对教育制度；（5）教育方法的研究；（6）教育思潮批评；（7）无元教育原理。只可惜这信不知丢到那里去了，幸而有家骅兄答我的信在，真足代表无元学者对于教育的态度，也不用我再说什么了。今照录之于左，可资参证：

（上略）无元主义者不是冷酷的学者，而是活泼地情人，本用不着提倡什么人道的东西，如道德，教育……等，但因工夫上，方法上，过渡时代的努力，为方便起见，遂免不了这些反伪入真，消灭现实的手段。故无元主义的教育即是无教育，无元主义的道德就是无道德。……这个"无"字，就是唯一的本体，用以解决种种问题，便使种种问题，都归入于消灭，合化于本体。不过人们错认了这个"无"字，是抽象的死板板的概念，虽则在名相方面讲无何意义……但根本上仍是主张行为的具体的动的哲学。其实本体——无，是兼有动静，非动非静，我因"无"只是自然，自然是自己如此，所以是工夫的向射点，并非笼统混而为一。似此只干功夫上讲究那个本体——无，已经很早就体会得了。

无元主义否认而且反对教育，故无教育可言。情人是有情的活动行为，更用不着教育。所以无元主义者——情人，简直不知教育为何物。因教育是精神上最凶恶的强权，是罪恶的发源地。我哥极端反对"学校教育"，说他是名利的制造厂，是精神上的牢狱，哎呦！自这些杜撰的教育出世——就是我们诅骂的，一切的本来纯真，都变为种种虚伪的文明了！

教育糟蹋人生真不少，说来有下列数种：

（一）教育束缚个性。人生在森罗万象中，和现实环境，永远不绝地奋斗破坏,最根本的就是率性而行,性的发展,是自然而然,行为呢?只是性发展时的一种表现。复次,这个性,并非通俗的所谓"性",而是个体内含蕴藏的唯能,他是绝对真朴,无些微儿人间相,一发动便是赤裸裸的破坏行为,任何外物或强权,都不能屈服阻挠他。详细说来,一方面是个体内的创造,一方面却不绝和交界战——破坏。所以个性自己会发展,自然而发展。倘这样才能有热烈奔放的自由行为,断不是那些自命教育家,受或种的命令,来摧残人的个性;还有些提倡个性自由发展的教育来骗人,处处戕贼个性,偏说是发展个性。须知个性决用不着教育和外铄的手段,人工的教他发展,他却有内发本能做根底。骗人的教育家,算了罢!明明束缚个性,反说发展个性,难道你是上帝的肖子,不然,请让开,别障碍人生的正路罢!

(二)教育是糊涂人生的工具。本来人生是再真朴没有,可是现在怎么了,他早变成虚伪充塞的东西。一有了教育,人生便糊涂了,变成唯命是从的奴隶了!奴隶的人生,是教育的恩赐,可恨教育无非使人服从,强人于不义。本来历史上的天经地义,和环境的机械黑暗,人生老不承认他,而必求根本推翻,但那些教育者——政客性质的教育者,用着方法,诱你去服从,去保持,以助纣为暴。呀!戾心的教育家,精神底强权者呀!你能剥夺人们的真生命,我不客气,也能笔掉你们的占据和所有。

教育的性质,完全是用"怎样"……以命令规定人们的方法,而"为什么""该不该这样"的问题,是抛而不顾的。所以教育只是教人去模仿,服从,而其固有之创造和破坏本能,弛缓而坠落,结果来人生忘却正义之工作——革命,而一味向黑暗方面跑去了!

(三)教育在人生上,是虚伪的拥护者,是进化的障碍物。

杜威在《教育哲学》里面说过：教育是进化的全力，没有教育就不会有进化了！果真像杜威所说，进化这回事，简直是玩把戏，毫无意义与价值之可言了！不错！进化是向真实的努力行为，又是虚伪的破坏者，杜威呢？完全把正义弄反了！故把拥护虚伪，产生强权的教育，当作进化，殊不知他说的进化，正是反进化！

为什么教育是反进化的呢？因为：（一）是把人生变到向保守方面，苟安于现实，没有大胆的革命精神。（二）教育是建设的，故永得不到真理，永不能发现为真理而努力的破坏行为。（三）教育是现象界的幻有生命原力，故为现实的虚伪的拥护者。总而言之，教育唯一目的，就是虚伪，故断言他是进化之敌！

（四）教育是使儿童的思想行为入于罪恶的陷阱里。人生本来是赤裸裸活泼泼地天真烂漫，可是有了那些大盗般底教育家出世后，把他完全改变了！从最初一点真实处坠落下来，增多许多人造的虚伪，结果来成了一个罪恶滔天的东西，不看那社会上往往来来的丑群众么？你欺我诈想了种种手段，发展小己的占有欲望，日夜计算肉的利乐，究其源只是知识太多的缘故罢了！万恶的社会，不是万恶的学造成的么？没有教育的时代，社会人众一样太平过活，自先生学阀们热心什么教育，大家遂增加些烦恼苦痛，减削许多幸福！因教育是一种法律，以拥护一切制度为旨归，所以是万恶之源。

但这些话，我知提倡教育——道德教育的先生们，定不愿首肯的，以为教育方法和骨柱，既以"引人入善"为唯一目的，那么，教育是有益无害的了！慢慌！真正的善——即思想行为的动机，难道要用教育方法去引诱的么？人生本来是善的，只要本着一念真实——即固有之冲动，去思想，去行为，就自然无不善，倘用死板板底人造教育，加到儿童的自然身上，不但不能引他善，反把本来的善糟蹋了！善不是杜撰的，更不能用法令式的教育，勉强施设的！知识教育错了，道德教育又何尝对呢？

思想行为，本身无善无恶，所以是至善。而用不着固定形式的标准范围他，而真正合于真情的，却从这里发出来了！故知人生万没有教育的可能。更说一切教育设施，须从根本取消了！

（五）教育和生活的根本违抗。像杜威派的教育，可算教育的新声了！考杜威教育的根本观念，就是：教育即生活，但依我研究的结果，才发觉教育这回事，和有意义有价值的人生生活，根本抵违，恰恰相反。要是这话说的不错，那末，现在兴高彩烈的教育界，高呼着"教育即生活"的调子，请赶快息灭罢！生活之意义与价值，全是从人生底奥中发出来的，根本创造是一种自然发动的现象，因为个体，自存的生命，会继续不断地流泻，故能用内在的神，去支配一切。不然，把外的力推到身上，阻碍固有之正当发展，如精神上的强权——教育，反弄成一种坠落逆转的现象，真是人生最危险最不幸的事实。明证教育阻碍生活向上，是正义之公敌了！教育是法令的性质，把教条，制度，和自命教育家自己脑海中的古朽思念，委缓曲折，一层层加压到被教育者身上，牺牲自由意志之全部生命而不顾。结果把弟子的全人格，附寄在大师的身上。"真我"么，已沉没于大海深泽的乌泥中了！保守，因袭，充满了奴隶的气质，这算是教育的恩赐呀！谢谢，如今受不得了！

脱了一层古典教育的束缚，又换了一个科学平民教育的铁锁，考其实，换汤不换药，现在未必胜于从前呵！我为着人生的光复，不得不推翻这些生活之障碍物——教育！

以上几层意义，只把一时忆及的写出，凡新旧教育学说，都是梦中呻呓，不如还他"全错"两字。

我始终不认教育的存在价值，故是教育的破坏者，即无教主义者。然而我们反对教育，决非无意义的妄谈。新理想的建立，就是情人教育，还须作反知复情的光明导线。情人教育，是无教育。只知盲目——正是看明——的率性而行，纵情奔跃。

　　换句话说，情人教育是我的精神，是我的精神的本体的修养工夫，一点真情之活动，纯粹的直觉罢了！也就是超一切的心生活，非外的授受，及内的自然了！

　　我对于普泛的反知复情的教育，根本赞成。可见这种教育，赤裸裸活泼泼，既不是外的增求，又不是恐其设立。他有超越理想的存在，又有自由破坏的具体行为，一个个都专气致柔，复其婴儿本真，跳跃向着本体去！

　　婴儿！婴儿！
　　我爱的呀！
　　我愿变做一闪灵光，一点精气，
　　和你溶化罢！
　　说不出的纯和，
　　体验得的真朴。
　　我爱的婴儿呀！
　　你是宇宙的明星，真情的结晶。

　　情人教育——无元教育，要算是精神界最大的发现了。你从事教育革命运动，弟极赞成，以上所说，乞批评之！

你的家骅

# 五　无元主义与道德

## ——与毕瑞生兄书

我在道德哲学，是主张直觉说的，以为最高的道德观念，是自己如此的，并不是后来杜撰出来；所以虚伪的人工的反自然的道德，那都算不得真道德，而真正的道德，只是凭着直觉去直接认识。

但我说直觉的道德，和从前学者说的有四大不同，我自信我讲直觉的道德，是有从前直觉说的好处，而没有他的短处，自这新直觉说出现，或者是人的道德，比前更进步了。

（一）从前主张直觉主义的，如 Price 把直觉看作知的直觉，这种直觉，是以理性为基础，是限于人的没有普泛性的"性"，虽然叫做直觉，而直觉所得的，并不是本来面目，所以根据于理性的直觉主义，实在把直觉的意义，完全埋没了，而其所谓良心，也是自外部附加，不可靠极了。反之我说的直觉，是以本性自然性——真情——作基础，因他并无一些杜撰，所以真个是"赤子之心"，是最后不可分析的原素，依着他做去，自然不会错了。

（二）从前主张直觉主义的，都把良心看作不可经验的东西，不错，直觉是本有判断善恶的能力，所以不须外面的经验来加增他，然虽无外面的经验，却有心的经验，这点是从前直觉派所未会看到的。我以为良心所以不会错的缘故，正因为他有心的经验为根据，这种心经验的学说，柏格森一派已发挥尽致了。

（三）从前主张直觉主义的，都只把良心看作先天的，前定的，不变的，好像良心是已凝固了似的。反之我说的良心，就是真情，是生命的活动体，行为的原动力，所以迁流转变，"无始无始之经过，皆存于现在绵延转起的一念心，无尽无尽之将来，亦存于现在绵延转起的一念心"。这个心，就是"良心"，就是"情"，柏格森所谓"宇宙创造转化流动变迁之活本体"，亦正是指此。由此可见我说良心，是创造的不是因袭的，是变换的不是固定的，自然和先前直觉派的意见，恰相反了。

（四）有些学者，把良心看作仅仅"主观"的，那也是错误，因为良心之在宇宙，是有普泛性的。虽然他是变换，而仍然还是个性自存的良心，尽管你有你的良心，我有我的良心，然我的良心也正是你的良心，你的真情也和我的真情一样。由此可见主观就是客观，客观就是主观，我可以说"良心"是主观的，也是客观的，或者说良心是生观和客观之一致综合的绝对精神，但不能说良心是主观的。（要是这"主观"是超于相对的境界而言，就是不和"客观"相对，而为有生命的大主观，那末，意义不同，自不可一概而论了。）

前面已说过直觉的道德，和从前学说不同的地方，现在再总括来说，我讲道德是超过人格，只是一种真情，不是学问，不是祷告词，也不是梦。试看宇宙万物，那一个不从情里面出来，还又都回到这情里去。须知这个情，在形而上学上叫做本体，在道德哲学上就叫良心，所以良心不是别的东西，实在是宇宙万物的本性自然性。今即进论"良心"的性质，和他在道德上的价值。

我无论如何，都反对那些踌躇、顾忌、似是而非的道德观念，以为这种道德，实和良心相违，因他内容被理知的分子包着，而理知本身，便是罪恶。反之我说的道德，除真情外，没有什么，即因纯任天真而行，所以是真正的道德。克鲁泡特金说得好："比方一个小孩掉下河里，有三个人立在河岸，这三个人，第一个宗教家道德家，第二个是乐利派，第三个是清白的平民。譬如第一个首先对自己说，以为救那个小孩，今世或来世总有幸福的报应，于是去救他；但是他这样做，纯是一个计算家，再也没有了。至于那乐利派呢？比方他这样想，人生快乐有高尚和卑下之不同，救那个小孩，将给以高尚的快乐，那末，任我跳下河里罢！但是假使有人是照这样想，他也不过一个计算家，社会能够进步，也不十分依靠他……这里还有第三个人，他不计算那末多……他看见那小孩的生命，危在顷刻，他就如同一只好狗一般，跳向河里救回那个小孩……而当那做母亲的谢他，他答道：'为什么，我是不能不这样做的。'这是真正的道德。"克氏的话，真能形容出一个一个任情肆意，基于个人直觉力的良心道德家，不过他还有不彻底的地方，容我在下面批评好了。

　　无元主义者以为，凡从利害趋避上着想，而不从本能上着想的，那都算不得道德，所以乐利派固然不知道德，就是严肃主义的 Stoics，也是与道德相距千里万里，因为两者虽然不同，而违于良心的自然则一。不但严肃主义，就是克鲁泡特金的道德学说，也不见得好些。他说："我们待别人，应该好像别人待我们一样。""我们不要被人所治，所以宣言，我们自己决不治人；我们不要被别人所骗，所以我们要永远除了真话不说。"这种把道德看作报施的事，实在还是乐利派的变形，也不过是一个计算家罢了。总而言之，克鲁泡特金的道德论，虽也注重直觉和本能，但他在底子里，仍是乐利主义，不过外面加以新色彩而已。所以他在前面的譬喻里，所谓第三个清白的平民，还有什么习惯，就是："觉得他周围的人快乐，自己也快乐，人家苦痛，自己更苦痛。"可见他还未曾老实承认那"寂然不动，感而遂通"的良心，所以还有分别，而且用一种预定的习惯来范围他了。

　　直觉在道德上的意义，我现在可分作两面说：

（a）行为的动机　依照乐利派的学说，一切行为，都由于欲得快乐之欲望而决定，所以避苦求乐，是行为的唯一动机，这种说法，固然也有些理由，然把苦乐来包括一切行为，那实在错误极了！依我意思，避苦求乐只不过行为动机的一种条件，所以乐利派虽有所见，然未免太偏倚了。但行为的动机，究竟由于什么呢？由我看起来，求真才是行为的原动力，只因不真求真，才有行为可言，行为是因求真而有，因求真而有意义，故此对于行为者的性格及行为者的动机而行判断，也只要问他真不真，如果一念真实，那末，就是真情的流行，自没有不对的了。

所谓求真，是包括着许多的意思在内，因为真就是美，就是善，就是快乐，所以求真一语，已包括"不美求美""不善求善""不乐求乐"的种种意义。由此可证，乐利派把避苦求乐当作行为的动机，是只见一部，不见全体，假使知道快乐不过"真"的一种属性，那就可见行为的动机，是"求真"无可疑了。

但我何以见得真的就是美的、善的、快乐的呢？这层道理，我可以用辨证法来证明，据辨证法研究的结果，知道虚无即真，真即虚无，而美的善的快乐的，推到极端，也都是摆脱了二边的牵制，而到无言说的境界。可见就"无"的一个概念，就含有真的善的快乐的性质，所以我一说虚无，就是真了，就是美了，就是善了，就是快乐了，那末，真的就是美的，善的，快乐的，也可以不言而喻了。

因为求真是行为的动机，所以行为的道德不道德问题，就现前一念的真实不真实问题，假使一念真实，那就是合于直觉的道德了。

（b）动机的结果　由上证明，知道一切行为，是由于求情而决定，然这求真的"情"，还只是"存心"方面，等到由"存心"而表现为"行为"，那时便是动机的结果。从来伦理学家，或从"存心"方面着想，或从"结果"方面着想，也间有主张知行合一的学者，就从两方面着想，依我看起来，却有如下的三层意见：（其一）存心善的，行为没有不善；反之行为不善的，那便可见存心不能真诚恻怛。因为存心是行为之始，行为是存心之成，所以存心和结果是一贯的，假使存心真实，行为也自会真实，行为不真实，也可见"存心"有未到处。（其二）存心既和行为一贯，那末，没有行为影响的良心，自然算不得良心，而真正的良心，只要一念真实，就无论如何总要干去。干去！干去！干去就是良心的直接表现。（其三）干去就是良心，也就是结果，因为结果不必就在眼前，而在创造的过程中，所以我们不必把眼前的功效当作结果，而应该把"干去"作为结果，因为"干去"，就是创造，就是进化，而创造和进化，就是再好没有的结果了。

总而言之，无元主义者都是一任直觉，在我以为对的，就是对的，却不知道德是什么东西，而只须一任其自然流行便得。所以终日腾腾任运，任运腾腾，都是非常纯正的，非常真实的，所谓直觉的道德，也用得着什么工夫吗？

# 六　无元主义与艺术

## （一）

我从来是不注重美学的，对于美的问题，自然是模糊影响极了。然本于无元主义的见地，也不妨将我直觉所得的，说其一二。我以为不说美罢了，要说这个真美，就不能不先打破美学上的几个观念：

（1）依美学者说：我们所以能够证明美的存在，是因为有美感的缘故；但既有美感，就不能没有能感的主体和所感的客体，似这样把能所分得怎样分明，实在不美极了。我以为真正的美，只是绝对之精神映象，所以没有主观和客观，能感和所感的区别。换句话说，美的存在，是超出相对的感觉之外，所以我们要理会真美，也非用直觉的方法不可。直觉的方法是什么呢？就是把能感的主体，加入所感的客体当中，由是能所浑融，呈为恍惚之境，这才是"绝对美"，才是真正的美。

（2）从前讲美学的，多把"美"和"真""善"分离，如最先采用美学一语的 Baumgarten，就是如此。他以为我们有感觉，有意志，有理性，善是意志的目的，真是理性的目的，而感觉则以"美"为极致。似这样说法，我以为不对！因为真美善推到极端，是要融洽而成一体的，何则？真美善都是以宇宙的理想本体为标准，故此真美善的一致，是在本体上自然一致，而美的价值，也只为他能够到完全无缺的境界，不达于光明灿烂的超绝世界而不止。

总而言之，美学上的"美"，是要从感觉得来，所以他的美论，是从自然界——现象界——出发，那写实主义，印象主义，符号主义……不消说了，就是写实理想主义，究其实也脱不了"自然"（这个自然，是指现象界言，和本体论所谓自然——自己如此的实体——意义不同）他的主旨，是"超乎自然而仍不离于自然"，"立足于自然之域，而放眼于理想的境界"。可见这种的美，都脱不了现象界，就是不免以感觉的美，或由感觉起点的美为美。老实说吧！美学的最大缺点，就是只能在现实中证悟理想，却不能在理想中证悟现实，前一个的现实，是指自然界，后一个的现实，是指"当下便是"的一念心——本体，因他看不到本体，故把绝对美的意义埋没了。

固然理想主义也是美学上的一大学派，然美学上的理想主义，其美的判断，仍是靠着感性，故此对于超越感觉的美的观念，他简直不能承认，以为是出乎美的范围外了。却不知真正的"理想美"，不必是以实在物为对境，应以"自我的本体"得对境，而自我的本体的美，虽然是用超越感觉的方法——直觉——得来，而实在比那以一实在物为对境的美，可靠得多，何以故呢？

（a）以一实在物为对境的美，自难免有主观客观的分别，而此时类与不美的认识，也不在物中，而在认识这物的主观见解了。Hume 的意思很好："因为各人所见不同，故此甲所认为美的，乙以为非美，而真正的美，必须毫无发见不美的地方。"这么一来，就可见感觉的美，是极没有标准，极靠不住的；反之以本体为对境的美，因为打破主观客观的区别，所以没有不美的地方，这才是真正可靠的"美"了。

（b）由感觉起点的"美"，自然脱不了自然界了，而这"千疮万孔"的自然界，实在不美已极。《涅槃经》说："三界皆无常，诸有无有乐。"法华经说："三界犹如大宅，众苦充满。"由这不快之感，就可推见现世界的不美了。丘浅次郎更说得痛快："为观察自然跑到郊外一看，荒岗上乱堆着牛马骨头，旁边横着一只腐烂的死猫，皮破了肠子都流出来；放着很难闻的臭气，旁边又开着美丽的堇花，左边又有一堆狗屎，这种样子，到处都可以看得见，这就是小规模的自然标本，大自然的全部也是如此，美的丑的尽包含在里面。"（见刘译，《进化与人生》）由此可见，自然固然也有很美的部分，然有美便有丑，而丑即存在于美的当中，所以自然的美，究不能和我们理想的美相合，因此我们舍却这由感觉所得的美，而要求超越感觉，由直接证会得的美实现；也唯有这种美，才和究竟的目的相合，才是真正的"理想美"了。

须知这"理想美"，并不是向壁虚造，而是由于自心经验证出来的。所以一落言诠，便非真美，而真美反在于无言说的时候，就是"虚无"的境界，虽这虚无的美，是"视之不见，听之不闻，抟之不得"的恍惚之境，然由直觉的能力，却正好体认他。似平常人要用知识去发现真美，则如老子所说："天下皆知美之为美斯恶矣"，还有甚么美可言？即因真美就是本体，本体只是真情，所以理想美只可由真情认识，那些主知主义的美学家，不知这种美的意义和价值，更没有本事去实现他了。

理想美和现实美的区别，只在一者是宇宙极致圆满之发现，一者是根据于一定的现实事物的发现，所以前者是创造的，是根据于吾们创化的本能，由个人性格中所发现的灵机的美；而后者是保守的，是本于模仿的本能罢了。晓得这些分别，就可见理想美是向前活动，正好似橐籥之"虚而不屈，动而愈出"，因其虚无，所以能够生生，能够进化，却不是那死的，极无意思晦滞的"美"了。

## （二）

　　我虽反对艺术，但并不反对真正的"美"，我以为真正的"美"，是在心中，所以"心"即是美之所寄托处，舍此以外，如自然界及历史界，常人所认为美的对境的，其实还是从"心"放射出来的，堕落下来的"美"。所以真正的"美"，只能"直觉"来证会，从直觉移到"感觉"，已经不美极了，何况艺术这个东西，只不过把"自然界"做粉本，自然越弄越远，去真正的美不知千里万里了。

　　真正的美，是和"真"相合，所以有"实在性"的，至于自然界呢？已经是本体派生的现象，离开他本来的"实在"是很远了，何况"艺术"又是模仿自然？柏拉图说得好："艺术虽以模仿自然为目的，但是凡属模仿底东西，不论怎样巧妙，总不能像到实物，所以艺术毕竟是不完全的自然。"晓得艺术是自然的模本，自然又是实在的模本，就知道艺术是"模仿的模仿"，其与"实在"不相符合，也不难想见而知了。

　　有人说艺术不是模仿自然，而是改造自然，自然是很有缺憾的，艺术正可由人的理想，去补充这个缺憾，所以艺术价值在自然之上。不错！这些话我从 Aristotle, Plotinus, Lessing, Fichte……诸美学者已经领教过了，然我反对艺术的缘故，也正在此。Fichte 说："自然的产物，缺少精神，对于吾人冷淡无趣，往往足以惹起嫌恶的感情。"可见自然之不完善，是自己如此，艺术家不过在这死的，冷淡无趣的自然中，加以粉饰的工夫，表面上虽被以虚伪的"假面具"，很美丽似的，其实底子里，既以"自然"为材料，就可见他所谓美，在有眼力的人看去，也只足以惹起嫌恶的感情罢了。

　　近世美学家如 Kirchmann，提倡以"理想化"为艺术家的自由活动，他以为那有感兴的实体，或实体的影像，都被拘束于自然的法则，惟有有理想化底美术家，取自动的态度，才得为创造者。这种学说，初看似乎有理，其实他说的"理想化"，说好些是"完成自然""改造自然"，说坏些，就是自然之虚伪化而已。何则？理想化的目的，即举自然的材料，而增其美，或减其丑，所以积极的理想化，是以自己的理想，加乎自然之上，而补充其不足；由是把百瑕千疵的自然，变成粉装玉琢的世界，好是好极了，可惜这种勉强的，人工的方法，把自然界的本来面目，反埋没了好些。复次，消极的理想化，是以自己的理想为标准，而除去自然中的非美及丑，使之和理想恰合。这种艺术，用人力去减去自然的丑的部分，意思是很好了，只可惜也一样的不真实。我以为真实的艺术家，应该用绝对真实的态度，去模写自然；美的还他美，丑的还他丑，完全一任真情，不顾利害如何。虽然自然界的丑，影响到"艺术"的丑，似与"求美"的目的不合，不知"求美"得丑，虽与初意相违，而仍不失其真实，不然虚伪的艺术，只知面面讨好，全不顾实在如何，这也是艺术吗？这也是艺术吗？这是"艺术"的破产，自不为无元学者所敢承认的了。但是Kirchmann又说："美固不可不是实在底形像，但只要是其形像便够了，那末艺术因为往往不表实体全部的缘故，来非自然的批难，可谓很不对的。"我在这里很疑惑他既然把"艺术"和"实在"分开，何以又调和起来？我以为艺术既不可不以具体的形象为根据，就不可不表现实体的全部，非完全则宁无，所以这种虚伪化的艺术论，深为我所不取，然我虽不取于理想化的艺术，却非不取于"理想美"，我说"理想美"是根据于"实在"的，而理想化的艺术，则无"实在性"可言，自不是真实的艺术了。

艺术既不足求美，真正的美既不能存在于艺术中，那末艺术本身之无价值，也大可想见了。然有一部分抱写实主义的艺术家，如现代罗丹（Auguste Rodin），他赤裸裸的模写自然，这种态度，我是很钦佩的。因为这种艺术，是以实在体为对境，所以很是真实，比那虚伪的艺术好得多了。（如 Flaubert 的艺术上的虚无主义，亦属此种。）然从别方面看去，罗丹以为自然便美，美在自然，这也是错误。因自然的非美，实在决无可疑，所以写实派要摹写自然的美，结果要把现实的生活，奇形怪状，各种丑态，都宣布出来。Gordin Craig 说："写实派无非是拿最丑恶的东西，当作是极美丽的，去骗大家。"不错！艺术的意义，因写实派而完全坠地，然写实派的好处，正在他能够把自然的非美及丑，极力写出来，这种反艺术的倾向，实在是艺术的一大进步，不过写实派的艺术，既以此为手段，则其艺术品之非美，也可想而知了。

总而言之，真正的美就是我的本体，本体是绝对的，完全的，所以这种美也一样是绝对的，完全的。至于自然便不然了，因"自然"是从"美"的本体分散出来的，坠落下来的，所以自然便是"美"的弛缓，也就是"美"的反面了。固然，在自然中有"美"的本性存在，然同时就有非美和丑，也一样存在，所以这种美是相对的，若"绝对美"便不然：因为"无美"，所以无不美，这就是最圆满的"美"了。今姑退一步，以平常审美的眼光，认自然是比较的美，然自然虽美，而究其所以美的原故，也不过因自然能够唤起人们的空想假像，由此去契合本体罢了。故此自然的美，并不在自然本身，也正是为着接近本体的"美"而有意义。

若艺术美，就比自然美更不如了。因艺术美纯系人工制造出来，而制造的程序，最初都不外模仿自然，故由自然美到艺术美，更是一种退化。因此无元主义者说："要是美的，都是和本体同其美的，都是无表示的，但自本体一刹那间断了以后，于是弛缓而为自然和自然的美。这种自然的美，都是有表示的，所以是相对的美，有美便有丑了。今由自然美再到艺术美，如什么建筑哪！雕刻哪！绘画哪！那一样能够比得上自然的产物？由此可见，有表示的美都是错的，越有表示，就越和无表示的真美相违，所以艺术美尤不如自然美远甚。老实说罢！艺术美实在无美可言。"

# 下 篇

# 一 "真生命"的实现

人自有生以来,"真生命"是没有一回间断的,因为这个东西,如一颗明珠,人人具足,个个圆成,所以悟得时当下便是,更不须安排。否则当面错过,舍却生身本命所在,而更求那绝对无比的宇宙本体,本体是有了,但和我现前跃然可指的真生命何涉?须知"真生命"不是别的,就是无所有不可得的宇宙本体,因可得的本体,都只有名,所以大家凭着意想所及,你说是名太极,他说是名无极,其实本体离思虑,绝百非,那有可名的名?因他是无量无边,所知所证无限量的缘故,所以不可说不可名,如常,无常,空,不空,生灭,有无,如是一切不可得,不可得亦不可得,乃至眼前面的人和大地山河,都无所有不可得,这才是本体的真相。由此看起来,可见"真生命"是以不空无住为体,于一切现象,都无所离,无所不离;也无所坏,无所不坏;因其无所表示所以无所不表示,因无所得所以无所不得。会得时则上看下看,内看外看,都莫不是真生命的流行,"真生命"是真实的,不坠分别境界的;所以由此流出来的宇宙万物,也都是真实的,不坠分别境界的。因宇宙万物无一不为"真生命"所摄,所以宇宙万物也都本有个"真生命","真生命"也离宇宙万物。换句话说,宇宙就是"真生命"了,"真生命"就是宇宙万物了,我们不须破坏宇宙万物,去证"真生命",即此宇宙万物,早已是那无二无别,无始无终,绝对无比的"真生命"的实现了。

当"真生命"充分发展的时候,虽然森罗万象,而实在没有

"物"这个东西，因此时浩然淬然，并不知什么是物，所以一切物离一切物自性，而一切物都无所有不可得了。但在无所有不可得中，怎么忽然生起宇宙万物呢？原来宇宙万物都从认识而起，因认识而有差别，于是于无宇宙中而起宇宙，于无一物中而有万物，把从前打成一片的混沌状态都打碎了。由此可见，宇宙万物起的时候，即理知和数目起的时候，本来为无碍的东西，有了理知就有碍了。本来"真生命"只是自己如此的动，谁也不能挡着他，但自有了理知，于是生命就破坏了，就限制成一片一段的"分段生命"了。在分段的生命的，真我和非我奋斗，因有节节的奋斗，才有所谓生活，似这种生活因奋斗而有意义，和那无障碍无束缚的"真生命"大不相同，也可见这正是"真生命"间断时所产出，所以把汪洋一片的真情，都用理知的分子割开了。总而言之，没有理知便没有一切的"物"，"物"在"真生命"中，是不能存在的东西，吃了知果以后才存在了。不幸的人们呀！自知道分别的时候，你的"真生命"就消失了，就坠入善恶的境界了。整天的在那里要，要这个，要那个，还不够意吗？还要离开现象界，去到达本体界，可惜本体不从天上掉下来啊！

我以为"真生命"是没有间断的，但也有间断的，只当人们自己觉着生命间断的时候。然这是人们杜撰出来的，"真生命"却不因之减少一些。何则？"真生命"虽千变万化，而没有一时无，因其不得一为无，所以无始无终，不生不灭，并没有间断时节。不说别的，即就现在森罗万象而言，也都是"真生命"放射出来的影子，可见"真生命"是无所不在，是个顶活泼顶流畅的东西，要间断都间断不了的。因此所以"真生命"的实现，只须任其自然流行，更用不着什么工夫，就是理知还个东西，也不须打破他，就要看明他，一看明了，就自然而然的还没于"真生命"当中，就自然而然的"大地山河全露法王身"，那时碰着触着都是人的真心实性，还怕"真生命"不会实现吗？由此看起来，可见"真生命"的实现，并不是什么难事，只怕人们自己执着，如果勘破无所有不可得的本体时，则理知自会舍离，虽不超过一切，而已超出一切物了，虽不坏假名而已坏一切假名了，所谓"真生命"的实现如是如是。

因为"真生命"当下便是，所以不须外求，而且不求则得，求则决不可得。因"真生命"是无生无灭，乃至无染无净，无句义，无所有不可得故。所以可得而求的生命，都只有名，名是生命弛缓时所产出，故这可得的生命，都只是分段的生命——生命的假相。如因不满意于"自无而有自有而无"的宇宙，而求本体，则所得的仍不为本体，而还是那有无互为推演的宇宙，可见本体是不可求，求也不成功的了。而且本体非变非不变，非常非无常，若以为本体是不变的而求他，则不变的本体，何以会变起这个"变的宇宙"来，可见本体是变的，你的求是多事。倘若以本体是常的而求他，则常的本体怎能因你的求，而变更他原有的常态呢？可见本体终不可得，你的求又多事了。总而言之，生命的本体，就是空无所有，是不可得不可得的，绝诸表示如何可得？一切俱非如何可得？因以无所住而往，所以无住亦无住，若肯承当，即知"真生命"无所不住，虽不受万物而实不拒万物，在空无所中有中，一座万尘种种的差别都是。反之，若有一毫要求，便不成"真生命"，因"真生命"不是可拣择的东西，也不是可把捉的东西，所以有个"真生命"，就不是"真生命"了。

固然宇宙万物是能够遮掩本体，然实没有一物是遮掩过本体的。本体是无所有不可得，故宇宙万物也是无所有不可得，不可得尚不可得，更从何处遮掩起。换一面来说，"真生命"好似是一方大光明镜，把大地山河都摄在里头，固然垢能掩光，然镜本来自光，虽为垢所染，而自性不变。由此可见，"真生命"只有迷悟，决无得失，有了大地山河，"真生命"不为之加多，没了大地山河，"真生命"也不因之减少,"真生命"也是永远没有间断的流行,所以无时不有流行变化,即无在不是"真生命"的实现。换句话说,当下便是"真生命"了!便是"真生命"的实现了!可见开解超脱的大道,即在眼前,故人们不必妄想什么解脱,即此宇宙已是自性涅槃本来解脱了!再进一层:有解脱即有不解脱,所以解脱就是不解脱,而不解脱亦得解脱。《华严经》说得好:"生死及涅槃,是二悉虚妄,愚智亦如是,是二皆非真。"如果人们能通达这个究竟了义,就知道宇宙万物都是如幻如梦,乃至涅槃,亦如幻如梦,那末何必舍却已解脱的更妄求个解脱呢?若因妄求解脱的缘故,而欲毁弃宇宙乃至断灭人生,那更是我一向的愚痴颠倒,对这甚深极重的解脱,只好算做一个邪见罢了。

最后,我要劝告人们的,就是解脱决不可能,也可能的,如能于解脱不解脱,亦无所解脱,这就是解脱了,也就是真生命的实现了。由此可见,真生命是可以实现而且即在人间世上即可实现,我的兄弟们呀!我恳求你,不要相信那超于人间的希望的涅槃,让你真诚恻怛的大悲心,就实现这真生命在人间上。

## 二　真情生活

人一生出来，本有真情的，吃了智果以后，才变坏了。因为知识告诉我们的，是一种区别和支配的原理，有了知识就会发生污曲不自然的文明，我们所能作的，就是打破知识的臼白，而为自己向上创造的真情生活运动。

我们喊着要反朴归真，也不外要返于真情生活而已。由唯心史观看起来，则所谓生活，就是意欲的样法，而意欲就是生命之流的不绝的经程。因其一弛一缓，而分两异的方向，当其弛缓时，则逆转而向着空间，最有安排，打量，计算的作用，所以就叫"占有欲"了。当其紧张时，意欲是以"真情"为根，此时心的状态，愈有绵延，愈有时间性，而所有要求，也都是从生命内部所必具之本质的要求发生出来的，所以叫做"生命欲"了。（参看《革命哲学》，页一四九—一五三）因生命欲是一任真情的，所以这个意欲的表现，就成"真情生活"。反之，占有欲是拘于物质明于利害关系的，所以这个意欲的表现，就成"理知生活"。这么一来，就可见在"真生命"的绵延创化中，知识生活实在是真情生活的逆转，我们要使真情充分发展，只须破逆转向上便得，一旦把知识生活废掉了，那末意欲自会归于素朴，人们的不自由，不平等，也自然而然的得个解脱，而向着"真生命"的路上走了。

但是真情的生活是什么呢？以最后的意义来说，则非脱去这虚伪的世界，不能获得。因为世界的存在，即因知识作背后的护持力，如理知的现象不灭，真情也怎能完全实现呢？但这是究竟话头，我们在这完全实现"真生命"的过程当中，也不防在人的生活上，施设个真情社会，就是我所理想的"虚无的无政府"社会。这个社会生活，是直觉的不是理知的，是无所为而为的不是杜撰有为的，是优美和乐的不是争权攘利的，是大公无我的不是殷殷计虑的。总而言之，是生趣盎然的不是干枯无味的，是真情实感的不是溃裂横决的，因在这生活当中，人们都能以真情相见，所以生活之重心在内，大家心中都是汪洋甜蜜，根本没有计较之心，也没有善的恶的，也没有你的我的，国家是没有了，法律更没有了，有的只此一点情，不识不知，完全听凭直觉，这是何等的自然有味呀！可是回头一看，现实的生活怎样呢？人们自始至终，都是自私自利，不能相见以诚，那些高级社会，总是一味向外追求，把所得的财产据为己有，于是定下种种法律，立下种种阶级，这些法律与阶级，都是要分别这个那个，使他界限分明，一个个的分裂，对抗，竞争，其结果把内的生活都完全抛荒了，人们的情趣也斩伐净尽了。可怜悯的人们呀！在这有限的狭窄围墙里讨生活，物质的生活是有了，但是生活的乐趣在那里？生活的源泉的"真生命"在那里？在那里？由此看起来，可见这种向前奋斗的，把人间支配自然的文明生活，实在是苦恼的生活，除了疲倦，烦闷，空虚以外，没有什么。不但如此，人们既然念念计虑，系情于物，就自然而然的冷酷起来，就是家人父子也不敢用其情了。罗素说得最痛快："人类的祖先，不因地狱之火的恐怖而抑制感情，乃至如今人类反极力抑制感情，是因为一个更恶的恐怖——恐怖零落在人间。"理知发达竟迫长成这种无情无趣的生活，真令人伤心极了！我为什么不应该引导人们到反朴归真的路来呢？

我所谓真情生活，简简单单就是要返于自然，返于人的天真。因为人们本来都是有情的，都自愿各尽所能各取所需的，所以在物质生活方面，不怕他不会妥洽，是用不着叫别的力量来支配他的。复次，在社会生活方面，人们也都是本着自己真情，而为自我的联合，并不是算求着要求相利才有社会的。由此看起来，可见人们的生活，本来是走真情的路，只管一任直觉，就自会生趣盎然，做到最优美最愉快的地步，而一切由强权而统驭抑制真情的态度，都是不必要的了。总而言之，真情生活就是自然随感而应的直觉生活，其一切行为动作，都是无所为的，因无所为而为所以生活完全建筑在真情的基础上，不须安排而自然超出利害关系以外，不用调和而自然立于调和之上。这个道理，梁漱溟先生发挥得最尽致，他说："人们根本错误，就在找个道理打量着去走，若是打量计算着走，就调和也不对，不调和也不对。无论怎样都不对，你不打量计算着去走，就通通对了。人自会走对的路，原不须你操心打量的，遇事他便当下随感而应，通是对的，要于此外求对，是没有的。我们便是流行之体，他自然走那最对，最妥贴最适当的路，他那遇事而感而应，就是个变化。这个变化要得中，自要调和，所以其所应无不恰好。"由这话看起来，可见人们只要一任直觉就好了，直觉是人所本有的，所以我说返于自然的生活，也只是要恢复人们随感而应的直觉，使他生活的意味格外自然罢了。复次，这自然的生活，只是本性的流转无碍，所以极简单明了，就是愚夫愚妇也都可在这里头度他的生活的。反之，理知生活只有戕贼本性，使人们在自己与自己以外，成人为的隔离，结果不过让那些资本家和别的地位较好的人去尽地快活，其余千千万万的人都只好尽这几十年的光阴，过他机械生活，这是何等的悲观而且不幸啊！

最后，我们要实现这真情生活，就不可不先把虚伪的知识打破，然而知识这个东西，本来是无所有不可得的，所以知识不须破除，只要人们一任真情的时候，就自然而然的化知识的生活，复为真情的生活，于是知识的踪影皆无，而"真生命"就实现在人间上了。再明白说：因为直觉和知识有相远的倾向，所以理知极盛的时候，直觉就散漫了，反之常真情活动自如的时候，知识也自然而然的沉下去。这么一来，可见我们要实现真情生活的，都不必妄费工夫去破除理知，只须一任直觉，不起差别便得。为什么呢？因一任直觉，就自然的不见一切东西，不着一切东西，不见空，不见色，乃至知识亦不可见，由不见故，不生执着，就自然而然的把全宇宙的一切，都化于情的生活中了。所谓实现真情生活的方法，如是如是。

## 三　直觉主义

　　宇宙间本没有物质这个东西，就使有物质也是看不见摸不着的，因为物质毕竟空无所有，所以物质离物质自相，在自相空中，物质实在无所有不可得，因物质无所有不可得故，当知一切现象也是既无所有，竟不可得。因一切现象是无所有不可得故，所以内无，外无，乃至一切皆无。所以长短方圆高下邪正的形是不可得的，青黄赤白黑紫等色更不可得的，就是东西南北，四方上下，也都是不可得不可得的。这么一来，可见物质究竟不可得，而形色中一切有对待，有变碍的东西，如钟鼓等，其实都是如幻如梦，就是由物质而起的种种烦恼，种种苦因，也都是如幻如梦，都不可得。但不可得为什么眼见有物质可得呢？原来物质虽本无所有不可得，只纳入理知的范畴，就化为可计算的，有变碍的，那就可得了。于是一切所有，也都化为可计算的，有变碍的，也全为物质的全为可得的了。由此看起来，可见当我们默息游神于物的内面，而亲与其绝对无比的真生命融化时，本无所谓物质。所谓物质这件东西，实是人们的真生命间断时所产出，其实物质也是无始无终，本来寂静，那有间断的时节呢？但自真生命一刹那间断了以后，于是本体和现象分作两截，由此而产出的东西，也自化为可计算的，有变碍的物质来了。再明白说罢！在"真生命"里是已超过一切物质的牵制了，所以物质和一切现象都无所住。但在生命的表面说，这个宇宙的存在，是因理知作背后的护持力，因为理知涌出无已，所以物质的涌出也没有休歇。千差万别，便生出许多看得见摸得着的东西来了，其实这些东西，当体即空，既于无所有不可得中，如是而有，如是而得，则所谓有，所谓得，亦都无所有，竟不可得，不可得亦不可得。所以一切物质都非实有，不过一种虚妄的静的影像罢了。

因为物质是本无所有不可得故，所以人们不应把一个东西作一个东西看，如果大家否认这话，看见钟就知道是钟，看见鼓便知道这是鼓，看见一个桌子便知这是桌子，那么一来，你的认识就完全错了，就只能得知物质的幻相，就不是真实的知识了。何则？真实的知识，都是由直觉去直接证会之，所以一定要置身于物之中，然后才能探得物的本质全体，否则处旁观的态度，去估量物质，既分出一个能所，则所认识的，也不过止于相对的境界，因他所知有限，不能尽物质的意义，所以这种向方，竟不能亲知物是什么，结果仅能用分析去变更现状来观察物质，于是本来整个的东西，都化为零碎的了，元有不可言状的本质，都只剩得那符号所能表现的部分了。由此看起来，可见科学方法是不能得到物质的真相的，他是不能就一个东西的自身而认识一个东西的，所以人们不想看明物质的实在罢了，不然就应该倒转下来，用直觉的方法，默息游息于物质当中，整个着看，圆融着看，自内面而看明物的本质全体，就知道物本无所谓物，是无所有不可得的。柏格森说得好："科学所分析的物，本与全世界浑沦为一，但当人们看见物的轮廓时，遂分别出这一物，那一物，假使没有知觉，就物质也消融于宇宙浑一之中，就叫本体了。"于此可知物质和真生命根本只是一个，本体现像平等平等，所以如果一任直觉，把物质元来样样看看，就那些看得见摸得着的东西，都沉下寂无，都化于"真生命"了。反之，当理知盛行之下，就把一切所有，都化为物的物质性，可见理知有向空间的趋势，故由此认识的一切物都是矛盾冲突，化不可分析的为分析的，没有变碍的为有变碍的，可知物质之有空间，纯由理知而起，理知起的时候，即这个物质的宇宙起的时候，一念之差才有所谓物质，若诉诸直觉，则这些物质即是虚无。虚无即是物质是宇宙，都无所有，都无所见，于一切现象，无染无着，这时物质毕竟不生，还有什么许多关于物质的问题呢？因此所以我们能所作的，就是把向外逐物的理知，和由理知而来的空间概念，都由直觉变过来，使有广袤的物质，都化为浑融的全宇宙了；由理智而来的产物都复反于真生命的本流中了。于是观一切物质毕竟不可得，而有情人们也自然而然的没有牴牾了，真生命也自然而然的完全实现了。

但我讲直觉主义，是超过感觉的，这点实在应该讲明。因为感觉上的直觉是有所得的，而真正的直觉，则全然无所有不可得，除去真生命外，全无所得，而就真生命本身的道理说，亦全无所得。但如我的梁漱溟先生，他在《东西文化及其哲学》里，又把直觉看作非量，便不同了，他说："受想二心所对于意味的认识，就是直觉。"（见九四页）又说："直觉对于本质，横增于其实，故为非量。"（九五页）又说："直觉是主观的情感的，绝不是无私的。"（页一〇三）又说："直感附于理知的，附于感觉的。"（页一八四）"理知可以运用直觉的，直觉可运用理知的。"（页二〇六—八）由这些话看起来，便知梁先生所谓直觉，只是感觉上的直觉罢了。"因为感觉上的直觉是要照看外边，所以一任直觉的王阳明亦未为得。"（页一九五）"而直觉生活要理知大发达以后，才能行的。"（页二〇八）"复次，因这种直觉所认识的，只是一种意味精神，所以阴阳乾坤这种抽象的意味或倾向，是要用直觉去体会玩味才对。"（页一五〇）总之，梁先生因不能冒险而出感觉以外，去求感觉所由来的真生命，故此说来说去，都不道着直觉的本身，其实真正的直觉，是已超过一切。因为感觉和理知与我们内里的真生命无干的，只有超于感觉和理知的直觉，所以直觉不能以理知为之先，就是直觉生活，也非理知消灭了以后，是不能行的。再明白说罢！譬如我喝茶时的感觉，虽不晓得什么是茶味，然苟不是感觉了以后，也那从起认识茶味的作用呢？由此可见，感觉实理知所由起，是有能所的，和理知都不能离空间性，是同向一方面而发展的。换句话说：感觉便是原始的理知，不含反省的理知，因有感觉才有空间概念，而理知性和数理性即起于其中，故感觉和理知纯是"直觉"的逆转，二者同属继起，共发源于直觉亲证得的真生命。这么一来，可见梁先生把感觉和现量牵混为一是错的，在感觉上说直觉，更是错到万分。依我意思，直觉当下便是就是"现量"，所以全然无所有不可得，若感觉则实为有所得，故理知得由之施简综作用，而且所得的往往跟着感官的状况而转移，所以又是极靠不住的，自和我所谓超感觉的直觉大不同了。复次，直觉是已深入物质的里面，而与物的本质融化为一的，故由直觉所得的是不增不减，是无所有不可得的"真生命"，这时既无所谓主观，也无所谓客观，所以是真情的，无私的。反之，一说到感觉就不能离却主观了，理知起的时候，就对于物质横增了许多分别了。可见感觉决不是无私的，所以感觉反是非量。即因感觉是非量，故由此起点的直觉，虽不如理知有周偏计度分析执取的作用，然亦非完全无所执着，如由这种直觉去看物质，虽一切所有都化为不可计较的，然决不是完全非物质的。不过物质的观念尚未明了，所以只看见一切东西，都是特殊的意味，各别的品性，其实在这抽象的意味或品性中，早不能不有物质的趋势了。换一面说：若真正超直觉，则根本上已超过这些意味精神，因直觉非超过概念不为功，故凡符号所表现的抽象概念，在直觉中，是没有的，直觉只是无所有不可得，而由直觉去证会物质，也只是无所有不可得而已。若有所得的，就不是直觉，在外边转的更不是直觉，直觉运用理智说固然不对，理知运用直觉说尤其不对，就是我说的非感觉非理知的直觉。如果只是一种方法，可纳于理知范围，那也何尝对呢？总而言之，直觉是不可言说的，不可显示的，不可执取的，不可观察的，不可亦不可，于一切时间，一切空间，都无所有不可得，得"无所得"，所谓行境，勉强叫做直觉，还不能说出直觉是什么呢！

总而言之，物质本不是实有的东西，但假施设，所以叫他做钟，也但有名；叫他做鼓，也但有名，乃至一切所有都但有名。由直觉看起来，这但有名的东西，虽然包罗万象，而实没有一个东西，有的只是这生命之流而已。因此所以我们不可不反于理知的范畴，而提倡直觉方法，唯有直觉才能够参彻生命的源泉，才能打破宇宙间的形形色色，会得时则当下便是，本来无一物，更从何执着起？不会时则充天塞地无非间断，人们只好屈伏在物质运动的必然法则之下，永远跟着他转，无论如何，是不会跳出来了。

# 四 "无"之真义

## （一）

宇宙万物都是以"有"为生，而有生于无，虽现在宛然有，而常毕竟无，这个"无"是无始终的，无生灭的，是不堕在见解计较中的。因其无所有不可得，所以不有不无，有的并不如牛角羊毛之有，无的也不如兔角龟毛之无。有其所以不无，所以都无所住，却又无所不在；都无所作，却又无所不为。把他和有相比，不可说是有不是有，也不可说是无不是无，然又无障无碍，浑然和万物同一体，即此一切万物都是"无"了，"无"在万物中，挺然露现了。由此可见，天下万物生于有，而有亦不离于无，无是无所有不可得的，故有亦无所有不可得而已。可惜这个道理不明，于是有柏格森出来，力攻有生于无之说，以为无是自相矛盾的观念，其实无所谓无，不过一个戏论罢了。依他意思，无论指物或指心，无都是有的变相，所以说："我们不有知觉，决不能想像所谓无，就是知觉薄弱得很，然一有知觉，就有所活动，有所思想，那就是有了。"又说："无只是失望的名词，因人们求一物的时候，而忽见非此物，于是起失望之心，而有'无'发生。"由这话看起来，柏格森所谓"无"，不过和有对待的无，不知这对待的无，只是无的俗谛，若真谛的无，则既不出有无，又不在有无，所以甚深转甚深，微妙更微妙，超越有无，自不是世间见解所能

知道的了。但怎样说柏格森的无,就是俗谛呢?请举《涅槃无名论》为证:

> 无名曰有无之数,诚以法无不该,理无不统,然其所统俗谛而已。何则?有者生于无,无者无于有,有无所以称有,无有所以称无。然则有生于无,无生于有,离有无无,离无无有,有无相生,其犹高下相倾,有高必有下,有下必有高矣。然则有无虽殊,俱未免于有也,此乃言象之所以形,是非之所以生,岂足以统夫幽极,拟夫神道者乎?是以论称出有无者,良以有无之数,止于六境之内,非涅槃之宅,故借出以祛之。

然则得意忘言,可见本无的无,并不是一种见解计较,是超出有无之数,所以有生于无,也决不是离有言无,及断见邪见的无,如果是说先无而后有,那这个无,即为断灭无,可万要不得了。因为"无"是无去无来,所以说也说不出,我为着方便起见,说当下便是无,任举眼前的一个事物,莫不是无,大家如还不懂得的,那就由种种言辞显示出来,也是竟不能解的了。虽然如此,我还可由遮诠里确指这个"无"来,不过遮诠是遮诠,但遮浅薄,若甚深微妙的玄义,无论如何,是不可说不可说了。

(其一)"无"是超过一切心象之外——"无"是无元的,就是无心无物无神的"无",心是以意志为基础,有意志然后可见心的状态,若"无"则实不可得,无受想行识,无意识乃至无意识界,所以一闪之间来观"无",而"无"早已飞腾了。因他是所证之境,故不能想象,大凡可想象的都是所证之境的近似的心象,其实"无"不是心象,也决不能把一个心象表示他。就是从希望和怅惘的感情所能认识的无，也和这个无不相干涉，因这个无是已超过一切心象之外。所以要认识他，决不能有心去认识，而应该超过心象，去直接证会他，直到言语道断，心行路绝时才可。否则以任何心理状态来认识无，又怎能不把无也作一种心象把捉呢？总之"无"是超出一切心理状态，而为一切心理状态的本源，所以希望和怅惘的感情，都只是从"无"而游离下来的破片。由这些破片，虽也能认得一点"无"的观念，然这"无"的观念，不过一空空的影子，不过表象征的再现罢了。而柏格森不悟，必以空空的影子为"无"；却不知这空空的影子，仍有而非无，今既以有为无，自不能不以无为有了。

（其二）"无"不是虚空，无空间性——空虽没有一个东西，然虚空明明是一个东西，所以把"无"作虚空看，就不异乎认"无"作"物"看了。其实"无"不是"物"，却正是"无物"，但说是"无物"又不是，因我说"无物"，"无物"固然是没有物，然"无物"一句话，在我所想中，不又是一物吗？由此可见这个"无"，实在不可思不可说，如一落言诠，就使"无"成为虚空了，成为静止了，遂有许多矛盾冲突的学说发生，如柏格森就是好例。他说："无是一物和他物相交替的观念，当其交替时候，对外的知觉方泯，对内的自省未起，遂误会以为全无。"似此把物交替时所起的距离之感，来说明"无"之观念，却不知这个"无"只是遗漏于"有"的中间的虚空，其实仍是有而非无，因为他是一个印象——积极的印象。反之我所讲的"无"，是无所不在无所不为之根抵的，有以无作底子，而"无"即周行万有，无所不入。所以"无"可包有，会得时则碰着触着，当体就是无了，何必于有以外更求所谓无呢？须知离有而言无，则无亦不过等于一物而已，反之以言本无，则不即不离，在有不有，在无不无，故能不出有无而不在有无。若柏格森只知断见邪见的无，这种"无"，是有所无而无，有所无而无，自然虽无而实有了。总结起来，无并不是一个东西，也不曾占一地位，所以才能物物而不物于物，物从"无"而来，故虽万变纷纭，而"无"独立不改，因"无"大而有小，"无"无限而"有"有限，无和有不是相对的，所以能周遍含容天下之有，就天下万物之有，而无存乎其中了。

（其三）"无"不是概念，也没有名——我不能想象"无"，也不能有普遍的或单纯的理想之抽象的概念，去表现他。因为概念不过象征的符号，决不适用于求一切皆空的"无"，"无"是超越一切的概念，所以我们要在概念上，去证明无所有不可得的道理，是不可能的；反之即在概念上，去否定"无"的存在，也决不成功。如柏格森他先假定"无"在概念上能够成立，因为我们所经验的事物，无一不可消灭，今设其一事物消灭了，又一事物消灭了，别的也以次消灭了，消灭到最后，便有"无"的一个概念。似此把"无"作消灭的结果看，我以为是根本错误，而且太不知道"无"是什么，此实物物各可消灭，而"无"不是物，所以决不消灭，于消灭中求无，无不可得，于消灭中要立个无的概念。这无的概念，也是绝的意味的一句话罢了。明白说，凡概念都是集合各事物而成，然"无"已超过事物，所以事物的存在不存在和"无"两不相涉，存在的固然是有了，消灭的也未始不有，如果不存在的可叫做"无"，则所谓"无"只在"有"的当中转，既跳不出有的范畴，还能无吗？再进一层，就使"无"这个概念可以成立，则此概念也是有的变相，因为没有概念而不属于有的，也没有概念而能亲证无的。反证起来，"无"决不是概念，人们不能把一个抽象的概念来笼罩他，犹之乎我们不能因他不是概念而取消他的存在。同理，"无"也决不是一个名词，名也不称体，但他虽没有"无"的名，而"无"早已存在了。

总而言之，"无"就是无所有不可得的本体了，非内非外，非小非大，非一非异，非明非暗，非生非灭，非粗非细，非动非静，非刚非柔，非独非非独，非有相非无相，非非有相非非无相，非有无俱相，乃至总说，依一切众生所行言说境界，都不相应的。由此可见，无是不可说不可说的，得"无所得"如何可说？超寻思境如何可说？若可说的都是戏论，只要人亲切分明，能够超出一切，一任直觉的时候，就当体即是虚无本相，乃至一微尘都是虚无本相，于是所有山河大地，就立时给他打碎了，而真生命也活活泼泼地无所留碍了。

## （二）

宇宙间一切现象都是由"真生命"流出，也无不还到"真生命"去，因为真生命就是一切现象的虚无本相，所以超越凡情，很难轻易的道破他，如从前形而上学者，高谈本体如何如何，是一元，是二元，是唯心，是唯物，其实在真生命里都没有这回事，真生命见无所有不可得的，是自己如此的，所以超过一切言说，如要问宇宙的本体，当下就是本体了。要问宇宙的本源，当下就是本源了。可见真生命毕竟了不可得，如何可把概念或数理来范围他？如何可用辨证或推论的方法来把捉他？须知凡可以范围的，都只是一个东西，可以推证的，都只是一句说话。故于真生命上，混然无所知，才是真知；茫然无所见，才是真见；我们说本体就不是本体，说现象就不是现象，难道真和人们的知见作拗，实在生命的真相如此。总之，真生命是始终不可说的，要说只能从反处说起，所以我为方便起见，不妨把从前形而上学家的根本谬习，拿来批判抉择一下，然后真生命的哲学才好讲。元来形而上学家，都有个共同的倾向，就是超出我们意识中现象世界，去悬想个宇宙本体，却不知宇宙本体当下便是，所以自本体而现象，本体即在现象当中，可惜形而上学家不懂这个道理，终日不离"玄之又玄"的本体，还要于本体外求本体，自然只算臆谈不可靠极了。复次，形而上学家所说的本体，是从心理状态以内发现的，所以在分析的着眼点上，把整个的心割成七零八碎，以为那最后不可分析的心，就是本体了。却不知依分析求得的东西，只是割据心的变现行相的一片一段，并不是本体，却正是本体所否定的。因为本体是永不间断，所以不可分析，一分析就不同。会得时这整个的心，即是本体了，若谓这一心内更有个本体，那这个本体，只好叫做形而上学家的玩意儿罢了。由此反证起来，可见生命的真相，并不如形而上学家所悬想的神秘的一个东西，是无所有不可得的实在东西，如果人们会得真直觉时，就不难发现他了。

固然形而上学，在现代不无进步，如柏格森，排斥各种概念，说本体唯有用直觉体会才得，因而主张动的一元论，但这动的一元论，老实说还不过心物二元的变相。一般哲学家，总喜欢主张宇宙出于一元，以为最普遍的，最根本的，是不可以不一，其实真正的一，是不可说不可念的，如有一则不能不有二。今柏格森既以宇宙本源归于唯一不可分的动，就自然而然的有可分的静一义发生，因动和静都是所谓"有为法"，所以在这唯一不可分的动当中，自不免有顺逆两转，当逆转时候，就渐渐的静起来，便是二元而不是一元了。不但如此，就是这一动，为着实际的需要，也是可分作一片一段的，因他有分析的可能，就可见所谓一，也不外多元而已。总而言之，凡所谓一元，其实都是托足二元，而说为一元，不过或取心，或取物，或兼取心物，或兼取心物的混合体，有这些不同罢了。反之，我说一元的本体，则实不可说不可念，换句话说：就是非心非物，非一非多，非有非无，非生非灭，非来非去，乃至一切都非，一切归无所得，能所也没了，本体这句话也没了，所谓真正的一元论如是如是。

由此看起来，可见真正的一元，就是"无"。所以对二元多元可说是二元论，而一元的一，也毕竟无所有不可得，所以对有元又可说是无元论了。须知这个"无",因不二所以非一非二,而且不落有无;因不落有无,所以不有不无,就世间所有的东西,碰着触着,都可说是这个本体——无。这么一来,便可见无元的无,遍一切处都是,所以《大般若经·观行品》把色归入不二无妄法数,一切都是无,一切都是有,这个"无"难道是断见邪见的无可以相比的吗?懂得这一层,才好演明无元哲学的真意所在,于无言说中而有言说,于不可探讨中而加以探讨,说了不算,算了不说。如果能不把我的话作光景来玩,那末我就可以大胆告诉大家,这个"无",就是"无心""无物""无神"的无,一切都无所有,唯有这"无",一切都不可得,唯得这"无",这"无"就是宇宙间一切现象的本原了,而且是宇宙一切现象的究竟了。分开来说:

(1)无心——宇宙唯心所造,不过这个心,还是自无而有,为有念虑的心,差不多宇宙的存在,全靠这心作背后的护持力。(《大乘起信论》说:一切诸法,皆依妄念而有差别,若离心念,则无一切境界之相;又说:三界虚伪,唯心所作,离心则无六尘境界;又说:世间一切境界,皆依众生无明妄心而得住持,均说此)。所以心生则一切境界生,心灭则一切境界灭,心就是生生灭灭的原因,自这个心忽然生起了以后,于是才有世间现前,可见宇宙本来是没有的,不过由心这一转,而恍兮惚兮的放散出来。心是能见能现的,宇宙就是所见所现的,所见所现的是自无而有,故能见能现的也是自无而有的。由此可见,心更没有别的好处,只是一刹那一刹那的生灭心,宇宙依生灭心而有,而生灭心则本没有实际的存在,好比镜中影像是没有自己体性的。所以要穷究这个心的本源,则知实从惑而起,因惑而心动,于是由无心而有心了。(《大乘起信论》说:不觉心起,而有其念;又说:忽然念起,名为无明,均说此)。这么一说,可见生灭心本来无心,依不生不灭心才有生灭心,还不生不灭心,就是无心,所以"无心"是心的本源。(《大乘起信论》说：心起者，无有初相可知，而言知初相者，即为无念；又说：若得无念者，则知心相生住异灭，皆无自立，本来平等，同一觉故，均说此)。我也不惜方便，直指这心源的"无"，作无元的无看了。虽然如此，我所讲无心，也是甚深微妙，不许滥说的，大家不懂，总以为无心是无之又无的心，其实不对，无心就是整个的心——本体，因为一念不生，前后际断，所以叫做无心，会得时则一切世间碰着触者的，都是无心。(《大乘起信论》说：推求五阴，色之与心，六盛境界，毕竟无念，以心无形相，十方求之终不可得，若能观察心无念，即得随顺入真如门，即说此。)还个心洞天彻地，充塞流行，不是心却是必，然则是心的怎样？是心的，不是心了。

（2）无物——"物"并不是外边有的东西，只当自家妄心起的时候，才于浑沦为一的真生命上，割划许多物来，其实物本无物，如妄心灭时，就物质亦不可得，更没有什么大小远近，以及动静状态可见了。(《大乘起信论》说：以依心动故能见，以依能见故境界妄现，离见则无境界；又说：一切色法，本来是心，实无外色，若无色者，则无虚空之相，所谓一切境界，唯心妄起故有；若心离于妄动，则一切境界灭，均说此。)这么一说，可见物的观念是从杜撰来的，彻底讲，这个物的观念尚且没有，何况物这个东西？而且即就物论物，也可见物是自无而有，是没有自己体性的。何则？依空宗的道理来观察，则物的存在，完全属于因缘，因因缘而有的物，实即不是一个物。(蒋维乔君讲演三论宗之宇宙观，曾就眼前最显见之物为例，兹摘录于此，以资参证：盖显见之物，莫如水火，试取水分析之，知是轻养二气和合所成，即知轻养二气和合为因，冷缩为缘，而后为水，如是即可从事推测；今问轻养未和合之前，二气之中已有水性否？如其先有，则不必假借轻养和合之因，冷缩之缘，已先见水，如其先无，则虽假借轻养和合之因，冷缩之缘，亦不得水；而见因缘和合生水者，实即无水。……如是一一推求，可知一切事物，若实有者，必有自体，若有自体，即应自生，决不从因缘生。今推测之余，乃知无一物不从因缘而生，即知无一物可说为实有矣。）因物不是物，所以看见一个东西，等于不看一个东西；说一句话，等于不说一句话，这才是真正的觉悟，到了真正觉悟，才能现证物未生以前的本来面目——这就是无物的"无"了。但这无物的"无"是什么意思呢？我们不要误会，以为无物的无就是无之又无的"无"，若有可无的物，那末，这个"无"还成个什么？须知"无物"的妙处，即在眼前见得森罗万象，却不见一个东西。物是无所有不可得的，所以一切物都是本来空寂，无须去打破他，乃至虚空无破碎，就破碎了，大地不平沉，就平沉了，一微尘都不须打破，而宇宙革命便实现了。

（3）无神——我要证明宇宙的存在，都觉着不可能，何况那宇宙的创造主——神？而且那有人格有意志的神，也实在和"无"的本体不合，因为本体是非意志的，所以无元的无，在这方面看，也就是无神的无了。总而言之，无元的无，就是这无心，无物的无，有心才有物，有物才有造物的神，今既一念不生，自然没有物，更从何有神呢？因为毕竟无心，无物，而且无神，所以毕竟空无所有，不可说不可念，我在这里说了半天，还说不出来，也终竟不可说了。

## （三）

宇宙万物是没有自性的，若有自性，就不应变异，然现见一切物都有变异，忽有忽无，忽生忽灭，忽动忽静，忽紧张，忽弛缓，所有形形色色，无不在那里变异，可见这些无常的东西，都是没有自性的了。复次，若物有自性，就应该自己如此，决不属于众因缘，而现见一切物，都是从因缘有所生起，如水以轻养二气和合为因，冷缩为缘,而后为水;火以炭养为因,燃烧为缘,而后为火,可见这从因缘生的,没有一个东西,可说是自己如此,因为都无自性,所以自性本无——就是无所有不可得的"无"。然这"无"也不是离因缘自然有性,而因缘也本是无所有不可得的,所以因缘不有,也不复更无,非有非无,这才是一切物没有自性的真谛。这么一来,可见物这个东西,即因无常所以无,由无所以物物全真,物都是无所有不可得的本体。会得这没自性意,则这现前的一切物——就是本来寂静,自性涅槃的"无"了,就无生无灭,无所从来也没有去处去了。因此所以宇宙万物,一向都无所住,也没有住体可得,毕竟无生就是物,物就是毕竟无生了。再进一层,为什么知道物毕竟无生呢?简单来说,是因物非所作的原故。若有所作,必定有所作和作者,然所作毕竟无所有不可得,故能作的创造主亦无,若问创造主不无,就要问创造主作万物,是住在何处来作万物,这个住处是不是作者自作?若作者自作,为住何处作?若住别处作,别处又是谁作?由此看起来,可见万物决不是作者所作,既没有作者——创造主,也没有作的宇宙万物,所谓宇宙万物,只是"无"。在"无"上看起来,当知时间无所有,空间也无所有,所以过去世,过去世无,未来世,未来世无,现在世,现在世无,三世同时,三世同时无,乃至虚空无量无边,而虚空无量无边无,如是一切都无所有,举竟不生,不生又那里有灭呢?

原来所谓生,就是自无出有的意思。(刘𪩘《周易义》曰:自无出有曰生)简言之,物因缘和合名为生,然推测之余,则因缘和合生,也毕竟无生。何则?若众因缘和合而有物,那末,和合中已有物了,物先有自体,何须和合才生?又若和合中没有物,而从和合生,那又不然,和合中没有物,怎样和合生?再进一层说:若在因缘和合中,而先有物的存在,则物在和合中应有,而实无所有不可得;又若和合中没有物,则物已没有自己体性,当体即"无",因缘又安得有？由此可见因缘即是空无，因缘无故，当知宇宙万物一切生而不生了。不但如此，这个生亦了不可得，若谓生是有生，就要问这生是未生而生？或已生而生？未生没有体，决不能生，已生就已生了，那里更生起？就是离却已生未生，拿生时来说，生时倏忽灭尽，总没有生性可得，可见万物不生是决无可疑的了。即因万物不生所以不灭，生和灭是对待着说的，离了生便没有灭，万物无生，安得有灭？既知不生不灭，则知这个茫茫宇宙，成也何曾成，坏也何曾坏，而眼见的生生灭灭有有无无，都只是痴人妄自计度，若由明眼人看起来，这个东西，本来如此，动也不一动。（物性空故不动，非以各性住为不动。）没有一个东西不是空寂，没有一个东西不是凝然常住，在这空寂常住的"真生命"中，为问怎样生那么灭呢？

固然一切都不生，一切都不灭，然表现而有生灭，在道生灭的生命中，生而不生，灭而不灭，一生一切生，无灭无不灭，要说他没有生灭是容易的事，若证明他是生生灭灭，就未免太勉强。然我为方便起见，也不妨以生灭法证无生灭法，以无生灭法证生灭法——这么一来，就知道宇宙所以有进化，全靠生灭法在那里滚动，但生灭法是什么呢？由我看起来，只是生这一动，这一动就不住的动，就成为绵延创化的宇宙生命了。由此可见，柏格森说的"真的时间"，其实还未梦见大宇宙的底蕴，而所谓宇宙底蕴，是隐秘而含藏于生之冲动的背后，就是所谓不生灭法，就是"无"，也唯有这无生灭的"无"，才真个没有间断，才是主动的东西。反之柏格森所谓"真的时间"，在进化的道路上，忽而紧张，忽而弛缓，忽而顺流，忽而逆转，忽而在时间上流转，忽而在空间上开拓，刹那无常如此，难道可说没有间断？有间断就只是生灭法了。再明白说：我因万物本无，故说不间断的道理，若果有个没间断的东西在那里，就无论如何，总有间断时节。如柏格森以"真的时间"为没有间断的本体，其实"真的时间"，虽不是固定的，凝滞的，却仍有个浑融流畅一线相延的活动体在。既然有个动体，那末依照人们的智慧性，自不能不分析他，作一片一片一段一段来看，于是"真的时间"就间断了，就成为自无而有自有而无互为推演的进化了。这么一来，可见为着实际的需要，在"真的时间"上是不能不自求分段的片面观，把那永无间断的心的经验，支配在历史法则底下，无而有，有而无，进化变成生生灭灭的分段生命，这不就是生灭法是什么？总而言之，生之一动，就是无始劫来的生死窠窟，有了这全整的一动，就自然而然的有无数的静止相发生。换句话说：这一动就是生灭中事，如果这一动都打碎了，那末所现为一片一段的静相，都不过如阳焰的水，波波都不相触，还有什么生灭不生灭呢？《华严经》说得好："譬如河中水，湍流竞奔逝，各各不相知，诸法亦如是"；又说："以此常流转，而无能转者。"如果懂得这个最深了义，就知道生灭法本来空寂，没有自己体性，所以虽终日流转，却没有可流转的一个东西，依不生灭而有生灭，依生灭而有不生灭，同时生灭，同时不生灭，乃至一生灭一切生灭，一不生灭一切不生灭，所谓"无"之真义，如是如是。

最后，我直截根源的告诉大家，这不生不灭，不常不断的本体，决定不从他得，离一切现象，即一切本体，若谓于现象外更有本体，那都是我从前的方便说法，现在已自把破绽宣露出来。因本体只在眼前，是无所有不可得的，所以现前的世界也是无所有不可得的；因世界是无所有不可得的，所以最后解脱也是无所有不可得的。若能透过这个黑幕，你就得"无所得"，而永离一切虚幻的影像了，就是解脱了。由此可见，解脱是不可能的，也可能的。只要你亲切分明能于一切无障无碍，无所取着，那末，你就无时不解脱，而实无时得解脱，如如不动，而"真生命"现前了。

# 附录　虚无之什八首

## 归　去

我去家二十年了！
只为世事缠绵，早忘却我家，尽管在外边转；
忽地一声猛叫：
"浪子呀！快回头！外边转得不耐烦了！为什么不归家去？"
归去！归去！那是我原来的家，不归去干么？
我硬着心肠归去罢！
管则甚世间的兴和废，名和利，人造的虚荣，眼泪洗不清的凄楚，早迫着我不如归去！
归去！归去！

## 到虚空去

我从虚空来，还向虚空去。
虚空是我本来身，也正是我们归宿；
我去！我去！把身意断灭，吹成灰的我，也自和虚空无二。
虚空里没有国，没有人，没有瞋，没有喜，既远离你和他，也没有他和我；

那不是净土？那不是涅槃？
证得虚空时，方知道人间的坠落，生存的凄楚。
谁送我从虚空来，谁送我向虚空去？
但谁也不送我从虚空来，谁也不渡我到虚空去；
我来时自来，去时自去；
我去！我去！用不着渡夫渡我；
只凭一念真实，我自赤条条地到虚空去。

## 空　观

我心本来空寂，
如同虚空一样；
虚空犹如净镜，
把大地山河作镜中像；
大地哪！
山河哪！
任你不绝的兴波浪，起瀑流，
总逃不出我"空无所有"的心外。

## 宇宙和我

超越宇宙，只唯有我；
我的精神贯彻在宇宙当中；
唉！
我——是宇宙，
宇宙就是我；

我也只得赤手担当,
何须说放下时节?

## 送庆哥

庆哥!你莫悲观,
真,美。善的前途?
请你开辟;
黑沉沉的宇宙,
望你打破;
努力吧!
奋斗吧!
我们还在,
谁道解脱不可能;
只凭着一念真实,
自能把宇宙重新改造!

## 人 生
### ——与适之先生

人生天地间,究竟为什么?
这个问题解决了,难道这糊涂世间还有吗?
适之!没目的底人生,还要他干么?
臭腐好了!
消灭好了!
"死"是神的爱娘!

我们找娘去!
哦!还不是牢笼的天地?
还不是苦海的人生?
你说:"懦夫是不敢生活的。"
懦夫问你:
"敢生活的生来做什么?"

## 反　教

和尚寺的钟声,啥……啥……啥……
长老的良心,Down……Down……Down
说什么阿弥陀佛!阿弥陀佛!
再神通广大的如来,我如今也要赶他西天去了!
黑蜮蜮……黑蜮蜮……
把教门的黑雾窟揭穿,看那一簇簇的寄生虫,何处立足!
把皈依三宝的叩头虫呢?
更不容他不生生饿毙。
我那时再焚烧七宝伽蓝,打倒罗汉,扫荡妖氛;大踏到那:
佛顶上,宝塔上,
高唱我大虚无的歌儿。

## 明夷操

### ——狱中绝命书

吾闻烈士殉名,哲人殉道,吾殉名乎,殉道哉!道之衰矣焉攸避。于是吾入狱百有一日矣,念久幽畏约无穷时,则慨然有慕于伯夷

首阳之行,义不食死。死吾志也,又谁能扬波醱醨,以苟全性命于乱世终其身哉。因广《采薇》遗意,作明夷操,其辞曰:

明入地中兮,义不食矣;
以灼热人兮,孰知其极矣。
至德之代曷来之迟兮,我不逢其适矣。
吁嗟归去兮,世溷浊不可居矣。

无元哲学终

# 周易哲学

本书旨在阐发朱谦之先生唯情哲学，于1923年由上海学术研究会初版发行。1935年4月，由上海启智书局发行第4版。2002年收入福建本第三卷。本次整理，以1935年启智书局版为底本，以福建本为校本，同时参以中山大学哲学系藏朱谦之先生"自存本"所作校批文字。"自存本"扉页，有朱谦之摘抄苏东坡诗句云："溪声便是广长舌，山色岂非清净身。"

——编者

# 目　录

**通讯代序** .................................................. 189

**发端** ...................................................... 192
第一章　形而上学的方法 .................................... 203
第二章　宇宙生命——真情之流 .............................. 215
第三章　流行的进化 ........................................ 231
第四章　泛神的宗教 ........................................ 246
第五章　美及世界 .......................................... 258
第六章　名象论 ............................................ 268

# 通讯代序

石岑吾友：

（上略）人自祖先以来，本有真情的，自知道怀疑以后，才变坏了！拆散了！所以弟近来倒转下来极力主张信仰，只有信仰使人生充满了生意，互相连结着，鼓舞着，不识不知，完全听凭真情之流，这是何等的汪洋甜蜜呀！而且由怀疑去求真理，真理倒被人的理知赶跑了，怀疑的背后，有个极大的黑幕就是"吃人的理知"；而无限绝对的真理，反只启示于真情的信仰当中，没有信仰，没有宇宙，没有人生，至人们亲爱的，更亲爱的，都要把他捣碎成为"虚无"，可怜悯的人们呀！怀疑的路已经走到尽头处了！为什么不反身认识你自己的神，为什么不解放你自己于宇宙的大神当中呢？

要问弟近来思想的下落，只有稳当快活四字，从前的宇宙是有广袤的物质充塞住，现在看起来，却是浑一的"真情之流"，浩然淬然，一个个的表示都是活泼泼地，都是圆转流通的，但不能执为物质，而认作有形有体，而一切有形有体的东西，都还没于"真情之流"了。这时宇宙哪！万物哪！都和我一体，我和天地同流，何等的稳当快活！不错呀！动也快活，静也快活，自家一笑一哭，都和流水一样轻快，手之舞之足之蹈之，把大地山河作织机，可谓痛快极了，自由极了，反之从前否定一切，打破一切，把自己闭在狭窄的围墙里，那也是自由吗？痛快则痛快矣，只可惜痛而不快，可见以怀疑看世间，则充天塞地无非间断，以信仰看世间则照天彻地，无非"真情之流"，要间断都间断不了的啊！

我是对着自己的神忏悔过的，神告诉我，信得自己完全无缺，就眼见得宇宙完全无缺，信得自己是神，就上看下看内看外看，宇宙都是神了！这么一来，遂使我闭住理知之眼，而大开真情之眼，我如今一变而为乐天主义者了！和平主义者了！很相信这个世界，便是最圆满的世界，而工作于这世间的人们，都是神之骄子，由神的真情而流出的，所以我们都是同胞，平等平等，若于此有丝毫怀疑的心，便叫做不仁。

当我默识游神于宇宙当中时，就能看明宇宙是个顶活泼顶流通的"真情之流"，主宰这"真情之流"的，便是"神"。神当真情洋溢时，就为宇宙的森罗万象而现，所以宇宙就是神了！神就是宇宙了！因神的真情流露没有穷期，所以宇宙的绵延，也不休歇，而人们要返于神的，也用不着什么工夫，只须扩充自己的一点"情"，由信仰的向上努力，自能渐渐地和神的真情合为一体，这是无须疑的，因此所以我们所能作的，就是绝对信仰的态度，唯有绝对信仰皈依于宇宙大神，才能摆脱物质的牵制，化理知的生活，复为真情的生活。

我更相信，人们自有生以来，"真情之流"是没有间断的，所以"人性"绝对是善，渊渊浩浩地都是要求快活，要求平衡，都能自找安心立命的路走的，但为什么有恶呢？原来善才迟钝些子，便觉妨碍生机，便叫做恶，其实恶是不可能的，恶只是小善，只须一任扩充便得，也不能不扩充的，由此可见世间根本没有坏人，他们一时不自知罢了，才自知便接续了，便扩充了，所以《周易》说："复以见天地之心"。神的真情怎忍得世间有个坏人？我们和神合德的，也不愿世间有个坏人，这不愿就是性善的证据了！所以在这个乐观的基础上，我敢毅然决然主张绝对自由的真情生活——没有强力而又得调和的社会，我的朋友们呀！我恳求你，不要怀疑！不要想打破一个东西，甚至一微尘都不须打破,这些形形色色,都要信他本来,让你真诚恻怛的一点的"情",眷恋神罢!这么一来,就能把宇宙的一切,都化于"真情之流",都复归于神的当中,而人们的不自由不幸福,自然而然的得个解脱,而实现真情生活在人间上了。

最近的证悟,大概如此,要问其详,一言难尽。但要申明一句,我是一向快活自由的人,不受任何方面的拘束,这种思想与其说是研究周易哲学的结论,不如说由参彻自己的变化得来。活泼泼的真情之流啊!当下便是乐土,我们更何忍毁灭人生,去求那超于人间的希望的"涅槃"?所谓思想改变,如是如是。(下略)

朱谦之

# 发　　端

　　原来充塞宇宙间，不外这顶活泼顶流通的"真情之流"，有了在我的"情"，才为宇宙的森罗万象而现，好似这些万象，晃晃样样是能够遮掩过"真情"的，其实这正是天则流行，何尝有个东西是遮掩过"真情"的？"真情"是真实的，不坠分别境界的，所以由此流出来的宇宙万物，也都真实的，不坠分别境界的。因宇宙万物无一不为"真情"所摄，故此大宇宙的真相，就是浑一的"真情之流"，浩然淬然的在那里自然变化，要间断都间断不了的，程明道说得好："仁者以天地万物为一体"，于此若有丝毫拣择的心便叫做不仁，便不成本体，本体本自现成，本自实现，并不是超出我意识中的现象世界，即此意识中的现象世界便是——当下更是。会得时则上看下看内看外看，都莫不是汪洋一片的"真情之流"，就是真生命了！就是神了！何等乐观！何等轻快！所以我们要实现本体，实在用不着什么工夫，只须一任其自然流行便得。只须自己一刹那一刹那间，都能乐于此，聚精会神于此，"勿忘勿助"的契合于此，就自然而然的把宇宙万物都归于浑一的"真情之流"，就自然而然的化理智的生活，复归于真情的生活，而实现我的本体在人间上了！虽然如此，把这番从自家心中流出来的话来告诉人们，人们不懂得，总以为是唱高潮，是无根之谈，果然如此吗？我方且以为这是真知灼见，就使宇宙人生有消灭那一天，这个真情流行变化的道理，是不会换过来的，何况宇宙人生，本没有间断时节，我的话真正是天经地义万无可疑的了。再进一层说,我这套唯情哲学,虽由于心的经验,但也不为无本,大概都具于《周易》中。《周易》告诉我们,宇宙万物都是时时刻刻在那里边变化,而为学的方法,也只是简简单单的要"复以见天地之心"。这么一来,可见《周易》费却多少说话,毕竟是我的;我由千辛万苦得来的,也不过这一些东西,可见我的学就是《周易》的学——孔圣传来的学,这无可讳言。

从前的学者研究《周易》,都只注意那"太极""乾元"这些抽象名词上,所以大家凭着臆想所及,你说是这个,他说是那个,有的竟妄立个宇宙本体,而舍生取灭,念念希求"虚无"的实现,以为"无"才是本体,这个病痛实在不少,因他都是在名词上显神通,在现前宇宙外,别立什么超越的本体,却不知本体虽是浑然流行于无声无臭之中。不可称不可说,然任举眼前的一个东西,莫不是本体的全体大用了。所以本体是有;就其绝对而言,叫做太极,叫做乾元,都是确有所指,并不是"无"。不然的话,人们还没有亲切分明悟彻本体的时候,则这"太极""乾元"都是有名无实,一点没有意义,而由推理证得的"绝对"——"无",也只是割据本体的变现行相的片段,自和原来"太极""乾元"的意义全不相涉。真截说罢!宇宙本体是由直接证会才得,叫做太极,也只有名,叫做乾元,也只有名,这实在是不可言说的,不可显示的,不可执取的。要说也只有从具体方面着想,总比抽象观念可靠些。因此所以我为方便起见,不妨确指给大家,本体不是别的,就是人人不学而能不虑而知的一点"真情",就是《周易》书中屡屡提起而从未经人注意的"情"字。我敢说这"情"字便是孔学的大头脑处,所谓千古圣学不传的秘密,就是这个。把他来解释六经,无不头头是道,于此益见我的学和孔学相同,我见得真的是这"情"字,却早就是《周易》的究竟话头了!易经"恒"卦象曰:

> 天地之道,恒久而不已也。观其所恒,而天地万物之"情"可见矣。

又《咸卦·彖》曰:

> 天地感而万物化生,圣人感人心而天下和平;观其所感而天地万物之"情"可见矣。

又《大壮·彖》曰:

> 大者也壮,正大而天地万物之"情"可见矣。

又《萃卦·彖》曰:

> 萃,聚以正也,观其所聚而天地万物之"情"可见矣。

因为宇宙本体就是存于天地万物的一点"真情",所以曾得天地万物之情,即是见本体了!本体是无往而不在无时而不变的,所以说:"天地之道恒久而不已也",试看《大戴记·哀公问篇》更明白了!他说:

> 公曰:"敢问君何贵乎天道也?"孔子曰:"贵其不已:如日月东西相从而不已也,是天道也;不闭其久也,是天道也;无为物成,已成而明,是天道也。"

《论语》也说:

"近者如斯夫！不舍昼夜。"——程子注曰："此道体也。天运而不已，日往则月来，寒往则暑来。水流而不息，物生而不穷，皆与道为体，运乎昼夜，未尝已也。"

因为天地万物的本体——情——是永远在那里变化，没有间断的，好像滔滔不绝的流水一般；所以我特别立一个表记，叫做"真情之流"。这"真情之流"是有体么？实在没有定体，所以说："神无方而易无体"（《系辞》），所以说："为道也屡迁，变动不居，周流六虚，上下无常，刚柔相易，不可为典要，唯变所适。"（《系辞》）因为天地间"真情之流"都不是由安排思索出来，都正是行其所无事，所以"寂然不动，感而遂通天下之故"这话极是。要在永远变化中，讨个客观呆定的本体是没有的，只有这个自然随感而应的"真情之流"而已。所以说：易无体以感为体——《世说·文学篇》曰："殷荆州问远公曰：'易以何为体？'答曰：'易以感为体。'"

"真情之流"本是无思无为，随感而应，无不恰好。所以万物化生，无非天则的流行，在流行中，虽然千变万化，却不失其为至善。推之圣人是和本体胖合无间的，故其日用间种种应酬，也是纯然真情流露，当其随感而应的时候，本体也自然沛然流出来了。总而言之，"真情之流"就是本体，周行于宇宙万物之中而无所不在；若就其作用上看，却是至大至刚的，是非常纯正的，这种极大壮的状态，人们默识心通可也。复次，情在浑沦之中，而包涵万有，万有都是因聚而有，在流行中，一动一静，一阖一辟，有无终始，都只是聚散而已。所以看明天地万物之所以聚，即可见本体，本体就是存在于天地万物的"真情之流"，碰着触着，都是这个东西。

《易经》这一部书，只包括我几个基本观念：（1）卦（2）象（3）爻（4）辞（5）象。而这几个基本观念是什么呢？一句话来说尽，就是讲明"真情之流"的自然变化而已。所以《系辞》说：

> 始作八卦，以通神明之德，以类万物之"情"。
> 设卦以尽"情"伪。

又说：

> 爻象以"情"言，吉凶以"情"迁，"情"伪以感而利害生。六爻发挥旁通"情"也。（乾卦）

又说：

> 圣人之"情"见乎辞。

又说：

> 圣人有以见天下之"赜"，而拟诸其形容，象其物宜，是故谓之象——《释文》引京房《周易章句》云："赜，'情'也。"

大概《周易》千言万语，都只是这"情"字，更无其他。所谓："爻也者，效此者也；象也者，像此者也"。见到这里，才是见本体了！盖因"情"是自然的，"伪"是人的；"情"是真觉的，"伪"是理知的；"情"是优美和乐的，"伪"是溃裂横决的；所以一任真情，目要得中，自能使物性和谐各得其利。所谓"自天佑之吉无不利"也。反之若是打量计算着走，在那纡曲不自然中讨生活，就无论如何都不对，也不好。圣人的意思，也不外喊着要人逢凶化吉，跳出理知的曰白，而向着"真情之流"的路上走罢了。因为"真情"就是人的本性自然性，所以《文言传》说：

利贞者，情性也。

惠栋的《周易述·易微言》道：

孟子曰："乃若真情，则可以为善矣。"又曰："若夫无不善，非才之罪也。"继又云："人见其禽兽也，而以为未尝有才焉者，是岂人之情也哉？"孟子言性而及情，情犹性也，故《文言传》曰："利贞者，情性也"。

又说：

《彖传》屡言天地之情，情犹性也。《中庸》曰："喜怒哀乐之未发谓之中；发而皆中节谓之和。"情和而性中，故利贞者情性也。

似惠栋的话，自比一般学者强得多了！然只说到"情犹性也"，还没有胆量承认"情"就是本性，其实在《孟子》书中，"情"字"性"字"才"字，本指一个东西。汉儒董仲舒的《春秋繁露》，尚存"情亦性也"的古说，（见《深察名号篇》）可见情和性只是异名同实，性外无情，情外无性，性就是情，情就是性，后来宋儒分性与情为二，以为性善情恶，这简直不通孟子之书所致，孟子说：

乃若其"情"则可以为善矣，乃所为善也。若夫为不善，非才之罪也。恻隐之心，人皆有之；羞恶之心，人皆有之；恭敬之心，人皆有之；是非之心，人皆有之。恻隐之心，仁也；羞恶之心，义也；恭敬之心，礼也；是非之心，智也；仁义礼智，非由外铄我也，我固有之也，弗思耳矣，故曰求则得之，舍则失之；或相倍蓰，而无算者，不能尽其才者也。

原来孟子道性善，指人生来的本体而言，叫做"才"。因本体是真诚恻怛的，便叫做"情"。本体是不会错了的，所以"为不善非才之罪。"而程伊川说："有不善者才也。"（《全书》十九）真是毫无心得。他们以情为欲为恶，正是佛家思想，而打着孔子招牌，却不知情就是性，恻隐之心，也只是情；羞恶之心，也只是情；恭敬之心，也只是情；是非之心，也只是情：总而言之，存在于自我的底子的，都只是情。情是非常真率的，非常纯正的；当其自然流露烂漫天真的时候，不就是至善是什么呢？可见宋儒性善情恶的说法，实和孟子相违。就是言发者是情，存者是性，也是大错。因为情统本性，一说情便是性了！本性之所以成为本性，就因他是活泼流通，没有间断时节，若有间断，便不是人的"情"。所以说："人见其禽兽也，而以为未尝有才焉者，是岂人之情哉？"可见人的"情"本来毫无欠缺，虽著了理知，而这天植灵根，依然存在。所以我们所能作的，只须把向外逐物的颓习，倒转下来，真情一提起，理知就沉下去，那就复归于"真情之流"了！

我们由这个根本观念——情——来贯通孔家思想，都是很相合；如孔家主张孝弟为行仁根本，这难道也是私意安排思索得来吗？因在真情的发用流行中，不能没有个发端地方，自然有这个天则。所以"自然亲爱为孝，推爱及物为仁，"（皇侃《义疏》引王弼注）人们只管当下随感而应，自要进出天则来；见父自然会孝，见兄自然会弟，见小孩抛下井里，自然会匍匐往救，这是何等的"真情"！又如礼乐的提倡，好以稍涉勉强扭捏，其实也只是"因人之情而为之节文""因人情以为田"。人的"情"是渊渊浩浩，没有休歇的；然方迟钝些子，便妨碍生机，故礼乐的好处，倒是顺其自然趋势，放开一线，使自家真诚恻怛的一点"情"，都一一流露出来，所以说："礼之用和为贵。"只须一任天则流行，自会温良恭俭让，其所应无不恰好，这便是礼了！《乐记》说：

  合情饰貌者，礼乐之事也。
  先王本之情性，稽之度数。制之礼义，合生气之和，道五常之行，使之阳而不散，阴而不密，刚气不怒，柔气不慑，四畅交于中而发作于外。
  君子反情以和其志，广乐以成其教，乐行而民乡方，可以观德矣。
  乐也者情之不可变者也；礼者理之不可易者也。乐统同，礼辨异，礼乐之说管乎人情矣。
  礼乐者天地之情，达神明之德，降兴上下之神，而凝是精粗之体。
  乐者天地之命，中和之纪，人情之所不能免也。

由此看起来，可见礼乐正是"复情"的一段工夫，并不为着要节制人情，倒是涵养人情，使其自然的诚于中，形于外，自然的还没于"情"的当中；极其所至，就能"侔天地之情"，而完满复情的本事了！复次，就孔经来说，书和春秋都是史官之事，且不论他。单到诗教，孔子以温柔敦厚为诗教。又说："温柔敦厚而不愚，则深于诗者也。"又说："诗可以兴，可以观，可以群，可以怨。"可见《诗》三百篇都是由真情流露出来，那是不消说的！即就《论语》的"仁"

字,《中庸》的"诚"字,也不过名词不同,其实只说一"情"字,就是"仁"了!就是"诚"了!儒家的书,诚然汗牛充栋,除却"情"这个观念,便没有什么!此外最难懂而最重要的,还是孔子自道的一贯之道;晓得这个统之宗,会之元,是指什么意思,那末我所说的"情",才有了落处了!《论语》说:

子曰:"赐也,女以予为多学而识之者与?"曰:"然!非与?"曰:"非也,予一以贯之。"(《卫灵公》)

子曰:"参乎!吾道一以贯之!"曾子曰:"唯!"子出,门人问曰:"何谓也?"曾子曰:"夫子之道,忠恕而已矣。"(《里仁》)

何晏《集解》注曰:

善有元,事有会,天下殊途而同归,百虑而一致,知其元则众善举矣,故不待学一而知之。

王弼《论语释疑》注曰:

忠者,情之尽也;恕者,反情以同物者也。未有反诸其身而不得物之情,未有能全其恕而不尽理之极也。能尽理极,则无物不统,极不可二,故谓之一也。推身统物,穷类适尽,一言而可终身行者,其恕乎!

把两家的注,合拢来看,便知这个万殊而一本的真理,总而言之,只是"情"——只是复归于"情",人们要复情,先不可不从自己做起;能把自己的一点"情",涵养得充满无缺,就自然而然的一任真情，推广到家国天下，以至"塞于天地之间"。所以说："有一言而可以终身行之者乎？"子曰："其恕乎！"恕就如是心做去，能够复情，就自会如心来应人接物，这时不识不知，何思何虑，有的只此一以贯之的"真情之流"，依此"真情之流"，更没有许多事了！

最后，我敢宣言我这唯情哲学，就是孔家的本来面目，不幸孔家这一套哲学，自孟子以后失传了数千百年，就中唯濂洛关闽，有些形而上学的根据，却是太粗疏，陆象山王阳明一派下来，只从人性方面着想，不为无见，然却添得些佛法在里面，我的意思，是要扫清旧传派的乌烟瘴气！而直接孔孟，下集诸儒之大成，把从孔孟以来被诸儒打断的形而上学系统，再接续起来，组织起来，而且应用到政治、伦理、教育、艺术各方面，用真情的默识方法，使宇宙生命化，物质精神化，这么一来，"真情之流"才可完全实现了！神在人间可以实现了！但这是本书的要旨，现在不细说，只将这"唯情哲学"的根本原理简括如下：

（一）宇宙本体就是浑融丹转活泼流通永没休歇的"真情之流"。

（二）"真情之流"是无思无为的自然变化，完全是自然的，泛神的，唯心的，变化而一，一而变化。

（三）"真情之流"就是绝对的意象——表示，但这个唯一表示，实只浑然一流，由此而生的一个个意象———表示，也都是活泼泼地，都是丹转流通的，但不能执为物质，而认作有形有体。

（四）在流行变化中，自然进出天则，这天则本自现成，本自调和，隐秘而含藏于"真情之流"；发出来都是自然而然的，神妙不测的，其孰安排是？其孰运行是？

（五）"真情之流"中，无独必有对，所以一动一静，一阖一辟，一感一应，都是天则的自然，如没有这相对双的天则流行，便绝对也不可见；绝对即在相对中。

（六）"真情之流"是极活泼极流通而稳静平衡的，在活泼流行中，而稳静平衡是其体，于稳静平衡中而常流不息是其用，体用非二。

（七）我们自己的"人性"，是在那里流着，"穿过真情之流"，所以要我们入于真情之流的内部，实不假外求，只须内省的默识便得。如果亲切分明看到自家"人性"，即是见本体了！

（八）科学所分析的"物"本和"真情之流"浑融为一，由默识方法看起来，没有物质这个东西。

（九）人自有生以来，"真情之流"是没有一回间断的，所以"人性"皆善。

（十）天地万物本我一体，我和天地同流。

# 第一章　形而上学的方法

形而上学的方法，一定要求一种神秘的直觉（Mystic Intuition）以神的智慧作自己的智慧，大开真情之眼，以与绝对无比不可言状的"神"融合为一，这就是孔门所谓"默识"了！明儒邹颖泉说：

> 子曰默而识之，识是识何物，谓之默则不靠闻见，不倚知识，不藉讲理，不涉想像，方是孔门宗旨。

王塘南说：

> 默而识之，即自性自识，觌体无二，不可以悬想言。

耿楚倥说：

> 默识，识天地之化育也。

因为那无上的知慧——神——是我们只能永远缄默去证会的，一旦恍然独见，于人们自身和宇宙事物中，会得这"神"光明灿烂，常在目前，则到处都是神了！人人都可以成神了！所以《系辞》说：

> 神而明之，存乎其人，默而成之，不言而信。

只要人们如此的经过了那默识，则人们便成了神。成里边有个秘诀，就是"不言而信"，只信着就得了。难道能用言语文字去推证其所以然吗？因为"神"是不靠观念和符号直接默识的，那种明了透彻的程度，用言语是说不出来，所以孔子才要"予欲无言"（《论语·阳货》)，子贡更明明的说："夫子之文章，可得而闻也，夫子之言性与天道，不可得而闻也。"(《论语·公冶长》)这个"神"元来"不勉其中，不思而得"，思虑尚来不及，何况言说，言说都没有，神这一字都不是，更何从闻起？因为神无声无臭，不是言说境界。所以唯有"默识"才得，唯有精神毫不渗漏才得。"才涉拟议非默识，才管形迹非默识，才以意气承当非默识，终日如愚，参前倚衡，如见如承。此默识景象"。（潘雪松语，见《明儒学案》卷三十五）才得见神，神超然于争论以外，难道是闻见小知所能知道的吗？

因为真正的智慧，是神的智慧，所以我们应该承认自己无知，而后可以知神。孔子说："吾有知乎哉？无知也"。(《论语·泰伯》)《横渠易说》道："无知则神矣，苟能知此，则于神为近。"可见靠着人们的智慧识，神的知慧不会到来，神必须人们自己极力抛弃我底那知识，如文王之"不识不知，顺帝之则"，使自己自乐自进顺从神的智慧才得，《诗·大雅》说的好：神之格思，（格，来也）不可度思，矧可射思。

《易·系辞》说："天下何思何虑。"又说：

> 易无思也，无为也，寂然不动，感而遂通天下之故，非天下之至神，其孰能与于此。

这都是以真正的知慧，为"神来"的证据，我们没有"神"，便不能知道什么，我们由"神来"而才有一切的智慧，可见"神"是一切智慧的根本原力，一切智慧都是先天所固有的了！

《系辞》说得是：

> 神以知来，知以藏往。

周子《太极图说》道：

> 形既生矣，神发知矣。

原来神是个"圣而不可知"（《正蒙·神化篇》曰：天德不可致知谓神，故神也者，圣而不可知），生物得来，才叫做"知"。生这物便赋予这物以知，生那物便赋予那物以知，所以说"神以知来"。知是人物既生以后依神而被认的存在，同时又为知神之力，所以说"知以藏往"。有了知才给死亡所不能毁坏的"神"一个意思，由此可见凡物莫不有神的知，所谓"知备于万物"（《系辞》）。虽然偏蔽之极，而这一点灵光——神的智慧——总是有的。《二程语录》曰："人之知思，因神以发。"这不是更易白了吗？明儒欧阳南野因此遂有"知神之为知，方知得致知"之说。又说：

> 道塞乎天地，所谓阴阳不测之神也。神凝而成形，神发而为知，知感动而万物出焉。万物出于知，故曰皆备于我，而知又万事之取正焉者，故曰有物有则。知也者，神之所为也。

晓得知是神之所为，则包罗宇宙以统体言，都是知了！由此遂断定知是至大——叫做乾知。《系辞》说"乾知大始"，这大始之知，大塞乎宇宙，而小彻于毫芒，无所不在，即是本体，即是实在，即是天心之神发！所以自然随感而应，便生天生地，品物流形，都从此出，真是再简捷也没有了；故又说："乾以易知，神以简能，易则易知，简则易从。"神把这满腔子智慧打拼出来，这是自然而然的，有什么难处呢？所以来知德《易注》说：

> 易知者一气所到，生物更无凝滞，此则造化之良知，无一毫之私者也，故曰知之易；简能者乃顺承天，不自作为，此则造化之良能，无一毫之私者也，故谓之简。惟易乃造物化之良知，故始物不难，惟简乃造化之良能。故能成物不烦也。

又接着说：

> 人受天地之中以生，其性分之天理，为我良知良能者，本与天同其易，而乃险不可知；木与地同其简，而乃阻不可从者，以其累于人欲之私耳。故曰易则易知，简则易从，易知易从，非人知人从也。

会得大始之知——造化的良知——而后在我的良知才好讲。这良知本天所以给我的，若复得他完完全全，无少亏欠，便就是神的智慧了；神的智慧非他，即人人所固有，先天所自具的良知便是。《孟子·尽心章》说："人之所不学而能者，其良能也，所不虑而知者，其良知也。"王龙溪更说得妙："神知即是良知，良知者心之灵也，洗心退藏，只是良知，洁洁净净，无一尘之累。不论有事无事，常是湛然的，常是肃然的，是谓斋戒以神明其德。神知即是神明，非洗心藏密之后有神知之用也。"可见良知非他，也不过依着那一点神知罢了！我们只依着他做去，便自能教我们以什么是真，什么是美，什么是善。因为良知本来至精至神的，随他多少邪思枉念，这里一觉，便自消融，因为瞒他一点不得，所以良知即是神，神即是良知。孔子称颜氏之子，"其殆庶几乎"，也不过说："有不善未尝不知，知之未尝复行也。"能够是非到前便明。这就很近于神的智慧了！便是圣人了！

要问我怎样才能到神。我也只叫人一任良知罢了！因为人的良知，就是神的良知。换句话说，即和神共知，所以从这方面说，神给我们的良知，而从那方面说，我即因这点良知，而返于神，返于无声无臭中。明儒钱德知说得好："此知运行万古有定体，故曰太极，原无声臭可即，故曰无极。太极之运无迹，而阴阳之行有渐，故自一生二，二生四，四生八，以至庶物繁生，极其万物而无穷焉，是顺其往而数之，故曰数往者顺。顺自万物，推太极以至于无极，逆其所从来而知之，故曰知来者逆。是故易逆数也，盖示人以无声无臭之源也。"由这话看起来，我又知道，由我们意识中现象世界，一直穷到现象世界的根极，便是求神的智慧了！然求神的智慧仍不出于神，神欲使我们知，我们才得知之。谁能知道神呢？我的答案，只有"神"知道他自己。《系辞》说：

知几其神乎！

又乾卦曰：

知至至之，可与几也。

这里"几"字，就是指神。耿楚倥解道："知至至之，则不识不知，无声无臭，此其显现。"因为神则包括人们所有的良知，人们能够"复以自知"（《系辞》），便可见自家原日的神，所以说"复其见天地之心乎"，复是复个什么，见是见个什么，说到此处，难着言诠，只好默契灵识可也，谁又能知道神呢？虽然如此，神本不可知，却从不可知处仍给人以知，而且人们也不能脱开可知的日常经验的事物，再寻那不可知，所以《周易》说不可不知的神，就是宇宙万有的本体，处处是可以默识的，在我们自身和宇宙万有中，便可默识的，无论何时何处都可默识的，因为象这个意象，是无时无处不寄托，所以随时随处都是我们求智慧的目的，而《周易》也因此而提倡一种"穷神"的根本方法。《系辞》说：

穷神知化，德之盛也。

这种"穷神"，不是令人悬空想像，是要人去寻求那到处皆有的"神"，由一念之微起，以至于"鸢飞鱼跃，山峙川流"，莫不是用力地方，若能真穷到十分彻底，真见得神，则日用间碰着触着，都是神的全体大用！这么一来，则《大学》所说"格物"便有着落了！原来"格物"不是别的，就只"穷神"二字。《说卦传》说："神也者，妙万物而为言"，《系辞》说："天生神物""精气为物"，《中庸》说："神体物而不可遗"，这不都是告诉我们以万有皆神的大道理吗？可见任举眼前一个东西，莫不有神，格物是要实到那地方，穷至事物的甚深微妙处，这就和穷神是一桩事的了！因为神的智慧是体物来的，是兼知行合内外的，所以和佛家虚空寂照的圆觉不同；而陆王一派多有未悟，其流弊遂至忽于照看外边，训格为正，训物为念头之发，这么一来，格物便没有实下手处，格物的"物"，当下便成空见，而所谓致知的知，也只是超开我们意识中现象世界而悬空的一个本体罢了！却不知格物方法，须大着心胸，广求宇宙间的道理，若此不格物的致知，只凭主观意见，不特狭窄孤单，难能开拓，而且作弄精神，分明禅学！复次，程朱以取途穷理为致知的方法，其穷理是对的，而要今日格一物，明日格一物便错了！我们一日之间，开眼便见这理平铺着在，若不随时体认，便和宇宙不相似！所以穷理确是路程，但非究竟，必须由穷理而尽性，而至命，到事物的极处，见得神才是，致知是要知万物同出于一，"知天地之化育"才得。今程朱末流，处旁观的态度，以知得相对的皮相为已足，对于宇宙本体——神——未能探得分毫，只格物而不能致知，不得不支离了！我呢？以为这两派的格物方法，都有他的好处，却都不能无失，孔学只一个工夫，就是"致知在格物，物格而后知至"。换句话说，就是穷到事物的神，而后有神的智慧，不然神的智慧，是不会从天上掉下来啊！于此我愿告诉大家几句话，《大学》格物之说，虽有如全祖望所说七十二家之多，现在可不中用了！我们为救已往之失，不可不直接《周易》，以古圣贤的格物为正，讲明格物是个什么，便立为定论。《系辞》说：

古者包牺氏之王天下也，仰则观象于天，俯则察法于地，观鸟兽之文与地之宜，近取诸身，远取诸物，于是始作八卦，以通神明之德，以类万物之情。

以所近取诸身，远取诸物，仰观俯察，以直探神明之德和万物之情，这就是包牺的格物了！

《系辞》又说：

圣人有以见天下之赜，而拟诸其形容。象其物宜，是故谓之象。圣人有以见天下之动，而观其会通，以行其典礼，系辞焉以断其吉凶，是故谓之爻。

这见天下之赜——情——见天下之动,便是古圣相传的格物了!《系辞》又曰:

> 易与天地准,故能弥纶天地之道,仰以观于天文,俯以察以地理,是故知幽明之故,原始反终,故知死生之说,精气为物,游魂为变,是故知鬼神之情状。

这是孔子一生格物的本领了!因为宇宙万有的本体——神——本是遍一切处,无所不在,所以格物之说,也是浑合内外而言,上看下看内看外看,充塞天地间,莫不活泼泼地,都正是穷神——格物——工夫,不过这穷神是顶大的工程;所当用力之处,从当境的体认,到那能认识的神,虽彻首彻尾,只是"默而识之",而因程度浅深的不同,也可约之为三步:

(一)头一步默识 我们当境所直接默识的,就是宇宙万有不断的美的意象,这意象在各瞬间的串列中,近于相续,遂误为静止,其实并没有静止这个东西,万有都在流转,变相是很快的,那前后所发生的,都只是"意象",不能刚刚相同,在这许多不同的一个连串中,于时间上每一意象,历一极短时间,顺着"真情之流"往下流的。一瞬间一瞬间如此的显现消灭,遂呈为"美的意象",在《周易》叫做"象",又叫做"理"。教我们"观象""玩象"又叫"穷理"(理的本义,见惠栋《易微言》,宋人说理与道同,只见得一偏)因这意象的相续,有许多不同的节文条理,所以都是美的。当我们由默识的作用,深入这美的相续中,会得一瞬间一瞬间的变化,便也会得"神"的流行发用了!《易·系》说:

> 变化之道者,其知神之所为乎!

杨时《易藁》道：

> 变化者其神之所为乎！无象无形则神之所为隐矣。又道：变化者神之所为也，其所以变化，孰从而见之，因其成象于天，成形于地，然后变化可得而见焉。

这话很合！如果无象无形，便神的踪影，也不可见，那里穷神呢？要穷神必先爱美，万物非美不相见，美是跃然可指的，充塞宇宙间如日月之照，如云之行，如水之流，如草木之生生化化，那一个不是美的意象？会得这美的意象的变化，便已做到默识的第一步了！固然知神之所为，还不算究竟，然最初下手，却不可不从这里自寻来路，把这话切身说，也是一样，我们日常动静语默衣食之间，就一语一默一衣一食理会，也是很美的，所以杨复所《证学篇》："问知变化之道者，其知神之所为，曰即汝一言一动便是变化，汝能识汝言动处，便知神之所为。"由此可见我们的视听言动，喜怒哀乐都是和神周流贯彻，作便同作，息便同息，这都是从神心中流出来的！神不可知，我们却可由他美的意象上，默识个体段，这便是博文约礼的工夫，一旦穷到尽处，就所见无非美者，以爱美是到达神的最初门路。

（二）次一步默识　由上所见是一串的"美的意象"，刻刻在流转变化中，一瞬间没有一次残留，有时看见这一部分，有时看见那一部分，这都是铢积寸累的，却不是无数可数无量可量的，是多的相续的，却不是一而变化的，这种默识，只能看明物的表象，还未深入内边，到了次一步默识，从一上去贯，把物里边的区别都破了，其境界才一言难尽，一瞬间一瞬间都通彻无间了。默识到此，但可内观自证，所证得是物即我，我即物，滚作一片都没有分别，没有穷尽，真陈白沙所谓"往古来今四方上下,都一齐穿纽,一齐收拾"也。这个浑然一体,指何为名呢?我叫他"真情之流"。元来仰观俯察,从容潜玩之久,自然一旦豁然贯通,早把这"真情之流"如连山断岭般滚将出来,一格就格通物的本质全体了!《系辞》说这境界是:

通乎昼夜之道而知。

杨时《易蘖》道:

通乎昼夜之道而知,故神无方而易无体,圣人所易体明者,以其通昼夜而知也,知刚柔一气之往来,则昼夜之道可知矣,推此则死生之说皆可默识也。

《横渠易说》道:

不偏蔽于昼夜之道,故曰通知。

明儒钱德洪道:

意有动静,此知之体,不因意之动静有明暗也;物有去来,此知之体,不因物之去来为有无也。
性体流行,自然无息,通昼夜之道也。

因为美的相续是一动一静的,所以头一步的默识,尚是坠于一边,或知有昼而不知有夜,或知有夜而不知有昼,直到这里才能"通乎昼夜之道而知",默而识之,深而造之,把一切美的意象,都复返于真情的本流中，这种默识已穷到性的尽头处，已默息游神于心性当中，故叫做"尽性"，比"穷理"更深一层，所以《横渠易说》道："知崇，天也，形而上也，通昼夜而知，其知崇矣。"也唯有这崇高的智慧，才能够证会绝对真实的宇宙本体。

（三）最后步默识 《易系》求知的方法，是要"穷理尽性以至于命"。穷理就尽命①了！尽性就至命了！本来三桩事一时并了，元无次序，若要稍为分别，我就可以说，穷理尽性，都少不了思，唯有天命在流用进化中，是不可预测的，因为天命即是神，默识达到神明的玄奥，这时听天由命，便无所事乎思了！所以易以无思无为，叫做至神，而以为："穷神知化，德之盛也，过此以往，未之或知也。"未之或知，是到这里不可奈何，思想知识都用不着了，默识到此才算究竟，才算"精义入神"。言入好比自外而入，于神没有一隙不入，这不是成了神吗？所以又说："默而成之"，这以何为验呢？就其全知，能够如《系辞》所说"无远近幽深，遂知来物"便是。王宗传《童溪易传》说：

知几其神乎！又曰其知几乎！而美之曰君子知微知彰知柔知刚，万夫之望。夫几之为言事之初也，于事之初而能豫知之，此《中庸》之所以谓前定乎！吾之所知不存临于之后，此所谓动之微吉之先见者也，非神而何？惟与乎神，则见几而作，不俟终日，断然而识此几也。

圣人和神合德，这以何为验呢？来知德《易注》说：

此则用神而不用蓍，用智而不用卦，无卜筮而知吉凶，孰

---

① "尽命"，疑当作"尽性"。——编者

听与于此哉,惟古之圣人聪明睿知,具耆龟之理,而不假于耆卦之物,犹神武自足以服人,不假于杀伐之威者,方足以当之也。

因为这种默识,是不可思议,所以不能把来告诉大家,易说知几其神与知微知彰三句,都是赞辞,只赞叹他就是了!本来充塞宇宙间有微有彰,工夫必须知几造微,这时则既知其微,又知其彰,既知道其所以柔,又知道其所以刚,四桩既知就无所不知了!无所不知所以能够"周万物而知"(张子《正蒙》曰:圣人之神惟无,故能周万物而知)所以为万夫之望,所以说:"精义入神,豫之至也。"(《正蒙》)这是何等法悦的境界呀!

虽然!由神的智慧便无知无不知,知幽明,知死生,然须是到这地位才如此。《周易玩辞》说得好:

> 至于神然后能穷神之所由起,至于化然后知化之所由推,知化犹知大始之知,非万物生于其手者,不能知万物之始也。非万物生于其身者,不能知万物之机也。孔子言知天命,子思言知天命之化育,皆至乎其地者也。凡傍观仰视遥度臆料者,皆未足以言知也。

可见无知无不知的话,未许滥说,我们所能作的,还是从穷理尽性起点,默识得一步便有一步受用,默识得二步便有二步受用,从工夫说,是随处穷神知化,从这方面说便"所存者神,所过者化"。只要实实落落去穷尽其神,我便能充周发达,以到圣而不可知地位,那时我便是神了!神便是我了!

# 第二章　宇宙生命——真情之流

原来所谓宇宙，只是生这一动，只是"四时行焉，百物生焉"，流行到这里便生这物，流行到那里便生那物，所以《系辞》说："天地之大德曰生。"生统万物而言，无所不在，无所不通，无所不为之根柢，大的如天地日月，小的如微尘芥子，无不有"生"在那里流行变化，生之力真是伟大呀！所谓："天地絪缊，万物化醇，男女媾精，万物化生"，充塞宙宙，何往而不是这顶活泼顶流通的生理充塞住！《诚斋易传》赞曰：

孰为天地之德乎？一言以蔽之曰生而已。大哉乾元，万物资始，乾道变化，各正性命，云行雨施，品物流形，此乾之所以示人以易者生也。至哉坤元，万物资生，乃顺承天，此坤之所以示人以简者生也。

"宇宙之生"是什么？就是不断的变化，活泼流转，健行不息，他紧张和弛缓的程度，虽然变化万千，却永远没有时候间断的。所以一剥便复，才尽就生，才间断便接续了。《系辞》说："复见天地之心。"《横渠易说》发挥得最精致："剥之与复，不可容线，须臾不复则乾坤之道息① 也，故言适尽即生，更无先后之序也，此义最大。……复则不可须

---

① "息"，原作"义"，误，据《横渠易说》改。——编者

臾断，故言七日，七日者，昼夜相续元无间断之时也。大抵言天地之心者，天地之大德曰生，则以生物为本者，乃天地之心也，地雷见天地之心者。天地之心，唯是生物，天地之大德曰生也。"这么一来，便知要概括的明白生之意义，生就不断之流，无时而不移，无动而不变，换句话说，就是一溶和渗透之内质的变化的绵延罢了。所以《系辞》说：

生生之谓易。

这个生生之变，好似水流雪积一样，且进且成，在平时常被人忽略看过，但当我们默识心的经验时候，情形便发觉了！方寂方感，方动方静，方紧张方弛缓，一念一念没有不在那里变异，而申向着不知道的前途申去。须知这人们的内的心理状态，也正是宇宙之生的初步说法，所以宇宙之生非他，只是随时变化的原理，只是如《系辞》说的：

变动不居，周流六虚，上下无常，刚柔相易，不可为典要，唯变所适。

自从孔子川上之叹，子思鸢鱼之说，早已告诉我们以这变化的大道理了！天地间只有一个变化而已，更有何事！其在人方面，就是视听，是言动，是喜怒哀乐；其在宇宙，就"天地位焉，万物育焉"。鸢之飞，鱼之跃，以至鸟啼花落，山峙川流，草木的生生化化，碰着触着，都只是这个道理，我的变化就是天地的变化，所以充塞天地间，生生不已，都只是这个本体普遍流行罢了。故《系辞》说：

夫易广矣大矣，以言乎远则不御，以言乎迩则静而正，以言乎天地之间则备矣。

又说：

在天成象，在地成形，变化见矣。

既知宇宙本体是永远在那里变化，还要知道变化是起于极微细，极简单，而累进自积的，无限扩张的。（虞翻《易》以乾为积善，即此义。）《中庸》说：

天地之道可一言而尽也，其为物不贰（《易微言》注）不贰，一也。荀子曰：并一而不贰，所以成积也。并一而不贰，则通于神明，参乎天地矣。则其生物不测，天地之道博也，厚也，高也，明也，悠也，久也。今夫天（以下言积）斯昭昭之多（郑注：昭昭犹耿耿，小明也）及其无穷也，日月星辰系焉，万物覆焉。今夫地一撮土之多，及其广厚，载华岳而不重，振河海而不泄，万物载焉。今夫山一卷石之多，及其广大，草木生焉，禽兽居焉，宝藏兴焉；今夫水一勺之多，及其不测，鼋鼍蛟龙鱼鳖生焉，货财殖焉。（郑注云：此言天之高明本生昭昭，地之博厚本由撮土，山之广大本起卷石，水之不测本从一勺，皆合少成多，自小至大，为至诚者，亦如此乎）《诗》曰：维天之命，于穆不已，盖曰天之所以为天也。於乎不显，文王之德之纯，盖曰文王之所以为文也，纯亦不已。（郑注曰：天之所以为天，文王之所以为文，皆由行之无已，为之不止，如天地山川之云也。《易》曰：君子以慎德，积小以成高大，是与。《正义》曰：此节明至诚不已，则能由微至著，从小至大。）

由此可见，宇宙本体根本活泼泼地。神化流行就是所谓"维天之命，於穆不已"。我们最好把不断的流水来比他。《论语》说："逝者如斯夫，不舍昼夜！"正是这个说法。因为本体是变化无穷，绵延不断，所以由微而著，积小至大，他是时时刻刻的累积，时时刻刻的创新，自过去而现在，过去即现在当中，过去的保存无已，所以未来的扩张增大无已，即因未来的扩张增大无已，所以变化也永没休歇。孔家最注重用力，教人的是"温故知新"。我们本体一方面仰倚着"故"，一方面俯恃着"新"，一个是未来的前进，不可预测，一个是过去的累积，永无穷期。《系辞》说："易无思也，无为也，寂然不动，感而遂通天下之故。"《孟子·离娄章》曰："天下之言性也，则故而已矣。故者以利为本……天之高也，星晨之远也，苟求其故，则千岁之日至，可坐而致也。"这个故字，就是永不间断的过去累积，就是昼夜相承相继的"千岁之日至"。（见《四书集注》）孔家又最重一"新"字。汤之《盘铭》曰："苟日新，日日新，又日新。"《伊尹之训》曰："终始惟一时，乃日新。"《周易·大畜》曰："刚健笃实辉光，日新其德。"又《系辞》曰："日新之谓盛德。"可见宇宙本体这件浑融流畅的东西，他无始无终的经过，都存于现在绵延转起的一念心，无达无尽的将来，也存于现在绵延转起的一念心，只这一念心累积不已，便日新不已，至于无穷，这就是变化的真象了！

但生之真意义，就是变化，然这变化的原理，是确有所指，究竟是指什么呢？我们知道"伏羲作易，自一画以下，文王演易，自乾元以下，皆未尝言太极，而孔子言之；孔子赞易，自太极以下，未尝言无极，而周子言之"。（见朱子《答陆子静书》）先圣后圣都是要发明这个道体不出，现在我为方便起见，敢确指给大家，本体不是别的，就是充塞天地间的"真情之流"，就是人人不学而能不虑而知的一点"情"。就是《周易》书中屡屡提起而从未经人注意的"情"字，我从狱中读《易》彻悟过来的，也只是这"情"字，谈何容易。但有人驳我道：一部《周易》虽不抹煞这个"情"，然而除却"咸""恒""大壮""萃"诸卦，也不是六十四卦，卦卦如此。这话稍加思索，便知其于《周易》一部书，还不能通其意。何则？六十四卦都是要发明天地万物之"情"，然每卦而言，就不胜其言，所以圣人只就"咸""恒""大壮""萃"诸卦，偶发其数，并不是这些卦和他卦特别。如说"观是所恒，而天地万物之情可见矣""观其所感，而天地万物之情可见矣"，本有言不能尽之意。《系辞》更明明白白的说："始作八卦，以通神明之德，以类万物之'情'。"八卦如此，怎见得不是六十四卦都如此呢？若能因天地万物之"情"，而悟六十四卦生生之理，就知道一部《周易》都只是这"情"字，都只是道着天地万物之"情"。《礼记·祭义》说："昔者圣人建阴阳天地之'情'，立以为易。"可见六十四卦三百八十四爻，一阴一阳而天地万物的"情"，便跃然可见。所谓"以阴阳为端，故'情'可睹也"，(《礼记·礼运》）这么一来，足证易以道阴阳，就是所以见本体——真情之流，而"情"是《周易》的究竟话头，也不待详证而自明了！

因为充塞天地间，"真情之流"无往而不在，所以说："范围天地之化而不过，曲成万物而不遗。"即所见天风、木叶、鸟语、花声，无非"真情之流"的大道理，所谓命，所谓道，所谓太极，总是这一个东西，只就自家默识便见。但于此须注意，孔家讲"真情之流"决不是不变的，恰以野马尘埃之相联络，一动不息，而一般虚无学者所悬想的不变不动的本体，自然只好算作臆谈，和这神妙无方变化无迹的自然变化，决非同物。因为只有时时刻刻的变化是本体，只有作用是性，所以没有本体这个东西，不疾而速，不行而至，贯彻古今内外，也不外这浑一的"真情之流"，要得这浑一的"真情之流"，只须看天地生物气象便得，所以《周易》恒卦象曰：

恒，久也，久于其道也，天地之道恒久而不已，也利有攸往，终则有始也。日月得天而能久照，四时变化而能久成，圣人久于其道，而天下化成，观其所恒而天地万物之"情"可见矣。

又咸卦象曰：

咸，感也，天地感而万物化生，圣人感人心而天下和平，观其所感，而天地万物之"情"可见矣。

又大壮象曰：

大壮，大者壮也，刚以动故壮，正大而天地万物之"情"可见矣。

又萃卦象曰：

萃，聚以正也，观其所聚，而天地万物之"情"可见矣。

原来天地之大，万物之众，他往古来今，出生入死的变化，永远没有间断的，只是这"真情之流"。"真情之流"就是绝对的表示，就天地而在天地，就万物而在万物，就人而在人，无处不是变化，就无处不是表示，《系辞》说得好："易也者，象也。"何等明白！因为"真情之流"就是人人共见的绝对表示，所以决不是"无表示"，如果真个"无表示"，就乾坤毁掉而无以见易，那末"易不可见，乾坤之道或几乎息矣"（《系辞》）尚从那里去看天地生物气象呢？我们须知道《周易》千言万语，都只道着永恒不息的绝对表示，而否认那无所有不可得的"无表示",有表示所以"天地变化,草木蕃",无表示所以"天地闭贤人隐",这个意思很重要。晓得《周易》的根本地方是绝对表示,才能于天地万物中,会得存于天地万物的"真情之流",而灼然有以实见宇宙本体了。宇宙本体本是悠久,本是活泼,如咸恒诸卦所说,都是非常的恰切。项安世在《周易玩辞》,也解得妙:

> 咸曰:观其所感,而天地万物之"情"可见矣。恒曰:观其所恒,而天地万物之"情"可见矣。阴阳之"情",惟感与常而已。往来无穷者感也。相续不已者常也。
>
> 恒曰:天地之道,恒久而不已也。利有攸往,终则有始也,明道在不已,所以能久也。已者止也,止则废,废则不久矣。《书》曰:终始惟一,时乃日新,惟日新不已,然后能终始惟一也。日月得天而能久照。天即道也,四时变化而能久成,变化即不已也。

又总说之曰:

> 天地万物之所以感,所以久,所以聚,必有"情"焉,万变相生感也,万古若一久也,会一归一聚也,知斯三者而天地万物之理毕矣。天地之心主于生物,而聚之以正大,人能以天地之心为心,则无往而不为仁,以天地之"情"为情,则无往而不为义矣,是以圣人表之以示万世焉。

由此可见,我立"真情之流"以为宇宙根本的原理,是完全本于《周易》,并非杜撰出来。但这"真情之流"其实则一,而其名却很少。因其至极无对而为万有的大枢纽、大根柢,便叫做"太极"。《系辞》说:"易有太极。"又唤做元,《文言传》曰:"元者,善之长也。"又说:"乾元者,始而亨者也。"彼之所谓太极,所谓元,即是一个"情"字,只是天地万物的"情",在有天地之先,毕究是有这点"情",在而有太极,"情"立而至善见,只是一个"真情"一以贯之罢了!王夫之论元最好,他说:

> 物皆有本,事皆有始,所谓元也。——纯乾之为元,以太和清刚之气,动向不息,无大不居,无小不察,入乎地中,出乎地上,发起生化之理,肇乎形,成乎性,以兴起有为而见乎德,则无物之本事之始,皆以此倡光而起用,故其大莫与伦也。木火土金川融山结,灵蠢动植,皆天至健之气,以为资而肇始,乃至人所能,信义智勇礼乐刑政以成典物者,皆纯乾之德,命人为性,自然不睹不闻之中,发为恻怛不容已之几,以造群动而见德,亦莫非此元为之资,在天谓之元,在人谓之仁,天无心不可谓之仁,人继天不可谓之元,其实一也,故曰元即仁也。

又曰:

> 惟以乾为元,而不杂以阴柔,行乎其所以容已,恻然一动之心,强行而不息,与天通理,则元于此显焉,故曰元即仁者,言乾之元健行以始之谓也,故谓之元为至大也。(《船山遗书·周易内传》卷一上。)

这么一来,便知乾元与仁,都是"真情之流"的别名,在天地万物就发育峻极的,便唤做元,在人分上就自然随感而应的,便唤做仁,所以孔门之学以求仁为宗,求仁就是所以复情,勘破时就我和天地万物浑然一体。真如日月之照,如云之行,如水之流,活泼泼的都是这浑然一体！譬如"孩提之童无不知爱其亲，及其长也，无不知敬其兄"，不虑而知，不学而能，浑然亲长一体的，就是浑然天地万物一体的"真情之流"了。今人乍见孺子将入于井，怵惕恻隐而不自知觉，浑然孺子一体的，这就是浑然天地万物一体的"真情之流"了。所以程明道说："仁者以天地万物为一体。"《论语》说："一日克己复礼，天下归仁焉。"人们日用间种种应酬，充周于未发，条理于发见，都是和天地合德，日月合明，我们不要只于身外求"真情之流"，须知身内都是"真情之流"，浑合无间，本没有内外，这才是"真情之流"的真相！我们何必自己间断分别他呢？于此我请进论"真情之流"的本质，并且连带把三数重要名词，认定他真确的训义是什么。

（一）"真情之流"是自然而然的——天地间流行不息之妙，绝没有一毫人力，完全是自然而然的，不勉而中，不思而得，只是个"情"不容已，所以《礼记·礼运》说："情弗学而能"，若稍涉人为，便不是"真情之流"了。所以《系辞》说：

> 子曰：夫易何为者也？夫易开物成务，冒天地之道，如斯而已者也。

又说：

> 易无思也，无为也，寂然不动，感而遂通天下之故。

又说：

> 天下何思何虑？同归而殊途，一致而百虑，天下何思何虑。

晓得"真情之流"不是做出来的，不是有所藏而发，也不期然而然。那末"天命"的意义，就容易了解了！《无妄·象传》言天"之命也"，《大有·象传》言"顺天休命"，《乾·象传》之各正性命，《系辞传》之乐天知命，《说卦传》之穷理尽性以至于命，这个命只是个自时而然，就其自然而然所起的绵延之感，人们便发见自由了。自由没有别的，只是不绝的生命，无间的动作，不尽的绵延。换句话说，就是造化流行。这造化流行，其来路非常之远，浩然淬然，都是"莫之为而为，莫之致而致"（《孟子·万章上》曰：莫之为而为者天也，莫之致而至者命也。）所以是不可预测的，他当下这一动是未定的，因其不可预测所以自由，故自由非他，即是天命之本体，所以天赋自由是也。天赋自由就没有间断，所谓"维天之命，於穆不已。"

（二）"真情之流"是真实无妄的——天地只是以生物为心，万物欲生，即任其生，所以易以万物发育为真实无妄。《无妄》曰："天下雷行，物与无妄。先王以茂对时育万物。"这就可证万物之生，不外乎"真情之流"，而"真情之流"只是一个实理罢了。所以又叫做"诚"字。《中庸》说："诚者天之道也。"又说："诚者物之终始，不诚然物。"《周子通书》因此立诚为宇宙根本原理，更发挥之曰：

> 诚者圣人之本，大哉乾元，万物资始，诚之源也。乾道变化，各正性命，诚斯立焉，纯粹至善者也。故曰一阴一阳之谓道，继之者善也，成之者性也。元亨诚之通，利贞诚之复，大哉易乎！其性命之源乎！

孔家千言万语，讲到究竟，只是一个"诚"字，只是一个无妄，而不可谓之妄。但怎么知道"宇宙之生"是真实无妄呢？王夫之《周易内传》说得好：

今岁之生，昔岁之生，虽有巧历不能分其形埒，物情非妄，皆以生征征于人者情为尤显，踶跂必喜，箕踞必怒，墟墓之哀，冬奠必乐，性静非无，形动必合，可不谓天下之至常者乎。故动而生者，一岁之生，一日之生，一念之生，放于无穷，范围不过，非得有参差傀异，或作或辍之情形也。其不得以生为不可常，而谓之妄，抑又明矣，夫然其常而可依者，皆其生而有，其生而有者，非妄而必真，故雷承天以动起物之生，造物之有，而物与无妄，于此对时于育物，岂有他哉。

因为生命是真实无妄的，所以《周易》以"情"和"伪"对举，情便不伪了，伪便不情了，这么一来，充塞天地间都是"真情之流"，也就是真实无妄的了。伏曼容因不知这点"情"，所以说："蛊者惑也，万事从惑而起，故以蛊为事。"（李鼎祚《周易集解》引）乃不料近人章炳麟，更越说越不近情理了！他道：

《中庸》曰：不诚无物，诚即佛典所谓根本无明，在意根则我痴是也。非有痴相，则根身器界不得安立，焉有物耶？不觉故动，动则生矣，《易》曰：大哉乾元，万物资始，乾元者何？动是也，诸法因动而现，故曰资始。此土之圣，唯作易者知有忧患，忧其动而生生无有已时也。（《菿汉微言》）

这话于《易》毫无心得，然而几乎误尽天下苍生了！

（三）"真情之流"是变动不息的——天地万物的变化，都起于一个"动"字，这一动就不住的动，就成为绵延创化的宇宙生命了。所以"动"是宇宙的本体，在发用流行中，一动一静，才静便动，底子只是一个动，这一个动便唤做道。《系辞》说：

> 一阴一阳之谓道。

道便是在阴的又忽然在阳，在阳的又忽然在阴，这不就是"天下之至动"吗？原来道体浩浩无穷，在无穷中，自静而动，永远没有休息时期，所以复卦，言反又言复，终便有始，循环无穷，而根本只是一动。（项安世《周易玩辞》曰：易之变通，一动一静，而皆名之曰动，至人之仁，即天地之生，易之动也。）《横渠易说》说得好：

> 道行也，所行即是道，《易》亦言天行健，天道也。

然尤不如程伊川的话，更推辟深至。《易传》曰：

> 反复往来，迭消迭息，七日来复者，天之运行如是也。消长相因，天之理也，阳刚君子之道长①，故利有攸往。一阳复于下，乃天地②生物之心也。先儒皆以静为天地之心，盖不知动之端乃天地之心，非知道者，孰能识之。

又曰：

> 天下之理未有不动而能恒者也，动则终而复始，所以恒而不穷，凡天地所生之物，虽山岳之坚厚，未有能不变者也。故恒非一定之谓也，一定则不能恒矣，惟随然变化易，乃常道也。故云利有攸往。

---

① "道"下原脱"长"字，据《周易程氏传》卷二补。——编者
② "天地"，原作"天生"，误，据《周易程氏传》卷二改。——编者

但这一动是什么呢？《温公易说》道："何谓动？动者感物之'情'也。"《童溪易传》（宋王宗传撰）说："夫动而生物者，乾之情也，乾之情其所以旁而通之者，即乾之大爻也，故继之以六爻发挥旁通情也。"知道这一动，是"情"，就通天彻地，活泼泼地都是"真情之流"了。

（四）"真情之流"是绝对无二的——宇宙发生，只是这一动，这一动便"天地变化草木蕃"，便无在无不在，因之世界的一切事物，一一都不住的动了。然须知这天下之动，虽然千变万化，而根本却主于绝对无二的动，所以《系辞》说：

  天下之动，贞夫一者也。

又说：

  天下同归而殊涂，一致而百虑。

"真情之流"就是这绝对无二的一动。何以见得呢？项安世《周易玩辞》说："利而贞者，乾之性情也，性情指本体言之，别者散而为不贞者合而为一，已散而复合，已万而复一，言乾性纯一，其情不二。"可见凡天下之动，反复往来上下。都是从这极简单的一元生出来，所以都是归于这虚而一的"真情之流"。所以孔子说：

  吾道一以贯之。

《中庸》说：

  天下之通，可一言而尽也，其为物不二，则其生物不测。

《孟子》说：

> 夫道一而已矣。

可见天地万物莫不以一为根本的原理，所以程大昌《易原》论一，说（1）易以一为祖为至；（2）一神；（3）一能无为而无不为。会得这个统之宗，会之元，那末万法从此流出，更没有许多事了！

（五）"真情之流"是本有不无的——孔家没有以"无"言道的，只有《中庸》引《诗》上天之载，无声无臭，然意乃在有，毕竟不是说"无"就是道。乃韩伯注《易》，竟说："道者何？无之称也。"（一阴一阳之谓道句下，又《正义》云：以体言之谓之无，以物得开通谓之道，总而言之，皆处无之谓也。）这话于易无本，不可不辨。须知"真情之流"即是宇宙生命，若这源头果无，便如许的天地，如许的万物，怎能生成出来？所以易的本义，唯在于有，和佛老虚无的思想，绝不相同，由易理看起来，所谓无，不是先有而有这无，也不是有的根基，实在就包含有于其中，所以有无是合一的，一切皆无，一切皆空，实为不可能的一回事！刘巘《周易义》因不知这个道理，说什么"自无出有曰生"。如果生是自无而有，那也自有而无了。然生命的真相，决不是如此，《系辞》说得好：易有太极——《北史》梁武帝问李业兴云：易有太极，极是有是无？兴曰：所传太极是有。

许桂林《易确》说：

> 易有太极，人所共见，故曰易不可见，则乾坤或几乎息矣。

晓得宇宙生命是自有而有，不是自无而有，然后虚无寂灭的学说，便打破了。晓得亿亿万万之年，一定不会有没天没地之日。就是没有没人没情之日，这才算归宿！

（六）"真情之流"是稳静平衡的——天地的造化和人心的寂感，在生机活泼中，自然有个静意，有稳静平衡而默默生息的样子。所以汉儒训情为静，《白虎通》说："情者，静也。"《广雅》也说："情，静也。"近人刘光汉因此便以体用言"情"，他在《理学字义通释》里说：

> 盖人生之初，即具喜怒哀惧爱恶之情（故《礼运》言情弗学而能），有感物而动之能（见《乐记》），然未与外物相接，则情蓄于中，寂然不动，（人日与外物相接，心有所感而情始发见于外，不与物接则情不呈）即《中庸》所谓喜怒哀乐之未发谓之中（朱子以未发为性，以已发为情，不知未发为情之体，而已发则为情之用也。）《大易》所谓其静也翕也（周子《太极图》言一动一静互为其根静也者，即就未发之情而言之也。）汉儒训情为静，乃就情之体而言，非就情之用而言。

这话未是！因为"情"是极活泼极流通而稳静平衡的，在活泼流行中而稳静平衡是其体，然体在用中，静在动中，若于未发前讨个静，作一件东西看便错了。须知"真情之流"原是无动无静的，原自寂然不动，原自感而遂通，然就其发见流行处，这点真情是无所偏倚的，所以唤做静，又唤做"中"。中是什么呢？原来天下的情没有两便没有一，没有流行那里有调和？所以调和之妙，都是从流行看得，而所以流行其中的，不出阴阳两个意象，又不是真有阴阳，其妙在合而未分，一动一静之间，有稳静平衡而默默生息的样子，这就是"中"，就是"调和"。所以"中"没有定体，只是当下恬然，颇有天清地宁、万物各安其所气象。《系辞》说得好：

天地设位，而易行乎其"中"矣。

又说：

　　易简而天下之理得，天下之理得，而易成位乎其中矣。（《周易述》曰：易简即天地之中。）

　　自从有天地以来，何尝不各安其位？然天地虽各位其位，而"真情之流"何尝不两相调和？可见"真情之流"即一阴一阳之中，便是中就回环往复互为终始，而稳静的平衡的状态，可以想见了。这么一来，便知"真情之流"原不可以分位言，然即就分位中默识出来。后儒分位之说，把一阴一阳认作有形有体的东西，只看到阴阳的两端，而忽略其中间的调和，却不知中间正是天地人的至妙至妙处！才过便不是"真情之流"了。

　　最后，我敢告诉大家，我们的宇宙，就是这本原的，研究的真实的"真情之流"，决不是一种占有冲动的世界。须知宇宙起的时候，即这真情充塞流行的时候，可见宇宙存在是因"真情"作背后的护持力，活泼泼的真情之流啊！当下便是乐土，我们更何忍毁灭人生，去求那超于人间希望的涅槃？我们所能作的，也只是复归于"真情之流"罢了。

# 第三章　流行的进化

通天下只是一个"真情之流"时时刻刻在那里发用流行，没有时候休息的，也不会重复的，也没有定体的，只是个浩浩无穷。如程子所谓"活泼泼地"就天地万物万事上，触处便见，何止鸢飞鱼跃，所以孔子有一天因看河水滔滔不绝，便会得这本体没有一刻间断处，叹道：

逝者如斯夫！不舍昼夜。（《论语·子罕》）

原来自始至终，都只是这广大流行的本体！然其可指而容易被人看见的，莫如川流，所以这里发以示人，这在《周易》就是所谓"天行健"也。知道本体是如川之流而不息，如天之运而不穷，那末《周易》就好讲了。因为《周易》这部书，就是要讲明本体的流行变化的。孔颖达说得好：

易者变化之总名，改换之殊称，自天地开辟，阴阳运行，寒暑迭来，日月更出，孚萌庶①类，亭毒群品，新新不停，生生相续，莫非资变化之力、换代之功。谓之为易，取变化之义。

但是讲易的变化，则他变化的样法如何？侬我意思，这纯是个天机活动，是没有一定样子的，断不能把空间的方式来范围他。因凡见

---

① "庶"，原作"群"，误，据《周易正义》改。——编者

有空间的，都是可区分可量计有同质性的东西，而周易的道理，刻刻变化，刻刻增大，自不承认这种东西。所以说："神无方而易无体。"既没有定体，谁能决定他变化的空间方式如何，周易原不外无在无不在的自然变化而已。但在这自己如此的变化当中，却自有自己如此的天则，反复往来上下，从表面文字上者，好似是"周而复始，循环往复"，其实这种循环往复，正是在永远实现，永远变化的过程当中，是向无限的方面生化，不是向圆的方面循环，这一点是极应该注意。因为在浩浩无穷中，要讨个客观呆定的样法是没有的。然其是时间的绵延，而不是空间的方式，是进化而不是轮回，则可断言，《系辞》说：

生生之谓易。

《横渠易说》道：

生生犹言进进也。

《诚斋易传》道：

已往者故，方来者新，不曰天地之日新乎。今进乎昨，后进乎前，不曰圣人之日新乎。天地也，圣人也，何以能然也？易而已矣。易者何也？生生无息之理也。

晓得周易的变化，是"进"，是日新，是只管运用流行生生不已，那末宇宙轮回的学说，便打破了！如惠士奇《易说》引高诱的话说："天行周匝复始，故曰复自道，所谓终日乾乾反复道也。"因他没有明白变化是不适用于空间的范围，才把天行看作周而复始，无所增进,其实天地万物都是神妙不测的,所谓"神则不屈,无复回易"(《横渠易说》)。在变化当中,只是刻刻增大,刻刻创新,这不是进化是什么!孔子作《系辞传》说"原始要终",说"一阴一阳之谓道",说"日往月来,月往日来,寒往暑来,暑往寒来",《说卦传》说"分阴分阳,迭用柔刚"。《序卦传》说"泰否,说剥复,说损益",说"既济未济",这都是告诉我们以变的样子是永远流行不息的,这真没有弄明白,把这一往一来,一寒一暑,一阴一阳,都看作一定的、空间的、同质性的,那就错到万分了!所以程伊川说:

> 天下之理,终则有始,所以恒而不穷,恒非一定之谓也,一定则不能恒矣,惟随时变易,乃常道也。

这"随时变易"是易的真义,所谓一阴一阳,都正是以时间为基础,含于时间之内,而以绵延的、相续的和性质的为其特征,没有时间便没有变化,这一阴一阳永远的流行,和时间只是一物,不可分开的,不过说明上,只能这样讲,实则一阴一阳,这其间也是没有一刻间断的,有间断便有起头处,没有间断就寻不出起头处。所以程伊川说:"动静无端,阴阳无始。"晓得变化是一线相延的,是没有起头处的,那末第一就不至误会这一阴一阳是轮回而不是日新,他是日新又日新也。第二,既知这一阴一阳是随时变化的,可见这一时的一阴一阳,不是那一时的一阴一阳。这一阴一阳都不是互为推演的,时间变了!内容也不同了!程伊川说得好:

> 屈伸往来之义,只于鼻息之间见之,伸屈往来只是理。不必将既屈之气,复为方伸之气,生生之理自然不息,如复卦言七日来复,其间元不断续,阳已复生,物极必返,其理须如此。

《近思录集解》道：

> 盖气之往者已屈，气之来者复伸，只是造化之理，则然非是既屈之气转为复伸之气也。如人之鼻息，呼出则散，不能转吸入来，后此之呼又是气至则呼耳。亦如既谢之花蕊再开，定非前此蕊。既涸之海水再盈，定非前此水。但生生之理，自然不息，所以气有往来无间断，若谓后此方伸之气，仍是前此既屈之气，则是天地间翻来覆去，人物只有许多定数，造化之理亦几乎穷矣。

因为一阴一阳这其间元无间断，所以《易说》七日来复。不是既退不阳，倒转复来。剥尽于上，而阳已经复生于下。阴阳虽是两个字，然却是生生的作用，一来一往，一寒一暑，来处便是阳，往处便是阴，暑时便是阳，寒时便是阴，会得时，则知从古至今，怎地滚将去，都只是向着进化的前途走，所谓宇宙变化如是如是。

由上证明宇宙的变化，是进，是绵延，是现方发展不已，其次我们还要证明这变化是基于自然的法则，为有秩序的全体。万有虽永远变化，而在于流动变化之中，是时时流出自然的动的法则的，这法则一个观念极重要，生命自身即因是极自然，同时又极有法则，所以才生生不已。戴东原说得好：

> 生者至动而条理也。

又说：

> 一阴一阳其生生乎！其生生而有条理乎！以是见天地之顺，故曰一阴一阳之谓道，生生仁也，未有生生而不条理者。条理之

秩然礼至著也。秩理之截然义至著也，以是见天地之常。(《戴氏遗书》卷九。)

可见天地变化莫不是自然而归于法则，归于法则恰好全其自然，如孔子说"从心所欲不逾矩"，这短便其动的法则了！川上之叹道："逝者如斯夫！不舍昼夜。"这一昼一夜又是动的法则了！《周易》这本书，无非要发现那自已如此的法则，本进化的眼光，去思考宇宙间的变化。你看那浑一不可分的时间——就是那滔滔不绝的"真情之流"，他在自己发展的活动中，不可不自分出两意味或两阶段——即由"正"（Thesis）而"反"（Antithesis）复为"合"——若以术语表之，即"一阴一阳之谓道"一句。元来宇宙间万事万物的运行，莫不随同一必定的继续不断的进化，所以自然有个法则，也少不得这法则，《周易》说一阴一阳正是从法则里去显示其调和之内的自由罢了。固然变化是不间断的，也没有部分的，然而表示出来却自有这一阴一阳为绝对的本体的两意味而存在，只这两意味，上下左右推之，固然相反而即是相成，贯彻古今，绵亘天地，无限事情都从此出。所以说：

阖户谓之坤，辟户谓之乾，一阖一辟谓之变，往来不穷谓之通。

又说：

日往则月来，月往则日来，日月相推而明生焉。寒往则暑来，暑往则寒来，寒暑相推而岁成焉。往者屈也，来者信也，屈信相感而利生焉。

又说：

> 鼓之以雷霆，润之以风雨，日月运行，一寒一暑。

这都是道着流行进化中，无独必有对！天地间更有何事，原不过这一阖一辟，一往一来，一屈一信，一寒一暑而已。而总括来说，只为是个自然感应之理，只是一感一应而已。屈以感伸，伸为应，伸又感屈，屈为应，屈又感伸，伸又感屈，屈信相感，以互相关系于无穷，这便叫流行的进化。程伊川说得是：

> 有感必有应，凡有皆为感，感则必有应，所应复为感，所感复有应，所以不已也，感通之理，知道者默而观之可也。

因为宇宙的流行变化，是一感一应，一感一应如是相续不已。感不已，应不已，于是生命就"恒久而不已"。《大戴记·哀公篇》："公曰敢问君子①何贵乎天道也。孔子曰：贵其不已。如日月东西相从而不已也。"这不已就是生生的真谛！但须知在这生生中，又非有强安排，这一感便是以无心感之，一感就有一应，这一应便是以无心应之。如动静，屈伸，往来，消息，寒暑，昼夜上下，这都是自然而然的随感而应，没有丝毫杜撰出来。这么一说，就宇宙进化都成立于这一感一应的关系上了。然又不是真有二物相对，感之前未尝无应，应之前又未尝无感，一感一应，互为其根，看来彻首彻尾只是一个浩浩无穷，只是浑一的"真情之流"罢了。

这一感一应有一个所以感应的根本原理，就是"调和"——"中"。所谓变化，就是调和到不调和，结果又归于调和，而这从调

---

① "君子"二字原脱，据《大戴礼记》补。——编者

和到不调和的两者中间，也是调和的。我现在再简单说句话，进化即是调和了又不调和，不调和了又调和，可以说常常调和，常常不调和。因有无限的不调和，所以有无限的调和，而无限的不调和，其实还是调和。调和是一个正流，而不调和则是一个伏流，伏流是正流上面的假象，然却不能成为生命主线！因为生命是成立于调和之上，所以调和就好，过不及就要失败。吴澄《易璇玑·贵中篇》说得好："易之为道，贵中而已矣，《法言》云：龙之潜亢不获其中矣，是以过中则惕，不及中则跃，是乾道以中为贵也。《文言》曰：君子黄中通理，正位居体，美在其中而畅于四支，发于事业，美之至也，是坤道以中为贵也。"又说："苟得其中，否剥亦吉，苟失其中，泰复亦凶。"可见中——调和——这个意义，是何等重要！一部《周易》六十四卦三百八十四爻，其中心意思，就是"中"，就是调和，时时是一个"中"，时时是一个调和，如是流行不息。所以在易一爻一爻都有个中，或调和，《周易折中》引饶鲁的说话："一爻有一爻之中，如初九潜龙勿用，就以潜而勿用为中，九二见龙在田利见大人，就以见为中，九三君子终日乾乾，就以乾乾为中，九四或跃在渊，就以或跃为中，卦有才有时有位不同，圣人使之无不和乎中。"由此可见变化万端，无非调和。他那自然随感而应，就自要得中，自要调和，潜见飞跃，无不恰好，所谓"乾元用九，乃见天则"，由这天则便识流行之体是个大调和的了。因为变化即是调和，所以由调和而变化，变化又得一调和，不继的变化，即不断的调和。《系辞》说："穷则变，变则通，通则久。"处得恰好处便是通，通便自然悠久，悠久便不穷，所以又说"往来不穷谓之通"。一不调和才间断，调和就永没有休息时候了。这么一来，便知调和是变化的特征，这个变化，即是要实现那无穷无尽的预定调和，这便是进化。——孔家谓之天命流行，所以调和和进行根本只是一个，调和的时候便是进化的时候，而调和自身，就是"真情之流",从这里流通到那里,从那里流通到这里,反复往来上下,只这一感一应便是调和了,便是进化了。《系辞》说:"刚柔相推而生变化。"说:"变化者进退之象也。"说:"一阖一辟谓之变,往来不穷谓之通。"说:"山泽通气然后能变化既成万物也。"可见调和然后能进化,参伍错综而后变化才可能。《泰卦》说:"泰小往大来吉亨,则是天地交而万物通也,上下交而其志同也。"《咸卦》说:"咸感也,柔上而刚下,二气感应以相与。……天地感而万物化生,圣人感人心而天下和平,观其所感而天地万物之情可见矣。"这都是何等明白的认"调和"为进化的重要原素,教我们由调和去发现那存于天地万物的本体——情,只是一个情,流行于已发之际,自自然然的会绵延进化,自自然然的要求调和,若不调和还往下流。由这不断的"自调和而不调和""不调和而调和",就成了进化,时时刻刻,都没休息。

由上已明宇宙是永久的迁流,事物绝对的无静止,惟是一感一应,所以流行。可是这流行是突变呢?还是渐变呢?依《周易》看起来,突变的事实,未尝没有,但不是常的,必到了时运既终,才有取于突变的激进。如革卦水火相息,朱子说:"是更革之谓,到这里须尽翻转更变一番,所谓上下与天地同流,岂曰小补之哉?小补之者谓扶衰救弊,还些补苴,若是更革,则须彻底重新铸造一番。"这不就是突变吗?可见突变成为事实。"天地革而四时成,汤武革命顺乎天而应乎人,革之时大矣哉"(《革·象传》)天地变改,世故迁易,这正是最大的突变,我们没的法子否认。虽然如此,即在突变当中,也是推行有渐,渐是突变的酝酿,所以当革的时候,也不可遽革,必须那里潜滋暗长的动因,直到熏习成熟了,才忽然突变起来。(观《革卦》文可见)可见突变乃是渐变上面的一个假象,所有突变,却无不成立于渐变之上。而宇宙进化虽表现突变,根柢却是渐变的,而且渐变是常,突变是非常之事!因此所以《周易》言变化,其常而渐进的,便唤做"化",云行雨施,品物流形,都只是化。横渠说:"推行有渐为化。"朱子说:"化是逐些子挨将去底,一日复一日,一月复一月,节节挨将去,便成一年,这是化。"又说:"化是渐渐消化宣宣地有渐底意思。"即因进化是渐,所以调和,所以生生不已。王阳明《传习录》更说得透彻,他道:

> 仁是造化生生不息之理,虽弥漫周遍,无处不是,然其流行发生,亦只有个渐,所以生生不息。如冬至一阳生,必有一阳生而后渐渐至于六阳,若无一阳之生,岂有六阳?阴亦然,惟其渐,所以便有个发端处,所以生;惟其生,所以不息。

知道宇宙变化是渐渐地自然而来,突变也只有个渐,那末可见进化都是一任自然,人们不应加以催迫,即在革命时候,也都是顺着自然而然,不是强安排也。复次,流行的进化,虽是一线相延,也有个间断时节,然才间断便接续了。所以革卦水火相息,息有止息之理,又有生息之理,止息而后生息,《周易会通》引程子说:"息训为生者,盖息则生矣,一事息则一事生,中无间断,硕果不食,则便为复也。寒往则暑来,暑往则寒来,寒暑相生而岁成焉。"由这话看起来,便知宇宙是无穷的流行,也就是无限的革命——革命是进化必经的径路。假使没有这止息之理那末既无所创新,也说不上进化了,但这止息,并不是一段落灭了,而后一段落才能生起,这一段落一段落实在继续不已,同时止息即同时生起,同时革命即同时创造,所以中间没有间断,也无处间继起。知道生是永远没有间继,也永远没有完全的成功,就可见无时不有流行,即无时不在创造中,无时不望见着"未济"的路程。

固然进化的真象是一感一应,自感而应,自应而感,永远的流行,故叫他做流行的进化。但这自感而应自应而感,他和"真情之流"只是一物，不可分开的，不过说明上需要，只能这样讲，所以观其所感，便可见天地万物的本体——真情之流。真情之流，只是个自然随感而应，根本只一感而已，应是感自己所为的应，宇宙之生全靠这一感在那里滚动，这一感便不住的感，就成为永远流行的进化，所谓应是随感所产出，他是不住的感，而时时流出他的应的，这应是生命的假相——分段的生命，而仍旧汇合于真情之流。即《太极图说》所谓"太极动而生阳，动极而静，静而生阴，静极复动。一动一静，互为其根"之说也。原来一感一应便是一动一静，一感即落一动，一应即落一静，而这一动一静只是一转，非真有二物相对，动极而静，静极复动，进处便是动，退处便是静，长处便是动，消处便是静，真情流行即为动，凝聚即为静，其实所谓静还是动的。天地间翻来覆去，都只有动，静是包括在动中的。若谓静不能流行，则何以谓之"静而生阴"。看生这一字，可见静就是动。《横渠易说》："静之动也，无休息之期，故地雷为卦，言反又言复，终则有始，循环无穷。"知道静极复动，可见才静便动，静是不能停在无论何处，必须进行，他必须变成动。同理一感一应，感则必有应，所应便是静，然应又必复为感，这一感一应之理，便可见一动一静之妙，只此一动一静之妙，便括尽了天下事物，若推其所从来，只是先有这个"情"，情便自然随感而应，感也只是这点情，应也只是这点情，情不是别有一个东西，即存于一感一应之中。没有这一感，就"情"也不可见，情搭于一感一应而行，才感便是动，才应便是静，感的时候就是永不间断的绵延，就是《周易》所谓"时"（时间）了。当其静的时候，就向空间顿时发散，而成其为分段的生命，就是《周易》所谓"位"（空间）了。但无论时位而情无所在，固然情不可以时间空间言，然舍时间空间，便没有情，时间譬则一本流行，空间譬则万物散殊，时间空间循环无端，妙不可言。

于是我请更从时间空间以论流行的进化。元来在无穷无限的流行进化中,自然随感而应,便有如许的天地,如许的万物,一班班沛然出来。这叫做位——空间,空间是从时间流下来的,虽似乎定位,而时间仍自流行圆转于中,活泼泼地。我可以说,空间是附于时间之上,所谓空间非空间,只是时间的一部分存在,若从内面去看,就空间也消融于宇宙浑一之中,就是时间了。胡煦《周易函书》最明白这个道理。他说:"时为无形之气所经,位为有象之形所定。象曰六位时成,六虚之位也,是坤之有也。"知道六位即是六虚,可见《易》言贵贱上下之位,即非定位,而所谓位,只是随时分出的假象罢了。如《易》里一卦即是一时,时有六动,故卦有六爻,爻之所在便是位。然初上是卦之终始,而易经没有初上得位失位之文。王弼《周易略例》说:"《系辞》但论三五二四同功异位,亦不及初上,唯《乾》上九文言曰贵而无位,《需》上六云虽不当位,若云上为阴位邪?则《需》上六不得云不当位也。若以上为阳位邪?则《乾》上九不得云贵而无位也。阴阳处之,皆云非位,而初亦不说当位失位也。然则初上者事之终始,无阴阳定位也。"由此便知空间定非实有,假令有一空间,亦必汇合于变迁历程的"真的时间"中,所谓神无方而易无体,那里有所谓物质的空间呢?须知平常人所见为可计算的、有变碍的定位——物质的空间,实是真情流行间断时所产出,其实也是永远流行,不可间断,和时间只是一个东西。《周易函书》说得好:"时位皆无截然可分之界,夫时之相续不断,原不分固已,位何以不可分也:当知《周易》所言只是一个物事,即如六爻所成,亦只是一个卦体耳。"因为空间不是别的,只是一应——感所自为的应,当感时若不得应,就涣然奋发而不能够自固,必和阴静相遇,才有空间可说,所以空间是应之所以承感而有功者,他自身仍寄在感的当中,所以不可分,所以言感可以兼应,言时间可兼空间,若论流行的,又只是一个，但以相对言，就是时间在先，空间在后，时间为始，空间为终，《周易函书》曾分别时位的不同如下：

（一）位者体之一定，时则有迁流不息。位之一定，坤也；迁流不息，乾也。

（二）时为无形之气所经，位为有象之形所定。

（三）时则以前统后者也。位则以上临下者也。

（四）须知天道流行不息，原不可定诸其位，止可参诸其时；地道镇静有常，故不特征诸其时，已可证其位。

（五）须知乾以神气为用，流行不息，乌得而窥？止可考之以时。地以形器品能高下不齐，人所共见，故均可正之以位。

（六）须知爻之位定于卦中，而时则流行于六爻者也。须知时之气行于爻中，而位则因时而成定者也。

这么一来，便知宇宙进化并非动而不止，全没有驻足托迹之地，唯其一感一应，有二元性存在，然后中间流行之妙，才可见得，即如定位之说，也是从两两相形处精察出来！所以时位是互相关系的，位非时无以显其位，时非位无以征其时，只有在"真情之流"里，这两者融合为一，便所有矛盾的现象，相反而即是相成。在一极是一个流动状态，在他方面又像一个静止的东西。其实虽在收敛镇静之中，而源头上活泼泼地，未尝不可见。所以静不是反对动的，所谓静还是根于动，而为潜隐的动，在情里动静是合一的。你看《易》说八卦定位，位便是静止的，然静未尝不动，如山泽通气，没有动而气能够流通吗？雷风相薄，不是动也能相薄吗？水火不相射，假使水火各居，好比秦之与越，也安得有什么相射不相射呢？可见位之为位，也是从动中看得，浩然淬然只有汪然一片的流行而已。要说明这流行的内容,唯时间一句话足以当之。

本来时间这句话,在孔家形而上学上最为重要,即谓孔家得力全在于此,也无不可!所以《论语》开卷,便说学而时习之。罗近溪(《盱坛直诠》)谓其"便将一生精神全付打出,可见浑然一团仁体,顷刻便充塞天地,而贯彻古今!"又说:"圣人的确见得时中分明,发明时中透彻,时中即是时出,时时中出即是浩然无疆,宝藏无尽,卒铺于日用之间。"只一个时字,便自然"浩浩其天",这是何等家风!何等滋味!说到《周易》更明白了!天何言哉,究其本体,也只是时行而不息,会得时行不息之妙,而后《周易》才好讲。《南齐书·张融传》说:"何晏所不解《易》中九事,诸卦中所有时义是其一也。知当日于《易》亦深解矣。"要晓得这所不解的时义,便会得一部《周易》了。杨氏《易传》(宋杨简著)说得好:

> 豫遁姤旅言时义,随言随时之义,岂他卦皆无时义哉?岂他卦之时义皆不大哉?坎暌蹇言时用,岂他卦皆无时用哉?岂他卦之时用皆不大哉?颐大过解革言时,岂他卦皆非时哉?岂他卦之时皆不大哉?六十四卦皆时也,皆有义也,皆有用也,皆大也。大矣哉,盖叹其道之大。有言不能尽其意。事无大小,无非易道之妙,圣人俱于此十二卦偶发其数,非此十二卦与他卦特异也。……於戏!此正明以天地无一物一事一时之非易也,学者溺于思虑,必求其义,圣人于颐大过解,尽捐义用,止言其时而叹之曰大矣哉,使学者无所求索而不容钩深,即时而悟大哉之妙,则事理一贯,精粗一体,孔子何思何虑,文王不识不知,信矣。

又罗近溪《盱坛直诠》说:

乾行之健即时也。自强不息即习诸己而训诸人也。初九以至上九即时也，潜而勿用以至亢而有悔，即习诸己而训诸人也，推之六十四卦三百八十四爻皆时也，皆所谓天之则也。亦皆习诸己而训诸人，奉天时以周旋，而时止时行时动时静也。推之《中庸》所谓喜怒哀乐中节之节，亦即《大学》致知格物之格也。又推之《礼乐》之损益，《春秋》之褒贬，《诗》《书》之性情政事，更无出于时字之外者矣。先儒曰：《易》，其五经之原乎！不明乎《易》而能明诸经者难且甚矣。

由此可见，全部《周易》，即是一个时字，孔子与时而消息，也只成个"圣之时也"，时是何等大事！就是本体，就是实在，就是真情之流。《系辞》说："变通者，趣时者也。"可见时就是所以流行变化的原因。《子夏易传》说易是圣人所以体其时而制其行。又说："进退存亡时之然"（卷一）"道无定体也，唯时行之，消而息之，盈而虚之，天之道也。"（《剥卦》）又说："时之往则不用也，止也，故为之屈。时之来则用也，动也，故为之伸。"时之一屈一伸，即是一感一应，因为变化都是随时而转。所以《乾》言"时乘六龙以御天"，《坤》言"顺天而时行"，《无妄》言"先王茂对时育万物"（谓对时而育万物。）《损》言"凡益之道，与时偕行"，《艮》言"时行则行，时止则止，动静不失其时，其道光明"，而易象之赞，必说时义大矣哉。一切变化统在方流行的时间之内，故易于时这一义，赞赏不置，得时便好，不尽其时便有悔吝，而教我们为学的方法，也只是要"乾乾因其时而惕"。因为时是性质的、变化的、绵延的，所以《周易》假时来说明"真情之流"，如《子夏易传》说"象者时之大归也，爻者时中之变也。"而《系辞》言："爻象以情言。"这便见凡《易》所以一再说义时用者，也不过视为象征的表现，来说明"真情之流"罢了。

但于此须知道《周易》所谓时乃是变化流动永不间断的绵延,但和我们日常生活的时间,也非有异。换句话说,时间是不可分的,然为实际的需要又自然而然分作时时刻刻的分位时间,须知这时时刻刻的分位时间,也正是实在的,何则?那不可分的时间,是大宇宙全体的实在,而这里自然分出的分位时间,这是分位的实在。总之时义在《周易》学者看去,实在是不一不异,一与异都有他的位置。吴澄说得好:

> 时之为时,莫备于易,程子谓之随时变易以从道。夫子传六十四象,独于十二卦发其凡,而赞其时与时义时用之大,一卦一时则六十四时不同也,一爻一时则三百八十四时不同也。始于乾之乾,终于未济之未济,则四千九十六时,各有所值,引而伸,触类而长,时之百千万变无穷,而吾之所以时其时者,则一而已。

由此可见,时间本是整个的,不可分析的,唯因实际上需要,始为时间立准则,一爻一爻接着变换的,都是时间的分位,而这分位的时间,又实成立于一个永久流行没有间断的"真的时间"之上。所谓宇宙,就是从"真的时间",时时流出分位,复趁这分位而扩充发达,把分位的静止相,都给打碎了;那当下就发见"真的时间"了!可见真的时间和分位非二,流则是止,止即是流,断不能强为斩截,说什么是过去,什么是现在,什么是未来,其实只就当下!早已通摄过去了!未来了!早已现成完备而无欠无余了!所以时间本身,只有现在,时间的意义就是现在。《尔雅·释诂》"时是也",《广雅·释言》"是此也"。时、是、此,声义相近,而都有"当"下的意思,可见时间本只有现在,过去是现在之积,将来是现在之续,只要我们守着这当下,便是真的时间了!便是无穷的、完全的、不间断的流行进化了!

# 第四章　泛神的宗教


　　上下四方之宇，往古来今之宙，宇宙间只是一神，真情洋溢，充塞流行。因为宇宙从神而来，由"神"的真情而流出的，所以宇宙即神，神即宇宙，宇宙的一切事物，无论什么都包含在神的"真情之流"里。一一都是情，一一都是神，我们也是一切事物之一，"神"自然也潜在于我们自身之内。使我们不得不听命于神，而受这"神"的运行陶化，"神"的力真伟大呀！我们除了赞叹神的伟大之外，几乎没有别的可说，因此所以《周易》把"神"这个观念，看得比"情"字还重要。《系上》说："神无方而易无体。"讲到易，却先说个"神"，又说："始作八卦，以通神明之德，以类万物之情。"说个万物之情，却先说个"神明之德"，可见神与情虽是一事，而所重在"神"，因为"神"是"真情之流"永久的主宰，"神"的真情流露没有穷期，所以宇宙的变化，也永不休歇。这么一来，宇宙岂不是归"神"的管领吗？《周易》说：

　　　　知变化之道者，其知神之所为乎。

　　自来注解，大致都不差。（一）韩康伯说：——变化之道，不为而自然，故知变化之道者，则知"神"之所为。（二）苏东坡说：——"神"之所为不可知，观变化而知之矣，变化之间，"神"无不在。（三）龚焕说：——变化考"神"之所为，而"神"不离于变化。

（四）张横渠说：——惟"神"故能变化，以其一天下之动也，人能知变化人道，则必知神之为也。又说：——天下之动，"神"鼓之也。"神"则主于动，故天下之动，皆神之为也。（五）杨龟山说：——变化者，神之所为也。其所以变化孰从而见之，因其成象于天，成形于地，然后变化可得而见焉。（六）王宗传说：——易者变化是也。所谓变化者，"神"之所为也，特患人之不知尔，欲知易之神，舍变化之道，何由而知？由上都是以"神"为宇宙变化的主宰的铁证。晓得"神"是一切变化，一切作动，一切历程底永存不变源泉，那末我们就可决定一切宇宙万有，都是"神"自己发展之过程的表现。固然，"神"是以"真情之流"为根本的实在，然"神"当真情洋溢时，就不能不于自己实现之过程中，造种种美的意象，于自自身之，中而生宇宙万有，这就是"神"自身的表现。所以宇宙本是"神"之真情开展，"神"把自己的真情，传给宇宙万有，万有即基于"真情之流"，而返于"神"的自我当中，这么一往一返，一阖一辟，永远的玩味自己，遂造成一部宇宙的进化史。

但我们要把"神"看作"不绝的生命，无间的运动作"，那也不唯如此。"神"在时间上势力之大，我们实难否认，然神根本是绝对的原理，不可以时空言，因为时间是息息变化，息息增长，而"神"却是至尊不变，是一位"动而无动，静而无静"的运动者，他在"真情之流"中，引动了全部历程，自身却无在无不在，没有逐渐发展的历史，便早永远绝对的存在了。周子《通书》说："动而无动，静而无静。神也。动而无动，静而无静，非不动不静也，物则不通。神妙万物。"《易·系辞》说："惟神也不疾而速，不行而至。"须如此言者，不如此不足以形容"神"，然毕竟也形容不出，就中比较能具体的形容出来，教人识个体段的以《易·系辞》一段为：

> 易无思也，无为也，寂然不动，感而遂通天下之故，非天下之至神，其孰能与于此。

因为"神"是无思无为，感通于寂然不动之中，所以又寂，又感，又应变无穷，真归结到"不可知"，周子《通书》说："夫化不见其迹，莫知其然之谓神。"《横渠语录》说："神德行者，寂然不动，冥会于万化之感，而莫知为之者。"这不都是证明了"不可知"吗？孟子说："圣而不可知之谓神。"张横渠说："无知者以其无不知也，无知则神矣，苟能知此，则于神为近。"由这话看起来，便知无知无不知，是神之天德良知，只管一任良知，便自足以知来，自足的藏往，自足以退藏于密。神最远又最近，会得时自己反省默识便得，不会时绝对不能以语言文字宣泄出来。即因我们对神，可体会认不可说明，所以只赞叹他就是了。《诗》曰："德輶如毛"，毛犹有伦，上天之载，无声无臭至矣。（《中庸》）我们又那里能知神呢？因为"神"是无声无臭，不睹不闻，可安而不可说，所以《周易》书中，常把"深""潜""隐""微""几"这些字面来形容他，详见惠栋《易微言》，不待叙。但由我们不完全的智慧，固不足以知神，若一旦依于"神之力"，来发挥我们内心自有的良知——神的智慧，那时智光所照，就体现出"神"了！可见没有"神的智慧"，就不能认识神，我们由"神"而始有最高的智慧，我们认识"神"的时候，神为被知者，同时又为能知之力。《系辞》说得好：

> 知几，其神乎！几者动之微，吉之先见者也。

"神"的名虽多，其实则一，如这几字，也正是指无声无臭的"神"而言，其神功不测，固有不疾而速不行而至之处，所以是"动之微",惠栋《周易述》说:"几者神妙也。"自注:"此虞义也,上曰知几其神乎。《说卦》曰:神也者,妙万物而为言者也,故云几者神妙也。"可见神和几非二,知几即所以知神,要问我谁认识"神"呢?我的答案,只有"神"认识他自己,宇宙万有既一一皆神,那末"神的智慧"自然也遍布于人们之内,只看人们自己参加自己决定的力量何如罢了。如果能够扩充自己的一点"情",由信仰的向上努力,自能渐渐地和"真情之神"合为一体,人人皆可以为"神",所以《系辞》说:

精义入"神"以致用也。

又说:

鼓之舞之以尽"神"。

由此可见,人们要返于"神"的,不可求之于静,而必之于期望的努力,手之舞之足之蹈之,把全身全灵倾倒于"神",以全部的真情,和神交通,这就是孔家求神的唯一方法。明儒汪石潭说得好:"有其诚则有其神,无其诚则无其神,洋洋如在,神何尝无。"(《明儒学案》卷四十八)知道孔家言诚是神,那末我主张绝对信仰的态度,以皈依于宇宙大神,也不为无本了。《中庸》说:

至诚如神。

又赞叹"神"的盛德道:

鬼神之为德,其盛矣乎!视之而不见,听之而不闻,体物而不可遗，使天下之人，斋明盛服以承祭祀，洋洋乎如在其上，如在其左右，《诗》曰：神之格思，不可度思，矧可射思。

《论语·八佾篇》也说：

祭如在，祭神如神在。

我们只凭着真诚恻怛的一点"情"，便自能感得"神"的所在，既感得"神"的所在，于是"神"就存在了，原来"神"的存在，只能"默而识之，不言而信"，所以不可说明，要说出来，都只能说到感神的心理。换句话说，即一个"如"字。黄道周说得好："善言鬼神者，莫过于《易》，括之一言曰，以斋戒神明其德，其实只是诚字。"你看孔家祭祀的精义，何曾不是一个"诚"字呢？《祭义》说得妙绝：

斋之日思其居处，思其笑语，思其志意，思其所乐，思其所嗜，斋三日乃见其所为斋者，祭之日入室优然必有见乎其位，周还出户，肃乎必有闻乎其容声，出户而听，忾然必有闻乎其叹息之声。

大概这感神的心理，人人总是有的，若能扩充发达，自然会有完全知神的一日，因为"神"本来只在若即若离之间，是有圆融不测之妙，教人难以捉摸，所以人们要推知他，永远不能知道他，反之我们眷恋着他，那末一刹那就感到他了。虽然如此，神本难言，而能明之，此则在人，我们难道不能确指给大家以神的所在吗？我难道不能任举眼前的一个东西，来证明神吗？看呀！万象森罗，绿林之中，碧海之上，白雪覆盖的高山巅，开旷的空气里面，何处非神？何处非神的全体大用？神呀！神呀！你真是绝对之大，唯一之大，我们开眼便见你在我旁边，或为水暖鱼跃，或为露冷虫吟，或为蝶舞鸟飞，或为犬吠马奔，总而言之，遍一切时，遍一切处，都只有你；更无其他。神呀！神呀！你真是绝对之大！你一神之化，而宇宙万有，分之为体，所以你包含万物，包含着我，我是受你的陶冶溶化，我是不能脱了你独立而自存，如今我是在你面前献颂了！因神无在无不在，所以《说卦传》说：

> 神也者，妙万物而为言也。动万物者莫疾乎雷，挠万物者莫疾乎风，燥万物者莫熯乎火，说万物者莫说乎泽，润万物者莫润乎水，终万物始万物者莫盛乎艮，故水火相逮，雷风不相悖，山泽通气，然后能变化既成万物也。

原来"神"是包乎天地万物之外，而贯乎天地万物之中。所以《中庸》说神"体物而不可遗"，《易·系》言"天生神物"。这里说"神妙万物而为言"，可见宇宙自发生以来，永远在"神"的自我当中，神即万有，万有即神，如果误会神是离开宇宙万有，而在万有外面的超越的原因，那便万要不得。所以《说文》"神"字下云："天神引出万物也。"惠栋说："妙万物者引出万物也。"我对此实难承认，因为这种说法，实置神于世外，置无限于有限之外，却不知神的绝对性，即因此而消无也，其实"神"无声无臭，而上下四方往古来今的宇宙万有，已具其中，所谓"体用一源"，即上下四方往古来今的宇宙万有，而神的情无所不在，所谓"显微无间"，可见"神"是绝对无二，非和宇宙万有对立，神使全宇宙生，同时即休息于宇宙之内，生于宇宙之内，这种思想，就是所谓泛神主义（pantheism）了。梁寅《周易参义》说："凡物皆有神也。"又《紫岩易传》说："天下万物一神耳。"这都是直截了当地给泛神主义下界说。吴澄更发挥之曰：

乾坤主宰万物之帝，行乎六子之中，所谓神妙万物而为言者也。万物有迹可见，而神在其中无迹可见，然神不离乎万物也，即万物之中而妙不可测者神也，故曰妙万物。雷之所以动，风之所以挠，火之所以燥，泽之所以说，水之所以润，艮之所以终始，皆乾坤之神也。

罗近溪说得更好：

夫神也者，妙万物而为言者也，亦超万物而为言者也，阴之与阳，是曰两端，分之固阴阳互异，合之则一神所为，所以属阴者则曰阴神，属阳者则曰阳神，是神也者，浑融乎阴阳之内，交际乎身心之间，而充溢弥漫乎宇宙乾坤之外，所谓无在而无不在者也。

因为"神"和宇宙万有根本非二，所以贯彻万物，表里精粗无不到，决不在"虚无"中所可求得，他即是浸灌宇宙的"真情之流"，以全体言，宇宙就是"神"，以分位言，万象都带有"神"的彩色，而那些宗教家所妄立为超乎宇宙之上，或宇宙以外，而非为宇宙所容的神或上帝，却正是孔家所极力否认的"怪力乱神"（《论语·述而》）皇侃《义疏》引李充说：——力不由理，斯怪力也。神不由正，斯乱神也，怪力乱神，有兴于邪，无益于教，故不可言也。——由此可见孔家一方面有他泛神的宗教，一方面又何等的排斥"怪力乱神"，晚近学者因不知有这些分别，遂使耶回孔佛混作一途，以为孔子就是他们心目中的宗教家，或非宗教家，真不知何所见而云然！闲话休谈，且言归本文。说一说神是什么。我以为"神"无限，是绝对，叫做"太极"，也只是他，叫做"乾元"，也只是他，既现示自身于宇宙，又倾泻心中无尽藏的"真情"，于人们的精神当中，所以"神"无内外，我们若能于我们自身，及宇宙万有中认则得，神知"神"的本体，变动不居，周流六虚，出乎天天，入乎人人，尽乎物物，整个的不可分析，却又无所不在，所以《系辞》说：

阴阳不测之谓"神"。

（一）邵雍说：——潜天潜地，不行而至，不为阴阳所摄者，神也。（二）梁寅说：——阴阳非神也。阴阳之不测者神也。一阴一阳，变化无穷，果孰使之然哉？盖神之所为也，惟神无方，故易无体。无方者即不测之谓也，无体者即生生之谓也，若谓有方，则非不测之神，而生生者亦有时而穷矣。（三）蔡清说：——合一不测为神，不合不谓之一，不一不为两在，不两在不为不测。——由上诸说，都是发明"神"是圆融不测的，有圆融不测之神，而后可以周流六虚以用中，所以不测就是无在无不在之意。《系辞》又说：

神无方而易无体。

孔颖达疏道：

神者微妙玄通，不可测量，故能知鬼神之情状，与天地相似，知周万物，乐天知命，安土敦仁，范围天地，曲成万物，通乎昼夜，此皆神之功用也。……云方体者皆系于形器，方是处所之名，体是形质之称，凡处所形质，皆系着于器物。云神则阴阳不测者，既幽微不可测度，不可测则何有处所，是神无方也。云易则唯变所适者，既是变易，唯变之适，不有定往，何可有体，是易无体也。凡无方无体各有二义，一者神则不见其处所[①]云为，是无方也。二则周流运动，不常在一处，亦是无方也。无体者，一是自然而变，而不知变之所由，是无形体也。二则随变而往，无定在一体，亦是无体也。

因为"神"是阴阳不测，在阴的又忽然在阳，在阳的又忽然在阴，无方无体，所以才能酬酢万物，变化天下，出入于有无死生之间，无思无为，行其所无事而已。譬如日月寒暑之往来，尺蠖之屈，龙蛇之蛰，好似没一件事不是归神行管领，但那有一件事真受了神的管领？可见"神"本来浑浑然无迹，只是一种无方而不测的作用罢了。所以程明道说："生生之用则神也。"邵康节说："用也者妙万物而为言者也，可以意得而不可以言传。"刘蕺山说："神更不说体，精义入神，以致用也。神无方，化之妙处即是，故以用言。"这都是以神为用的铁证，最明显的，如《系辞》说：

利用出入。民咸用之谓之神。

《横渠易说》道：

用之不穷，莫知其乡，故名之曰神。就知道上天下地，回头晓得《周易》用以为神。

我自己，都只是神的作用如此，视如此，听如此，动如此，静如此，思想如此，不思想如此，昼如此，夜如此，生如此，死如此，万如此，一如此，圣人如此，大众如此，从根本看起来，天地万物万化

---

[①] "所"，原作"方"，误，据《周易正义》改。——编者

万理,都只是如此,都是一种作用罢了。然以"神"为宇宙变化的主宰,不以我心为宇宙变化的主宰,还不算彻底致用,须知心便如神,神便是心,天地之间,神无不在,而我心之神,即充塞天地,从这方面看,心不就是宇宙万物的根本大法吗?我不就是绝对单一,作宇宙主吗?所以宇宙的消长变化,是神的消长变化,也正是我心的消长变化,因为心神我合一,故孔子说:

心之精神是谓圣。(《尚书大传》)

若能即心而悟神的妙用,即心便是神了。神便是我了。我心本来自喜,自正,自无邪,自广大,自无所不通,随感而应,而其实澄然寂然,这不是"神"是什么呢?于此我愿介绍杨慈湖的学说,以为参证《先圣大训》说:

孔子言鬼神之盛德如此其盛,所以明人心之神其盛德亦若是,切无死生之殊,初无幽明之间,人心出入无时,莫知其乡,心无体质,则亦不可见不可闻。无休无方之神,万物以此发育,四时以此运行,非体物而不遗乎。洋洋乎如在其上,如在其左右,以明有莫测之妙而,人心出入应用之神,其有无莫测之妙一致,《诗》曰:神之格思,不可度思,矧可射思。人之心神亦然,忽然而视,忽然而听,又忽然而言,忽然而动,莫究厥始,莫穷厥终,莫执厥中,非不可度不可射乎。(第十九。)

我钦佩慈湖,莫过于这"心即神"说以为这种思想,实在得孔孟真传,后人抹煞慈湖,竟斥为异端,殊可叹也。孔子说:"人者天地之心"孟子说性善,又言"仁人心也"。这都是何等明白,要启发万世人心所自有的神灵,而后儒不悟,唯来瞿塘《易注》说道:"洗心者心之本然,圣人之心,无一毫私欲,如江汉以濯之,又神又知,又应变无穷,所以谓之洗心。"又曰:"洗心之神,自足以知来,洗心之知,自足以藏往。"似此肯定"洗心之神"的意义和价值,才不失孔门本色,孔门最后目的,也不过要人把潜在于心中的"神",穷到极处,以与天地参罢了。《系辞》说:

穷神知化,德之盛也。

项安世《周易玩辞》曰:

至于神然后能穷神之所由起,至于化然后能知化之所由推,知化犹如大始之知,非万物生于其手者,不能知万物之始也。非万物生于其身者,不能知万物之机也。孔子言知天命,子思言知天地之化育,皆至乎其地者也,凡傍观仰视遥度臆料,皆未足以言知也。

原来孔门只是这一件事,识破这一件事,即入于穷神知化之乡,孟子圣神之境,然后能无方无体,和天地合德,日月合明;然后能把宇宙的一切,都化于"真情之流",都复归于"神"的当中,孟子说得好:"所过者化,所存者神,上下与天地同流。"这是何等况味,在学者真未易言,只好任人们自己默识心通可也。所以《系辞》又说:"神而明之,存乎其人。"须得人而后明乎神,须你自己"默而成之,不言而信",才得见神,这是无论如何不能替代的。人们呀!为什么不大开真情之眼来见神呢?神即住在你心内,但你还是四顾傍皇,向"虚无"中去找他。

最后我敢告诉大家以真正的默示,最高智慧之源泉是在什么地方。而且在真情信仰上，确立我的泛神宗教，朋友们，我是对着自心的"神"忏悔过的，神告诉我，信得自己完全无缺，就眼见得宇宙完全无缺，信得自己是神，就上看下看，内看外看，宇宙都是神了。因为无限绝对的真理，只启示于真情的信仰当中，所以我极力主唱，信仰是最高的智慧，而尤特重当下的实在真情，对于超过真情的虚无信仰，如佛教，以为是和真情之自然信仰反背，排斥不遗余力，宇宙以外自然以上的奇迹信仰，如元始基督教也认为与此真情的自由，真情的信仰不合，更是反对。朋友们呀！天地间"真情之神"，元无所不在，却为什么不反身自默识你自心的神，为什么不解放你自己于宇宙的大神当中呢？

但我的泛神宗教，也不为无本，本于尧舜禹汤文武周公孔子之道，其大要即具于《周易》观卦文中，《观彖》曰：

观天之神道而四时不忒，圣人以神道设教，而天下服矣。

程伊川《易传》注：

天道至神，故曰神道，观天之运行，四时无有差忒，则见其神妙，圣人见天道之神，体神道以设教，故天下莫不服也。夫天道至神，故运行四时，化育万物，无有差忒，至神之道，莫可名言，唯圣人默契，体其妙用，设为政教，故天下之人，涵泳其德而不知其功，鼓舞其化而莫测其用，自然仰观而戴服，故曰以神道设教，而天下服之。

由此可见《周易》哲学的根本教义，只是天之神道，只是自然运行的大道理，换句话说，就是"泛神的宗教"。

# 第五章　美及世界

　　宇宙万有，其根柢惟一——神，神无声无臭，然却是常表示出来。因其无所表示，所以无所不表示，由神而表示为宇宙万有，而后大小远近千蹊万径的"情"，才跃然可见，而神在万有中挺然露现了。我们不须把闪倏滉漾不可捕捉的话来形容"神"，即就宇宙万有已都有"神"的反照。《系辞》说得好："天地之道，贞观者也；日月之道，贞明者也。"（程子注：天地之道，常垂象以示人。朱子注：天地之道则常示。）又说："夫乾确然示之易矣，夫坤隤然示人简矣。"（朱子注：确然健貌，隤然顺貌，所谓贞观者也。陆子答朱子书引此曰：太极亦何尝隐于人哉？）知道神只是永远的表示，就不致误会"虚无"为"神"，如《周易正义》说："尽神之理，唯在虚无，因此虚无之神以明道之所在，道亦虚无。"又说："神则微妙无形，是其无也。"直将无字担在神上。正是老庄之学，而因此遂倡忘象之论，更是误人，若由《周易》看起来，只可说"神无方"，却不可言"无神"，神是本来自有的，"存而察之，心目之间，体段昭然，未尝不可见也。"（朱子评苏氏《易解》语）若肯承当，即知"神"无所不在，在冲漠无朕中，一尘万尘种种的表示，都一一呈露出"神"的"真情"来。

　　然这一一表示，又同出于一源——神，只一个神，分而言之，就一一表示各有一神，又都浑沦无欠缺，而就一切表示上总说，则一切表示浑沦又只是一个神。好比一大块水银，怎样圆，散而为万万小块，个个都是圆，合万万小块，再为一大块，依旧又这样圆，知道神的表示处处都是圆,就知"真情之神"本自周遍包罗,虽宇宙万有,由神自动的流出,而神的本体仍自圆也。所以谓之活泼泼地便是这处。这活泼泼地"真情之神"呀!浑融于身心之内,而充塞弥漫于宇宙乾坤之间,玲珑通彻如太阳洞照,所谓虚灵不昧而时时发于日用之间者也。因神是本来自明的(孔家悟此的很多,如杨慈湖因断扇讼忽觉此心澄然清明;詹阜民一日下楼,忽觉此心已复澄莹中立;陈白沙谓一片虚灵万象存;王阳明谓良知之体皦如明镜,人多莫明其妙,其实只是反观神明的本体如此。)所以作易的起源,即因日月,即因日月之象以成明(田艺衡《浑古始天易·象易图》),**明**(象明者日月之象以成明,所以作易之源也。孔子曰:悬象著明莫大乎日月,日月之道贞明者也。日往则月来,月往则日来,日月相推而明生焉是也。)即因日月之象以成易(象易图),🈚️(易象者因日月之象而合之以成易,所以为易之义也。孔子曰:易者象也,象也者像也,日月运行,一寒一暑阴阳之义配日月是也。故郑玄亦云易从日从月,天下之理,一奇一耦尽矣。陆秉云:易字,象文曰下从月,取日月交配而成也。盖日东月西则为明,日上月下则为易,特一旋转运用之间耳。)这不是告诉我们以变化之间,神明所无不在吗?因为神明之体,皦如明镜,所以《大学》唤作明德,《易》言神及变化,道:"大哉乾元,万物资始,乃统天,云行雨施,品物流形,<u>大明终始</u>,六位时成。"王夫之《周易内传》说:

  盖尝即物理而察之,草木虫鱼鸟兽以至于人,灵显动植不一,乃其为物也,枝叶实华柯干根荄之微,鳞介羽爪齿官窍骨脉筋髓府藏荣卫之细,相函相就相避相输相受,纤悉精匀,玲珑通彻以居其性,凝其命,宣其气,藏其精,导其利,违其害,成其能,效其功,极至于目不可得而辨,手不可得而揣者,经理精微各如其分而无不利者，无不贞焉。天之聪明于斯昭著，人之聪明皆秉此以效法而终莫能及也。各各其分则皆得其正，其明者无非诚也。故曰大明也。（卷一上）

这云行雨施，品物行流，便是神的发用流行处！因其流行于神的本体光明之中，所以说"大明终始"，其一感一应循环终始之际，至神之明固无不在，即附着于万有而见，万有以神明为体，所以就发见而可见者，都是很美丽的。如"日月丽乎天，百谷草木丽乎土"，天地之中，没有无丽的物，即无无神之处。这个道理，在《周易》中就是《离卦》。故朱子说："大明，离也，大明终始，离之往来也。"我们且试问"离"是什么。《象传》曰：

离，丽也，日月丽乎天，百谷草木丽乎土，重明[①]以丽乎正，乃化成天下。

又《象传》曰：

明两作离，大人以继明照于四方。

王弼注道：

继谓不绝也，明照不绝旷也。——《正义》曰：今明之为体，前后各照，故云明两作离，是积聚两明，乃作于离，若一明暂绝，其离未久，必取两明照前后相续，乃得为离卦之美。故云大人继明照于四方，是继续其明乃照于四方，若明不继续则不得

---

[①] "明"字原脱，据《周易正义》补。——编者

久为照临，所以特云明两作离，取不绝之义也。

晓得这美丽之体，是相续不断的，好似太阳今日出了明日又出，只是这一个神明，如皎日丽天，无幽不烛，会得时便知存在的一切，都是神之所流行，明之所融结，大而山泽，小而昆虫草木，灵而为人，顽而为物，形形色色都有神的色彩，都是由神这一明而始，一明便不住的明，回环往复，像圆圈般运动，这种运动，是一切运动中最美的，所谓"乾元者始而亨者也。"（《文言传》）原来这个"乾"，就是代表"最会"的了。《汉上易丛说》曰："乾为美，又为嘉，嘉美之至也。"乾元一亨，六十四卦都从此出，我们但见生机沛然流动，万象便显然著明。因其一班班排列出来，故唤作"品物流形"，因其形发而美，故称作"品物咸亨"。总而言之，就是"美的相续"了。《文言传》说得是：

乾始能以美利利天下。——俞琰曰：乾始即乾元也。元乃生物之始也。美即亨也。亨众美之会也。

又说：

亨者嘉之会也。——《本义》曰：亨者生物之通，物至于此莫不嘉美，故于时为夏，于人为礼，而众美之会也。

又说：

嘉会足以合礼。——《朱子语类》曰：嘉，美也。会是集齐底意思，许多嘉美一时斗凑到此，故谓之嘉美。又曰：嘉是美，会是聚，无有不美便是亨。如自春至夏，无一物不丰盈，便是亨遂，若一物不若此，则不可以为会。须是众美合聚，方可谓之嘉会，如在人一言之美，一行之美，皆未尽善，须是嘉其会，使无一言一行不美，都无私意了，便能合于礼也。

宇宙这一动，便众美相续，大大小小，无一物不是美的。所以"易六位而成章"，一位即是一美，经纬错综，灿然有美的秩序。然这些美的秩序，还是在感官所接的世界的一种表示，是一时之美，还不算极致，我们却要由此到达那不可感觉永久理想之美——就是神了。须知"神是极妙之语"（程子语），是美中最完全者，圆满而无限，绝对于永远，如是的美，不是美这个东西，乃即美的本体。有了美的本体而后才有美的现象，所以我们应该给"美"下一个定义道：

充实之谓美。（《孟子》）

这就是孔门重美的本体的证据了。然本体即寓于现象，现象即含有本体而为美，所以《文言传》说：

阴虽有美，含之以从王事，弗敢成也。——丘富国曰：美，阳也，六三阴中有阳，故曰有美。

朱子解道：

天地之间，万物灿然而陈者，皆阳丽于阴托之以为美者也。阳尽则阴之恶毕见，不能自美矣。

可见美的本体又是无处不寄托！宇宙即因美的本体之所存，才有价值，本体亦因无心顿现，才算美的极致。所以《坤·文言传》说：

> 君子黄中通理，正位①居体，美在其中而畅于四肢，发于事业，美之至也。

徐几注得好：

> 坤道之美，至此极矣，故曰美之至矣。尝谓"黄中通理"四字当玩，涵养不熟，操守不固，天理有一毫之未纯，人欲有一毫之未去，未得为黄中也。涵养熟矣，操守固矣，天理全而人欲去矣，然通理未通，脉络未贯，则是蕴于内者虽有中和浑厚之美，而无融通畅贯之妙，未得为通理也，必黄中而通理，畅于四肢，发于事业，而后为美之至。孟子曰充实而有光辉之谓大，大而化之之谓圣，亦此意也。

由上便知"美"是有表示的，有表示才见其美，所以乾为美，而初隐（初九曰潜龙勿用，《象》曰：潜龙勿用，阳在下也。《文言》曰：龙德而隐者也。）二见（九二曰见龙在田，天下文明。）于无表示中而有表示，所谓"本隐而之显"，就是这个道理。（《中庸》曰：夫微之显，诚之不可掩如此夫。又曰知微之显可以入德矣《系下》曰：知微之彰皆是义也。）知道"充内形外之谓美"（《正蒙·中正篇》）又知神是一切美的原因，他就是美，这么一来，宇宙便充满了美了！每一点每一部分如是神的反照了！所以说："万物形色，神之糟粕。"（横渠语）谁知道万象森罗，竟是由于清通而不可象的神来呢？

（一）原来充塞宇宙之美，只是一个"意象"。《系辞传》说："象也者，像也"，一切形像，凡我们看得见想得到的，都是"意象"罢了。既为意象，则与其所象的本体，不可不逼肖，换句话说，这些

---

① "位"，原作"谓"，误，据《周易正义》改。——编者

一切意象之内，还有真正的本体的自身，就是神的"真情"。假使没有"真情"便不能成美，因为宇宙之美，都是以神的情和神分离，当神真情洋溢时，才取别一状态，而生宇宙万象——这就是美，就是神别一个的自身，我们怎能感得神的"真情"呢？这自然因为宇宙之美——神别一个自身的缘故。我们试想一个诗人，当他心中起了某种情味，何等地急着要写他出来呢？但一写出来，便成诗了。推之一个创造宇宙的大神，要真情实现，更何待说，于是一顾盼间而天高地下，万物散殊，这不是由神的情而表现为美的意象吗？有了意象，神的情才有个挂搭处，因为"意象"就是"真情之流"之缘感觉而现者，所以来瞿塘《易注》说："象犹镜也，有镜则万物毕照，若舍其象，是无镜而索照矣。"若无意象，便不能为美，所以易以乾为美，却道：

盛象之谓乾。（音训成象。陆氏曰：蜀才作盛象。）

又说：

见乃谓之象。

便如日月星辰山川草木之美，也没有个定体，只是这意象如此。意象所以见情所以在易卦象是要极天下的深情的（本惠栋说）《系辞》说：

是故夫象，圣人有以见天下之赜而拟诸其形容，象其物宜，是故谓之象。

《周易述》曰：

赜，情之未动者也。在初为深，故曰深情，圣人见其赜而拟诸其形容，象其物宜而情始见。故咸恒诸象传曰观其所感所恒所聚，而天地万物之情可见矣，大壮传曰正大而天地之情可见矣，是卦象极天下之情也。

又《下传》曰探赜索隐，虞注彼云：赜，动也，初隐未见故探赜，太玄曰阴阳所以抽赜，赜情也。京氏训周易之屯，太元准为赜初，一曰黄纯于潜则化在赜也。范望注云，阳气潜在地下养万物之根荄化在赜，若然赜训为情，乃情之未动者。

"情"是本然之美，流行于已发之际，敛藏于未发之时，当其未发而静，便叫做"赜"，已发而动，便化自身为美的、相对、有限的东西，才为种种的意象而现了。

（二）万有都在流转，变化，例如这个椁子，常人以为从昨天到今天到明天者，其实是一时一个椁，只有许多意象的相续，并没有一个椁子的恒在，即因我们所官感的，不过意象的总合，除各种意象外，没有定体，所以《系辞》说：

易者象也。象也者像也。

一切变迁进化，都只是个意象的作用！好比椁子这个形像，若认他是有物质的存在便错了。椁子只是代表这么一种意象在那里动，在那里呈露出来。因此所以我们只认意象世界是真实的存在，而常人所见的"物质的存在"，就是迷妄，就是虚无，在意象的外面，只有虚无，这虚无的永久存在，即等于永久不存在，所以物质非有，我们现在的一切物，但有浑融圆转活泼流通的意象罢了。虽然如此，我也并未否认物质的东西的存在，我所否认的是一种不知的本质（质物）在外界事物背后的本质的存在，依易理看起来，物质只有可能性，如常人自以为有质碍的空间性的物质，其实在意想中还明明是一个意象，可见物质不过意象，举目而存只有意象而已，变化而已。世间原没有物质这个东西，所谓"神无方而易无体"，假令有一物质，亦必非仅仅一种定体，而为在变迁历程的活动体——就是意象了，所以《周易》言象不言物，言物时都是活泼泼地，如言"品物流形""精气为物"（虞注曰乾纯粹精故主为物。郑注云精气谓之神。王弼曰精气絪缊，聚而为物。）"天生神物"等可见。

（三）神所存的宇宙——意象世界——是为预定的大调和而存在。所以唤作"大和"，《文言传》说：

> 乾道变化各正性命，保合大和。——朱子曰品物流行，莫非乾道之变化，而其中物各正其性命，以保合其大和焉。

这意象间虽然千变万化，而自然是个调和，相反相成，浑沦无间，可谓调和的极点了。今且就意象和意象间的关系，依易理言之。

其一，一切的意象，各各有和别的意象不同的自相，在宇宙中同一的意象不能有二。

其二，各意象虽千差万别，却有内在的宇宙的统一——情，一切意象都是从"情"里面出来，在共相方面，都是同的。

其三，一切意象都是浑融圆转活泼流通的，都是为有生命精神的个体，这个体的集合，就是宇宙。

其四，意象是前定的，却不是不变的，相互之间有预定的大调和，同时千变万化的状态，行于其间。

其五，每一意象，表现其他意象，因而表现全宇宙——所以每一意象，都是缩小的宇宙。

其六，各意象都是由神自动的流出，其流出的次第，好似阶梯渐次向下，都是类似乎神，就是最下的物质，没有神的精髓，然也只是程度之差罢了。

最后便知这一个意象世界，是最完全最美的了！每一点每一瞬间都有神的反映，因神无限故美的相续无限，意象的涌出无限，我们试于静默中欣赏他罢！我们试于一动一静之间体认他罢！只要我们自家心美，便一切都美化。观其所感，观其所恒，观其所聚，所见无非美者，《观卦》曰："观盥而不荐，有孚颙若。"会得时光灿烂常明在目前，不会时日光之下的一切，都是迷妄，都是虚空。

# 第六章　名象论

宇宙是有系统的，有秩序的，如把造化者——真情之神——当做美术家，那末宇宙就是整齐平均调和的美术品，最完全的美术品了。他包藏世界一切，大大小小煞是好看。看呀！

天尊地卑，乾坤定矣，卑高以陈，贵贱位矣，动静有常，刚柔断矣，方以类聚，物以群分，吉凶生矣，在天成象，在地成形，变化见矣。

这天高地下，万物流行，分明是有自然的秩序！这秩序在天便成日月星辰，在地便成山川流峙，卑的高的，动的静的，宇宙间天地万物虽然头绪纷繁，原来却有系统条理可寻也。所以《周易》这部书包括万物，（《上系》云曲成万物而不遗，《下系》云其道甚大百物不废。《系上》曰：易与天地准，故能弥纶天下之道。《周易述》曰：准同也，弥大纶络也，谓易在天下包络万物以言乎天地之间则备矣，故与天地准也。）广大悉备，（《下系》曰：易之为书，广大悉备。）无论万物如何的纷乱，总可找出个条理来。所谓："言天下之至赜而不可恶也，言天下之至动而不可乱也。"在变化的中间，寻出不变不化的一点，不同的中间，寻出个共同的一点，这便是《周易》的最大发明了。

固然没有画易以前，一部《周易》已排列在天地间，如天尊在上，地卑在下，造化原有自然之乾坤定位，不须更为穿凿安排，然圣人仰观俯察，也正是眼见得自然的现象如此，因而立象。所谓"天垂象见吉凶圣人象之"，（来瞿塘《易注》曰：易有象非圣人自立其象也，天垂象见吉凶，有自然之象圣人象之以立其象。）六十四卦三百八十四爻都不过写天地自然的形象罢了。（《正义》曰：易卦者写万物之形象，故易者象也，象也者像也。）有了卦象使大而天地小而万物，至纤至细，尽包括其中，所以说：

八卦以象告。

又说：

八卦成列，象在其中矣。

不但天地雷风水火山泽之象，凡天地所有的意象，无不在易卦当中，故易古只名象（惠栋《易例》曰：八卦由纳甲而生，故《系辞》曰：在天成象，易也者象也，象也者象也，古只象。《皋陶谟》帝曰：予欲观古人之象是也。至周始有三易之名，然《春秋传》曰：见易象，是象之名犹未亡也。）——是奇耦之象，八卦是天地雷风水火山泽之象，六十四卦是天下至赜之象，三百八十四爻是天下至动之象，所谓："易有四象所以示也。"（本宋张根《吴园周易解》）全部《周易》，都是象教（参看明章潢《周易象义》）但象是象个什么呢？《系辞》说：

象也者，像此者也。

所谓"此"，只是"这个物事"，就是宇宙本体——情。（《慈湖遗书·时斋记》曰："是此也，古未有道之名惟曰是。"）《系辞》说：

"圣人有以见天下之赜，而拟诸其形象容其物宜，是故谓之象，"释文引京房《象易章句》云"赜，情也"可见。因为天地间自然象之，都是仿效这个物事而成，故《周易》也是因至情而立象（参看来氏《易注》）把天地间的至情，由易象显露出来，他的根本学说，是有二项：

类　意象的数目无限，举都不胜举，所以伏羲才作八卦，使事事物物各归其类。《系辞》说：

> 古者庖牺氏之王天下也，仰则观象于天，俯则察法于地，观鸟兽之文与地之宜，近取诸身，远取诸物，于是始作八卦，以通神明之德，以类万物之情。

"类"的观念，是要包括这个那个而成全称的共相，那个体丢开，去找出他共同地方，因共同所以聚，因聚便可以见天地万物的本礼——"情"。故《萃卦》曰："观其所聚而天地万物之情可见矣。"徐氏曰："天地万物，高下散殊，咸则见其情之通，恒则见其情之久，萃则见情之同，不于其聚而观之，情之一者不可得而见矣。"焦氏《易通释》曰："必旁通乃能类聚，类由于旁通，旁通情也，伏羲作八卦以通神明之德，以类万物之情。"这话都很是。《周易》所以提出"类"的观念，正是要以一统万，使万有互相关系的情，以类而聚。故《同人》象曰："天与火同人，君子以类族辨物。"《正义》曰："族聚也，言君子法此同人以类而聚，辨物谓分辨事物，各同其党，使自相同，不间杂也。"又《系辞》说："方以类聚。"又说："本乎天者亲上，本乎地者亲下，则各从其类也。"又说"其称名也小，其取类也大。"讲到类都是代表全称的，凡卦之相肖似的，即把一个"类"包括他。例如《说卦传》说：

> 乾为天为圆为君为父为玉为金为寒为冰，为大赤为良马为

老马为瘠马为驳马为木果。

坤为地为母为布为釜为吝啬,为均为子母牛为大舆为文,为众为柄,其于地也为黑。

震为雷为龙为玄黄为旉为大涂为长子为决躁为苍筤竹,为萑苇,其于马也为善鸣,为马足为作足为的颡,其于稼也为反生,其究为健,为蕃鲜。

巽为木为风为长女为绳直,为工为白为长为高为进退为不果,为臭,其于人也为寡发,为多白眼,为近利市三倍,其究为躁卦。

坎为水为沟渎为隐伏为矫輮为弓轮其于人也为加忧,为心病为耳痛为血卦为赤。其于马也为美脊为亟心,为下首为薄蹄,为曳。其于舆也为多眚,为通为月为盗其于木也为坚多心。

离为火为日为电为中女为甲胄为戈兵,其于人也为大腹为乾卦为鳖为蟹为蠃,为蚌为龟其于木也为科上槁。

艮为山为径路为小石为门阙为果蓏为阍寺,为指为狗为鼠,为黔喙之属,其于木也为坚多节。

兑为泽为少女为巫为口舌为毁折为附决。其于地也为刚卤,为妾为羊。

这里广说八卦之象,多不可晓,然我们却知道这八卦都是以类万物之情的,决无可疑,《周易》的方法,就是要把天地万物都归到八象类里去,八卦又统于乾坤,乾坤又两后归于一元。可以逐步推上去,到最高的阶级,也可以逐步的推下来,到最低的阶级,这其间是有条理有系统,好像一种谱系一层层排列很是整齐,这种方法,便唤做"类",只如《说卦》所类,也不止此,不过稍为推明,如此卦于天文地理便是某物,于鸟兽草木便是某物,于身于物,便是某物,各以例举，教学者"引而申之，触类而长之"罢了。

辞　万物之情，如雷风山泽之象，情可见底，唤做类（黄守平《易象集解》语）。有类便有表白他的界说，就是"名"，所以"名"和万象是互相顺应而发展，《系辞》说"名"的起源道：

乾坤其易之门邪？乾阳物也，坤阴物也。阴阳合德而刚柔有体，以体天地之撰，以通神明之德，其称名也，杂而不越，于稽其类，其衰世之意邪。

夫易彰往而察来，而微显阐幽，开而当名辨物正言断辞则备矣，其称名也小，其取类也大。

自有宇宙以来便有万物错杂，因错杂中要有分别，所以有名，分别得越精细，就名也越不可胜载了。然考名的由来，又实发源于更深高的东西，就是"神"。神只是"荡荡乎莫能名"，（梁寅《周易参义》曰：神妙之至不可以名，姑强名之曰神）如《论语》："子曰大哉尧之为君也，巍巍乎惟天为大，惟尧则之，荡荡乎民莫名焉。"又曰："泰伯其可谓至德也已矣，三以天下让，民无得而称焉。"这统是赞叹不置，以无可名为合于神德。因为至德本不可名，所以称名还是衰世之意，自无可名而向名的方面发展，把有限、相对的名词，如乾坤，以辨上下，使万物在纷乱当中，自然有个次序不相逾越，这正是圣人开物成务的意思！何则？万物之情是有等差的，所谓"物之不同，物之情也"（孟子语）于不同中，要有个分别。"名"就是分别万物之情，使彼此有分。《春秋繁露·实性篇》说："孔子曰名不正则言不顺，春秋别物之理，以正其名，名物各因其真其义也，真其情也。"这话极是。我从前不懂这个道理，以为名只是差别，和情根本相违，因此便极力主张"无名主义"。如今会得正名旨趣，才知圣人的心，已千转万折矣。

"辞"是名合拢成的。《系辞》说:"以言者尚其辞。"又说:"系辞焉所以告也。"没有辞的作用,便宇宙万象的吉凶动静,都无所指明。有了辞而后一卦或一爻的意味或倾向,才可表示出来,所以说"系辞焉以断其吉凶",又说"辨吉凶者存乎辞",因万有之中,情态不同,所以辞也各别,《系辞》说:"卦有小大,辞有险易,辞也者,各指其所之。"便是这个道理。《正蒙》更说得好:

形而上者,得辞斯得象矣。神为不测故缓辞不足以尽神。化为难知,故急辞不足以尽化。

晓得辞的作用,有如此不同,便不至于随便乱用他!名词本来只是一个表记,还表记只要是能够代表原来事情,是直指还实际的存在的,则一切名也正是虚豁豁没些儿积滞,还怕他来限制我们吗?不但如此,就是圣人的"真情",还由这里流露出来,故说:

圣人之情见乎辞。

《周易述》曰:

此虞义也。太元曰辞以睹乎情,故圣人之情见乎辞,谓文王系六十四卦三百八十四爻之辞,爻象以情言,因其动而明真情,动在其中矣。

由上两项,便知名象有如此重要,《周易》的好处,即在运用名象,一方面包括遮个那个而成全称的共相,一方面分别这个那个,使彼此截然有分,还是何等正确的知识!何等有系统有秩序的知识!

这应用方面，就是创造的目的了。那种种开阖往来变化的意象，是能够引导圣人去制造器具和发明物品的。何则？宇宙万有只是意象，这自然的意象，都是神的模本——神器。人为便利起见，又从这象上模仿之，造作形体的仿本，以利用厚生，这便是"器"了。所以器是神仿本的仿本，是不可不以自然的意象为根据，器而不效法自然，便是私意杜撰出来，便是大乱的根源了。试看《系辞》历举诸卦道：

包牺氏作结绳而为罔罟，以佃以渔，盖取诸离（☲）

神农氏斫木为耜，揉木为耒，耒耨之利以教天下，盖取诸益（☲）

日中为市，致天下之民，聚天下之货，交易而退，各得其所，盖取诸噬嗑（☲）

黄帝尧舜垂衣裳而天下治，盖取诸乾☰坤☷

刳木为舟，剡木为楫，舟楫之利以济之通，致远以利天下，盖取诸涣（☲）

服牛乘马引重致远以利天下，盖取诸随（☲）

重门击柝以待暴客，盖取诸豫（☲）

断木为杵，掘地为臼，臼杵之利，万民以济，盖取诸小过（☲）

弦木为弧，剡木为矢，弧矢之利，以威天下，盖取诸睽（☲）

上古穴居而野处，后世圣人易之以宫室，上栋下宇以待风雨，盖取诸大壮（☲）

古之葬者厚衣之以薪，葬之中野，不封不树，丧期无数，后世圣人易之以棺椁，盖取诸大过（☲）

上古结绳而治，后世圣人易之以书契，百官以治，万民以察，盖取诸夬（☲）

以上所说，可见人类种种的器物制度，都是从自然意象上发生出来的了。这象效的由来，虽不可考，然我们却确然知道，这些都是取于卦象而成，不是出于圣人的私智。真西山说得好：

案此所列卦象之意。盖离之中虚而物丽乾坤之上下，风之行天上，此皆物象之自然者也。有自然之象，则有自然之理，人之所共睹也，然常人见其象而昧其理，惟圣人见是象则知其理，知是理则制是器，人皆谓备物致用，立成器以利天下，出于圣人之心思，不知圣人亦因其所固有而已。盖天地之间昭布森列，莫非至理之所存，故曰春秋冬夏风雨霜露无非教也。又曰天何言哉，四时行焉，百物生焉，天岂有隐乎哉？百姓日用而不知。耳学者诚能虚心以体天下之物，则精义妙道，莫不昭昭然接于吾之心目，然后真知道器之相合，而显微之无间也。

由此便知《周易》对于制器的根本学说，只是"象事知器"四个字，换言之，就是提倡"艺术"，使器具由粗劣机械当中解放出来，复归于优美，所以说：

盛象之谓乾（《汉上易》云乾为美），效法之谓坤。（虞注云：坤为器）

又说：

以制民者尚其象。

因为自然的意象，都是美的，所以效法这象而成的器具，也都是美术品,并且可以使得"艺术"赍来一种艺术和生活结合的纯美社会。不过这种器具因其是自然底仿本,所以成其美。但只要是其仿本便够了。这些仿本是圣人造出来给人用的,所以是一种事业,圣人的事之真伟大啊!所以说,备物致用,立成器以为天下利,莫大乎圣人。到了"利用出入民咸用之"的时候便神乎其神了,所以说:

> 形而上者谓之道,形而下者谓之器,化而裁之谓之变,推而行之谓之通,举而措之天下之民,谓之事业。

又说:

> 见乃谓之象,形乃谓之器,制而用之谓之法,利用出入民咸用之谓之神。

《周易哲学》卷上终

# 文章辑录

# 自由恋爱主义[*]

我对于结婚问题，从来没说过一句话，然而看看现在谈妇女解放的不彻底，则又如鲠在喉，非吐不可。我想要不说解放便罢，既有这伟大的决心，就应该从根本上着想，而求根本的解决。须知现在妇女解放的呼声虽高，而其结果，只能使觉悟的妇女打破了贞操的迷信；若论事实上解放的成绩，敢断定绝对没有。而且我睁眼去看那谈解放的新学家，他有的还迷信婚制万能，以为我们在今天只能主张恋爱的结婚，不可提倡非结婚的自由恋爱。由这保守的稳健的示唆，使我男女们再去过那卑鄙没趣的生活；但可惜我们受苦已够，现在是要打破一切的网罗，却不受那矫揉造作的婚姻的限制了。总之，在婚制之下，本无所谓自由；所以我们根本反对婚姻，不但是为着偏畸的妇女解放，而且实要解放我男子自身。要不然，把解放的精神，关在婚制里面；那末异性的恋爱，不完全解放，也不见得妇女解放，就有实际的效果可言。

我消极的反对婚姻，就是积极的主张自由恋爱。但这主义，在西洋信的较多，在中国则无条件反对的也不少，今因要唤起大家的信念起见，特提出他所根据理由，使那一向胡叫乱喊的，或不至于笼统排斥他了。我想自由恋爱本是学理上研究的结果，假使没有那理学家、宗教家的成见，断不至于把他当做放纵的"异性生活"看。其实就是放纵的"异性生活"，如使不流于病的状态，也总觉得比婚制还

---

[*] 本文原载于《奋斗》1920年3月10日第3号，本次整理以此为底本。——编者

好，却永不是更坏。我活泼泼的朋友呀！汝们应过的，只是活泼泼地生活；汝们在家庭结婚的制度下，不觉得气闷？汝为什么忍受着苦恼无聊地生活，而不想到自由恋爱？虽然如此，我觉得朋友底心里都明白，都觉悟，只因为外围环境的制裁，或是旧道德的限制，竟不敢自由恋爱起来；要不然，就是朋友没有彻底的觉悟，对于神圣的恋爱，有所怀疑。须知自由恋爱是真、美、善的综合体；是人生所行的真路；我们要不是顾忌于一切的旧制度、旧风俗，以至于法律秩序等等，那末我就该老实肯定这主义的意义与价值，断不应把他看做可羞的学说。何则？自由恋爱不但是性欲解放，而且更高尚的感情，当知情的解放，是使人脱出有限、相对、毫不自由的理知，而入于无限、绝对、幽深玄妙的哲理中；所以自由恋爱，可说是到达那精神生活的路，若仅仅把他看做乱淫、杂交，那就大错而特错了。我以下是从学理上着眼，仔细将自由恋爱，考察一番；要是我所说是对的，那末因有学理根据的原故，使朋友更"决心"，更"大胆"，去实现那由主观的努力，与热情所认识得的"真理"——就是自由恋爱主义。

（一）从道德方面看来，自由恋爱与道德的新潮流恰合。因新道德只是自由的，不是奴性的；是本能的，不是理知的；是理想的，不是习惯的；而且是自然的、变幻的，不是那人为的、保守的，今自由恋爱亦然。（A）因其摆脱婚姻制度，而以纯粹无疵的爱情，自由发展情欲，故为自由的。（B）又因两性的恋爱，由于本能冲动，而活跃于恋爱的漩涡里，故为本能的。（C）从来维持婚制的，都说家庭是人类生活上万不可缺的制度，而自由恋爱，竟敢打破他，代替他，故为理想的。（D）再者自由恋爱，只是率性而行，凭着烂漫天真，去实现那"本来"——就是纯粹的爱，故为自然的。（E）又因不受婚约的限制，随意可以离散，而另找那称心情热的伴侣，所以是常常变换，无所谓白头偕老——由此可见，自由恋爱是立于新道德基础上，我们要是没有根据理由,去打倒新道德,就应该简直承当自由恋爱主义了。

(二)从心理方面看来,自由恋爱是适应于感情的要求,原来恋爱以感情为活动的原力,而爱情之浓厚,也全看感情作用如何,依心理学研究所得,感情是综合、直觉、活动、极自由的元素,而恋爱以与他同出一源,也与之相应,我常说过:婚制的不好,在他要确定男女的关系,(A)须知一切的虚文,凡可使夫妇"彼此有分"的,都与感情之"综合"的属性不相容,反之自由恋爱,因废丢那男女互相关系的理知,反格外有感情,而两性间的意义,也越觉得充实了。复次。(B)感情与意识的作用相反,如愈加注意,就感情也愈消灭,所以"昭昭察察"的婚制,实是两性间不睦的根源,而直观的自由恋爱,反能致两性于自然冥合,而入单一而无差别的境界。(C)又感情是极容易变化的,所以依照心理的自然,不应有什么固定婚姻,使本来的自然性,因理知而牺牲;而应该主张自由恋爱,使有情的,跟着追求无已的本来,而遂其无穷永续的热望,不然则把固定的婚姻,来抓住容易变的感情,岂不一顷刻间,便生厌倦,或至于悲观,自杀,早失却恋爱的真意义了。再有一层,恋爱与感情,同以自由为特性;而且永远是力求那绝对自由,永远由较低的,变为较高的,所以把婚制来限制恋爱的自由,为不可能,就使能之,其结果也只足造成傀儡的夫妻,决不是优美愉快的爱情!由此可见自由恋爱主义,实依照心理的要求而建立,也最能与恋爱的因子相应;我们要不是矫情枉性的宗教家、理学家,都是反对婚姻,而满望自由恋爱的实现了。

(三)从生理方面看来,自由恋爱是解放性欲,使表现的活力,格外浓厚,本来爱情与性欲的满足,是最有密切关切。那些专言爱情,如 platonic 把性欲看做恋爱本质以外的东西,这真老不明白恋爱是什么——所以现代意大利学者瑟拉,于所著《人生的行路》中,笑这种爱,是受却常识道德的束缚,所做成的病的恋爱,依瑟拉学说,性欲应该自由发展,并不受什么限制;而且内欲愈充足,那表现的活力,就因之格外增加,而生活的意味,也格外浓厚了。所以充满活气的新社会的建设,正由于性欲解放而来的道德信念,那末我们要创造那有活力的人,最根本的方法,就是解放性欲。而自由恋爱之生理的效能,也可见了。

（四）从社会方面看来,自由恋爱是能使社会改善。详细说起来,有三件好处:（A）因自由恋爱,而社交可以公开无碍,似此完全解放,实使女子在社会上取得与男子平等的地位,且使已丢失的自由,完全恢复。（B）从前婚姻,是把金钱来代替爱情,所谓夫妇的制度中心,其实完全是经济关系,今自由恋爱,是因爱情而结合配偶,自与那只为衣食同栖共处的夫妇不同。因婚制是用财产,才能够维系着,一旦利尽情疏,就难免化夫妇而为仇敌。反之自由恋爱,是本于自然如此的爱情,故两性关系非常圆满,而此时的社会,也布满本性自然性的爱的精神。（C）又社会愈进化,则男女间因更接近的原故,势不能不自由恋爱,若必保守那严格的一夫一妻的主义,其结果使男女的关系,生出许多阻碍,而社会进化的效率,也为之减少;反一面说,自由恋爱是已打破部落思想的婚制,所以在社会里,有许多方便,男女各跟住各自的才能,来担社会上的业务,而社会也因而策进了。

（五）从经济方面看来,自由恋爱可以补救经济上的许多困难。须知婚姻制度,不异把妇女关在家庭的监狱里,使她过那寄生虫的生活,但可惜现在社会的情形变迁了,妇女们势不可不离却家庭,去加入于生产的事业。所以自由恋爱主义,是顺着这个潮流,来代替那不生产的婚制,而求生产的结合。复次,生活程序与结婚成反比例,青年男女,因没有相当财产,不能结婚;然究竟理性不能制住性欲,势必另由他法去充实他,这正是婚制完全失败的时候。自由恋爱,用不着婚姻,因此由经济原因而压迫下来的性欲,遂完全解放,恢复本来的自由了。总而言之，自由恋爱主义的起原，不但心理方面，为现代青年之内的要求，而从他方面看去，也由于物质的变化的结果，我们对于经济的压迫，要不能从根本上求个改换，那末就是牢牢守住卑鄙没趣的婚姻制度，实质上也不能自由恋爱起来了。

由上种种，可见自由恋爱是从道德、心理、生理、社会、经济各方面上所得来的共同结论；而那班谬托于康德化社会主义，以反对自由恋爱的；也可见于自然的趋势不合，太不自量了。但我因要免却误会的原故，也何妨把自由结婚与自由恋爱，分别一下：原来自由结婚的"自由"，只在定婚一顷刻间，有自行选择的权限，比较于父母主婚制为自由而已；然而这顷刻的自由，也许受金钱支配，而一经结婚以后，则尚何自由可言。若论恋爱那本与结婚毫无关系，高曼女士在《结婚与恋爱》上说得好："婚姻与爱情，绝对不能相容，虽有既婚而爱情甚笃者，然不得谓爱情必由于婚姻……总之，婚姻以爱情相配合者有之矣，而以爱情为相终始者亦有之矣，然与婚姻无涉。"（原译见《自由录》，二十六页）由此可见，那把婚制来延长恋爱的谬说，根本上完全不懂得恋爱是什么——须知自由结婚的自由，与恋爱的自由无涉，而自由恋爱主义，也只为着"恋爱"底自由而有意义。今既证明"结婚"并不是"恋爱"的本体，那末我就可老实反对那改良派所主张的自由结婚，而要求异性生活之绝对自由，就是自由恋爱。我的意思，以为自由恋爱，实是解放社会的第一步，要是恋爱不公开，又那里能实行社交公开？要是恋爱不解放，又从何说起妇女解放？我的朋友！我的有情的朋友！汝应记得改良派的话："婚姻好像一个外套，虽则恋爱是本体，这个外套，却足以拘束他。"朋友！我为着解放起来，决容不住"外套"存在，我们所能作的，是什么？就是"扯"，扯[①]开这个外套，而光复我赤裸裸的本真，那就是自由恋爱！那就是人生所行的真路。

---

① "扯"，原作"指"，疑误，据上下文意改。——编者

# 反抗考试的宣言*

杜威先生说：

  现在教授的方法，全是注重记忆，注重背诵，注重考试，因为把知识看作可以灌来灌去的现成东西，所以用蛮记的法子灌进去，又用背书和考试的法子，来看究竟灌进去了没有？来看那些被灌的儿童，是否也能像先生的样子把装进去的东西拿出来摆架子了！美国有一种农家，养鸡鸭出卖，卖的时候，常常把鸡鸭吃得饱饱的，可以多卖一点钱，但是鸡鸭喂饱了，便不肯再吃了。所以他们特地造一种管子，插进鸡鸭喉咙里，但把食物硬灌下去，使他们更胖更重。现在的教授方法，就是硬装物到鸡鸭肚子里去的方法。考试的方法就好像农夫用秤称鸡鸭的重量，看他们已经装够了没有？

  我朱谦之因受了这种启发，现在是宣告不受任何等的"称鸡鸭式"底考试了。

  但是诸君——我觉悟的朋友——你怎样办？

  你难道情愿上"秤"？你为什么不表示反抗的态度？我想诸君都是觉悟了！都不愿受那非人的待遇了！

  那末就请诸君同声反抗！

  请诸君把考试的"笔"抛去！

朱谦之

---

\* 本文原载于《北京大学学生周刊》1920年第13期，第5—6页，本次整理以此为底本。——编者

# 破坏与感情冲动[*]

## AA[①]

我们因不忍看现代制度的不公平，不幸福，所以主张完全推翻，要用热烈暴烈的手段，去根本解决——就是破坏。须知道破坏的方法，实是我们心理的要求，我们觉得现在改良派说的：什么妥协，什么调和，什么杜威的政治哲学与社会哲学，这种踌躇、顾忌、似是而非的学说，真不值得一笑，休了罢！我们除却向前破坏以外，简直没有再可以过瘾的了。那末我就破坏去罢！破坏——破坏——一旦把旧制度、旧风俗，都放在爆烈弹里，这才是我们的胜利！

改良派说我们受了感情支配，是的。我们所可以自夸的，就在有丰富的感情。感情？那就是自我不是？就是本性自然性不是？要是如此，反证我是受了本性自然性的指使，也可见是极有价值不过了。呀——我的血已经沸！——我已叫着我，去破坏去了！汝呢？汝没有血？汝没有感情？汝没有本性自然性？你为何动也不动？我想你都是气闷极了，也该伸一伸腰，吐一吐气，把一切的旧制度、旧风俗，都破坏他一下，要是怎样办，多爽快？

我说的破坏，的确是感情冲动，而且仅仅是感情冲动，你怕冲动

---

[*] 本文原载于《奋斗》1920年3月30日第5号，本次整理以此为底本。——编者
① AA 为朱谦之先生之笔名。——编者

吗？躲开！别阻碍我们的前路！我想你们的知识太多了！逻辑的法式也装得太满了！因此我才觉你的无能，才知道你干不了甚事！我么？不要知识，更无所谓逻辑，因我的逻辑，就是无逻辑，我所有的，只是感情，我所能作的，只是感情冲动，就是破坏。

# 新生活的意义*

## （一）

新生活的要求，是当着在生活有病的时候，因不满意于现实，而觉得许多烦闷；烦闷不已，非引出无数的怀疑；怀疑的结果，遂从积极的进化方面着思，而有新生活的问题发生。所以新生活的要求，是从失望的海，而跳向光明所在的一种运动，就中有不可少两个条件：

（一）须有不满意于现实的共同倾向为起点；

（二）因不满意于现实，而另有从积极的进化方面着想底"新生活"观念。

但在同一烦闷时代之中，也有许多人虽觉着不适，只因"识域"的限制，除去现实或过去以外，便不能设想。如抱复古主义的，因对于现实的反感，而想像古代的好处，以为现实是坠落的，古代是如何快乐安稳的，因想将现实打破，而回复古代浑浑噩噩的时代。供这种新生活观，早已失却新生活①的第二条件了。因他是消极的，不是积极的，倒退的，不是进化的。因摆不开于"过去"的残余，虽也能逃出现实，却不肯稍费气力去创造新路，所以是与新生活背道而驰了。

---

\* 本文原载于1920年4月20、30日《新社会》第16号，本次整理以此为底本。——编者

① "活"上原脱"生"字，据上下文补。——编者

又如抱独善主义的，以为现在生活方法的不良，可以实行改善，于是有"小组织""新村"的提倡，似这种新生活观，我说他是没有彻底的觉悟，而且与新生活的一条件根本冲突。因新生活只是将现实重新造过的，换句话说，新生活和现生活，必不能同时存在，须先将现生活推翻了，征服了，然后新生活才能一点一滴的创造起来。所以独善主义的新生活，只是一般怕奋斗的懦夫，由此去来眼前的速利小效，若从根本上着想，这些换汤不换药的新生活，都不外敷衍现实，不消说是失却新生活的意义了。

我所说的新生活，只是现生活的反面，因具备了新生活的两个条件，所以叫他"新生活"。他是为着将来而有意义，因过去是已经过去了，"现实"更不成问题了，我们所认为有意义的，除却将来，没有什么。我们意中的生活，正在由黑暗的现在，而跳向永续不断的将来；因有无限的将来，所以有无穷的新生活。故所谓新生活，不外连续，就是为自己向上创造之正当运动。但话虽如此，我却不愿用哲学上的说明，今要将新生活的观念弄清，因先把现生活研究一下，然后由反证的方法，说出新生活究竟是什么。

（二）

我为甚么不满意于现生活呢？只因现生活是坏透了，所以不满意他。但现生活为甚么坏透了呢？据我观察的结果，现生活只是不自然的生活，因其不自然，所以引起许多人的不自在。但我为甚么说现生活是不自然的呢？不自然的生活怎么样呢？因要解答这个疑问，将现生活分作两方面说：

（1）现生活是伪的不是真的

自太古野蛮时代，逐次进步，以到现在自是文明极了。但文明的进步，都是由于人为的结果，而所谓人为的都是反于自然的生活，所以越文明，就越技巧。自有了人造的道德，就有许多不道德的事与他对立；更进有科学美术，就连道德都要破坏了。我常说过现时代有三多：一法律多；二精神病的、自杀的、犯罪的多；三花柳病多。推三多的原因，都由于物质文明进步的结果。这层理由，研究社会学人类学经济学，都晓得很清楚，也不容我详说了。由此可见，人为便是大乱的根源，文明程度越高，生活也越复杂，一切罪恶也有加无已了。所以人为的，都是虚伪的，而文化（Civilization）竟成为梅毒化（Syphilization）现生活的内幕，可想而知了。反面说，自然的就是真实的，所以从前的哲学家，如老子、卢梭（Rousseau）都喊着要返朴归真跑出不自然的生活，而向着本性自然性的生活方面发展。就我个人的意思，也是不满意于虚伪的现生活，而求真实的新生活快些实现。

（2）现生活是名的不是实的

现生活是免不了种种组织的，有了组织，就要阻抑着各分子的伸张，把一个空洞名字，似"家庭""社会""国家"……"孝""悌""忠""信"等等名字，就可以将个体的特别的一类事物管住了。我常听一般人因要自由的原故，因而反对现生活，可见现生活是利用"涵盖一切"的"名"——就是神通广大的魔王，将具体的"实"的自由，剥夺尽去。所以现生活是限制的不是自由的，是组织的不是个性的，是差别的不是平等的。换句话说，现生活只是要压制具体的事物在"名"的底下，反之，新生活只是"实"的自觉，将名根本推翻了。

（三）

现生活既是不自然的，那么新生活一定是自然的了。现生活既是虚伪的、抽象的，那么新生活一定是真实的、具体的了。但以真实的、具体的，就是自然的呢？原来自然的就是自然如此（胡适之先生说），而真实的、具体的，都不外自然如此的，所以说新生活是自然的。但既是自然的，那么有什么创造可言，而且何待创造？不知自然是流动的不是静止的，是变换的不是呆板的，所以自然可以不自然，不自然可以自然，而自"自然而不自然"，"不自然而自然"，这也是自然的。我现在再简直说句，自然的迁移，便是新生活创造。因"自然"与"不自然"虽是相互的东西，而有互相连结的倾向，"自然"了，自然要渐渐的"不自然"起来；"不自然"了，也自然要"自然"起来。所以宇宙的进化，只是"自然了又不自然，不自然了又自然，可以说常常自然，常常不自然，因有无限的不自然生活，所以有无限的自然生活"。我说的新生活，就是从不自然而向自然发展的创造，一面不满意于现生活，一面向进化前途申去；一面是憎，一面是爱；一面是破坏，一面是建设。懂得这些话，就可以明白新生活的意义的大半了。

但泛言自然生活，是太笼统的，所以我既晓了新生活是自然生活，还要问自然生活是什么？据我分析研究的结果，是有两个意义：

（1）自我的

"我"的就是自然的，"自然的"就是我的，这层意思《建设》第一卷第六期《改造要全部改造》论文中，说得最透彻。我的意思，为自我的生活是含有两个意义，现在分作两段说：

（A）自觉的。新生活对于一切的制度，都要加以主观的评判，我觉得是对的，就许他存在，倘是不合于我的真理，那可就要尽力的抨击了。所以新生活只是评判的态度，苏格拉底（Socrates）当在法庭上替自己辩护时，说得好："不曾省察过的生活，是不值得过的。"我要晓得曾省察过的生活这便是新生活，为了这曾省察过的生活，已送了一个最喜说老实话的七十岁哲学家。但我、我们自觉的青年，还是要送着生命去与现实拼命,却断断不能过那醉生梦死的生活了。

(B)自由的。从前过的是奴隶的生活,现在我要努力做主,对于任何等的证据和权势,凡是压制我的,都要尽数铲除。什么国家、家庭、法律、宗教,一切的束缚,一切的命令,我与他都无点情恩。我只认定自由,凡与自由冲突的,便是强权,就要对不起他。所以新生活一面是反对强权的压迫,同时提倡个人之绝对的自由。简单一句话,新生活就是"不为罪恶的奴隶",而返于人类的天真。

(2)主情意的

新生活最重的是本性自然性,所以反抗以智识作用来支配生活,而主张情意主义。依近代心理学的研究,智识作用是附属于情意的第二段作用,所以智识是派生的,情意是自然的。从前的生活,把少不相干的智识学问,看作重要不过的一回事,好似把现成的智识装进脑袋去,如此生活的意味,就格外浓厚了。新生活便不然,以为真理是要与生活有关系的,所以知识很可以看轻,新生活却当立于情意为主的生活上。

只因新生活是主情意的,所以也是生命的、行为的、具体的:以无穷的努力,要求世界的无穷改造;由无限的发展,要回复到人类生命的本原。但这话说来很长,我只可略提一过就算了。

总而言之,新生活就是自然的生活。自然生活只是摆开一切不自然的限制,而为自己向上创造之正当运动。

## (四)

我已将新生活的意义说过了,但知而不行,还不算数,现在最必要的疑问,就是由什么"方法"能够使新生活实现。由我研究得结果,有个简单方法,这简单的方法的就是创造新生活的唯一方法。

由前面的结论，我可以决定的：

（一）现实生活是不自然的生活；（二）新生活是自然的生活。我又晓得新生活的要求，是由于反抗现实，要从不自然生活而到自然生活的。但是自然生活是本来自己如此的，所以要创造自然生活，只须将不自然生活根本推翻。既没有什么不自然的，那就是自然了，所以自然生活，除却不自然生活便是。换句话说，我要求新生活的实现，不必枉费工夫去创造他，因他是自己如此的，是用不着人为来增加他，因一增加便是不自然了。但我却是有方法，使"新生活"实现，就是从自然上面抽去不自然的生活，既将不自然的分子扫除净尽了，那所剩的就是自然了。所以我对于实现新生活方法就是：只管向前破坏，将现实的制度根本推翻。

我常说过，既不满意于现实，而唤起无数的怀疑。疑是不能不引申的，怀疑引申，那就是破坏了。今证以新生活的要求，也是起于不满意的境地。因不满意而破坏现实，这是心理上自然的倾向，用不着大惊小怪的。而且依照上面的证明，可知除了破坏，更没有建设。如不将现实根本推翻，便永不见得有新生活的实现，然则①我们要求新生活的，也只得这样办，我们所能作的，也唯有向前破坏罢了。

---

① "然则"，原作"则然"，误倒，据上下文意乙正。——编者

# 劳动节的教训[*]

自一八八六年的大祝典以来，我们无产者阶级，跟着绵延不断、努力往前推的历史，无日不和掠夺者拼命奋斗，奋斗的结果，竟有今年的五月一日。然则这回三十七周的劳动节，实是我们血和泪的产物——就是我们一点一滴的血的历史纪念。今天自不免有几个疑问：我们的阶级斗争，得了胜利没有？高级的社会，究竟崩坏、铲除了没有？阶级的对立，已经废止了没有？想呀！想呀！想想到此，不觉汗岑岑下！但我们并不前怯，更不悲观，因为今日的失望，就是迫着我们今日去努力成功，我们总恨责自己的血没有流尽，再不然也是斗争的形式太笨了！

然则奈何？难道自杀不成？难道投降不成？否！否！我们既不愿"弃甲曳兵"，也自要"磨刀霍霍"，我们所能作的是什么？就是把斗争的责任，老实担当，再不然就是"手牵手"着上断头台去。我们无产者阶级呀！一回的劳动节，就是一回的教训；一回的教训，就要唤起一回的新鲜热血。故此我们对着今年今日，总要彻底觉悟，因为彻底觉悟，是能够得到彻底的胜利。那末我们要真个胜利么？请对着劳动节面前，仗着我们脑力的荣辉，思想思想。

是了！我们得了二重教训了！

（一）社会革命必不可免。资本主义的时候，已经过去了！高级社会的阴谋，如什么社会政策，什么普通选举，在现在已不值得一笑了！当知自从劳动节的第二十六周，有列宁（Lenin）、托罗斯基（Trotsky）

---

[*] 本文原载于《新社会》1920年第19号，本次整理以此为底本。——编者

等振臂一呼，于是而阶级斗争的理想证实，社会革命的局势，也一转直下。就是各国贵族、资本家，都请出"巨无霸"，也挡不住一个"赤卫军"来。由此可见全球大革命的潮流，在现在已是发端，我们劳动者的直接行动主义，总算有个进步了。呀火花——火花——李宁[①]在1901年的社会党报——火花迸发到远东来了！我们远东的无产者还是快些准备，准备什么？准备做起贫富一班齐的社会革命来？

（二）广义派并不曾彻底。虽然我不过说广义派是社会革命的过渡，至于他的主义，实在太稳健些，而且他还要什么"换汤不换药"的国家呢！我们无产者常知，经济解放还须政治解放的帮助，所以我们主张和资本家挑战，一面也要"厉兵秣马"，去坍国家的台。何以故？因国家要保护是资本家故，因国家就是大资本家故。由此可见那将经济力放在政治力前面的广义派，实在太不彻底，所以我们在刹那间，就要革他的命了。还有一层，李宁是什么东西？由社会革命左党和无政府主义看去，他只是个"协商国中产阶级的雇佣宪兵"，不然何以和有产阶级也调和起来？不然何以有产阶级在劳农政府里竟占很重要的地位？我觉悟的无产者呀！我们因和那些高级社会的利益根本冲突，这时也顾不得什么劳农政府，更顾不得那广义派的偶像——李宁。我们在必要时候，就这样做去——也不得不这样办了。

我们无产者因受了劳动节的教训，已经彻底觉悟了，从此更不妥协，更不退转，舍却那"各用所能，各取所值"的误谬信条，而力求那"各尽所能，各取所需"的新社会快些实现。我们努力呀！无限的光明，在我们前面，但我们还须用一点一滴的血造成，一旦把一点一滴的血筑起来，成就了绝对自由的新社会，那时候的劳动节，多爽快！多胜利！

1920.4.19

---

[①] "李宁"，今译"列宁"，余同。——编者

# 劳动节的祝词*

这回三十周的劳动节，使我无产阶级的朋友们，更决心，更大胆，去联合多数的工人，共同干那阶级斗争。我们假使回想近年来罢工怠工的成绩，何尝不值得纪念？然而这屡次同盟罢工的结果，究竟铲净了资本阶级没有？究竟全世界里最大多数的劳动者都得救了没有？如其不然，一个的劳动者没有享受相当的生存幸福，或一个不劳力而掠夺人的寄生虫存在一天，那末这回劳动节，就是含有血和泪的忍痛，好似给我们以良心上的责罚，使他为着自己责任，他只得暗地羞惭。虽然如此，我们难道退怯不成？当知二十九周的劳动节，已给我们以无限光明，已诏示我们以偌许希望。假使从此努力，一点一滴的把种种因袭的制度根本推翻，那末1921年的纪念日，一定有更美满的完成在后。反证这回劳动节，虽不是完全得到胜利，却是胜利的发端，因为最后的胜利，还在将来，便是理想中三十一周的劳动节，那时候共产实现，高级的社会完全消灭，这才是我们无产党的解放目的达到了。

从前的劳动阶级，因为志气窄小知识缺乏的原故，除却减短作工时间和增加薪金以外，更不敢有所妄想，直到如今，才觉得这些唠叨的解决总不算数，所以要从根本上着想，将劳动者环境，求个根本的改善，就非直接行动不可。何则？劳动保护法的制定，表面上似能够

---

\* 本文原载于《北京大学学生周刊》1920年第十四期，第2—3页，本次整理以此为底本。——编者

保护了劳动者,其实骨子里纯以资本家自身幸福为前提,就是现行的代议政治,也只是资本家的牢笼手段。但可惜现今的劳动者,都已经彻底觉悟了,都否认那政治家的劳动政策,而主张直接行动了。故此现在的劳动问题,并不是改善劳动条件的问题,也不止要改正工场组织,更不是由劳动所得的分配问题,实在是劳动者要直接管理工场,把从前由资本家掠夺去的生产机关,一切收回社会公有,然后按着自由的原则,共同生产,共同消费,这就是叫做直接行动,这才是近来劳动问题的真意义,劳动节的真精神!

这回劳动节使我们勇气百倍的,就是社会革命的成功已操左券了。在前时候,虽也觉得资本家与劳动者间的利益根本冲突,然而许多怕事的懦夫——政客们不必说了,就是社会党里也有很怕社会革命的——总想在两阶级当中,求个妥协调停的地位,但自李宁、托罗斯基振臂一呼,把从前所认为空想的阶级斗争,竟实现起来,于是劳动者才如梦乍醒,知道社会革命必不可免,而阶级斗争实是解放无产者的方便法门。虽然广义派的革命计划,在无政府学者看去,本来就不彻底,但从这方面看去,总算是无产者解放的初步,而社会革命的动机既开,自然由此浩浩荡荡,将红色的旗代替白色的旗,一发不可御,这不是劳动者的胜利是什么?这不是社会革命的过渡是什么?

我们再睁眼去看现代社会运动的趋势,除却英国的消费组合较为稳健外,其余如法国的工团主义,美国的 I.W.W. 都是含有革命的性质,革命的工团主义不消说了。就是美国的 I.W.W.,他的主义为革命的产业组合主义,也是要依着激烈手段,舍却和平的或妥协的而取革命的态度。由此可见,在现今社会运动的劳动团体里,已渐渐脱却从前温和的色彩,而亦可见火烧眉毛的社会革命,已是刻不容缓的了。但就中不可不注意的,我们是信奉无政府共产主义为理想的,虽从社会革命入手,却断不以集产派的施设为然,我们所要求的,是各尽所能各取所需的新社会。假使这新社会一日不实现，就是社会革命的路程一日未完，我们努力罢！集产党已经告厥成功了！我们难道自甘落后？须知这回劳动节，仗着各国工党的气焰，赤卫军的势力，已经很觳使劳动者眉飞色舞。然而最后的解脱，和普遍的胜利，究竟还要靠着无政府革命的实施。看呵！看呵！一九二一年的五月一日再看是谁的劳动节？是谁的胜利？

我最后所希望于劳动者的，从此更不妥协，更不退转，更不从事于政治活动，然后拿极激烈、暴动的革命手段，去和资本家永远为敌。假使资本家死了，那才算无产者生的时候，无产者要再生么？请对着劳动节宣言，从今后一面企图社会革命，一面脚踏实地去运动世界的总同盟罢工。

朱谦之

## 无政府革命的意义[*]

我们当着自己良心，向诸君宣誓，我们断不是像诸君所说的那杀人不眨眼的破坏狂（Clastomaniá），在我们破坏的运动背后，还有新理想的建立，可惜诸君没有看到罢了！诸君呀！须知无政府主义者都是抱定绝对诚实的态度，和人类的习惯的虚伪挑战。只因我们信奉真理，所以对于政治、哲学、宗教上认为天经地义的东西，像什么政府哪、家庭哪、资本制度哪，这些限制个人的偶像权威，我们都认他和真理反背，现在简直是要废弃他了，而且要求诸君也出来否定他，推翻他。

我们最不满意的，是那些被恐怖情绪弄成麻木的改良家，因为他是虚伪的朋友，和黑暗势力，也可以调和妥协起来。我们呢？是愿为人类的幸福尽力奋斗，到死不懈。我们唯一的手段，就是用革命去换平安，我们凭着良心的使命，已经明确了解革命是我们当为的事情，故此吾们断不退去，就这样的认定目标，和心地坦白的朋友努力做去。

我们极端的主张，是要把现社会一切的旧制度、旧风俗，都把他完全破坏，根本推翻。我们所标的纲领，是以无政府共产主义为目的或手段，因为要实现这种理想，所以非要普遍革命不可。而这种革命，便就是无政府革命，这自然和那一切误谬的方法，像什么普通选举，什么社会政策等大大不同。诸君呀！当知政治革命的时候已经过

---

[*] 本文原载于《北京大学学生周刊》1920年第17期，第2—3页，本次整理以此为底本。——编者

去了！就是广义派的革命，也不过是社会革命的开端，却永不是我们所理想的世界大革命。何则？我们都是采取共产方法的。所以对于那将经济力放在政治力前面的广义派，实在不敢恭维。依我们的意思，既然肯定革命的意义，就应该从根本上着想，而主张无政府、无国家、无法律、无宗教、无军队、无监狱、无婚姻制度的社会革命来。

我们说的无政府革命是有几种意义：（1）这种革命和普通的革命不同，因他不是以区区的政治自划、国界自划，所以这种大规模的运动，就是世界的普及革命。（2）复次，无政府革命实以劳工为革命的原动力，由他直接行动，把一切生产要件，如田地、矿山、工厂、机器等等，都收归社会公有，因而废除私有财产制度。（3）无政府学者都是反对那些想依靠国家的权威，去实行种种改良革命的方法，他以为国家这个东西，实在是社会的障碍物，我们既要革命，就不要改良他，简直废弃他才好。（4）无政府学者，更不承认什么强权，他以为政府和法律都是最不公平的东西，论到任务，只是保护资本，维持强力，察他发达历史，也和资本制度同其运命。故此无政府革命发生的时候，第一步就是首先把这些迫人服从的冷怪物，一一芟除，然后垢秽磨光，而人类才能够向着自由的路上走。

我们努力罢！互助、共产的新社会，在我们面前，但现在怎样到达他呢？我们都知道，根据于各种经验，这种社会是不能不实现的，但我们要不用革命的创造力来助进他，也是决不会成功的了。诸位呀！现实的万恶制度，我们是恨极了！那些安坐而食的资本家、政客、官僚，我们也一刻不能容恕他了！既已如此，那末我们破坏好了！一旦把强权悉数扑灭，把真理充分伸张，这才是我们的胜利呵！还有一层，在我们的传播时期当中，激烈的手段是不能免的，而且不必免的。因为我们要鼓动风潮，或者简直是要威胁政府，所以我们不问手段，只管尽力做那传播的工夫。诸君呀——我悲壮的朋友！大勇猛大无畏的青年！须知我们主义的光明，已经照满全世界了！无政府革命的运动，已渐次成熟了！依我的意思，在二十世纪当中，无政府共产的社会定可实现，诸君不就是将到的社会的一个人吗？那末诸君好极了！眼见现社会的腐败，诸君也一定要亲自起来。至于我们呢？为着主义的缘故，早已把无政府革命这回事，老实担当，我们在现在虽未便决定那是革命的时候，虽不能够知①实行的状态如何，但我们无论如何，总要认定"主义"，革命的主义做去，做到怎么样便怎么样。

朱谦之

---

① "知"上原有"虽"字，疑衍，据上下文意删。——编者

# 虚无主义与老子[*]

## 第一章　老子的形而上名学

　　形而上名学，是虚无学者所用的方法，有了这种方法，才能发生出一切虚无的学理，就是虚无主义和其他各主义的不同。也因为这种方法，和各主义所用的不同，因形而上名学是极端的、破坏的、革命的、理想的一种旗帜，所以到一个地方，就惹许多的恐怖党、革命军。如现在的俄国，可以拿来做一个好例——俄国的思想家，差不多都受了黑格儿（Hegel）哲学的洗礼，而黑格儿所用的方法，便是形而上名学。自从黑格儿学说传到俄国，就造成许多的偶像破坏者，如巴库宁（Bakunin）、赫尔岑（Herzen），至现代的革命家，几乎没有一个不受黑格儿方法学的影响。至于社会民主党信奉马克思（Marx）学说的，那更不用说了。总之，形而上名学，实是思想革命的工具，用这个工具可以打破种种偶像，扫除种种迷想。我虽不能够将俄国革命全归功于黑格儿的方法学，但我总信得形而上名学和俄国的革命家，有很重要的关系了。

　　但我对于形而上名学，还要加几句辩护的话，因现代无政府学派的领袖克鲁泡金（Kropotkin）在所著《近世科学与无政府主义》一

---

[*]　本文原载于《新中国》1921年第1卷1—2号，本次整理以此为底本，并将二期内容合而为一。——编者

书上,再四攻击黑格儿的方法,以为是玄学的方法,现在应该与之永远分离,我以为克鲁泡金实在太护短了。因他始终并未指出黑格儿方法的错处,而且用黑格儿方法的,反可以证出无政府共产主义的不彻底(参看我做的《无政府共产主义评论》)。所以克氏一面先发制人,一面出命令的语气,不许人家用玄学的方法来批评他所认为绝对的真确的主义,这未免太取巧了。再者,科学的方法,固是好极了,但止可应用去研究社会的制度,若要从根本上着想,求个根本的解决,实在非玄学的方法不可。克氏但知其一,不知其二,将黑格儿的论理笼统攻击,我想难道依照科学方法,可以这样的笼统攻击么?

我现在要言归本题,说老子的形而上名学了。但在未说之先,还有几句话申明。因老子的方法虽不能与黑格儿说的全然相合,但就大体论,还是同多异少。又因形而上名学,是很危险的,所以老子的学说在中国也引起了许多有力量的思想家,和无形中的纲常名教革命,如阮籍的无礼主义,鲍敬言的无君主义,就是极端的例了。我想老子的虚无哲学,是根据于方法之上,要是不懂得这个方法,怎能懂得这个哲学?所以先把老子的方法论,先提前来讲,讲完了,再研究老子的虚无哲学。

## 第一节　老子方法学的渊源

历来对于老子学的系统,有很多的学说(参看谢无量的《老子哲学》),有的说是出于史官的,如班固等;有的说是出于婆罗门教、回教的,如 Laffitte、Douglas 等。据我看来,这都不甚可靠,因研究一种学说的渊源,不应该从表面上观察,应从最必要的基础上,找出相互的关系。如 Douglas 由老子的耳形和容貌,要证明老子学原于印度,那就未免闹笑话了。我想在数说中,唯有说老子学出于《易》的似乎可靠,我也是主张这个的:第一,《易》的基本观念就是老子的基本观念。《易》的基本观念,就是"谦",《韩诗外传》卷三说:"《易》有一道,大足以守天下,中足以守其国家,近足以守其身,谦之谓也。"可知《汉书·艺文志》把老子学说合于"《易》之嗛嗛(谦同),一谦而四益",这正是从根本上着想的。又老子三宝之说,据《龙溪语录》卷四说:"此原是吾儒大旨,但称名不同耳;慈者仁也,与物同体也;俭者啬也,凝聚保合也;不敢为天下先者,谦冲礼卑也。慈是元之亨,俭是利贞之性质,无为之先,是用九之无首,故曰:老子得《易》之体。"第二,《易》的重要条件就是老子的重要条件。《易》的重要条件,一个是易简的易,一个是变易的易,一个是不易的易,而这三个条件,在《老子》书中,很容易指出。老子说的无为,便是易简的易;老子所说的道,永远在那里变化。"谷神"一章,又于变易中说出不易,这便是证据了(参看我做的《周秦诸子学统述》二)。而且这三个条件,在《老子》书中的重要,和在《易》的一样。第三,《易》的根本问题就是老子的根本问题。阮籍《通老论》说,《易》所说的"太极",便是老子所说的"道",懂的这个,那么老子所受于《易》的影响,可以明白。就是汉魏学者,言老的,必通《易》,也不难知其故了。——由以上三种理由,我可以说老子学是出于《易》的。进一步说,因老子学是出于《易》,所以说老子学中的形而上名学,是出于《易》。

但我对于《易》的形而上名学,却不愿详说,略道大概,做老子的引子罢了。案《易》所说的,是周流往复消息盈虚的道理,因天地万物,都随时变换的。在这种种运动变换之中,由这个到那个,由这里到那里,由盈而消,由消而虚,由虚而息,由息而盈,中间有两种原力,做他相待起灭的因,便是一种正面的"阳",和一种负面的"阴"。因这两种原力,是相待的、对抗的,有了"阳",就有与他相待的"阴";有了"乾",就有与他相对的"坤"。《周易》的方法，就是要证明两种相对的原力同时存在，而且要说明这两种原力，怎样的相推相荡相错相什的法式，所以说："《易》以道阴阳"（《庄子·天下篇》），"一阴一阳之谓道"（《易·系辞》）。我现在所讲的《易》之形而上名学，也不过说些《易》的对待原理，提出二个基本观念：第一，动。动便是"变动"的动，动的时候，便是变得时候；所谓"观变"，只是"观动"，因没有"动"是不会有"变"的，所以说"刚柔相推而生变化"，变化者"进退之象"。又说："动则观其变"，如我们想到"有"的概念，又必趋于反动的概念，而想到"无有"，这样的动作是"动"，这样的变换是"变"。动是有自然的次序的，如"有"的概念，一动就趋于"无有"，决不会趋于"有"；因由"有"到"有"，是不可设想的，是不曾动的。《易》有三百六十爻，这个"爻"，便是两种对待的原力。由简单而变为复杂的动态，依着天道的自然，表示动作时一定的趋向，那便是《周易》方法的应用了。第二，化。凡对待都是相反的，所以一偶一奇，一降一升，一明一暗，一寒一暑，推之天地万物，都无非相反；但虽然相反，而相同的原故，便在相反之中。所以离反为女，坎反为男，而离的真火藏于坎，坎的真水藏于离。又如水升则火降，火降则水升，刚反为柔，柔反为刚，屯蒙反易，需讼正倒，六十四卦，都是说着屈伸反覆对待相成的道理。总之，截然相反的对待是没有的，在对待中的两种原力，有互藏交错的性质，周流往复的情状。黑格儿说得好，"如我想'无物'。'无物'固然是没有物，但'无物'一句话，在我所想中，已明明是'物'。"所以"无物"与"物"，因可以连结的缘故，而相反相成。就是《周易》最注意的"错综"和"交易"，也是要因连结的作用，化相反的，变成同的。自《易》的形而上名学，传到老子，便组成老子的辩证法。由老子的辩证法，便引出老子的虚无哲学。这样看来，《周易》固是最保守的书，但论到方法，却隐隐地有革命的性质。方宗诚在《礼记集说补义》说:"今夫《易》天下之至精也,冥通乎阴阳之合,而藏乎神明之妙。彼不善学《易》者,入于其中,澹乎其神,漠乎其思,渺乎其微,以谓是天下之精,而其外皆粗末也;万物为一体,而有无生死为一途,于是耳目百体可以遗,而父子兄弟人伦之接,可以泛然而适遭,傥然而不知所事也。制义疏而恩情薄,防检弛而人事废……"却不知道《周易》的好处,仅仅在此,那些不善学《易》的人,反是善于学《易》的人,因相反相成的道理,立刻就用得着了。

## 第二节 论"知识"

形而上名学是从"无知"立根,所谓当体即是,动念即乖,在寻常感觉和论理以外的特别方法,自然和实际逻辑与科学方法,大不相同了。因感觉除了接触于感官的状况以外,无从知道;而哲学的对象,又超过寻常的认识,所以要知道事物的实相,不可不另有证会的方法,名叫"直觉"。凡宇宙的元始问题和究竟问题,都用这种方法,直接证会之。但一般科学家很反对这个,以为这样专任虚玄的道理,教人难以捉摸,如何是好?推他命意,不过要介绍那科学的、实验的方法,无如科学的、实验的方法实不可靠。第一,感觉所得的知识,知往往跟着感官的状况而转移,那么凭之求事物的实相,怎样得了!第二,归纳所得的知识,万不能尽宇宙间的事变;要事是归纳所成的道理,仍含有"假设"的性质,这样知识也不过终于"或然数",怎样可算的真确?由上二种理由,可知科学家要介绍科学的、实验的方法于玄学家,使持这样不中用的工具,来解决宇宙的根本原理,玄学家只得敬谢。而且科学方法对于绝对无比的东西,没的法子去求,这正是科学方法的没奈何,而有求于"直觉"的时候。我想科学家若仅为科学方法的位置,而攻击玄学的方法,那就很失却科学"求真"的精神了。

原来"知"是有区别的,一是"元知",一是"推知"。程子说:"见闻之知,非德性之知,物交物则知之非内也,今所谓博物多能者是也。德性之知,不假闻见。"推知便是见闻之知,元知却是"不假闻见"的"直觉";换句话说,便是"无知"的"知"了。案照老子所用的方法,便是"直觉",所以老子屡屡说到"无知",三章说:"常使民无知",十章说:"爱国治民,能无知乎?"最痛快的是:

知不知,上不知,知病。(七十一章)

许多博学多能的格物家,凭着感觉所得的幻相,自以为是确实有根据的知识,却不知感觉是偏于一部分的,所得来只是事物的幻相,怎样算得真知识?所以说自以为知,实在是不知,而无上的"知",反在于"不知"知之,这便是"直觉"了。反一面说,推知的知,以有限的生命,逐无穷的知识;知识尚未得到,生命已是"无可奈何"了。但是"直觉"的方法怎么样?老子说,

涤除元览,能无疵乎。(十章)

言能够扫除意见,废绝思想,将四方八面路头一齐塞住,那时候"默而识之",便见"无疵"的本体。——这便是"顿悟"。可知老子所说的"知",只是直接承当,不假修为,再简捷也没有了。所以说:

吾言甚易知,甚易行,天下莫能知,莫能行。(七十章①)

---

① "章",原作"张",误,据文意改。——编者

似这种方法，只要识自本心，见自本性，岂不是很容易懂得做得？怪可怜的一般格物家，老不明白，一向胡叫乱喊，以为只要测测星，看看地壳，研究研究微生物，那就是真知识。似这样支离晓得"尊其知之所知"，而不晓得"恃其知之所不知而后知"（《庄子·则阳篇》）；反疑到思辨学者是专任虚玄的道理，教人难以捉摸，老子气愤极了。接着说：

夫唯无知，是以不我知。（七十章）

因那些格物家，本来不知我所说"直觉"的好处，著自以为知，这样的强不知以为知，只好任他罢了！我么？由证会的便利起见，也不妨从无知处，向知的方面发展。不过我的大旨，先要立全般的真理，做一个标准的大前提，所以说：

言有君，事有宗。（七十章）

才懂得这个全般的真理，便能万法从此流出，更没有许多事了。《老子》二十二章说得好："少则得多则惑，是以圣人抱一为天下式。"只因自然的道理，知得越少，懂得越精，所以"无知"是最好了，万不得已而有知，也只可认得这个统之宗、会之元，就够了。试引《荀子·解蔽篇》为证：

心枝则无知，倾则不精，贰则疑惑，以赞稽之，万物可兼知，类固不可两也，故知者择一而壹焉。

但老子不但从积极方面，指出什么是真确的知识，还要从消极方面，否认那虚伪的知识，八十一章说得好：

知者不博，博者不知。

这是很激烈的反对那些格物家了，因博物多能，算不得知识，而真正的知识，反在以一统万，所谓"执古之道，可以御今，虽处于今，可以知古始"（四十七章王弼注）；由着类推的作用，极其所至，简直可以"不出户知天下，不窥牖见天道……不行而知，不见而名，不为而成"了。

总而言之，老子所说的"知"，只要言语道断，心行路绝，例如啮缺问于王倪四问而四①不知，那才是真知识了。禅家说得好："这张嘴只堪挂在壁上"，你看老子要把格物家的嘴，挂在壁上了。他说：

知者不言，言者不知。（五十六章）

因会说的只能体会事物的关系，知生命的皮相。现代柏格森（Bergson）最知得这个道理，以为全实在得认识，除直觉外，没有方法可以表出；因一切活泼泼的思想，要发之于言语文字，便在那里凝固了，却不是从前所得心的经验了。所以"禅那才下一语，便恐一语成尘，连忙又下语扫之，扫之又怕扫尘一语复成尘了，连忙又下一语扫扫尘"，说话的便是错误，所以孔二先生也要"予欲无言"了。老子很看不起那些专靠感觉知识的人。因感觉知识所得的应不出于哀乐、声色、臭味、是非之外；而哀乐、声色、臭味、是非，又跟着习惯和惯习而转移，那么格物家所自以为知哀乐、知声色、知臭味、知

---

① "四"，原文作"试"，误，据《庄子·应帝王》改。——编者

是非的，实在是一场迷梦。因他没有自知之明，却要以迷解迷，老子以为他是多事。我且引《列子·周穆王篇》所记老子的一段逸话，做这节的结束：

  逢氏子有迷惘之疾，其父遇老聃，告其子之证。老聃曰："汝庸知汝子之迷乎？今天下之人，皆惑于是非，昏于利害；同疾者多，固莫觉者。且一方之迷，不足倾一家；一家之迷，不足倾一乡；一乡之迷，不足倾一国；一国之迷，不足倾天下；天下尽迷，孰倾之哉？向使天下之人，其心尽如汝子，汝则反迷矣！哀乐、声色、臭味、是非，孰能正之？且吾之言必非迷，而况鲁之君子迷之邮者，焉能解人迷哉！"

总结一句，老子的"知"，就是"无知"，就是"无"。

（未完）

## 第三节　论"名"

  形而上名学的智本方法，一个是"无知"，一个是"无名"。本来"名"就是概念的代表，作知识的符号，所以主张"无知"的，一定连带主张"无名"。试看近代哲学的方法，便有这样倾向，从前主知主义以为"知"是再重要不过的，经近代主情意主义的心理学一研究，才把知识看轻了许多。就是对于代表知识的抽象名词，也以为是不正当的魔术上的东西，似这样反对知识和名字，可见与形而上名学并没有反背。所异的形而上名学对于所否定的这个那个，都要从根本上着想，所以结果是趋于极端的、彻底的，与近代哲学夹带着调和意味的，又自不同了。

虚无主义是根据于形而上名学，而尤以"无名"一个观念为最重要。因"名"的作用，一方面是包括这个那个而成全称的共相，一方面是分别这个那个使彼此"尽然有分"。换句话说，因有了抽象的"名"，一面使"具体"的事物去做它们的牺牲，一面又建设出许多差别，以唤起不平等。所以虚无学者以"名"为万恶根源，而主张废名。因包括这个那个而成全称的"名"，不如至大无外的"无"；而分别这个那个而成特别的"名"，也不如至小无内的"无"。虚无学者因要扫除那虚伪的差别的"名"，所以自标新义，以真实的普遍的"无"为根据，而主张"无名主义"。

老子的"无名"主张，就因把"无"看得比名重，以为所谓真理，所谓实在，都是"无"；而代表那真理与实在的"名"，都不过"强为之名"。其实真理自真理，名字自名字，宇宙的道理，断不在名字里面。所以老子极力崇拜"无名之朴"，以为"无名"的"无"，虽是至小无内，而"天下不敢臣"，可见是至大无外了。因"无"是"无内"之小，所以是真实的；又"无"是"无外"之大，所以是普遍的。因此老子以"无名之朴"的好处，反证"有名"是虚伪的，差别的，由着两种说法，将"名"根本推翻。

第一，"名"是虚伪的，不是真实的。原来"真实"的，都是"自然"的；"虚伪"的，都是"人为"的。老子以"道"为宇宙的最大原理，这个"道"是独生独立，无始无终，便只是自然如此（《老子》）二十章言道法自然，案胡适之先生说：自是自己，然是如此，自然只是自己如此），所以是真实的。老子以为真实的没有"名"，所以一说到那单独不变的存在，总要申明几句，如说"绳绳不可名"（十四章），"道常无名"（三十二章），"道隐无名"（三十八章），这都是随在可指的例，最明显的是：

吾不知其名，强字之曰道①，强为之名曰大。(二十五章)

"道"从本已来，不曾生，不曾灭，名不得状不得，又从那里晓得它的名字？它又那里有什么名字？但为方便起见，不妨假设一个表记，叫做"道"，因它是周行天地万物之中，可算是最大的，所以勉强把"大"字来形容他。其实这里"道"字"大"字两个抽象名辞，都是凑成的、人造的，已不是自然如此那一回事了。

我因说明"强为之名"的道理，记得两段寓言，很可以取来参证：

(《无能子》)樊氏之族有美男子年三十，或披发疾走，或终日端坐不言，言则以羊为马，以山为水，凡名一物，多失其常名，其家及乡人狂之而不之罪焉，无能子亦狂之。或一日遇于藜藿间，就而叹之，……狂者曰："万物之名，亦岂自然著哉！清而上者曰天，黄而下者曰地，烛昼者曰日，烛夜者曰月，以至风云雨露烟雾霜雪，以至山岳河海草木鸟兽，以至华夏夷狄帝王公侯，以至士农工商皂隶臧获，以至是非善恶邪正荣辱，皆妄作者强名之也，人久习之不见其强名之初，故沿之而不敢移焉。昔妄作者或谓清上者曰地，黄下者曰天，烛昼曰月，烛夜曰日，今亦沿之矣。强名自人也，我亦人也，彼人何以强名，我人胡为不可哉？则冠带起居，吾得以随意取舍；万状之物，吾得随意自名；狂不狂吾且不自知，彼不知者，狂之亦宜矣。"

(徐显《稗史》)王德元之教人，必问其姓与名，其人曰：某姓甲名乙，则斥曰：我闻尔姓乙名甲，而诳我何欤？其人疑愕，则谓之曰："汝未生之前，岂有姓耶？且生于其家，则姓某姓，强名耳！汝执其强名者以为真姓，非汝姓也。"

---

① 此句原作"字知曰道"，据《老子》通行本改。——编者

因"名"和"实"本没有共通的尺度,一切的抽象名词,断不能代表原来的具体事物,所以用"名"指"实",是"指不至"的。虚无学者最重的是实际的存在,所以很反对这"指不至"的名。老子说:"大丈夫处其实不居其华,故去彼取此。"因"名"只是虚文,故老子不取于代表实的共相的"彼",而取那个体的特别的"此"。这种学说,与杨朱的无名主义,原是一鼻孔出气,所谓"此"字,只是"这个物事"就是"实"。(胡适之先生《中国哲学史》页一七八解"实"字道,按《说文》:实,富也。从宀贯①。贯为货物。又寔,止也,从宀是声。止字古通此字。《说文》此,止也。《诗经·召南》毛传与《韩奕》郑笺皆说:寔,是也。又《春秋》桓六年"是来",《公羊传》曰:"寔来者何?犹言是人来也。"《穀梁传》曰:"寔来者,是来也。"寔字,训止、训此、训是、训是人,即是白话的"这个"。古文"实""寔"两字通用。《公孙龙子》说:"天地与其所产焉,物也。物以物其所物而不过焉,实也。"名学上的"实"字,含有"寔"字这个的意思,和"实"字充实的意思,两义合起来,"实"即是这个物事。天地万物,每个都是一个实。)杨朱说:

实无名,名无实。名者,伪而已矣。(《列子·杨朱篇》)

杨朱这样极端的学说,只承认个体的事物(实),不认公共的名称,却正是从老子"名与身孰亲"(四十四章)的话引出来的。所以老子不但主张"无知无欲",要复归于"无名之朴",而且早已认个体的事物(身)的重要,由"无名"一个观念发生出个人主义。试看《列子·杨朱篇》禽子对孟孙阳怎样说,便可明白老子是抱个人主义,大无可疑了。老子又说:"名者,实之宾"②,而悠悠者趋名不已,名固

---

① "贯",原作"寔",误,据《说文解字》改。——编者
② 此句当出《庄子·逍遥游》,非出《老子》。——编者

不可去，名固不可宾耶？

所以"名"不是"实"，只是由于实而代表实的因，没有"实"体，所以可随意自名，以至于"不见其名"（四十七章），但不可循"名"以责"实"，因虚伪的空名，来反害实际的存在。要晓得"实"之所在，"名"是可以抛弃的，就是"功成不名"（三十四章），也并没有实际的吃亏呢！

第二，"名"是差别的不是普遍的。"名"要是真有无穷大的"涵盖力"，把具体的事物都包括住，更无遗漏，那也何尝不好？所恨"名"的作用，只能占得更笼统的地位，却永不是"涵盖一切"的"绝对"。因此"正名"的效果，只能阻抑具体事物的伸张，把一个空洞的名字，似"家庭""社会""国家"的种种组织，"三纲五常""孝悌忠信"的烂索子，就可以将个体的特别的一类学物，又管住了。所以"名"只是种种限制，把完全无缺的宇宙，割成七零八碎。"名"也是神通广大的魔王，将具体事物的自由，剥夺尽去。我每听那班冥顽不灵的学愿，喊着要"正名"，便觉头痛，因正名是要累了"实"，而名的效用，也不过"所以期累实"（《荀子·正名篇》）。试看孔二先生实行正名的方法，不外于"定名分""辨上下""寓褒贬"，就可见"名"是根本上不能存在了。若虚无学者以为大的方面有"无外"的"无"，小的方面有"无内"的"无"，是真实的。除此之外，种种界限，种种区域的名字，都是偶像，都非废丢不可。虚无学者根本上不承认限制，而能限制他的，只是自己如此的"无"。这个"无"是无外之大，而且无内之小，所谓一多无碍的便是。因此能离去种种差别，而与真如一致，永不是不平等的"因"。

虚无学者以求"名"的根源，便可明白"名"是差别的了。因有名生于无名，名就是无中生出多差别来。Empedocles 说得好："万物错杂，本来没有名，因错杂中有了分别，所以有名了。"老子常尊重

"无名之朴",这个"朴",就是不露色相的"无"。当此时代,并无一切对待的名词,如有了美所以有恶,这时并无美的名,自然恶的名也不能存在,因"无名之朴"只是一名不立,所以根本没有比较,又那里有差别呢?老子以为差别的起源,是当着"朴"散了的时候。所以说:

> 道常无名。朴虽小,天下不敢臣。侯王若能守之,万物将自宾。天地相合,以降甘露,民莫之令而自均。始制有名。(三十二章)
>
> 朴散则为器,圣人用之则为官长。(二十八章)

所谓"朴"就是无名的"无",这时万物错杂,连天地的比较都没有,只是打成一片的混沌状态。到了后来,那"无名之朴"渐渐生出分别,王弼所谓"朴真也,真散则百行出,殊类生,若器也";因有了分别,于是乎有官长,而"名"从此发生了。王弼又说:"始制谓朴散始为官长之时也,始制官长,不可不立名分,以定尊卑,故始制有名也。"案"制"字本有"截割"的意思,推名的起源,只是由于截割彼此,流别等威。惟有"无名之朴"是无穷大而且无穷小的,所以是大制,而大制所以不割了。《列子·天瑞篇》也说得是:"虚者无贵也",张湛注道:"凡贵名之所生,必谓去彼而取此,是我而非物,今有无两忘,万异冥一,故谓之虚,虚既虚矣,贵贱之名将何所生?"这个"虚",便是老子所说的"朴"。总而言之,"朴"就是普遍的,"名"只是差别的,"朴"就是绝对的,"名"只是相对的。可见"名"一方面既不如涵盖一切的"朴",一方面又要埋没了个体的事物(实),使他压伏在"名"的底下。这个道理,文子(老子弟子)《道原篇》发挥得很透彻,今把他引在下面:

> 夫无形大，有形细；无形多，有形少；无形强，有形弱；无形寔，有形虚。有形者遂事也，无形者作始也；遂事者成器也，作始者朴也；有形则有声，无形则无声；有形产于无形，故无形者有形之始也。广厚有名，有名者贵全也；俭薄无名，无名者贱轻也；殷富有名，有名者尊宠也；贫寡无名，无名者卑辱也；雄牡有名，有名者章明也；雌牝无名，无名者隐约也；有余者有名，有名者高贤也；不足者无名，无名者任下也；有功即有名，无功即无名。

由着这段的说法，我可以简直承认"名"就是差别，"差别"就是名了。虚无学者都是力求那"无名之朴"，因有了无限的绝对的"无"作基础，自不满意于有限的相对的"名"。凡事总要舍却差别别"名"，而向普遍的"无名之朴"这面走。老子说：

> 致数舆无舆。（三十九章）

《老子通》解道：

> 今夫车一也，极分为致数，数则为辐轸，为轮，为衡，为毂，其名且百，合百成一，而后成车之名；散百而一一名之，则轮耳辐耳，不可复称车矣。犹之合天下之道，后称道，散天下之道，无道矣。

这与公孙龙的"白马非马"说，是一个道理。因这里是注重那物体的共相，从"共相"上看出物体的差别，都非实有，所以我们不可不力求那"涵盖力"最大的"共相"——就是"无"，使个体的千差万别都没有了,然后因无可比较的原故,可以免去许多竞争。所以老子的哲学,是至公无私的,虚无学者都是悲天悯人的。《吕氏春秋·贵公篇》有一段逸话,很可注意:

> 荆人有遗弓者,而不肯索。曰:"荆人遗之,荆人得之,又何索焉!"孔子闻之曰:"去其荆而可矣。"老子闻之曰:"去其人而可矣。"

由此可见老子是至公不过,比孔子好得多了。但我前面说过老子是抱个人主义,好似抱个人主义的,忽然至公起来,是不会有的事!不知这个矛盾,正是老子所以为虚无学者,虚无主义所以与无政府个人主义不同,就是形而上名学所以与其他别异,也正在这里。因老子一面从"自相"上着想,而求那这个那个具体的事物,故主张个人主义;又一面从"共相"上着想,而求那涵盖一切的实在事物,故有如此大公无私。换句话说,由"自相"上,看出万物都是"异"的,所以我要力求那"异"的;又由"共相"上看出万物都是"同"的,所以我要力求那"同"的。乃者研究的结果,从"自相"上找出那"无内"的无,是真实的;从"共相"上找出那"无外"的无,也一样真实的。合起来才晓得所谓真实的,只是"无"。无内的无,就是无外的无;同的就是异的,异的就是同的,这不消说是矛盾。因是矛盾的,所以是圆融的;因是圆融的,所以是矛盾的。原来世间的原理,只是彻首彻尾的矛盾下去。

老子的"无名主义",前面说得很详,但尚有两个重要的观念:(一)名的存在就是万物存在的表征。(二)名是自无而有的,有的趋向是向着无的。老子说:

惚兮恍兮，其中有象；恍兮惚兮，其中其物；窈兮冥兮，其中有精；其精甚真，其中有信。自古及今，其名不去，以阅众甫，吾何以知众甫之然哉？以此。（二十一章）

　　这一段据胡适之先生说，是论名的原起与名的功用，我研究的结果，也以为然。但老子所说的"象"，只是"意象"；这里的"名"，只是"道"的名字。因可道的道，永远在那里变化，所以可名的名，也跟着"道"而随时变易。在这变化之中，有个自然的法则，就是自无而有、自有而无，永远的向着不知道的前途申去。"无"是无名之朴，自是"无名"的，"有"是"有名"的，所以自无而有、自有而无的进化，也可以说是自无名而有名、自有名而无名的变化。老子不特注重于"名"的结果，还兼重于缘起的过程，以为"名"的成因是有四层工夫，因"名"本是抽象的东西，凭空结撰来的，所以"名"只是由于惚兮恍兮的"意象"精渐而成。（一）意象——名本不是真有这个那个具体的内容，（实）只因有这个那个的意想，遂仿佛起来。（二）意想的物——名所代表的这个那个，本来是"无物"，但在意想中已明明一物，所以前者是"无物之象"，到此便"恍兮惚兮，其中有物"了。（三）精纯的物德——既有了意想中的"物"，便要连带到那"物"精纯的物德，于是"窈兮冥兮"，好似那意想中的"物"，已含有那"物"的本性了。（四）信仰——由着以上曲折的方法，不知不觉，逐把从前的"意象"，直认作实有，以为意想的"物"，真个有了纯粹的物德，因之意想的"物"，（名）就是实有的"物"，（实）而积渐成为信仰，以为名是可靠极了。——由此可见，"名"只是人心造作来的，所以《荀子·正名篇》说："名无固实，约之固命实。"总括一句，"名"本是积渐而成的抽象东西，原无实际的存在，但有了宇宙，就有这个"名"，名的功用，却可代表宇宙的存在，宇宙是要自有而无的，名也是要自有名而无名的。但就现在论，"名"还是有的，"自古及今"，名还是不去的。换句话说，从"无名而有名"，以至于今日，还正在"名"的领域中，因有"万物"（众甫）的"名"，所以知有万物，我何以知万物于今日是"存在"呢？只因"名"于今日是存在的。老子更进一步说：

名亦既有，夫亦将知止。（止字，即"于止知其所止"的止字。河上公本作之字，亦通。）

知止可以不治。（治本作殆，胡适之先生据王注校改。）

老子的意思，是怕人拖泥带水，因"名"的存在，认作"现实的都是合理"，所以急切中又有这番说话。以为现在虽在有"名"的领域中，但就"趋向"而论，却似向空投石，循着抛物线的轨道，而向着"无名"的方面进行。就现有的"名"，虽是自古及今，依然不去，但却不能不去的，因既有了名，就不能不走向"无名"。我要是真懂得前途的趋向，就该老实承认"无名"主义，对于一切的政治组织，也不觉得是必要，也可以不必要了。

（未完）

# 政　　客*

政客！我咀咒你！我咀咒你！
你种下数十年来的祸胎，
还要播那未来的罪恶种子！
你们恬不知羞，算了罢！
却为什么蹧跶我青年，作你们的伴侣！
哦！良心的道德不许！

政客！我咀咒你！我咀咒你！
你一向好弄阴谋，
把金钱、势力，作驱人儿的幌子！
你们还不够意吗？
仗你们的本事，不外"擅生是非，作言造语"。
哦！良心的道德不许！

我如今气愤极了！
对着良心宣誓，祝你们快死！
快死！

---

\* 本文原载于《民国日报·觉悟》1921年第8卷第21期，本次整理以此为底本。——编者

快死!

世间住你们不得了!

祝你们快死!

八,一九,于上海

# 唯情哲学发端*

原来充塞宇宙间，原不外这顶活泼顶流通的"真情之流"；有了在我的"情"，才为宇宙的森罗万象而现，好似这些万象，晃晃样样是能够遮掩过"真情"的。其实这正是天则流行，何尝有个东西是遮掩过"真情"的？"真情"是真实的，不坠分别境界的，所以由此流出来的宇宙万物，也都是真实的，不坠分别境界的。因宇宙万物无一不为"真情"所摄，故此大宇宙的真相，就是浑一的"真情之流"；浩然淬然的在那里自然变化，要间断都间断不了的。程明道说得好："仁者以天地万物为一体。"于此若有丝毫拣择的心便叫做不仁，便不成本体。本体本自现成，本自实现，并不是超出我意识中的现象世界，即此意识中的现象世界便是——当下便是。会得时，则上看下看内看外看，都莫不是汪洋一片的"真情之流"，就是真生命了！就是神了！何等乐观，何等轻快！所以我们要实现本体，实在用不着什么工夫，只须一任其自然流行便得，只须自己一刹那一刹那间，都能乐于此，聚精会神于此，"勿忘勿助"的契合于此，就自然而然的把宇宙万物都归于浑一的"真情之流"，就自然而然的化理智的生活，复归于真情的生活，而实现我的本体在人间上了！虽然如此，把这番从自家心中流出来的话来告诉人们，人们不懂得，总以为是唱高潮，是无根之谈。果然如此吗？我方且以为这是真知灼见，就使宇宙人生有

---

* 本文原载于《民铎》1922 年 3 月 1 日第 3 卷第 3 号，本次整理以此为底本。——编者

消灭那一天，这个真情流行变化的道理，是不会换过来的，何况宇宙人生，本没有间断时节。我的话真正是天经地义万无可疑的了，再进一层说，我这套唯情哲学，虽由于心的经验，但也不为无本，大概都具于《周易》中。《周易》告诉我们，宇宙万物都是时时刻刻在那里变化，而为学的方法，也只是简简单单的要"复以见天地之心"。这么一来，可见《周易》费却多少说话，毕竟是我的，我由千辛万苦得来的，也不过这一些东西，可见我的学就是《周易》的学——孔圣传来的学，这无可讳言；那末我为什么不应该提倡孔学呢？须知我提倡孔学，原是提倡我自己，我觉得对的，才是对的。

从前的学者研究《周易》，都只注意那"太极""乾元"这些抽象名词上，所以大家凭着臆想所及，你说是这个，他说是那个；有的竟妄立个宇宙本体，而舍生取灭，念念希求虚无的实现，以为"无"才是本体。这个病痛实在不少，因他都是在名词上显神通，在现前宇宙外，别立什么超越的本体。却不知本体虽是浑然流行于无声无臭之中，不可称不可说，然任举眼前的一个东西，莫不是本体的全体大用了。所以本体是有，就其绝对而言，叫做太极，叫做乾元，都是确有所指，并不是"无"。不然的话，人们还没有亲切分明悟彻本体的时候，则这"太极""乾元"都是有名无实，一点没有意义；而由推理证得的"绝对"——"无"，也只是割据本体的变现行相的片段，自和原来"太极""乾元"的意义全不相涉。直截说罢！宇宙本体是由直接证会才得，叫做太极，也只有名，叫做乾元，也只有名，这实在是不可言说的，不可显示的，不可执取的。要说也只有从具体方面着想，总比抽象观念可靠些，因此所以我为方便起见，不妨确指给大家。本体不是别的，就是人人不学而能、不虑而知的一点"真情"，就是《周易》书中屡屡提起而从未经人注意的"情"字。我敢说这"情"字便是孔学的大头脑处，所谓千古圣学不传的秘密，就是这个。把他来解释六经，无不头头是道，于此益见我的学和孔学相同，我见得真的是这"情"字，却早就是《周易》的究竟话头了！《易经》"恒"卦彖曰：

> 天地之道，恒久而不已也。观其所恒，而天地万物之"情"可见矣。

又"咸"卦彖曰：

> 天地感而万物化生，圣人感人心而天下和平；观其所感，而天地万物之"情"可见矣。

又"大壮"彖曰：

> 大者，壮也；正大而天地万物之"情"可见矣。

又"萃"卦彖曰：

> 萃，聚以正也；观其所聚，而天地万物之"情"可见矣。

因为宇宙本体就是存于天地万物的一点"真情"，所以会得天地万物之情，即是见本体了！本体是无往而不在、无时而不变的，所以说："天地之道恒久而不已。"试看《大戴记》"哀公问"篇更明白了！他说：

> 公曰："敢问君子[①]何贵乎天道也？"孔子曰："贵其不已。

---

[①] "君"下原脱"子"字，据《大戴礼记》通行本改。——编者

如日月东西相从而不已也，是天道也；不闭其久也，是天道也；无为物成，已成而明，是天道也。"

《论语》也说：

> 逝者如斯夫！不舍昼夜。——程子注曰："此道体也。天运而不已，日往则月来，寒往则暑来；水流而不息，物生而不穷，皆与道为体，运乎昼夜，未尝已也。"

因为天地万物的本体——情——是永远在那里变化，没有间断的，好像滔滔不绝的流水一般，所以我特别立一个表记，叫做"真情之流"。这"真情之流"是有体么？实在没有定体，所以说："神无方而易无体。"（《系辞》）所以说："为道也屡迁，变动不居，周流六虚，上下无常，刚柔相易，不可为典要，唯变所适。"（《系辞》）因为天地间"真情之流"都不是由安排思索出来，都正是行其所无事，所谓"寂然不动，感而遂通天下之故"，这话极是！要在永远变化中，讨个客观呆定的本体是没有的，只有这个自然随感而应的"真情之流"而已。所以说：

> 易无体以感为体。——《世说》"文学篇"曰："殷荆州问远公曰：'易以何为体？'答曰：'易以感为体。'"

"真情之流"本是无思无为，洞然如太虚，随感而应，无不恰好。所以万物化生，无非是天则的流行，在流行中，虽然千变万化却不失其为至善，推之圣人是和本体胖合无间的。故其日用间种种应酬，也是纯然真情流露，当其随感而应的时候，本体也自然沛然流出来了！

总而言之,"真情之流"就是本体,周行于宇宙万物之中而无所不在;若就其性质作用上看,却是至大至刚的,是非常纯正的,这种极大壮的状态,人们默识心通可也。复次,情在浑沦之中,而包涵万有,万有都是因聚而有,在流行中,一动一静,一阖一辟,有无终始,都只是聚散而已。所以看明天地万物之所以聚,即可见本体;本体就是存在于天地万物的"真情之流",碰着触着,都是这个东西;虽不是天地万物,而实不拒天地万物,在太虚当中,一尘万尘种种的天则都是。

《易经》这一部书,只包括于几个基本观念:(1)卦;(2)象;(3)爻;(4)辞;(5)象。而这几个基本观念是什么呢?一句话来说尽,就是讲明"真情之流"的自然变化而已。所以《系辞》说:

> 始作八卦,以通神明之德,以类万物之"情"。
> 设卦以尽"情"伪。

又说:

> 爻象以"情"言,吉凶以"情"迁,"情"伪相感而利害生。六爻发挥旁通"情"也。(乾)

又说:

> 圣人之"情"见乎辞。

又说:

> 圣人有以见天下之赜而拟诸形容,象其物宜,是故谓之

象。——释文引京房《周易章句》云:"啧,'情'也。"

大概《周易》千言万语,都只是这"情"字,更无其他。所谓:"爻也者,效此者也;象也者,像此者也。"见到这里,才是见本体了!盖因"情"是自然的,"伪"是人为的;"情"是直觉的,"伪"是理知的;"情"是优美和乐的,"伪"是溃裂横决的;所以一任真情,自要得中,自能使物性和谐各得其利,所谓"自天佑之,吉无不利"也。反之,若是打量计算着走,在那纡曲不自然中讨生活,就无论如何都不对,也不好。圣人的意思,也不外喊着要人逢凶化吉,跳出理知的臼臼,而向着"真情之流"的路上走罢了!因为"真情"就是人的本性自然性,所以《文言传》说:

利贞者,情性也。

惠栋的《周易述·易微言》道:

孟子曰:"乃若其情,则可以为善矣。"又云:"若夫为不善,非才之罪也。"继又云:"人见其禽兽也,而以为未尝有才焉者,是岂人之情也哉?"孟子言性而及情,情犹性也。故《文言传》曰:"利贞者,情性也。"

又说:

《象传》屡言天地之情,情犹性也。《中庸》曰:"喜怒哀乐之未发,谓之中;发而皆中节,谓之和。"情和而性中,故利贞者情性也。

似惠栋的话，自比一般耳食学者强得多了！然只说到"情犹性也"，还没有胆量承认"情"就是本性。其实在《孟子》书中，"情"字"性"字"才"字，本指一个东西。汉儒董仲舒的《春秋繁露》，尚存"情亦性也"的古说（见《深察名号篇》），可见情和性只是异名同实。情外无性，性外无情；情就是性，性就是情。后来宋儒分性与情为二，以为性善情恶，这简直不通《孟子》之书所致，孟子说：

> 乃若其"情"，则可以为善矣，乃所谓善也。若夫为不善，非才之罪也。恻隐之心，人皆有之；羞恶之心，人皆有之；恭敬之心，人皆有之；是非之心，人皆有之。恻隐之心，仁也；羞恶之心，义也；恭敬之心，礼也；是非之心，智也。仁、义、礼、智，非由外铄我也，我固有之也，弗思耳矣。故曰：求则得之，舍则失之；或相倍蓰，而无算者，不能尽其才者也。

原来孟子道性善，指人生来的本体而言，叫做"才"。因本体是真诚恻怛的，便叫做"情"。本体是不会错了的，所以"为不善非才之罪"。而程伊川说："有不善者才也。"（《全书》十九）真是毫无心得。他们以情为欲为恶，正是佛家思想，而打着孔子招牌，却不知情就是性，恻隐之心，也只是情；羞恶之心，也只是情；恭敬之心，也只是情；是非之心，也只是情。总而言之，存在于自我的底子的，都只是情。情是非常真率的，非常纯正的，当其自然流露烂漫天真的时候，不就是至善是什么呢？可见宋儒性善情恶的说法，实和孟子相违。就是惠栋把情性分作未发已发，也是大错。因为情统本性，一说情便是性了！本性之所以成为本性，就因他是活泼流通，没有间断时节；若有间断，便不是人的"情"。所以说："人见其禽兽也而以为未尝有才焉者，是岂人之情哉？"可见人的"情"本来毫无欠缺，虽著了理知，而这天植灵根,依然存在。所以我们所能作的,只须把向外逐物的颓习,倒转下来,真情一提起,理知就沉下去,那就复归于"真情之流"了!

我们由这个根本观念——情——来贯通孔家思想,都是很相契合,如孔家主张孝弟为行仁根本,这难道也是私意安排思索得来吗?因在真情的发用流行中,不能没有个发端地方,自然有这个天则。所以"自然亲爱为孝,推爱及物为仁"(皇侃《义疏》引王弼注)。人们只管当下随感而应,自要进出天则来;见父自然会孝,见兄自然会弟,见小孩抛下井里,自然会匍匐往救,这是何等的"真情"!又如礼乐的提倡,好似稍涉勉强扭捏,其实也只是"因人之情而为之节文","因人情以为田"。人的"情"是渊渊浩浩,没有休歇的,然方迟纯些子,便妨碍生机。故礼乐的好处,倒是顺其自然趋势,放开一线,使自家真诚恻怛的一点"情"都——流露出来,所以说:"礼之用,和为贵。"只须一任天则流行,自会温良恭俭让,其所应无不恰好,这便是礼了!《乐记》说:

> 合情饰貌者,礼乐之事也。
>
> 先王本之情性,稽之度数,制之礼义,合生气之和,道五常之行,使之阳而不散,阴而不密,刚气不怒,柔气不慑,四畅交于中而发作于外。
>
> 君子反情以和其志,广乐以成其教。乐行而民乡方,可以观德矣。
>
> 乐也者,情之不可变者也;礼者,理之不可易者也。乐统同,礼辨异;礼乐之说管乎人情矣。
>
> 礼乐负天地之情,达神明之德,降兴上下之神,而凝是精粗之体。
>
> 乐者天地之命,中和之纪,人情之所不能免也。

由此看起来，可见礼乐正是"复情"的一段工夫，并不为着要节制人情，倒是涵养人情，使其自然的诚于中，形于外，自然的还没于"情"的当中；极其所至，就能"负天地之情"，而完满复情的本事了！复次，就孔经来说，《书》和《春秋》，都是史官之事，可不论他，单道诗教。孔子以温柔敦厚为诗教，又说："温柔敦厚而不愚，则深于《诗》者也。"又说："《诗》可以兴，可以观，可以群，可以怨。"可见《诗》三百篇，都是由真情流露出来，那是不消说的！即就《论语》的"仁"字，《中庸》的"诚"字，也不过名词不同，其实只说一"情"字，就是"仁"了！就是"诚"了！儒家的书，虽然汗牛充栋，除却"情"这个观念，便没有什么！此外最难懂而最重要的，还是孔子自道的一贯之道。晓得这个统之宗，会之元，是指什么意思，那末我所说的"情"，才有下落处了！《论语》说：

子曰："赐也，女以予为多学而识之者与？"曰："然非与？"曰："非也，予一以贯之。"（《卫灵公》）

子曰："参乎！吾道一以贯之！"曾子曰："唯！"子出，门人问曰："何谓也？"曾子曰："夫子之道，忠恕而已矣。"（《里仁》）

何晏《集解》注曰：

善有元，事有会；天下殊途而同归，百虑而一致。知其元则众善举矣，故不待学一而知之。

王弼《论语释疑》注曰：

忠者，情之尽也；恕者，反情以同物者也。未有反诸其身而不得物之情，未有能全其恕而不尽理之极也。能尽理极，则无物不统，极不可二，故谓之一也。推身统物，穷类适尽，一言而可终身行者，其恕乎！

把两家的注，合拢来看，便知这个万殊而一本的真理。总而言之，只是"情"——只是复归于"情"。人们要复情，先不可不从自己做起；能把自己的一点"情"，涵养得充满无缺，就自然而然的一任真情，推广到家国天下，以至"塞于天地之间"。所以说"有一言而可以终身行之者乎？"子曰："其恕乎！"恕就是如心做去，能够复情，就自会如心来应人接物。这时不识不知，何思何虑，有的只此一以贯之的"真情之流"。依此"真情之流"，更没有许多事了。

最后我敢决定我的哲学——真情哲学，就是孔家的本来面目。不幸孔家哲学，自孟子以后，失传了几千百年，就中唯陆象山、王阳明一派下来，颇有可注意的价值。然可惜他只从人性方面着想，在哲学上不过唯心主义的卤莽者。邵康节、陈白沙一派虽有些形而上学上的根据，也不济事。我的意思，是要一扫清旧传派的乌烟瘴气，而直接孔孟，把从孔孟以来被诸儒打断的形而上学系统再组织起来，而且应用到政治、伦理、教育、艺术各方面，用真情的直觉工夫，使宇宙生命化，物质精神化。这么一来，"真情之流"才可完全实现了！神在人间可以实现了！但这是本书的要旨，现在不细说，只将这"唯情哲学"的根本简括如下：

（1）宇宙本体就是浑融圆转活泼流通永没休歇的"真情之流"。

（2）"真情之流"是无思无为的自然变化，完全是自然的、泛神的、唯心的，变化而一，一而变化。

（3）"真情之流"就是绝对的表示——本有。但这个唯一表示，实止浑然一流，由此而生的一个个表示，也都是活泼泼地，都是圆转流通的，但不能执为物质，而认作有形有体。

（4）在流行变化中，自然进出天则，这天则本自现成，本自调和，既秘而含藏于"真情之流"，发出来都是自然而然的，神妙不测的，其孰安排是？其孰运行是？

（5）"真情之流"中，无独必有对，所以一动一静，一阖一辟，一感一应都是天则的自然。如没有这相对双的天则流行，便绝对也不可见，绝对即是这相对中。

（6）"真情之流"是极活泼极流通而稳静平衡的，在活泼流行中，而稳静平衡是其体；于稳静平衡中，而常流不息是其用。体用非二。

（7）我们自己的"人性"，是在那里穿过"真情之流"，所以要我们入于"真情之流"的内部，实不假外求，只须内省的默识便得。如果亲切分明看到自家"人性"，即是见本体了！

（8）科学所分析的"物"，本和"真情之流"浑融为一。由直觉看起来，没有物质这个东西。

（9）人自有生以来，"真情之流"是没有一回间断的，所以"人性"皆善。

（10）天地万物本我一体，我和天地同流。

# 系统哲学导言

## ——什么是真理*

现在社会人生的不统一，全由于信仰没有标准，你立一个真理，我立一个真理，其结果真理成为"此处与此时"（Here and now）的问题，是非日变，而人生也好像没有着落似的了。在这个思想界纷乱的时候，我实不能不归罪于一般学者，固然学者能够把思想来引导生活，但他也能把人的生活引到坏处去。学者常因个人偏狭之见而倡为怪说，或有意立异，本着好奇心而创一哲学系统，这是常有的事！却不知宇宙的真理，是宇宙间公共的，是至公无私的，谁也不能占有，谁也不应私立门户。如果你要私立门户，把学说作一种智慧品，灌注于人们脑中，那末你这个思想家，尽管说得如何动人，煞是好听，我都只能认你侮辱人的人格，是个精神的掠夺者罢了！可是我们回头一看，现在负有盛名的学者究竟都能脱掉这个恶谥吗？果然没有自成一学派的私心吗？那就未必然，因为许多学者，他们还是放着宇宙的真理不管，只一心一意招集党徒，以树势力。似这样的思想家，真是妄之至，其罪恶比资本家军阀更甚，因为资本家军阀还不过遗害一时，而此则流毒万世！

我们不讲真理则罢，要讲真理便不可不除去有"我"之私。我常觉着有成见的人最难说话，因为他私心太重，无法转移。你看在学者

---

\* 本文原载于《民铎》杂志 1923 年，本次整理以此为底本。——编者

中，私的人总是把宇宙看作个人的，公的人则把宇宙看作大家的；私的人要把我来统辖宇宙，公的人则把我放在天地间公共地步，和天地万物一般看；又私的人以为一个人有一宇宙，各各不相知，公的人则老实肯定有个浡沦万物无限的宇宙。这层极关重要，公私的分别，便是以后学派分歧的原因。既然一个人有一个宇宙，则你的宇宙不是我的宇宙，推之你的真理也不是我的真理了。因为在宇宙观上，那单独的自我对于普遍的自我——宇宙——缺乏调和，所以在真理上，也自无是非善恶的客观标准。诸君！难道是非善恶就真个没有客观标准吗？都只为学者以私意自为障碍，所以不能廓然贯通，对于全般的真理，自不能认识他。我打一个譬喻，真正学者的智慧如烛一般，四方上下无所不照；而私的则如灯，只有一面光，不能够遍照十方。我也不是说这般私的，全无所见，但说他所见太小，只见自己的自我宇宙，却不知自我宇宙是和"万有"有关系的。所以我们必须找寻两者共同的中间物，就是普遍的宇宙，倘若不知这普遍的宇宙，则我和宇宙为二，而我之所以为自我宇宙的，也算没有真知灼见了！换一面说，在真理上只知我的真理，却不知我的真理，即宇宙万有之真理，则这种真理的认识，也是极靠不住的了，只成为个人的意见罢了。

原来真理之所以成为真理，因他有客观性的，必要是通人类全体普泛的标准，这才算真理。我们不可不以普遍的为真理，却不可仅仅以个人纵欲的私见或个人的快乐为标准。但在这里，我也不完全否认"主观"，因为真正的主观，是存在于自我的底子的"情"，无论何人，都有这一点"情"，这点"情"是个人的真正主观，同时和普遍的主观相符合。我认为对的，则无论何人都也认为对的，却没有一个人觉着不很对的。这么一来，则我的真理便是你的真理了，你的真理便是一切人的真理了。尽管人们性质有许多不同，而在不同当中，总可找着一个同的地方，就是能够判别是非的"真情"，就是能够发见一切人类共通的真理。有了个共通的真理，而后人们才好一处过活。不然，这里一个是非，那里一个是非；这里一个宇宙，那里一个宇宙，人们信仰的不统一，又那里能望社会人生的统一呢？

于此，我不妨把真理的性质，穷原究委的详说一番。我上面说真理是至公无私的，是有客观性的，这都是就真理的本身来说，不是因人和地和时而不同的"真理的表示"，乃真理之本身。无论如何的民族，如何的个人，如何的伦理思想，其间必含有真合于普遍真理的做他底子。虽然表示出来各有各的不同，这地方用这形式表示，那地方用那形式表示，在一个人当中，一任真理，对父便为孝，对兄便为悌，对孩子入井就发为恻隐之心。这许多不同的"真理的表示"是时时刻刻变动，跟着时代的变动而变动，在某时代为真理，于次时代就是误谬；又随地位的变动而变动，把待父的礼待父是真理，把待父的礼来待敌人，就是误谬。可见真理是变的，这句话确是不差，然须知变者是形式，而不变者是其内容。尽管我一天当中酬酢应对，于一个人一个样子，然我的"情"是不会变的，我对于这人情厚些就厚些，情薄些就薄些，会恻隐时就恻隐，会羞恶时便羞恶。表面好似是转变无常，其实在我方面只是一个情，而自然有这些分别，须知这个"情"，便就是真理的本了。真理非他，就是这酬酢万变的一点"情"，虽然因地不同而变他形式，又于时间经过当中常现一种转变之相，然真理的自身，则只有一个而已，而哲学者的职务，就是要发现这唯一的真理。

平常人因看不到这一而变化、变化而一的真理，只从外的着眼点去观察，自然所见真理都是变的，都是多样性的。因此实验主义家遂把真理看作一种工具，他说真理并不是天上掉下来的，也不是人胎里带来的，真理原来是人造的，是为了人造的，是人造出来供人用的。似此把真理看作人造的东西，我以为是根本错误了。如果真理是人造的，如何成为公认的真理？帆船太慢了，你可以换上一只汽船，摆渡的船破了，可以再造一个，但假使不给你以天赋的智慧，则你又怎样办呢？你能造出许多东西，也能创造你自身的生命和智慧吗？须知只有你自身的生命和智慧，才是真理本身。有了他，才能表示出许多真理。时间变了，地方变了，你所表示真理的样子也变了，但你所以能表示真理的一点"情"却永远不变。又如实验主义家高谈致用，以为真理就是工具，万一发生他种事实，从前的观念不适用了，他就不是真理了，我们就该去找别的真理来代他了。其实他所谓用，都只能在一个时候一个地方摆过渡做过媒，若我们所谓用，才是真正全体大用。尽管从前在社会很有用的一种真理，现在变成废话了。而我们所以能表示真理的能力，还永远有用，而且用之不穷。我以为唯有这用之不穷的真理，才可给他们以真理的美名，若实验主义所谓真理，都只见一片段而已。他固不能无见，如我们说真理是有普遍性的，而实验家说真理是于一个时代一个地方有普遍性的。我们说真理是永远有用的，而实验家说真理是于一个时代一个地方有用处的。可见实验家任他怎样否认全般的真理，而其究仍不出于全般真理的一部分，不过所见太小罢了。为什么所见便如此之小呢？原来实验主义家把真理看作人的一种工具，真理和我手里这张纸、这条粉笔、这块黑板，是一样的东西，都是我们的工具。既然把真理看作一种工具，就无异乎把真理认为一种东西，凡是东西都是有成有毁的，这张纸、这条粉笔、这块黑板，都是"此处此时"的，所以真理也是"此处此时"的；这张纸、这条粉笔、这块黑板，都是有成有毁的，所以真理也时刻换新的。虽然，凡表示出来的真理，都是永远在变化中，然尽管表示样子千变万化，而真理是不会变的，尽管这张纸、这条粉笔、这块黑板有成有毁，而这一成一毁的大道理，则从古至今，没有间断。换句话说，真理不是一种工具，却是造工具的一番道理；也不是东西，是东西之"所以然"。若仅仅以真理作一种东西看，自只能限于一时一地而没有普遍性，反之把真理作道理的本身看，则无古无今都有他存在的地位了。

但在一般守旧学者，拿真理做最后目的的生涯而主张"不变"的，这在我们也是极力否认。他道：真理是绝对不变的，如"变"的真理，只得叫做伪真理，何以故？变没有自性和自相故。当一件物变作一件物的时候，未变之先没有变，既变之后也没有变。即在变时，涉思及变，变早已飞腾了。可见已变没有变，未变没有变，除了已变未变，变时也没有变，这不是没有自相的吗？复次，变都有其他的原因。所以变，是要适应环境，可见变都是从因缘生，从缘而有，既从因缘生，就可见其没有自性了。为什么没有自相呢？由他们意思，不变是体变是用，用没有体，因体以为体，所以除却不变的相，便没有变的自相可说。而变的相，就是相宗所谓"依他起自相"而实没有自相，既然无性无相，而犹叫做真理，不是戏论而何？

这番话好似很有理，其实是错了！我们说真理不变，是说只道理不变，所以体用合一，却不是有个不变的本体在。若此守旧学者的意见，则明明又把不变的真理看作一个东西，所以要分别体用，以不变为体变为用，变是从不变中坠落出来的，所以变不是真理，真理是绝对的。老实说，这真理绝对的话是不错的，却给他们弄错了！若使真理不变而有一不变的本体在，则本体也等于一物，怎能够做万物根柢？又况有这一个不变，便自然有变的一义发生，变和不变成为相对的，体用分开。你纵能否认变的价值，却不能取消变的实在；你可以说不变是真理，但你不能于真理外更立个非真理，和真理对立。既然有非真理和真理对立，那也是普遍的真理吗？既然不是普遍的真理，那也算不变的真理吗？非不变的就是变了。你可由此而证明真理的不变，我也可由此而证明真理是变；你可由此说变非真理，我也可由此而言不变非真理。因为真理既成唯物的，则在这物上自有两种相对的说法，而因此遂成两相对的学派。其实真理何尝是一个东西呢？真理只是体用合一，谁分别出那是体那是用呢？不然的话，硬把真理作一物看，硬把体用分作两截看，在趋新的人则说真理是变的，只有用没有体；在守旧的则说真理是不变的，只有体没有用。他们针锋相对，各自以为看见真理，其实他们何曾看见完全的真理呢？如看到完全的真理，则知一方面他是本质，他方面他是表示——自始至终，就是永远的新，也是永远的旧。在真理中自有这两方面，两者同时在一起，是不矛盾的。因此所以说不变非真理，固然不可，说变不是真理尤其不可，把真理看作一张纸一条粉笔固然不对，把真理看作瞑目跏趺恍然大悟以后的产物，也非常的不合。我可以告诉大家罢！真理不是像许多东西中的一个，可以明白区分，保守着当为我们所有物当中的一个啊！所以获得真理的人，并不曾获得什么。反之，把真理看作东西，任他心目中以为这个东西，是变的，或不变的，其实他们都只是要贪求分外的东西，但怎么能够呢？

真理是什么？我简单的答案："真理是无形而有理。"物虽无而理则有，理虽有而物则无。知道真理不是一件物，而实为万物的大根柢，只是一片情理，彻上彻下，万古完全，这才是知道真理。那些把真理作一物看的，也算知道真理吗？我敢大胆告诉大家，真理纯以这点"情"言，所以体用合一。体也是这一点"情"，用也是这一点"情"，只有这一点"情"是真理，除此以外，更没有什么真理。但除这一点"情"外，也实在空无所有。所以世间万有莫不是真理，没有一个而外于真理者。即真理而万有即在其中，即万有而真理便无所不在。如没有这天地，已先有这天地的道理，到有了天地，而这理即在天地当中。又如未有这张纸、这条粉笔、这块黑板，已有纸笔黑板的道理，到有了纸笔黑板而理即在纸笔黑板当中，这是十分显明的。无论何物都不能离却真理，无论什么时候什么地方都是被这真理充塞住。这么一来，就可见真理本无在无不在，是和宇宙的生命相符合的了。

但真理和实在的符合，都不是一部分的——体的部分或用的部分——而是全体大用的。简直说，真理和实在，根本只是一个。这方面叫做真理，那方面叫做实在，所以合于真理的一定是实在的，凡实在的一定是真理的。如果不是真理，则他本身先不能存在，其存在只是假的了。如恶这个东西，自然算不得真理了，而一究恶的本身，便是不能存在。我们要去恶，也只是去其所本无，就是把那本不存在的东西，自然归于灭亡。反面来看，则在能够真个存在的现在一切道理——即任何革命都不被破坏了的真理——我们也不能不承认这种真理的意义与价值了。从前黑格儿（Hegel）的哲学说"现实的就是合理的"，许多人都认他是保守极了。固然，如果现实的是指直接现存的制度而言，则这句话无异乎为旧制度旧风俗辩护，无异乎说真理的形式是不变的，自然毫无意义。但若使他是指着真理本身而言，那我就可老实告诉大家，实在如此。何以见得呢？尽管极彻底的革命家，他批评一切，怀疑一切，但他心目中无论如何，总有一种真理观。一个虚无主义者，自以为他是不屈服于何等的真理，除破坏外，没有什么。其实他不相信真理，而他主唱的虚无主义，便是真理，他破坏一切，但破坏主义不就是他的真理吗？可见自古至今，真理在长途进化当中，虽遭人破坏是没要紧的。真理总是现在的，总是实在的。我为什么说这张纸、这条粉笔、这块黑板，只是真理的一部分呢？因为这张纸、这条粉笔、这块黑板，其存在的时间极短，时间过了，这些东西也变成废物了。可见这些东西，其所以只成为真理的片段者，即因其实在性，只有片段。这时存在，便可以在这时叫做真理；这时不存在，他便不是真理了。换一面来，我说的绝对真理，他是有实在的确实性的永远存在，所以永远是真理，所以说存在的便是真理了。

所谓实在就是如实的存在,是一种永古不变的天经地义。诸君听我这话,也许吃惊不少,以为依据实验学派所诠,真理都是时刻变易的,那里有什么天经地义,岂不是欺人吗?诸君当知,君所见的真理实在错了!其实只是一种"假设",而没有到真理深处,如果诸君说真理无定随时变易,则这无定的真理观,也不能不水逝云卷风驰电掣而去,而变为恰相反的有定的真理观了。如果诸君是个实验主义者,则我也可告诉你,实验主义固然是最近五十年来的真理了,然而穷溯五十年前的真理,已不适于今;即知现在之所谓真理,必不是他日之所谓真理;好比前此之所谓真理,并不是现在之所谓真理。可见实验主义其自身即非永久的真理,自不能避免人家的诘问了。这么一来,便可见凡抱一地一时的真理观的,其自身的真理论,亦只能在一时有用,一时存在。若我们要在根本上着想而求普遍的真理的,便不以此为究竟,更不肯以此一时存在的认为真理,而否认一切的真理了。即因他们所谓真理,都是一时一地的,都是一时一地最方便的"假设",所以我说他是假设的真理,而这假设的真理,自然和真正的真理大不相同,你看我的先生胡适之的话便明了!(见《文存》,页七七)

实验主义绝不承认我们所谓"真理"就是永久不变的天理,他只承认一切"真理"都是应用的假设,假设的真不真,全靠他能不能发生他所应该发生的效果,这是"科学试验室的态度"。

既然以"假设"为真理,则凡所谓真理者都是疑问,因为这个"假设"都不过我们假定他是存在,其实他能够存在吗?还是个问题。我们要求绝对真理的,一必不以这假设的为真理。如果以假设的为真理,而否认我们求绝对真理的,那末我们只得说他的真理论,即是反对真理。使脱不出一时或一地的眼光，用极不逻辑的方法，使人求真的态度无形消灭罢了。

因为假设不是永久存在，所以不是永久的普遍的真理。若求永久的普遍的真理，则不可不更进一层，求真理和实在的符合。换句话说，就是求真理的永久存在性，即求真理本身。会得真理本身时，则上看下看内看外看都是实在了！也都是真理了！这真理在宇宙间，并没有一些隐遁，天地之所以为天地者，即顺这真理而发生，乃至万事万物，也共由于这理而莫能避。这么一来，真理便是天地万物的大根柢了！便无在无不在了！我可以再郑重地告诉大家，真理就是实在，并不是实在的摹本。譬如真理是一个东西，那末我闭了眼睛想像这种东西的模样，那还可说是一种摹本。但是真理不是一个东西，只是无形而有此理，那末摹的是什么呢？旧派哲学家不知真理和实在根本只是一个，而承认两者为摹本的符合，所以被实验主义所反驳。如果知道真理就是实在，实在就是真理，则真理本身即是实理。根据于真理的话都是实话，既没有那样悬虚的摹本说法，而且反证这种真理比实验家所说的更为靠实。宇宙间只有这靠实的是真理，一切虚无寂灭茫茫冥冥如风如影的都不是真理。


著者附言：

我前年主讲南京建业大学，以"系统哲学"为题分十讲：（一）导言；（二）唯心历史观；（三）东西文化一元论；（四）科学与宗教；（五）正统哲学的体系；（六）西洋、中国、印度三方哲学的系统派；（七）孔家哲学的三时期；（八）反佛教；（九）未来的文化统一；（十）结论——系统哲学宣言。但这个讲稿，以后因事总没有继续下去，现在养病中更不愿继续了，只先把这篇导言，刊之于此。

# 自由劳动神圣[*]

朱谦之（讲稿）

无政府主义者当中，最能影响的，就是 William Morris 同 Kropotkin 了！Morris 是个艺术家，也是个理想的无政府主义者。大声疾呼，人们应该恢复失抛了的"人性"，从"人性"的基础上从事劳动，因此极力主张艺术和劳动相结合。这个思想，在克鲁泡特金的著作当中，也可以看出来了！克氏告诉我们，人们都是生产者，同时也就是艺术家，或为嗜好艺术者；因为人们都要劳动，于是劳动就成了快乐的东西。这种"劳动艺术"的说法，最好把著作者和印刷工人的心手劳动合为一例。从前著作者和印刷工人，一个劳心，一个劳力，分作两途。如今著作者当自己的作品完成时，即刻就跑到印刷房里由自己的手印出来，拿他一读，这是多么快活的事啊！只有这个时候，劳动是一种艺术，只有这个时候，劳动才是神圣。

因为人们劳动，是一种创造的愉快，所以人们劳动是生命的要求，任何条件都不能征犯他的。所以克氏最反对那反生命的劳动，如：

（一）工钱制度
（二）分工

他说：自由劳动是不能用金钱估量价值的，资本家用结果来估量

---

[*] 本文原载于《民钟》1924 年第 8 期，本次整理以此为底本。——编者

工作,固然不好,就是集产派把工作的钟点来计算工值,也是非常不合。只有一件对的,就是不要估量。这不能估量的劳动,才是"自由劳动",才是劳动的真意义!他又反对分工,以为分工的劳动者生活,完全成为机械的,失灭了个性的才能和发明力。对于他的工作,自然单调无味,并且因没有全体成功观念的缘故,失掉了人们爱劳动的心理了!

依克氏意思,劳动完全不是为着了什么,不过是生命上的表现,所以常常这样说:

> 劳动是生理的必要,这个必要,所以使用身体贮蓄的能力,这种必要是健康的生命的。

他最痛心的,就是:

> 一方面是磨针的单调生活,他方面是文学美术的专门家。
> 做了一个劳力的工人,就那科学美术给人们一切的那些高尚的快乐,他们却不享。

所以他在《互助论》里就很羡慕中世都市的自由劳动和那时的手工业,他很老实地说:

> 我们越知道中世都市的事,就越相信劳动所得的繁盛和尊敬,从没有象自由都市繁荣时代这样甚的。

这就是我今天纪念克鲁泡特金的一点意思,也是我讲无政府主义和他最相同的一点了。

# 热情战胜一切*

　　人类历史不是如黑格儿所说是绝对理性的发展，而为热情的强烈的表现。历史里面充满着多少神秘、感情、悲哀、欢乐、革命和恋的要素，历史的每一页几乎都在表示热情战胜一切。热情就是历史的生机，从他生出不断的崇高壮烈、可泣可歌的事迹！没有热情的人就令如何残暴、阴谋和劫掠的行为，也不能感动其心，他的意志必然漆黑一团，有如黑暗的地狱。我不愿看人间有如此铁石般的心肠，我更不愿世界上有如此如木如石的帝国主义者。①

　　只有热情才能给我们人生以一道光明，同时即为我们人类开一条生路。世界史的大业，没有这个热情，什么事也做不成。理智虽给了我们以一个眼睛，热情却教我们完成自己的目的，因而达到比较更高超的目的。十九路军一个月来血战抗日光荣的防御，是为这个热情；民众一致奋斗、同仇敌忾、踊跃输将，也是为这个热情。热情已经证明他的自己价值了，现在我们所能作的，就是如何继续把握住这个热情，以极大的决心，谋百年最后的胜利。我们瞧不起俯首帖耳无抵抗的懦夫，因为他们的血是冷的，情是冰的。我们甚至愿以狂烈的悲剧来结束我们历史的音调。我们不相信光明永远要被黑暗掩遮，我们要以十分热忱，喊着"热情战胜一切"。

三月四日　南京

---

\*　本文整理以《大侠魂》1932年第1卷第16期为底本。——编者

# 第三次自由讲学运动

——"以吾人数十年必死之生命，立国家亿万年不死的根基"*

当这一部划时代的书《中国之命运》还没有在桂林出现的时候，我于三月初在广西省立桂林师范学院公开讲演，我一踏进教室，便在黑板上大书"第三次自由讲学运动"几个大字。我居然以转移一时学术的风气为己任，而以自由讲学为改造此种风气的原动力，我是何等地敢于自信，又是何等地热情呀！却是当我得读《中国之命运》一书以后，我才恍然自觉我今后责任之重大，而更加努力了。如书中所一再告诉我们的：

> 政治风气的转移，尤赖于社会风气的改造，而教育实为改造风气的动力。（页一七四）
> 在我们中国，当民族盛衰绝续之交，必有少数的政治家和学者兴起，来担当这种旋乾转坤、改造风气的责任。（页一六六）

我这一次在休假期中，留桂林两月，为中国教育会桂林分会讲"中国文化新时代"；为广西省立桂林师范学院讲"文化类型学十讲"；

---

* 本文原载于《大同杂志（坪石）》1943 年 1 卷第 3—4 期合刊，又载于《文讯》1943 年第 4 卷第 4—5 期合刊。本次整理，以《大同杂志》本为底本，以《文讯》本为校本。——编者

为国立广西大学、无锡国学专门学校、国立汉民中学讲"中国文化之新认识";为省立医学院讲"现代之意义";为桂林青年会讲"中国文化之命运三讲";为省立桂林中学讲"五四运动史"。我千言万语,无非阐扬我民族文化的悠久博大,与奠定中国数千年来一脉相传的正统思想的基础。虽然我的论潮,尤其在西大一时半的演讲,曾经唤起一些不相同的反响(如万仲文先生《中国文化类型之商榷》,见四月十八日《扫荡报》星期专论),却是这种反响,正是对于此次讲学注意的表示。只要我们不甘于做外国文化的奴隶,我们即须坚决地承认我们中国固有文化的遗产(页七一),我们即须坚决地要求文化的自由独立,因而促进民族国家的自由独立(页二〇八)。我们相信如书中所一再告诉我们的:

> 中国文化与学术自有其固有的系统,中国能够以这个固有的系统为中心,融会贯通各种的文化,所以外来的文化移植于中国,即成为中国的国计民生的一部分,亦惟外国的文化能成为中国国计民生的一部分,而后可以长存于中国文化之中。(页七〇)
> 近百年来……在不平等条约之下,中国国民对于西洋的文化,因拒绝而屈服,对于固有文化,由自大而自卑。屈服转为笃信,极其所至,自认为某一外国学说的忠实信徒,自卑转为自艾,极其所至,忍心侮蔑我们中国固有文化的遗产。(页七一)

我们要知道,"国父思想更远承百代悠久的源流,会通世界进步的学说"(页一三〇)。我们如果不以这种独立自主的思想运动为基础,便要不知不觉之间,做了外国文化的奴隶(页七一—七二)。这不但是中国的民族文化的衰落,同时即是民族生存的割裂(页五),而且此次世界战争,即是文化战争。如此书所告诉我们的:

须知此次世界大战最后的效果,无疑的归结于文化,所以此次战争,亦可说是文化战争。欧美三百五十年民族主义、民主主义与社会主义的成败兴亡,皆在此一役。中国五千年悠久的文化及其道德精神之兴废,亦以此役为试金石。此战若不失败于侵略主义者魔手,则人类文明即将刮垢,而中国文化,亦必发扬光大。务望我学术界真能了解今日实为我中国文化继往开来、存亡绝续的最大关头。(页一七四)

总之,中国文化的命运,实在此一举。中国"民族文化的悠久博大,使中华民族不受侵侮,亦不侵侮他族"(页五四)。然而此民族文化的发扬光大,必须有赖于学术家之自由讲学运动。须知"中国历史上思想家、学者转移风气的功效,其有关于我固有文化之兴废、民族精神之盛衰者更大"(页一六七)。如此书所历举的,如明末清初顾亭林、黄梨洲、王船山、李二曲、颜习斋,皆以经世之学救民族,以性命之学导人心,中国的民族主义与民权思想,从此蕴积于民间,历二百余年,竟有辛亥革命,推翻满清专制,建立共和民国(页一六七)。这就可见自由讲学运动的大功效了。我们须知在我们文化史里面,每当民族文化盛衰绝续的最大关头,常有一度的自由讲学运动发生,如春秋战国,孔孟以匹夫,垂教万世,由此奠定中国三千年来一脉相传的正统思想的基础,这是第一次的自由讲学运动。自东汉末年以降,外族征入,随之外族的思想征入,石勒、石虎之与佛图澄,苻坚之与鸠摩罗什,皆以为"佛是戎神,正所应奉",其结果佛教盛行,民族文化暗然不彰。宋明儒者聚徒讲学,斥佛老之学,倡穷理致知之说,一时翕然成风,这是第二次的自由讲学运动。

然而近百年来,中国文化在不平等条约的压迫之下,因学西洋文化,而在不知不觉之中,竟陷于文化优越、种族优越理论,"竟违反了中国固有的文化精神,而且根本上忘记了他是一个中国人,失去了要为中国而学,亦要为中国而用的立场,其结果他们的效用,不过使中国文化陷溺于支离破碎的风气"(页七一——七二)。这又是一个民族文化盛衰绝续的最大关头,同时也就唤起了我们这一代少数的、学术界的第三次自由讲学运动。最后一句话,我们的第三次自由讲学运动,其目的在求中国文化之独立自由与平等,不独创立了中国文化的新命运,亦且建设了中华大民族的前途。

卅二年五月四日
于国立中山大学研究院

# 三民主义解释史*

我们信奉中华民国创造者孙中山先生所主倡的三民主义为最高原则,且一说孙先生的三民主义的解释,实在有几种极大的历史背景;因各时期的历史背景不同,因而各时期对于三民主义的解释也不能相同。最重要的事实,就是时期愈后,便解释的方法也愈深刻,愈周密,并且对于过去的内容方面,也是常常有所增加,过去的理论,常常有所扩大。最后因历史的背景的展开,便建设成一个很崇高伟大的所谓以世界人类的大同进化为终结目的之三民主义。

在没有讲三民主义的解释史之先,我们须要知道三民主义本身也是有一段进步的痕迹可寻的。如孙先生所说:"这三民主义本来是一贯的,若考他发生的次序,不止我们中国,就是世界各国,也都是先由民族主义进到民权主义,再由民权主义进到民生主义。"又在《孙文学说》第八章里面说:"予自乙酉中法战败之年,始决倾覆清廷,创建民国之志。伦敦脱险后,始知徒致国家富强,民权发达如欧洲列强者,犹未能登斯民于极乐之乡也,是以欧洲志士犹有社会革命之运动也。予欲为一劳永逸之计,乃取民生主义以与民族、民权两问题同时解决,此三民主义之主张所由完成也。"这话是先生自述的,可见就三民主义本身是可适用历史进化的方法去研究。那末我们主张用历史分期的原理,对于三民主义的解释,寻出一个进化的痕迹,也是理

---

* 本文原载于《新时代》1945年12月创刊号第11—13页,本次整理以此为底本。——编者

由很充分的了。现在试把孙先生对于三民主义的解释，分作四个时期：

第一时期——三民主义的胚胎期。自一八八五年（光绪十一年）孙先生决心要"倾覆清廷，创建民国"起，一直到兴中会成立的宣言和章程止，都可算三民主义的胚胎时期。这个时期三民主义还未明显，但依据自传所说"予自乙酉中法战败之年，始决倾覆清廷创建民国之志"几句话，则倾覆清廷是民族主义的胚胎，创建民国是民权主义的胚胎。我们再把兴中会的宣言和章程来看，兴中会最初不过偏重于请愿上书等方法（《伦敦被难记》第一章语，《上李鸿章书》即在此时），到后来才由和平进到革命的手段（第一章）。《宣言》中最重要的几句话，如"堂堂华国，不齿于列强；济济衣冠，被轻于异族，有志之士，能不痛心？"可见兴中会时代色彩最浓厚的，要算民族主义了。《章程》中虽偶然说到"民为邦本，本固邦宁"和"切实讲求富国强兵之学，兴其利以厚民生"的话，但从大体来看，当时还没有把民权主义、民生主义认得很清楚，也没有确实说到要民权主义的民国。当时唯一所受的是洪秀全的民族主义的影响，只要能够推翻满清皇帝，只要把中华重新振兴起来，也算罢了。所以这个时代从纵的方面看，可算三民主义的胚胎期；从横的方面看，却形成一种"民族主义的三民主义论"。这时只知一味排满复汉，如章太炎派的光复会，因不满意受满清异族的统治，而主张复仇革命，就是这一个阶段的产物。

第二时期——三民主义的形成期。但到了一九〇五①年（光绪三十一年）同盟会时代，三民主义便大体形成起来了。先生自传云："乙巳春间，予重至欧洲，则其地之留学生已多数赞成革命。盖彼辈新从内地或日本来欧，近一二年已深受革命之思潮之陶冶，已渐由言论而达至实现矣。予于是乃揭橥吾生平所怀抱之三民主义、五权宪法

---

① "年"上原脱"五"字，据括号中"光绪三十一年"推算公元纪年补。——编者

以号召之,而组织革命团体焉。"这个革命团体就是出现于东京的同盟会,可见三民主义至此才明明白白宣布出来。按《同盟会宣言》提出四句极重要的口号:(1)驱除鞑虏,(2)恢复中华,(3)建立民国,(4)平均地权。"驱除鞑虏,恢复中华",就是要打倒满清,还我主权,这是民族主义的事;所谓"建立民国",由革命以建立国民皆平等,皆有参政权的民国,这是民权主义的事;至于"平均地权",却是民生主义。但从大体来说,当时三民主义的内容,和现在的三民主义实不相同,如《宣言》中说恢复中华是要"光复民族的国家",平均地权是要肇造"社会的国家",可见同盟会时代的三民主义,完全是一种"新国家主义"。我们再看一九〇六年中山先生祝《民报》纪元节的演说辞(《中山丛书》增本第三册,页一至十),这篇演说辞很可代表这个时期新国家主义的思想:

> 《民报》发刊以来,已经一年,所讲的是"大主义",第一是民族主义,第二是民权主义,第三是民生主义。
> 民族主义是从种性发出来,民族革命的原故,是不甘心满洲人灭我们的国,主我们的政,定要扑灭他的政府,光复我们民族的国家。
> 民权主义就是政治革命的根本,中国数千年来都是君主专制政体,这种政体不是平等自由的。我们推倒满清政府,从驱除满人那一面说,是民族革命;从颠覆君主政体那一面说,是政治革命。讲到那政治革命的结果,是建立民主立宪政体。
> 民生主义想法子改良社会经济组织,防止后来社会革命,我们这回革命,不但要做国民的国家,而且要做社会的国家。
> 总之,我们革命的目的,是为民众去谋幸福。因不愿少数满洲人专制,故要民族革命;不愿君王一人专制,故要政治革

命；不愿少数富人专制，故要社会革命。达了这三样目的之后，我们中国当成为至完美的国家，这便是"民族的国家""国民的国家""社会的国家"皆得完全无缺的治理。这是我汉族四万万人最大的幸福了。

由上可见这时期的三民主义，实在"建立民国"的色彩极为显明，民权思想也最为发达。至于民生主义不过是革命的附属物，拿来防止社会革命罢了。这时代同盟会同志主张民主立宪，和梁启超一般人主张君主立宪的大起辩论，大开笔战，而中山先生则对于"五权宪法"也到处发挥，先生说："我们最初革命的时候，便主张三民主义，三民主义和美国总统林肯所说的'of the people, by the people, and for the people'是相通的。兄弟从前把这个主张，译作民有、民治、民享。他这个民有民治民享主义，就是兄弟的民族民权民生主义。"（《丛书》第二册，页一）可见这时期的三民主义，完全站在欧美普通民主主义的立场上发挥议论。所以到了民国成立后，如宋教仁一般人，受了欧美留学生带回的普通政党的思想的影响，就改同盟会为国民党，明明白白地标出议会政治，举孙先生为理事之一。固然有许多人说，孙先生和同志诸先觉如廖仲恺、朱执信等并没有理会那个国民党，而在日本组织了中华革命党。但那最大原因，是因国民党把平均地权改为民生政策，后来又改为改良民生，似此取消民生主义和革命党的性质，是为孙先生所不满。所以在这一点上，中华革命党虽继承革命史上的正统，但这时革命的工作，实际只是替非常国会作"护法运动"，以"恢复国会，完全自由，行使职权为唯一的条件"。这完全是有产阶级拥护宪法的思想，拿他和第一次代表大会宣言批评"立宪派"的话比较一下，不能不使人说一句"后来居上"了。总而言之，孙先生的三民主义在各时代不是同一样的见解,自民国元年至中国国民党成立以前,所谓三民主义,在很混沌的状态之下,可以看出只是民权主义的表现,这确是历史的事实。所以从纵的方面看,我们可把这个时期看作三民主义的形成期;而从横的方面看,却的的确确形成一种"民权主义的三民主义论";一直到民国十二年中华革命党改为中国国民党后,才算告一段落。过此以后,孙先生因适应那时代的潮流——俄国革命和国内新文化运动——已积极由三民主义的第二阶段,跨到三民主义的第三阶段。只有一般思想落后的,他们因醉心于近世政治上的民主革命,显然没有力量跟中山先生再跃进一个新的时期。就是所谓国家主义派,也都是这一个阶段的遗形物。

第三时期——三民主义的发展期。一九一九年(民国八年)的五四运动,是中国近来由文化运动到革命运动的一大革命。孙先生也在这个时期,发表了他的《孙文学说》《地方自治开始实行法》等书。最重要的是努力从事实业建设的计划的起草,著成《实业计划》。这些《建国方略》和《星期评论》《建设杂志》等的著作,实在就是给三民主义重新建筑起新的基础,尤其是民生主义的基础。从此以后,孙先生的主义与时俱进,我可以说一直到中国国民党成立时代,先生的三民主义在中国思想界上才有独立发展的理论。自十三年中国国民党改组时代,先生的三民主义才能彻底的规定实行主义之方法与政纲。自然在这个时期,要举出完全代表先生三民主义的著作,不能不首推第一次全国代表大会宣言内《国民党之主义》一章。在这一章,建设一个新系统的三民主义,可以说是三民主义的结晶的具体的表现了。实在说,我们信仰三民主义,一定要信仰第一次全国代表大会宣言的三民主义;如果不是信仰大会宣言的三民主义,那就不是信仰孙先生的三民主义。还有现在要特别提出来讲的,是《建国大纲》对于三民主义的解释。原文云:

> 建设之首要在民生，故对于全国人民之食衣住行四大需要，政府当与人民协力共谋农业之发展，以足民食；共谋织造之发展，以裕民衣；建筑大计划之各式屋舍，以乐民居；修治道路运河，以利民行。
>
> 其次为民权，故对于人民之政治知识能力，政府当训导之，以行使其选举权，行使其罢免权，行使其创制权，行使其复决权。
>
> 其次为民族，故对于国内之弱小民族，政府当扶植之，使之能自决、自治；对于国外之侵略强权，政府当抵御之，并同时修改各国条约，以恢复我国之独立。

由这一段"建设之首要在民生"一句话，便知民生主义在这个时期已由模糊的变成很明了重要的革命主义了。连"民生是历史的中心"这句话，也说了出来。可见第三阶段的三民主义，的的确确如戴季陶所说："先生的三民主义原理，全部包括在民生主义之内，其全部著作可总名之曰民生哲学"（《孙文主义之哲学的基础》，页六五）。孙先生对一般国民党的党员也说："我是为了实行民生主义而革命的，如果不要民生主义，就不是革命。"由此可见，三民主义虽有三个部分，而民生主义却是三民主义的全目所在。所以从纵的方面看，这个时代可算三民主义的发展期；从横的方面看，却形成一种"民生主义的三民主义论"。如中国共产党公然用曲解的方法，单单拿了一个民生主义，说什么"三民主义就是共产主义""三民主义就是三种阶级斗争的形式"，这都是过渡时期的变象产物。

第四时期——三民主义的完成期。本来十三年一月第一次代表大会宣言已可以说是三民主义的结晶的具体的表现，以后先生在这一年当中，从一月二十七日至八月二十四日，在广东大学努力讲述三民主义的真义，把从前靠先生自己直接的行动来代表的主义，以能传久致远的文字记述出来,这就是一部那伟大创作的本体的《三民主义》了。这一部书实在是把以前各时期对于主义的解释综合起来,使三民主义格外连环的、整个的,更完完全全成为国民革命到世界大同的进一步的理论,更结结实实地给社会运动以一道新光。我们从这部书,很可看出中山先生是从中国数千年已经开辟的东西中,选择那真有价值的"大同"两字,做三民主义最后的目标。如《民族主义》最后一讲,竟归结到"用固有的道德和平做基础,去统一世界,成一个大同之治,这便是我们四万万人的大责任"(页一四一)。《民权主义》里说:"孔子说'大道之行也,天下为公',便是主张民权的大同世界。"(页一六)《民生主义》里更下一个定义道:"民生主义就是社会主义,又名共产主义,即是大同主义。"总括起来又说:"三民主义的意思,就是民有民治民享,这个民有民治民享的意思,就是国家是人民所共有,政治是人民所共管,利益是人民所共享。照这样的说法,人民对于国家要什么事都是可以共,才是真正达到民生主义的目的,这就是孔子所希望之大同世界。"(页七八)可见到了这个时代,中山先生已完全倾向于人类平等世界大同的理想,已完全是一个大同主义者了。我从前说过,马克思只看出社会发展,必然要达到无产阶级专政;而孙中山先生的三民主义,则看到人类发展必然要达到世界大同,即孔子所谓:"大道之行也,天下为公。"他晚年遗留的东西,写得最多的笔墨,就是"天下为公"四个大字,这就可见"天下为公"就是孙先生的晚年定论。还有《北上宣言》主张:"以全力保障人民之自由,辅助农工实业团体之发展。"在神户高等女学校的讲演,主张以王道为基础,联成全世界被压迫民族的大同团结;在遗嘱上主张联合世界上以平等待我之民族,共同奋斗。临到一息奄奄的时候,反来复去的只念着"和平",这不是已经明白大同主义就是三民主义的终结目的吗?所以这个时代,从纵的方面看,可算是孙先生三民主义的完成期；而从横的方面看，竟可说就是理想的和平的整个的"大同主义的三民主义论"。我亲爱真诚的三民主义信徒们！我们应该有胆量承认这晚年定论的"三民主义"，我们尤其应该保障这晚年定论的"三民主义"。让我们为人道、为真理，以国民革命的方法，把大同社会建设起来，这才是完全接受三民主义的意义所在了。

# 关于文化遗产问题

## ——批判胡适与梁漱溟[*]

一、引言

二、批判胡适的国故学——对于文化遗产的爱国主义[①]与资产阶级世界主义的斗争

三、批判梁漱溟的民粹主义思想——对于中国问题反民粹主义错误思想的斗争

## 一、引言

关于中国文化遗产问题，有两种错误的思想倾向。一种是世界主义倾向，以胡适为代表；一种是民粹主义倾向，以梁漱溟为代表。资产阶级世界主义和国际主义相似，而非国际主义；封建地主阶级民粹主义和爱国主义相似，而非爱国主义。而真正中国文化遗产的处理办法，则应该是爱国主义与国际主义的结合，同时严格地批判似是而非的世界主义和民粹主义。在我这篇短文里，包含两部分，一方面批判

---

[*] 本文作于1956年8月27日，中山大学哲学系藏有稿本一册，朱谦之先生本人曾在稿本封面以圆珠笔书写"不要不要"四字，于封底亦书写"不要"二字。2002年福建本将本篇收入第一卷。本次整理，以手稿本为底本，以福建本为校本。——编者

[①] "爱国主义"上原有"新"字，朱谦之先生后来将其删掉。——编者

胡适的国故学，展开对于文化遗产的爱国主义与资产阶级世界主义的斗争；一方面批判梁漱溟先生的民粹主义思想（这种思想，实质上即是一种国粹主义），展开对于中国问题反民粹主义错误思想的斗争。关于中国文化遗产问题之两条路线的斗争，并不是否定中国文化遗产，相反地，乃是站在爱国主义与国际主义的立场，重新估定了文化遗产的意义和价值。

一九五六年八月廿七日<br>于北京大学

## 二、批判胡适的国故学
——对于文化遗产的新爱国主义与资产阶级世界主义的斗争

### I 胡适的立场观点方法和他国故学的联系

#### （一）所谓国故学

在这题目里，首先应该指出的，就是胡适所谓国故学，是在帝国主义侵略中国的历史条件下产生的。这就是鸦片战争后，跟着帝国主义殖民政策而产生的所谓汉学（Sinology，胡适也称之为支那学）。各国汉学讲座，有的在大学设立，有的是设于殖民地学院。汉学家研究中国语言、历史、哲学、科学，注意中国问题，到新疆、西藏、满洲、蒙古，在中国各地进行了无数次的考古发掘。他们大量地搜集和盗窃中国的文物资料，出版东方研究刊物，这些在帝国主义庇护之下的所谓汉学泰斗，实际上是带间谍性质的。屈指一计，如法国的伯希和（Paul Pelliot）、沙畹（E. Chavannes），德国的格路维德（Albert Grünwedel）、勒可克（Albert von Le Coq），瑞典之斯文赫定（Sven

Hedin)、英之匈牙利人斯坦因（M. Aural Stein）、日本之大谷光瑞、鸟居龙藏等，他们一面在中国从事调查发掘，把可贵的我国的文物资料捆载而去，一面力求伪造史迹，给在中国进行殖民政策找根据，他们不消说是为帝国主义的侵略服务的。然而这种文化间谍工作，最初还是由在华传教士和殖民机关的官吏来做，以后才让位给专家以伪装科学的姿态出现。专家的力量有限，再进一步就率性在中国物色并培养这种合格的代理人了。尤其是美国，在这方面进行得较差，格外有此需要。所谓胡适的国故学的背景，就是如此。

帝国主义的汉学，充满着对中国的侮蔑态度。正如《苏联大百科全书》"东方学"一节中所描写：

> 资产阶级东方学和苏维埃东方学的研究对象，对东方各族的过去和现在，采取正相反的态度。资产阶级东方学反映出欧美资产阶级殖民者种族主义的世界观，它从最初出现的时候起，就把西方文化（即欧洲文化和后来的美国文化）与东方文化对立起来，诬蔑东方各族为劣等种族，说东方各族自来是落后的，不能独立决定自己的命运，仿佛只是历史的对象，而不是历史的主体。资产阶级东方学把研究东方一事，完全屈从于帝国主义国家的殖民政策。（页2，人民出版社）

汉学就是东方学之一重要组成部分，是由于帝国主义国家的殖民政策而起，所以对于被压迫民族所起的作用，是极力维护反动的封建传统和散布反科学的宗教神秘毒素。正如法国资产阶级心理学家吕邦（Le Bon）在《政治心理》中"殖民心理"一节，说及宗主国对待被压迫的民族，不应该提倡什么新的东西，而应该保存其旧的文物、旧的思想。吕邦是曾从事东方考古工作的，其言很有深意。作为美帝国主义汉学代理人的胡适,他也必须适合于这个历史条件。如在一九三四年所写的《说儒》,居然用曲折的方法把中国古典哲学人物,都说成宗教英雄;而他最得意的考证工作,如研究禅学古史、佛法的禅法、楞伽宗考、神会传,这些狭隘的中古的宗教毒素,居然代替了科学史、经济史、人民史的叙述。胡适所谓国故学的腐朽性,是和帝国主义在文化上对待被压迫民族所玩的一套戏法,是有机联系的。

请看胡适对于国故学所下的定义,就更容易明白了。国故学是什么?他说:

> 国学在我们的心眼里,只是"国故学"的缩写。中国的一切过去的文化历史,都是我们的"国故"。研究这一切过去的历史文化的学问,就是国故学。
>
> 国故学的使命,是整理中国一切文化历史。(《胡适文存二集》卷一,页11《国学季刊发刊宣言》)

在这里"整理"二字,应该作"取消"二字之误。因为在胡适的心眼里,国故学就是国学,好似惹大[①]中国只有旧的东西,没有新的东西。"国学的使命是要使大家懂得中国的过去的文化史。国学的方法是要用历史的眼光来整理一切过去文化的历史。国学的目的是要做成中国文化史"(页20—21)。因为国学就是国故学,就是汉学,所以北大《国学季刊》译名就是"汉学季刊",于是正在发展着的伟大的人民中国,胡适就完全看不见了。国故学的使命,主要地是引导人们向后看,而不是要引导人们向前看;是引导人们向西看,而不要引导人们向东看。在这里没有思想,没有将来,完全表现着对于眼前社会剧变之无关心,而只把眼光放在过去的腐烂的圈套里面。这和马克

---

① "惹大",福建本改为"偌大"。——编者

思列宁主义研究中国古代历史和对待文化遗产的态度，不但没有共同之点，而且根本是敌对的。毛泽东同志怎样告诉我们："必须尊重自己的历史，决不能割断历史。但是这种尊重是给历史以一定的科学地位"，"主要地不是要引导他们向后看，而是要引导他们向前看。"（《新民主主义论》）当然胡适的国故学，是没有这种勇气把中国历史面向现在和未来，他搜集和整理国故，目的是在通过国故学，来抹煞祖国人民的民族自信心，绞杀祖国人民的斗争意志。他不但没有尊重历史，给历史以一定的科学的地位，相反地，他把古代封建统治的糟粕，来冒充人民优秀的民主精华，他割断历史，伪造历史，乃至于取消历史。

（二）作为买办资产阶级文化代表的世界主义

胡适这种有反动本质的国故学，是和他的反动的阶级立场、政治面貌分不开的。在他还没有像现在变为美帝国主义的公开奴仆以前，曾被人误认为他曾领导"五四"运动。实际"五四"运动是中国人民反对帝国主义的"凡尔赛和约"所起的人民爱国运动，是和他的世界主义根本不相容的。"五四"运动促成了中国工人运动和马克思列宁主义的结合，而胡适这时已经是"我看不过了，忍不住了！"（《文存二集》卷三，页96《我的歧路》）"预料到这个趋势的危险"（《论学近著》卷五，页632《介绍我自己的思想》）。胡适在"五四"运动以前，虽曾以《文学改良刍议》那样改良派的真面目混入文学革命队伍，但到了"五四""六三"运动发生，他实在吓昏了。他不顾那时候青年学生爱国者的悲愤呼声，坚决地反对打倒帝国主义口号，说什么"十年以来，全国政治势力不用在改造国家的政治，倒用在排外思想的煽动，用在口号标语式的打倒帝国主义"（《独立评论》第45号，《跋蒋廷黻先生的论文》）。一九二二年十月他宣言："老实说，现在中国已没有很大的国际侵略的危险了！"（《文存二集》卷三，页128f《国际的中国》）因为"外国投资者底希望中国和平与统一，实在不下于中国人民"（页128c）。他把帝国主义帮助军阀内战，认为是"海外奇谈，全无事实上的根据"（页128b），"现在无论那一国——日本、美国或英国，都不能让中国人民来解决本国底政治问题"（页128f）。他不止一次劝人不必涉及什么国际帝国主义问题。为什么"五四"运动是从"反帝"而起，而胡适却反对"反帝"？为什么"五四"运动是中国初期社会主义的兴起，而胡适却坚决地在"问题与主义"的几次论争中反对马克思主义？这证明了胡适思想不是代表"五四"运动的革命的社会意识，而是代表"五四"运动之反革命的社会意识。虽然在美帝国主义的需要之下，"五四"运动以前，他也扮演一些反封建的进步外装，但仍然遮掩不住他根本上作为欧美派帝国主义的文化使者即买办学者的反动本质。

　　就胡适的阶级性说，也有人误认为他是代表民族资产阶级，这是不正确的。民族资产阶级有两面性，即是对帝国主义的两面性。胡适则一贯地对帝国主义是一面性的，即站在帝国主义立场，为帝国主义服务的一面性，反苏反共的一面性。民族资产阶级思想是动摇不定的，买办阶级则为不动摇的敌人思想，这是重大的区别。在《毛泽东选集》第二册（页676）曾称之为"欧美派文化人"（注一九），说明即指胡适这一派人。所谓欧美派①文化人，其实即是欧美资本帝国主义派下的文化使者，说得更明白些，即是买办学者。胡适正是这买办学者的典型人物，所以他的一切学术思想也都只能为英美帝国主义服务。当然，国故学不出此例。胡适在1904—1910在上海洋场住了六年（《四十自述》，页86），早已染上了"洋大人"崇拜的奴性，所以在一九二二年在《国际的中国》一文，批评中国共产党，提倡不必

---

① "欧美"下疑脱"派"字，据上下文补。——编者

反对帝国主义，因为"人民只觉得租界与东交民巷是福地，外币是金不换的货币，总税务司是神人，海关邮政权在外人手里是中国的幸事"(《文存二集》卷三，页128h)。留美期间在美帝国主义的豢养之下，使他更死心塌地，从灵魂深处建筑起美国是第一故乡的信仰。他的《留学日记》不打自招地说："……又如我的世界主义、非战主义、不抵抗主义……都随时记在劄记里。"现在打开一看，里面宣传"一种世界的国家主义"，说什么"爱国是大好事，惟当知国家之上更有大目的在，更有一更大之国在"(卷七，页433)，"今日世界物质上已成一家……而终不能致大同之治者，徒以精神上未能统一耳。"(页476)而因此"征服中国民族的心"便成为必要了。他常以"世界公民"自命(卷三，页140)，积极参加世界会(卷八，页495)，而且得国际睦谊会征文奖金(卷十三，页951)，甚至宣言："余每居一地，辄视其地之政治社会事业如吾乡吾邑之政治社会事业……投身其中……与之同其得失喜惧。……故吾居绮色佳时，每有本城选举，我辄有所附同……于全国选举亦然……我颇以此自豪。盖吾人所居即是吾人之社会……若自认为其中之一人，以其人之事业利害，视为吾之事业利害，则观察之点既同，观察之结果自更亲切矣。"(卷十五，页1053—1054)这是何等明白地把自己装扮成一个十足的美帝中之一人，其实即是洋奴。这也就说明了为什么后来竟敢公开宣传最露骨的具殖民色彩的"充分世界化和全盘西化"(《论学近著》卷四)了。胡适的反动买办阶级立场，决定了他的阶级的利益和美帝的利益密切结合，因此也就决定了他所"颇以为自豪"的反动的世界主义观点。他毫不掩饰地说出："我主张全盘的西化，一心一意的走上世界化的路上"(同上，页558)，"充分世界化，充分在数量上即是尽量的意思，在精神上即是'用全力'的意思"(页559)。的确，这一位站在买办资产阶级立场的战士，数十年如一日不倦地"用全力""尽量"诱导中国人民群众和青年学生走世界主义的路，不倦地"用全力""尽量"把中国过去现在的历史文化，把中国优良的文化遗产，无论是文学、历史、哲学，都使之完全屈从于资产阶级的世界主义之下，以为帝国主义的侵略服务。

帝国主义时代的资产阶级宣传世界主义，宣传不要国家的世界科学和文化，这意味着什么呢？意味着要各被压迫民族自动地放弃国家的主权和独立，自动地取消每一个民族里民主主义和社会主义文化的要素。而胡适所谓国故学，正是站在这个反动的立场观点上为其服务。资产阶级世界主义是资本帝国主义反动势力用来反对社会主义及民主的思想斗争武器，而胡适所谓国故学，宣传民族文化虚无主义，在"五四"爱国运动以后，便有了特别的现实意义。正因为世界主义是帝国主义战贩的工具，所以美帝和英国才肯假仁假义的退还庚子赔款，而选中了胡适做这个文化基金会的董事。庚子赔款给了胡适这个买办学者以充分的物质力量，使他竟敢企图一手遮天，把中国历史文化，把中国的科学宝座，都充分殖民地化，"科学锁在黄金底铁链上"了。研究院也好，大学也好，出版机关也好，只要这位买办学者到的地方，都想把他和美帝国主义的独占资本结合在一起了。然而这种企图是注定要失败的，正当胡适把资产阶级世界主义运到中国的同时，人民大众起来了。人民大众的新爱国主义热情，他们的民族自豪感，他们①的民主主义和社会主义的优良的文化传统，使他起来为争取祖国的自由与独立而战，为争取新民主主义、社会主义在中国赢得胜利而战。这种深刻的爱国主义对资产阶级世界主义的斗争，即在对待祖国文化遗产的问题上，也粉碎了胡适派的狗彘不食的反动计划，使之不能实现。胡适说："向来的学者误认国学的'国'字是国界的表示。"（《文存二集》卷一，页23—24《国学季刊发刊宣言》）"我们现在治国学，必

---

① "们"字原缺，据上文补。——编者

须要打破闭关孤立的态度。"（页26）这是宣言治国学是没有国界的，那里能够赚钱，那里就是祖国。好无耻的文化卖国的勾当呀！这种卑鄙龌龊的反爱国主义的国故学，现在是应该总清算的时候了。

**（三）在反动的实验主义方法下的国故整理**

在胡适对帝国主义笑颜逐开，卑躬屈膝地来宣扬国故学里的世界主义的时候，他是对我们中国、我们全体中国人民的文化遗产采取轻蔑和不信任的态度。他是"高等华人"，当然在治学方面，也看不起中国人的思想方法。因为中国是"最野蛮的国家"，幸而忽然来了外国的侵略者，"他们传教之外，还带来了一点新风俗，几个新观点，他们给了我们不少的教训"（《文存三集》卷九，页1172《祝贺女青年会》），"我们深深感谢帝国主义者，把我们从这种黑暗的迷梦里惊醒起来，我们焚香顶礼感谢基督教的传教士带来了一点西方新文明和新人道主义……我们十分感谢这班所谓'文化侵略者'……"（同上，页1178《慈幼的问题》）。而在文化侵略者之中，"我们"似乎更应该感谢"自从中国与西洋文化接触以来，没有一个外国学者在中国思想界的影响……这样大的"杜威先生。（《文存》卷二，页533《杜威先生与中国》）。为什么？胡适解释说："杜威先生不曾给我们一些关于特别问题的特别主张——如共产主义、无政府主义……之类，他只给我们一个哲学方法……总名叫做实验主义"（页534）。实验主义大胆提出"假设"，假设的方法的应用是无穷的，可以取消中国文化遗产，也可以使之变色。因为客观的实在是没有的，有的只不过"一个很服从的女孩子，她百依百顺的由我们替她涂抹起来，装扮起来"，"实在好比一块大理石，到了我们手里，由我们雕成什么像"。又如"一百个大钱，你可以摆成两座五十的，也可以摆成四座二十五的，也可以摆成十座十个的"（《文存》卷二，页440《实验主义》）。因为总而言之，实在是我们改造过的实在,所以"证据"也可以是我们自己改造过的证据。胡适虽然高喊着"拿证据来",说什么科学方法只不过"尊重事实,尊重证据"(《文存三集》卷二,页138《治学的方法和材料》),实际他所谓证据,都只是主观上觉得满意的或有用的假设。"假设的真不真,全靠他能不能发生他所应该发生的效果",而胡适所谓效果,当然都是最和美帝的利益相符合的。例如他高喊着"多研究些问题,少谈些主义",而他为着宣传充分殖民地化,就也不妨大谈其世界主义、不抵抗主义;为着给美帝服务发生更大效果,就也不妨大谈其实验主义(或实用主义),"实验主义自然也是主义",并不矛盾。在他还假装一个学者的假面孔的时候,他可以告诉我们,他在整理国故上怎样尊重证据,让证据做向导。他说:

  在积极方面,我要教一个思想学问的方法。我要教人疑而后信,考而后信,有充分证据而后信。(《文存三集》卷二,页273)

  这种方法应该发生怎样的效果呢?他在《介绍我自己的思想》中解释说:

  少年的朋友们,用这个方法来做学问,可以无大差失;用这种态度来做人处事,可以不至于被人蒙着眼睛牵着鼻子走。
  从前禅宗和尚曾说:"菩提达摩东来,只要寻一个不受人惑的人。"我这里千言万语,也只是要教人一个不受人惑的方法。被孔丘、朱熹牵着鼻子走,固然不算高明;被马克思、列宁、斯大林牵着鼻子走,也算不得好汉。(《论学近著》卷五,页645)

  原来这一位东来的西方帝国主义的文化使者,他的提倡国故学,无论是给《水浒传》作五万字的考证也好，是替庐山一个塔作四千字的考证也好，他的最大目的和发生的最大效果，就只是为着宣传反动哲学的实验主义的实际应用，就只是给美帝训练一批抵抗马克思列宁主义的革命理论的思想习惯，他称之为"一种防身的本领"（同上）。这就是胡适在反动的实验主义方法下所谓国故学的真面目。他是我们祖国文化遗产的最大敌人，站在他这种反动的立场、观点、方法之下的所谓国故学，不但歪曲了中国文学、中国历史、中国哲学，而且简直是宣告了祖国文化遗产的死刑。但是伟大的可爱的祖国文化是不死的，让我们现在倒转过来清算我们的敌人罢！

## II　胡适怎样歪曲了中国文学遗产

实验主义的国故学，既然它的目的是在为帝国主义的侵略服务，并抵抗马克思列宁主义，那末它的内容也就可想而知了。在伪装的所谓国学的幌子之下，胡适进行阻碍中国社会文化的发展。他的手法就是"用全力""尽量"取消中国文化遗产，把人民群众、青年学生牵着鼻子走向资产阶级世界主义的路上去。他大胆宣言：

> 我们必须承认我自己百事不如人，不但物质机械上不如人，不但政治制度不如人，并且道德不如人，知识不如人，文学不如人，音乐不如人，艺术不如人，身体不如人。（《论学近著》卷五，页639—640《介绍我自己的思想》）

他要我们死心塌地去跟着资产阶级世界主义走，因此在所谓国故学里，也决不放松，不惜"用全力""尽量"地歪曲了中国文学、中国历史、中国哲学。现在先看他怎样在"整理"了的中国文学史里，体现了他的取消中国文学遗产的反动计划。

## （一）怎样用形式主义抹煞现实主义

首先，胡适对于中国古典文学的诬蔑，表现在他反现实主义的极端形式主义，而他所谓形式，在诗歌方面，实际上又是反民族形式的形式主义。他一面不问作品内容青黄皂白，再不问作品的社会意义。他所问的只是文学外表的形式，是白话还是文言？如果是文言，尽管是怎样优良的作品，如《诗经》《楚辞》，也排斥在他的《白话文学史》之外。说什么"《诗经》到了汉朝已成了古文学了，故我们只好把他撇开"（页11）。相反地，如果是白话，不管是侮辱劳动人民的王褒《僮约》，不管封建君主如汉文帝、汉昭帝的"诏文"，不管是宣扬宗教毒素的佛教翻译文学，他都认为这就是中国的"活文学"，把它作为优良作品的代表。他根据白话的形式做唯一标准，来评判中国文学遗产，结论是：

中国这二千年来只有些死文学，只有些没有价值的死文学。（《文存》卷一，页80《建设的文学革命论》）

而他所谓有价值的白话文学，例如代表大官僚隶卒形象的公案《三侠五义》，是"真可算是完全的人话化"，是"很值得表彰的一点"（《文存三集》卷三，页705）。又鼓吹低级色情思想的《金虏海陵王荒淫》，也居然收入《宋人话本八种》之内，说什么贵哥定哥说风情一大段，是代表"那发达到了很高地步的白话散文"（卷六，页845）。胡适根据极端的形式主义，取消了一切优良的文言作品的价值。他假装着不知道《诗经》《楚辞》，现在是文言文学了，而在当时却正是明白易晓的白话文学，《诗经》用民歌的形式，《楚辞》用的是楚方言，然而它的真正文学价值，还是在于作品里面的现实主义和人民性。一部中国文学史就内容说，应该是现实主义与非现实主义的斗争；就形式上说，应该是内容与形式统一与单纯的形式主义的斗争。骈文、律诗因为他是单纯形式，是烂调，可以说大部分没有价值；反之真正活文学，是"言语的艺术"，而"言语的艺术"之最新鲜活泼和最普遍化的，即是"音乐的言语"。每一时代的音乐文学，总是代表一时代民间的活言语，所以汉魏的乐府唐不能歌而歌诗，唐的诗宋不能歌而歌词，宋的词元不能歌而歌曲，这是音乐文学的进化，所以不说中国的文学形式则已，要说"民族形式"，则"音乐文学"实为中国文艺最重要的、最大众化的民族形式。从《诗经》而《楚辞》，而乐府，诗、词、曲、昆腔、皮黄，以至新兴的具有现实主义内容的朗诵诗、诗剧、歌剧，这是一部中国音乐文学史，和白话小说同为中国文学之两大主流。然而胡适就根本否认这种看法。他是自命有文学进化观念的，但他主张"废曲用白"（《文存》卷一，页209《文化进化观念与戏剧改良》），认为中国文学的进化，是与反音乐的进化路径相同。他不知白话文学本来就是人民文学，人民的诗和封建贵族的诗的形式区别，即在前者是可协之音律，老妪能听，有井水处能唱；后者不能协之音律，不能歌，歌亦不能听。前者与音乐有关系，后者和音乐无关系。至于白话散文，正如胡适自己承认："老百姓自然要说白话，却用不着白话的散文，他爱哼只把曲子，爱唱只把山歌，但告示有人读给他听，乡约有人诵给他听，家信可以托人写，状子可以托人做，所以散文简直和他没多大关系。"（《白话文学史》，页35—36）那么我们还能说人民的诗是可以脱离音乐而独立发展吗？由上可见胡适的极端形式主义，结果是自陷于反民族形式的形式主义。而且即就散文来说，如先秦诸子的寓言是文言写的，陶渊明的《桃花源记》是文言写的，小说之中如《三国演义》《聊斋志异》是文言写的。我们不能因为它是文言，就不承认它的作品中的人民性，不承认它的现实主义的丰富的内容。用单纯的白话的形式，来抹煞中国优良的

"民族形式",来抹煞中国优良的文学成绩,这不是整理中国文学史,是用极端形式主义的枷锁,来阻止中国文学使之不能向前发展,因而取消了中国文学。

(二)怎样打击了爱国诗人

胡适的整理中国文学史不是重视古代的文学遗产,而是要取消它。所以他的反动的毒刺,首先是用来伤害一位热爱祖国的诗人:屈原。他不但要问屈原是什么人,并且要问屈原这个人究竟有没有。他大胆的假设,说传说的屈原,若真有其人,必不会在秦汉以前;传说的屈原是根据于一种儒教化的《楚辞》解释他,"只有那笨陋的汉朝学究能干这件笨事""屈原是一种复合物,是一种箭垛式的人物"(《文存二集》卷一,页139—141《读楚辞》)。胡适非不知道屈原是两千年中国的一位伟大诗人,然而可恨的是他的爱国主义,在那种在思想感情上呼唤出的爱国主义的呼声之下,胡适发抖了!所以说:"屈原的传说不推翻,则《楚辞》只是一部忠臣教科书,但不是文学。"(页147)否认屈原,即是站在买办学者立场反对爱国主义的表现。在《白话文学史》里,胡适虽不好意思否认唐代诗人李白、杜甫的存在;但是李白只是山林隐士,"我们总觉得酒肆高歌、五岳寻山是他的本分生涯,济世拯物未免污染了他的芙蓉绿玉杖"(页293),因此他和爱国主义无关。杜甫只是诙谐之士,"很像是遗传得他祖父的滑稽风趣"(页319),所以他对当时统治阶级的讽刺与对人民的同情,他由爱祖国爱人民出发成就了千秋伟业的诗史,都只算得"带一点谐趣",而与爱国主义无关。还有白居易只是迂腐之士,尽管新乐府五十首中有很好的短篇小说,却是"白居易的短处,只因为他有点迂腐气,所以处处要把做诗的本意来做结尾"(《文存》卷一,页191《论短篇小说》)。所以他所写下的一些富有战斗意义的"惟歌生民病"的诗歌,也只算得迂腐的表现吧!和爱国主义无关。至于《五十年来中国之文学》，更不消说了。他只举了金和、黄遵宪两个诗人做代表（《文存二集》卷二，页144），这两位诗人均以反对太平天国著名的，当然有反动派去赞美他。至于译拜伦诗的苏曼殊，便可以一个字也不提，为什么？因为在他《惨世界》里，曾经鼓吹"世界上不能做工，靠着欺诈别人的手段发财者，都是抢夺他人财产的蟊贼"，曾经说过"像你做外国人的奴隶，天天巴结外国人，就把我们全国人的体面都玷辱了"，曾经骂过"这班洋奴的贱种"（《曼殊全集》卷二，页133—134）。所以胡适对于这一位参加革命的爱国诗人、小说家，率性不客气地把他一笔勾销了。

（三）怎样把现实主义小说贬为作家自传

再看他的小说考证，也只是考证其名，抹煞其实。这就是在"考证"的外衣之下，实行抹煞古典杰作的真正的艺术价值。例如他所认为模范的白话文学，是《水浒传》《西游记》《儒林外史》《红楼梦》四种。这四种都是家弦户诵的文艺作品，胡适没的法子否认，所以只好在考证里给原书以许多有意的歪曲和窜改。如在《水浒传考证》里，他赞扬了评改《水浒传》的金圣叹，是"很可以代表明末清议的精神""是十七世纪的一个大怪杰"。尽管胡适也知道"水浒的故事乃是四百年来老百姓与文人发挥一肚皮宿怨的地方"，但他还是赏识金圣叹，因为"圣叹生在流贼遍天下的时代，眼见张献忠、李自成一班强盗流毒全国，故他觉得强盗是不能提倡的，是应该口诛笔伐的。圣叹是一个绝顶聪明的人，故能赏识《水浒传》"（《文存》卷三，页764）。圣叹的评本，"把宋江深恶痛绝，使人见之真有狗彘不食之恨"（同上）；而胡适与之有同感。不过圣叹生当农民起义的时候，而胡适生在"不好了，过激派到了中国了"的时候。胡适所以极钦佩这一位封建统治阶级的又一种代言人，正如他自己所说"这都是因为遭际有相同处的缘故"（同上），都是"很明显地教人知道强盗灭绝之后，天下方得太平"（《文存三集》卷五，页656百二十回本《水浒传序》）。至于李卓吾批点《忠义水浒传》，虽然证据确凿，胡适一字不提袁小修的《游居柿录》，竟武断认为伪托。这大概是因为这一位反封建的先驱者李卓吾，赏识了万历年间海洋革命家林道乾，和结义梁山泊的一百单八人之好汉的缘故罢！其次是《西游记考证》，尽管胡适也知道这一部书"如果著者没有一肚子牢骚，他为什么把玉帝写成那样一个大饭桶？为什么把天上写成那样黑暗、腐败、无人？为什么教一个猴子去把天宫闹的那样稀糟？"（《文存二集》卷四，页94）但一转眼间，又只认为"这七回的好处，全在他的滑稽"，"《西游记》里种种神话都带着一点诙谐意味，能使人开口一笑"，因此滑稽意味和玩世精神，便代替了《西游记》里所表现的反抗意味和英勇搏斗精神了。再其次是《儒林外史》，这分明是一部反封建、反科举、讽刺社会、富于民族民主思想的白话小说，胡适却认为只是无意中的产品，并非有意的主张。他的坏处，在于体裁结构太不紧严，全篇是杂凑起来的（《文存》卷一，页88—92《建设的革命文学论》）。最妙的是他的"为考据而考据"，在他的《吴敬梓年谱》里，把吴敬梓比杜少卿，马二先生就是滁州冯粹中（《文存二集》卷四，页41）。吴敬梓的家世比较《儒林外史》三十回说的"一门三鼎甲，四代六尚书"，三鼎甲其实只有两个，一个榜眼，一个探花（页6），还有一个那里去呢？胡适不但离开内容诬蔑《儒林外史》为没有结构，而且特意牵强附会，把现实主义的《儒林外史》变作作家的自传看了。还有，《红楼梦考证》更是如此。他用全力考定红楼梦的著者、年代、版本等等的材料，他的结论就是"《红楼梦》这部书是曹雪芹的自叙传"（《文存》卷三，页840）。拿曹家的世系来比较，"贾政就是曹頫，因此，贾宝玉即是曹雪芹，即是曹頫之子"（页846），"《红楼梦》是一部隐去真事的自叙，里面的甄贾两宝玉，即是曹雪芹自己的化身，甄贾两府都是当日曹家的影子"（页854）。他这自以为"比较的最近情理的结论"，事实只是有意地把一部具深刻的社会意义的现实主义作品，引上"为考据而考据"的牛角尖上，而他自己则决不是"为考据而考据"。否定了《红楼梦》的整个的现实主义，用资产阶级自然主义的观点代替它，其结果《红楼梦》充其量不过是曹雪芹感叹自己身世的书，情场忏悔的书，在这里只有叙述没有批评，只有各个人物的事迹，而没有为反封建而进行斗争的积极意义。这已经歪曲得够了，何况胡适在《介绍我自己的思想》中把他自己反动的观点说得非常明白（《论学近著》卷五，页643—644），《红楼梦考证》只是考证方法的一个实例，来教人怎样思想，教人一个怎样抗拒马克思列宁主义，而努力做一个只让杜威牵着鼻子走的人呢！

## Ⅲ　胡适怎样歪曲了中国历史遗产

列宁曾经告诉我们："……不要膜拜'欧洲'，而要自己向前迈进。"（《列宁、斯大林：论新爱国主义》，页1）这种苏维埃爱国主义，是有它的历史基础的。然而宣言自己是"研究历史的人"，是有"历史癖"的这位买办学者，却与此相反。他虽然宣言"国学是国故学，而国故学包括一切过去的文化历史"，"上自思想学术之大，下至一个字、一只山歌之细，都是历史，都属于国学研究的范围"（《文存二集》卷一，页14《国学季刊发刊宣言》）。那么应该尊重中国历史、中国文化了，然而他的资产阶级世界主义观点，却使他必须否认中国历史、中国文化。如果还希望这个民族在世界上占一个位置，只有一条生路，就是膜拜"欧洲"，模仿"欧洲"，"死心塌地的去学人家"（《近著》卷五，页640《介绍我自己的思想》）。为什么？因为"我们所有的人家也都有，我们所没有，人家所独有的，人家都比我们强。至于我们所独有的宝贝，骈文、律诗、八股、小脚……又都是使我们抬不起头的文物制度"(《近著》卷四,页486《再论信心与反省》)。胡适的结论是:"认清了自己百事不如人","认清了我们的祖宗和我们自己的罪孽深重。"(同上)由于我们没有文化,是最野蛮的国家,而因此欧美的帝国主义的文化侵略,也就成为胡适顶礼膜拜的对象了。以下请看他怎样巧妙地歪曲了中国历史、中国文化。

**(一)怎样抹煞历史,否认祖国文化**

他首先捏造"我们的固有文化是很贫乏的,决不能说是'太丰富了的'"(《近著》卷四,页486《再论信心与反省》),"东方文明是懒惰不长进的文明"(《文存三集》卷二,页209《整理国故与打鬼》)。如果有人说中国也有文化,这是夸大狂妄的人捏造出来的谣言。罪孽深重的中国人,在文化上如果尚有若干成就,那是由于模仿外国的结果,所以说,"我们中国民族最伟大的时代,正是我们最肯模仿四邻的时代,从汉到唐宋,一切建筑、绘画、雕刻、音乐、宗教、思想、算学、天文、工艺,那一件没有模仿外国的重要成分?"(《近著》卷四,页480—481《信心与反省》)胡适大概只知道希腊罗马的雕刻,而忘记了中国的四大发明——造纸、印刷术、火药、罗盘针,均对于欧洲的文艺复兴时代有很大的影响,所以武断说:"在二千多年前,我们在科学上早已太落后了。"(页483)

但是历史事实告诉我们:伟大的祖国不但很早就有生产斗争的文化,同时也有阶级斗争的文化。中国文化史的光芒万丈,他的"太丰富了"的文化遗产是值得自豪的,然而作为买办资产阶级代理人的胡适是看不到的。中国人民在自然科学和生产技术上的重要贡献,很早就凌驾欧洲,陶瓷、玻璃、养蚕术与纺织术,青铜器的制造,石炭的使用,影戏的流传,这还是就日用生活上说的。至于天文学上很早就有彗星的记载,日月蚀的周期现象的记载,纪元前四世纪石申作了世界第一个的星图,第二世纪的四十年代,张衡作了世界第一个的候风地动仪。又如医药学上的《内经·素问》《神农本草》和种痘法的发明，数学上的《九章算术》和计算工具的算盘的发明，这些都可称为世界第一的古老典籍和发明，我们还能闭着眼睛说"我们在科学上早已太落后了"吗？再说到历史科学本身，中国已有了将近几千年的有文字可考的历史，自西周共和纪年起，即有记载的编年史，绵延不断，其悠久实为世界第一。至于胡适所顶礼膜拜的美帝国，从开国至今只不过一百七十多年，还不及中国历史的二十五分之一，我们还能说我们固有的文化是很贫乏吗？

虽然美帝国主义者及其走狗狂妄地企图抹煞中国历史、中国文化，然而事实证明，我们伟大的祖国人民，不但在自然科学和生产技术上有贡献，而且正如毛泽东同志所曾指出的，同时在阶级斗争上也有文化的贡献。我们"同时又是酷爱自由、富于革命传统的民族"，是"一个有光荣革命传统和优秀历史遗产的民族"（《中国革命与中国共产党》）。历史上大小几百次的农民战争，对于外来民族的压迫的革命战争，这些在阶级斗争里的文化，买办学者也是看不到的。胡适敌视农民战争，敌视中国人民反帝反封建，他毁谤太平天国的革命，称为"长毛贼"（《四十自述》，页10），称为"大乱"（《近著》卷四，页475），"太平天国之乱，毁坏了南方的精华区域"（《近著》卷五，页645）。毁谤抵抗八国联军的义和团，称为"拳匪"，说他"野蛮的举动本身就站不住脚"。（《文存三集》卷九，页116）又毁谤第一次国内革命战争时期孙中山改组了的中国国民党，说"共产党和国民党合作的结果，造成了一个绝对专制的局面"（《人权论集》页124）。毁谤第二次国内革命战争时期在共产党领导下的人民群众的反封反帝的斗争，说"今日所谓革命，真所谓天下多少罪恶假汝之名以行"（《近著》卷四，页448《我们走那条路》），"我们宁可不避反革命之名，而不能主张这种种革命"（页451）。相反地，站在反共反人民的立场，胡适却宣扬对帝国主义投降，因此也倒在中国历史上找出他所捏造的根据。在他《南宋初年的军费》一文，他指出"宋高宗与秦桧主张和议，确有不得已的苦衷"；接着引周密的《齐东野语》和庄绰的《鸡肋篇》中记南渡军费二条为证，所得结论是："秦桧有大功，而世人唾骂他至于今日，真是冤枉。"（《现代评论》第一卷第四期，页14—15，此文《文存》及《近著》未收）好个卖国汉奸的言论，这是政治上的投降主义，文化上的卖国主义。胡适的反动的历史态度，证明了他是彻头彻尾为帝国主义的侵略服务的。

（二）怎样在中国史里取消社会发展规律

其次，胡适为着对抗科学的历史观，对抗马克思主义的历史唯物论，对抗马克思主义历史理论与中国革命实践的结合，他提倡一种历史偶然论，诱导人们去否认社会发展规律，否认中国社会之历史的发展规律，因而取消了中国革命。他的历史观，是"个人才性第一"（《中国哲学史大纲》，页3—4），是"一切历史条件都是偶然造成"，是"偶然加上模仿，便是历史底公式"（《社会季刊》第一卷第三期《史则研究发端》引胡适语，此转录马乘风《中国经济史》第一册，页491）。但他表面仍然伪装着容纳唯物史观，但把唯物史观歪曲为经济史观，接着说什么"我们虽然极欢迎经济史观来做一种重要的历史工具，同时我们也不能不承认思想知识等事也是客观的原因，也可以变动社会，解释历史，支配人生观"（《文存二集》，页43《科学与人生观序·附录二》）。用多元的历史观念来取消历史唯物论，实际即是提倡唯心史观。历史既然只是事实的偶然堆积，当然没有任何的客观规律，而所谓社会发展规律也不存在。既然历史只是跟着人们的意志为转移，社会意识决定社会存在，当然反对把社会物质生活资料生产方式，看作社会发展过程的首要作用，而因此历史上五种基本生产关系也不存在了。谈到中国历史，胡适所看见的只是"自秦始皇以来，二千多年的历史，确然呈现一种合久必分、分久必合的大势"（《文存二集》卷三，页110《联省自治与军阀割据》）。这当然只是历史的循环，不是历史的发展。就历史上五种基本生产关系来说，他首先就否认了中国有原始共产主义性质的社会存在，他很巧妙地提出"井田辨"（《文存》卷二，页581—608），这是他自命为历史方法的得意文章，是"用历史演化的眼光来追求每一个传说演变的历程"的。但究其实，在他和同时从事"中国哲学史之唯物的研究"的人们关于井田制度的论争之中，廖仲恺一派主张"井田是古代相沿的一个共产制度"，说"井田制是中国古代土地私有制未发生以前底一种土地共有制"；然而胡适的用意则在否认均田均产的思想，因此轻轻地用"托古改制"四字，把原始共产社会之一客观存在取消了。又正在共产党领导下人民群众的反封反帝的斗争剧烈的时期，胡适公开宣称中国没有封建主义也没有帝国主义。在《我们走那条路》文中，他要我们打倒五个大仇敌：贫穷、疾病、愚昧、贪污、扰乱。"这五大仇敌之中，资本主义不在内，因为我们还没有资格谈资本主义。……封建势力也不在内，因为封建制度早已在二千年前崩溃了。帝国主义也不在内，因为帝国主义不侵害那五鬼不入之国"（《近著》卷四，页441—442）。他说他"不知道今日中国有些什么封建阶级和封建势力"（页449）。"今日所谓有主义的革命，大都是向壁虚造一些革命的对象"（页451）。而在他五大仇敌之中，特别是疟疾，他相信"希腊之亡是由于疟疾，罗马的衰亡也由于疟疾"（页443），他引了一些最近的各地统计，证明中国的大仇敌，还是疟疾。胡适这样给历史开玩笑，他的用意就是在中国史里否定社会发展规律，因而抹煞了中国革命。在诬蔑中国革命的同时，胡适又伪造一段历史，在《司马迁替商人辩护》文中，把汉初描写为已经形成了资本主义社会，而司马迁是"很替这资本制度辩护"的（《近著》卷五，页575）。通过司马迁教人知道"贫富不均是由于人的巧拙不齐,是自然的现象","工商致富都靠自己的能力智能,不是偶然的"(页574)。当然作为一位买办学者的胡适,他替剥削的资本制度辩护也不是偶然的了。而且照他看来,贫富不均是自然的现象,是永古如斯的,那末自由民压迫奴隶,地主剥削农奴,资产阶级剥削无产阶级,乃至帝国主义侵略殖民地都是自然的现象,还用得着什么阶级斗争?什么社会主义、共产主义?所以胡适在社会发展阶段中,是特别反对共产主义社会,因为共产主义"武断的虚悬一个共产共有的理想境界,以为可以用阶级斗争的方法,一蹴即到,既到之后,又可以用一阶级专政方法把持不变。这样的……武断思想,比那顽固的海格尔更顽固了"(《近著》卷五,页631《介绍我自己的思想》)。当然这关于共产主义社会建设的科学,关于社会的发展规律的科学,并不顽固,而顽固透顶的,乃是胡适。社会主义、共产主义制度在不断产生着,发展着,而胡适所辩护的资本主义制度,正在败坏着,衰颓着,他的灭亡是不可避免的。

(三)怎样把中国史学变成史料问题

胡适坚决地反对历史唯物主义,反对历史之规律性的认识,即是反对把历史从感性认识(史料)提高到理性认识(史观)。历史是什么?胡适认为史学有两方面,一方面是科学的,重在史料的搜集与整理;一方面是艺术的,重在史料的叙述与解释(《古史辨》第二册介绍陈衡哲著《西洋史》下册)。在这里前者是史料学,后者是历史文学,这里虽提及历史解释,但与科学无关,是可以任意涂抹的一种艺术。因此,胡适所谓历史科学,实际上只是史料问题。所以他认为"下至一个字,一只山歌之细,都是历史"(《文存二集》卷一,页14《国学季刊发刊宣言》),而"发明一个字的古义与发现一颗恒星,都是一大功绩"(《胡适文存三集》卷二,页273《庐山游记》),可以算得大历史家了。胡适的得意弟子傅斯年说得更为明白:

> 历史本是一个破罐子，缺边，掉底，折把，残嘴，果真由我们一整齐了，便有我们主观的分数加进了。(《古史辨》第二册，一〇七，页243—244)
>
> 历史这种东西，不是抽象，不是空谈，古来思想家无一定目的，任凭他的理想成为一种思想的历史——历史哲学。历史哲学可以当作很有趣的作品看待，因为没有事实做根据，所以与史学是不同的。历史的对象是史料，离开史料也许成为很好的哲学和文学，究其实与历史无关。(《考古学的新方法》见《史学》第一期，页195—206)

他们所以反对历史理论，主要地是因为历史唯物主义能利用社会历史发展的客观法则来供实际的应用，这就是革命。至于史料学，是阐明史料的研究和利用方法，是历史辅助科目之一。胡适的实验主义可以唯心主义的精神解释史料，乃至直接捏造史料，这对于帝国主义买办学者是有利的，所以胡适派必须坚持以历史学为史料学，要人们蒙着眼睛只跟着他所捏造的证据走，美其名曰"用严格的考据方法来评判史料"(《近著》卷五，页642)，表面上是超阶级的客观主义，实际上是把史料选择建立在反动阶级的立场观点上。史料不是从其发展来研究，而是从其形式上面来看待，当然这还算不得史料学，只好说是史料问题。胡适的史料问题，其结果是完全屈从于美帝国主义的殖民政策，不是证明了中国不如外国，就是证明了中国历史是很短的。讲中国古史可以把《尚书》《左传》一笔勾销，开"一个最低限度的国学书目"，也竟可以没有《史记》《汉书》，没有《资治通鉴》，直到《清华周刊》记者质问，才在"实在的最低限度的书目"里加上了一部《九种纪事本末》(《文存二集》卷二，页189)。好狠心的一个具有什么很深的"历史癖"的人呀！他的疑古，显然也是为帝国主义服务的。不然，为什么在那"严格的考据方法"之下，竟把我们爱国的诗人屈原牺牲掉了？为什么老子、孔子以前一个思想家也没有？只要好的都是外国的，坏的都是我们不争气的中国人。好的甚至孙悟空"这个神通广大的猴子不是国货，乃是一件从印度进口的"（《文存二集》卷四，页75），坏的则如姨太太乃至地狱的监牢、夹杆板子的法庭（《近著》卷四，页485），瓦罐、大车、毛笔（卷五，页638）当然只是中国所独有的了。影响所及，什么"禹是动物，出于九鼎"，什么"墨子是印度人"，只要可以抹煞中国历史、中国文化的伪证，都成为整理古史的成绩。我们祖国竟变成"最野蛮的国家"了，我们民族也"成了一分像人九分像鬼的不长进的民族"了。至于有意识地诱导青年，钻故纸堆，脱离现实，以削弱反封反帝的有生力量，这一点他在《发起〈读书杂志〉的缘起》中，已经说得很明白，这是因为"我们也许能引起国人一点读书的兴趣——大家少说点空话，多读点好书"（《文存二集》卷一，页29）。换句话说，就是少谈些主义，多读些死书。兴会所到，不妨"大胆地假设，小心地求证"。假设是伪造我们祖宗的一些"罪孽"，求证是颠倒黑白，须要小心不露出马脚。由此可见胡适的历史癖也是敌视中国人民革命，替帝国主义文化侵略计划的产物。

## IV 胡适怎样歪曲了中国哲学遗产

上面揭穿了胡适的反动的历史观点。这反动的历史观点"祸延"及中国哲学史，因为胡适虽然说他自己是"研究历史的人"（《近著》卷五，页600），但他的历史知识，还有限得很，因此还不能有系统著作，只有一部中国哲学史，他自认为"开山祖师"。他说："哲学是我的职业，文学是我的娱乐，政治只是我的一种忍不住的新努力。"（《文存二集》卷三，页100）那么他的成就应该就在哲学史方面了。

他也毫不客气地告诉我们:"中国治哲学史,我是开山的人,这一件事要算是中国一件大幸事。这一部书的功用,能使中国哲学史变色,以后无论国内国外研究这一门学问的人,都躲不了这一部书的影响。凡不能用这种方法和态度的,我可断言,休想站得住。"(《文存三集》卷二,页212《整理国故与打鬼》)好一个大言不惭的夸大狂!我们且看这一部从英文原本《先秦名学史》(原名《中国古代哲学方法之进化史》)改装的《中国哲学史大纲》(古代),究竟闷葫芦里是装着什么东西?

## (一)怎样把古典哲学变成世界主义宗教

首先我应该指出,中国古典哲学:先秦诸子是中国以后的唯物论发展的基础。孔、老、墨,这三位古代哲学的中心人物,他们之间的相互矛盾相互斗争,只是在古代素朴唯物论思潮之中的内部的矛盾、内部的斗争。实在来说则整个古代中国哲学代表着一种进步倾向,即春秋战国时代的唯物论派对于殷周以来的唯心论派的斗争。他们之间虽各有不同的阶级根源,形成了不同的派系,而从整个时代说是有它的唯物论底统一战线的,因为他们有约略相同的经济背景、政治背景和文化背景。经济背景是从旧奴隶主经济到封建地主经济,政治背景是从贵族制度到倾向相对民主制度,文化背景是从学在官府到"学术下庶人"。因此,他们之间形成一种共同倾向,即是唯物主义的倾向。我们要认识这种倾向就是中国优良的哲学遗产,正好像俄国唯物论哲学的重点在十九世纪前二十五年以至十九世纪上半纪,中国唯物论哲学重点则首先回溯到古典哲学。中国古典哲学体系和俄国一样,随着阶级斗争的发展和自然科学发展水平而变化其内容与性质,和俄国的哲学斗争一样,反映着阶级斗争的政治斗争。但不同之点,即俄国的唯物论哲学是俄国革命民主主义的意识形态的发展,而中国古典唯物论则为从奴隶社会转到封建社会上升时期,民主派的意识形态的发展。因有这些分别，所以中国古典唯物论显出它的矛盾性与脆弱性，许多地方带有古代遗留的唯心论成份，尤其是墨子的"天志""明鬼"，孔子的"礼"和"孝"。《老子》书中虽表现农民对于旧统治阶级的反抗思想，但他自己代表没落贵族。孔子代表没落贵族却也代表地主阶级，在封建初期地主在大变革的社会背景中，是有进步性和它的两面性。墨子虽仍保留宗教成见，但他代表手工业者，有认识论的唯物论倾向。因为三家阶级不同，如手工业工人与地主阶级有矛盾，故儒、墨有斗争。农民思想与代表地主的有矛盾，故儒、道有斗争。但尽管有这些内在的矛盾和内在的斗争，而在对于殷周以来的"巫"与"祝"的唯心思想的斗争上，则几乎形成他们唯物思想的一致性。即因如此，所以老子的素朴唯物论可以影响王充、范缜、鲍敬言，孔子的素朴唯物论也发展为张载、王廷相、王夫之、颜元、戴震。墨学虽不久中绝，而他的认识论的唯物论，也终竟被近代人发掘出来。再就对外国的影响来说，老子的哲学可以影响斯宾诺莎（注意康德一七九四年在《柏林月刊》杂志中所载宗教哲学论文题名《万物的归宿》），孔子的哲学也影响欧洲十八世纪法国百科全书派的唯物论哲学。由此可见我们研究古典哲学战线，必须有一种创造性的新的看法，而胡适所谓中国哲学史的开山工作，却正是抹煞了这种新的看法。他诬蔑中国百事不如人，不但物质上不如人，不但机械上不如人，并且哲学思想也不如人。在他中国哲学史著作里，还不过利用来宣传实用主义，悬想一个"或竟能发生一种世界哲学"（页5），即世界主义哲学。虽然他也赞美"墨子是一个实行的宗教家"（页150）、"是一个创教的教主"（页166），是"宗教的兼爱主义"（页235），但还很巧妙地隐秘着他在哲学史中的宗教思想。但到了一九三四年所作《说儒》便不同了，他公开地毫不掩饰地把中国古典哲学当作宗教来读了。

在《中国哲学史》里，胡适还宣称"中国古代哲学的一大特色，就是几乎完全没有神话的迷信。……老子第一个提出自然无为的天道观念，打破了天帝的迷信。这种天道观念，造成中国'自然哲学'的中心观念。儒家的孔子、荀子都受了这种观念的影响，故多有破除迷信的精神。"（页395）与此相反，《说儒》中，老子与孔子都变成殷商民族亡国后的教士阶级——儒。老子是老儒，孔子是担起了以整个人类为对象的新儒（《近著》卷一，页56）。"殷人的文化是一种宗教的文化，这种宗教根本上是一种祖先教。……这种宗教需用一批有特别训练的人。卜筮需用'卜筮人'，祭祀需用祝官，丧礼需用相礼的专家。"（页16）"老聃本是一位丧礼的权威。……古传记里，老子是周室的一个史……史是宗教的官，也需要知礼的人。"（页72）然而"老子代表儒的正统，而孔子早已超过了那正统的儒；老子仍旧代表那随顺取容的亡国遗民的心理，孔子早已怀抱着'天下宗予'的东周建国的大雄心了。老子的人生哲学乃是千百年的世故的结晶，其中含有绝大的宗教信心。"（页75）"老子、孔子都是一个知识进步的时代的宗教家。"（页76）"孔子也很注重丧祭之礼，是殷民族的宗教的辩护者。"（页28—29）"当殷商民族亡国后有一个'五百年必有王者兴'的预言，孔子在当时被人认为应运而生的圣者。论孔子的贡献是：（一）把殷商民族的部落性的儒扩大到'仁以为己任'的儒；（二）把柔懦的儒改变到刚毅进取的儒。"（页3）"这是孔子的新儒教。"（页57）但是不幸的这一位应运而生的孔子，"他的使命是民众的'弥赛亚'，而他的理智的发达，却接近那些'文士'与'法利赛人'"（页80），所以"民众还得等候几十年，方才有个伟大的宗教领袖出现，那就是墨子"。（页81）由上一大堆的废话，证明了什么？证明胡适急切要在中国哲学史里，肯定宗教信仰，急切地要在中国哲学史建立起更大的欺骗人民并为世界主义服务的新宗教的证据。在这里老子柔道的人生观，暗示着中世纪早期的基督教，虽有绝大宗教信心，而和近代西方带来的一点文明有所不合，所以胡适又把他的新宗教的希望寄托在孔子身上。孔子担任以整个人类为对象的宗教，可以说是具有世界主义宗教的大雄心了。他的刚毅的新"儒行"，也可以暗示在帝国主义时期基督教的文化侵略，但虽如此，仍嫌他过于严格的理智态度，"实在不能有多大的宗教情绪"（页79）。所以民众还得等候几十年，才找出一个真挚的具有世界主义精神的宗教领袖，这就是提倡"兼爱""非攻"的墨子。在留学时期，胡适早已选中墨子作为世界主义宗教的宣传品，故在此处，只须画龙点睛就够了。这么一来，中国古典哲学便都变成宗教，而且是世界主义新宗教。而他这样狡猾地把古典哲学的素朴唯物论歪曲为宗教，就是为着反对马克思主义在中国的传播，剥去中国哲学之唯物论的历史基础，使中国古典哲学为他的世界主义新宗教服务。

**（二）怎样把各个进步思想家都歪曲为实用主义者**

胡适玩弄中国哲学遗产的第二个欺人手法，就是把中国哲学史上各个进步思想家，尽可能用各个击破战术，把他一一俘虏为实用主义者，做金圆帝国市侩哲学的同志。如用实用主义名学来贯串先秦诸子，认为各家哲学的不同，是由于应用方法的不同。法家的"责效主义"不消说了，即如老子的"无名"，孔子的"正名"，都是讲用的，都是实用主义方法的例证。这还不够，他更进一步，为要壮大反动哲学实用主义的阵营，在思想体系上，更举出后来许多进步思想家的名字来。

墨子——"墨子在哲学史上的重要，只在于他的应用主义。"（《中国哲学史大纲》，页174）"说能应用的便是善的，善的便是能应用的……便是墨子的应用主义。应用主义又可叫做'实利主义'。"（页155—156）

别墨——"实验主义（应用主义）墨子的'应用主义'要人把知识来应用。……这是墨子学说的精采，到了'别墨'也还

保存这个根本观念。"（页197）

王充——"他的方法的根本观念，只是这'效验'两字。……王充的批评哲学的最大贡献，就是提倡这三种态度——疑问、假设、证据。"（《王充的〈论衡〉》）

费密——"他的注重经验事实，他的注重实用，是他的学说的特别色彩。他们从痛苦的经验里出来，深深地感觉到宋明理学的空虚无用，所以主张一种实用主义。"（《文存二集》卷一，页115—116）他还称道费氏父子的存疑主义是"实用主义者的存疑主义"。（页120）

颜元、李塨——"清初的实用主义的趋势，用颜李派作代表。"（《戴东原的哲学》，页10）"颜元主张一种很彻底的实用主义，……他自号为习斋，习即是实地练习。"（页5）"颜李自是近世的一大学派，用实用主义作基础，对于因袭的宋明理学作有力的革命。"（页80）又说"颜李学派的实用主义（Pragmatism）"。（《文存三集》卷一，页133）

戴震——"与颜李学派似有渊源的关系。"（页72）"戴氏的人生观，总括一句话，只是要人用科学家求知求理的态度与方法来应付人生问题。"（页77）

胡适就是这样"全力地""尽量"把中国进步哲学家全盘实用主义化了。那不能归入实用主义集中营里的，他就把他牵强附会为达尔文的生物进化论。例如庄子，他说《庄子·秋水篇》"自化"二字，是生物进化论的大旨。《寓言篇》"万物皆种也，以不同形相禅"这十一个字，竟是篇"物种由来"（《中国哲学史大纲》，页259—260）。又如《淮南子·修务训》，他说"颇近于近世生物学者所谓适应环境的道理"（《淮南王书》，页53），"可以应用到人类进化的历史上，可以得一种很有现代性的进化论"。（页54）原来胡适的历史癖，应用在中国哲学史上就是这样任意曲解事实，所以庄子的天钧律，认为各种生物从气或水或泥土变成，是一种旧的自然发生说，然而居然可以变成达尔文的进化论了。胡适贩卖美国的实用主义，实用主义所谓"尊重事实，尊重证据"，就是如此支持诡辩的真理。

（三）怎样把中国哲学史变成思想家列传

还有就是胡适的反动买办学者的唯心史观，也使他在哲学史上同样采取了替美帝"征服中国民族的心"的手法。他先把中国哲学当作"国故"，他说："那最后一刀究竟还得让国故学者来下手，等他们用点真工夫，充分采用科学方法，把那几千年的烂账算清楚了，报告出来，叫人知道儒是什么，墨是什么，道家道教是什么，释迦牟尼是什么，理学是什么……那时候才是'最后的一刀'收效的日子。"（《文存三集》卷二，页209《整理国故与打鬼》）不错！这"最后的一刀"是在中国哲学史里任意宰割古代唯物论的优良传统，而代之以唯心论的"一线相承"。日丹诺夫在"西欧哲学史"讨论会上发言，曾指出我们"哲学史的叙述，应当是创造性的，而不应当是繁琐哲学式的，必须与现时任务直接联系，以便说明这些任务，并指出哲学继续发展的前途"。胡适的《中国哲学史》，正是繁琐哲学式的典型。而且宣言"国故学的性质，不外要懂得国故"，若说"是'使之应时势之需'，便是大错"（《文存》卷二，页619《论国故学》）。这就是说，作为国故学之一的中国哲学，是与现时直接任务没有任何联系的。好一个伪装的客观主义者！用此武器来阉割哲学史的政治思想性，其实即说明了买办学者的政治思想性。发言又说："科学的哲学史，是科学的唯物主义世界观及其规律的胚胎，发生与发展的历史。"然而代表买办资产阶级的胡适，只可能在他书中鼓吹一种对哲学史的非马克思主义的解释，而把反动的唯心主义贯彻到底。买办学者的反动党性，使他在估计任何历史事实，都以个人主义的观点为中心，而不以一定的社会集团的观点为中心。因此所以他的《中国哲学史》，在形式上只能是一种某些事实的罗列，在内容上也只能和宗教相联系，和科学历史脱节了。这最好的证据，就是他把中国哲学史变成思想家的列传。胡适自命是一个"传记热"（《近著》卷五，页627《四十自述自序》），他对于哲学史的看法，也只是把哲学看作各个人意见凑成。他说："这种种人生切要问题，自古以来……各人有各人的见解，各人有各人的解决方法，遂致互相辩论。……若有人把种种哲学问题的种种研究法，和种种解决方法，都依着年代的先后，和学派的系统——记叙下来，便成了哲学史。"（《中国哲学史大纲》，页2）"哲学史目的不但要指出哲学思想沿革变迁的线索，还要寻出这些沿革变迁的原因。例如程子、朱子的哲学何以不同于孔子、孟子的哲学？陆象山、王阳明的哲学，又何以不同于程子、朱子呢？这些原因，约有三种"，第一种就是"个人才性不同"。（页3—4）在这里很明白地，胡适所谓中国哲学史，就是各个人意见的发生和发展（辩论）的历史。各人的意见的发生，是不受任何客观规律的限制，所以求因的方法，首先要注意"个人才性的不同"。如程子、朱子的哲学何以不同于孔子、孟子，因为程子、朱子的个人才性和孔子孟子不同；陆象山、王阳明的哲学何以不同于程子、朱子，是因为陆象山、王阳明的个人才性和程子、朱子不同。在这里，胡适大胆地强调了个人才性在历史上的作用。历史是个别英雄人物所创造的结果，所以日本一小国"只因为伊藤博文、大久保利通、西乡隆盛等几十个人的努力……居然在半个世纪内，一跃而为世界三五大强国之一"（《近著》卷四，页485《信心与反省》）。个人创造历史，哲学史也不出此例。因此胡适在哲学史上所见一线相承，它的产生的条件，都可以归结到"有心人对于这种时势生出种种的反动"（页76）。他所着力从事的，也就是对于历史上许多"有心人"即重要思想家的传记的考证。从老子、孔子讲起,接着就是孔门弟子、墨子、杨朱、别墨、庄子、荀子,以至作为古代哲学终局的韩非。在这里哲学家只像是"菌一样突然从地下生长出来的",而不是如马克思所说"他们是自己时代、自己民族的结果"。虽然也说"有时是先有那时势,才生出那思潮来"(页35),但那不过"有时"才有,而经常情况,却都是个人才性的结果。在他的哲学史里,虽曾提及中国哲学结胎时代背景,而对于老子、孔子的哲学的出胎时代背景,是没有给我们一个答案,怪不得另一位资产阶级历史家要问他"出胎时代的背景,自然比怀胎时代尤为紧要,为什么……怀胎一直怀了两三百年老产生不下来?两三百年后为什么忽然便会产生呢?"(梁启超)胡适的轻视人民群众在历史上的作用,轻视社会发展之物质的决定性的因素,这都充分证明了他的反马克思主义的历史观点,使他只可能堆积史料,罗列人物,卖的是非科学的思想家列传,而妄自夸大为中国哲学史这一门学问的"开山的人"。我可以补充一句:"以后无论国内国外研究这一门学问的人,凡仍旧用他的方法和态度的,我可断言:休想站得住。"

## V 结论——肃清胡适派国故学的流毒,和我们今后怎样对待祖国文化遗产的问题

总而言之,胡适的国故学,无论表现在对待古典文学上、古典史学上、古典哲学上,都只充分证明了是和他反动的立场、观念、方法分不开的。他是买办资产阶级的文化代表,他的反动本质的国故学,是给帝国主义尤其是美帝国主义征略服务的。他在国故学里,充分散播资产阶级世界主义的毒素,大踏步走向"投降主义"路线,他的文化卖国主义的恶劣影响是多方面的。我们今后要彻底肃清他在各方面的流毒,就必须坚决站在新爱国主义的立场,用新爱国主义来打倒反

动的世界主义。这是今后一场艰苦的、不断的思想斗争,我们应该联系自己的工作实际与思想实际,不断地在文学战线上、在历史战线上、在哲学战线上,不断地为保卫祖国的优良传统和承继珍贵的人民文化遗产而战。

斗争正在开始,然而我们不要忘记,这是两条战线的斗争。我们在肃清胡适派的资产阶级世界主义的同时,我们不要忘记,我们一面还要严格地和所有形形色色的民粹主义作战。一九一四年列宁在《大俄罗斯底民族自夸心》文中,警醒我们:"民族自夸心,当然有的,我们爱自己的语言,爱自己的祖国,我们所最努力工作的,就是要教育我们祖国的劳动群众,使他们成为觉悟的民主主义者和社会主义者",所以民族形式是不违反无产阶级的革命主义。然而民粹派不是这样,他所捍卫的是古旧制度,所以一八九七年列宁所写《我们究竟拒绝什么遗产》中曾重要的指出,优良遗产里面没有任何民粹派的东西。我们现在批判胡适的国故学,反对他的买办资产阶级世界主义,同时我们也坚决反对中国形形色色的民粹主义,在新的旗帜下偷运旧的垃圾。我们宣言,我们学习和研究中国历史遗产,是完全用马克思列宁主义的方法,遵循毛泽东路线走的。毛泽东同志告诉我们:

> 今天的中国是历史的中国的一个发展,我们是马克思主义者,我们不应当割断历史。从孔夫子到孙中山,我们应当给以总结,承继这一份珍贵的遗产,这对于指导当前的伟大的运动,是有重要的帮助的。(《毛泽东选集》第二卷,页496—497《中国共产党在民族战争中的地位》)

中国的长期封建社会中,创造了灿烂的古代文化。清理古代文化的发展过程,剔除其封建性的糟粕,吸收其民主性的精华,是发展民族新文化、提高民族自信心的必要条件。但是决不能无批判地兼收并蓄,必须将古代封建统治阶级的一切腐朽的东西和古代优秀的人民文化即多少带有民主性和革命性的东西区别开来。中国现时的新政治新经济是从古代旧政治旧经济发展而来的,中国现时的新文化也是从古代的旧文化发展而来,因此我们必须尊重自己的历史,决不能割断历史。但是这种尊重是给历史以一定的科学的地位,是尊重历史的辩证法和发展,而不是颂古非今,不是赞扬任何封建的毒素。对于人民群众、青年学生,主要地不是要引导他们向后看,而是要引导他们向前看。(同上,页679《新民主主义论》)

胡适的国故学,在毛泽东的路线之下彻底破产了,消灭了!我们新的对待祖国文化遗产的态度,应该是如《论联合政府》文中所说:"对于中国古代文化,同样,既不是一概排斥,也不是盲目搬用,而是批判地接收它,以利于推进中国的新文化","对于外国文化,排外主义的方针是错误的,应当尽量吸收进步的外国文化,以为发展中国文化的借镜;盲目搬用的方针也是错误的,应当以中国人民的实际需要为基础,批判地吸收外国文化,苏联所创造的新文化,应当成为我们建设人民文化的范例。"(《毛泽东选集》卷三,页1107)这就是爱国主义与国际主义的结合,也就是文化思想上的毛泽东路线。同志们,只有这一条路是崭新的,前进的,它不但巩固了中国人民的民族骄傲,和胡适派在帝国主义面前所表现的奴性,誓不两立;而且这是非常尊重优良民族传统不可分开的国际主义,和民粹派分子的复古守旧,也是誓不两立的。

一九五五年三月十五日

## 三、批评梁漱溟的民粹主义思想
### ——对于中国问题反民粹主义的错误思想的斗争

### Ⅰ 民粹主义的思想本质

中国没有民粹派,却有民粹主义思想。民粹主义思想在中国,和在俄国一样,是马克思主义的敌人。然在俄国,列宁、蒲列哈诺夫,很早在他们的著作中,把民粹派打得粉碎。在中国,即在一九四九年全国解放前夕,民粹主义分子仍然自信他的对,现在虽说是转变了,却是仍然转变不大,因为民粹主义在中国虽然没有什么组织,却曾长久期间用他的错误理论做基础,和党争夺农民,争夺知识分子。而且自称革命,实际是反革命;自称"人民之友",实际是与人民隔绝;自称社会主义,实际是抵抗马克思主义在中国的传播。因为民粹主义在中国曾有过"历史的错误",而对于民粹主义的批判,则尚未展开,甚至于还没有认识到。因此,为着捍卫马克思主义,肃清民粹主义的思想流毒,我们认为是十分迫切必要的了。

固然一说民粹主义,也是形形色色的。在俄国"各个民粹派分子之间,有许多不同的色彩,这是谁也不曾忘记和否定的","在这个广大的思潮中,有各种极不同的色彩,有右翼和左翼"(列宁《我们究竟拒绝什么遗产》,页54—55)。列宁也曾指出:

> 俄国资产阶级民主主义涂上了民粹主义的色彩……中国资产阶级民主主义也涂上了完全同样的民粹主义色彩。

可是,中国民粹派底战斗的民主主义这个思想体系,第一,是与社会主义的梦想,是与想使中国避免资本主义道路,预防资本主义的愿望结合在一起的。第二,是与激进的土地改革底计划和宣传结合在一起的。正是上面这两个思想—政治倾向,使民粹主义这个概念具有特殊的意义,即是与民主主义不同,是对民主主义的补充。"(《中国的民主主义与民粹主义》,见《列宁斯大林论中国》,解放社版,页24、页26—27)

因为中国资产阶级民主主义者所代表的民粹主义,是如此"特殊",他的土地纲领"粉碎了自己民粹派的反动理论"(页28),因此在这批评里,根本不必加以讨论。现在成为问题的,是作为中国封建残余的梁漱溟先生过去的民粹主义右翼思想,这是与封建主义的梦想相联系着的思想体系,既不能正确地从政治改革和土地改革事业上尽量发展农民群众底自动性,又反对孙中山所代表革命资产阶级民主派的急进的土地纲领。这一派自称"中国问题的解决,其发动主动以至于完成,全在其社会中知识分子与乡村居民打并一起所构成之一力量"(梁漱溟《乡村建设理论》,页326)。在同书页326—365大谈其知识分子下乡问题,这虽和俄国九十年代当时所谓"到民间去"的民粹派有些不同,而同样具有民粹主义之所以称为民粹主义之理由所在。固然我们不能把俄国的民粹派底观点硬加在中国民粹主义分子身上,却是只要是民粹主义,毕竟就有它的一切不同的色彩所共同的观点。如中国资产阶级民主主义者的特殊的民粹主义,尽管如何特殊,他的预防资本主义的反动理论,便是民粹派的共同的观点。那么我们就要更进一步问,中国的民粹主义右翼思想,究竟和俄国的民粹主义有什么共同的基本错误观点呢?我以为是有的。

列宁在《我们究竟拒绝什么遗产》中(页32—33、页37—45,人民出版社),曾分析民粹主义世界观底三个特点:第一,是宣布俄国资本主义的发展是后退,是错误,是走出了仿佛为民族全部历史生活所规定了的道路。第二,就是一般承认俄国经济制度底独特性,特别是承认农民及其村社,对"基础"的理想化。第三,是忽视了知识分子与一定社会阶级底物质利益的联系。由上三个特点,《联共(布)党史简明教程》第一章第二节中更明白概括为如下之三基本错误观点:

(第一)民粹派认为资本主义在俄国是一种偶然的现象,认为资本主义不会在俄国发展起来,因此无产阶级也不会增长发展起来。

(第二)民粹派并不认为工人阶级是革命中的先进阶级。他们认为智识分子所领导的农民,以及他们所视为社会主义胚胎和基础的农民村社,是主要的革命力量。

(第三)民粹派对于全部人类历史进程持着错误而有害的观点:照他们的意见,历史不是阶级所创造,不是阶级斗争所创造,而只是个别杰出人物,即所谓"英雄"所创造的。群众"群氓",人民和阶级是盲目地跟着这种英雄走的。

这三个民粹派的基本错误,也就是中国的民粹主义分子之三个基本错误,试分析言之:

### (一)社会发展的特殊说

首先,民粹主义分子肯定中国的社会发展有其特殊之路,"中国人所组成的社会和西洋不同,因此不能用由西洋社会养成而锻炼的经济的社会史眼光,来研究中国社会,如要追究中国封建社会尚存在否。当为此研究时,实先有中国社会之历史的发展和西洋走一条路的一大假定,然而这一大假定不免是好笑的笑谈。"(《中国民族自救运动之最后觉悟》,页57)中国社会是停滞在某一状态而不能进,"我可以断言,假使西洋文化不同我们接触,中国是完全闭关与外国不通风的,就是再走三百年五百年一千年,亦断不会有这些轮船火车飞行艇、科学方法和德谟克拉西产生出来。"为什么？因为"他是停滞在某一状态而不能进，束缚经济进步的土地封建制度，像欧洲直存到十七八世纪的，在中国则西历纪元前二百多年已见破坏了，而却是迄今二千多年亦不见中国产业发达起来，这明明是停滞在一特殊状态"（同上，页56）。因为中国封建社会很早就解体了，秦汉以后便陷于盘旋往复，失去社会应有的发展前途，不再进至资本社会，今后亦永不能进至资本社会。你若看清中国这一套老骨董是怎样，便知"自曾文正、李文忠以迄共产党，虽再转再变……而抛开自家根本固有精神，向外以逐求自家前途，则实为一向的大错误……所谓屡试无效，愈弄愈糟者"（同上，页101—102）。因此他便断定，"凡以中国为未进于科学者昧矣谬矣，中国已不能进于科学。凡以中国为未进于德谟克拉西者昧矣谬矣，中国已不能进于德谟克拉西。同样之理，其以中国为未进于资本主义者昧矣谬矣，中国已不能进于资本主义。"（同上，页97）他断定，"未来的中国将永不能像日本走近代资本主义的路"（《乡村建设理论》，页13），而痛恨于"一般人都是在资本主义路上徘徊，既没眼光，又没志气……走人家走剩下的道"（同上，页354）。相反地，"帝国主义以不平等条约和种种经济手段对于中国的竞争压迫，杜绝了中国工商业的兴起，使中国免于资本主义化，这真是非常庆幸之事，我愿谢天谢地。……这样才留给我们今天讲乡村建设的机会"（同上，页378）。民粹主义庆幸于中国几十年来中底变化，没有形成资本主义社会，因为如果中国进于资本主义，便无产阶级也就增长和发展起来，"那么我们今天就不能讲乡村建设而得讲共产主义了"（同上）。但事实告诉我们何尝如此，"中国封建社会内的商品经济的发展，已经孕育着资本主义的萌芽，如果没有外国资本主义的影响，中国也将缓慢地发展到资本主义社会。"（《毛泽东选集》第二卷，页596）中国社会虽长期陷入半殖民地半封建的社会，但中国近代社会的发展，却无疑乎是走向资本主义发展的道路，这对于封建经济说来是"新经济"，和这种资本主义新经济同时发生和发展着的新政治力量，就是资产阶级、小资产阶级和无产阶级；而革命家的任务，就在倚靠新生的强大革命力量，即倚靠无产阶级，和它领导之下的工农联盟。然而不幸地，民粹主义分子既然牢牢守住中国社会构造不变之说，因此处处坚持中国社会发展的特殊性，说什么社会组织特殊，西洋是集团生活，中国是家族生活；西洋是经济本位，中国是伦理本位；西洋是阶级对立，中国是职业分途（《中国文化要义》第二、四、五章）。表现在文化方面，则西洋重宗教，中国以道德代宗教。政治方面，则西洋有国家，中国以社会为国家；西洋有兵，中国无兵。只有民粹派才敢以这样惊人的轻率态度，大谈特谈其中国社会发展的特殊性，把中国的旧封建制度加以理想化，这岂不是完全重复了俄国民粹派底基本错误？"'宁肯让农民继续停留在自己陈旧的家长制的生活方式之中，而不要在农村中给资本主义扫清道路'——每个民粹派分子实质上就是这样考察问题的。"（列宁《我们究竟拒绝什么遗产》，页40）列宁的话不好像也是为着中国的民粹主义分子说的吗？

（二）知识分子所领导的农民与农村是主要的革命力量说

中国民粹主义分子不但强调中国社会发展的特殊性，而且强调"中国社会—村落社会"（《中国民族自救运动之最后觉悟》，页331），"中国所有者，则只是乡村，只是农业。"（页240）因为"假使中国今日必须步近代西洋人的后尘，走资本主义的路，发达工商业，完成一种都市文明，那么中国社会的底子虽是乡村，即建设的方针所指，犹不必为乡村，然而无论从那点上说，都不如此的。"（页237）民粹主义分子顽强地不相信资本主义在中国的发展，因而认为中国应该命定的永做农国弱国。"资本主义唯宜于工业，而大不便于农。……环我者皆为工业国,各席其数世或数十年之余荫,更无余地以容我发展,……而我固农国,故我之不能从工业入手而从农业有必然矣。从农业则不能取径资本主义。"(页333)民粹主义分子明白坚决地表示落后的农村为其建设的基地。"新社会是乡村为本,都市为末"(《乡村建设理论》,页444),"乡村建设乃是想解决中国的整个问题。"(《乡村建设论文集》页33)为什么?因为由他看来,"在政治上,在经济上,莫非都市压迫着农村,农村的痛苦表现中国问题的灼点,解决问题就是从农村入手,解决问题的力量亦就要在农民。"(《两年来我有了那些转变》第六节)但是农民要由什么人来领导呢?这就要依靠知识分子来发动,来领导。"中国革命的动力是要知识分子下乡与农民合起来构成的。好比一个巨人,农民等于是他的躯干,知识分子则作他的耳目,作他的喉舌,作他的头脑。"(同上)"中国社会所由构成的士农工商四民,士与农最关重要。……如我所见,满清的推翻,只是留洋学生'新士大夫'所为,并不与资产阶级相干。……而为后此革命源泉的'五四运动',仍是新知识层的事,他们不过居响应地位。中国革命力量自始至终不能不寄于优秀的知识分子和广大的农民,这是一定的。"(同上)但即在这里,很明显地忽视了知识分子是和一定社会阶级底物质利益相联系的。正如列宁所指出,"民粹主义在内容上是与在现代社会其他阶级之中占有中间地位的小生产者阶级、小资产阶级底利益相适应的"(《我们究竟拒绝什么遗产》,页50)。因此,只要成其为民粹主义,就特别看重知识分子,把希望只寄托在与落后的经济形式,即与小生产相联结的农民身上。不知农民虽然人数众多,但由于本身散漫而不如无产阶级那样容易组织,容易走上革命运动。蒲列哈诺夫曾经批判民粹主义这一个基本错误观点,即否认无产阶级在革命斗争中能起先进作用的观点。我们的民粹主义分子自称有志领导农民,亦曾下乡,但同样不承认中国革命应该由无产阶级来领导。他们力图把无产阶级在中国的出现,说为"名不符实",撰文痛斥无产阶级的党,在这里,中国民粹派已经走上了反革命的路上。梁先生自己检讨"号称乡村运动而乡村不动"(《乡村建设理论》附录,页2),"在他们则一个个无产阶级化,而壮大了无产政党如今天这样……在我这里呢?知识分子还是知识分子,农民还是农民,虽亦曾要求建组织成团体,都全然一场空话"(《两年来我有了那些转变》第六节)。这不是很够说明中国民粹主义分子也和俄国一样,注定了要从反动而至于自己思想毁灭的命运吗?

(三)历史不是阶级与阶级斗争所创造说

民粹主义不承认阶级的力量,甚至于否认中国有阶级的存在。梁先生自称:"我向以伦理本位职业分途两句话,点出秦汉后中国社会结构之特殊。在此特殊结构中,阶级对立的形势被隐没,被缓和,被分散,因而我一向强调中国缺乏阶级","中国人缺乏阶级意识(阶级自觉),尤不习于阶级观点(未于阶级眼光分析事物),与其社会之缺乏阶级的事实是分不开的。"(同上,第三节)又说:"我们当然不能说的中国是平等无阶级底社会,但却不妨说它阶级不存在。"(《中国文化要义》,页172)否认阶级的存在,即是说明中国历史不是阶级所创造,不是阶级斗争所创造。尽管阶级之形成于社会间是人类社会的一般性,而缺乏阶级,他们却认为是中国社会的特性。既然中国历史不是阶级斗争的历史,那么中国问题的解决,也自然不是要从阶级斗争中去解决了。由否认中国阶级社会所引出的怪论,第一,是只有阶级才能说到统治,说到国家,在中国既无阶级,也就看不到统治阶级,是否是一国家,都成问题了。第二是,没有阶级也就没有阶级斗争,即不见有革命。"中国历史自秦汉后即入于一治一乱之循环而不见有革命。革命指社会之改造,以一新构造代旧构造,以一新秩序代旧秩序。"(同上,页246)然而中国历史上的革命,只有私人革命而无团体革命,只有野心革命而无自卫革命。因为"革命必由于矛盾发展,而这里却缺乏了内在矛盾"(页252),"革命是为了一阶级的共同要求,向着另一阶级而斗争底。"(页248)所以"革命必须有阶级,必从阶级问题推翻某一种不平的秩序,才叫革命,而中国所苦的,是革命都无法去革。"(《乡村建设理论》,页74—75)为什么?因为中国历史上的革命只是各人"逐鹿中原",只是分不清壁垒的乱斗,这明明是缺乏阶级(《中国文化要义》,页248)。因此结论认为中国历史不是阶级所创造,而只是个别杰出人物即所谓"领袖"所创造。"我们……即从攀龙附凤那句老话,可见出他们是为了斗争而后成集团底。……他们是以一个领袖为中心而形成底集团,领袖为本,团体为末。"(页249)"中国旧社会没构成阶级,政治上是一人在上万人在下的局面。"(《乡村建设理论》,页83)因此,"中国人根本不能成功一个团体,何况于党?所谓党,有名无实,只见个人而不见党。"(页92)在这里,很明白地强调只有领袖、个人,才能创造历史,因而抹煞了人民群众和党在历史上的作用。而且他号称看重农民,实际则诬蔑农民,说什么"中国农民……忍饥挨饿至死无怨,任何欺凌,皆以消极应付……在革命家想像他是绝对革命,其实他是与革命无缘的。……除非他们失业流落,荒唐嗜赌或少数例外者。然即至于此,仍未见得绝对革命,投身土匪,或投身军阀的军队,或为窃贼,或为革命先锋,在他们是没甚分别的。"(《中国民族自救运动之最后觉悟》,页177)农民如此,所以要"我来领导",一直在转变后才知道农民在茹苦郁塞于封建势力种种压迫之下,确乎是要革命的,然而太晚了。梁先生过去不能正确了解社会底发展规律,不能了解人民群众和党在历史上的作用,而俨然以历史的创造者自居,妄自以为"士人不事生产,却于社会有其绝大功用。……他代表理性,主持教化,维持秩序,夫然后若农若工若商,始得安其居，乐其业。"(《乡村建设理论》，页43）要"群众"、"群氓"、人民、阶级盲目跟着几个大知识分子走，这和俄国的民粹派的滑稽可笑，不是一模一样的吗？

由上所述三点，可见中国虽没有民粹派，却有作为封建残余的民粹主义思想存在。既然是民粹主义思想，就必然具有这一派共同的基本错误观点的。这是民粹主义的思想本质，俄国过去如此，我所了解的中国民粹主义也是如此。

## II 梁漱溟的民粹主义思想

但是中国民粹主义是否在这共同的基本错误之外，更有它的特殊观点呢？我以为也是有的。这特殊之点，决定于它的特殊的社会历史条件。因为中国和俄国不同，中国民粹主义产生的时期和俄国的产生的时期不同。中国当时是半封建半殖民地的社会现象，因此，中国民粹主义一方面虽提出了中国问题，一方面又从阶级观点自求适应于目前国内外形势，用尽曲折的方法来保护封建地主政权，对帝国主义让步，并且提倡和平，反对革命，反对共产主义在中国的传播，而因此中国民粹主义乃特别显出其反动的落后面貌。它和俄国民粹派不同之点，即俄国民粹派是当马克思主义团体尚未出现以前，曾经进行过革命工作；中国民粹主义则为产生于十月革命成功和"五四"运动末了知识分子阶级分化以后，他们尝自称"我何尝不革命"，而实际则始终"何尝革命"。不但不革命，而且在四十年来著书立说，在哲学、政治、经济，各思想战线上都散播着民粹主义毒素，对抗马克思主义，分散革命势力，葬送革命的前途。这是中国民粹主义的特质，同时也可以说是反映地主阶级乃至小资产阶级知识分子在当时中国社会的动摇性和落后性，其结果就完全投靠封建势力，走到反动阵营去了。现在试分析论之如下：

## （一）封建地主的复古思想与西欧腐朽资产阶级复古思想相结合的哲学思想体系

不错！中国民粹主义也曾提出了中国问题，好像俄国一样，"提出这些问题，便是民粹主义底具有历史意义的大功绩。"（列宁《我们究竟拒绝什么遗产》，页35）"民粹派总是议论着'我们'应当给祖国选择什么道路，如果'我们'让祖国走这样的道路，那么会遇到什么灾难，如果避开西欧——老婆婆所经过的危险道路，如果从欧洲的我们的古老的村社'吸收好东西'，那么'我们'能保证什么样的出路，以及其他等等。"（页46）就这一点说，民粹主义似乎很抱有解决问题的志愿，但中国民粹主义分子是怎样来解决这问题呢？他归结以为中国问题所由形成的背景，一方面是中国社会的历史发展，一方面是西洋势力（特别是西洋文化）之所由来。因之"中国问题的内涵，虽包有政治问题、经济问题，而实则是一个文化问题"。文化决定政治，所以讲"政治之根本在文化"；决定经济，所以认旧社会构造在今日崩溃的由来，是"中国文化的失败"。因此，梁先生所著书第一部，就是《东西文化及其哲学》，作于一九二一年。这部大书，赞扬孔子，阐明儒家思想，大大宣传了封建主义的文化哲学。从唯心史观出发，认为人类的生活大约不出三个路径（页55）：

> 西洋文化是以意欲向前要求为其根本精神的；
> 中国文化是以意欲自为调和持中为其根本精神的；
> 印度文化是以意欲反身向后要求为其根本精神的。

此书最后所下的结论是"世界未来文化就是中国文化的复兴"，"中国文化复兴之后，将继之以印度文化复兴，于是古文明之希腊、中国、印度三派竟于三期间次第重现一遍。"（页199）自命为继承

"文化遗产"的中国民粹主义分子对于现代文化的评价,认为"人类文化要有一根本变革,由第一路向改变为第二路向,亦即由西洋态度改变为中国态度",这不是没有它的思想背景的。这乃是封建地主的复古思想与西欧腐朽资产阶级复古思想相结合的思想体系。早在一九一二年曾到上海讲演《东西文化问题的密切关系》的克斯尔林(Hermann Keyserling)在大战期间发表了《一个哲学家的旅行日记》,在一九一八年斯宾格勒(Oswald Spengler)发表了《西欧的没落》,这些歌颂东方文化的腐朽资产阶级复古思想,对于东方发生一种不可想像的极强烈的憧憬心理,很明白是和辜鸿铭的《春秋大义》正好合拍。梁启超在一九二〇年《欧游心影录》中宣述欧洲悲观的论潮说:"唉!可怜西洋文明已经破产了。……等你们把中国文明输进来救拨我们。""他们许多先觉之士,着实怀抱无限忧危,总觉得他们那些物质文明是制造社会险象的种子,倒不如这世外桃源的中国,还有办法。"(同上书附录,页49)正当西方资产阶级哲学走到山穷水尽,只好回过头来提倡复古,叫嚣退回中世纪,回到柏拉图,回到托马斯·阿奎那,甚至于回到遥远古代的东方。正当垂死的资产阶级哲学家哀哀欲绝的向东方喊救命的时候,中国的民粹主义分子出来竟以"中国人对于世界文明之大责任"自负,这决不是偶然的,这是垂死的帝国主义腐朽哲学所迫切要求的。梁先生此书自序说:"我又看着西洋人可怜,他们当此物质的破敝,要想得精神的恢复……我不应当导他们于孔子这条路来吗?我又看中国人蹈袭西方的浅薄,我不应当导他们于至好至美的孔子路上来吗?"这真是好大的口吻!从他的文化哲学看出了,封建主义复古思想和帝国主义思想家是一鼻孔出气的,帝国主义反动的腐朽资产阶级思想是怎样通过中国的民粹主义来毒害中国人民,阻挠马克思主义在中国的传播。这种现象当然只是中国民粹主义所特有,也就是和俄国民粹派最不相同之一特点。

## （二）反民主反共产，与封建军阀及帝国主义相妥协的政治思想体系

梁先生的第二部大著，是《中国民族自救运动之最后觉悟》，作于一九二九——九三一年，这是一部很明显地反民主反共产，与封建军阀及帝国主义相妥协的政治思想体系。在这时候国共合作，孙中山所领导的国民党大踏步走向革命的情形中，中国社会发展要求反对帝国主义与军阀。即在此时，中国民粹主义分子顽固地起来反对，与地方军阀政府合作，高谈乡村建设，用复古的村治理论来阻止青年左倾，说什么使他知道"激进于共产党"是"走死路"，是"此路不通"，使他死心断念（页24—25）。在此书中，很巧妙地捏造出我们政治上的两条不通的路：

第一个不通的路——欧洲近代民主政治的路；
第二个不通的路——俄国共产党发明的路。

他反对欧化和俄化，实际即反对当时革命的国民党和共产党，反对打倒帝国主义和军阀。他大胆指出中国没有革命对象，"凡以军阀为民主革命的对象，以有钱有地的人为社会革命的对象，均属错误笑话。此所以我说：中国问题根本不是对谁革命。"（页130）他后来又告诉我们："关于帝国主义非革命对象之意，大家可看《中国民族自救运动之最后觉悟》158页至162页的一段话，自163页起又讲军阀不是革命对象。"（《乡村建设理论》，页99）既然在此书中认为打倒帝国主义与军阀，"我以为这只是不用思虑的话，如细心思之，则知其正大有问题在。"（页181）那么中国就不须任何革命了。所以说打倒土豪劣绅，也以为实际"数千年……亦不见得有几多土豪劣绅"。（页227）梁先生站在反动地主立场，就不自觉地成为革命思想的敌

人。不但反对共产党,而且反对拥护三大政策的国民党,认为"简直可以说,惟十三年改组以后的才不是国民党"(页28—29),"国民党左派是变相的共产党"(同上,页13—14)。他主张国民党应当变化,"不独要清除共产分子,亦要清除共产党理论。……清除又清除……当回头认取吾民族固有精神来作吾民族之自救运动。"(页28—29)他要"一洗旧染于欧人俄人者之污",因而投身于与封建军阀相勾结的反革命的乡村建设运动。就这一点又很可看出,中国民粹主义是怎样和俄国的民粹派不同,而具有更深刻的反马克思主义反革命的历史意义。

**(三)反对农民斗争,保护封建秩序,为地主阶级服务的经济思想体系**

梁先生的第三部大著是《乡村建设理论》,一名《中国民族之前途》,作于一九三二——一九三六年,总计在邹平六年间前后讲此稿五次。这是一部更进一步站在封建地主阶级立场,来提倡在乡村中反对农民斗争,保护封建秩序,以为地主阶级服务的经济思想体系。这时正在第二次国内革命战争时期,"中国共产党的武装斗争,就是在无产阶级领导之下的农民斗争"(《共产党人发刊词》,见《毛泽东选集》第二卷,页576)。而即在此时,中国民粹主义分子起而帮助封建地主阶级镇压农民,麻醉农民。在此书中很明白地说出:"要想消除共产党的农民运动,必须另有一种农民运动起来替代才可以。我们的乡村组织除了一面从地方保卫上抵御共产党外,还有一面就是我们这种运动,实为中国农民运动的正轨,可以替代共产党。"(页280)所以这种乡村自救运动实际即是和共产党争夺农民争取胜利,"有此运动,而后……共产党才可以没有。"(页284)梁先生后来思想转变,述及此书中反对阶级斗争的见解,综括为四句话:

(一)在中国问题的解决上不须作若何暴力斗争。

（二）解决中国问题的功夫，有远在暴力斗争以外者。

（三）暴力斗争解决不了中国问题。

（四）暴力斗争更迟延了中国问题的解决。

但其实这只是诡辩而已！中国民粹主义的乡村自救运动，"其工作第一步就是防止直接破坏，对于土匪、赤匪和杂牌军的骚扰，必须武装自卫"（页10）。这武装自卫，当然只是地主阶级立场的反农民斗争的武装自卫，用梁先生的话，即是"要乡村与土匪，以武力赌其命运"（同上）。梁先生高唱"农民运动的要旨，在培养农民自身的力量"（页282），事实告诉我们却只培养了地主阶级自身的力量。在一九三五年《山东乡村建设研究院及邹平实验县工作报告》中说：

  关于自卫方面，除改组团警，成立民团干部训练所，且附设征训队外，并分期训练联庄会以养成民众武力，使平时足以自卫，一旦国家有事，可为国军之后盾。（《乡村建设实验》第二集，页178）

梁先生大喊道，"乡村没有自卫的力量，简直是与土匪、共产党造机会。"（《乡村建设理论》，页273）所以为着反抗共产党在乡村社会里组织千百万农民群众，只得高唱"乡村是一整个的"（页197），"农民地位需要增进，而不是翻身。"（页284）站在地主阶级立场，以反革命的武装代替革命武装，这意味着什么呢？意味着封建地主阶级是帝国主义统治中国的社会基础，所以在帝国主义统治之下的半封建半殖民地的中国民粹派，格外依靠于封建的残余势力以为地主阶级服务。列宁在所著书中指出，俄国民粹派分子"既然委身于浪漫主义的梦想，既然不顾经济的发展而给自己提出了支持和保护基础的目的。民粹派分子自己不知不觉的沿着这块斜坡坠落到了这个地步,竟与全心全意渴望保持和巩固'农民与土地的联系'的大地主相处在一起了。"(《我们究竟拒绝什么遗产》,页42)然在俄国民粹派这种与大地主的联结是不自觉的,他们不过是要帮助破产的被压迫的农民而不肯放弃农民的小资产阶级的模糊的幻想(参看《列宁选集》第三卷,页271—272《社会革命党人所复活起来的庸俗社会主义和民粹主义》)。而在中国,民粹主义却是有些自觉的,这也可以看出中国民粹主义比较俄国民粹派为更进一步的反动特点。

中国民粹主义在过去,不但在理论方面拖延和停止革命的发展,即在实践方面,他那一套村治的实施办法,也是处处为对抗革命势力而设的。但至今日,事实证明只有共产党才能领导中国革命,只有马克思列宁主义才能解决农民土地问题,指出了对农民土地问题上的基本原则。尤其是毛泽东同志领导下所进行的极丰富的农民革命实验,不是把农民土地问题看作个别的独立的问题,而是把他看作新民主主义社会主义胜利问题中的重要组成部分之一。民粹主义在这大光明的照耀之下,过去的梦想应该从此云散烟消了!再也不能有它存在的意义了。但这并不意味着那种反动的农民土地理论,可以不待我们加以肃清,尤其这种反动的农民土地理论,是具有民粹主义的通性的地方。例如俄国的民粹派"其所持的出发点,是认为人民生活有其特殊的结构,它曾相信'村社'农民具有共产主义的本能,因此它就认定农民是直接为社会主义奋斗的战士。"(列宁《什么是人民之友以及他们如何攻击社会民主党人》,页181)但是结果呢?因为缺乏理论上的研究,"自然是如下述:为拥护深受缺少土地等等现象压迫的那种经济底利益所进行的斗争,原来不过是拥护一手把持着这种经济的那个阶级底利益,因为只有这个阶级才能够在村社内部现存社会经济关系下,在国内现存经济制度下保持和发展起来。"(同上,页182)中国民粹主义的错觉也是如此,说什么"我们可以看出中国社会,其经济结构隐然有似一种共产"(《乡村建设理论》,页26),说什么"中国从来把财产看成是一家的,几乎是接近共产,很富共有的意思。"(页168)表面上似乎是为被压迫被剥削的农民利益着想,实际上却是在现有经济制度下把农村加以理想化,好用坚固的纽带把农民捆缚起来。其次关于土地分配问题,民粹主义分子捏造中国社会没有阶级,因为第一,土地自由买卖,人人得而有之;第二,土地集中垄断之情形不著,一般估计,有土地底人颇占多数(《乡村研究论文集》,页88;《乡村建设理论》,页27;《中国文化要义》,页160)。这也是故意隐瞒地主垄断土地的事实,使占有大量土地的地主,变成不是革命的对象。列宁在所著书中,曾指斥"民粹派不惜把工役制度理想化",是"忘记农民之被分与土地是劳役经济或工役经济底条件之一","看起来农民底繁荣状况,是在于工役奴役,他们没有牧场和羊路——不妨碍民粹派先生们称之为'够格的业主'——他们只有为女地主作工,'依照她的意见精细地、适时地、迅速地把一切工作'执行,才能租得这些附属地。"(《俄国资本主义底发展》,解放社本,页179—180)这一段话也可以适用来批判中国的民粹主义,他们据一个不真确的统计,居然肯定中国北方情形"大多数人都有土地"(《中国文化要义》,页162),甚至于"百分之九十以上人家都有地"(页163)。在山东数年,看不见莒县、诸城、单县、曹县那些地方贫苦农民,在所从事调查工作的地方,也不依据农民地主在土地分配面积上的百分比,和在工役奴役制度下农民怎样被分与土地,而居然笼统地断定佃农的有永佃权,为"平分了地主的所有权"。这样歪曲了土地集中垄断的事实,便主观地把农村的阶级对立理想化了。就这一点来看,俄国的民粹派如此,我所了解的中国民粹主义更是如此。

### III 民粹派与文化遗产问题

但尽管中国民粹主义分子有如上许多有关中国问题的错误思想，而在我们知识界里仍然有些幻想，认为民粹主义对于中国革命，对于现代农民土地问题，虽然和马克思主义思想体系分歧，而他对于中国文化的认识，对于祖国遗产的认识，尤其是梁先生在一九四一——一九四九年的第四部大著：《中国文化要义》，其中说明中国文化的特征，似乎高人一等，应该是可信的吧！这种想法，也是大错特错的。在俄国，列宁在一八九七年所写《我们究竟拒绝什么遗产》中，曾重要的指出优良的遗产里面没有任何民粹派的东西（页18），何况梁先生的民粹主义里，拒绝了中国文化里面民主的成份和革命的成份。《中国文化要义》第十二章第一节"中国何故无民主"，以"民主"要求之不见提出，及其制度之不见形成，列为中国文化特征之一（页271）。第十一章"循环于一治一乱而无革命"，认为周期性底"乱"与不见有革命，为中国社会的特质之一。在这里明眼人只要一看题目，就会知道民粹主义怎样和祖国的优良的文化遗产无缘。伟大的祖国不但很早就有生产斗争的文化，同时也有民主的革命的，换言之即阶级斗争的文化，然而民粹主义分子却是装着看不见的。最可怪的，是他不承认中国是一个国家（第九章），却信帝国主义学者罗素的话，说"中国只是一文化体而非国家"，从来不曾想什么"国家富强"（页20）。"中国从古就是世界主义者，讲天下太平，不与人分家。……'爱国'二字在中国系一新的名词，圣人的教训旧日的书籍，完全找不到。"（《乡村建设论文集》，页162）既然爱国主义不是文化遗产，既然连"祖国"的"国"字都谈不到，那么说爱"天下"吧！爱"天下遗产"吧！又好像滑稽之至。民粹主义拥护中国文化，但事实上坚决取消中国文化，把古代优秀的人民文化如民主主义、革命主义一概消灭掉而代之以许多旧的垃圾：封建主义。这在梁先生的几部著作之中，这种例证可举得太多了。

现在只举在一九三四年七月讲的《精神陶炼要旨》小册子为例。在这小册子里他提出"丹麦的教育"，说由"我们的精神的陶炼，而联系到丹麦的教育"（页9）。我们知道，列宁曾经说过，在俄国"自由主义民粹派观点底代表们，也同样把丹麦当作反对马克思主义的'王牌'，赞成农业中小经营是有生命力的这种理论"（列宁《土地问题理论》，页230《土地问题的马克思主义底敌对者所见到的理想国》）。我们的民粹主义反对欧化、俄化，却不反对丹麦化，一而再再而三的提到丹麦精神（参看《中国民族自救运动之最后觉悟》，页259—293；《乡村建设理论》，页207），并赞同以马克思与格龙维（Grundtvig）比较立论，"一是一部资本论和共产党运动，一是一种人生观和丹麦教育运动"（《中国民族自救运动之最后觉悟》，页264）。中国的精神既然就是以一种人生观念为动力源泉，说穿也好像就是丹麦人的精神罢了。即退一步认有中国精神，然则中国精神是什么？据答案：

中国人的精神之所在，即是人类的理性。（页23）

中国民族精神彻头彻尾，都是理性的发挥，中国古人很早就认识了人类，而现代学术界对于人类仍无认识。（页50）

梁先生赞扬人类的理性，认为这就是中国民族精神。"一个民族的复兴，都要从老根上发新芽，所谓老根即老的文化老的社会而言。"（页25）"民族文化能够返老还童。"（同上）然则人类的理性又是什么？梁先生很率直地告诉我们：

所谓理性，要无外"父慈子孝"的伦理情谊，和好善改过的人生向上……士人主持教化，启发理性，尤其是"孝弟勤俭"，可说是维持中国社会秩序的四字真言。(《乡村建设理论》，页44)

在说明理性时，梁先生也曾引证了十八世纪法国哲学家如何求助于理性，这是事实，详见拙著《中国思想对于欧洲文化之影响》一书。但是十八世纪法国哲学家所谓"永恒的理性"，恩格斯在《社会主义从空想到科学的发展》中说明得已很明白：

> 十八世纪……法国哲学家……把理性当作一切现状的裁判者，他们要求建立理性的国家、理性的社会，要求无情地毁灭一切与永恒理性相反的东西。
> 
> 我们也已看到这个永恒的理性，实际上不是别的，正是当时中产市民的理想化的悟性，此种中产市民那时正在发展成为近代资产阶级。

因为法国哲学家"理性的王国"，即是资产阶级的王国，在当时是有进步的意义可言，而梁先生之"人类的理性"只是一个过时的封建制度所造成的大家庭伦理，只是一幅引人深刻失望的讽刺画。法国哲学家的理性是一切现状的裁判者，梁先生的理性是一切腐朽的东西的保卫者，一个是要建立新社会秩序，一个是要培养旧的伦理精神；一个是以资产阶级代表理性，一个是以士人代表理性(《乡村建设理论》，页43、页247)。这是重大的区别，岂可混作一谈？因为中国民族精神就是理性，而理性就是家庭伦理，所以要恢复民族精神，即是恢复封建家庭伦理本位的旧社会，所谓要西洋态度改变为中国态度，也就是要变资本主义人生态度为封建主义人生态度，这就是所谓"礼"。因此,梁先生坚持"中国人社会生活的进行,始终要靠礼俗,礼之一物……为中国所特有,居其文化之最重要部分"(页41—44)。但只讲礼是不够的,还须归结到纵的伦理关系"孝"。因为"道德为礼俗之本,而一切道德又莫不可从孝引申发挥,如《孝经》所说那样。"(《中国文化要义》,页374)中国文化即是"孝的文化",孝为中国文化的第十三特征(页23)。原来中国文化就是根据一部伪书《孝经》来的。民粹派不是要教育我们祖国的劳动群众,使他们成为觉悟的民主主义者和革命主义者,而是要他们开倒车,捍卫古旧的封建统治关系。

其次,就是割断中国历史的问题了。民粹主义分子断言中国社会是停滞在一特殊状态,同样在文化方面,还断言"所谓中国文化特征,归根结蒂总不外理性早启,文化早熟一个问题而已"(页329)。因为"古人智慧太高(理性早启),文化上多所成就(文化早熟),以致一切今人所有,无非古人之遗;一切后人所作,不外前人之余,后来人愈钻研愈感觉古人伟大精深,怪不得他好古薄今"(页352)。而在古人之中最特出的就是周公、孔子,"周孔教化于平易切近之中,深有至理,此即所谓理性"(页331)。"中国文化之精英,第一是周公礼乐,其次乃孔子道理。"(《中国民族自救运动之最后觉悟》,页68)"呜呼圣矣!这真可以俯视一切。"(页74)"你不要以为他平平常常就完了——他比任何神奇者更神奇,他比任何新妙者更新妙。……数千年而不变,聪明才智之士悉向此途中之学问或事业用去……以孔子大启其门,深示之路,后人采之不尽,用之不竭,遂一人而不能出也。"(页76—77)由此结论描出一个未来社会的远景,就是:

> 以后世界是要以礼乐换过法律的,全符合了孔家宗旨而后已。(《东西文化及其哲学》,页195)

中国民粹主义（或称国粹主义），不但要用封建社会的幌子来阻止中国社会的发展，而且在"人类的理性"的名义之下，要把整个世界进步人士都葬送到伪装的孔夫子坟墓上面。站在地主阶级立场的中国民粹主义，就是这样俯视一切地来宣扬中国文化遗产。然而不幸地，他所宣扬的，就只是吸收封建性的糟粕，而剔除其民主性的精华，这一点不是很够证明民粹派早已不是中国文化遗产的继承者，而是他的敌人吗？毛泽东同志曾恳切地指示我们："中国的长期封建社会中，创造了灿烂的古代文化。清理古代文化的发展过程，剔除其封建性糟粕，吸收其民主性的精华，是发展民族新文化提高民族自信心的必要条件。"（《毛选集》第二卷，页679《新民主主义论》）又说："今天的中国是历史的中国的一个发展，我们是马克思主义者，我们不应当割断历史。从孔夫子到孙中山，我们应当给以总结。"（同上，页496《中国共产党在民族战争中的地位》）民粹主义与此相反，既然好古薄今，不承认中国古代以后还有文化发展，这就是割断历史，而就他们所宣扬的中国文化，又只是古代封建统治关系的一切腐朽的东西，剥除了古代优秀的人民文化，即多少带有民主性和革命性的东西。因此，我们为捍卫这一份祖国珍贵的文化遗产，必须与此民粹主义的对待遗产的态度分离，我们为完成国家的社会主义工业化，也必须粉碎民粹主义的守旧复古与所谓"中国文化要义"，为肃清民粹过去对中国遗产乃至对任何问题之错误观点而斗争。

一九五五年六月十四日

# 关于"百家争鸣"[*]

读过中外历史的人，总不会忘记在社会发展每达到某一个变革的时代，在文化思想生活里，常常出现"百家争鸣"的现象。这不但意味着在这里，总有某种新东西在大喊大叫着生长出来，而且也意味着有些消亡下去的东西，在挣扎着坚持自己那种已经过时的观点，这就形成了在思想战线上，在哲学社会科学上，所谓新与旧之间"理论斗争"的局面。

固然，我们现在的"百家争鸣"，是在过渡到社会主义建设的新的历史条件下提出的，应该和过去有对抗性的矛盾社会有所不同。但既然是过渡时期了，就不可避免地包含着人民内部的矛盾，就不能不有还未完全消灭的资本主义思想和新生起来的社会主义思想之间的理论斗争。百家争鸣就是要求在思想战线上，在哲学社会科学上，只要在政治上不是反革命的份子，都有他发表自己的意见，坚持自己的意见的自由。这从表面上看，好似是旧观点与新观点有并驾齐驱的自由，而实际上却只有具有新观点的"家"，才是受先进理论的指导的，才能实现先进战士的作用。所以在社会主义建设条件下，提倡新与旧的思想之间的斗争，即因一方面看出旧的思想，已经丧失自己创造的潜力，有其消亡下去的可能性；一方面看出新的思想，有其生长的可能性。于是在有意识的统一领导之下，允许新旧思想都有发表的自由，而预计在不同意见的争论之中，新的一定战胜旧的，预计新观点的作用日

---

[*] 本文整理，以《哲学研究》1956年第3期为底本。——编者

益长大克服旧观点,预计新观点的胜利将使科学更推向前进。

因为百家争鸣是人民内部的自由在科学工作领域中的表现,同时也是人民内部分清新旧思想,在科学工作领域实行社会主义改进的过程。正如陆定一同志所说"这是人民内部的思想斗争",即使这种斗争有时也很尖锐的,但并不妨碍让落后者变为先进者,让先进者在自由竞赛之中,更打出一个新天新地新世界。正因为在社会主义建设过渡时期的特征,在人民内部思想是一致的又是不一致的。因为一致,所以同爱祖国,同拥护社会主义,同因社会主义的一个目的而团结起来;因为是不一致的,所以有唯物主义与唯心主义之争,有先进与落后之争,这种新与旧之间的理论斗争,是成为更多方面的。在这为新事物新思想而斗争的漩涡中,斗争得愈尖锐,科学的发展和进步愈快,那一门科学有不同意见的争论,就那一门科学愈见得生气勃勃。

百家争鸣还可能有两种意义:一种是竞赛和斗争,一种是互助和合作。这不但调动了一切积极分子来为人民服务,而且也调动了一切思想战线上比较落后分子,使他在自由竞赛、自由讨论的过程中,根本改变成为科学工作的积极分子。由此可见,新的条件下所提出的百家争鸣,不容置疑地是要新观点代替旧观点,新的带动旧的,这就是过渡时期使科学工作得到繁荣发展的重要条件。

所谓百家争鸣,是和资产阶级的思想自由是本质不同的。资产阶级从前曾经高唱思想自由,其实只是资产阶级个人的自由。相反地,马克思主义才真正认识思想自由的意义,知道只有集体自由,而后个人才得到自由。因此在社会力量的统一之下,进行自由讨论,组织并鼓舞科学工作者发挥高度的积极性和创造性,这才是实现真正思想自由之路。因此百家争鸣不是消极的号召个人自由,而是积极地运用集体力量,保证个人和全体的思想自由。百家争鸣就是使科学思想走向真自由的开始。

# "大同书"十卷*

《大同书》,清末康有为著,门人钱定安校订。康有为原名祖诒,号长素,广东南海人。卷首有诗及自题词说:"吾年二十七,当光绪甲申法兵震羊城,吾避兵居西樵山北银塘乡……感国难,哀民生,著《大同书》。"可见写此书时的社会历史背景。有为著书颇多,重要的如《新学伪经考》《孔子改制考》,及此书为三。此书最初的一部草稿,名《人类公理》,后来才推广其意成《大同书》三十卷,今所传十卷。第一卷"入世界观众苦",首述人有不忍之心,这即欧人所谓以太,所谓电,"无物无电,无物无神",有电有神所以有觉知,有吸摄,不忍即是吸摄的力,正如电之无不相通。认识了人生的苦处,便要给人们去苦求乐,而求达到极乐的世界。生人的苦有种种,如投胎、夭折、废疾、蛮野、边地、奴婢、妇女,是人生的苦。水旱饥荒、蝗虫、火灾、水灾、火山、屋坏、船沉、疫疠,这是天灾的苦。鳏寡、孤独、疾病无医、贫穷、卑贱,这是人道的苦。刑狱、苛税、兵役、有国、有家,这是人治的苦。愚蠢、仇怨、爱恋、牵累、劳苦、愿欲、压制、阶级,这是人情的苦。甚至富人、贵者、老寿、帝王、神圣仙神,也有人所尊羡的苦。总之,普天之下,全地之上"不过一大杀场大牢狱","无非忧患苦恼",而总结这些苦的根源,则皆由于九界。九界是:

---

\* 本文原载于《读书月报》1957年第1期,列入"中国近代学术著作简介"专栏,本次整理以此为底本。——编者

一、国界，分疆土部落。二、级界，分贵贱清浊。三、种界，分黄白棕黑。四、神界，分男女。五、家界，私父子夫妇兄弟亲属。六、业界，私农工商的产业。七、乱界，有不平不通不同不公之法。八、类界，有人和鸟兽虫鱼的分别。九界以苦生苦，传种无尽无穷，因此救苦的方法，即在破除九界。《大同书》分甲乙丙丁戊己庚辛壬癸十部，第二卷以下即以破除九界为宗旨，如下列：

乙部、去国界，合大地。丙部、去级界，平民族。丁部、去种界，同人类。戊部、去形界，保独立。己部、去家界，为天民。庚部、去产界，公生产。辛部、去乱界，治太平。壬部、去类界，爱众生。癸部、去苦界，至极乐。

全书大意，梁启超在《清代学术概论》中，曾有扼要的叙述，今依据原书，尚可加以补充。即是：

（一）无国界，世界海陆，皆为公地。各国尽为公国，归并公政府，裁去国字，人人皆为世界公民。

（二）全世界皆以大同纪年，以归统一。全地度量衡皆同，语言文字皆同，一切交通皆划一。

（三）无各国法律，全世界皆属公政府法律，公政府下区政府，也有立法自治权。设公议院，不立议长，议员皆由人民公举。

（四）无国，无兵，无军官，只有警察。全世界尽弭兵。

（五）人人平等，阶级平等，无奴婢也无雇仆，无贵族贱族的分别。男女平等，女子有独立权，一切和男子一样。

（六）无家族，婚姻自由，不名夫妇。有期限，久者不许过一年，短者必满一月，许续约。

（七）公养，公教。凡妇女怀孕后入人本院（即胎教院），生育后，婴儿即拨入育婴院，六岁后，入公共蒙学院，十岁以下入各级学校。

（八）小学司理及教师，皆为女子，注重音乐教育，以养身健乐为主。中学习高等普通学，大学以专门学科为主，学成听其就业。

（九）设立公医疾院，养老院、恤贫院、养病院、化人院，一切生育，教养，老病，苦死，都归政府设法供给。

（十）医权最重：从人本院、育婴院、慈幼院、养老院，都有医士监护。其余世界中道路、宫室、饮食、衣服等也归医士监察。

（十一）人民无私产，所有农工商业尽归于公。人人各尽所能，不论男女，出学后即分任生产的事业，无业的就恤贫院，以苦工代食，为人所不齿。

（十二）年六十以上许入养老院，此院务穷极人生之乐，听老人愉快地享受。大同世只养老院有差等，给有大功于公众的人，以一切最好的设备。

（十三）成年男子必须在老病二院，充护持人，女子必须在人本院婴幼院充保傅各一年，未充此职的与不称职被革除的人，终身不能选上等职业。

（十四）人死不论老少贵贱，都归考终院，送入化人机器殓化，其有大功德于一地之中，或一职一学一院之内的可以立金石像来纪念。

由上理想的社会制度，没有国家、阶级、种族的区别，甚至由男女平等终于众生平等，由人类境界，而进入于仙佛的境界，这从表面上看，是一种具有反封建社会性质的乌托邦社会主义，因此康有为也就成为十九世纪帝国主义侵略中国时具有先进思想的人物之一。实际来说，此书有进步的一面，也有落后的一面。从进步一面说，正如陈伯达说:"康氏的大同,乃是孔丘大同说改制了的东西,乃是立在另一个新的经济基础上,是企图由封建制度逐渐递变为资本主义制度的理想国。"(《论谭嗣同》,页77)从其落后方面说,这些反映当时新兴资产阶级幻想的社会制度,是不能实现的。这正如毛泽东同志所指出:"康有为写了《大同书》,他没有也不可能找到一条到达大同的路。"(《论人民民主专政》)既然不能实现,就只好宣言,现今是"据乱世",不能言"大同",言则陷天下于洪水猛兽,结果便只有自相矛盾,提倡"小康"来拥护复辟了。

# 无政府主义批判

## ——"五四"四十周年纪念*

## （一）

四十年来跟着中国社会的发展，在我自己的思想里，展开了不断的矛盾斗争，是社会主义还是无政府主义？在我所写的三部自传里，《回忆》提出了一个疑问："是我唯我主义的最后尾声，或是更进一步向最彻底的我道前进？"（页84，现代书局，1928年）在《奋斗廿年》中，宣言："我不能再沉迷于象牙之塔，我不能再永远是一个北大学生时代的无政府主义者了。"（页42，中大史学研究会，1946年）在《一个哲学者的自我检讨》里，更"坚决宣言残留在我思想里面的一切虚无思想的死刑"（页47，中大石印本，1951）。尽管如此，自"五四"运动以至今日，我每一思想过程中之每一段落，既然都反映

---

\* 本文为未刊稿，中山大学哲学系藏有油印稿，落款为"一九五九年三月二十一日·北京大学"。朱谦之先生亲自制作封面，并题以"无政府主义批判"，标注时间为"1959.5"。又于1969年3月14日于封面作题记云："距今已是十年前所写的了，自知批判得很不够。在文化大革命中，应该提高认识，尤其连系自己的地方说得很少，对自己在五四运动时期及其后之无政府主义思想，也须重新检查。此文仅供参考而已。"本次整理，以中山大学哲学系藏油印稿为底本，以2002年福建本第一卷为校本，参以朱谦之先生在油印稿上所作校批文字。——编者

着社会主义与无政府主义的思想斗争,主要的有时还是无政府主义占优势,那末批判这消极的反动思想的本质,以今日之我与昨日之我挑战,便成为绝对的必要了。无政府主义虽已过去,却是检讨它的反动思想的根源,不但对我自己有益,对于分析"五四"以来思想界的矛盾发展,也提供了一些历史的批判的资料。

"五四"是社会主义思潮开始在中国积极传播的时代,当时社会主义的主要派别,值得我们去考察的,不外斯大林所说,是无政府主义和马克思主义(《无政府主义还是社会主义》)。它们两者彼此间曾经进行着激烈的斗争,它们两者力图在无产阶级眼中表示自己是真正社会主义的学说。这不但在1906—1907作《无政府主义还是社会主义》时是如此,在1919年"五四"运动时也如此。"五四"运动是中国人找到马克思主义以后的第一个成就,经过"五四"运动,马克思列宁主义在中国才取得更好发展的条件,才逐渐在中国生根发芽。但我们不要忘了"五四"时代马克思主义是和无政府主义对立,它们两者彼此间曾经进行着激烈的斗争。这就是说"五四"运动一开始,社会主义思潮中便有矛盾现象。邓中夏同志在《中国职工运动简史》中指出:

> 1919年"五四"运动后,中国知识阶级思想为之崭然一新,相率竞为新文化运动,开始尚为德谟克拉西的宣传,继而为社会主义的研究。后来社会主义的信仰者,日胜一日,首先引起资产阶级学者的抗议,"多研究些问题,少谈些主义"(胡适),以与社会主义信仰者挑战。……但社会主义信仰者,在当时派别是极为分歧的,有无政府主义,有工团主义,基尔特社会主义和马克思共产主义(布尔什维主义)……因此,问题与主义之争以后,接着又是社会主义各派别的内哄。此次混战中马克思主义派在形

式上曾将各派各个击破；但无政府主义在中国有最老的资格和相当深厚的基础，特别是在广东方面发生马克思主义与无政府主义之争，结果也算是马克思主义派取得到了胜利。（页22）

我们知道胡适在1919年七月廿日所写《多研究些问题，少谈些主义》，他的攻击对象，主要的就是无政府主义和马克思主义。他反对高谈无政府主义道：

> 高谈无政府主义便不同了。买一两本《实社自由录》，看一两本西文无政府主义的小册子，再翻一翻《大英百科全书》，便可以高谈无忌了。

因为无政府主义在当时的具体条件下，是有一定的反帝反封的历史意义，所以才值得买办学者来反对它。就历史背景来看，辛亥以前的无政府主义，一方面受了日本幸德秋水等影响[①]；同盟会的机关《民报》，虽不赞成在中国实行无政府主义，谓"无政府主义者，与中国情形不相应"（《排满平议》），却在"来稿栏"刊载不少无政府主义的文章。例如：

《无政府主义之二派》 此译久津见蕨村《欧美之无政府主义》之一节（第八号，页17—24）

《无政府主义与社会主义》 此译 W. D. P. Bliss 著 *A Handbook*

---

[①] 1907年（明治四十年）八月三十一日，幸德秋水应东京中国学生之社会主义讲习会之约，讲演《自由社会主义》二小时，极赞赏中国革命留学生从民族独立论进而主张无政府革命。此社会主义讲习会，为中国留日革命团体"中国革命同盟会"干事章炳麟、张继、刘光汉、何震等所召开。见西尾阳太郎《幸德秋水》页196，吉川弘文馆，昭和34年版。

of Socialism 之一节（第九号，页 1—7）

《虚无党之小史》 此译烟山专太郎《近世无政府主义》之第三章（第 11 号页 1—21；第 17 号，页 1—28）

《苏菲亚传》 此介绍虚无党女杰，内引乐波轻即今译克鲁泡特金（第 15 号，页 1—7）

《无政府主义实行者巴枯宁传》 此译久津见蕨村《无政府主义》（第 16 号，页 1—14）

《帝王暗杀之时代》 此亦宣传无政府主义（第 21 号"译丛栏"，页 8—13）

《西伯利亚纪行》 此译克鲁泡特金著（第二十四号"译丛栏"，页 1—14）

《俄国革命党与历山三世皇帝书》 此节译《地下之俄罗斯》卷末所载之附录（第二十六期译件，页 1—6）

《无政府主义序》 此章太炎为意大利马拉铁士达原著汉译本撰序（第二十号"撰录栏"）

又各期插图，如第三号《巴枯宁——无政府党首创者》；第九号《俄国虚无党轰炸首相之真像》；第十四号《西比利亚狱中之俄国革命党员》《女革命党员》，第十五号《俄国暗杀团首领该鲁学尼狱中之首像》；第十九号《千九百俄罗斯虚无党女子击莫斯科总督之图》；第二十二号《俄国革命党之秘密会议》。这些无政府主义或虚无主义的宣传，给当时中国革命行动以重大影响。例如杨笃生在《新湖南》主张"破坏"，他说："世界各国中破坏力量强大的莫如俄国之无政府党，无政府实破坏之渊薮也。斯拉夫民族之所以有此党人者，为社会阶级制不平也。"尤其当时介绍无政府主义的人，同时也介绍了社会主义经典著作，如刘光汉在 1908 年《天义报》第 15 期至第19期登载了节译《共产党宣言》和《家族、私有财产及国家之起源》，这不能说没有起过积极作用。在法国方面，则1907年出版《新世纪丛书》，《新世纪》创刊号标明他的主义，是"自由、平等、博爱、大同、公道、真理、改良、进化"。革命步骤是以"政治革命为权舆，社会革命为究竟"。政治革命是"排满、非君"，然犹不足以尽革命，"至社会革命始为完全之革命，即平尊卑也，均贫富也，一言以蔽之，使大众享平等幸福，去一切不公之事。"《新世纪》反对强权，公开主张无政府共产主义；反对封建统治与封建文化，提倡倾覆皇朝乃至三纲革命，这对"五四"时期的反封反帝思想，不能说没有起过先导作用。即因中国早期的无政府主义有它特殊的革命背景，无论从日本从法国传入中国的无政府主义，主要均在介绍方面，他们反对强权，而首先反对的即清封建统治。因此所以在辛亥革命以前，他们是资产阶级民主革命的辅助力量；在辛亥革命以后，"五四"时期，便成为反对北洋军阀，反对帝国主义之一个辅助力量。为什么呢？因为"五四"运动本来就是反对卖国政府的运动，在无数次的学生请愿之后，继之便自然而然是激烈的反对强权的革命运动，无政府主义在"五四"时期风行一时，这也是原因之一。毛泽东同志说：

> "五四"运动所反对的是卖国政府，是勾结帝国主义出卖民族利益的政府，是压迫人民的政府，这样的政府要不要反对的？假使不反对的话，那么"五四"运动就是错的，这是很明白的。这样的政府一定要反对，卖国政府应该打倒。（《毛泽东选集》卷二，页525—526）

这反对政府的倾向推到极端，就是无政府主义和虚无主义，我个人代表这种倾向。许多初期的中国共产党员，在他们还没有成为马克思主义者之前，也曾经过了这个阶段。

因为"五四"前后，许多进步的知识分子，还不能严格分别马克思主义和无政府主义，提倡新思潮的杂志如《新青年》第六卷第五号（1919年5月）"马克思主义研究"专号里即有《巴枯宁传略》，介绍巴枯宁的学说。又有无政府主义者之《马克思学说批判》，因为这时期社会主义思潮，如雨后春笋，大家都没有一定的信仰，读了无政府主义的宣传小册子，很容易为理想的共产社会所动。而且马克思主义与无政府主义虽然是两个相反的东西，而在当时反对卖国政府提倡革命的一定条件之下，却具备着同一性，同样被北洋军阀政府认为"过激党"，加以压迫、逮捕。因此所以"五四"时期无政府主义的影响，不但在青年学生之间，一时流行秘密小册子，如《实社自由录》《伏虎集》与克鲁泡特金、托尔斯泰的著作；即在职工运动方面，无政府主义对于工人的影响，如广州首创的理发工会、茶居工会，的确有它的长久的历史（邓中夏《中国职工运动简史》，页6）。但话虽如此，无政府主义在中国开始于辛亥革命以前，中国共产党出现于1921年，无政府主义没有组织，没有领导，结果是前者为后者所代替，马克思主义无论在理论上或实际上都取得绝对胜利。首先是倾向无政府主义的青年，在马克思主义的旗帜下转变，毛泽东同志就是最好的例。"毛泽东同志……曾经有很短时期，也和当时中国许多青年一样，受了无政府主义的影响，但很快就被科学的共产主义所代替了。"（萧三《毛泽东同志的青少年时代》）这就是说，无政府主义和马克思主义的矛盾之间，在反对卖国政府反封反帝的条件之下互相联结。而在从空想的社会主义到科学的社会主义的条件之下，有无政府主义倾向的，必须转变入于正轨。然而转变也不是容易的事，1920年在北京共产党开始建立党的组织时，无政府主义者有的曾一度加入，但即在这一年北京小组织通过中共纲领时，因纲领中有赞成无产阶级专政一条,讨论时,无政府主义者表示反对无产阶级专政。争论的结果,退出了党,在中国各地党的小组织中,也发现了同样的分化(《中国现代革命运动史》,页83—84,新华版)。这种分化明显地就是反映中国社会阶级的分化。但尽管如此,马克思主义者对于倾向无政府主义的青年,仍采取团结、改造的方针,这反映在1922年五月社会主义青年团第一次全国大会的决议案里说:"……无政府共产主义团体,虽然政策上有许多错误的地方,然为富于革命性及为无产阶级的团体。所以我们为无产阶级利益的各种奋斗起见,应与之结成共同的战线。"(《先驱》1922年5月15日)可见当时马克思主义者并不绝对排斥革命的无政府主义者,而无政府主义者为阶级性所限制,要转变为无产阶级的真正团体,却有困难。无政府主义代表小资产阶级,马克思主义代表无产阶级,"五四"运动以前中国工人阶级的领导权虽属于小资产阶级思想体系的无政府主义者,但到了"五四"运动以后,中国工人阶级由于阶级力量的进一步壮大,因之中国的革命也一定要由真正无产阶级的党来领导了。总结来说,由于"五四"运动是中国准备从新民主义革命走向社会主义革命的开始,在这一定的历史条件之下,中国革命必须以无产阶级为领导,必须以马克思主义领导工人阶级,而不可能以无政府主义领导工人阶级。因此在初期革命工作中,两者虽在反对政府这一条件下具备着同一性,然而无政府主义者具有小资产阶级的特性,实不能解决现实的社会矛盾,即因其空谈社会革命而缺乏具体性。所用以解决矛盾的方法,既然只是幼稚的想像的主观幻想的变化,就很容易为政客所利用,给革命阵营带来了损害。这是乌托邦的思想方法,和马克思主义的科学共产主义绝对不同,因此在它和马克思主义的理论斗争中,结果只有两途,不是把自身转化为马克思主义,以至于加入共产党,不然就是颓唐、消沉,走向没落或腐化的路上去了。

## （二）

　　无政府主义在中国有较长久的历史，即在五四时期，也还不能不承认其"富于革命性"，但为什么一和马克思主义接触便完全趋于毁灭呢？"五四"以后革命思想的分化现象，是由于它的革命思想内部矛盾的发展，其间反映着阶级之间的矛盾，新旧之间的矛盾，正在生长着的东西与正在死亡着的东西的矛盾。无政府主义虽然在中国传播的时间较早，却代表那时候旧的社会主义思潮；马克思主义虽在十月社会主义革命之后才逐渐在中国生根发芽，却是代表新的社会主义思潮。因之新的与旧的社会主义之间的斗争，新的总是合理的，因而必然是胜利的。"五四"前后，无政府主义在小资产阶级知识分子中有相当普遍的影响，而自中国共产党成立以后，马克思主义迅速传播。从1920年开始，在杂志《新青年》中，《共产党》中，《先驱》中先后对无政府主义者的理论斗争，使许多倾向无政府主义的进步青年，逐渐认识了无政府主义之反动的本质，如黄爱、庞人铨是在毛泽东同志的影响之下转变，参加了社会主义青年团。无政府主义经过分化，在1923年以后，可以说已经完全绝迹了。尽管还有少数政客，不惜投身于向日极端反对之政治场中，这在1913年师复致吴稚晖书，致张继书，已早"不禁为无政府主义痛哭"（《师复文存》，页131—138），当然不许冒称之为无政府主义者。无政府主义在中国，再也没有群众跟着它走了，但正如斯大林所指出的："问题不在于今天有多少'群众'跟谁走，而在于学说的本质。如果无政府主义者的'学说'代表真理，那它自然会给自己开辟道路，把群众聚集在自己的周围。如果它是没有根据的、虚构的，那它就会维持不久，站不住脚。"（《斯大林全集》第一卷《无政府主义还是社会主义》，页272，人民出版社)无政府主义的学说为什么不能代表真理,而至于在中国站不住脚呢?这便是问题之所在,而应当加以证明的了。

首先从立场上观察无政府主义。无政府主义和马克思主义从表面上看,都是站在穷人阶级立场。斯大林《与英国作家威尔斯的谈话》指出:"人类社会首先分为富人和穷人,有产者与被剥削者,撇开这个基本的划分,撇开穷人与富人之间的矛盾,就是撇开基本事实。"但是穷人是不是都是工人阶级呢?不是的。工人阶级在资产阶级社会中是属于穷人,而穷人却不一定就属于工人阶级。斯大林在这里所指社会的基本划分之一的穷人,主要是指被剥削者的工人阶级,这是马克思主义的阶级立场。无政府主义者却不如此,例如首创"无政府"一名的蒲鲁东,在所著《劳动阶级之政治的能力》第二章,何尝不作阶级对立之经济的分析,何尝不想法子要使世人就再没有贫富之分,却是他的立场只能站在穷人的立场,所以一方认财产为赃物,一方仍没有反对占有权,且以此为抵抗政治侵犯的方法,这就是穷人立场的局限性。而且无政府主义的穷人思想,多数还是属于所谓流浪无产阶级的社会没落阶层的思想体系。它可能是没落贵族、没落地主,也可能是没落的知识分子。列宁在1901后写《无政府主义和社会主义》中曾指出:"无政府主义是绝望的产物,它是失常的知识分子或流氓的心理状态,而不是无产者的心理状态。"(《列宁全集》第五册,页296—297)举例来说,如有名的无政府主义者巴枯宁、克鲁泡特金,都是没落的俄国贵族。蒲鲁东出身于一个贫苦的手工业者的家庭,他们都是在心理上成了穷人,成为失望的知识分子,所以都具有穷人的革命积极性。蒲鲁东名著《财产是什么》,虽然在严格科学的政治经济史,这种著作没有称述的价值,但马克思仍然承认这书对于经济"最神圣的"东西取攻势之挑战,而赞美它。巴枯宁代表俄国农民暴动的意识而渴慕自由,虽然和马克思之代表新兴无产阶级的意识不同，却是马克思在1864年十一月四日给恩格斯的信，仍然承认"巴枯宁……我必须说，他很使我欢喜。……就整个讲，他是我所看到的十六年不退转去而更向前发展的少数人之一"（《马克思恩格斯通信集》第三卷，页222—223）。为什么欢喜他，甚至于在第一国际的一个时期和他合作过来呢？无非，因为他是站在穷人的立场，多少有他的革命积极性的。然而不幸的，这种革命积极性为其阶级立场所限，只能如昙花一现，过此便要走向反对面去了。为什么呢？因为穷人不一定就是工人阶级，工人阶级是大公无私的、实事求是的，而非工人阶级的穷人本质上就是小资产阶级。马克思在1846年十二月给安能可甫的信，批评蒲鲁东是有资格做法兰西小资产阶级之理论代表，说："在一个前进的社会里，小资产阶级由于他的本身地位，必然一面是社会主义者，他们是经济学家。这就是说，他羡慕大资产阶级底阔绰，又同情于人民底苦难，弄得徘徊无所适从。"这就是说，无政府主义者虽然一方面有对于无产阶级苦痛的同情，一方面却羡慕着大资产阶级底享受，这从中间阶级的出发点显然是从个人的利益出发，以个人利益放在第一位，而不把广大劳动人民群众的自由和解放放在第一位。这就是为什么无政府主义的思想体系中，竟出现如司梯尔那样公开著书《唯一者及其所有》，把自我＋自我＋自我＋自我＋等等，为其社会的理想乡。中国的无政府主义，虽"几皆主张共产主义，而无主张个人主义（亦译独产主义）"（《致无政府党万国大会书》，见《师复文存》，页262），但在过去经济落后的半殖民地的中国，既然小资产阶级的知识分子占极多数，那所谓无政府主义者，当然不能有如工人阶级稳定的立场，虽不主张个人主义的无政府主义，却仍不免于借口个性自由而反对无产阶级专政，成为资产阶级个人主义的追随者。

马克思主义和无政府主义根本不同的地方，就是马克思主义从头到底是社会主义，而无政府主义则在社会主义的名义下，主张个人当从社会束缚中得到完全的解放。斯大林在《无政府主义还是社会主义》中指出：

> 问题在于马克思主义和无政府主义建立在完全不同的原则上，虽然双方登上斗争舞台时都举着社会主义的旗帜。无政府主义以个人为基础，认为解放个人是解放群众、解放集体的主要条件。在无政府主义看来，个人没有解放以前，群众的解放是不可能的，因此它的口号是"一切为了个人"。而马克思主义则以群众为基础，认为解放群众是解放个人的主要条件。这就是说，在马克思主义看来，群众没有解放以前，个人的解放是不可能的，因此它的口号是"一切为了群众"。（《斯大林全集》第一卷，页273）

因为无政府主义的立场，是"一切为了个人"，所以在行动上既不能使群众集中革命力量走向社会主义高潮，在事实上反而否定了无产阶级党领导下的群众革命的必然性；既不能保证消灭阶级与剥削，也就绝不能使个人获得真正的自由与解放了。正如列宁在1901年底批判所说，"无政府主义在产生以来的35—40年中，除了讲一些反对剥削的空话以外，再没有提供任何东西"；要说"在欧洲的现代史中，曾经在拉丁语系国家流行一时的无政府主义，提供了什么东西呢？

——不要任何教条，任何革命学说和革命理论

——分散工人运动

——在革命运动的实验中彻底的 fiasco（破产）（1871年的蒲鲁东主义，1873年的巴枯宁主义）

——在否定政治的幌子下使工人阶级服从资产阶级统治。"（《列宁全集》第五册，页294—297）

相反地，伟大的十月社会主义革命的胜利，中国新民主主义革命乃至社会主义革命的胜利，完全证实了"一切为着群众"这马克思主义的真理性。无政府主义的明星从蒲鲁东、巴枯宁、克鲁泡特金，乃至中国的师复，他们都曾竭力从事革命运动，然而没有一个成功，其根本原因，还是由于无政府主义底基石是个人，不是群众。无政府主义者醉心自由，和马克思主义一样认为劳动人民的解放是劳动人民自由的事业；然而马克思主义能用阶级观点分析自由的实质，而无政府主义则空谈自由，分散了工人运动。马克思在1848年二月《关于自由贸易的演说》中揭开了这抽象字眼所谓"自由"："先生们，不要用自由这个抽象字眼来欺骗自己吧！这是谁的自由呢？这不是每个人在对待别人的关系上的自由。这是资本榨取工人最后脂膏的自由。"(《马克思恩格斯全集》第四册，页457）

因为无政府主义只一味要求抽象字眼的个人自由，结果所谓自由，也和资产阶级社会的谎言一样，自己欺骗了自己。司梯尔"凡物皆我所有"固然是个人主义，蒲鲁东、巴枯宁、克鲁泡特金的完全回避政治，在否定政治幌子下，实际使工人阶级服从资产阶级统治，也是个人主义。正如列宁所指出的：

> 在社会主义和无政府主义中间横着一条鸿沟。……无政府主义者的世界观是改头换面的资产阶级世界观，他们的个人主义理论，他们的个人主义理想是与社会主义直接对立的。他们的观点不是反映那不可遏止地走向劳动社会化的资产阶级制度的未来，而是反映这个制度的现在，甚至是反映它的过去，即盲目性对分散的个体小生产者的统治的时代。他们那种否认政治斗争的策略，会分裂无产者，实际上把无产者变成消极参加某种资产阶级政治的人。因为从工人来说，完全回避政治是不可能

的,也是做不到的。(《列宁全集》第十卷,页53《社会主义和无政府主义》)

事实也是如此,中国早期的无政府主义者,当他们高喊着"自由、平等、博爱、大同"等口号时,实际即与资产阶级革命合作,成为资产阶级民主派反对立宪派的辅助力量。他们的"无政府",是反对以那拉氏为首的清反动政府;他们的自由,反映新兴资产阶级要求摆脱封建专制,同时为资本主义底发展所必须的资产阶级的自由。然而很明显的,这决不是社会主义,乃是个人主义。辛亥革命前后许多留日留法的知识分子,在清封建统治的压迫之下,被挤出常轨,或形成了流氓的心理状态,失望之极,因而提倡无政府主义,然而很明显的不是无产阶级。中国无政府主义的产生,实际在巴枯宁、克鲁泡特金、托尔斯泰的影响之外,还有东方思想,即佛老的影响。陈独秀在"五四"时代即曾指出:

> 中国底思想界,可以说是世界虚无主义底集中地。因为印度只有佛教的空观,没有中国老子的无为思想和俄国的虚无主义。欧洲虽有俄国的虚无主义和德国的形而上学的哲学,佛教的空观和老子学说却不甚发达。在中国,这四种都完全了,而且在青年思想界,有日渐发达的趋势。(《独秀文存》卷二《随感录》,页92"虚无主义")

这所指,正是那时候我的思想背景。我以为被挤出常轨的知识分子,他的绝望有三个关头:无政府主义、虚无主义是第一关,老子的无为是第二关,佛教的空观是第三关。无政府主义和虚无主义不满现实环境而愤激起来,多少尚带改造环境的革命积极性,佛老更不然了。随着绝望程度的深入,到了老庄一关,便不怒而笑了,不是改造环境,而是改造主观来适应客观,这已经是消极的了。再进至佛教的空观,便不怒也不笑了,不改造主观也不改造客观,当下便是空无,这是纯消极的思想,正是绝望到了极端。中国早期的无政府主义者,如章太炎的《五无论》是一例证,我在"五四"时期出版《奋斗》杂志,写《现代思潮批判》《革命哲学》《无元哲学》等书,又主编《北大学生周刊》"无政府主义革命"专号(第十七期),这也是例证。但无论无政府主义也好,老庄的无为也好(隐逸思想),佛教的空寂也好(出世思想),总之均为从个人主义出发。个人主义有消极的一面,也有积极的一面。中国式的无政府主义在消极一面是愤世疾俗乃至厌世出家,在积极一面,则表现为与革命行动有关的个人恐怖主义。

就革命行动的结果上来看,马克思主义也和无政府主义者绝不相同,即马克思主义者是从集体自由主义发展到革命英雄主义;相反地,无政府主义是由个人自由主义发展到个人英雄主义。这在中国辛亥革命史里,就表现为当时普遍采用的个人恐怖主义。例如第一个组织暗杀团的杨笃生,受了巴枯宁无政府主义思想的影响;蔡子民为爱国女学校校长,欲造成虚无党一派之女子;师复之谋刺广东提督李准和所领导的广州支那暗杀团,都证实了当时具有无政府主义思想的小资产阶级革命家,怎样应用了无政府主义的恐怖主义来给资产阶级民主革命服务。然而恐怖主义只是个人英雄主义的进一步发展,这在无政府主义认为是合道德的,克鲁泡特金曾引证伯诺夫斯凯衣(Perovskaya)和她的同志杀了俄国皇帝为例,说:"这不过因为她们想除去世界上的暴虐吧。人类想将特权打倒,而用武力从事,无论他是开仗,或是暗杀,我们都不反对他的。要是他所行的事,能发生一种印象,深入人心,这种权利,更加可以使得。"相反的,马克思主义者却认为:"这利用谋刺个别人物,用个人恐怖反对沙皇制度的斗争手段,是于革命有害的错误手段。个人恐怖政策所持的出发点,就是把所谓积极'英雄'与消极'群氓'对立的荒谬民粹主义理论,以为'群氓'应等待'英雄'建立丰功伟绩。……因此,民粹派就拒绝在农民和工人阶级中进行群众的革命工作,转而采取个人恐怖的斗争手段。"(《联共(布)党史简明教程》,1953年莫斯科中文版,页22—23)这一段批评俄国民粹派的话,同样可以拿来批判中国早期的无政府主义和我的《革命哲学》。明了了无政府主义立场是彻首彻尾个人主义,是和社会主义直接对立的,就知道为什么一和马克思主义的真理相接触,便完全站不住脚,并且在中国革命的实验中"彻底地 fiasco(破产)"了。

## (三)

再从观点上观察无政府主义,无政府主义和马克思主义从表面上看,都是主张唯物主义世界观,但马克思主义者主张辩证唯物主义,无政府主义者主张机械唯物主义,乃至唯心主义。固然我们也可以说无政府主义者如巴枯宁是懂得黑格尔辩证法的,他原来就是黑格尔的门生。1858年1月14日马克思给恩格斯的信说:"在工作方法上对我有一大劳绩的是,偶然——佛莱利格拉发见几册原属巴枯宁的黑格尔著作,当作礼物送给我——把黑格尔的《逻辑》再浏览一遍。如几时再有工夫做这样的工作,我要发大愿,用两三个印张,对黑格尔发见的,但同时也是神秘的方法,写出合理的部分,使普通人类的理智都能够懂得。"(《马克思恩格斯通信集》第二卷,页324—325)然而马克思依黑格尔的合理部分所成就的是辩证唯物主义世界观,而巴枯宁依黑格尔所成就的却是机械的唯物主义世界观,在著名的《上帝和国家》一书,开首便说:

那一边是对的,唯心论者还是唯物论者?这问题这样子一问就不可能有什么疑惑了。无疑的,唯心论者是错的而唯物论者是对的。是的,事实产生在观念之先;是的,正如蒲鲁东所说:观念不过是一株花,它的根柢伏在生存底物质条件里。是的,人类底整个历史,知性的或是道德的,政治的或者社会的,只是经济史的反映。(页1,平明书店,1948)

就这一段来说,看不出和马克思主义有什么不同,而且事实上巴枯宁也是马克思、恩格斯共同草成极有价值的《共产党宣言》的俄文本译者;并且当马克思和蒲鲁东论争的时候,也站在马克思一面,指摘蒲鲁东的出发点是正义的抽象观念,是一个唯心主义者和形而上学家。反之马克思指出了经济的事实先于法律和政治的正义,这是对于学术上为主要的贡献之一。但尽管如此,巴枯宁的世界观,仍然不同于马克思主义世界观,这究竟为什么?只要一读《上帝和国家》下一段话便明白了:

我说过,每一种发展蕴含了它底出发点底否定,依照唯物论学派,基础或是出发点是物质的,它底否定必然是理想的。从现实世界的总和出发,或是从抽象的称做物质的东西出发,它必然要达社会的真正唯心化——就是,社会的人性化,社会底充分而完全的解放。相反地,由于同样的理由,唯心论学派底基础和出发点是理想的,它必然会获致社会的实利化,得到在教堂和国家为形式的组织,它残忍地专制,罪恶而下流的剥削。依照唯物论派,人底历史发展是一个不断的上升,照唯心论底体系,它只是不断的堕落。(页56—57)

巴枯宁发现唯物论者或唯心论者每一个发展都一定包含一个否定

它的基础或是出发点的否定,所以唯物论者从抽象地称做物质的东西出发必然达到真正的唯心论,相反地,唯心论者从它的基础出发,也必然的干那实利的唯物论者底活动。换句话说,就是唯物论者一定变为唯心论者,而唯心论者反而变成唯物论者了。这简直是诡辩!固然"矛盾着的双方,依据一定的条件,各向着其相反的方向转化"(《矛盾论》),但唯物主义和唯心主义的斗争是代表两个阶级、两条路线的斗争。这斗争是绝对的,暂时的统一是相对的。巴枯宁不作阶级分析,而混淆了唯物主义和唯心主义的两条界线,将自己安放在追求着极端空想的唯心主义的位置上。极端的空想是上升,物质的世界是堕落;前者是人性,后者是兽性;排斥了唯心论者之不断地变做实利的唯物论,同时也取消了作为理论的基础或出发点的唯物论了。

尤其值得我们提出讨论的,是巴枯宁所谓"社会的人性化",事实上即将"人性"来代替马克思主义所云"阶级性"。巴枯宁接着说:"唯物论者从兽性出发以建立人性","唯心论者[①]从神性出发,以建立奴役,而把人民永远陷入兽性",因而高唱唯物论者排斥权威原则,是"人性底胜利"(同上,页57)。固然我们不能否认"人性"是有的,但那抽象地称为人性的东西只得称之为抽象的人性,正如毛泽东同志《论文艺问题》中说:"有没有人性这种东西?当然有的。但是只有具体的人性,阶级社会里就是带着阶级性的人性,而没有超阶级的抽象的人性。"巴枯宁反对"兽性",也反对"神性",说:"宗教本来就是把构成人类人性底一切加以神化的最后一个尝试。"(《上帝和国家》,页40)"神性愈伟大,人性愈卑微"(页63),说宗教的本质是"回到了为神底更大的荣光而造成的人性屈辱"(页41)。却是超阶级的抽象的人性,即使不说"人性里一切伟大、公正、高贵、美丽的部分是神性的",而究竟不得不认"把人类自由看做人性之中我们

---

① "唯心论者",原文作"唯物论者",误,据福建本改。——编者

所赞美所尊重的一切部分底绝对的基本条件"（页31）。"自由"成了暧昧的上帝了，尽管巴枯宁还不过承认"人性同时就是，并且本质上就是人身上所含的动物性成分底缓慢而渐进的否定"（页17），而其他的无政府主义者却更进一步赞美人性为至善了。无政府主义基本上即依赖于这种抽象的人性论，认为妨碍人类善性的是上帝与国家，因此脱离上帝与国家、脱离宗教与政府的束缚，人类即可完全实现理性的自由世界。这种论潮，当然只好算做十足的唯心主义。

马克思主义从表面上看和无政府主义一样，承认将来世界是各尽所能各取所需的共产社会。斯大林在《与第一次美国工人代表团的谈话》中，也分明指出将来共产社会将按照旧时的法国共产主义者的原则，各尽所能各取所需。而这各尽所能各取所需的共产社会是必须达到人人皆好的境界方有实现的希望，这就是倾向于对人性乐观的学说。固然马克思主义者从来不谈人性本善，却在反面反对了人性本恶。它和法西斯主义绝不相同之点，即法西斯的信徒主张人性本恶，其人生观的根据，可溯及马基雅佛利《霸术》一书。墨索里尼曾为《霸术》作序，公开地说："人全是败德的动物，任何统治的方法都是合理的。"在《论苏联伟大卫国战斗》中，斯大林指出最恶毒的反动派希特勒的性恶论是：

"一个人"，希特勒说，"是生来就恶的，只有用暴力，才能使他就范。对付他，任何手段都是容许的。应该说谎，应该背信，甚至应该杀人，只是政策是要求这样做的时候。"（页21—22，时代社版）

斯大林的结论认为："德国强盗由于自己道德的败坏，已经丧失人性，早已与野兽为伍了。"可是马克思主义反对性恶说，并不就是在阶级社会中高唱性善说，斯大林在《与英国作家威尔斯的谈话》中说：

威尔斯先生，很显然，你是从一切人都是好的这个前提出发的。可是我没有忘记，有很多的坏人。我不相信资产阶级政府的善心。（页12，人民出版社）

这就是说，人性可能做到一切人都是好的地步，但在阶级社会中却不要忘记有很多的坏人。这就是在阶级社会中只有阶级的人性论，却不容许有一切人都是好的人性论。马克思主义者承认在阶级社会中，一方面世界上有真正具体的大公无私的人，这是工人阶级；一方面也有浸透着剥削阶级的思想立场的人，这是资产阶级。将来共产社会阶级消灭，那时工人阶级的人性完全实现，因此在将来共产社会里人人都是好的人性论可以成立。在《无政府主义还是社会主义》中，斯大林天才般预断着，随着生产工具与生产资料私有的消灭和社会主义生产的对立，人们的野蛮人，个人主义的感情和观点，也会消逝的。这种论潮是根据客观条件的具体的看法，这是唯物主义。当然和无政府主义之先天的超阶级的人性论不同，而成为真正科学的人性论了。

再从科学的人性论来观察一下无政府主义之反动的小资产阶级本性，表现在实现行动上面，是极其明显的。小资产阶级反动政治思想，以为只要在二十四小时便可以完全消灭国家，而马克思主义却承认只有革命的无产阶级专政和利用现代国家来准备无产阶级革命这两个条件之下，才可以消灭阶级，消灭国家。一个表现着小资产阶级的急躁性，结果便成纯粹空洞的乌托邦；一个表现着实事求是，有步骤有计划地向将来的共产社会，这就是科学的社会主义。列宁在《国家与革命》里，很明白指出了马克思主义者与无政府主义者间的三个基本原则，即（1）马克思主义者的目的，是完成消灭国家为自己的目的，但他们认为只有社会主义革命把阶级消灭之后，在导向国家消亡的社会主义建成之后，这个目的才能实现。无政府主义者则希望在一天之内完全消灭国家，他们不懂得实现这个目的的条件。（2）马克思主义者认为无产阶级在夺得政权之后，必须彻底破坏旧的国家机器，用新的由武装工人组织成的公社式的国家的机器来代替。无政府主义者否认由革命无产阶级运用国家政权，否认无产阶级的革命专政。（3）马克思主义者主张利用现代国家，准备无产阶级进行革命，无政府主义者则否认这一点（《列宁全集》第25册，页471，《国家与革命》第六章第三节）。因为无政府主义者是空想家，只一心梦想如何把一切的行政机关和一切的从属关系立刻废除，所以即在最被人广读如克鲁泡特金《面包与自由》中，在描写"万人的安乐"一章，讲革命的暴发居然出人意料之外：

> 旧政府消灭了，军队交叉着两手让革命党人自由行动，或者在和暴动者联成一气，连警察也垂着双手，不知道应该打革命党人呢，还是应该高呼"公社万岁"。有的便回家去"等待新政府的成立"，富人有的人收拾他们的行李，逃到安稳的地方去。只有平民留在城里——看，一个革命就是这样爆发的！（页23，平明书局，1948）

这是诗！极崇高、可爱的诗！但可爱的未必可信，这决不是真正消灭阶级消灭国家的社会主义革命的真象。马克思主义者和无政府主义者都主张"要把整个的国家机器送到古博物馆中去"，然而那要一昼夜间废除国家的所谓无政府主义者底要求，却无论如何不能实现。不但如此，对于无产阶级专政的任务既缺乏了解，事实上也只能把社会主义革命延搁下去。列宁在《国家与革命》中指示得极为明白："我们和无政府主义都认为废除国家是目的，在这个问题上完全没有分歧。但我们肯定的说，为了达到这个目的就必须暂时运用国家政权的武器、工具、手段,去反对剥削者,正如为了消灭阶级,就必须实行被压迫阶级的暂时政权一样。"(第四章第二节,《列宁全集》第25册,页423)这当然是完全从实际出发的唯物主义理论。相反地,无政府主义者既然在达到取消国家为目的的一问题,不知道给国家以一种革命的过渡形式,即放弃使用武装,放弃扑灭资产阶级的反抗,这当然只算空谈,是唯心主义!还不但立场错了,唯心主义的观点也实在站不住脚了。

## (四)

再次从方法上观察无政府主义,从表面上看,马克思主义和无政府主义都是应用了阶级分析的方法,然而无政府主义的阶级分析乃是"把片面的,割断了联系的手段当作万应灵丹"(《列宁全集》第五册,页297,《无政府主义和社会主义》)。不好好应用阶级分析,当然也就"不懂得无产阶级的阶级斗争,荒谬地否认资产阶级社会政治,不懂组织和教育工人的作用"(同上),结果就"充分证明了无政府主义者的世界观和策略的动摇"了(《列宁全集》第十册,页51,《社会主义和无政府主义》)。为什么呢?因为无政府主义所用的方法,原来就是唯心辩证法,或是庸俗社会学的方法,这当然不同于马克思主义者之应用唯物辩证法分析社会阶级,也当然不能收到科学应有的效果了。如以蒲鲁东为例,他是著名的提倡唯心辩证法的。马克思在《神圣家族》中曾称赞蒲鲁东《财产是什么》一书"是法国无产阶级一种科学的宣言",又在1865年一月廿四日《与史外采书》说,这一部著作"是划时代的,即使不是由于内容底新,至少也是由于其中一切是以新的和大胆的方式说出来"(《马克思恩格斯书信选》,页107,亚东图书馆,1949)。"但无论如何摧毁偶像,书中已经可以看出那种矛盾了:即蒲鲁东一方面以法国小农(后来的小资产者)底立场和眼光批判社会,他方面又根据他从社会主义者继承下来的标准来批判社会。"(同上,页109)到了蒲鲁东的第二部著作《经济的矛盾制度或贫困的哲学》出版,马克思就不客气地给他严刻的批判了。因为此书所用是一套不成熟的辩证法,所以马克思追悔自己在1844年居留巴黎和他争论时,"往往争论了全夜,这其间我把黑格尔主义传染给他,因之大大地害了他"(同上,页110)。蒲鲁东"企图辩证法地显示经济范畴底体系",正如马克思所指出的"黑格尔底矛盾,被拿来代替康德底不可解决的'二律背反'作为发挥的方法"(同上,页110),"蒲鲁东对于辩证法有自然的爱好,但他从未曾把握真正科学的辩证法,因之从未曾超出诡辩以外。这点,事实上是与他的小资产阶级观点有关系的。"(同上,页117—118)马克思在《哲学的贫困》中第二章,指出了蒲鲁东怎样曲解了黑格尔的辩证法:

>现在我们看一看蒲鲁东先生把黑格尔的辩证法应用到政治经济上去的时候,把它变成什么样子。
>
>蒲鲁东先生认为,任何经济范畴都有好坏两个方面。他看范畴就像小资产者看历史伟人一样:拿破仑是一个大人物,他行了许多善,但是他也作了许多恶。
>
>蒲鲁东先生认为,好的方面和坏的方面,益处和坏处加在一起,就构成每个经济范畴所固有的矛盾。
>
>应当作的是:"保存好的方面,消除坏的方面。"(《马克思恩格斯全集》第四册,页145)

马克思把蒲鲁东的辩证法和黑格尔的相比,指出他的弱点是:

黑格尔没有需要提出任务，他只有辩证法。蒲鲁东先生从黑格尔的辩证法那里只学得了术语，而蒲鲁东先生自己的辩证运动只不过是机械地划分好坏两方面而已。……

蒲鲁东……当他想用辩证法引出一个新范畴时，却毫无所获。两个矛盾方面共存、斗争以及融合成一个新范畴，就是辩证法运动的实质。谁要给自己提出消除坏的方面的任务，就是立即使辩证运动终结。我们看到的已经不是由于矛盾本性而自我安置和自我对置的范畴，而是在范畴的两个方面中间激动、挣扎和冲撞的蒲鲁东先生。（同上，页146）

因为蒲鲁东的辩证法是出于他的小资产阶级观点，小资产者总不离乎"这方面"和"那方面"，因此这"在范畴的两个方面中间激动、挣扎和冲撞的蒲鲁东先生"，可能成就唯心主义辩证法，却不可能成就唯物主义辩证法。相反地，以提倡庸俗社会学方法著名的克鲁泡特金，所著《近代科学与无政府主义》，则根本反对辩证法，反对黑格尔，认为无政府主义必须抛开形而上学的方法，而应用真的科学方法，即归纳—演绎法。他以为归纳—演绎法适用人类的知识全体，无论自然科学还是社会科学，都应该从事实的搜集开始，后作假设，并加以检讨，其实这所谓科学方法，由马克思主义看来，还是庸俗的社会学方法。巴枯宁在1870年一月四日书札里，说他读孔德的实证哲学，克鲁泡特金在此书里更称道孔德与斯宾塞，第四章孔德的实证哲学，第六章斯宾塞的综合哲学，无政府主义即继承了这种思想体系，奠定了它在近代科学中的位置。即一方面排斥黑格尔、谢林及康德的形而上学，同时排斥唯物辩证法；一方面认无政府主义为十九世纪中叶所起的运动之必然的结果，以归纳—演绎法为唯一的科学方法（第八章），却不知这归纳—演绎法实际是拒绝了革命的逻辑——辩证法，拒绝了哲学。庸俗社会学本来在学问的性质上即带着机械主义的色彩，只看见自发的发展过程，而看不见人们的自觉的活动；只看见现象不看见本质，所以只能看见"量"之机械运动，而不看见"质"的辩证运动。这是庸俗的爬行的经验主义方法，是资产阶级学者的客观主义，是最坏的哲学。克鲁泡特金提出"反辩证法""反黑格尔"的口号，结果还是做了实证哲学的俘虏，停顿在不可知论的阶段上面而沾沾自喜。用列宁在《唯物论与经验批判论》中的评论，就是"他们的议论方法，完全成为资产阶级的江湖式的吹法螺法术"就完了。于是更进一步，到了无政府工团主义的理论家索烈尔（Sorel），就并那"最坏的哲学"也不要了，公开的夸大感情主义的作用，不要深思和经验，不要理性；因为理性这东西，并未能够引导我们，引导我们却是我们的理想，人若有理想必不能安静地住着，当我们的感情压服理性的时候，平常防止我们的动机，都失了他的能力，我们才能够去做一种超过寻常的事情。因此，他提倡了所称为"社会的神话"，如工团主义总罢工，克鲁泡特金的《面包与自由》，都是神话。神话不但存在于原始社会，且存在于世界历史之一切革命时代，现实的神话就是工团主义总罢工。神话的真价值，不在于能否在现实中实现的问题，只要神话存在，便能支持革命的信仰，使革命者的意志格外坚强，而总罢工的神话就是他主张无政府工团主义直接行动的原动力。我们知道索烈尔是柏格森的信徒，他的名著《暴力论》（1907 英译 Reflexions on Violence），曾影响日本无政府主义者大杉荣（见大杉荣论文集《正義を求める心》，页 187—205，青木书店，1955），也曾强烈影响着我（参照《革命哲学》，页 231—232；《文化社会学》，页 186—187），然而这种列宁所叫做"左的修正主义"（《马克思主义与修正主义》）的无政府工团主义的思想方法，实际乃是巴枯宁所谓"唯物论者追求着极端理想的希望和思想"（《上帝与国家》，页

57）在新的历史条件下的死尸复活。从巴枯宁的反对上帝与国家，到了索烈尔的社会新神话，这是无政府主义之科学性的自己否定。与马克思主义原则相反，马克思主义从来没有虚构和幻想一个"新"社会，所以成为真正科学。相形之下，不问已经知道空想主义之破产的必然性了。跟着作为无政府主义的社会基础的消亡，所有在中国和在世界的形形色色的无政府主义也将归于消亡，然而批判这作为个人主义立场、唯心主义观点、庸俗社会学方法底无政府主义，仍然有十分必要。在社会主义思想史里，马克思主义经常和无政府主义分子之间进行思想斗争，而胜利的总在马克思主义方面。无政府主义思想的破产，乃至作为国际工人运动中的一个派别的无政府工团主义的完全肃清，这证明马克思主义的绝对的真理。苏联和中国社会主义革命成功，都是以历史事实告诉我们，只有根据"一切为了群众"，才能过渡到实现《共产党宣言》所云"以各个人自由发展为大家自由发展条件的协会"。让我们过去曾经倾向无政府主义思想的人如翻天覆地般从思想的包袱里翻身出来吧！更高高举起学习马克思列宁主义、毛泽东思想的大旗帜，在哲学战线上，严肃的展开自我批评，不惜以今日之我和昨日之我挑战，并坚决把作为资产阶级意识的俘虏的无政府主义残余思想，彻底地抛掉它，肃清它！

一九五九年三月二十一日
北京大学

# 关于孔子的大同思想[*]

现在研究孔子，首先必须剔除其封建性的糟粕，吸收其民主性的精华。孔子思想的民主性精华，表现于《礼运》"大同"章，这一段字数不多，却描绘出一个民族快乐的乌托邦：尽管只是一种空想，却给人类进步远景提供了材料。因此，太平天国旨准颁行的《太平诏书》中引用它，孙中山在讲革命的三民主义时提倡它；毛泽东同志在《论人民民主专政》中也谈"阶级的消灭和世界的大同"问题，而指出于"康有为写了《大同书》，他没有也不可能找到一条到达大同的路"[①]。究竟大同思想的精华是些什么？在未说明之先，须先将《礼记·礼运》和《孔子家语·礼运》作一比较：

《孔子家语·礼运》第三十一：

> 孔子曰：昔大道之行，与三代之英，吾未之逮而有记焉。大道之行，天下为公，选贤与能，讲信修睦，故人不独亲其亲，不独子其子，使老有所终，壮有所用，矜寡孤疾皆有所养。货恶其弃于地，不必藏于己；力恶其不出于身，不必为人。是以奸谋闭而弗兴，盗窃乱贼不作，故外户而不闭，谓之大同。今大道既隐，天下为家，各亲其亲，各子其子，货则为己，力则为人，大

---

[*] 本文原载《学术月刊》1962年第7期。2002年收入福建本第一卷。本次整理，以《学术月刊》为底本。——编者
① 《毛泽东选集》第四卷，第1476页。

人世及以为常,城郭沟池以为固,禹、汤、文、武、成王、周公,由此而选……未有不谨于礼,礼之所兴,与天地并,如有不由礼而在位者,则以为殃。

《礼记·礼运》第九:

> 孔子曰:大道之行也,与三代之英,丘未之逮也,而有志焉。大道之行,天下为公,选贤与能,讲信修睦,故人不独亲其亲,不独子其子,使老有所终,壮有所用,幼有所长,矜寡孤独废疾者,皆有所养,男有分,女有归,货恶其弃于地也,不必藏于己;力恶其不出于身也,不必为己。是故谋闭而不兴,盗窃乱贼而不作,故外户而不闭,是谓大同。今大道既隐,天下为家,各亲其亲,各子其子,货力为己,大人世及以为礼,城郭沟池以为固,礼义以为纪,以正君臣,以笃父子,以睦兄弟,以和夫妇,以设制度,以立田里,以贤勇知,以功为己,故谋用是作,而兵由此起。禹、汤、文武、成王、周公,由此其选也。此六君子者,未有不谨于礼者也。以著其义,以考其信,著有过,刑仁讲让,示民有常,如有不由此者,在势者去,众以为殃,是谓小康。

把这两段比看,就知道《家语》无"小康"二字,却有"礼之所兴"以下二十一字,可见《礼记·礼运》有错简。又《家语》"货恶其不出于身,不必为人",王肃注:"言力恶其不出于身,不为德惠也。"这个意思就很好。所以清代学者如《日讲礼记解义》(卷二十四)、《礼记义疏》(卷三十)、姜兆锡《礼记章句》、任启运《礼记章句》(卷九之二)、杭世骏《续礼记集说》(卷三十九案语),都主张把《家语》来参定原文,根本取消"小康"的说法。《礼记解义》

说:"《家语》义理甚优,此记似以礼于忠信为薄,恐是汉人傅会。"《礼记义疏》说:"篇首小康之说,乃老氏礼起于忠信之衰道德之薄之意,与通篇殊不相应,考之《家语》皆无之。惟有'礼之生与天地并''不由礼而在位则以为殃'句,与下言'偃如此乎礼之急'紧相接,则此为小戴所搀入,窃老庄之说以为高,而不知其谬也。辨此一节之谬,则通篇释然无疵。"又说:"昔王子雍谓《礼记》所述孔子之言皆《家语》文,后人见其已见《礼记》,遂于《家语》除其本文,而亦有以己意增改者,今考《家语》无'谋作兵起'等语,则为后人窜入无疑。……记者见本文有'大同'字,增'小康'字作对,殊失圣人本旨,又改去'与天地并'句,与通篇全不照管,此记者增改之谬也。"姜兆锡说:"小康谓不如大同之世,《家语》无此语。"任启运说:"通篇文势,前后呼吸'是谓大顺'才与'是谓大同'相应,《家语》原文可据也。记者不解,忽窜入'是谓小康'一句,致前后全不相应,故愚谓删此四字即得。"杭世骏也说:"末后增'小康'一句,其病滋多。"由上可见,"小康"一句本无存在的价值,这在近代学者早已有定论,康有为虽是一个经生出身,却没有注意及此。他要分别"大同""小康",一面把"大同"认为孔子的理想政治,一面又甘心作伪,拿"小康"来拥护复辟,做他反革命反动的根据,这当然没有也不可能找到一条到达大同的路了。相反地,只有真正科学的社会主义者,丢掉空想,一面吸收文化遗产中的民主性精华,一面将革命进行到底,正如毛泽东同志所指示:"而是努力工作,创设条件;……使人类进到大同境域。"①

---

① 《毛泽东选集》第四卷,第 1469 页。

# 关于继承哲学遗产的问题[*]

如何正确处理哲学遗产的继承问题。首先是就历史上的哲学遗产，分别出那些是有唯物主义与辩证法的因素，或者是进步的思想；那些仅仅是唯心主义和形而上学，或者是落后的反动的思想，并不是一切哲学遗产都要继承。而且主要地还是批判地、科学地、辩证地对待古代哲学遗产，这样才能化臭腐而为神奇，否则神奇也化为臭腐了。我们固然应该总结历史上哲学两条战线中的优良传统，并对此优良传统加以利用和吸收，但更重要的是在必要时，我们还敢于打破旧传统的束缚，绝对不做古人的奴隶。历史的发展是有一定规律，但旧传统却是历史的惰力，是进步力量的阻力，必须加以抛弃或改造。尽管号称优良传统，都不能无批判地继承，我们必须有胆量敢于批判一切哲学遗产，敢于打破旧传统的圈圈，建立新传统。敢于反对一切哲学遗产，只要这种哲学遗产成为阻碍进步或革命潮流的。因此所以我们对于继承哲学遗产的问题，就不能一味谈继承，更应该谈批判，要切实注意哲学遗产在现代所起的作用，这就是古为今用的问题了。

实际古为今用，如不是彻底加以批判，还只能在旧传统的圈子转，很容易把"今"做了"古"的牺牲，不是古为今用，反而变成今为古用了。过去多少哲学者、多少社会科学工作者，因为终日埋头于古典古书圈子里面，恁是天崩地陷，他也不管，只管把一生精力为古

---

[*] 本文整理，以中山大学哲学系藏朱谦之先生1965年7月27日手稿为底本。——编者

人古书服务。那种文献学之无批判地适用，那种对于古典的权威的绝对信赖，现在应该是没有了；却是在古为今用的新名称之下，仍然给复古主义、国粹主义乃至封建主义、资产阶级思想留下了活动的余地，这是应该时时加以警惕的。实际真正的哲学者、真正的社会科学工作者，无不以现在"今"为中心，无不是崇今派的战士。假使我们不能从死人的"古"的权威解放下来，我们就不可能有崭新的现在。我们的智力、能力、德力都远远超过古人，我们只有向前看，才有前途，才有希望，没有只向后看的道理，那么为什么还要拘泥于古人古典，老是给古人古董作应声虫呢？我们尊重自己的历史，但更重要的是尊重自己现在"今"的历史。因为古今是两个不同的范畴，古与今不同时，今从古发展而来，显然时代有前后不同，古还是古，今还是今，不能把今倒用之于古，亦不能把古完全适用之于今。古典古书的学术研究是一回事，把古为今用又是另一回事，一定要说"古"遗产可以继承，那只是历史的关系。古典的资料可以解决的是历史的问题，却很难解决现在实际的问题。要说古为今用，要说继承遗产，也只是辩证法上所说否定之否定的关系，就是说有继承也有否定，这乃一种提高，所谓"扬弃"（Aufheben）便是。

这是我对于遗产继承的一种初步看法。

试以哲学的遗产继承为例。最典型的是恩格斯在1889年《马克思底政治经济学批判》中，在1882年《社会主义从空想到科学的发展》德文本第一版序文中所说："德国社会主义者却引以为荣说，我们不仅继承圣西门、傅立叶和欧文，而且继承康德、菲希特和黑格尔。"这种继承可以说是古为今用了，实际来说，即在这种历史继承之中，即古为今用之中，已经包含着否定之否定，即以前者言，一方是科学社会主义，一方是空想社会主义；以后者言，一方是唯物主义，一方是观念论哲学家。古今不同时，即在批判的继承之中，出现了突变，也就是所说质变了。

再以毛泽东思想为例。毛泽东思想是马克思列宁主义的普遍真理与中国革命的具体实践之结合，这就是说，毛泽东思想是有两个来源，即不但继承马克思列宁主义之普遍真理，而且继承中国革命的具体实践，例如一百年来洪秀全、孙中山的革命运动。这种继承，以前者言，是外为中用的问题，所以必须中国化，必须按着当代的革命形势而现在化革命化了。马克思列宁主义之中国化、现在化、革命化，这乃是对于泥古不化的教条主义的一个否定。以后者言，正是古为今用为好例，即在继承一百年来的中国革命实践，例如洪秀全、孙中山的革命运动，而有所改变，有所提高。这在继承中出现的突变，也正是所说质变。

这是我对于哲学遗产的继承的一种初步看法。

朱谦之

1965.7.27

# 罗斯福之当选与其政策[*]

〔日〕大山卯次郎 著
朱谦之 译

（前略）

## 二

由这次的选举结果看来，胡佛氏的惨败是空前的，这就是美国人所说的 Land slide（意即惨败，崩溃。英人常说"Land slip"——译者）。这实在可说是美国民意的象征，罗斯福的人格之伟大，由此亦可想而知。然而胡佛亦未必庸凡，不，他在美国还是卓越而有数的政治家呢！其敏腕达识早为中外所公认。他在一九二九年的选举，是多么荣耀的当选，但是美国的萧条跟着他在即任的一九二九年开始，现在已竟达到渊底了。当然，萧条在大体上是整个世界的，勿论美国用多大的力量，以独立来支持这个，是不可能的。然而民众决不这样想，物品的杜卖，工场的倒闭，失业者的群众塞满了道途，勿论胡佛氏怎样的辩解，事实上是不能掩蔽的，结局胡佛便号为虚言之人。世界情趣的转换并不是强无理的，况且罗斯福高扬着国民高望之非禁酒

---

[*] 本文为朱谦之先生译文，原载于《外交月报》1933年第2卷第2期，本次整理以此为底本。——编者

的旗帜，在政战的一出门便博得民众的热望；而且他在战斗上的手腕，亦远远的高出了胡佛之上。这些事实确是使礼赞罗斯福空气浓厚的因子。在这一点上，胡佛是颇受着相当的损失。不过现在选举既已终了，勿论原因在何处，胜利既已归属于罗斯福，自来年该氏便为主角在新舞台上开演着。

不过罗斯福所率领的民主党，拿如何的政策以临国民？这是与他当选同时所发生的第一个问题，也是素与美国关系深切的我国（指日本，下同此）所最愿知道的地方。

## 三

先就罗斯福之为人如何看来：他在一八八二年一月三十日生于纽约州赫特逊河（Hudson）畔海德公园（Hyde park)，今年五十一岁。父亲名叫 James R. Roosevelt，是一个资产家；他是前总统 Theodore Roosevelt 的第五从弟。罗斯福的夫人是他令弟的爱女安娜（Anna Eleanor Roosevelt）女士，他的家庭有四男一女。他幼时在父母膝下受家庭教师的教育，十四岁时入当地的古洛顿学校（Groton School）念书，在学时性喜球击、足球、划船，勿论在那方面都是代表者，是学生间的有名望的人。在这校举业之后，一九〇〇年秋入哈佛大学，一九〇四年毕业之后，又专攻法律而入哥伦比亚大学的法律学院肄业。毕业后在一九〇七年及格于律师试验，加入最有名的 Carter Ledyard and milburn 法律事务所，专办海军专门军务，这便是他踏到社会第一步。他在一九一〇年二十八岁时，当选纽约州参议院议员，一九一二年在威尔逊总统下担任海军次长，巴里和会时随从威尔逊总统渡欧参与和会。一九二〇年，罗斯福由民主党公推为副总统候选人，但战后的美国政情不利于民主党；在共和党胜利后，于是罗斯福氏暂时远离政界。在度着安逸生活的休养所,不料得着瘫痪症,两腿失去自由;以后在温泉常洗澡,只求恢复健康。静养之后渐渐有效,身体恢复自由后,一九二八年在司密斯(R. Smith)当选为候补总统时,为司密斯所推荐代他为纽①约州长,自一九三〇年再选的结果以至现在。

但他生于富豪之家,有未尝过浮世之苦劳的缺点,不过他性情极其活泼,头脑又颇明敏,且似其生历常识极丰富。在这次选举竞赛时,胡佛说他是圆滑的人,和不得要领的人等加以种种的恶评。不过他以往的海军次长和纽约州长的成绩是不可埋没的,尤其是在海军次长任职期间,他尽力的扩张和充实美国海军,美国国防之如今日的充实,多半是赖着他的伟功,故人都呼他为"大海军论者"。至于他的财政及外交政策如何,这些都得看他今后的实际工作怎样。现在暂就他过去几个月中激烈的竞选战绩来谈一谈,同时质问民主党以后的主张如何。以余之所感,略为述之如下。

## 四

在这次选举的时候,什么是他们所争论的主题呢?无疑的便是禁酒与不景气的救济问题。关于禁酒问题,胡佛氏素来是主张严禁饮酒的,而罗斯福想把这些归为各州的自由,用极微温的态度对之。罗斯福以胡佛的持论废除现在的禁酒法,持有认为饮酒的自由之彻底的态度。其理由是,以准将此问题当作单纯的社会问题及国民的自由问题处理;对于这个,为投合时势加带着财政和失业救济的问题。

他是这样主张:废除禁酒法,借着许可造酒的事,可以解决几万人失业者的职业问题,而且只少能得十万万金元以上的课税,借此亦

---

① "纽",原作"症",误,据史实及下文相关内容改。——编者

可救济财政的赤字。所以罗斯福氏在来年三月大总统就任时,第一件应作的事,便是废除禁酒法。所谓禁酒法,是指《合众国宪法补则》第十八条与合众国法《勿斯提多(Volstead)禁酒法》而言的。前者是禁止"麻醉性饮料"的酿造、运输、贩卖、输出以及输入,什么是"麻醉性饮料"呢?按照合众国法律所规定,后者是"今国有千分之五的酒精的饮料",宪法定之谓"麻醉性饮料",亦禁止其酿造、运输、贩卖及输出、输入。

罗斯福为禁酒之解禁起见,不得不废除以上的两种法律。不过修改宪法必经合众国会议的议决和全国各州四分之三的同意才可,所以实际问题是:必先在议会中将宪法修改案议决了,同时再改正《勿斯提多禁酒法》,增加现在的"麻醉性饮料"的酒精成分——由千分之五增到适当度数——许可啤酒、葡萄酒等之酿造、运输及贩卖。不过这些是立法上技术的问题,我们现在中止干涉和批它。总之以后成为民主党政府的天下,解酒禁不但上等阶级所喜悦,而且亦是失业及财政救济的一种帮助,不但有增高现在沉滞下去的美国一般名声的利益,同时其所给与世界的利益也一定不少。

## 五

其次是不景气的救济问题:这实是这次竞选政战的中心问题,同时也是民主党政府今后最应当努力的事情。罗斯福氏当选后第一声便声明说:"举我党员上下,为报复国民的委托起见,尽我全力以努力恢复美国的繁荣。"

不过罗斯福氏以及所率领的民主党之对于繁荣政策,是我们所最知道的关税政策。但美国素来是采取高度的保护政策,不论是共和党,或将来的民主党,都不能变更其高率之关税的。不过在民主党执政时，必能减低几分。民主党在今年的政纲上，攻击共和党的保护政策内有："因霍莱·斯墨脱关税案（Hawley Smoot Tariff）的禁止税，惹起了四十以上的国家反感，并诱起了各国的报复关税，破坏外国贸易；在外国方面驱逐美国的工业，因而增加了农民的生活费。"罗斯福亦持有同样的趣旨，极端非难共和党的保护政策。当然若成为罗氏的天下时，多少必能改正美国的现行关税，而他不变更原来的保护主义，也是无可疑虑的。因为日金圆价下落，日本货物在美国进口像现在的样子，虽是民主党，亦不能依旧的看过去。

关于右面所说的，还有一句话要注意的：是民主党在其政纲中，关于减低关税的方法，宣明应与外国结缔互惠条约底事。这意义是说：在对国如果对于美国商品能缓和其输入税时，美国亦对其商品缓和输入税。像这样的协定，不拘其根据从来美国宪法上的理由作主义上的反对，民主党这回在其政纲中举出这个：对于美国来说是出于破天荒的新组织。尤其是在实行它的时候，对于何国制定关于何种商品，和仅对于特定的国家课其特定关税，这些事都是改变了美国自一九二三年以来所主张的关税均等主义。

但是关于这具体的事情，民主党的政纲，和罗斯福以及其他的民主党党员，似乎都没有说明过，所以不知道其有几分的真面目。故若为民主党的天下时，虽然能多少减低关税，但对于其所减低的程度如何，那除了现在暂时的静观注视之外无他了。

最后关于战债问题：民主党已明言其反对取消战债的意思，似乎无何妥协的余地。但罗斯福在他候补总统竞选演说时，表示过这种意见：若以战债问题作为不景气的对策，那么关于其支付的方法是应当考虑的，这实在是有道理的。欧洲诸国之对于德国，是以对美之债务的取消或减额为条件的；若都同意大减额时，这时美国站在顽然独自的立场上，能否强行其所信，这是我们所最疑问的地方。

## 六

不过罗斯福的外交政策如何,这是我们最愿知道的。不幸关于推测这个的材料很少。因为什么呢?这次的选举,其争论乃集中对国内问题,民主党的政纲和罗斯福的演说,关于外交政策的事件都是很简单的表示;尤其是关于远东问题,他实在是未费只言半语。因为现在美国人所关心的事,是日常的生活或是国民现在当头底脱出不景气问题。他们对于外交现在是怎样?满洲问题是如何的解决?以及与国联的关系怎样?一向都是不关心的。这是外交问题在这次的政策上未抬起头来的原因。

我们把民主党政纲第十三项的规定简约起来看:"维持世界各国的和平;根据仲裁以解决国际纠纷;不干涉外国的国际事件;神圣拥护条约;对于财务维持信用;保留悬案及加入国际裁判所;根据协调及商议以维持不战条约;按照国际条约而缩军;与西半球诸国维持门罗主义的精神,以上各项包括强硬外交政策。反对外国之对于美国取消战债。"由这些可以窥其片鳞,但其详细,恐怕是照新选出的国务卿来规定。总之,民主党之对外政策,比较共和党还是消极的,以不干涉外国为外交的基调。在民主党有力者之中,当上海事变爆发时,像前陆军大臣倍卡儿(Newton D. Baker)那样主张同盟绝交(Boycott)的人并不是没有。倍卡儿尚且如此,其后史汀生过于干涉此事,使对日态度尖锐化。与他在反对方面看来,在罗斯福下的民主党政府,并不能把史汀生的脱题外交尽量地蹈袭。

但是若以为民主党的政府,对于满洲问题能持有较缓和的态度,这是很大的错误。因为什么呢?中国的门户开放——机会均等主义以及门罗主义,都是美国认为最重要的传统的外交政策。若无视这个,或轻视这个，共和党也好，民主党也好，勿论持有怎样有力的政府，最终也保持不住它的地位。现在史汀生演成所谓脱线外交，虽然多少根基内政上的需要；但主要的是因日本在满洲伸张势威的结果，由封锁门户、利益独占而起的不正的推测。假令民主党的政策是消极的，虽对于外国持以不干涉主义，但关于中国以至于满洲，若与史汀生一样的再误会日本，其所作的事，还是与史汀生大同小异。我们仅因为政府的更迭，是不足使我们偶然乐观的。幸而在美国方面正解了片段问题之真相，他们之中的识者，大多数是对于史汀生的脱题行动都是不敬重。但共和党政府蓦然变更政策亦是很难，有办不动的样子。民主党是站在反对党的立场上，对于那样事没有拘泥的必要，在不损害美国的国威与利益之可能范围内，计划着转换相当的政策。限于不使日本进而封锁满洲门户，以及破坏机会均等主义等事态，对于我国之出于抗争的态度是必然的。又在日本方面，美国无视着我国在满洲的立场，在未有进而想如同我国所向的方向，伸张势的范围内；而且在能真正想要确立两国东亚和平的范围内，相提携可以为世界和平而贡献的。因而在这种意义之下，根据罗斯福之当选，内政第一主义的民主党政府之出现，将满洲事变以来极度紧张的日美关系，可说能归复明朗亲善的旧态。

## 七

不过在我国认为极重要的事，乃是民主党政府之对于国际联盟采取如何的态度。现在史汀生想利用国联将满洲问题为美国有利，国联也想利用满洲问题拉拢美国加入自己的组织。因此，日本受不少的迷惑，若成为不可隐蔽的事实时，对于这个，罗斯福的态度如何，这在我国方面是最大关心的事。但可惊异的事实是，近年来关于这个问题，美国两党的态度非常变迁。把在本年六月芝加哥大会所规定的两党之政纲比较起来，两方面都全然破坏了以往的传统。以前反对联盟的共和党，现在亦主张与联盟协力。而赞成同盟的民主党，现在都保守静默。现出这样的奇观，这不仅只这次所表现的现象，虽然是由于渐渐变迁所形成的。不过在胡佛政府时，自去年以来关于满洲问题，对于联盟总是维持着极浓厚的关系，特成为英国接近国联的原因。同时根据这次罗斯福反对加入国联的演说意旨上，这种奇观更是一层的显著。现在顺便关于其理由少说几句：这问题，在一九二〇年的共和党政纲上，是极明显而且极猛烈的攻击国联；而民主党的人员对于这个主张即时批准《凡尔赛条约》以便加入国联。其次在一九二四年的政纲上，共和党用极温和的文字表现前次的主张，而且对于外国——限于不是同盟的国家——附言应协力的意旨。民主党则高唱和平之理想，一方面对于国联表示好感，一方面主张：加入这个或否应依人民一般的投票来决定，表现出极温和的态度。又在一九二八年，共和党还和以往一样，维持不加入联盟主义，把这个要旨记录在政纲上；而民主党的政纲，很令人莫明其妙的，竟对于问题全然取静观的态度。然而在四年后的这次，变化得非常：共和党在其政纲中说，在美国不和外国同盟或联合之范围内，在缕述应与外国协调的旨意之后，关于满洲问题，说其要旨如下："美国政府关于和平及秩序，不惜助力为列国维持共同利益，为表明这个，在国际联盟内与出席的诸国取协调的行动。"

对于这个，在民主党方面，罗斯福在纽约的选举演说中，断然述其反对加入联盟的意见，其理由是："我尝为联盟的歌讴者之一人，若现在的联盟和以往的联盟一样时，虽在现在的情形我主张加入，但是现在的联盟并不是我创始者理想的联盟，实际上不过是欧洲政争的集会罢了。对于这样的集会，美国决不能与它发生关系。"我们借此可以知道罗斯福的意事,但假令不如他所说的,我们也足可看出关于这问题底民主党政府的意向。

八

最后所说的,就是美国大总统之对于政见的责任问题。关于这问题我曾在本杂志上(指《日本外交时报》)述过意见,我以为研究美国政治上极重要的。这问题虽然是很复杂,不过现在仅述其要旨:从来美国的政治家,若当选为候补总统,站在选举场里的时候,因他是其党派的首领,所以发表种种自己党派的政见;而且对于国民是这样的约定:若在他当选的时候,便把这话作为政府的政策来实行,这在政治上是极重要的事情。当选之总统的党派,大体都照着以上所说的实行了。但是按照《合众国宪法》上所规定,候补总统像以上所说的话全是发行假票;他是始终能于当选,在成为大总统时,他没有权限在宪法上实行其约定。这是怎说呢?因为在美国宪法上三权分立的主义规定得极其严重,立法部与行政部都互相分立,各不侵其领域;总统对于立法部,不但没有权能提出自己的议案,而且也不许其出席于议会与议员一齐讨论问题。尤其是总统在临时会议时,借送出教令以述其意见,而各省的长官连这种的权利亦没有。就是宪法的精神,在可能范围内使行政部与立法部分离,不许这两个机关共同协力,这是制度的理想。特别是大总统是自派政党的首领,为达到其目的,当然要使其自党的议员将其必要之议案在议会中提出,这是实际上的话。若由宪法之精神上说,这些事比较不作是好一点。这一点是美国政治组织与英国大大的不同之点。英国内阁的头目人——总理大臣——是在议会中多数党的首领,而内阁员即各党的领袖,都是在议会中有力的议员。因此议会和内阁事实上成为一体,内阁恰如议会的分局;行政部的意见亦就是议会的意见，可成为法律以表现出来。若在议会中政府方面被反对党的势力压败时，政府乃解散议会，或求问其国民尚继续其内阁，或辞职将内阁让与反对党。但是美国完全和这制度不同，就是大总统是纯然的行政长官，在立法上除握有对于法律案的认可权之外，便无其他的权能了。现在总统和各省长官，不但没有出席议会的权能，即在议会中与反对党首领等直面讨论都不能。像这样，所以在宪法上说，大总统之关于立法实是近于无能力，勿论有什样的主义、政策，都不能以自身之力在法律上实现。这便是候补总统的政见发表，不过是发行假票的缘因。当然大总统之对党员的势力是伟大的，所以宪法上的难关，实际上自有解决之道。再是美国之政治组织的变化，若在议会中有多数党为反对党时，行政长官的大总统与议会之问题，亦没有求调和之道，就是在那时大总统仅居其地位，而不能实行自己所信仰的政策，也不把政府让与反对党，更不能解散国会以求人民公决。在威尔逊总统末期时就是这样，这个长处是政府不能常常更迭，但在议会与大总统冲突的时候，便陷于进退维谷的境遇，是有这种的短处的。而且美国议会的选举，不管大总统的任期是四年，在议院方面每二年下议院全部议员和上议院三分之一议员改选一次；总统与议院持有什样党派的关系，就得看每二年所举行的选举之结果如何。按照新闻纸所登载的，这次选举的结果，上下两院民主党都占有绝对多数，所以罗斯福的政府在初二年必能度着安全的日子。

（完）